PONSON DU TERRAIL

LES
CAVALIERS DE LA NUIT

1. LES MARCHES D'UN TRONE. — 2. LE PAGE DU ROI. — 3. BAVOLET.

PRIX : 2 Fr. 40 Cent.

PARIS

VICTOR BENOIST ET Cie, EDITEURS, RUE GIT-LE-COEUR

ANCIENNE MAISON CHARLIEU ET HUILLERY

VICTOR BENOIST ET Cᵗᵉ — ÉDITION ILLUSTRÉE — 10, RUE GIT-LE-CŒUR, 10.

Don Paëz étendit son bras et son épée au-dessus de la tête de l'enfant. (Page 5.)

LES
CAVALIERS DE LA NUIT

PREMIÈRE SÉRIE

LES MARCHES D'UN TRONE

PROLOGUE.

LA TOUR DE PENN-OLL.

I

« Quelle nuit sombre, quel orage!... Maître, ne chercherons-nous
un abri, castel ou chaumière, où nous puissions attendre le jour
erre et les dés en main ?
— Que me font la nuit et l'orage!...
— Maître, votre manteau ruisselle et les bords de votre feutre
aussi détrempés que la route où nous chevauchons. Le vent en
isé la plume; votre cheval se cabre à la lueur de la foudre, et le
ssement de la mer fait frissonner le mien sous moi.
La bise séchera mon manteau; je remplacerai ma plume bri-
et, quant à nos chevaux, si le tonnerre et les rugissements de la

mer les épouvantent, s'ils refusent d'avancer, nous mettrons pied à
terre, et nous continuerons notre chemin à pied.
— Maître, maître, au nom de Dieu!...
— Dieu veille sur ceux qui le servent. Mais souviens-toi qu'un
éperon de fer est vissé à ta botte... L'heure avance, on nous attend.
Ce dialogue avait lieu sur une route de Bretagne, courant en
rampes brusques et raboteuses entre une forêt et une falaise déserte, au pied de laquelle la mer déferlait pendant une nuit orageuse
du mois d'août 1572.
La pluie tombait en tourbillonnant au souffle du vent, et les éclairs
déchiraient la voûte noire du ciel. La forêt, située à droite de la
route, inclinait sous l'effort de la tempête les hautes cimes de ses
noirs sapins, qui jetaient, comme un lointain et lugubre écho, leurs
gémissements et leurs craquements confus aux voix courroucées de
l'Océan.
Les deux cavaliers cheminant ainsi par ce sentier désert, et dont
les montures frémissaient à chaque éclat du tonnerre, venaient de
bien loin sans doute, car la pluie, qui ruisselait depuis deux ou trois

heures, n'avait pu parvenir à laver la boue de leurs manteaux. Celui des deux cavaliers qui parlait la voix haute, avec l'accent impérieux du maître, était un jeune homme solide et campé sur sa selle comme un preux du moyen âge.

Quand un éclair déchirait la nue, on pouvait distinguer la belle et martiale figure d'un homme de vingt-quatre à vingt-cinq ans, avec un teint brun, une barbe noire pointue, de fines moustaches retroussées, une lèvre insouciante et railleuse, de longs cheveux bouclés, malgré la mode du temps, qui les voulait rasés.

La longue épée du jeune cavalier rebondissait sur les flancs de son cheval; son manteau court, sans broderies, était fièrement attaché sur son épaule; son feutre, tout détrempé qu'il fût, était cavalièrement incliné sur son oreille gauche.

C'était un beau gentilhomme chevauchant le poing sur la hanche et la tête haute, malgré l'orage, la foudre et le vent.

Son compagnon était un gros homme de près de quarante ans, déjà grisonnant, ventru, pleurard, qui, à en juger par ses plaintes récentes, eût préféré de beaucoup le plafond enfumé et les pots d'étain d'une taverne à ce voyage nocturne à la suite du gentilhomme auquel il servait d'écuyer.

— Allons! maître traînant, reprit le cavalier après un moment de silence, essuie ton front et donne une accolade à cette gourde à large panse qui roule et rebondit sur ton dos; elle te conseillera la patience...

— Nous venons de si loin!... murmura l'écuyer lassé.

— Corbleu! si nous venons de loin, c'est une bonne raison pour ne pas nous décourager au terme du voyage. La tour de Penn-Oll est proche, nous dis-je; c'est là que nous allons.

— Si elle était si proche que vous le dites, maître, nous la verrions à la lueur de ces éclairs.

Le gentilhomme haussa les épaules et ne répondit pas; puis il poussa vigoureusement son cheval, qui prit le trot.

Au bout de cent pas, la route fit un coude et se trouva suspendue sur le bord de la falaise qui surplombait sur une mer en courroux.

Le vieil Océan était beau de colère et de majesté! Les rocs de la grève, les cavernes sous-marines retentissaient sous son clapotement; ses lames, couronnées d'une écume blanche, hérissées d'une gerbe d'étincelles phosphorescentes, galopaient vers la terre, mugissantes et échevelées, comme des troupeaux de buffles sauvages qui fuiraient quelque fleuve débordé dans l'Amérique du Nord.

Là, le cavalier arrêta court sa monture, et sa silhouette noire apparut entre le ciel et la mer, ayant une pointe de rocher pour appui. Et sous le poids sans doute d'une pensée tenace, oubliant son écuyer qui, lui aussi, s'était arrêté pour avaler une gorgée de vin, il sembla se parler à lui-même et murmura :

— Non, jamais les vagues molles des mers d'Italie n'eurent pareils rugissements, jamais le golfe napolitain ne déploya si majestueuse fureur... O vieil Océan! c'est bien toi que j'ai entendu dans mon enfance, quand tu m'éveillais dans cette demeure vermoulue dont tu rongeais patiemment la base. C'est bien toi que j'ai vu, tantôt d'un gris terne, tantôt noir comme le ciel qui nous couvre tous deux, toujours avec ta crinière écumante que tu jettes, ainsi qu'un défi, à ce même ciel qui t'impose sa couleur! C'est bien cette grève désolée sur laquelle j'ai couru tête nue; c'est bien cette lande aride dont les ronces ensanglantaient mes pieds... J'avais oublié le nom de mon pays, comme le mien, comme celui de mon père; je sais maintenant le premier... dans deux heures, je saurai les autres!

Et il éperonna de nouveau son cheval et repartit, pressant du genou les flancs essoufflés du noble animal, et lui communiquant cette impatience fébrile du voyageur pressé d'arriver.

Le chemin qu'il suivait se bifurquait un peu plus loin, ou du moins il était rejoint par un autre qui venait de l'intérieur des terres et sortait d'une coulée de châtaigniers et de sapins.

Au moment où notre gentilhomme arrivait à ce point de jonction, un autre cavalier l'atteignit aussi par la route intérieure.

Celui-ci était tout seul; mais, comme le premier, et autant qu'on en pouvait juger au travers des ténèbres, c'était pareillement un gentilhomme, jeune, hardi, portant bien le feutre et son manteau et possédant, lui aussi, une bonne rapière à poignée d'acier tordu et des pistolets dans ses fontes.

Celui-ci, parvenu le premier à l'embranchement des deux sentiers, s'arrêta et parut hésiter, puis apercevant les deux cavaliers qui venaient sur lui, il leur cria :

— Holà, messeigneurs! vilains ou gentilshommes, qui que vous soyez, parlez-vous une langue chrétienne, italien, français ou espagnol?

Et il s'exprimait en français avec une nuance d'accentuation alsacienne.

— Oui, répondit le premier cavalier dans la même langue, mais avec l'intonation italienne. Que désirez-vous?

— Je désire savoir lequel bout de ce chemin, du nord ou du sud, conduit à la tour de Penn-Oll?

— J'y vais, messire, et si vous me voulez suivre...

— Volontiers, mon gentilhomme, car je me suis égaré deux fois déjà : je viens de loin et l'heure me presse.

— Vous venez de loin? dit le premier cavalier en tressaillant.

— Oui, messire.

— Puis-je vous demander de quel pays?

— Sans doute. Je viens de Lorraine : de la cour du duc de Guise.

— Ah! fit le premier cavalier intrigué, et vous allez à la tour de Penn-Oll?

— On m'y attend à minuit précis.

Le premier cavalier tressaillit de nouveau.

— C'est comme moi, dit-il. Et je viens pareillement de loin.

— D'où venez-vous?

— De Naples.

— Et vous allez à Penn-Oll?

— Oui, messire.

— Sang-Dieu! mon gentilhomme, puisqu'il en est ainsi, peut-être m'expliquerez-vous un mystère... J'ignore mon pays, je porte un nom de hasard. Je suis écuyer de monseigneur le duc de Mayenne. J'avais quatre ou cinq ans quand je quittai la demeure paternelle, je ne sais pourquoi, je ne puis m'expliquer comment : un nuage s'étend sur mon souvenir. Il y a quinze jours un inconnu a placardé, à la porte de mon logis, une lettre avec son poignard. Cette lettre contenait...

— Peut-être ces mots, interrompit le premier cavalier : « Si vous « voulez savoir votre nom, le nom de votre pays, et les grandes « choses que vous réserve la destinée, prenez sur-le-champ la route « de Bretagne, et trouvez-vous, le 17 du mois d'août, le douzième « coup de minuit sonnant, à la porte de la tour de Penn-Oll. »

Le cavalier poussa un cri.

— Vous savez donc, dit-il, vous connaissez celui qui m'a écrit?

— Pas plus que vous. J'ai reçu une lettre semblable à la vôtre, et comme la vôtre je l'ai trouvée clouée à la porte de mon logis avec la dague que voilà.

— C'est étrange! murmura le cavalier. Ainsi, comme moi, vous ignorez votre pays?

— Non, fit vivement le gentilhomme, je viens de le reconnaître. Mon pays, c'est la Bretagne. Cette mer que voilà, je m'en souviens maintenant, cette grève que nous foulons, je l'ai parcourue les pieds nus, les cheveux au vent...

Le cavalier qui venait de Lorraine, ainsi que l'avait fait naguère le Napolitain, arrêta court son cheval, tout tourna la tête vers l'Océan, examina les vagues moutonnantes, puis la falaise à pic, puis la grève déserte, puis la forêt sombre où le vent sanglotait... il laissa une minute glisser la bride de sa main, porta cette main à son front, sembla lire dans son souvenir, interroger les échos lointains et les tableaux brumeux du passé, et enfin, il s'écria :

— Moi aussi! moi aussi, je te reconnais, mer qui grondais dans ma tête, quand j'essayais de me rappeler les jours éteints; je vous reconnais bien aussi, falaise escarpée, grève rocailleuse, forêt chevelue, vent impétueux qui en courbes les cimes!...

— Vous aussi! fit le Napolitain.— Oh! c'est plus qu'étrange!

— Écoutez, continua l'écuyer du duc de Mayenne, je commence à me rappeler la demeure paternelle : c'était un vieux château, un château qui tombait en ruines... l'Océan l'entourait...

— Vous souvient-il de votre père? interrompit le Napolitain, dont la voix tremblait.

— Oui, oui, fit vivement le Lorrain; c'était un homme de haute taille, déjà blanc de cheveux et de barbe, mais dont l'œil brillait comme un reflet d'épée au soleil... Il était vêtu de noir... il avait une plume noire à son chapeau...

Le cavalier napolitain poussa un nouveau cri;

— Cet homme était votre père? s'écria-t-il.

— Oui; du moins je le nommais ainsi.

— Et, continua le Napolitain dont la voix tremblait de plus en plus, ne vous souvient-il pas maintenant que vous aviez des frères?

— Des frères?

Le Lorrain passa de nouveau la main sur son front...

— Oui, balbutia-t-il, il me semble... Nous étions quatre, j'étais le plus petit... Les autres me portaient...

— Oh! fit soudain l'Italien dont l'émotion couvrit la voix; le voilà du passé se déchire... Je me souviens... Tu es mon frère!...

Et, poussant un même cri, les deux cavaliers se jetèrent à bas de leurs chevaux, et aux éclats de la foudre, aux lueurs des éclairs, s'étreignirent et se donnèrent un baiser.

— Frère! dit alors le Napolitain, l'heure marche! A cheval!... on nous attend!...

Ils se remirent en selle et continuèrent leur route, côte à côte, la main dans la main, ainsi qu'il convient à deux rejetons du même arbre que la tempête a longtemps séparés, et dont un nouveau caprice de la tempête réunit enfin les rameaux. Tout à coup, une bouffée de vent leur apporta sur son aile le bruit d'un lointain galop de cheval qui retentissait parmi les voix de l'orage.

— Frère! dit le Lorrain, entends-tu?

— Oui, fit l'Italien, tournant la tête et tendant l'oreille. C'est un cavalier qui parcourt bride abattue.

— Frère, nous étions quatre. Peut-être est-ce l'un de nos frères?

— Qui sait? fit le Lorrain hochant la tête.

— Qui donc veux-tu qui chevauche à pareille heure, par temps pareil et dans pareil chemin, si ce n'est celui que l'heure presse, que la destinée pousse, que le prestige ardent de l'inconnu attire?

— C'est juste, dit le Lorrain.

Et tous deux, mus par la même pensée, s'arrêtèrent, écoutant, anxieux, le galop qui se rapprochait.

Bientôt une silhouette noire se dessina sur le sillon blanc du chemin, puis cette silhouette cria :

— Holà! cavaliers?

— Qui êtes-vous? répondit l'Italien frémissant.

— Un gentilhomme espagnol qui a nom don Paëz.

Le Lorrain tressaillit.

— Ce n'est pas notre frère, murmura-t-il.

— Que demandez-vous?

— Mon chemin.

— Où allez-vous?

— A la tour de Penn-Oll.

— Nous y allons... venez avec nous..

L'Italien tremblait en parlant :

— Mon gentilhomme, reprit-il au moment où le cavalier arrivait sur eux, vous nommez-vous bien don Paëz?

— Oui certes, car c'est moi qui me suis donné ce nom.

— Et... vous n'en avez pas d'autre?

— Je le saurai dans une heure!...

Un double cri échappa aux poitrines oppressées des deux gentils-hommes :

— C'est lui! murmurèrent-ils.

— Qui lui? fit le nouvel arrivant.

— Notre frère, dit le Lorrain, en lui tendant les bras par-dessus le col de son cheval. Frère, te souviens-tu du manoir paternel?... Te souviens-tu d'une vieille salle aux plafonds écussonnés, d'une tour croulante, d'une mer furieuse qui en mordait les assises ? te sou-viens-tu d'une grève isolée où nous étions quatre enfants, à nous dé-fier à la course?

— Oui, dit l'Espagnol.

— Reconnais-tu cette mer, cette grève?... Vois-tu dans l'éloigne-ment cette masse gigantesque qui se dresse plus noire que la nuit d'alentour? Frère, frère, te souviens-tu?

Comme les deux autres, le troisième cavalier tourna la tête de sa monture vers la mer, puis vers la forêt, puis vers la masse gigan-tesque aperçue par le Lorrain...

Comme eux il interrogea le passé, la main sur son front, et il cria comme eux :

— Oui, je me souviens! Frères, salut!...

— Hâtons-nous donc! ajouta-t-il, car minuit sonnera bientôt et on nous attend!

Et alors ils labourèrent de l'éperon les flancs haletants de leurs chevaux, et ils galopèrent vers la tour de Penn-Oll qui commençait à apparaître au travers des brumes, et qu'un éclair leur montra tout à coup solitaire sur sa base de rochers, séparée du continent par un étroit bras de mer.

Vingt minutes après ils étaient en face d'elle, n'ayant plus pour l'atteindre que le bras de mer à franchir.

— Maître, grommela alors l'écuyer du gentilhomme italien, je ne vois pas de barque nulle part.

— Nos chevaux nagent.

— Maître, la mer est si mauvaise...

— Écuyer maudit, répondit le gentilhomme, si tu crains la mort, demeure sur la grève... tu n'as point de secret à apprendre... et je n'ai nul besoin de toi!...

Et il lança bravement son cheval à la mer.

L'animal se cabra, recula frissonnant, mais l'éperon déchira son flanc, et furieux, ensanglanté, il se jeta à la rencontre des vagues, hennissant de douleur.

Le Lorrain et l'Espagnol suivirent leur frère.

L'écuyer hésita longtemps, mais la pluie tombait toujours... et sa gourde était vide!...

Il ôta son chapeau, fit un signe de croix, invoqua la madone na-politaine, et suivit les trois gentilshommes.

L'Océan essaya bien de rugir et de rejeter à la côte ces hommes assez téméraires pour le braver ainsi; mais ces hommes étaient de forte et fière trempe, — et ils fendirent les lames, et après quelques minutes d'une lutte terrible, l'ongle de fer de leurs étalons grinça sur le roc glissant et poli qui supportait la tour de Penn-Oll. Cette tour était tout ce qui restait d'une antique demeure féodale.

La vague avait passé sur les décombres du reste.

— Frères! dit alors le cavalier lorrain en soulevant le marteau de bronze de la porte, nous étions quatre autrefois, et nous ne sommes que trois maintenant!

— Voici le quatrième! répondit une voix venant de la haute mer.

Ils regardèrent, et aperçurent, se balançant à la crête des vagues, à cent brasses de la tour, une barque, à l'avant de laquelle se tenait tout debout un gentilhomme vêtu de noir, avec une plume rouge au chapeau.

— D'où venez-vous? Frère, d'où viens-tu ?

— D'Écosse! répondit-il.

En ce moment le beffroi de la tour retentit, et sonna le premier des douze coups de minuit.

— Entrons, dit le cavalier lorrain, laissant retomber, sur le chêne ferré de la porte, la main de bronze qui servait de marteau.

II

Le coup de marteau retentit à l'intérieur de la tour avec un bruit lugubre qui alla se répercuter en de sonores et lointains échos, tan-dis que minuit sonnait.

A la dernière vibration du beffroi, la porte tourna sur ses gonds et mit à découvert les ténébreuses profondeurs d'un vestibule au fond duquel blanchissaient les dalles d'un escalier à balustre de fer.

Presque aussitôt, en haut de cet escalier, une lumière brilla, éclai-rant une tête de vieillard, blanchie et ridée, mais dont les yeux en-fermaient un rayon de jeunesse et de mâle énergie.

— Qui êtes-vous? demanda la voix chevrotante de ce vieillard.

— Des gens qui cherchent un nom, répondit l'un des cavaliers.

— D'où venez-vous?

— De loin.

— Enfin! murmura le vieillard dont l'œil flamboyait.

Puis il reprit :

— Lorraine, êtes-vous là ?

— Oui, dit le cavalier lorrain.

— Naples, êtes-vous là ?

— Oui, dit le Napolitain.

— Et vous, Espagne?

— Moi aussi, dit le Castillan don Paëz.

— Et vous, Écosse?

Il y eut un moment de silence, puis un choc eut lieu au dehors, la barque qui se balançait peu auparavant sur les lames houleuses accosta le roc de Penn-Oll, et le quatrième gentilhomme sauta leste-ment à terre, entra dans le vestibule et répondit :

— Me voilà!...

— C'est bien, dit le vieillard; suivez-moi.

Et il remonta les deux marches qu'il avait descendues, sa torche à la main.

L'escalier était large, les quatre gentilshommes le gravirent de front et côte à côte.

Au bout de cinquante marches, ils eurent atteint le premier repos et se trouvèrent face à face avec leur guide. Alors ils reculèrent tous d'un pas, portèrent la main à leur feutre ruisselant et saluèrent ce vieillard.

Il était vêtu de noir, il était de haute taille, — son feutre, qu'il te-nait à la main, avait une plume noire.

— Mon père! exclamèrent-ils tous ensemble, et ils lui tendirent les bras avec la spontanéité passionnée de la jeunesse.

Mais le vieillard fit un pas de retraite, poussa une porte devant lui et répéta froidement : — Suivez-moi!

Ils traversèrent, guidés par la torche du vieillard, une première salle dévastée, sans meubles, avec des boiseries vermoulues et des tapisseries de haute lisse tombant en lambeaux.

Puis le vieillard ouvrit une seconde porte qui livra passage à un jet de lumière, et ces quatre gentilshommes furent introduits dans une autre salle tout aussi vaste, enfumée au plafond, mais tendue de rouge écarlate et moins délabrée que la première; un feu colossal flambait sous le manteau écussonné de l'âtre, jetant de fantastiques lueurs aux tentures et au vieil ameublement gothique.

Au milieu de cette salle, sur un lit de parade, était un enfant de quatre ou cinq ans, dormant, tou tvêtu, de ce profond et calme som-meil de la jeunesse. Il était habillé de velours noir et portait au col une chaîne d'or massif.

Ses cheveux d'un blond doré ruisselaient en boucles capricieuses sur la courtine rouge du lit, et ses mains blanches et mignonnes, croi-sées sur sa poitrine, se détachaient admirablement sur le velours noir de son pourpoint.

Au chevet du lit, il y avait une femme vêtue de noir, d'une mer-veilleuse beauté, blonde comme l'enfant, et si jeune qu'on eût dit sa sœur aînée.

Son front pâle portait l'empreinte de la tristesse, la douleur avait creusé un pli léger aux coins de ses lèvres, et la queue de sa longue robe de crêpe, ramenée sur sa tête, annonçait qu'elle était en deuil.

Qui donc pleurait-elle?

Un anneau d'alliance passé à sa main droite et brisé selon la mode du temps, disait assez qu'elle était veuve.

A l'angle droit de la cheminée se trouvait un large et haut fauteuil de cuir de Cordoue à clous d'or.

Autour de ce fauteuil se groupaient quatre sièges pareils mais moins élevés.

Le vieillard gagna lentement le premier, s'y assit et dit :

— Seigneurs cavaliers, découvrez-vous. L'enfant qui dort ici est votre maître.

Et comme leurs regards se portaient avec curiosité sur l'enfant qui sommeillait paisiblement, le vieillard continua

— Seigneurs cavaliers, vous êtes venus malgré la distance, malgré la tempête, sur la foi d'un billet tracé par une main inconnue, merci ! vous êtes hardis, vous êtes loyaux, vous êtes Bretons ! Vous ne vous êtes point trompés, messires, en m'appelant votre père. Cette tour, cette salle vous a vus naître, cette mer vous a bercés. Vous avez oublié votre nom, vous ne l'avez jamais su, peut-être ; ce nom, je vous le dirai tout à l'heure. Vous êtes frères, messires, vous vous ressemblez assez les uns les autres pour que nul n'en puisse douter en vous voyant réunis, et pourtant, malgré cette communauté de berceau, quatre pays divers, séparés par de longues distances, ont vu grandir votre jeunesse. Vous n'avez point été enlevés d'ici, comme on le pourrait croire ; c'est moi, moi, votre père, qui vous ai confiés à quatre messagers différents, lesquels, prenant quatre routes opposées, vous ont conduits en des climats lointains, et là, feignant de vous abandonner à la merci du hasard, n'ont cessé, invisibles et muets, de veiller sur vous.

Les quatre gentilshommes se regardèrent avec étonnement.

— Don Paëz, continua le vieillard, s'adressant à l'Espagnol, quelle route avez-vous faite sur le chemin de la fortune et des honneurs ?

Don Paëz s'avança au milieu de la salle, rejeta son manteau, et apparut aux yeux paternels couvert d'un riche pourpoint brodé d'or, et portant à la ceinture une épée à poignée ciselée.

— Mon père, dit-il avec la gravité solennelle des Castillans, je suis le favori du roi d'Espagne et je commande un régiment de ses gardes.

— Êtes-vous riche ?

— J'ai un crédit illimité sur les caisses du roi.

— C'est bien ; cela nous servira peut-être. Seyez-vous à ma droite, don Paëz, vous étiez l'aîné de mes fils et vous vous nommiez Jean.

— Gaëtano, poursuivit le vieillard, s'adressant au Napolitain, avez-vous fait fortune ?

Comme l'Espagnol, le Napolitain s'avança, rejeta son manteau boueux et se montra vêtu de velours noir fané, portant fraise jaunie, épée grossièrement taillée, mais d'une garde sûre et d'une pointe vaillante, et stylet de lazzarone sur le flanc.

— Mon père, dit-il, le roi de Naples m'a souvent confié un régiment et donné beaucoup d'or. J'ai toujours battu l'ennemi et traité comme l'ennemi l'or du roi. Le vin de Falerne, mes créanciers, — et, par les cornes de Satanas, ils sont nombreux ! — les dés, le jeu de paume et les femmes ont ordinairement pris soin de vider mon escarcelle. Voyez plutôt.

Et le Napolitain secoua la bourse qui pendait à sa ceinture et dans laquelle deux pistoles s'entrechoquèrent avec un maigre bruit.

— Que vous soyez riche ou pauvre, avare ou prodigue, peu m'importe ! L'essentiel est que vous soyez bien à la cour et qu'un jour vous deveniez puissant. Seyez-vous à ma gauche, dit le vieillard. Vous êtes le second de mes fils, et vous vous nommiez Raoul.

— Et vous ? continua-t-il, s'adressant au Lorrain.

— Moi, fit celui-ci, je ne suis ni pauvre ni riche, ni grand seigneur ni vilain. Quand ma bourse est pleine, mon tavernier me verse du vin de Guienne et décoiffe ses flacons poudreux ; quand elle est vide, — et, par le pied fourchu du diable ! elle l'est souvent, — il remplace le vin de Guienne par du Bourgogne, et ses flacons poudreux restent en cave. Quant au duc de Mayenne, il me sert ou raille d'écuyer, il m'aime comme son chien, son cheval et sa maîtresse. Il me sacrifiera même ou trois fois et vous sans ; mais il m'abandonnera aux rapières de quatre estafiers s'il sent mon dîner servi et s'il a le nez chatouillé par le fumet d'une bisque de perdreaux ou d'un salmis de bécasses. En temps de famine, c'est un homme à se dévorer lui-même tout cru.

— Et le duc de Guise, son frère, comment vous traite-t-il ?

— Mal ; il m'accuse d'avoir été son heureux rival.

— C'est bien, messire Gontran, car c'est ainsi, je crois, qu'on vous nomme en Lorraine. Si votre crédit est mesquin, vous avez fière mine et grand air, et, en vous voyant, l'on se dit : Bon sang ne peut pas mentir ! Allez vous asseoir sur ce dernier escabeau. Vous étiez le plus jeune et vous aviez nom Alain.

Des quatre cavaliers, trois étaient assis déjà ; le quatrième, celui qui demeurait debout au seuil de la salle, enveloppé dans son manteau, pâle, hautain, était un beau jeune homme de vingt-trois ans, plus grand que les autres, blond comme ils étaient bruns, ayant dans son visage, dans sa tournure, quelques-uns des traits caractéristiques du peuple anglais.

Le plaid écossais lui tenait lieu de manteau, et la plume rouge de son feutre avait été enlevée à un coq de bruyères des monts Cheviot.

Il s'avança de lui-même et sans attendre que son père l'invitât.

— Moi, dit-il, je ne suis ni favori de roi, ni écuyer de duc. Ma bourse est légère, mon épée est lourde, et je suis un simple soldat dans les gardes de la reine d'Écosse ; mais j'ai le sens fort, messire mon père, et vous pouvez compter sur moi pour les choses grandes ou aventureuses que vous nous avez réservées. Quand tout à l'heure vous m'appreniez mon prénom, j'ai eu meilleure mémoire que mes frères et je ne l'ai point oublié ; je me nommais et je me nomme Hector.

Et le quatrième cavalier alla prendre place auprès des autres, après s'être incliné, comme eux, devant la jeune femme vêtue de noir et portant le deuil des veuves.

Le vieillard fit un geste d'assentiment, demeura silencieux pendant quelques instants, puis continua :

— Il fallait, messires mes fils, un motif bien puissant pour obliger un père à se priver de ses quatre rejetons et les faire élever ainsi en terre étrangère, isolés les uns des autres.

« Ce motif, vous allez le comprendre :

« J'ai soixante-cinq ans, je suis Breton et l'un des derniers gentilshommes de ce pays qui se souviennent que jadis la Bretagne était une fière duché, libre de droit, ayant souverain légitime, lequel souverain était duc, comme celui de France était roi.

« Le duc de Bretagne et le roi de France marchèrent de pair aux grandes assemblées de l'Europe ; ils avaient tous les deux couronne en tête et dague au flanc, éperons d'or et vaillante épée.

« Le duc se plaçait point sous les mains dans les mains du roi, en signe de vasselage, — le duc était son égal, et il l'appelait « mon cousin. » Malheureusement la loi salique n'existait pas en Bretagne ; les femmes régnaient. Un jour vint où la couronne ducale des Dreux brilla au front d'une femme, et cette femme, deux fois l'épouse d'un roi de France, lui vendit le trône de Bretagne, lui livra son manteau d'hermine, ses clefs vierges, sa liberté, et le roi, prenant tout cela, raya le nom de la Bretagne du livre des nations !

« Notre belle duché ne fut plus qu'une obscure province à laquelle on envoya un gouverneur insolent qui s'établit au palais ducal, et substitua au loyal et paternel gouvernement de nos souverains, le despotisme et l'exaction.

« Des gentilshommes bretons, quelques-uns s'indignèrent et s'enfermèrent derrière leurs murailles, protestant par leur silence contre cette violation du droit des peuples ; — d'autres fléchirent le genou et courbèrent la tête. Ils s'en allèrent, vêtus de bure et couverts d'armes non ciselées, saluer les maîtres nouveaux dans leur Louvre ; les maîtres nouveaux les accueillirent froidement, et leurs courtisans, qui portaient pourpoints de velours et manteaux brodés, se moquèrent de leurs grossiers habits et de leurs lourdes chaussures.

« Alors, comme la vanité humaine parle souvent plus haut que le véritable orgueil, les lâches retournèrent chez eux, vendirent leurs prés et leurs moulins, puis s'en revinrent à la cour de France, vêtus comme les courtisans, ayant riches justaucorps et collerettes de fine dentelle.

« Et puis, d'autres les imitèrent, et, moins d'un siècle après, la Bretagne tout entière était vaincue, garrottée, à jamais dépouillée de son manteau ducal. L'étoile des Dreux s'était effacée devant l'astre des Valois.

« Pourtant, la duchesse Anne était morte sans postérité ; le trône de France devait être passé aux mains du roi François, mais il eût été juste que la duché de Bretagne retournât aux rejetons de ses anciens maîtres, si ces rejetons existaient.

« Le duc François avait un bâtard, un beau gentilhomme qui se nommait Robert de Penn-Oll... »

A ce nom, les quatre cavaliers tressaillirent et jetèrent à leur père un regard éloquent de curiosité.

— Attendez, fit le vieillard d'un geste.

Et il reprit :

« Robert de Penn-Oll était un vaillant compagnon, il portait haut la tête et savait quel noble sang coulait dans ses veines. « Race oblige, » il se crut obligé, et quand la reine de France, Anne, duchesse de Bretagne et sa sœur, mourut, il revendiqua hautement la couronne de son père...

« Il appela à lui la noblesse de Bretagne...

« La noblesse de Bretagne était découragée ou corrompue. Le roi de France avait peu à peu, et sous divers prétextes, rasé ses murailles, comblé ses fossés, démantelé ses places fortes ; il avait arrosé du plus pur et du plus noble sang breton la terre meurtrière d'Italie, et la noblesse de Bretagne demeura sourde à la voix héroïque de Penn-Oll.

« Il avait réclamé son bien, la couronne qui était la sienne, et on l'accusa de haute trahison. Il paya de sa tête l'audace d'avoir osé parler de son droit. Mais il laissait un fils : c'était mon père... »

Le châtelain de Penn-Oll s'arrêta, se prit à écouter le murmure d'étonnement et d'orgueil qui souleva les poitrines de ses quatre fils à cette révélation de leur origine, de même qu'un vieux cheval de bataille qui se traîne dans un sillon dresse soudain la tête au bruit lointain du clairon, et, l'oreille tendue, hennissant, l'œil en feu, écoute avec une âcre volupté les notes de la fanfare guerrière.

— Écoutez, reprit-il : Mon père se montra digne de Penn-Oll. Comme son père, il était vaillant, comme lui il était de haute taille et portait noblement la tête en arrière. Comme lui il fit un appel à la noblesse de Bretagne, comme lui il invoqua la justice du roi de France.

« Le roi rejeta avec dédain ses prétentions, et la noblesse lui fit défaut.

« Le roi d'alors se nommait Henri II, et il avait pour femme Catherine de Médicis. Le roi eût pardonné peut-être, la reine fut implacable. Mon père avait pris les armes avec son fils aîné, âgé de vingt ans. Moi, j'en avais huit à peine, et mon corps eût fléchi sous le poids d'une armure.

« Mon père mourut sur le billot et par la hache, comme c'était son droit de gentilhomme. Mon frère, protégé par un gentilhomme breton au service du roi de France, parvint à fuir; il gagna les côtes d'Angleterre et jamais on ne le revit.

« Moi, je demeurai triste et seul dans le manoir de Penn-Oll, notre unique héritage.

« Alors parut un édit du roi qui ordonnait de raser le château, et l'édit fut exécuté.

« Seulement, comme je n'étais point coupable du crime de rébellion et qu'il me fallait vivre et avoir un abri, on me laissa un coin de terre, et cette tour qui demeura debout sur l'îlot de rochers où se dressait naguère la forteresse de Penn-Oll.

« J'étais du sang de mon père, mais je compris, en devenant homme, que l'heure n'était point venue de recommencer l'œuvre de mes ancêtres et de tenter comme eux la fortune.

« Je vécus solitaire dans cette vieille tour que l'aile du temps délabrait d'heure en heure, que la mer rongeait à la base, comme si la mer elle-même eût voulu détruire ce qui restait de la race des antiques ducs bretons. Une châtelaine du pays de Léon, pauvre comme moi, accepta ma main et mourut en donnant le jour au dernier de vous. Je vous élevai dans l'ombre et le silence comme une louve allaite ses louveteaux, et je me dis :

« La race des Dreux ne mourra point encore, et peut-être un jour viendra où la Bretagne, se drapant de nouveau dans l'hermine ducale, jettera le gant aux Valois et redeviendra un grand peuple.

« Mais une pensée me préoccupait incessamment :

« Qui sait, me disais-je, lorsqu'ils auront vingt ans, s'ils n'oublieront pas leur origine, s'ils ne mentiront point à leur sang, et, séduits par les promesses et les flatteries de la fortune, s'ils n'iront point offrir leur épée à ces mêmes rois de France qui les ont dépouillés?...

« Et, comme mes cheveux se hérissaient à cette idée fatale, je pris une résolution désespérée :

« J'envoyai l'un en Espagne, l'autre en Italie, le troisième en Lorraine, le quatrième en Angleterre; quatre nations où le nom de France est détesté, où la haine de l'oriflamme devait vous être inculquée chaque jour.

« Ils grandiront, pensai-je, ils haïront la France, ils deviendront vaillants, et si d'ici là, mon frère n'a pas reparu, je les appellerai à moi et nous recommencerons l'œuvre de nos pères... »

Le vieillard s'arrêta une fois encore, et spontanément, ivres d'un enthousiasme subit, les quatre cavaliers se levèrent et portèrent la main à la garde de leur épée.

— C'est bien, fit le vieillard dont l'œil rayonna, l'heure viendra.

Mais le premier mouvement de fierté éteint, le regard des cavaliers se porta vers le lit.

— Qu'est-ce que cet enfant? demanda Alain.

— Votre maître.

— Et cette femme?

— Sa mère. Attendez, et écoutez-moi :

« Il y avait dix-huit ans que vous étiez partis, j'étais demeuré seul, quittant rarement cette salle, et montant souvent sur la plate-forme de la tour, la nuit, qu'elle fût étoilée ou orageuse.

« Alors, mon regard se portait alternativement vers le nord qui me cachait l'Écosse, vers l'est où est la Lorraine, vers le sud-est qui me dérobait l'Italie, et vers le sud-ouest où se trouve l'Espagne, — songeant à chacun de vous.

« Une nuit, la mer était bien grosse, il pleuvait comme à cette heure, la foudre déchirait les flancs tourmentés des nuages, et la grève retentissait des sanglots furieux des lames clapotant et se tordant sous les rochers.

« Et cependant, je demeurai sur la plate-forme, les yeux tournés vers le nord, quand un cri de détresse m'arriva. Mon œil plongea dans l'obscurité, et au milieu des ténèbres j'aperçus une frêle barque, suspendue à la crête d'une vague et prête à venir se briser contre les rocs qui servent de base à la tour.

« Dans cette barque, continua le châtelain de Penn-Oll, j'aperçus une forme blanche et une forme noire. La forme blanche était une femme tenant dans ses bras un enfant, et semblant invoquer le ciel pour lui. La forme noire était un homme de haute taille qui, l'aviron en main, essayait de lutter contre la lame en fureur.

« Mais malgré sa force, malgré son sang-froid, il ne pouvait parvenir à manœuvrer l'embarcation, qui, poussée par le vent, arrivait sur les récifs de la tour avec une effrayante vitesse.

« Je me précipitai vers l'escalier intérieur qui conduisait à la plate-forme, et je descendis de toute la vitesse de mes jambes engourdies... J'arrivai trop tard... la barque venait de heurter le roc et s'était brisée.

« Un double cri de suprême angoisse m'annonça ce malheur, et je ne vis plus sur les flots qu'un débris d'aviron et l'homme qui luttait énergiquement contre la mort, nageant d'une main, tenant la femme de l'autre.

« La femme, à demi évanouie, serrait son enfant sur son sein.

« Je m'élançai à la mer, je parvins à saisir la femme et je voulus dégager l'homme; mais l'homme était épuisé déjà, et tandis que je

retournais au rivage, entraînant la mère et l'enfant, l'infortuné disparut en leur criant : — Adieu !...

« Je déposai les deux infortunés sur le roc, je retournai à la mer, j'essayai de retrouver le naufragé, je sondai la profondeur de l'abîme, mon œil plongea sous les lames... Je ne vis plus rien !...

« Tout à coup une lueur retentit, un éclair jaillit du ciel et me montra à cent brasses le malheureux qui, parvenu à remonter à la surface, se débattait dans les convulsions dernières de l'agonie.

« Il m'aperçut, fit un suprême effort, sortit la tête tout entière hors de l'eau et me cria : — Je suis le petit-fils de Guy de Penn-Oll, cette femme est la mienne, cet enfant est le mien !

« Et comme je n'avais plus qu'une brassée à faire pour atteindre cette tête, une lame passa dessus, et elle disparut pour toujours.

« Cet homme était mon neveu, le fils de mon frère, né dans l'exil; il avait voulu voir la terre de ses pères et mettre sa femme et son fils à l'abri des murs de Penn-Oll.

« Cette femme et cet enfant, messires mes fils, les voilà !...

« Si la Bretagne doit jamais reconquérir son indépendance et son rang parmi les peuples, la couronne ducale sera placée sur le front de cet enfant : il est le chef de la race. »

Le châtelain s'arrêta et croisa les bras sur sa poitrine; alors, d'un commun élan et mus par la même pensée, les quatre cavaliers se levèrent, tirèrent leurs épées et s'approchèrent du lit où l'enfant dormait toujours.

Et comme deux heures sonnaient au beffroi de la tour, don Paëz, qui était l'aîné de tous, étendit son bras et son épée au-dessus de la tête de l'enfant, et dit :

— Sire duc, notre neveu et maître, nous te reconnaissons duc souverain de Bretagne, de plein et légitime droit; — et, notre épée aidant, nous te ferons duc de fait!... Sire duc, notre neveu et maître, j'espère dévouer ma vie à la restauration de notre race, en ta personne, sur le trône de la vieille Armorique.

Et, ayant parlé, don Paëz se couvrit, comme c'était l'usage alors, après avoir tenu discours à un souverain, et il fit un pas en arrière avant de rendre son épée au fourreau.

Après lui vint Gaëtano, qui répéta mot pour mot le même serment, puis se couvrit.

Les deux autres cavaliers jurèrent comme leurs frères; comme eux, ils remirent rapière au fourreau et feutre en tête.

Alors, le vieux châtelain de Penn-Oll, reprit :

— J'avais raison de croire à notre antique adage : « Bon sang ne peut mentir; » vous êtes de l'héroïque race de Dreux, messires mes fils, et si je savais avant que notre tâche soit remplie, je descendrai calme et confiant au cercueil.

« Maintenant, écoutez-moi, car si je n'ai plus la force qui donne la victoire, j'ai l'expérience qui conseille les batailles. L'heure n'est point venue où il vous faudra, une fois encore, appeler la Bretagne aux armes, et lui montrer son manteau d'hermine comme drapeau national. Les peuples reviennent tôt ou tard aux races qui firent leur splendeur et leur force; tôt ou tard ils tournent les yeux vers le passé et comprennent que le passé renferme les gages certains de grandeur et de prospérité de l'avenir. Cette heure ne tardera pas à sonner pour l'Armorique, mais il la faut attendre. Et pour être fort au jour de la lutte, il faut être calme et prudent la veille.

« La race des Valois s'éteint. Le roi François II est mort sans lignée, le roi Charles IX mourra de même; son frère d'Anjou est son frère d'Alençon s'éteindront pareillement, si j'en crois la voix secrète de l'avenir.

« Alors deux nouvelles races se trouveront en présence et se disputeront le trône : — Les Guises et les Bourbons, Lorraine et Navarre... Ce jour-là sera celui de notre réveil et du réveil de la race bretonne.

« Que chacun de vous retourne au pays qui lui a servi de seconde patrie; que chacun de vous s'attache à la fortune du maître qu'il s'est fait, et qu'il grandisse en dignités.

« Plus vous serez haut situés dans l'échelle des hommes, plus votre tâche sera facile.

« Le peuple, auquel vous pourrez montrer à la fois l'épée qui asservit et l'or qui enchaîne, celui-là sera le vôtre, car il comprendra que vous possédez les deux prestiges les plus puissants pour dompter les hommes : la force et la richesse.

« Mais d'ici là, il vous faut être patients, avisés, circonspects. Nous avons pour adversaires trois races de rois ou de princes, Valois, Bourbons et Lorrains, toutes trois intéressées à notre perte, toutes trois prêtes à nous détruire.

« Il y a, de par le monde chrétien, une femme dangereuse, terrible, pour qui la mort n'est qu'un jeu, qui emploie indifféremment le poison et le poignard, le gant parfumé des Italiens et la dague des estafiers, — cette femme a tué mon père... et elle se nomme Catherine de Médicis :

« Il y a quelques mois à peine que cet enfant est ici avec sa mère. Ni l'un ni l'autre n'ont traversé la mer et touché le continent; nul ne les a vus... et cependant, depuis huit jours, des cavaliers inconnus longent la grève au galop et jettent de rapides regards aux vieux murs de la tour.

« Peut-être que déjà la vie de cet enfant est menacée; peut-être les bourreaux viendront le réclamer demain. Emportez-le!

« Que l'un de vous se charge de sa jeunesse; qu'il l'élève dans la haine de l'oriflamme et des rois de France, dans l'ignorance de son nom et de son rang. Quand il aura quinze ans, âge où les souverains sont hommes, il sera temps de lui révéler l'un et l'autre. »

— Sire mon père, dit don Paëz, donnez-moi l'enfant, je m'en charge.

— Non pas, fit Gaëtano, je le veux pour moi.

— Non pas, dit Gontran le Lorrain, c'est moi qui l'aurai.

— Et moi, murmura l'Écossais avec son fier sourire, ne suis-je donc rien ici?

Et comme une querelle allait peut-être s'engager, la veuve jusque-là muette, se leva :

— Je suis sa mère, dit-elle, et j'ai le droit de ne pas me séparer de mon enfant.

— Il le faut, répondit le vieillard.

— Mais c'est mon fils!

— C'est le duc de Bretagne; voilà tout!

— Mon Dieu! supplia la pauvre mère.

— Madame, fit froidement le vieux Penn-Oll, choisissez : si votre fils demeure ici, le poignard ou le poison vous le raviront avant qu'il soit peu... S'il part avec l'un de ses oncles, Dieu permettra sans doute que la couronne de Bretagne étincelle un jour à son front.

— Eh bien! fit la veuve, je suis Écossaise, mon père est un laird des montagnes, laissez-moi retourner dans mon pays avec celui de vos fils qui a vécu en Écosse, et nous l'élèverons ensemble.

Le vieillard tressaillit et fronça le sourcil, puis il parut hésiter; mais don Paëz s'écria :

— Non pas, je suis l'aîné, et après le duc notre maître et le châtelain notre père, j'ai le droit de parler haut et franc.

— Parlez, dit le vieux Penn-Oll.

— Nous venons, reprit don Paëz, de faire hommage lige et de promettre fidélité et appui à l'enfant qui sera notre duc; puisque l'un de nous le doit élever, il faut que celui-là soit désigné par le sort, car nous sommes tous égaux.

— C'est juste, fit Gaëtano.

— Ainsi soit-il fait, ajouta Gontran.

L'Écossais et la mère gardèrent seuls un morne silence.

— Venez, continua don Paëz, en tirant sa bourse et jetant sur une table quatre pièces d'or : l'une est à l'effigie du duc de Lorraine, l'autre à celle du roi de Naples, la troisième est une quadruple espagnole, la quatrième un souverain anglais.

Et prenant les quatre pièces, il les jeta dans son feutre et les remua comme des dés au fond d'un cornet.

— Messire mon père, continua-t-il, se tournant vers le vieux Penn-Oll, mettez la main dans ce chapeau et prenez une pièce d'or. Si c'est un quadruple, l'enfant m'appartiendra; si c'est un souverain, il sera à mon frère d'Écosse; un Carolus napolitain, à mon frère de Naples; une pièce lorraine, à celui de nous qui vient de ce pays.

Le vieillard plongea sa main ridée dans le feutre et en ramena une pièce d'or sur laquelle les quatre cavaliers se précipitèrent anxieux.

Gontran le Lorrain poussa un cri de joie.

— L'enfant m'appartient! s'écria-t-il.

L'Écossaise pâlit.

— Je n'ai plus de fils, murmura-t-elle.

— La Bretagne aura un duc, répondit le vieux Penn-Oll.

— Et vous serez duchesse-mère, ajouta l'Écossais avec un sourire triste et résigné.

Étrange prestige du nom! Ces quatre hommes ignoraient, deux heures auparavant, l'existence de cet enfant, et ils venaient de se le disputer comme on se dispute une maîtresse.

Le vieux Penn-Oll alla vers une fenêtre qu'il ouvrit... L'orage avait fui, la foudre éteignait ses dernières lueurs à l'horizon lointain, un vent puissant, soufflant des nuages dont les flancs vides ne recélaient plus la tempête; et déjà au levant, entre la terre toujours brumeuse et le ciel tourmenté, se dessinait une bande blanchâtre annonçant la prochaine apparition de l'aube.

— Messires mes fils, dit alors le vieillard, voici le jour, la mer s'apaise, il faut partir; le salut de l'enfant le veut.

Les quatre gentilshommes reprirent leurs manteaux et se levèrent. Alors la veuve s'approcha du lit, éveilla l'enfant qui jeta un regard étonné sur tous ces hommes inconnus pour lui, et, le prenant dans ses bras, le serra longtemps sur son cœur, étouffant ses sanglots maternels, dont aucune voix, aucune plume ne rendront jamais les notes déchirantes. Puis, par un brusque geste, et comme si elle eût voulu rompre avec la douleur, elle le tendit à Gontran qui le reçut dans ses bras en s'inclinant, et dit :

— Je vous le rendrai vaillant, et il sera duc un jour.

— Que Dieu protège le fils, murmura-t-elle, puisqu'il brise le cœur de la mère.

Et elle retomba sur son siège, cacha sa tête dans ses mains et pleura.

Gontran ôta son manteau et en couvrit l'enfant qui, étonné, regardait sa mère.

Alors don Paëz s'avança, tira son épée de nouveau et, l'étendant sur la tête du futur souverain breton :

— Sire duc, mon maître, dit-il, le plus grand capitaine du monde chrétien, l'Infant don Juan d'Autriche, m'a donné l'accolade de chevalier avec cette épée; à mon tour, je vous fais chevalier, et je vous réserve ce glaive pour le jour où votre main le pourra porter.

Et il donna trois coups de plat d'épée sur le jeune héritier des ducs bretons; et l'enfant, comprenant vaguement la solennité de cet acte, courba le front avec gravité et mit un genou en terre; puis se releva l'œil brillant et fier, jetant à tous un mâle regard.

Sa mère pleurait toujours. Il alla vers elle, lui prit les mains, la baisa au front, lui disant :

— Ne pleure pas...

Ensuite, et semblant comprendre que la destinée inflexible l'appelait ailleurs, il retourna auprès de Gontran et se plaça à sa droite.

Gaëtano vint à son tour vers lui, fléchit un genou et lui baisa silencieusement la main. Après quoi il alla à son père et lui baisa la main pareillement :

— Adieu, sire mon père, dit-il.

Et il se dirigea vers la porte.

Don Paëz l'imita et sortit après lui.

Puis Gontran prit de nouveau l'enfant dans ses bras, et les suivit.

Alors, Hector l'Écossais vint à la veuve qui pleurait toujours, lui prit les mains et lui dit :

— Madame, puisque vous êtes du pays d'Écosse et que je retourne sur cette noble terre, ne voulez-vous point venir avec moi et revoir le castel de vos aïeux?

La veuve se leva, tourna un regard éperdu vers la porte par où son fils venait de disparaître, puis elle regarda tour à tour le vieillard grave, muet, attachant son œil triste et profond sur cette même porte par laquelle une fois encore s'en allaient ses quatre rejetons, ensuite sur ce jeune homme si fier et si beau, ce mélancolique et pâle jeune homme qui venait de murmurer le nom de patrie à son cœur désolé comme pour y verser un baume et en adoucir la plaie saignante, — et elle parut hésiter...

Elle le regarda tour à tour, l'un avec sa lèvre d'adolescent où la douleur, peut-être, avait déjà mis un pli; l'autre avec son front chauve et ridé, sa barbe blanche, son œil résigné et calme; puis, après avoir hésité longtemps entre le jeune homme qui lui parlait de sa patrie et qui, d'un seul mot, avait fait revivre dans son souvenir les tourelles du manoir paternel et les heures bénies du passé; — et le vieillard qui allait se retrouver solitaire et morne dans sa demeure vermoulue, que l'Océan berçait de son éternel et monotone refrain; — elle se précipita enfin vers le vieillard, porta ses deux mains à ses lèvres, et lui dit :

— Mon père, je veux vivre avec vous, je veux soutenir vos vieux ans, comme un réseau de lierre étaye le vieux mur, qu'il embrasse étroitement.

Hector inclina la tête.

— Dieu vous bénira, dit-il.

Et ayant baisé comme ses frères la main paternelle, il sortit le dernier et ferma la porte.

Alors, le vieillard, courbé par le temps, et la jeune femme, si cruellement éprouvée comme mère et comme épouse, demeurèrent seuls, et le premier murmura ces mots :

— Dieu protégera et fera grand le fils de la mère qui aura été forte comme la femme des Écritures.

Pendant ce temps, les quatre cavaliers étaient arrivés au bas du grand escalier de la tour.

Les trois premiers se tenaient par la main, le quatrième, Gontran, portait l'enfant dans ses bras.

Hector l'Écossais franchit le dernier le seuil extérieur de la tour, et en ferma la porte comme il avait fermé la première.

Sur l'étroite plate-forme de rochers que la mer rongeait depuis le commencement du monde, et qui supportait la tour, l'écuyer du Napolitain attendait, tenant les trois chevaux en main :

— Maître, dit-il d'une voix lamentable, ne me sera-t-il pas bientôt permis d'entrer, et de me réchauffer le corps avec un bon feu et le cœur avec une bouteille païenne?

— Il t'est permis de monter à cheval et de me suivre, répondit Gaëtano. En selle, mon maître!

L'écuyer poussa un douloureux soupir.

— Quelle hospitalité! murmura-t-il.

Et comme l'œil du gentilhomme était sévère, et qu'il redoutait pour son dos une douzaine de coups de plat d'épée, l'écuyer se résigna et mit le pied à l'étrier.

— Maître, ajouta-t-il timidement, où allons-nous maintenant?

— A Naples.

— O Santa madona di Napoli! murmura le pauvre diable, si benedetta!

La barque et les marins de l'Écossais attendaient, l'aviron en main.

— Adieu, frères! dit-il. Dieu vous garde et l'enfant avec vous!

— Adieu, frère! répondirent-ils. Dieu efface la tristesse répandue sur ton front.

— Frères, murmura-t-il d'une voix douloureuse, l'amour est incurable quand il monte trop haut. Le mien est sur les marches d'un trône... Adieu!

Et il sauta dans la barque qui s'éloigna, l'emportant lui et son regret.

Les trois gentilshommes se remirent en selle et lancèrent leurs chevaux à la mer.

Quand ils eurent atteint la grève, ils suivirent le sentier par où ils étaient venus, puis ils s'arrêtèrent à l'embranchement des deux routes : celle du nord et celle du sud.

— Adieu, frères, dit Gontran, nous nous reverrons!...

— Adieu, répondit Paëz; moi aussi, j'ai un amour au cœur, mais cet amour est le frère de l'ambition, et il me mènera si loin, que je replacerai notre duc sur son trône!...

— Adieu, dit à son tour Gaëtano; j'ai aimé, moi aussi, mais mon amour est brisé, et je suis devenu philosophe.

— Et moi, dit Gontran, je n'ai jamais aimé, et je n'ai ni douleur, ni ambition, je suis insouciant et brave, je ne désire pas l'épée de commandement dans une bataille, mais je me bats comme un fils de roi, et j'ai la tête légère et le bras lourd. Maintenant, le hasard vient de fixer un but sérieux à ma vie; je marcherai droit et ferme vers ce but; j'élèverai cet enfant, désormais mon seul amour et ma seule espérance, j'en ferai un homme vaillant et fort... Adieu! nous nous reverrons!

Et il quitta ses deux frères, qui continuèrent leur route vers le sud, et se séparèrent un peu plus loin. C'est lui que nous allons suivre.

Messire Gontran était un hardi compagnon, un insouciant gentilhomme; comme il l'avait dit lui-même. Et, cependant, sa mère elle-même n'eût pas été plus attentive, plus minutieuse de soins que ce rude soldat ne le fut pour ce frêle enfant.

Son voyage dura six jours.

Le soir du sixième, il entra dans Paris, par où il était contraint de passer, et il alla descendre à l'hôtellerie du *Grand-Charlemagne*, située en dessous du bac de Nesle, sur la rive gauche de la Seine, en face du Louvre.

Tandis que son cheval était aux mains des varlets et palefreniers, il entra dans la cuisine de l'hôtellerie qui en était le principal lieu de réunion.

Il y avait affluence de buveurs dans la salle, toutes les tables étaient occupées et chargées de flacons et de pots d'étain. Mais ces buveurs avaient un air farouche et sombre qui ne ressemblait en rien aux faces épanouies et rubicondes de ces Genevétins libertins et de ces ribauds, francs compagnons, qui garnissaient, à cette époque, tout cabaret respectable et bien achalandé.

A son entrée, l'un d'eux, qui paraissait avoir sur les autres une autorité mystérieuse, se leva et vint droit à Gontran :

— Êtes-vous catholique, seigneur gentilhomme? lui demanda-t-il à voix basse en attachant sur lui un regard inquisiteur et perçant.

III

Le 23 août de l'année 1572, jour de l'arrivée de Gontran à Paris, vers quatre heures du soir environ, le roi Henri de Navarre était seul dans son appartement, au Louvre, occupé à écrire d'une bonne et grosse écriture assez illisible, et sur le plus beau parchemin qu'il pût trouver chez les tanneurs du temps, une épître galante à madame Charlotte de Sauve, commençant par ces mots :

« Chère ma mie,

« Mon frère Charlot m'ayant retenu une partie de la journée dans
« la librairie où il resserre et conserve avec un soin précieux des
« livres rares et curieux sur la vénerie et fauconnerie et autres genres
« de chasse, et puis ayant voulu que je lui vinsse en aide et secours
« dans son laboratoire pour forger une serrure et sa clef en forme de
« tresse, je suis arrivé à la vesprée sans me pouvoir occuper de vous
« autrement qu'en songeant à vos beaux yeux et belles mains blan-
« ches et mignonnes.

« Madame Catherine, la reine-mère, m'ayant témoigné ensuite le
« désir de me voir assister à une représentation de magie et divina-
« tion des cartes, qui sera faite chez elle, ce soir, à neuf heures de
« relevée, par son parfumeur et gantier, maître René Ruggieri, et
« madame Margot, ma femme, étant pareillement priée, je ne pourrai
« vous aller rendre visite que demain, en votre retrait des prés Saint-
« Germain. »

Le roi de Navarre en était là de son épître quand on frappa douce-ment à sa porte.

Henri leva la tête, jeta sa plume et alla ouvrir.

C'était madame Marguerite de Valois, reine de Navarre depuis le 18 août de la même année, c'est-à-dire depuis cinq jours.

Le roi recula de surprise à la vue de sa femme et, par un geste rapide, cacha sous un livre ouvert la lettre commencée.

Mais la reine était pâle et troublée, et elle n'y prit garde.

Elle vint droit au roi et lui dit :

— Sire, m'accorderez-vous une confiance entière?

Le Béarnais attacha son œil clair et perçant sur elle, examina les lignes contractées de son visage et lui dit :

— Je vous écoute, madame.

— Me croirez-vous?

— Mais... sans doute...

Et le Béarnais fronça le sourcil.

— C'est que, continua la reine, si vous alliez ne pas me croire...

— Je vous croirai, madame.

— Eh bien! sire, il faut fuir.

Le roi fit un soubresaut.

— Et pourquoi? demanda-t-il.

— Parce qu'on en veut à vos jours.

Le roi haussa imperceptiblement les épaules et sourit :

— Ma mie, dit-il, je n'ai pas d'ennemi, que je sache. Et votre mère, madame Catherine, qui seule pourrait m'en vouloir, est si gracieuse avec moi...

Un amer sourire glissa sur les lèvres de Marguerite :

— Vous ne connaissez pas ma mère, murmura-t-elle.

— Oh! si fait bien, dit le roi; mais comme je connais ses petites manies, je prends mes précautions. Pour aujourd'hui, je suis parfaitement tranquille.

— Que voulez-vous dire, sire?

— Oh! presque rien... Vous connaissez Nisus, le chien de votre frère Charlot?...

— Oui, dit la reine qui, de la croisée, jetait un regard inquiet sur la rue.

— Eh bien! j'ai caressé Nisus tant et si souvent qu'il m'a pris en grande amitié.

— Ah! fit la reine, distraite.

— Et, m'aimant ainsi, il ne me quitte pas.

— Tiens! murmura Marguerite, toujours penchée à la croisée.

— Il me suit en tous lieux, mais surtout à table...

Marguerite attacha un regard anxieux sur le roi, dont la physionomie pleine de finesse avait revêtu ce manteau de bonhomie qui ne la quitta plus dans la suite, et à laquelle tout le monde se trompa.

— Or, à table, il se place toujours près de moi, le menton sur mon genou.

— Eh bien?

— Comme j'ai toujours aimé les chiens, et celui-là plus que les autres, j'ai coutume de partager mon repas avec lui...

Marguerite regardait toujours par la fenêtre sans cesser d'écouter le roi.

— Or, comme je connais les bizarreries de cette excellente madame Catherine, notre mère, j'ai pour habitude et, — dans l'intention évidente de flatter son goût pour les chiens, — de donner la première bouchée de chaque mets à Nisus.

— Ah! fit Marguerite commençant à comprendre.

— Si Nisus trouve le morceau de son goût, continua le roi avec un sourire naïf, je prends le second pour moi et je mange en toute sécurité. Mais, si par hasard, et cela n'est point arrivé encore, il faisait la grimace, je repousserais le plat pour faire une petite malice à madame Catherine. Vous voyez bien, ma mie, que j'ai raison d'être parfaitement en repos.

Mais Marguerite, au lieu de répondre, saisit vivement le bras de son mari, et l'entraîna vers la croisée.

— Regardez, dit-elle.

La nuit jetait, comme un manteau, ses premières brumes sur les épaules frileuses de cette ville, géante déjà, qu'on nomme Paris. Le soleil avait disparu derrière les coteaux de Meudon, dans un sanglant linceul de nuages qui semblait attester l'approbation du ciel dans le drame épouvantable dont le prologue commençait.

Les deux berges de la Seine étaient encombrées de populaire; au milieu des flots de cette foule mouvante brillaient çà et là le canon d'un mousquet ou le fer d'une pertuisane; et parmi les hommes qui se croisaient en tous sens, plusieurs portaient un linge au bras et une croix blanche sur le dos.

Ces hommes passaient les uns auprès des autres sans avoir l'air de se connaître, puis ils échangeaient des signes mystérieux et se mêlaient aux groupes divers, formés et dispersés à tout moment avec une incroyable rapidité.

Le roi, apercevant cette foule inusitée, fronça le sourcil et se tourna vers Marguerite :

— Y a-t-il quelque fête de saint à célébrer demain? demanda-t-il tranquillement.

— C'est demain la Saint-Barthélemy, répondit Marguerite.

— Ah! dit le roi. Peu m'importe!

— Sire, dit vivement Marguerite, voyez-vous cette foule?

— Sans doute.

— Ces mousquets, ces pertuisanes?

— Oui. Eh bien?

— Eh bien! c'est une fête sanglante qui s'apprête...

Le roi fronça le sourcil davantage.

— C'est le massacre général des huguenots.

Le roi fit un pas en arrière et mit la main à la garde de son épée.

L'Océan essaya de rejeter à la côte ces hommes téméraires; mais ces hommes étaient de forte trempe. (Page 8.)

— mais une pensée subite lui vint, et refoulant son épée à moitié sortie du fourreau :

» — Vous êtes folle!... dit-il.

— Folle?

— Sans doute. Le roi Charles IX, mon frère, qui est catholique, ne vous a point mariée, vous sa sœur, à moi le roi de Navarre, qui suis huguenot, pour...

— Mon frère, dit Marguerite d'une voix sourde, est l'instrument aveugle de ma mère.

Le roi remit la main sur la poignée ciselée de son épée.

— L'amiral sera massacré, ses partisans massacrés; vous ne serez point épargné, vous... car...

— Car? fit le roi.

— Car, reprit Marguerite d'une voix lente et basse, c'est le duc Henri de Guise qui sera le grand ordonnateur de la fête.

— Cordieu! s'écria le roi mettant rapière au vent et perdant une minute son sang-froid terrible, nous nous défendrons, ventre saint-gris! A moi Navarre et les huguenots de la France, à moi l'amiral !

Et il fit un pas.

— Silence! s'écria Marguerite le retenant, écoutez!

Le roi s'arrêta et prêta l'oreille.

Un bruit vague et lointain, mêlé de sourds murmures, de cliquetis d'épées et de mousquets, se faisait entendre dans les corridors.

— Ce sont les bourreaux qui s'arment, souffla Marguerite. Fuyez, sire, fuyez!

— Fuir! dit le roi dont l'œil étincela, un roi fuir?

— Il le faut! dit-elle.

Mais comme il hésitait, un cri retentit dans les corridors, un cri terrible, strident, poussé par cent voix différentes avec un désespérant ensemble : — Au Béarnais! mort au Béarnais!

Le roi recula jusqu'à la fenêtre et se pencha en dehors.

Au dehors, la foule, frémissante d'impatience, venait d'entendre le cri de mort et répétait :

» — Mort au Béarnais! jetez-nous le Béarnais!

La tête du roi disparut de l'embrasure de la croisée, et Marguerite, le saisissant par la main, lui dit : — Venez! venez!

En ce moment, neuf heures sonnèrent aux paroisses Saint-Germain-l'Auxerrois, Sainte-Geneviève et Saint-Thomas-du-Louvre, et le tocsin, s'ébranlant soudain, donna le signal du massacre.

Au même instant, un coup d'arquebuse se fit entendre, renversant un huguenot qui passait sur la berge.

— Venez! venez! fit Marguerite frissonnante.

Et, poussant devant elle une de ces portes secrètes masquées dans un pan de mur ou de boiserie et communes au Louvre d'alors, elle l'entraîna dans une galerie obscure, refermant la porte après elle.

Le roi se laissa conduire, toujours la main sur son épée, et le cœur bouillonnant de colère.

Marguerite le guida ainsi au travers des ténèbres, jusqu'à une seconde porte qui était fermée, mais dont elle avait la clef...

Et elle s'apprêtait à ouvrir, quand des cris retentirent derrière cette porte.

— Mon Dieu! fit-elle désespérée, l'issue est gardée, par où fuir?... Venez!...

Et elle lui fit rebrousser chemin à moitié, ouvrit une autre porte, et pénétra dans une vaste salle mal éclairée par une lampe à abat-jour de cristal dépoli... C'était sa chambre à coucher.

— Là!... là! dit-elle en lui indiquant l'alcôve dont les rideaux étaient soigneusement fermés. Couchez-vous dans mon lit. On ne viendra point vous y chercher.

Le roi ne fit qu'un bond vers l'alcôve, se blottit jusqu'au menton, l'épée nue, sous la courtine de soie. Mais il y était à peine, et Marguerite n'avait point encore eu le temps de fermer entièrement les rideaux, que la porte principale de l'appartement, laquelle donnait sur l'un des grands couloirs, vola en éclats, et qu'une troupe de forcenés, le fer au poing, envahit la salle, vociférant :

— Mort au Béarnais!...

Marguerite jeta un cri, s'élança vers le roi qui s'était levé soudain, et qui, un oreiller d'une main en guise de bouclier, son épée de

Arrière assassins! arrière. (Page 9.)

l'autre, s'apprêtait à vendre chèrement sa vie; elle poussa une nouvelle porte secrète qui était au fond de l'alcôve, entraîna le roi par cette porte et la tira après elle.

Cette porte communiquait avec un étroit escalier tournant montant aux petits appartements et conduisant en même temps au laboratoire de Charles IX.

Ce fut là que Marguerite fit entrer le roi.

Le laboratoire ne renfermait qu'une seule personne, un jeune Italien de vingt ans, ciseleur florentin, du nom d'Andréa Pisoni, et favori de Charles IX.

— Cachez le roi! lui cria Marguerite; cachez-le!

Le ciseleur se leva tout effaré, cherchant du regard un coin ignoré où le roi se pût blottir; mais le roi n'en eut pas le loisir, car les assassins de Catherine, après avoir enfoncé ces portes à mesure que Marguerite les fermait, apparurent de nouveau, et l'un d'eux, ajustant le roi, fit feu.

Plus prompt que l'éclair, Andréa Pisoni se jeta au-devant de lui, reçut la balle en pleine poitrine et tomba mort.

Soudain une voix tonnante se fit entendre; le roi Charles IX parut sur le seuil, ivre de fureur, l'épée à la main, criant :

— Mort aux huguenots!

Mais à peine eut-il vu le cadavre du jeune ciseleur qu'il aimait, gisant, pantelant encore, dans une mare de sang, qu'un éclair de ces fureurs terribles auxquelles il était sujet jaillit de ses yeux enflammés :

— Arrière, assassins! arrière! s'écria-t-il.

Et tandis qu'il se penchait frémissant vers le cadavre, tandis que les assassins reculaient épouvantés, la reine de Navarre prit de nouveau la main du Béarnais, la fit passer sur le corps des estafiers et lui fit redescendre avec elle cet escalier tournant et ténébreux, qui, heureusement, aboutissait à une poterne ouvrant sur la Seine, en-dessous du parapet.

Marguerite avait la clef de cette poterne.

— Adieu, dit-elle au roi; fuyez!

— Adieu, dit le roi, en lui baisant la main; merci!

— Courez à la porte Saint-Jacques... Demandez le chef des gardes.

— Quel est-il?

— Montaigu.

— Très-bien.

— Demandez-lui un cheval et ne vous arrêtez qu'au point du jour pour le laisser souffler.

— Merci... adieu...

Le roi n'hésita pas une minute; il se jeta bravement à l'eau, et comme la nuit était obscure, il atteignit l'autre rive sans qu'un coup d'arquebuse fût tiré sur lui.

Mais au moment où il se dressait sur la berge et reprenait sa course, un homme le heurta, et cet homme vociféra :

— C'est un huguenot! mort au huguenot!

Et aussitôt d'autres hommes accoururent et environnèrent le roi, qui, l'épée à la main, s'apprêta à leur tenir tête.

En ce moment, une rumeur terrible s'élevait dans la direction de la rue de Béthisy; le Suisse Besme venait de jeter à M. le duc Henri de Guise le cadavre de l'amiral de Coligny.

Revenons à Gontran le Lorrain, que nous avons laissé à l'hôtellerie du Grand-Charlemagne.

— Êtes-vous catholique? lui avait demandé un des buveurs.

Ce buveur était un gros homme ventru et bouffi, ayant sous d'épais sourcils des petits yeux gris de mer empreints de fanatisme et de férocité.

Il portait la moustache en croc, comme les catholiques, au lieu de l'avoir pendante comme ceux de la religion réformée.

— Êtes-vous catholique?

Il fit cette question à Gontran d'un air si impérieux que Gontran mit la main à son épée et répondit :

— Que vous importe!

Le gros homme fit un pas de retraite; mais après avoir jeté un regard furtif à ses compagnons, il revint à la charge et dit :

— Messire, je me nomme Antoine Pernillet.

— Ah! fit Gontran.

— Je suis marguillier de la paroisse Sainte-Geneviève.

— Je vous en félicite, c'est un bel emploi.

— Et c'est moi qui suis l'hôtelier du Grand-Charlemagne.

— Ah! fit le gentilhomme, fronçant le sourcil; en ce cas, vous feriez fort bien de me donner un lit et un souper : j'ai faim et je suis las.

— C'est précisément pour cela, messire, que je vous demande si vous êtes catholique?

— Est-il nécessaire de l'être pour manger et dormir?

— Je ne loge pas de huguenots.

— Eh bien! maître Antoine Pernillet, tavernier du diable, répondit Gontran, qui commençait à s'impatienter, fais-moi servir sans scrupule, je suis catholique et du beau pays de Lorraine.

La figure de l'hôtelier, sombre jusque-là, s'épanouit.

— Vous êtes Lorrain? fit-il.

— Oui, maraud.

— Vous connaissez alors le duc de Guise?

— Par Dieu! oui; je suis l'écuyer de son frère, monseigneur le duc de Mayenne.

L'hôte poussa un cri de joie, se découvrit avec respect, et les buveurs en firent autant.

— Alors, continua l'hôtelier en clignant de l'œil, vous savez ce qui se prépare?

— Non.

— Ah! par exemple!...

— Je ne sais rien...

L'hôte le regarda étonné.

— D'où venez-vous donc? fit-il.

— Mais, dit Gontran, je viens de Bretagne, où mon maître m'avait envoyé.

— Ah!

— Et j'y suis allé chercher cet enfant, qui est... un péché véniel du duc de Mayenne.

L'hôtelier regarda l'enfant avec intérêt.

— Pauvre cher ange! dit-il.

— Or, vous comprenez, continua confidentiellement Gontran, que cet enfant est placé sous ma garde et que je réponds de sa vie.

— Par la très-sainte Vierge, qu'osent nier ces chiens de huguenots!... s'écria maître Pernillet avec enthousiasme, nous veillerons sur lui, et il ne lui arrivera, bien que la nuit qui vient doive être orageuse...

— Que se passera-t-il donc?

— Oh! presque rien...

— Mais encore?

— Nous tuerons l'amiral, le roi de Navarre et tous les huguenots.

Gontran tressaillit et regarda son hôte en face pour savoir s'il parlait sérieusement ou se voulait gausser de lui.

— Êtes-vous fou, maître tavernier? dit-il.

— Fou? non, messire.

— Le roi de Navarre n'est-il pas huguenot?

— Oui certes, le mécréant!

— Et n'a-t-il pas épousé le 18 du présent mois...

— Marguerite de Valois, sœur du roi Charles IX?

— Alors, dit Gontran, il est impossible de penser que le roi de France laisse égorger son beau-frère.

L'hôtelier haussa les épaules :

— On peut bien vous dire cela, à vous qui êtes Lorrain, fit-il en clignant de l'œil et prenant un ton mystérieux...

— Dites! fit Gontran.

— Eh bien! voyez-vous, messire, il y a deux rois en France...

— Ah!...

— Le roi pour rire et le roi pour de bon.

— Très-bien.

— Le roi de nom et le roi de fait.

— Vraiment! Et quel est le roi de nom?

— Sa Majesté Charles IX.

— Et le roi de fait?

— Monseigneur le duc Henri de Guise.

— Très-bien! fit Gontran avec calme.

Puis il ajouta avec une bonhomie toute confidentielle :

— Je m'en doutais.

— Vous voyez bien, murmura l'hôtelier dont le visage s'élargit outre mesure, vous voyez bien que vous en savez plus que vous n'en avez l'air...

— Vous croyez? répondit l'écuyer qui devint subitement madré.

— Hum! fit l'hôtelier.

— Chut! murmura Gontran.

Et il mit un doigt sur sa bouche.

— Çà, continua-t-il, faites-moi donner à souper, maître, je meurs de faim... et puis une chambre et un lit, car cet enfant tombe de sommeil...

L'hôtelier jeta un regard de tendresse mêlé d'admiration au jeune descendant des Dreux, qui, lassé d'une journée de soleil, de poussière et de cheval, s'était assis sur un banc et jetait un coup d'œil

étonné autour de lui; puis il souffla tout bas à l'oreille du gentilhomme : — Il a une ressemblance frappante...

Et il s'arrêta.

— Avec qui? fit Gontran inquiet.

— Avec M. de Mayenne, murmura l'hôtelier.

Le front assombri de Gontran se rasséréna, et il répondit :

— Je crois que vous avez raison.

— Holà! cria l'hôtelier à ses garçons de cuisine et à ses marmitons, un souper pour ce gentilhomme et du meilleur vin qui soit en cave. Çà, marauds que vous êtes, pressez-vous!...

Les valets se hâtèrent d'obéir.

— Je désire être servi dans ma chambre, dit l'écuyer.

Et ses ordres furent ponctuellement exécutés.

Tandis qu'il se rendait avec l'enfant à l'appartement qui lui avait été préparé, l'hôte, après avoir pris congé de lui avec force génuflexions et inclinaisons de tête, revint à la cuisine où les buveurs continuaient à chuchoter entre eux :

— Holà! dit-il, enfants de notre mère l'Église romaine et bons compagnons de la messe, apprêtez-vous à bien faire votre devoir aujourd'hui, car nous avons ici un homme qui aura l'œil sur nous.

Pendant que maître Antoine Pernillet, propriétaire de l'hôtellerie du Grand-Charlemagne et marguillier de la paroisse Sainte Geneviève, lui faisait ainsi une réputation et le haussait considérablement dans l'opinion de ses chalands, notre gentilhomme s'attablait avec son pupille.

L'enfant était triste et grave, comme il convient à ceux que la destinée fait orphelins de bonne heure; il ne pleurait pas cependant, peut-être parce qu'il comprenait déjà que les larmes sont indignes d'un homme, mais il avait cette pâleur mate que la douleur met aux fronts les plus juvéniles, et à la lèvre cette amertume résignée qui est comme une prescience des malheurs à venir.

Gontran était bon compagnon; il buvait et mangeait fort bien d'ordinaire, — mais ce jour-là, bien qu'il eût soif et faim, il toucha à peine aux mets qu'on lui servit, et laissa son hanap demi-plein.

Les révélations mystérieuses et les demi-mots de l'hôte avaient jeté le trouble dans son esprit.

— Ainsi donc, murmurait-il sourdement, je vais assister à un massacre! Dans quelques heures, Paris sera converti en une immense boucherie, et le sang, coulant par torrents, ira grossir les eaux bourbeuses de ce fleuve qui roule sous ma fenêtre!... Et ce sont les hommes que je sers...

Gontran s'arrêta et essuya la sueur froide que ces pensées de carnage faisaient couler sur son front.

— Guise contre Navarre, continua-t-il, huguenots contre catholiques. La boucherie sera belle.

Il s'arrêta encore; son regard tomba sur l'enfant qui tournait son œil triste vers la fenêtre ouverte, d'où l'on apercevait les tourelles pointues et les pignons du vieux Louvre; — et haussant les épaules :

— Au fait, murmura-t-il, mon père nous l'a dit. Nous avons trois races de rois ou de princes pour ennemis. Dieu est sage, laissons-le faire... Deux de ces races vont être aux prises, peut-être l'une succombera... Dieu est sage, et les huguenots sont marqués d'avance, sans doute, pour le supplice et le poignard.

Et maître Gontran, se réconfortant avec cette réflexion, se remit bravement à table et fit tardivement honneur au souper de son hôte.

Mais, tandis qu'il mangeait, l'enfant, brisé de fatigue, s'endormit sur son siège.

Gontran se leva et le porta sur le lit, où il le coucha tout habillé. Pendant ce temps, la nuit venait avec rapidité qui lui est propre vers la fin de l'été; un murmure sourd montait des rues avoisinantes, et de cette berge sans parapet qui, deux siècles plus tard, devait se nommer le quai Malaquais et le quai Voltaire. Gontran se mit à la croisée qui donnait sur la rivière et s'y accouda.

Il vit une foule immense, confuse, se déroulant en tous sens; il aperçut, parmi les groupes sombres, des croix blanches sous les conjurés; il vit briller aux lueurs mourantes du crépuscule et au reflet vague encore des lanternes qui s'allumaient une à une, le canon des mousquets et le fer des hallebardes; il entendit de sourds murmures, des imprécations étouffées, des demi-mots qui étaient des mots d'ordre; il surprit un échange perpétuel de signes de ralliement... Et alors, comme c'était avant tout un brave et loyal gentilhomme, il fut tenté de prendre son épée et d'aller se ranger parmi les victimes contre ceux qui les devaient égorger.

IV

Une réflexion subite arrêta Gontran : il n'était plus le soldat insoucieux buvant mal quand il était pauvre, bien quand son escarcelle était ronde; se battant toujours de même, tantôt pour une maîtresse, tantôt pour son seigneur le duc de Mayenne, le plus souvent sans savoir pourquoi.

Gontran avait reçu la garde d'un dépôt plus précieux que tous les trésors du monde, — il avait à veiller sur l'orgueil futur, sur le restaurateur à venir des splendeurs tombées de sa race, — sur l'espoir peut-être de l'indépendance de tout un peuple.

Aller se battre! Était-ce possible?...

Et tandis qu'il ferraillerait en chevalier errant pour des amis inconnus, ces amis prendraient d'assaut l'hôtellerie du zélé catholique Pernillet, et, de même que les catholiques ne feraient de quartier à personne, eux égorgeraient femmes et enfants, et ne respecteraient pas davantage l'héritier de Robert de Dreux!

Ou bien lui-même, lui Gontran, recevrait une bonne estocade dans la poitrine, ou une balle de mousquet dans la tête, — et l'enfant dont il s'était chargé se trouverait isolé, perdu en cette vaste mer qu'on nomme Paris, loin des grèves bretonnes, loin de ses oncles, tranquilles sur son sort et se fiant à leur frère, loin de sa mère dont il ignorerait le nom et que nul ne pourrait lui rendre...

Gontran en était là de ses réflexions, quand le murmure qui montait toujours de la rue et de la berge s'éteignit subitement.

Il se pencha de nouveau à la croisée, regarda et vit la foule qui s'écoulait peu à peu, silencieuse et sombre, par les rues voisines, laissant désert le bord de la rivière.

Que signifiait cette manœuvre?

Était-ce un contre-ordre?

Était-ce une habile disposition stratégique, une ruse de guerre d'un grand capitaine?

Gontran se souvint de plusieurs campagnes dans les Flandres, qu'il avait faites avec le duc de Guise, et il crut reconnaître dans cette disposition subite de la foule la main de celui qui avait été son général.

Une lutte intérieure de quelques secondes se livra chez lui entre le devoir qui l'enchaînait auprès de cet enfant et son cœur loyal qui essayait de parler aussi haut que le devoir; mais, à la fin, le devoir l'emportant sur la générosité, il alla fermer la porte au verrou et revint au chevet du lit.

L'enfant dormait profondément.

Gontran prit son manteau et l'en couvrit.

Puis il tira son épée, mit ses pistolets sur la table et se plaça auprès de l'enfant endormi, veillant sur lui et prêt à le défendre avec l'audace et l'énergie d'un lion.

L'hôte frappa à la porte.

— Que voulez-vous? demanda Gontran.

— Un mot, messire.

— Parlez!

— Monseigneur de Mayenne ne vous a-t-il pas donné des instructions particulières?

— Oui, répondit Gontran à tout hasard.

— Daignerez-vous me les communiquer?

Gontran hésita.

— C'est que, continua l'hôte, qui ne prit point garde à cette hésitation, nous manquons d'ordres...

— Ah! dit Gontran d'un ton hautain.

— La troupe que je commande est partagée en deux opinions...

— Lesquelles?

— Les uns veulent attaquer le Louvre, par les fenêtres duquel on nous doit le jeter le Béarnais, les autres se porter rue de Béthisy, sur la maison de l'amiral.

Gontran fronça le sourcil, selon son habitude, et dit à part lui :

— L'amiral n'a rien fait à ma race, ni à moi; le Béarnais est mon ennemi naturel; tâchons de sauver l'amiral.

Puis il dit à Pernillet :

— Allez d'abord au Louvre.

— Ah! vous croyez que le duc le veut?

— Qu'est le Béarnais?

— Roi.

— Qu'est l'amiral?

— Duc.

— Le roi a le pas sur le duc aux fêtes comme au supplice; commencez par le roi.

— C'est juste, dit l'hôtelier. Adieu, messire...

Et il s'en alla, puis revint sur ses pas :

— Ne nous donnez-vous pas un petit coup de main, messire?

— Non, dit Gontran, et cependant j'ai la main qui me démange singulièrement, et je suis capable de devenir fou aux premiers coups de mousquet...

L'hôte fit un signe d'admiration.

— Mais, vous comprenez, continua Gontran, que j'ai à veiller sur cet enfant...

— Bah! il dort.

— Il peut se réveiller...

— Les enfants ont le sommeil dur...

— Et s'envoir effrayé...

— C'est juste.

— Et courir à travers Paris, et s'y perdre...

— Et puis, il ressemble si fort à M. de Mayenne que le premier huguenot qui, le fer au poing, le rencontrerait, l'embrocherait comme un poulet.

L'hôte frémit :

— Il ne faut pas le quitter, messire, dit-il avec émotion.

— Je ne bougerais pas de là pour un royaume, fût-ce celui de France!...

— De même, acheva l'hôte, toute réflexion faite, je vais vous laisser dix de mes hommes pour garder ce cher enfant.

— Bon, pensa le brave gentilhomme, voici dix bourreaux qui ne feront rien cette nuit.

Puis tout haut :

— J'allais vous les demander, dit-il avec flegme.

— Ils sont à votre service! s'écria Pernillet : vivent messeigneurs de Lorraine!...

Et l'hôte redescendit et ordonna à dix de ses hommes, lesquels s'étaient armés durant le souper du gentilhomme, de demeurer dans la cuisine de l'hôtellerie pour veiller à la garde du précieux enfant.

En ce moment la première arquebusade retentit, et le fougueux Pernillet s'élança à la tête de ses soldats, armés pour le massacre, dans la direction du Louvre, qu'il gagna au moyen d'une grosse et lourde barque amarrée devant sa porte.

La nuit était devenue obscure pendant ce temps-là, et à peine si Gontran, qui avait repris son poste d'observation à la fenêtre, distinguait entre lui et le Louvre, illuminé comme pour une fête, le sillon blanchâtre de l'eau qui coulait au milieu. Tout à coup, il vit presque simultanément un point noir trancher sur ce sillon blanc et le couper lentement en deux, et quatre ou cinq des hommes qui étaient demeurés sur le seuil de l'hôtellerie pour garder l'enfant, se diriger vers la berge, sans doute parce que, comme lui, ils avaient aperçu le point noir.

Ce point noir, c'était le roi de Navarre qui, en sortant de l'eau et se retrouvant sur ses pieds, heurta un homme armé.

Le roi avait l'épée nue :

— Place! cria-t-il.

— Qui êtes-vous?

— Que vous importe!

Et le roi, poussant une terrible estocade en avant, renversa l'homme qui roula sur le sol, la poitrine crevée et jetant un cri sourd.

Le roi fit un pas, mais un autre homme, puis un autre, et encore un autre lui barrèrent le chemin, et tous crièrent :

— C'est un huguenot! mort aux huguenots!

Le roi fit un pas en arrière, puis fondit sur le plus rapproché de ses adversaires et l'étendit raide mort.

— Place! cria-t-il une seconde fois.

Mais les cinq hommes qui restaient dans l'hôtellerie accoururent au secours des autres qui leur criaient :

— Des mousquets, apportez des mousquets!

Et, par la Vierge! comme on disait alors, c'en était fait du roi, si un nouveau personnage ne fût accouru l'épée haute et criant :

— Arrière! arrière!

Ce personnage était Gontran qui, oubliant tout à la vue de cet homme qu'on allait égorger sous ses yeux, avait sauté par la fenêtre et tombait comme la foudre au milieu des massacreurs!

V

Les massacreurs se retournèrent stupéfaits, et reconnurent le gentilhomme qui s'était annoncé dans l'hôtellerie comme écuyer de monseigneur le duc de Mayenne, et dont maître Antoine Pernillet leur avait fait un si grand éloge, en leur conseillant de tailler proprement leur besogne, car il aurait les yeux sur eux.

A sa vue ils reculèrent tout tremblants.

L'un d'eux cependant, plus hardi que les autres, s'écria :

— C'est un huguenot, mort aux huguenots!

— Taisez-vous! lui dit Gontran d'un ton impérieux.

Le massacreur intimidé se tut.

— Vous dites que c'est un huguenot?

— Oui, messire.

— Vous en êtes bien sûr?

— Dame! fit le massacreur, puisqu'il vient du Louvre.

— Est-ce à dire qu'il n'y ait que des huguenots au Louvre? Le roi, la reine, les princes sont des huguenots, donc?

— Je ne dis pas cela... mais... mais... Ah fait, murmura le bourgeois, la preuve que c'en est un, c'est qu'au lieu d'attendre que le passeur soit de retour, il s'est jeté à la nage.

— Cela prouve une seule chose : c'est qu'il était pressé...

— De fuir, fit le massacreur, qui était tenace et qui avait toujours la pointe de son épée au visage du roi.

— Non, dit Gontran, pas de fuir, mais de porter un ordre, mes maîtres, ajouta-t-il durement; vos épaules ont mérité cinquante coups de houssine chacune, car vous avez failli tuer un des meilleurs serviteurs de monseigneur le duc de Mayenne.

A ce nom, les massacreurs frémirent et poussèrent un cri de terreur :

— Grâce! murmurèrent-ils.

— Messire, continua froidement Gontran, s'adressant au roi, qui calme et le fer au poing, semblait attendre l'issue de la négociation de son protecteur inconnu : messire, veuillez me communiquer l'ordre que vous m'apportez, afin que ces braves gens soient bien convaincus qu'ils méritent une bastonnade.

Le roi, qui avait saisi un imperceptible signe de Gontran, se pencha à son oreille, et feignit d'y murmurer quelques mots.

— C'est bien, dit Gontran avec déférence. Suivez-moi!

Et il rentra dans l'hôtellerie, suivi du roi qui passa la tête haute au milieu des massacreurs tout tremblants.

Gontran gagna l'appartement où il avait laissé l'enfant endormi, et où il le retrouva dormant toujours.

Gontran ferma la porte, puis revint à lui :

— Messire, lui dit-il, vous êtes désormais ici en sûreté, et demain je vous escorterai où il vous plaira.

— Merci, dit le roi.

Et il s'assit, et de la croisée regarda, la sueur au front, et l'angoisse au cœur, la flamme rouge qui s'élevait au-dessus des toits dans la direction de la rue Béthisy, et annonçant l'incendie de la maison de l'amiral.

Gontran, discret autant qu'il était brave, était revenu se placer au chevet du lit sur lequel le roi n'avait point jeté les yeux encore.

Il faisait nuit dans la chambre autant qu'au dehors; Gontran voyait à peine l'homme qu'il venait de sauver, mais il devinait qu'il était jeune, beau, de grande naissance, et il s'applaudissait de l'avoir arraché à la mort.

Le roi, lui, songeait vaguement au danger qu'il venait de courir; mais ce qui l'occupait, ce qui étreignait son cœur et sa tête au point de l'isoler entièrement de son sauveur et des objets environnants, c'était ce massacre qui commençait et qu'il était impuissant à arrêter, comme il l'avait été à le prévenir. — C'étaient ses frères, ses sujets égorgés sans défense, son vieil ami l'amiral dont on brûlait la maison et dont on traînait par les rues le cadavre inutile... C'était peut-être...

Le roi frissonna à cette pensée subite et, se retournant brusquement, vint à Gontran qui était toujours immobile et calme à son poste :

— Monsieur, lui dit-il, vous m'avez sauvé, merci!... mais il faut que vous fassiez plus...

— Parlez, messire.

— J'ai une maîtresse...

— Ah! dit Gontran.

— Une maîtresse qu'on assassinera peut-être dans une heure...

Gontran tressaillit.

— Où est-elle? demanda-t-il.

— Monsieur, continua le roi, je suis un gentilhomme béarnais attaché au roi de Navarre et son ami. Le peuple de Paris me connaît, car il m'a vu souvent passer avec mon maître. Si j'essayais de faire cinquante pas dans la rue, je serais bien certainement arrêté au dixième.

Gontran regarda le roi et frémit.

— Or, continua le roi d'une voix que la douleur et l'angoisse rendaient sympathique et entraînante, je ne tiens pas à la vie, moi, mais j'aime ma maîtresse d'un ardent amour, et je veux la sauver à tout prix.

Gontran chancela.

— Vous êtes gentilhomme, monsieur; si je ne l'avais vu à votre costume, je le devinerais bien certainement à votre généreuse intervention, à laquelle je dois mon salut. Je suis huguenot et vous êtes catholique, mais nous sommes gentilshommes tous deux, et je m'adresse à vous loyalement, et je vous dis : Sauvez celle que j'aime!

— Je le veux bien, dit Gontran ; mais comment?

— Vous êtes, je le vois, un des chefs du parti lorrain, vous êtes influent auprès des serviteurs de Guise, et vous pouvez aller jusqu'à elle, la couvrir de votre manteau et la ramener ici.

— Monsieur, dit Gontran dont la voix tremblait, vous voyez cet enfant?...

— Oui, dit le roi, s'approchant du lit.

— Cet enfant m'est confié...

— Eh bien?

— Je réponds de sa vie sur ma tête; m'en répondrez-vous sur la vôtre, si je m'expose pour sauver votre maîtresse?

— Sur l'honneur et foi de gentilhomme, dit le roi d'une voix sonore et grave, je m'engage à veiller sur cet enfant pendant votre absence et à me faire tuer avant qu'un cheveu tombe de sa tête.

Et le roi, écartant Gontran, se mit à sa place l'épée nue, dans cette fière et chevaleresque attitude qui lui était naturelle, et que nul roi peut-être ne retrouva après lui.

— C'est bien, dit Gontran; où est votre maîtresse?

— Connaissez-vous Paris?

— Presque pas.

— Avez-vous entendu parler des Prés-Saint-Germain?

— Oui, j'y suis allé.

— Eh bien! aux Prés-Saint-Germain, vous verrez une petite maison en briques rouges, adossée au rempart; vous heurterez à la porte et vous demanderez la maîtresse du logis, si déjà la maison n'est entourée de catholiques...

— Bien, dit Gontran prenant son manteau.

— Vous lui direz : « Madame, suivez-moi, Béarn vous attend. »

— Est-ce tout?

— Tout.

Gontran ceignit son épée, enfonça son chapeau sur ses yeux, puis, au moment de passer la porte, se retourna et dit au roi :

— Vous me répondez de l'enfant, n'est-ce pas?

— Sur mon honneur!...

Gontran frappa le sol du pommeau de son épée. A ce bruit, deux des hommes qui étaient commis à la garde de l'enfant et buvaient aux cuisines, accoururent :

— Vous voyez ce gentilhomme? leur dit-il d'une voix brève et impérieuse, il me remplace ici. Tandis que je vais chercher des ordres, obéissez-lui comme à moi.

Les massacreurs s'inclinèrent et demeurèrent en dehors.

Gontran partit, emmenant deux autres des soldats de maître Pernillet.

Il avait eu soin de mettre un linge blanc à son bras, et ses deux compagnons portaient la croix des conjurés.

Partout ils trouvèrent le passage libre; la foule s'écartait devant eux avec respect ou terreur.

Ils arrivèrent ainsi aux Prés-Saint-Germain, et aperçurent la maison en briques rouges dépeinte par le roi.

Les prés étaient déserts, silencieux, la maison fermée et sans lumière aux croisées.

Gontran heurta violemment la porte, qui résista.

Il heurta une seconde fois encore.

Même silence !

Alors il n'hésita plus, et bien que la porte fût en chêne ferré, il appuya contre elle ses robustes épaules et, d'un effort suprême, l'enfonça.

Il pénétra dans un vestibule obscur, gravit un petit escalier également plongé dans les ténèbres, traversa deux pièces désertes ; puis, arrivé à une troisième, il trouva agenouillée dans un coin une femme blanche et froide que la terreur rendait muette, et qui versait des larmes silencieuses.

Cette femme était Charlotte de Sauve.

Elle avait appris une heure auparavant ce qui se passait, elle avait voulu courir à Paris, pénétrer jusqu'au Louvre, arriver au roi : elle avait été repoussée et refoulée par un flot de populaire qui criait : Mort au Béarnais! et elle s'était réfugiée dans sa maison que ses serviteurs venaient d'abandonner.

Là, dominée par la terreur, elle avait verrouillé toutes les portes et s'était réfugiée au coin le plus obscur pour y prier ardemment et demander à Dieu le salut de celui qu'elle aimait.

A la vue de Gontran et des deux hommes qui le suivaient, elle poussa un cri et ferma les yeux, croyant déjà voir sur son sein la pointe meurtrière d'une épée.

Mais Gontran alla vers elle et lui dit à l'oreille :

— Ne craignez rien... je viens vous sauver..

Et, comme elle le regardait d'un œil plein d'étonnement et d'épouvante, il poursuivit, toujours assez bas pour que les massacreurs ne le pussent entendre :

— Béarn vous attend!

— Il vit donc! s'écria-t-elle délirante.

— Silence! ne prononcez pas son nom...

— Mais, où est-il?

— Suivez-nous, moi et ces hommes...

Charlotte se leva vivement... elle était si brisée !

Gontran lui jeta son manteau sur les épaules et lui offrit son bras.

— Venez! dit-il.

Elle le suivit, à moitié folle, prononçant des mots entrecoupés, incohérents, que Gontran s'efforçait d'étouffer... Ils rentrèrent dans Paris; ils arrivèrent à peu près sans encombre jusqu'à l'endroit où s'élève maintenant la rue Jacob. Mais là, un flot de populaire barrait le chemin. On assiégeait une maison de calviniste, et le calviniste se défendait avec l'énergie du désespoir; les balles ricochaient des fenêtres sur le pavé, les amis et les serviteurs du malheureux assiégé précipitaient sur les assiégeants tout ce qu'ils avaient sous la main, bahuts, vaisselle, pierres, candélabres. Et ces objets déjà lourds, acquérant une pesanteur terrible par la distance qu'ils parcouraient dans leur chute, frappaient de mort ou étourdissaient ceux qu'ils atteignaient.

— Place! cria Gontran.

Mais la foule ne s'écarta point; la foule avait le délire, elle voyait rouge, elle avait les pieds dans le sang, elle voulait du sang encore.

— Place! répéta-t-il, place à l'écuyer du duc de Mayenne!

La foule entendit ce mot magique et s'écarta; mais au moment où Gontran, portant Charlotte dans ses bras, se trouvait à demi dégagé, une pierre lancée d'une croisée de la maison vint le frapper au front.

Charlotte le vit chanceler avec un nuage de sang sur le visage, puis pirouetter une seconde et tomber.

Un moment elle fut tentée de se pencher sur lui, d'essuyer le sang de sa plaie, de lui donner ces soins ardents dont seules les femmes ont le secret; — mais la foule hurlait et piétinait... la foule l'en sépara par une brusque ondulation... Elle le crut mort.

Alors, comme *il* l'attendait, comme elle voulait le voir à tout prix, arriver à tout prix jusqu'à lui, elle se cramponna au bras des deux hommes qui escortaient Gontran et qui l'entraînèrent, croyant servir M. de Mayenne.

— C'était un fier soldat, dit l'un d'eux en parlant de Gontran, et messeigneurs les princes et madame la Vierge perdent gros à sa mort! Telle fut l'oraison funèbre de Gontran.

VI

Pendant ce temps, le roi veillait sur l'enfant qui dormait toujours, et de temps à autre il se penchait à la croisée et regardait avec anxiété, tantôt flamboyer la rue de Béthisy, tantôt étinceler les fenêtres du Louvre.

Il entendait retentir les cris de mort des massacreurs, et, à chaque minute, son nom mêlé à de terribles imprécations.

Puis son œil s'abaissait au bas de la croisée, et, sur la grève toujours déserte, cherchait dans l'ombre une apparition, comme s'il eût voulu hâter de ses vœux l'arrivée de sa bien-aimée Charlotte.

Enfin apparurent trois ombres...

Le roi frémit. Ils étaient partis trois, ils revenaient trois seulement, où donc était Charlotte?

Tout à coup il aperçut une robe blanche et il poussa un cri.

Cette robe, c'était la sienne sans doute.

Mais le roi avait aux moments suprêmes un terrible sang-froid; il comprit qu'il devait son salut au quiproquo établi entre le gentilhomme et les hommes qu'il commandait, et modérant soudain sa joie, il reprit un visage impassible et calme.

C'était en effet Charlotte qui arrivait, conduite par les deux massacreurs, et qui bientôt alla se jeter dans les bras de son royal amant. Les deux massacreurs étaient respectueusement demeurés sur le seuil.

Par un sentiment de prudence, le roi ferma la porte sur eux, puis, le premier élan de tendresse apaisé, il regarda autour de lui, chercha son sauveur des yeux, ne le vit point, et dit à Charlotte :

— Où donc est ce gentilhomme?

— Mort, dit Charlotte.

— Mort?

— Tué sous les fenêtres d'une maison assiégée.

Le roi chancela, passa une main fiévreuse sur son front, puis regarda l'enfant, dont le sommeil paisible n'avait point été interrompu :

— Pauvre enfant! murmura-t-il, j'ai juré de veiller sur toi. Je tiendrai mon serment, je serai ton père!

Et comme les cris de mort retentissaient toujours, et que, cependant, l'aube commençait à paraître, le roi songea que peut-être, dans une heure, la fuite ne serait plus possible, et, appelant les deux massacreurs, il leur dit :

— Accompagnez-moi jusqu'à la porte Saint-Jacques, où je dois remettre cet enfant aux mains du capitaine Hector de Montaigo, ainsi que madame, qui est sa mère.

Les deux massacreurs s'inclinèrent, croyant toujours servir la cause de M. de Mayenne, et le roi, prenant l'enfant dans ses bras, l'enveloppa de son manteau.

Au lever du soleil, la maison du calviniste était rasée. Un homme se dressa parmi les morts, passa la main sur son front alourdi, se souvint, et murmura : — Mon Dieu! l'enfant?

Et, tout chancelant encore, cet homme se mit à courir, arriva à l'hôtellerie, pénétra jusqu'à la chambre où il avait laissé l'enfant endormi et poussa un cri terrible...

L'enfant avait disparu!

PREMIÈRE PARTIE.
—
LE GANT DE LA REINE.

I

Quinze jours après la rencontre des Cavaliers de la Nuit à la tour de Penn-Oïl, jour pour jour, heure pour heure, à minuit sonnant, les fenêtres du château royal de Glascow, en Écosse, s'illuminèrent comme par enchantement, et la ville, paisiblement endormie déjà, se réveilla aux notes harmonieuses d'un brillant orchestre.

La reine d'Écosse, — cette belle et malheureuse Marie Stuart, âme faible et grand cœur, dont la cruauté d'Élisabeth d'Angleterre fit une martyre, — la reine d'Écosse, disons-le, donnait un bal de nuit à sa cour pour solenniser le mariage de l'Italien Sébastiani (1) avec Marguerite Carwod, une de ses filles d'honneur.

(1) Ce Sébastiani appartenait à une famille illustre de Corse, dont une

La reine, partie la veille d'Édimbourg, était arrivée le soir, la nuit tombante, à Glascow.

Elle avait dîné en tête à tête avec la comtesse de Douglas, sa dame de compagnie, et était demeurée enfermée avec ses ministres depuis huit heures jusqu'à onze, pour élaborer les bases d'un traité avec l'Angleterre touchant la délimitation exacte des frontières sur certains points des deux royaumes.

À onze heures, Sa Majesté avait renvoyé les ministres pour procéder à sa toilette.

À minuit, les portes des salles de bal avaient été ouvertes à deux battants, et le flot des courtisans s'y était engouffré aux préludes d'une valse.

Puis, la valse s'étant éteinte, et alors, en attendant la reine et son époux, cent groupes divers s'étaient formés, remarquables par la pittoresque originalité et la différence variée des costumes.

Ici, un courtisan vêtu de soie abordait un lord militaire armé de toutes pièces; — là, un laird des montagnes portant au flanc la longue claymore, et sur l'épaule le plaid rayé blanc et bleu ; — plus loin, une dame d'honneur, adoptant le costume galant de la cour de France, causait avec une châtelaine du Nord, ayant conservé la jupe écossaise et la coiffure nationale.

Les groupes étaient bruyants, animés, joyeux ici, là soucieux, car depuis plusieurs années déjà, de sombres nuages planaient sur le pays d'Écosse, amoncelés dans le lointain par la politique astucieuse de la reine d'Angleterre, qui trouvait toujours un sonore écho chez les lords et les banncrets, dont l'ambition ombrageuse s'accommodait mal des libéralités de Marie Stuart et de la confiance aveugle qu'elle était toujours prête à accorder à des étrangers, de préférence à ses propres sujets.

Le sombre drame du meurtre du chanteur Rizzio, assassiné par Douglas, Murray et le roi lui-même, aux pieds de la reine et dans son oratoire, n'était point encore oublié, et l'on sentait instinctivement que ce calme momentané, cette fête de nuit présente ne serait point un lien de sécurité assez fort pour prévenir de nouvelles tempêtes.

Parmi les différents groupes d'où le rire et la discussion s'échappaient avec une sorte de volubilité fébrile, il en était un qui attirait les regards plus que tous les autres : il se composait de trois seigneurs éminents par leur opulente fortune, leurs titres et dignités, la popularité dont ils jouissaient et une réputation d'audace bien connue.

L'un, et celui sur lequel les yeux de tous se portaient de préférence, était le comte lord de Bothwell, l'un des plus grands seigneurs terriens d'Écosse, jeune, beau, quoique d'un aspect farouche et cauteleux, audacieux jusqu'au crime, et professant un souverain mépris de la légalité, qu'il appelait d'ordinaire la *pierre d'achoppement des niais*.

L'autre était son beau-frère, le comte de Huntley.

Le troisième, lord Maitland, seigneur des Marches du sud, vendu depuis longtemps à Élisabeth.

Ces trois seigneurs s'entretenaient tout bas et avec feu, et ils avaient eu soin de se placer à distance des autres groupes, de manière à n'être point entendus. Seul, un jeune homme, un page, bien plutôt, car sa lèvre était vierge encore et tout duvet, ne se mêlait à aucun attroupement, ne parlait à personne et se tenait à l'écart, à demi appuyé à une des portes d'entrée, et jetant un mélancolique regard sur cette foule bariolée et étincelante d'armes, d'étoffes éclatantes et de pierreries.

Il pouvait avoir dix-huit ans et portait le costume des gardes de la reine.

Tout à coup l'œil rêveur de ce jeune homme s'illumina et, quittant le poste d'observation où il était, il courut à la rencontre d'un gentilhomme enveloppé d'un long manteau brun, et qui venait d'entrer dans la salle de bal par une porte opposée.

Ce gentilhomme n'était point en costume de cour ; ses bottes poudreuses, son feutre terni, les faveurs de son justaucorps fanées annonçaient qu'il venait de faire une longue route.

Il tendit la main au jeune homme et lui dit :

— Dieu soit Dieu qui me fait te rencontrer, Henry !...

— Comment! te voilà, Hector?

— J'arrive, mon ami,

— Je te vois bien à ton costume.

Le gentilhomme eut un triste sourire :

— Mon costume est peu galant, n'est-ce pas?

— En effet...

— Et tu trouves que je suis bien hardi de venir au bal de la reine?

— Ainsi costumé, oui, mon ami.

— Pauvre Henry, fit le gentilhomme avec un amer sourire, j'ai fait tant de chemin depuis huit jours! j'ai crevé dix chevaux, fait naufrage sur les côtes d'Angleterre, j'ai failli, à deux lieues de Perth, être assassiné par des montagnards qui me traitaient de papiste.

— Mais qui te pressait donc ainsi? Et, d'abord, d'où viens-tu...

branche émigra à la fin de la Renaissance et vint s'établir en Provence, où il en existe encore des descendants.

Un soir, tu es parti sans faire d'adieu à personne, pas même à moi que tu aimes...

— D'où je viens? de la Bretagne. Pourquoi y suis-je allé? mon ami, c'est un secret qui n'est pas le mien.

— Garde le, en ce cas.

— Qui me pressait? Oh! tu le devines, n'est-ce pas? Huit jours loin d'elle, huit jours sans la voir? huit jours de transes mortelles, d'angoisses sans trêve, de souffrances sans nom!

— Tu l'aimes donc bien?

Le gentilhomme posa la main sur son cœur :

— Assez pour en mourir, dit-il sourdement.

— Et tu en mourras, mon ami, murmura tristement le jeune garde : l'amour d'un soldat pour une reine est chose qui tue!

— Je le sais.

Le gentilhomme prononça ces mots avec un accent de simplicité terrible et de vérité telle, que le jeune homme en tressaillit profondément et se tut.

Puis il reprit avec feu :

— Je sais bien que mon amour est chose insensée, et qu'entre elle et moi aucune puissance humaine ne comblera jamais l'abîme... je l'aime sans espoir, mais tel qu'il est, cet amour m'est cher... Nul ne le sait hormis toi, nul peut-être ne le saura. Elle ne l'apprendra jamais... mais je sens que j'ai une mission auprès d'elle, mission obscure, muette, que les évènements peuvent rendre éclatante... Autour d'elle se pressent des ennemis dangereux : les uns veulent la déshonorer, les autres la dépouiller; tous veulent lui arracher un pouvoir qui leur fait ombrage... je suis là.

Et comme le jeune garde se taisait toujours, le gentilhomme reprit après une seconde de silence et de pénibles réflexions :

— Je sais bien que je ne suis qu'un soldat obscur, inconnu, sans autre fortune que l'espérance, sans autre puissance que mon épée... Mais elle est lourde, va! et malheur à qui touchera à ma reine, malheur à qui voudra briser mon idole!

— Tu te trompes, ami, dit le jeune garde, quand tu dis ne posséder ni puissance, ni fortune. Mon or est à toi, mon épée aussi.

— Merci!

— Tu as quelques années de plus que moi, tu m'as presque servi de père dans cette maison où mon père te recueillit et d'où je mourrais l'arracha trop tôt. Un père est le maître chez son enfant, il dispose de lui, de sa bourse, de sa vie, de son intelligence, de son dévouement : prends, ami; tu es mon père, tout est à toi.

— Tu es noble et bon comme ton père, enfant, Dieu te vienne en aide! mais ce n'est point de l'or qu'il me faut pour veiller sur elle, ce ne sont pas des dignités et de riches habits. Plus je serai obscur, plus ma tâche sera facile. Il y a un homme ici, un homme qui porte un noble nom et qui est aussi riche, aussi puissant, aussi redouté que je suis pauvre, faible et peu craint de tous. Cet homme cache un cœur vil, une âme criminelle, sous son pourpoint de gentilhomme; cet homme ne recule ni devant le poignard, ni devant le poison, ni devant cette arme terrible qu'on nomme la calomnie... Cet homme... regarde-le bien, Henry...

— Où est-il?

— Vois-tu, là-bas, ce groupe composé de trois seigneurs?

— Oui, Maitland, Huntley... Bothwell...

— C'est lui.

Henry tressaillit.

— Il a un visage de tigre.

— Il est plus lâche que lui. Cet homme, Henry, poursuit depuis longtemps la reine d'un amour odieux... fatal... Cet homme ne reculera devant rien; pour posséder sa souveraine une heure, il bouleversera l'Ecosse, il armera contre elle depuis le premier laird jusqu'au dernier vassal... il n'hésitera point à la traîner sur une claie d'infamie...

— Horreur!

— Regarde-le bien, Henry. Si mon poignard ne lui clôt la bouche, si ma main n'arrache sa langue à temps, la reine d'Ecosse est perdue.

— Tu exagères, Hector..

— Non, de par Dieu! mon ami... Je sais bien ce que je dis. Dieu me garde de calomnier! Aussi tu comprendras, n'est-ce pas? tout ce que j'ai souffert, tout ce que j'ai enduré d'angoisses depuis huit jours... huit siècles !... pendant lesquels le monstre aurait pu triompher !... Je suis arrivé à Edimbourg. J'étais bien las, bien brisé. Mon cheval allait s'abattre. On m'a dit que la reine était partie pour Glascow à sa cour. J'ai demandé si lord Bothwell était avec elle, et comme on m'a répondu que oui, j'ai demandé un autre cheval et je suis parti.

— Noble cœur! murmura Henry.

— Je suis arrivé ici, il y a dix minutes. Le château était illuminé, ses abords gardés par les soldats, la cour encombrée de chevaux, de valets, de litières. On m'a dit que la reine donnait un bal. Un moment j'ai hésité, un moment j'ai songé à entrer dans une hôtellerie pour y prendre un peu de repos, un pot d'ale, un morceau de venaison et secourir la poudre de mes habits; mais mon cœur et mon âme étaient bien autrement affamés que mon corps .. je voulais la voir.

— Eh bien! dit Henry, tu vas être satisfait, car voici le héraut qui ouvre les portes à deux battants.

En effet, le grand chambellan parut, sa baguette blanche à la main, sur le seuil de la porte opposée, laquelle communiquait directement avec les petits appartements, et cria à voix haute et solennelle :

— La reine!...

La reine avait alors vingt-cinq ans environ; elle était de taille moyenne, svelte, un peu grassouillette. Ses cheveux, d'une admirable nuance chatain clair, étaient longs, abondants et relevés sur le front, suivant la mode française qu'elle avait adoptée à la cour de feu François II, son premier époux.

Elle avait à la lèvre un fier et bon sourire, plein de naïveté et de fermeté à la fois, mélange bizarre de l'ingénuité de la femme et de la dignité de la reine.

La reine entra d'un pas lent, grave, malgré son sourire, majestueuse, sans raideur.

Elle s'appuyait au bras du comte de Lenox, père du roi, vieillard vénérable dont l'œil pétillait de jeunesse, dont les cheveux blancs et la barbe grisonnante ombrageaient un visage encore sans rides, dont la taille robuste et souple défiait le poids des années.

— Henry, murmura le gentilhomme, s'appuyant sur le jeune garde, et tout pâle et défaillant; Henry, soutiens-moi...

— Du courage, ami... répondit Henry, tout bas.

— Mon Dieu! hier le gentilhomme d'une voix émue, je la voyais cependant tous les jours... je m'étais habitué à ne plus pâlir... à ne plus chanceler... et parce qu'il y a huit jours... Mon Dieu !... mon Dieu!... qu'elle est belle!...

Et le gentilhomme chancelait encore.

Mais soudain son visage s'empourpra, son œil eut un éclair de colère, et il se redressa hautain et fort. Lord Bothwell venait de s'approcher de la reine, devant laquelle il s'était incliné profondément.

Et la reine lui avait souri.

— Henry, murmura Hector,—car c'était bien, et nos lecteurs l'ont déjà deviné, ce beau et fier jeune homme aux moustaches blondes que nous avons vu recevoir les instructions paternelles à la tour de Penn-Oll, —Henry, l'as-tu vu?

— Oui, dit Henry frémissant.

— Elle lui a souri... Mon Dieu! mon Dieu! si elle allait l'aimer?

— Oh! fit Henry avec indignation.

— Ce n'est pas que je sois jaloux, va! reprit Hector; l'amour sans espoir ne peut l'être... Mais si elle l'aimait, c'est-à-dire si elle le croyait?... Oh! malheur! Henry, car l'amour de cet homme est une bave qui souille tout ce qu'elle éclabousse... Elle serait perdue!...

En ce moment, le grand chambellan ouvrit de nouveau les deux battants de la porte et annonça :

— Le roi!...

Le roi était un pâle et beau jeune homme de vingt et un ans à peine, blond, mince, presque frêle et portant sur son visage les traces d'une débilité prématurée et d'une maladie mortelle. Depuis le meurtre de Rizzio, le roi était mal avec la reine qui ne lui pardonnait pas un tel scandale; il vivait loin d'elle, retiré, solitaire, et il s'était choisi lui-même une résidence hors du château et des murs de Glascow, au milieu des champs.

C'était une petite maison composée d'un seul étage, entourée d'un parc, adossée à une verte colline et portant le nom de Kirk of field, c'est-à-dire l'église champêtre.

Le roi avait appris l'arrivée nocturne de la reine à Glascow, et désirant tenter une réconciliation, il lui avait envoyé son père, sir Darnley, comte de Lenox, pour essayer ce rapprochement.

La reine avait répondu qu'elle verrait avec joie le roi venir à son bal.

Et le roi, tout malade qu'il fût, était venu en grande hâte.

La reine, entendant ce cri : « Le roi! » la reine, disons-nous, se retourna, quitta le bras du comte de Lenox, congédia d'un sourire lord Bothwell et s'avança vers sir Henry Darnley, son royal époux.

— Votre Majesté, lui dit-elle en lui donnant sa main à baiser, arrive tout à propos pour ouvrir le bal avec moi.

Le roi s'inclina et offrit sa main.

La reine prit cette main, la pressa doucement et dit tout bas au roi :

— Merci de votre empressement, monsieur.

— Vous ne m'en voulez plus? demanda timidement le roi.

— Non... Henry... fit-elle, appuyant avec une grâce charmante sur ce mot.

— Vous êtes bonne... Marie... musmura-t-il.

Et il pressa à son tour la belle main de la reine.

On n'attendait plus que les nouveaux époux.

L'huissier les annonça bientôt.

L'époux était un grand jeune homme, brun presque bistré, portant haut la tête et s'exprimant avec cette volubilité gracieuse de gestes et de paroles qui trahissait son origine méridionale.

L'épouse était blonde, élancée, l'œil bleu, les mains blanches, rêveuse et nonchalante.

On eût dit une fleur du Nord s'appuyant à un vigoureux arbuste du Midi.

L'orchestre s'éveilla alors et la reine dit au roi :

— Ouvrons le quadrille; venez !...

Derrière leurs majestés, lord Bothwell était avec lord Maîtland.

Bothwell montra alors, avec son mauvais sourire, la tête pâle du roi, et dit à lord Maîtland :

— *Voilà un homme qui danse et qui mourra cette nuit !...*

Ces mots avaient été dits bien bas, mais un homme les entendit, et cet homme recula et porta instinctivement la main à la garde de son poignard.

C'était Henry, le jeune garde du corps de la reine. Henry recula jusqu'à Hector qu'il avait laissé à deux pas, accoudé à un guéridon, dévorant du regard le moindre geste, le moindre sourire de la reine, et devinant qu'un rapprochement s'opérait entre les royaux époux ; ce qui écartait Bothwell, au moins pour quelque temps.

— Hector, dit Henry d'une voix brève, écoute !...

— Que veux-tu ?

— Viens !...

Il l'entraîna loin du centre des danseurs, dans une embrasure de croisée.

— Eh bien ? fit Hector.

— Tu vois le roi ?

— Oui.

— Il est bien pâle, n'est-ce pas ?

— Oui, dit Hector.

— Il a l'air souffrant ?

— Je le crois.

— Eh bien ! *il mourra cette nuit.*

Hector fit un mouvement.

— Que veux-tu dire ? murmura-t-il.

— Je ne sais pas si c'est un complot ou l'effet de la maladie; je ne sais pas si le roi mourra assassiné ou succombera à quelque brusque péripétie du mal, mais il mourra cette nuit.

— Tu es fou !...

— Non; demande plutôt à lord Bothwell.

— C'est lui qui l'a dit ?

— Oui, à lord Maîtland.

Hector tressaillit.

— Quand cela ? demanda-t-il.

— Tout à l'heure; j'étais derrière eux.

— Et... fit Hector, dont la voix tremblait et qui porta la main à son poignard comme Henry l'avait fait lui-même naguère, et tu es bien sûr, tu as bien entendu ?

— Ils parlaient en excellent écossais.

Hector redevint pâle et les muscles de son visage se contractèrent.

— Ami, dit-il, la reine a souri à Bothwell, n'est-ce pas ?

— Oui, dit Henry.

— Puis elle l'a quitté pour aborder le roi ?

— Oui.

— Eh bien, retiens ceci : Bothwell a pris ce sourire pour un encouragement...

— L'infâme !

— Bothwell est convaincu que la reine l'aime ou est bien près de l'aimer...

— Oh ! fit Henry que la colère suffoquait.

— Bothwell est riche, et il y a ici plus d'un montagnard avide, plus d'un courtisan ruiné qui ne demandent pas mieux que de recoudre leur bourse trouée avec la pointe de leur dague...

— Crois-tu ? dit Henri frémissant.

— Enfant ! murmura Hector avec une tendre pitié pour l'ingénuité du jeune homme.

— Lord Bothwell paiera l'un ou l'autre, s'il ne l'a fait déjà... Lord Bothwell fera assassiner le roi cette nuit...

Henry ne répondit pas, mais il mit de nouveau une main sur sa dague, l'autre sur son épée et fit un pas dans la direction du roi, comme s'il eût voulu se ranger à ses côtés et lui faire, de sa poitrine, une cuirasse contre le fer des assassins.

— Attends donc ! continua Hector, le retenant par le bras; écoute : sais-tu ce que rêve cet homme en ce moment ?

— Que rêve-t-il ? fit Henry, dont la lèvre enfantine devint menaçante.

— Il rêve, poursuivit Hector, le trône d'Écosse !

— O infâme !...

— Et il espère l'avoir. La reine l'aime... il le croit du moins... et alors, comme pour les lâches et les traîtres, il n'est rien de sacré ; le roi mort, cet homme sera assez infâme, assez vil pour demander sa main à la veuve de l'homme qu'il aura fait assassiner.

— Si j'étais sûr de cela, fit Henry, je lui plongerais sur l'heure, dans la poitrine, la lame entière de mon épée.

L'œil d'Hector s'attachait toujours opiniâtrément sur lord Bothwell.

Tout à coup il tressaillit.

— Avec qui était-il ? demanda-t-il à Henry.

— Avec lord Maîtland.

— Et c'est à lui qu'il a dit ?...

— Oui...

— Où donc est lord Maîtland, maintenant ?

Ils le cherchèrent des yeux et ne le virent point ; ils firent le tour du bal, plongèrent dans tous les groupes, errèrent de salons en salons... lord Maîtland avait disparu.

— Cherche-le, dit Hector, fouille le château, et si tu le rencontres, parlant, une bourse à la main, à quelque pauvre diable, tue le !... Moi, je reste ici et je veille sur Bothwell.

Henry disparut.

Hector demeura à sa place, épiant les moindres gestes, les moindres mouvements de Bothwell, qui causait avec lord Murray de Tullibardine, se suspendant pour ainsi dire à ses lèvres, et cherchant à saisir le sens des paroles qu'ils échangeaient à mi-voix.

Quelquefois la reine, qui valsait avec Douglas, passait près de lui emportée sur le bras puissant du vaillant Écossais; sa robe l'effleurait, son haleine arrivait jusqu'à lui...

Et alors Hector abandonnait un instant de son tenace regard lord Bothwell, pour reporter un œil d'envie sur cette femme qu'il aimait et qu'un autre emportait dans ses robustes bras, aux stridentes mélodies de l'orchestre.

La reine adorait la valse.

La valse finit enfin... Hector respira.

La reine prit le bras de Douglas et fit avec lui le tour de la salle.

Tout à coup elle essuya son front et murmura :

— Dieu ! que j'ai chaud !...

Douglas s'élança vers un guéridon et revint avec un plateau de sorbets et de confitures d'Orient, de ces confitures noirâtres dont Henri III avait toujours soin d'emplir son drageoir.

La reine se dégagea de la main droite et prit son gant de la main gauche, pour saisir le hanap d'or ciselé que Douglas lui présentait. Mais, soit distraction, soit qu'elle le fît à dessein, son gant lui échappa et tomba à terre.

Un homme était derrière la reine; il se baissa, prit ce gant et le cacha lestement dans son pourpoint.

C'était Bothwell.

Un homme était derrière Bothwell et le vit dissimuler le gant.

C'était Hector.

Bothwell alors fit un pas vers la porte et s'apprêta à sortir.

Hector devint pâle de colère et, comme Bothwell, fit également un pas vers la porte et se disposa à le suivre. Mais la reine se retourna par hasard, aperçut Hector, remarqua sa pâleur, puis son habit poudreux, ses faveurs flétries, et, intriguée par cet étrange costume, vint à lui :

— Comment vous nommez-vous, monsieur ? demanda-t-elle avec cette familiarité si digne et si bonne des souverains.

Hector s'arrêta muet, troublé, tremblant... Il oublia Bothwell, il oublia le monde...

La reine lui parlait !...

II

Hector demeurait toujours immobile et muet.

— Comment vous nommez-vous ? reprit la reine.

— Hector, madame, répondit-il enfin.

— N'êtes-vous pas dans mes gardes ?

— Oui, madame.

— Et n'êtes-vous pas celui dont j'ai signé un congé il a quinze jours ?

— Oui, madame, balbutia Hector tout tremblant.

— Vous n'êtes donc pas parti ?

— Je demande humblement pardon à votre majesté, j'arrive.

— Ah !... dit la reine... et d'où venez-vous ?

— De Bretagne.

— En si peu de jours ?

— J'avais hâte de revenir auprès de Votre Majesté.

La reine sourit.

— Vous êtes un brave gentilhomme, dit-elle. Aussi, puisque vous arrivez de si loin, ai-je le droit de vous soumettre à une dernière épreuve...

Hector s'enhardit et osa regarder la reine.

— Vous allez, continua-t-elle, m'accorder une valse.

A cette proposition Hector chancela, pâlit plus fort encore, et faillit se trouver mal.

— Venez, dit la reine, venez, monsieur.

Elle lui offrit sa belle main qu'il osa serrer à peine, et elle l'entraîna vers l'orchestre, ivre, étourdi, ne sachant plus s'il rêvait ou veillait, s'il existait réellement, si réellement il allait valser avec la reine, ou bien s'il était le jouet de quelque hallucination, d'autant plus séduisante que le réveil en serait affreux.

La reine fit un signe aux musiciens, et se mit en place avec son valseur.

En ce moment les yeux égarés d'Hector se dirigèrent machinalement

Un homme se baissa, prit ce gant et le cacha lestement dans son pourpoint. (Page 15.)

ment vers la porte, et tout aussitôt il eut un brusque mouvement nerveux, une de ces réticences inexplicables comme en fait seul éprouver un spectacle subit et inattendu.

Il venait d'apercevoir lord Bothwell qui quittait la salle du bal et s'esquivait.

Cette sortie de lord Bothwell, c'était le réveil du songe d'Hector, la réalité brisant le masque de la féerie, le ciel s'entr'ouvrant sous lui et le laissant choir sur la terre abandonnée un instant.

Lord Bothwell qui sortait, c'était le poignard levé sur le roi, le déshonneur suspendu peut-être sur la tête de la reine, comme une nouvelle épée de Damoclès !...

Et Hector seul pouvait courir après lui, le poignarder dans un corridor et sauver peut-être l'existence entière de cette infortunée Marie Stuart, qui fit tant de fautes par légèreté, tant d'inconséquences par bonhomie, qu'elle sembla tenter éternellement l'échafaud.

Seul avec Henry, Hector savait le secret de cet homme; seul il avait deviné son but ténébreux et le drame qu'il préparait.

Et Henry était sorti pour courir après lord Maitland, — Henry ne revenait pas, et cependant Hector aurait pu, s'il eût été là, lui indiquer lord Bothwell d'un geste; et comprenant ce geste, Henry se fût attaché aux pas de l'assassin, il l'eût suivi lentement, dans l'ombre, comme le lynx suit sa victime, et à l'heure où cet homme aurait ouvert la bouche pour prononcer l'arrêt du roi, il l'eût frappé sûrement, sans pâlir et sans trembler.

Quant à lui, Hector, il valsait avec la reine, c'est-à-dire qu'il recevait un honneur que plus d'un lord puissant eût demandé à genoux sans l'obtenir, — un honneur qu'il ne retrouverait peut-être jamais comme sujet, un bonheur unique et sans lendemain pour un amant.

Et pourtant, puisque Henry n'était pas là, puisque Bothwell sortait, puisque la vie du roi était menacée, pouvait-il continuer à s'enivrer au bras de la femme aimée de ce mystérieux parfum qui est le fluide de l'amour?

Ne devait-il pas s'arracher des bras de cette femme, et fuir pour suivre l'assassin?

Hélas! cette femme était une reine, — cette femme, il l'aimait, — cette femme, il l'enlaçait de son bras, il sentait sa tête penchée sur son épaule; il aspirait son haleine avec la volupté que mettrait un captif des plombs de Venise à respirer enfin l'air libre et embaumé des champs; — cette femme l'étreignait de ses mains fébriles, l'entraînait malgré lui...

Et puis, s'arrêter, c'était faire un scandale, un scandale qui profiterait peut-être aux conjurés au lieu de leur nuire, en les avertissant des soupçons qu'on pouvait avoir et en les poussant ainsi à se hâter.

Hector songea à tout cela, toutes ces réflexions passèrent rapidement dans son esprit. Il capitula avec lui-même, se résignant à attendre la fin de cette valse infernale qui eût pu être pour lui une heure de bonheur céleste; et cette valse lui parut durer un siècle, l'orchestre lui sembla s'éterniser à plaisir, et quand enfin, au moment où il éteignait sa dernière note, son dernier et sonore soupir, il porta plutôt qu'il ne conduisit la reine sur un sopha voisin, une ombre reparut dans le sillon de lumière que la porte des salles de bal projetait dans les antichambres, et lord Bothwell rentra.

Hector pirouetta sur lui-même comme un homme ivre : il lui passa dans la gorge et dans le cœur un tel éclair de haine et de fureur à l'endroit de cet homme qu'il faillit aller à lui et le poignarder sur place. Ce fut alors que Marie Stuart, indisposée sans doute par l'atmosphère brûlante du bal, sortit au bras de Douglas et se retira une demi-heure chez elle, congédiant son cavalier.

Pendant ce temps, Hector, redevenu maître de lui, continuait à s'attacher aux pas de Bothwell, épiant ses démarches et ses paroles. Mais le noble lord avait une gaieté folle et une bonhomie qui eussent dérouté un chercheur de conspirations moins tenace et moins convaincu.

Peu après lord Maitland reparut, — puis la reine, qui rentra et dansa une écossaise avec le roi.

On a assassiné le roi... Et savez-vous qui on accuse? (Page 19.)

Puis enfin, comme trois heures sonnaient à l'horloge du château, le roi se couvrit, demanda son manteau, fit appeler ses gens et prit congé de la reine.

— Vous retournez à *Kirk of Field?* demanda la reine.
— Oui, répondit le roi; j'aime cette retraite.
— Eh bien! mon prince, je vais vous reconduire.
— Avec votre cour?
— Oh! non, presque seuls, comme des amants du petit peuple.
— Messieurs, continua la reine, s'adressant à ses gentilshommes, dansez avec ces dames une heure encore; dans une heure je reviendrai et nous souperons.

Puis, avisant Hector, elle lui fit un signe.
Hector accourut.
— Monsieur, lui dit-elle, vous avez été mon valseur; vous allez être ma sauvegarde. Sa majesté se retire à *Kirk of Field*, je l'accompagne, suivez-nous.
Hector s'inclina et prit son feutre et son manteau.
— Cherchez un gentilhomme des gardes qui vienne avec vous, ajouta-t-elle.

Hector tourna la tête pour obéir, aperçut Henry qui, après une course infructueuse à travers le château, rentrait dans le bal, où lord Maïtland l'avait précédé, et lui fit signe de le suivre.
Le roi et la reine sortirent accompagnés par Hector, Henry, le comte de Lenox et Douglas.
Le valet de chambre du roi les précédait.
Bothwell et Maïtland se rejoignirent.
— Pourvu, dit Bothwell, que la reine ne s'attarde pas chez le roi!
— Non, dit Maïtland; mais, à tout hasard, on ne mettra le feu à la mèche que lorsqu'elle sera partie.
— Et le gant?
— Il est placé.
— Croyez-vous qu'on ait remarqué la première absence de la reine?
— Oh! très-certainement. Cette absence nous sert à souhait.

Leurs majestés montèrent en litière avec Douglas et le comte de Lenox, père du roi.
Hector et son compagnon enfourchèrent les premiers chevaux sellés qu'ils trouvèrent, et se placèrent aux deux portières.
Le trajet du château à *Kirk of Field* était court, vingt minutes au plus en allant à pied.
Le convoi royal en franchit la distance en un quart d'heure; leurs majestés mirent pied à terre à la grille du parc et laissèrent leur litière.
La reine donnait le bras au roi.
Le roi était expansif, radieux, plein d'espérance malgré ses souffrances continues.
La reine s'abandonnait à une causerie charmante, folle, enfantine, qui ravissait le vieux Lenox, dont le cœur paternel avait souffert de la rupture momentanée des deux époux.
Les deux gardes du corps cheminaient derrière, à distance respectueuse, au pas de leurs chevaux et penchés sur leur selle pour se pouvoir entretenir à voix basse.
— Tu n'as donc pas pu joindre Maïtland?
— Non.
— Où le misérable est-il allé?
— Je ne sais.
— Et comment prévenir...
— Il faut rester ici...
— Non, non, dit Hector, il vaut mieux suivre la reine à son retour à Glascow et ne pas perdre de vue Bothwell et Maïtland, ou plutôt...
— Ou plutôt? fit Henry.
— Tu resteras, toi; tu te cacheras dans le parc, derrière un arbre ou un mur, n'importe où...
— Bien...
Hector mit la main dans ses fontes, en tira deux pistolets dont il vérifia scrupuleusement les amorces, et les tendit à Henry:
— J'en ai aussi, dit Henry.

2

— Prends toujours. Passe-les tous quatre à ta ceinture, sous ton manteau.

— Après?

— Tu te tiendras à distance de la maison; tu auras l'œil fixé sur les portes et les fenêtres, et le premier homme qui se glissera dans l'ombre et y voudra pénétrer, tu feras feu.

— S'ils sont plusieurs, que ferai-je?

— Tu as la vie de quatre hommes dans tes mains, tu vises juste et ces pistolets sont longs.

— Mais si les assassins sont dans la maison?

— Oh! Hector, nous allons bien voir. Je n'en sortirai qu'après avoir fait la plus minutieuse des perquisitions.

Ils étaient arrivés à la porte de l'ermitage du roi.

C'était une pauvre demeure, meublée sans faste; une retraite de gantier ou de forgeron retiré bien plus qu'une habitation royale.

Le roi en ouvrit lui-même la porte et livra passage à la reine, qui entra la première.

Les royaux époux allèrent droit à la chambre à coucher du roi, s'assirent un moment avec le vieux Lenox et Douglas, tandis que les deux gardes demeuraient respectueusement à la porte.

Puis la reine se retira avec son beau-père et le lord.

— Madame, dit alors Hector, voulez-vous me faire une grâce?

— Parlez, dit gracieusement la reine.

— Quand le capitaine des gardes de Votre Majesté prépare ses logis dans un château royal, il a pour habitude de faire une sévère perquisition des celliers aux combles. Me permettrez-vous d'en faire autant ici?

— Je vous le permets, monsieur, dit la reine en riant, mais je crois que c'est parfaitement inutile.

— Il y a toujours un poignard levé sur les rois, murmura Hector d'une voix profonde.

La reine tressaillit:

— Vous avez raison, dit-elle. Visitez cette maison.

Douglas et Lenox applaudirent à cette mesure; et les deux gardes, une torche d'une main, l'épée de l'autre, parcoururent la maison, fouillèrent armoires et bahuts et jusque sous le lit du roi.

La maison était entièrement vide, et la reine en sortit avec son escorte, laissant le roi et son domestique couchés dans la même pièce.

A la grille du parc la reine monta en litière, et Hector remit le pied à l'étrier, laissant à Henry la garde de l'ermitage de *Kirk of Field.*

La reine rentra dans le bal. Son entrée fut accueillie par des vivat et des applaudissements.

Elle dansa une heure encore; puis, à quatre heures et demie, comme la prime aube commençait à glisser indécise sur les sommets neigeux des montagnes, les portes de la salle du souper furent ouvertes et on se mit à table.

III

La reine plaça lord Douglas à sa droite et lord Bothwell à sa gauche; elle fut d'une gaieté folle, et accepta les galanteries de Bothwell avec une complaisance qui fit plus d'une fois pâlir Hector, placé assez près d'eux pour tout voir.

— Le roi est bien obéissant à ses médecins, dit lord Douglas, et il renonce de bon gré à un souper exquis...

— Mylord, dit la reine avec enjouement, le roi ne veut pas mourir.

— Il mourra cependant, dit Bothwell.

La reine tressaillit.

— Que voulez-vous dire, mylord?

— Mais, fit Bothwell en riant, je veux dire qu'un jour viendra où il se couchera, suivant la loi commune, dans le cercueil de ses ancêtres.

— Puisse ce jour être loin, mylord!

— Oh! dit Bothwell se mordant les lèvres, espérons-le; d'ailleurs, l'amour de Votre Majesté est un firman de longue vie.

— Vous êtes un flatteur, mylord.

— Votre Majesté me fera, j'espère, la grâce de croire à ma sincérité...

— Eh bien! dit la reine, puissiez-vous dire vrai! Le roi deviendra centenaire ce me compte, et mes sujets avec lui.

Une contraction fébrile tourmenta le visage de Bothwell, qu'épiait toujours Hector avec une ténacité implacable.

Tout à coup un fracas terrible ébranla les murs de la salle et fit tressaillir le château tout entier sur ses antiques assises, en même temps qu'une lueur immense, apparaissant à l'horizon par toutes les croisées entr'ouvertes, pâlissait l'éclat des lustres et éclairait de son rougeâtre reflet les montagnes, le golfe et la ville entière de Glasgow.

On eut dit le bouquet colossal d'un feu d'artifice sorti des mains d'arquebusiers géants.

La reine poussa un cri de frayeur, les lords pâlirent et se regardèrent avec stupeur; plusieurs femmes s'évanouirent...

Et quant à Hector, qu'un sombre pressentiment agitait, il fut obligé de se cramponner à la table pour ne point tomber à la renverse.

Le premier moment de stupeur évanoui, on se précipita aux croisées; on interrogea l'horizon.

Mais la flamme mystérieuse s'était éteinte, les collines, le golfe, la ville étaient rentrés dans l'ombre, et l'on n'apercevait plus dans le lointain d'autre lumière que la lueur tremblottante de l'aube caressant la croupe frileuse des hautes montagnes.

Ce fut, pendant dix minutes, un singulier tumulte, une affreuse mêlée, un incohérent échange de questions précipitées, de suppositions absurdes, de commentaires de toute espèce...

Et comme la terreur glaçait encore la plupart des convives, quelques-uns à peine songèrent à s'élancer au dehors et à s'enquérir de la cause de cet étrange fracas et de cette infernale lueur.

La reine retrouva bientôt son sang-froid, et s'adressant à quelques gentilshommes:

— A cheval! messieurs, à cheval! dit-elle. Courez dans toutes les directions s'il le faut, mais apportez-moi sur-le-champ des renseignements sûrs, positifs!...

On se précipitait de tous côtés, déjà on s'engouffrait en flots tumultueux sous toutes les portes, quand un jeune homme pâle, défait, haletant, entra et cria:

— La maison du roi vient de sauter!

La reine jeta un cri, ce cri trouva un profond et douloureux écho partout, et Hector chercha des yeux lord Bothwell pour le poignarder.

Lord Bothwell avait disparu!...

A cette foudroyante nouvelle succéda une minute de morne et terrible silence, rempli d'angoisse et d'oppression, puis la reine s'écria:

— Le roi? le roi est-il sauvé?

— Je ne sais... dit le jeune homme... J'ai vu la flamme... les décombres... je ne sais rien... je suis accouru... voilà!

— Mon Dieu! mon Dieu! murmura la reine en délire.

— Mon fils! hurla le vieux Lenox en s'élançant de la salle.

Cet exemple rendit à la reine abattue un peu d'énergie.

Elle se leva, suivit le vieux Lenox, demanda un cheval et se précipita au galop vers *Kirk of Field* avec une trentaine de gentilshommes parmi lesquels était Hector.

On eut atteint en dix minutes l'emplacement où s'élevait naguère la retraite du roi.

Alors, à la clarté naissante du jour, un affreux spectacle s'offrit aux yeux. La maison avait disparu, et sur un rayon de cent mètres, la terre était jonchée de décombres fumants, de poutres noircies, de pierres calcinées, de meubles brisés et épars.

A l'endroit même où la maison était bâtie, apparaissait une crevasse béante, un boyau crevé qui allait s'enterrant à plusieurs mètres de profondeur et se dirigeait vers Glascow.

Au fond de la crevasse se trouvaient les débris de trois énormes barils qui avaient dû être remplis de poudre. La maison avait sauté au moyen d'une mine qui communiquait avec Glascow.

Un cri de vengeance et de réprobation s'éleva comme un ouragan parmi les spectateurs de ce lugubre drame; — on se demandait quel pouvait être l'assassin; — plusieurs noms d'exilés couraient dans la foule accompagnés de sourdes imprécations, et ces imprécations se changèrent en cris de mort quand on eut retrouvé dans un champ voisin le corps du roi intact, mais privé de vie.

A la vue de ce cadavre, la reine s'évanouit, et Hector, qui seul connaissait le secret du drame, la reçut et la soutint dans ses bras.

Le vieux Lenox, sombre, muet, cherchait parmi les décombres une trace, un vestige qui pût guider une enquête sur les coupables.

Ce vieillard n'avait pas le temps de pleurer son fils, — il voulait avant tout le venger.

Douglas l'aidait dans ses recherches.

Ils descendirent tous deux dans le boyau, puis arrivés à l'endroit où la crevasse cessait pour redevenir souterrain, ils demandèrent des torches et s'y engagèrent, suivis par la foule et l'épée à la main. Tout à coup, Douglas poussa un cri, étendit le doigt et s'arrêta.

Le vieux Lenox, suivant du regard la direction de ce doigt, aperçut, gisant sur le sol, un objet blanc et se précipita dessus.

Cet objet était un gant!

Une rumeur terrible s'éleva.

— A qui donc ce gant?

Ce gant ne portait point de marque, mais il était bien petit, bien frais, pour avoir pu recouvrir une main de soldat et même de gentilhomme. C'était un gant de femme!...

La foule rebroussa chemin pour demander à la clarté du jour la possibilité d'une enquête, que la lueur des torches lui refusait; elle revint sur ses pas jusqu'à l'endroit où la reine était tombée évanouie.

La reine avait repris ses sens.

Elle demanda ce gant, avide qu'elle était de vengeance. Comme les autres, elle le prit, l'examina... et jeta un cri...

Ce gant, c'était le sien!

C'était celui que, pendant le bal, elle avait ôté pour prendre un gobelet sur le plateau présenté par Douglas.

Elle ne le dit point cependant, mais Douglas l'avait reconnu.

Douglas déganta silencieusement son autre main, puis il mit les deux gants à côté l'un de l'autre, et dit froidement:

— C'est le gant de la reine, et peut-être va-t-elle nous expliquer...

— Des explications? fit la reine foudroyée, je ne sais pas... je ne comprends rien... j'ai perdu mon gant dans le bal... voilà tout.

Et comme la reine, suffoquée, anéantie, se taisait, et qu'un morne silence s'établissait parmi les courtisans et les seigneurs accourus, Douglas reprit :

— Madame, on vous aura volé votre gant... ou bien...

Douglas s'arrêta, et ce silence d'une seconde pesa d'un poids terrible sur toutes les poitrines...

— Ou bien, reprit Douglas, dont la parole était brève et glacée antant que son regard était flamboyant, vous l'aurez donné vous-même à celui qui a pénétré dans ce souterrain.

— Horreur! dit la reine.

Mais un troisième personnage intervint alors dans le colloque ; celui-là était terrible d'attitude, et il redressait comme un Dieu courroucé sa grande taille voûtée par l'âge.

Il s'avança jusqu'à la reine, et lui dit :

— Moi, comte de Lenox, je t'accuse, toi, Marie Stuart, reine d'Ecosse, d'avoir assassiné le roi, ton mari, qui était mon fils !...

Mais, à cette voix foudroyante, une autre voix, non moins superbe, non moins retentissante, non moins convaincue, s'écria :

— C'est faux ! la reine est innocente.

Et comme un cavalier arrivait à la grille du parc, le gentilhomme qui venait d'élever la voix l'aperçut et s'écria :

— Attendez, vous tous qui accusez! la lumière va se faire!

Et il s'élança, tête nue, sans armes, mais l'œil enflammé, à la rencontre de lord Bothwell qui accourait.

Cet homme, c'était Hector.

IV

Lord Bothwell avait été un de ceux qui, montant à cheval au moment où la reine l'ordonnait et demandait des renseignements, s'étaient précipités hors du château et dans des directions différentes.

Lord Bothwell, mieux que personne, savait où la catastrophe avait eu lieu; il avait jugé prudent de prendre une route opposée et de n'arriver au théâtre du drame qu'après le premier acte.

Il était à cent mètres encore du groupe formé autour de la reine, lorsque Hector l'atteignit et sauta brusquement à la bride de son cheval, qu'il arrêta court.

Le premier mouvement de lord Bothwell fut de porter la main à ses fontes, et de brûler la cervelle à l'homme assez insolent pour saisir la bride de son cheval.

Mais Hector cloua sa main ouverte sur le pommeau de sa selle, et lui dit :

— Savez-vous ce qui se passe, monsieur?

— Non, dit Bothwell, baissant involontairement les yeux sous le regard ardent du gentilhomme.

— On a assassiné le roi.

— Ah! fit Bothwell feignant une surprise douloureuse et profonde.

— On l'a fait sauter au moyen d'une mine.

— Dieu !

— Et savez-vous qui l'on accuse?

Une pâleur livide monta au front de Bothwell.

— Qui donc? demanda-t-il.

— La reine!

— C'est impossible..

— Rien n'est plus vrai. Et savez-vous ?...

— Quoi?... Parlez!...

— On l'accuse, parce que dans le souterrain, à l'entrée de la mine, on a trouvé un gant...

Bothwell frissonna sur sa selle.

— Ce gant était le sien...

— Impossible!...

— Et ce gant, elle l'avait été au bal.

Bothwell attacha son œil perçant sur Hector et se demanda si cet homme ne tenait point son secret.

— Elle l'avait ôté, poursuivit Hector, au moment où lord Douglas lui présentait un sorbet...

Bothwell frissonna plus fort...

— Puis elle l'avait laissé choir...

Bothwell prévit le coup qu'allait lui porter Hector; volontairement ou non, sa main se porta de nouveau sur les fontes de sa selle pour y chercher un pistolet et casser la tête à celui qui en savait trop. Mais Hector, qui lui tenait une main déjà, saisit celle qui restait libre et la serra si fort que le lord en jeta un cri.

— Or, continua-t-il, sans prendre garde à ce cri, ce gant est tombé,... un homme s'est baissé et l'a ramassé... et puis, il l'a caché dans son pourpoint...

— Et, demanda impudemment Bothwell, quel est cet homme?

— Vous le savez bien, mylord...

— Moi?...

— Oui, vous!...

— Et comment voulez-vous que je le sache?

— D'une façon bien simple: cet homme, c'était...

— C'était?... fit lord Bothwell, avec un calme inouï...

— Mylord, dit froidement Hector, vous êtes un grand misérable... car cet homme, c'était vous!...

— Vous mentez!...

— C'est vous qui mentez!... c'est vous qui êtes l'assassin du roi...! C'est vous qui vous êtes emparé du gant de la reine pour le jeter dans le souterrain, et faire planer sur elle les soupçons qui auraient pu s'arrêter sur vous...

— Monsieur, interrompit Bothwell, devenu tout à coup, par un de ces brusques revirements de l'intelligence, complétement maître de lui; monsieur, permettez-moi de me défendre sur un point...

— Lequel ?

— Je n'ai jamais eu l'intention de faire accuser la reine.

— Vous êtes un lâche !... Pourquoi jeter ce gant dans le souterrain?...

Lord Bothwell eut l'audace de regarder Hector fixement :

— Monsieur, lui dit-il, si je vous avoue que je suis l'assassin du roi, et qu'ensuite je vous confie un secret... me croirez-vous?

— Vous avouez donc?

— Oui.

— Vous êtes un monstre ; mais parlez, je vous croirai.

— Monsieur, reprit Bothwell avec calme, je n'ai pas jeté le gant de la reine dans le souterrain, je l'y ai laissé tomber en m'enfuyant quand j'ai eu mis le feu à la mèche qui devait brûler une heure.

— Ah!... fit Hector soulagé.

— Ce gant que la reine a laissé choir m'était destiné...

Un ouragan de colère passa dans la gorge d'Hector.

— Vous mentez! s'écria-t-il... vous êtes un infâme!...

— C'était un signal, dit froidement Bothwell.

— Un signal !... mais pourquoi, dans quel but?

— La reine me disait par là que l'heure était venue.

— Quelle heure?

— Mais... de faire sauter le roi...

— Infamie et calomnie!...

— Monsieur, vous êtes jeune; vous ne comprenez rien à la politique...

Ces mots, prononcés froidement, sans aigreur, avec le calme navrant de la conviction, entrèrent au cœur d'Hector comme une lame d'acier. Un instant, il pirouetta sur lui-même et chancela foudroyé; — un instant son amour se trouva mis à une torture sans pareille par cette révélation inattendue.

Alors il se souvint que la reine avait souri à Bothwell plusieurs fois, qu'ensuite elle s'était montrée affectueuse pour le roi, si l'on songeait au meurtre récent de Rizzio...

Durant quelques secondes, il crut aux infâmes paroles de Bothwell, et il crut voir la terre s'entr'ouvrir sous ses pieds pour l'engloutir, le ciel descendre sur sa tête pour l'écraser... Un siècle de douleurs sans nom, de brûlantes angoisses, de mépris terribles, d'illusions brisées, passa devant ses yeux durant ces quelques secondes. Enfin il s'écria : — Mais on l'accuse, monsieur, on l'accuse !...

— C'est une fatalité, dit froidement Bothwell.

— Mais elle n'est pas coupable, elle ne doit pas l'être !...

— Qu'y puis-je faire?

— Tout avouer et prendre tout sur vous.

— Vous voulez donc m'envoyer à l'échafaud?

— La reine ira.

— Non, car je la sauverai.

— Vous la sauverez?

— Oui.

— Vous détournerez jusqu'au moindre soupçon?

— Je vous le jure.

— Nul ne la croira... nul ne la pourra croire coupable?...

— Non, dit tranquillement Bothwell.

— Tous ces hommes qui l'accusent, tous ces sujets hardis dont la voix est grosse de menaces et d'insultes, se tairont?

— Ils se jetteront à genoux et demanderont grâce et pardon!

— Et quand disculperez-vous la reine?

— Sur-le-champ; — venez avec moi, et me laissez parler.

Et lord Bothwell poussa son cheval et arriva jusqu'à la reine, qui tressaillit à sa vue et jeta les yeux sur lui ainsi que sur un défenseur.

Hector l'avait suivi.

— Mylords et messieurs, dit Bothwell, je me nomme Georges de Bothwell, je suis, par les femmes, de sang royal, et ma parole n'a jamais été mise en doute.

On le regarda avec étonnement.

— Un crime vient d'être commis, continua-t-il; notre roi bien-aimé vient de périr, victime d'un lâche assassinat.

Un murmure d'approbation couvrit ces paroles. Bothwell continua ; — Une fatalité inouïe vous fait accuser votre reine.

Un second murmure, respectueux encore mais menaçant, se fit entendre.

— Eh bien! moi, comte de Bothwell, j'affirme sur la foi du serment que la reine est innocente !...

Un poids énorme sembla être enlevé de chaque poitrine, la reine poussa un cri de joie et regarda son défenseur avec une expression de gratitude indicible.

Seuls, deux hommes, les deux accusateurs de la reine, Douglas et Lenox, ne partagèrent point ce sentiment général, et Lenox, s'adressant à Bothwell, lui dit :

— Il y a cependant un coupable... il y a cependant un assassin... D'où vient donc ce gant ? le gant de la reine... car il est bien à vous, n'est-ce pas, madame ?

— Oui, dit la reine, que l'angoisse reprenait.

— Ce gant, dit Bothwell, je vais vous en expliquer l'origine. La reine l'a ôté dans le bal en prenant un hanap de vos mains, lord Douglas...

— Je m'en souviens.

— Ce gant est tombé sur le sol... un homme l'a ramassé.

Hector respira et attacha sur Bothwell un œil étonné et curieux.

— Cet homme, poursuivit Bothwell, avait à se plaindre du roi, cet homme est l'assassin du roi.

Hector regarda Bothwell avec enthousiasme et se dit :

« Il a plus de courage que je ne croyais ; il expie son crime par un grand dévouement. »

— Cet homme, continua l'implacable Bothwell, a voulu perdre la reine et se sauver en la perdant ; après avoir mis le feu à la mèche, il a jeté le gant de la reine dans le souterrain.

Un cri d'indignation retentit.

— Et... dit Douglas en attachant sur Bothwell son regard d'aigle, quel est cet homme ?

Bothwell promena son regard dans le cercle, puis dit lentement, avec calme, sans aucune altération dans la voix :

— Sur mon âme et conscience, jurant devant Dieu et les hommes que je dis l'exacte vérité, et prêt à soutenir mon dire en lit de justice ou en champ clos, épée au poing et dague aux dents, — cet homme, le voilà !...

Et il étendit la main vers Hector, qui recula foudroyé, et ne put trouver un mot, un geste, un signe pour dire à cet homme :

— Tu mens !...

La reine jeta un cri, — un cri d'étonnement, presque un cri de joie. Cette joie acheva de glacer le cœur d'Hector ; — mais en même temps et sous le coup d'une accusation aussi terrible, un grand jour se fit dans son esprit ; il comprit au sang-froid atroce de Bothwell que Bothwell seul était coupable, que la reine était innocente...

Que lui importait le reste maintenant ?... Que lui faisait cette accusation, cette infamie qu'on lui jetait au front pour ternir sa loyauté ?... Elle était innocente !.. Il pouvait l'aimer encore !...

Vingt glaives se levèrent sur sa poitrine, il eût été frappé de cent coups différents, si Douglas n'eût étendu entre la foule et lui son robuste bras, disant :

— Je demande que l'on m'écoute !...

Et, comme on obéissait toujours à Douglas, la foule s'écarta.

— Mylord, dit Douglas à Bothwell, l'assassin que voilà vous a sans doute avoué son crime ?

— Là, tout à l'heure !... dit Bothwell.

— Et vous a-t-il dit à quelle heure, en quel temps il avait incendié la mèche ?

— Une demi-heure avant le départ du roi.

— Vous en êtes certain ?

— Très-certain.

— Eh bien ! dit Douglas, cela est entièrement faux, car ce jeune homme, que je n'ai pas perdu de vue une minute, est demeuré constamment dans la salle du bal, tandis que la reine, tandis que vous-même, lord Bothwell, vous êtes sortis tour à tour.

A ces mots acérés, froids, prononcés par l'impassible Douglas, Bothwell tressaillit et pâlit ; la foule le regarda avec stupeur, et Hector, ranimé par ce secours inespéré, releva la tête. Il regarda la reine...

La reine, pâle, tremblante, le regardait aussi ; enfin elle murmura :

— Je suis sortie du bal, mais pour rentrer chez moi. J'y ai laissé ce jeune homme, je l'y ai retrouvé ; je crois, en effet, qu'il n'est pas sorti.

La reine perdait Hector en voulant le sauver. Hector faillit mourir de joie en la voyant élever la voix pour le défendre. Il poussa le dévouement chevaleresque jusqu'à la folie, car il sentait bien que Bothwell était un monstre qui déshonorerait la reine sans scrupule :

— Votre Majesté se trompe, je suis sorti dix minutes ; c'est moi, c'est bien moi qui ai tué le roi !...

Douglas recula stupéfait ; mais son œil perçant se riva au front d'Hector, et il devina tout.

— Marie Stuart, reine d'Ecosse ! s'écria-t-il, et toi, lord Bothwell, je vous accuse tous deux d'avoir assassiné, de complicité, sir Henry Darnley, comte de Lenox et roi d'Ecosse !... Je me porte garant de l'innocence de ce jeune homme, et je vais convoquer en lit de justice de la noblesse écossaise pour juger les coupables ! Ce jeune homme sera provisoirement détenu. Qu'on l'arrête !...

La reine pouvait se sauver en se jetant au bras de Douglas, en repoussant Bothwell avec mépris. La reine ne le fit point. Elle ne vit dans le premier qu'un accusateur, dans l'autre qu'un soutien. Elle prit le bras de Bothwell, se leva et dit à Douglas, avec une dignité et une fierté suprême :

— Je suis prête à paraître devant mes juges, mylord, et je vais les attendre sous la protection de l'homme que vous appelez mon complice, et qui est innocent comme moi !...

Hector jeta un cri terrible à ces paroles ; il se précipita sur la reine pour lui parler, pour la retenir ; — et, la voyant s'appuyer sur Bothwell, il sentit qu'elle était perdue...

Mais la reine le repoussa et Hector revint, anéanti, rendre son épée à sir Murray de Tullibardine, capitaine des gardes, qui l'arrêta.

En ce moment Henry s'approcha :

— Ami, lui dit tout bas Hector, tu vas monter à cheval à l'instant.

— Oui, dit le jeune homme.

— Tu iras à Madrid à franc étrier, tu demanderas un gentilhomme du roi d'Espagne, nommé don Paëz, et tu lui diras :

« — Votre frère d'Ecosse est en péril, il vous attend, hâtez-vous ! »

— Bien, dit l'enfant.

— Ensuite, tu t'embarqueras pour Naples, tu demanderas un autre gentilhomme, nommé Gaëtano, et tu lui diras pareillement :

« — Votre frère d'Ecosse est en péril... accourez, il vous attend. »

Et puis tu reviendras par la Lorraine, et à Nancy tu t'informeras du logis du seigneur Gontran, l'écuyer du duc de Mayenne, et, quand tu l'auras trouvé, tu lui répéteras pareillement :

« — Seigneur, votre frère d'Ecosse est en péril... accourez !... »

Oh ! presse-toi, ajouta Hector, ne ménage ni l'or ni la sueur... il faut que la reine soit sauvée !...

V

La reine, au bras de Bothwell, s'était retirée au château de Glascow, et elle y était rentrée presque seule.

Cette nuée de courtisans, cette foule obséquieuse et attentive, — fière tout à l'heure de sa souveraine, orgueilleuse de sa beauté, ivre de ses sourires, — s'était dissipée lentement et avec terreur.

Les uns la croyaient innocente, les autres l'accusaient ; tous la voyaient, avec une tristesse profonde, aller se réfugier sous l'épée de Bothwell, et comprenaient vaguement qu'elle se condamnait elle-même par cet acte.

La reine eut le cœur serré en pénétrant dans ces salles tièdes encore du bal et du festin, à travers les croisées desquelles elle avait vu soudain flamboyer les monts et éclater le volcan creusé sous la demeure du roi.

Ces salles, emplies naguère, étaient maintenant désertes ; à peine, çà et là, voyait-on accoudé à une cheminée, dans une sombre et pensive attitude, quelque jeune page, fier encore d'un sourire que la reine d'Ecosse avait laissé tomber sur lui, et courroucé de l'accusation lancée contre elle comme un défi.

Puis encore c'étaient quelques femmes de service, quelques dames d'honneur, éparses par les salles, errantes à travers les corridors, s'interrogeant à voix basse et d'un air consterné ; quelques vieux serviteurs du vieux roi défunt qui avaient vu naître Marie Stuart, l'avaient suivie en France, en étaient revenus avec elle, et qui, à cette heure fatale, se demandaient si l'Ecosse était tombée si bas qu'elle accusât sa reine du plus grand des forfaits.

Quant aux courtisans, aux grands seigneurs, bannerets et lords de la plaine, ou lairds des montagnes et chefs des clans, ils avaient disparu du château et s'étaient réunis à l'hôtel du comte de Douglas.

Lord Douglas et lord Darnley, père de la victime, étaient devenus, spontanément et sans appel, les chefs tacites d'une insurrection menaçante, dont l'attitude, toute passive encore, avait un caractère plus effrayant, plus redoutable, que celui qu'elle aurait eu les armes à la main.

Au milieu de tous ces seigneurs, dont la voix était unanime à formuler une terrible accusation contre la reine et Bothwell, Hector se trouvait tête nue et sans armes. Mais il avait bien moins l'attitude d'un prisonnier et d'un coupable, que celle d'un champion fort de son innocence, fort de son amour, et qui, à lui tout seul, sauverai celle que tous accusaient.

Du reste, parmi ceux qui l'entouraient, nul ne croyait à son aveu, nul n'était disposé à reconnaître en lui le vrai coupable... Douglas avait répondu de son innocence.

— Mon gentilhomme, lui dit le noble lord, l'entraînant dans une embrasure de croisée, quel jeu jouez-vous ?

— Aucun, répondit Hector.

— Vous persistez à vous reconnaître...

— Le seul auteur de la mort du roi.

Un éclair d'admiration passa dans les yeux de Douglas.

— Vous l'aimez donc ? dit-il.

Ce que les épées levées sur lui naguère et l'accusation foudroyante de Bothwell n'avaient pu produire, ces simples mots en eurent le pouvoir ; Hector pâlit, chancela et faillit se trouver mal.

Douglas le soutint.

— Avouez, lui dit-il tout bas, avouez...

— Vous avez devant vous le meurtrier du roi, répondit Hector se redressant et recouvrant tout son sang-froid.

— Vous êtes un fou !... murmura le lord. Mais je vous sauverai malgré vous.

— Sauvez la reine, mylord, elle est innocente.
Douglas haussa les épaules.
— Mylord, reprit le garde du corps avec un accent si convaincu, si sympathique, que Douglas en fut touché, je vous jure que la reine est innocente.
Douglas le regarda.
— Et vous, coupable, n'est-ce pas?
Hector ne répondit point.
— Voyons, continua le noble lord, soyez franc, ouvrez-vous à moi; sur l'honneur et la pureté de mon écusson, si vous avez un secret à me révéler, je le garderai ce secret, et nul ne le saura jamais que Dieu, vous et moi.
— Sur votre honneur, mylord?...
— Sur mon honneur.
— Même si ce secret entraîne ma perte?
Douglas tressaillit.
— Vous êtes un noble et fier jeune homme, murmura-t-il. Soit, je vous le jure.
— Eh bien! écoutez, mylord, un homme seul est coupable du meurtre du roi, Bothwell!
— Je le sais; mais la reine est son complice.
— Je vous jure que non, mylord.
Et Hector raconta brièvement, mais avec une lucidité parfaite, les faits dont il avait été le témoin, et les paroles surprises par Henry.
— Eh bien, dit Douglas, Bothwell seul sera accusé et condamné.
— Bothwell sera absous, milord.
— Que voulez-vous dire?
— Je veux dire qu'entre le seigneur puissant et l'humble et obscur soldat, les juges n'hésiteront point.
— Mais vous êtes innocent?
— Sans doute, mylord.
— Et vous vous défendrez?
— Non, mylord.
Douglas recula.
— Pourquoi? demanda-t-il.
— Parce que la reine vient d'absoudre Bothwell en se retirant avec lui, comme elle vient de se condamner s'il est reconnu coupable. Pour que la reine soit pure de tout soupçon, il faut que Bothwell soit absous... Pour qu'il soit absous...
— Il faut que vous soyez coupable, n'est-ce pas?
— Oui, mylord.
— Eh bien! fit Douglas avec indignation, périsse Bothwell, périsse l'honneur de la reine, mais vous serez proclamé innocent et je vous défendrai!
— Vous ne le ferez pas, mylord.
— Je le ferai, vous dis-je.
— J'ai votre parole. La parole d'un Douglas est sacrée.
Le lord baissa la tête avec désespoir.
— Pauvre insensé! murmura-t-il.
— N'avez-vous jamais aimé, mylord? demanda Hector en baissant les yeux.
— Qui n'a pas aimé? répondit Douglas avec mélancolie.
— Eh bien! alors, vous devez me comprendre... vous devez sentir que je suis placé trop bas et que mon amour monte trop haut pour qu'il me soit permis d'espérer autre chose que la joie immense du dévouement.
— Quel homme! murmura Douglas.
— Mourir pour sa reine, reprit Hector avec enthousiasme, ce n'est pas un supplice, c'est un triomphe! Que me fait le bourreau, et la torture et le bûcher, si elle est innocente! si ma mort, à laquelle le peuple applaudira, rend à sa souveraine les respects, l'idolâtrie de ce peuple!
— Votre reine, fit Douglas avec mépris, votre reine que vous dites, que je veux bien croire innocente, a perdu l'amour et la vénération de ses sujets à l'heure même où elle a pris le bras de Bothwell. Les juges l'absoudront, l'opinion ne l'absoudra point.
— Bothwell! murmura Hector frissonnant, Bothwell!...—Mylord, reprit-il d'un air sombre, vous êtes le seigneur le plus puissant du royaume d'Ecosse, le plus brave; le plus loyal. A votre voix, sous votre main, les portes d'une prison peuvent s'ouvrir...
— Oui, fit Douglas, et je vous sauverai!
Hector hocha tristement la tête.
— Ce n'est point ce que je vous demande, murmura-t-il, je veux une heure de liberté, une seule... pour poignarder Bothwell, et puis... j'irai au supplice la tête haute et le cœur vaillant.
— Vous l'aurez, fit Douglas étouffant un soupir dans sa rude poitrine de soldat.
— Merci!...
Ce dialogue avait eu lieu dans une vaste salle emplie de seigneurs. Tous avaient suivi du regard, ne pouvant l'entendre, la conversation du lord et du soldat; tous étaient convaincus de l'innocence d'Hector, et chacun d'eux cherchait à deviner, dans son attitude et dans ses gestes, le mobile de son étrange conduite.
Tout à coup les portes s'ouvrirent et un héraut d'armes entra. Il s'inclina trois fois, puis se couvrit et cria:

— De par la reine, oyez et faites silence!...
Un murmure confus, mêlé d'étonnement et d'indignation, courut parmi la noblesse écossaise. On se demandait jusqu'à quel point cette femme qu'accusait la rumeur publique avait encore le droit de parler en reine.
Cependant la curiosité l'emporta sur tout autre sentiment, et le silence s'établit dans la foule.
Le héraut déplia alors un parchemin scellé du grand sceau et lut:
« Nous, Marie Stuart, reine d'Ecosse, à nos féaux et sujets, nobles, bourgeois et vilains:
« Le soupçon est un stigmate qui ne doit point souiller le front des rois. Notre peuple nous accuse, il faut, et telle est notre royale volonté, que la lumière soit faite à l'instant. Nous avons donc résolu qu'aujourd'hui même, un lit de justice serait tenu par la noblesse de notre royaume et les grands feudataires de notre couronne, à la seule fin de rechercher les coupables du meurtre du roi, notre époux, et de les punir selon la rigueur et la juste sévérité des lois du royaume.
« Nous y comparaîtrons en accusée et, Dieu aidant, nous en sortirons innocentée et reine.
« Le lit de justice sera composé de douze lords du royaume, désignés par la noblesse elle-même; il s'ouvrira dans la salle du trône de notre château royal de Glascow. — Signé : la reine (1). »
Un sourd murmure accueillit cette proclamation, et un sentiment d'oppression générale pesa sur cette foule, devenue juge et partie à la fois.
Car la cause de la reine, c'était celle de la noblesse, et la honte d'une condamnation devait nécessairement rejaillir sur elle.
Un seul homme redressa la tête et eut un fier sourire : c'était Hector!...
Un autre homme, Douglas, surprit ce sourire et frissonna. Il crut déjà voir le bourreau dépouillant ce beau jeune homme de sa collerette et de son pourpoint, et levant sur lui cette hache qui était au moyen âge le fatal et dernier privilège de la noblesse.

VI

A midi sonnant, les portes du château de Glascow s'ouvrirent, et le peuple, la noblesse, les corps de métiers, la population tout entière de la ville fut conviée à cet imposant et triste spectacle d'une reine accusée et jugée par ses sujets.
La salle où se tenaient les douze lords composant le lit de justice était entièrement tendue de noir.
Les juges étaient présidés par le comte d'Argyle.
Debout, devant leur estrade, se tenait un vieillard en habit de deuil, grave, sombre, résolu.
C'était lord Darnley, comte de Lenox.
Puis à côté de Darnley, il y avait un jeune homme triste, grave comme le vieillard, mais calme et semblant attendre avec impatience. C'était Hector.
Entre l'estrade des juges et les bancs réservés à la noblesse et au populaire, se trouvait un large espace vide.
Au milieu de cet espace on avait placé un fauteuil : ce fauteuil était pour la reine, — c'est-à-dire pour l'accusée.
La reine parut bientôt.
Elle était encore, comme le matin, au bras de lord Bothwell.
Pâle, mais résolue, elle marchait d'un pas ferme et jeta un regard de calme dédain à ses juges. Elle marcha droit au fauteuil qui lui était réservé, et, avant de s'asseoir, elle dit aux juges qui demeuraient tout haut leurs sièges :
— Puisque vous ne m'avez point condamnée encore, puisque je suis encore votre reine, j'ai le droit de parler comme telle et de vous commander le respect. J'attends votre salut, mylords.
Les juges se levèrent sans mot dire, s'inclinèrent froidement, puis se rassirent.
Alors la majesté royale s'effaça, la reine disparut devant l'accusée, et le comte d'Argyle, s'adressant à elle directement, lui dit :
— Comment vous nommez-vous et qui êtes-vous?
— Je me nomme Marie Stuart, et je suis reine d'Ecosse.
— Marie, reprit le président, vous êtes accusée du meurtre de votre époux, sir Henry Darnley, de complicité avec lord Bothwell, qui se trouve debout à votre droite.
— Qui m'accuse?
— Moi! dit le vieillard qui n'avait plus qu'un fils.
— Nous! murmurèrent cent voix.
Tous les yeux se tournèrent vers Douglas, comme pour lui demander son approbation.
Mais Douglas se tut, Douglas parut douter; Douglas sembla revenir sur ses premières paroles que ce silence que nul ne comprenait.
Il avait accusé la reine, et tous l'avaient accusé avec lui; il avait proclamé l'innocence d'Hector, et tous avaient cru à cette innocence.
Maintenant il se taisait et n'accusait plus... beaucoup se turent comme lui, beaucoup sentirent leur conviction ébranlée par ce silence. Seul, le comte de Lenox répéta :

(1) Mémoires du laird de Tullibardine.

— Moi, lord Darnley, père du roi, je t'accuse, toi, Marie Stuart, reine d'Écosse, de la mort du roi ton époux.

Mais avant que la reine eût répondu, Hector s'avança au milieu de la salle et dit :

— Moi seul suis le vrai coupable. J'aimais la reine...

Hector s'arrêta ému ; un murmure d'étonnement se fit entendre ; la reine eut un geste de surprise.

Hector continua :

— J'aimais la reine : une jalousie furieuse, une folie sans nom, m'ont porté à commettre ce crime.

Le murmure alla croissant : les uns ajoutaient foi à ces paroles, les autres doutaient encore...

Mais tous étaient soulagés.

Qu'était Hector ?... Un soldat inconnu dont la vie n'importait à personne.

Qu'étaient les deux autres accusés ? — Une reine et un seigneur puissant.

Condamner Bothwell, c'était déshonorer la noblesse écossaise ; — condamner la reine, c'était déshonorer le royaume et la nation tout entière.

Il fallait choisir entre ce double déshonneur et la vie d'un simple gentilhomme.

Le choix ne pouvait être douteux.

Parmi les juges, plusieurs étaient persuadés de l'innocence d'Hector, et cependant aucun n'osa élever la voix pour l'absoudre.

Après une heure de délibération, le tribunal suprême rendit un arrêt qui reconnaissait lord Bothwell et la reine innocents de la mort du roi ; — déclarait Hector seul coupable, et le condamnait à avoir la tête tranchée.

Hector entendit sa condamnation sans tressaillir, sans manifester la moindre émotion.

Douglas s'approcha de lui et lui dit tout bas :

— Je vous sauverai !...

— Non, répondit Hector ; laissez-moi seulement poignarder Bothwell.

VII

Hector se plaça de lui-même entre les soldats chargés de conduire le condamné en prison, et il les suivit d'un pas ferme, la tête rejetée en arrière, un sourire calme et fier sur les lèvres.

Il passa devant la reine et s'inclina profondément ; la reine y prit garde à peine, la reine ne le daigna point regarder, le frappant d'un double mépris : l'un à l'adresse de l'assassin, — l'autre à celle du soldat assez hardi pour avoir levé les yeux sur elle. L'accusation, le jugement, la condamnation avaient trouvé le jeune homme impassible, presque indifférent ; il avait écouté la sentence sans qu'un muscle de son visage tressaillît ; il avait refusé la vie qu'on lui offrait Douglas sans qu'une fibre de son cœur vibrât... Mais ce dédain de la reine l'accabla ; il pâlit, chancela et fut contraint de s'appuyer au bras d'un des soldats pour ne point tomber. On eût dit qu'un premier coup de hache avait entamé son cou.

— L'insensé ! murmura Douglas, qui vit tout... Et il a le courage de ne point s'écrier : Je suis innocent !... je voulais sauver cette femme..... oh bien ! puisque cette femme m'accable, que la vérité se fasse !...

Hector sortit lentement et sans jeter un coup d'œil en arrière.

Plus d'un regard de pitié le suivit, plus d'une femme soupira, et crut voir déjà ce fier gentilhomme si simple, si grand, s'agenouiller sur l'échafaud et tendre au bourreau sa belle et noble tête.

Le comte d'Argyle se tourna vers Douglas, et lui dit tout bas :

— A quelle prison voulez-vous qu'on le conduise ?

— Dans le château même, répondit Douglas ; dans la tour de l'Est.

Le comte donna un ordre qui fut à l'instant exécuté.

Un moment de silence suivit le départ du condamné.

Puis tous les regards se portèrent vers la reine.

La reine, forte de son innocence, — irritée d'avoir été accusée, — promenait un regard sévère et rempli de dédain autour d'elle.

Au moment où les portes se refermaient sur Hector et les soldats qui l'entraînaient, elle regarda le comte d'Argyle en face et lui dit :

— Suis-je reconnue innocente, monsieur ?

— Oui, madame, répondit le comte avec un accent glacé.

— Aucun soupçon ne pèse plus sur moi ni sur le comte de Bothwell ?...

— Non, madame.

— Ainsi, je suis encore reine d'Écosse ?

— Sans doute, madame.

— Et mes sujets ne se trouvent point dégagés de leurs serments de vasselage et de fidélité ?

— Je ne le pense pas.

— Alors, dit la reine avec une colère qu'elle s'efforçait en vain de contenir, mylords et messieurs, vous tous qui êtes ici, oyez les ordres émanés de notre volonté royale, et apprêtez-vous à les exécuter et à les répandre par tout le royaume. Nous, la reine, ordon-

nons : considérant que le comte de Bothwell a été injustement accusé de complicité dans le meurtre du roi notre époux ; considérant encore qu'il est de notre devoir de réparer les torts et préjudice faits à nos loyaux et fidèles sujets, nous faisons le lord comte de Bothwell, duc d'Orkney, lui donnant en toute propriété les terres, biens et honneurs attachés à ce titre, et le nommons notre ministre-régent.

La reine avait prononcé ces derniers mots d'une voix vibrante, et elle s'arrêta un moment, continuant à écraser le tribunal tout entier du poids de son regard. Un murmure d'indignation accueillit ces marques de faveur accordées à Bothwell.

Mais la reine, s'enhardissant à ce bruit d'opposition, qui se faisait autour d'elle, continua :

— En outre, nous chargeons lord Bothwell, duc d'Orkney, et notre premier ministre, d'enjoindre à lord Darnley, comte de Lenox, à lord Archibald, duc de Douglas, à sir Murray, laird de la Tullibardine, et autres seigneurs qui ont en l'audace d'élever contre nous, la reine, une accusation mensongère, d'avoir à quitter notre cour dans les vingt-quatre heures, et se retirer chacun dans leurs terres, s'ils ne veulent encourir notre colère royale... Lord Bothwell, donnez-moi votre bras.

Et la reine, faisant un pas en arrière, se retira, dédaigneuse et superbe, l'œil en courroux, le mépris sur les lèvres.

Alors, une explosion de murmures éclata parmi la noblesse, et lord Douglas s'écria :

— Marie Stuart, reine d'Écosse, nous, les représentants de la noblesse écossaise, nous te déclarons la guerre et te retirons nos serments de vasselage et de fidélité.

La reine se retourna.

— Vous êtes ici chez moi, lui dit-elle, et je vous ordonne de vous taire.

Puis elle ajouta :

— Lord Henry Darnley, le roi notre époux, ayant été lâchement assassiné, notre bon plaisir est que son assassin ait la tête tranchée.

Douglas fit alors un pas vers la reine et lui dit tout bas :

— Prenez garde, madame, de trop reculer l'exécution.

— Que vous importe ! fit-elle avec dédain.

— La lumière pourrait se faire, répondit froidement Douglas, qui se retira à pas lents.

La reine ne comprit point et sortit.

— Maintenant, dit Douglas, je vais sauver ce jeune homme à tout prix et malgré lui.

VIII

Le cachot où l'on conduisit Hector était un sombre réduit, privé d'air et de lumière. Une paille humide en jonchait le sol ; des murs noirs, sans écho, semblaient y peser de tout leur poids et de toute leur tristesse sur l'âme des prisonniers.

Mourir en plein jour, en plein soleil, devant une marée de peuple qui se racontera, le soir, les minutes de votre heure dernière, après avoir applaudi à l'héroïque courage avec lequel vous avez tendu la tête à la hache du bourreau, — tout cela n'était rien pour un homme de la trempe d'Hector. Mais le cachot, c'est-à-dire l'agonie morale qui précède l'agonie physique, ou la mort de l'âme qui devance la mort du corps, voilà ce qui épouvante et glace les plus braves.

Hector subit cette torture pendant le reste de la journée. Quand il se retrouva seul, isolé du monde vivant par des portes de fer et des murs qui ne laissaient arriver au dehors ni les cris, ni les sanglots des captifs, il songea à la reine...

A la reine, qui n'avait point deviné son dévouement ; à la reine, qui l'avait accablé de son dédain, qui battrait des mains sans doute, quand sa tête roulerait du haut de l'échafaud et irait ensanglanter le pavé. Et ce qui l'occupait surtout, ce qui arrêtait la circulation du sang dans ses veines, ce n'était point le mépris, l'ingratitude de celle qu'il aimait, c'étaient les dangers dont la voyait environnée, les orages qu'il devinait devoir fondre sur elle, du jour où elle livrerait à Bothwell sa confiance, son cœur, les secrets de son âme.

Alors, il se souvint que Douglas lui avait promis une heure de liberté, — et il l'espéra.

Les heures s'écoulèrent pour lui avec une lenteur mortelle ; l'œil attaché sur l'étroite meurtrière au travers de laquelle filtrait un rayon biafard, il attendit, dans une suprême et muette anxiété, que ce rayon, pâlissant peu à peu, finît par s'éteindre et annonçât, en mourant, l'arrivée prochaine de Douglas.

Alors encore, comme un monde de pensées se heurtent d'ordinaire dans le cerveau d'un prisonnier, il se souvint de son voyage à la tour de Penn-Oll, du serment qu'il avait fait, de sa mission dans l'avenir, et il se demanda jusqu'à quel point il avait le droit de sacrifier à son amour — passion égoïste, puisque son cœur seul était en jeu, — les intérêts de cet enfant qu'il avait juré de replacer sur le trône de ses pères. Ne devait-il point accepter ce salut que lui offrait Douglas ? Irait-il volontairement à la mort, quand il pouvait retourner à la vie ?...

Hector ne s'était point encore répondu, quand un léger bruit se fit derrière lui et attira son attention. Le rayon de lumière du soupirail s'était évanoui, la nuit était venue et les faibles bruits extérieurs parvenus jusqu'à lui durant la journée s'éteignaient graduellement.

Il plongea un regard ardent dans l'obscurité et ne vit rien...

Le bruit augmenta et il crut distinguer le grincement assourdi d'une clef dans une serrure invisible.

Il courut à la porte de son cachot... La porte était close, et le bruit paraissait venir d'une direction opposée.

Bientôt à ce bruit de clefs un autre bruit succéda, plus net, plus distinct, celui d'une porte tournant sur ses gonds; en même temps une bouffée d'air moins vicié vint lui rafraîchir le visage...

Un pan de mur s'était entr'ouvert par magie; et de ce pan de mur jaillit une clarté rougeâtre, qui se projeta au milieu des ténèbres du cachot.

Un homme parut, son épée d'une main, une lanterne sourde de l'autre.

L'homme qui entrait, c'était Archibald Douglas lui-même.

Hector étouffa un cri.

— Silence! lui dit Douglas; venez, et pas un mot...

Hector s'inclina et suivit le lord.

Douglas le prit par la main, l'entraîna par cette porte mystérieuse et lui montra un escalier tournant dans l'épaisseur du mur, et conduisant sans doute au premier étage du château.

Le lord gravit la première marche, Hector le suivit.

Ils montèrent ainsi pendant dix minutes, puis Douglas poussa une porte et introduisit le jeune homme dans un corridor si vaste que la clarté de sa lanterne n'en put dissiper entièrement les ténèbres.

— Vous reconnaissez-vous? lui demanda-t-il à voix basse.

— Oui, répondit Hector, c'est la galerie des gardes.

— Et au bout de cette galerie?

— Le corridor du roi.

— Eh bien! reprit Douglas, vous connaissez alors la chambre rouge, c'est celle qu'occupe Bothwell.

— Bien, dit Hector.

— Maintenant, fit Douglas en hésitant, réfléchissez une minute, une seule. Vous avez joué et perdu votre vie pour sauver la reine, la reine ne vous aime pas...

— Je le sais, murmura Hector d'une voix sombre.

— Elle ignorera votre sacrifice...

— Je le sais encore.

— Et si elle est innocente...

— Elle l'est, mylord...

— Soit. En ce cas, elle vous méprisera et regardera votre mort comme une expiation nécessaire et juste.

— Je le sais encore, mylord. Mais qu'importe!

— Vous êtes jeune, beau, vaillant; vous entrez dans la vie à peine. La vie est bonne quand on a l'avenir devant soi; l'avenir, horizon inconnu et sans bornes!...

— La vie est un supplice quand on aime... et puis...

— Et puis? fit Douglas.

— Si je ne tue cet homme, la reine est perdue!...

— Eh bien! prenez cette dague et cette clef. La première est de fine trempe; elle traverse d'un seul coup quatre souverains d'or... La seconde est graissée et ne trahira pas; elle ouvre la chambre rouge... Bothwell l'occupe; il y est à cette heure, car il est minuit. Entrez, tuez-le...

— C'est tout ce que je veux, dit Hector, en prenant l'une et l'autre.

— Et quand ce sera fait, revenez ici.

— Pourquoi, mylord?

— Parce que je vous y attends.

— Avez-vous donc encore quelque chose à me dire?

— Je veux vous sauver, fou que vous êtes!

— Moi, je ne le veux pas, mylord!

— Mais, triple insensé!... vous n'avez donc ni sœur, ni mère, ni famille!...

— J'ai un père, murmura Hector.

— Ce père n'a donc pas mis en vous l'orgueil et l'espoir de sa race?...

Hector soupira : il se souvint de l'enfant, de son serment, de sa mission et il hésita.

— Voyons, insista Douglas, répondez!...

Et, comme il se taisait, le lord continua :

— Je suis proscrit, moi aussi; j'ai accusé la reine, la reine m'a banni. Mes gentilshommes m'attendent, mes chevaux sont prêts, dans une heure nous serons en selle, et je vous conduirai à l'ombre des murs de Douglas où nul, duc, empereur ou roi, n'osera vous venir chercher...

Hector se taisait toujours.

— Vous avez voulu sauver la reine, n'est-ce pas?

— Oui, mylord.

— Eh bien! elle est sauvée, puisqu'aux yeux du monde vous seul êtes coupable. Cela ne vous suffit-il point? faut-il que votre sang coule?...

Hector hésitait encore à la voix entraînante de Douglas qui lui montrait la vie, le soleil, l'air pur, l'avenir, le prisme étincelant, les bonnes heures de la jeunesse; — il hésitait en se souvenant de son père, du fils de Penn-Oll, de cette jeune femme, mère et veuve éplorée, qui redemandait aux flots son époux, à l'espace son enfant...

Et il craignit de céder.

— Mylord, dit-il tout à coup; n'est-ce pas que parmi les seigneurs écossais, il en est qui accusent encore la reine?

— Sans doute, répondit Douglas.

— Même après mes aveux et ma condamnation?

— Comme ils l'accusaient avant.

— Alors il faut que ma tête tombe.

— Folie!...

— Non, mylord; car si vous me sauvez, si je fuis...

Hector s'arrêta et passa la main sur son front.

— Si vous fuyez, qu'arrivera-t-il donc?

— Il arrivera qu'on répandra le bruit que j'étais un misérable payé par la reine pour faire des aveux, et que la reine m'a fait évader.

Le lord fronça le sourcil et ne répondit pas.

— Vous voyez bien qu'il faut que je meure, mylord; mon sang effacera le dernier nuage, le dernier soupçon qui planerait encore sur elle.

Douglas mit la main sur ses yeux, et une larme jaillit au travers de ses doigts.

— Adieu, mylord... Merci! murmura Hector faisant un pas vers le corridor du roi.

Tout à coup une brusque pensée l'assaillit; il revint vers le duc, lui prit la main et lui dit avec émotion :

— N'est-ce pas, mylord, que lorsque la réprobation universelle pèsera sur ma mémoire et que l'histoire aura inscrit sur ses pages immortelles mon nom à côté du nom des régicides, vous protesterez tout bas dans le fond de votre âme contre l'erreur des hommes et l'erreur de l'histoire?

— Je vous le promets, noble cœur, murmura Douglas d'une voix brisée. Vous êtes le plus héroïque soldat, l'âme la plus grande que j'aie rencontrée jamais.

— Merci!... Je ne suis qu'un soldat, vous êtes un grand seigneur; mais vous savez si ma main est loyale; ne la serrerez-vous point.

Douglas étouffa un sanglot et pressa Hector sur son cœur.

— A moi Bothwell, maintenant! s'écria le jeune homme ivre d'enthousiasme.

Et il s'élança vers le corridor du roi, laissant Douglas immobile et consterné.

IX

Hector connaissait parfaitement les dispositions intérieures du château.

La reine venait souvent à Glasgow avec sa maison militaire, et le jeune garde avait fait faction l'épée à la main dans toutes les salles et dans tous les corridors.

Il gagna sans nulle hésitation ce qu'on nommait le Corridor du roi et arriva à la porte de la chambre rouge.

Un filet de lumière glissait au travers des interstices et un bruit de voix étouffées s'en échappait.

Hector retint son haleine et écouta.

Un dialogue animé, brusque, semé d'interruptions, lequel avait lieu entre un homme et une femme, lui arriva par lambeaux.

La voix de femme, Hector la reconnut et chancela : c'était celle de la reine.

La voix de l'homme, il la reconnut aussi, et sa main se roidit comme si elle eût voulu incruster chacun de ses doigts dans le manche de son arme.

Bothwell parlait en maître, et d'un ton impérieux...

La reine suppliait.

Hector sentit un ouragan de colère crisper sa gorge, et son cœur, bondissant dans sa poitrine, essaya d'en briser les parois.

— Mylord, disait la reine avec l'accent de la prière, je ne puis, je ne puis vous écouter.

— Madame, répondait Bothwell, maudit soit le destin qui m'a jeté sur votre route, car cette destinée nous sauvera ou nous perdra tous les deux.

— Je ne vous comprends pas, mylord.

— Vous allez me comprendre, madame; je vous aime...

— Oh! taisez-vous! de grâce...

— Je vous aime, continua Bothwell avec chaleur, depuis longtemps... depuis le jour où vous êtes revenue de France... depuis le jour où, dans une réception solennelle des grands feudataires de votre couronne, vous avez laissé tomber sur moi un sourire banal, comme tant d'autres en ont vu s'échapper de vos lèvres.

— Monsieur, dit la reine avec dignité, vous êtes mon sujet!...

— Oh! je le sais, madame; mais le roi, celui qui vient de mourir.

— Paix aux morts!...

— N'était-il pas votre sujet, avant de devenir votre époux?

— Monsieur... au nom du ciel!...

— Je ne vous aimait pas, cependant, reprit Bothwell avec amertume; moi, je vous aime...

— Taisez-vous!...

Don Paëz le prit dans ses bras robustes, le souleva et appela : — Frère ! frère! (Page 27.)

— Je vous aime d'un ardent et terrible amour, et je ne connais pas, je ne trouverai pas d'obstacle...

— Mais, moi, monsieur, je ne vous aime pas...

Et en prononçant ces mots, la reine trembla si fort qu'Hector en tressaillit

— Vous m'avez défendue quand on m'accusait, reprit-elle, je suis allée à vous... je vous ai pris le bras, je me suis mise sous votre protection... abuserez-vous de ma confiance?

— Non, madame; mais je vous l'ai dit, je vous aime en insensé, je suis capable de tous les crimes...

La reine recula et attacha sur lord Bothwell un regard éperdu :

— Mon Dieu!... s'écria-t-elle, mon Dieu!...

Et elle l'envisagea avec terreur.

— Qu'avez-vous, madame, et que vous ai-je donc dit? fit-il avec étonnement.

— Rien, dit-elle; mais ce mot... de crime...

— Eh bien? fit Bothwell.

— Le roi... murmura-t-elle.

Bothwell eut un ricanement de colère.

— Ah! madame, fit-il, je ne croyais pas que vous me pussiez faire pareille injure!...

Et l'accent de Bothwell était si indigné que la reine en éprouva une vive douleur et lui tendit spontanément la main.

— Pardonnez-moi, dit-elle, je suis folle!...

— C'est vous qui devez me pardonner, madame, répondit Bothwell avec une humilité hypocrite, je vous ai cruellement et indignement offensée...

— Vous? répondit la reine troublée

— Oui, moi, continua Bothwell dont la voix était caressante et fascinatrice maintenant, autant qu'elle était brusque et emportée naguère, je vous ai parlé de mon amour, je vous ai offensée... pardonnez-moi...

Et Bothwell se mit à genoux et prit les mains de la reine dans les siennes...

Tandis qu'il les approchait de ses lèvres, une larme tomba de ses yeux, et cette larme brûla les mains de Marie, qui les retira vivement et poussa un cri.

Mais ce cri était si alarmé, si vibrant d'effroi, que Bothwell tressaillit d'espérance et comprit que le premier pas était fait, et que la reine venait de trembler pour son propre cœur.

— J'ai été un téméraire et un insensé, madame : un téméraire, car j'ai osé vous parler d'amour; un insensé, car j'ai cru que l'amour d'un grand seigneur comme moi pourrait être écouté d'une reine comme vous. Je me suis figuré, fou que j'étais! que, rois ou ducs, les nobles étaient égaux, et que l'un des gentilshommes les plus riches et les plus nobles d'un royaume pouvait, puisque tel était l'usage, en épouser la reine... Je me suis trompé, pardonnez-moi, madame.

Et Bothwell, à genoux, avait une voix fascinatrice et voilée, cachant des sanglots et une douleur intraduisible sous son apparente douceur.

Cette scène avait lieu dans la chambre rouge, et le château était endormi du faîte à la base.

Bothwell était tête nue, pâle, les cheveux rejetés en arrière, la lèvre douloureusement crispée, les mains jointes et tendues vers la reine.

La reine était debout, adossée au mur, dans un état de perplexité impossible à décrire. Son œil était hagard, ses lèvres frémissaient... elle regardait Bothwell avec un mélange d'effroi et de tendresse.

Car Bothwell ainsi placé, ainsi agenouillé, Bothwell, dont la passion courbait le front, était beau en ce moment, et toute reine qu'elle pût être, Marie était touchée. Elle hésitait, elle commençait à faiblir.

— Madame, reprit Bothwell, vous m'avez fait duc, n'est-ce pas?

— Sans doute, dit la reine.

— Vous m'avez nommé premier ministre?

— En effet, dit-elle encore.

— Eh bien! reprenez ce brevet de duc, reprenez ces lettres de premier ministre, je n'en veux pas!...

— Vous... n'en... voulez pas?...

Vous connaissez la loi écossaise qui punit de mort le bourreau maladroit. (Page 36.)

— Non, car je vais partir à l'instant même, je vais me retirer dans mes terres, loin de la cour, loin de vous... Je vais m'imposer un exil volontaire... je vais essayer de mourir vite... et je réussirai, madame, car je ne vous verrai plus...

Bothwell mit la main sur ses yeux, et la reine vit couler deux grosses larmes au travers de cette main crispée.

— Monsieur, monsieur... fit-elle chancelante, si je vous fais du mal... pardonnez-moi...

— Vous!... me faire du mal, murmura-t-il avec un sourd ricanement!... Oh! vous le croyez pas, vous ne pouvez le croire, madame?...

Et Bothwell écarta ses mains et essaya de sourire.

Ce sourire navra le cœur de la reine.

— Monsieur, reprit-elle, vous dites que vous m'aimez, n'est-ce pas?...

— Si je vous aime!...

— Mais vous ne me l'aviez jamais dit...

— Le pouvais-je, il y a vingt-quatre heures?...

— C'est juste, vous êtes loyal.

— Je souffrais, madame, silencieusement et dans l'ombre, vivant de votre sourire et de votre regard, me trouvant sur votre passage pour effleurer votre robe, heureux quand par hasard vous daigniez me remarquer... J'étais sur vos pas sans cesse, toujours prêt à tirer l'épée pour vous défendre, car autour de vous se presse une noblesse turbulente, insoumise, qui supporte difficilement le joug d'une femme...

La reine eut un geste d'inquiétude.

— L'avez-vous vue, naguère, continua Bothwell, l'avez-vous vue vous accuser du plus grand des crimes, quand ce crime était l'œuvre d'un misérable obscur?

— Oh! oui, fit la reine pâlissant.

— Eh bien! parmi elle nul ne s'est levé pour vous défendre et venger l'honneur outragé de sa souveraine! il ne s'est pas trouvé un seul noble d'Écosse...

— Vous vous trompez, mylord, murmura la reine émue, il s'est trouvé un grand seigneur, un cœur loyal et fidèle, qui a mis son épée et sa voix à mon service... C'était vous!...

Et la reine lui tendit la main.

Bothwell prit cette main qui tremblait, la porta à ses lèvres et la couvrit de baisers...

— Mon Dieu! murmura-t-il avec transport, dites-moi qu'un jour viendra où vous ne refuserez pas mon amour. Madame, dites-le-moi... par pitié...

La reine hésitait encore; mais elle allait succomber, quand, soudain, elle jeta un cri d'effroi...

La porte venait de s'ouvrir lentement, et un homme, l'œil étincelant, apparut sur le seuil!

Il était pâle et froid comme une statue,—son regard seul vivait et semblait écraser Bothwell.

Bothwell, à sa vue, recula involontairement et porta la main à son épée.

— Quel est cet homme? s'écria la reine troublée.

Elle ne reconnaissait pas Hector.

— Cet homme, fit Hector en allant vers elle, cet homme, madame, vient vous sauver.

— Le meurtrier du roi! fit Bothwell.

Hector se tourna vers lui avec un dédain suprême :

— Vous savez bien que non, lui dit-il.

— L'assassin! l'assassin chez moi? exclama la reine effrayée.

— Madame, dit Hector avec calme, je supplie humblement Votre Majesté de daigner m'écouter.

— Ne l'écoutez pas! fit Bothwell frémissant; c'est un lâche et un assassin!

Hector ne répondit pas... mais il leva son poignard sur la poitrine de Bothwell et lui dit :

— Si tu ajoutes un mot, je te tue!

La reine poussa un cri et se précipita pour sauver Bothwell.

Hector recula d'un pas, mais n'abandonna point son poignard.

— Madame, reprit-il, je vous ai demandé deux minutes, me les accorderez-vous ?

La reine fit un geste de mépris.

Hector leva de nouveau son poignard sur la gorge de Bothwell acculé au mur... la reine jeta un nouveau cri.

— Parlez, murmura-t-elle ; que me voulez-vous ?

— Vous voyez cet homme, madame ?

— C'est lord Bothwell.

— Cet homme est le meurtrier du roi !...

— Tu mens, assassin ! vociféra Bothwell.

— Vous savez bien que non, répondit Hector avec un calme terrible.,. Madame, continua-t-il, je voudrais être seul avec vous, seul quelques minutes...

La reine eût un mouvement d'effroi.

— Est-ce mon poignard qui vous épouvante ? Ne craignez rien, dit-il en jetant le poignard.

Bothwell le ramassa, puis s'adressant à la reine :

— Cet homme est un misérable, mais écoutez-le ; je me retire dans la place voisine. S'il osait vous insulter, appelez, je serai là pour vous venger.

Et Bothwell sortit.

X

Hector attendit que la porte se fût refermée, puis, quand il fut seul avec la reine, il lui dit :

— Madame, on a trouvé votre gant dans la mine.

— Je le sais, dit la reine.

— Ce gant, vous l'avez perdu au bal.

— Je le sais encore.

— Un homme l'a ramassé.

La reine lui jeta un regard de mépris :

— C'était vous, n'est-ce pas ?

— C'était lord Bothwell.

— Vous mentez !

— Plût à Dieu ! murmura Hector ; car alors, lord Bothwell ne serait point un lâche et un misérable ; lord Bothwell ne menacerait pas l'honneur, le repos de la reine.

La reine sourit avec dédain :

— Est-ce la jalousie qui vous fait parler, monsieur ? demanda-t-elle.

Hector porta la main à son cœur :

— Vous me faites mal... madame, murmura-t-il avec douceur.

— Ah ! dit-elle froidement ; je vous fais mal ?

— C'est lord Bothwell qui a assassiné le roi, reprit Hector ; doutez-en, peu m'importe ! j'ai fait le sacrifice de ma vie, madame, j'ai refusé de fuir tout à l'heure, et ce n'est point ma grâce que je viens chercher ici !

— Qu'y venez-vous donc faire, monsieur ?

— Je venais y tuer lord Bothwell.

— Le tuer !...

— Oui, madame, car lord Bothwell c'est votre honneur foulé aux pieds, c'est le mépris de l'Europe tombant sur vous, la haine de votre noblesse vous écrasant, vos sujets vous livrant à la reine d'Angleterre son implacable ennemie... lord Bothwell c'est la trahison, la fausseté, le crime, l'infamie... lord Bothwell...

La reine étendit la main :

— Assez, monsieur, assez !... murmura-t-elle, je ne vous crois pas !...

— Oh ! croyez-moi, madame, croyez-moi, reprit-il avec des sanglots dans la voix, — au nom de cette tête que j'ai donnée pour vous sauver... au nom de cet amour...

Hector avait à peine prononcé ce mot qu'il se sentit frémir et trembler, et alla s'appuyer au mur, défaillant et pâle.

Ce mot d'amour fit tressaillir la reine ; le courroux brilla dans son regard, et elle lui dit avec cette froide cruauté que les femmes seules possèdent :

— Cet amour vous égare, monsieur.

Ce mot, le ton avec lequel il fut dit, le geste qui l'accompagna, produisirent sur Hector l'effet de la foudre ; un nuage passa sur ses yeux, son front se mouilla, il pirouetta sur lui-même et s'affaissa sur le sol.

En ce moment la porte s'ouvrit et Bothwell entra avec quatre gardes du corps.

La reine était pâle et oppressée.

A ses yeux, Hector était un assassin, — elle ne croyait pas un mot de ce qu'il lui avait dit.

Mais c'était un assassin dont l'amour avait armé le bras ; c'était un téméraire qui avait osé l'aimer et que son amour avait rendu criminel.

C'était cet amour encore qu'elle l'amenait ici, qui le faisait calomnier Bothwell...

C'était cet amour qu'elle venait de flageller impitoyablement, et qui le jetait ainsi dans cette douleur morne et désespérée, dans cette prostration morale et physique où elle le voyait.

Elle en eut presque pitié ; et sans l'arrivée subite de Bothwell, peut-être lui eût-elle tendu la main pour le relever.

Mais Bothwell entra l'œil étincelant, le sourcil froncé. Bothwell le désigna aux soldats et leur dit :

— Emparez-vous de cet homme !...

Ils soulevèrent Hector toujours affaissé sur lui-même ; ils le garrottèrent.

Hector n'opposa aucune résistance.

— Madame, dit alors Bothwell, ce misérable vous a offensée, mais parlez... ungez-lui, il est fou !...

— Je lui pardonne, dit la reine avec douceur.

Ces mots galvanisèrent Hector. Il se redressa soudain, jeta un regard plein de gratitude à la reine, un regard chargé de haine sur Bothwell, et voulut s'élancer sur lui.

Mais il était garrotté, et il n'avait plus son poignard.

— Où désirez-vous qu'on le conduise ? demanda lord Bothwell.

— Au château de Dunbar, répondit la reine.

Puis, la pitié se faisant jour de nouveau dans son cœur, elle ajouta :

— Si je lui faisais grâce ?

Hector frissonna ; Bothwell pâlit.

— Y pensez-vous, madame ? murmura Bothwell.

— Il est si jeune...

— C'est l'assassin du roi.

La reine tremblait et redevenait femme.

— Madame, lui dit Hector fièrement, je vous ai dit la vérité, vous n'avez point voulu me croire... Je voulais vous sauver, vous êtes sourde !... Il faut que je meure maintenant, car mon sang est nécessaire à votre honneur, et fermera la bouche à ceux qui vous ont calomniée. Madame, je ne vous demande ni pardon, ni pitié, mais regardez bien cet homme...

Et Hector désigna Bothwell du regard.

— Cet homme est un lâche et un assassin ! poursuivit-il, cet homme dit vous aimer...

— Taisez-vous, dit impérieusement la reine.

Et la pitié s'en alla une fois encore, son cœur se ferma.

Elle lui tourna le dos et dit à Bothwell :

— Donnez-moi votre bras et appelez mes femmes.

— Montez à cheval, ordonna Bothwell aux gardes, et conduisez sur l'heure ce prisonnier au château de Dunbar. Cet homme est l'assassin du roi... vous en répondez sur votre tête.

La reine s'appuya au bras de Bothwell et fit un geste.

A ce geste, les gardes entraînèrent Hector qui les suivit sans résistance, murmurant avec désespoir :

— Elle ne me croit pas !... elle ne me croit pas !...

———

— Mylord, dit la reine à Bothwell, vous m'avez fait ce soir d'étranges aveux...

— Sincères, madame.

— Je veux le croire, mais il faut vous éloigner.

— Partir ?

Et Bothwell eut un accent de douleur dans la voix.

— Il le faut.

— Vous voyez bien que j'avais raison tout à l'heure, quand je voulais m'exiler moi-même. C'est vous, maintenant, qui m'éloignez.

— Allez prendre le commandement des troupes qui sont aux frontières.

— Je m'y ferai tuer, madame.

— Vous ne le ferez pas.

— Pourquoi exigez-vous que je vive ?

— Parce qu'on ne meurt pas d'amour.

— Quand on espère, peut-être...

— Eh bien !...

La reine hésita.

— Eh bien ? demanda Bothwell.

— Espérez ! murmura-t-elle, et partez !

La reine abandonna le bras du rival, et comme si elle eût regretté le mot fatal qui lui échappait, elle s'enfuit.

Bothwell demeura seul, ivre, fasciné, la tête en feu.

Il porta alternativement la main à son front et à son cœur ; — à son cœur qui éclatait, à son front qui brûlait, — et il s'écria enfin, après un moment de silence :

— Le trône est à moi !...

XI

Le château de Dunbar dressait ses tours crénelées et ses épaisses murailles sur une falaise escarpée qui dominait la mer.

Ses souterrains, immenses et mystérieuses catacombes, sombres cachots perdus sous le sol, s'étendaient jusqu'à la mer et se trouvaient situés au-dessous de son niveau, si bien que, lorsque la mer était grosse, le vent poussait le flot contre les parois de la falaise avec une force telle que ses éclaboussures jaillissaient jusqu'aux étroites meurtrières qui ajouraient les cachots et retombaient sur les prisonniers en pluie glacée.

Ce fut là qu'on conduisit Hector, là qu'il fut enfermé quelques heures après avoir quitté la reine.

Son nouveau cachot était moins obscur et plus large que le premier, le grand jour y pénétrait assez franchement par en haut; mais il était plus humide encore, et le jour où il y entra, la mer était mauvaise et y pénétrait goutte à goutte.

Il y entendait distinctement les clapotements sourds et les mugissements, — et cette voix gigantesque qu'il reconnut tout d'abord parvint, pendant quelques heures, à lui faire oublier sa position misérable pour lui rappeler ses souvenirs d'enfance, sa jeunesse, puis la tour de Penn-Oll, revue il y avait quelques jours à peine, et son père... et ses frères...

Ses frères!...

Henry tranchirait-il assez vite l'espace pour qu'ils arrivassent à temps, pour qu'il pût les voir avant son supplice et leur recommander la reine, que lui-même n'avait pu sauver?

Il était brisé de fatigue, la faim lui donnait le vertige; il s'endormit avant la nuit.

Le lendemain il s'éveilla aux premières clartés qui lui arrivaient du ciel par sa meurtrière.

Le sommeil avait assoupi sa faim et réconforté son corps.

Son esprit était plus libre, il pouvait réfléchir.

Il réfléchit, il songea avec délices aux quelques mots de pitié échappés à la reine; il se prit à songer que s'il la pouvait voir encore, peut-être finirait-il par la convaincre.

La voir!...

Ces deux mots absorbèrent la pensée du prisonnier et l'occupèrent tout entier.

La voir une dernière fois, une seule, et puis mourir! c'était tout ce qu'il demandait. Mais comment la voir?

Un homme lui apporta à manger.

Il voulut lui parler, cet homme lui imposa silence d'un geste, et se retira sans avoir prononcé un seul mot.

Alors il se souvint de Douglas qui lui avait offert la vie, de Douglas qui l'aimait et voulait le sauver... qui, sans doute, apprendrait bientôt que Bothwell n'était pas mort, que lui, Hector, était enfermé, et qui mettrait tout en œuvre pour le délivrer.

Une fois libre, il irait à Bothwell malgré son rang, ses gardes, malgré mille obstacles; il ne s'abaisserait plus jusqu'à vouloir donner des explications et des conseils, il frapperait...

Un coup de poignard sauverait bien mieux la reine que ces avertissements stériles qu'elle n'avait point voulu écouter.

Et il espéra en Douglas, et il demeura toute la journée sous la meurtrière, écoutant rugir la mer, prêtant l'oreille au moindre bruit étranger. Nul ne vint... la nuit tomba, le jour s'éteignit.

Il s'étendit sur la paille humide de son cachot et appela le sommeil.

Le sommeil fut lent à venir.

Le lendemain il s'éveilla plein d'espoir; son espoir se continua toute la journée; puis, la journée finie, il se dit avec résignation :

— Ce sera demain.

Le lendemain s'écoula sans qu'il eût vu d'autre être humain que le geôlier qui lui apportait à manger.

Et plusieurs journées s'écoulèrent ainsi, et pendant ces longues journées il n'entendit d'autre voix que le murmure menaçant de la mer clapotant au-dessus de sa tête.

Alors la lassitude commença à le prendre, la patience lui échappa, l'espoir s'évanouit... Et ce délire affreux qui s'empare des prisonniers quand ils ont enfin brisé la coupe vide de l'espérance, éteignit sa pensée et ne le jeta dans un monde fiévreux et fantastique, d'où il ne sortait qu'à demi pour prononcer les noms de Douglas, de Bothwell et de la reine.

Parfois il avait un moment de calme, et alors il regardait avec effroi les murs de sa prison qui semblaient l'étouffer; il trouvait sa situation effrayante, et il demandait la mort.

Un jour il dit à son geôlier :

— Vous savez que je suis condamné à mort?

— Oui, fit le geôlier d'un signe.

— Quand dressera-t-on mon échafaud?

Le geôlier fit un mouvement d'épaules qui signifiait :

— Je ne sais pas!

— Le bourreau! le bourreau! s'écria-t-il, qu'on me livre au bourreau! je veux mourir!

Le geôlier eut un sourire de pitié et s'en alla. Hector, demeuré seul, retomba dans son délire.

Enfin le quatorzième jour de sa captivité, tandis que l'œil hagard, le cou tendu, il écoutait avec l'indifférence stupide de l'idiotisme les sanglots de la mer, exposant son front à cette pluie d'écume que le flot lui jetait au ciel par se brisant aux murs de sa prison, il crut entendre un bruit, une voix plus aiguë, plus nette que celle de la mer, et à ce bruit, à cette voix, la raison lui revint et il écouta.

Il écouta longtemps, dix minutes peut-être... Rien!

La voix s'était éteinte!

Il écouta encore, haletant, immobile...

La mer seule lançait au ciel brumeux ses rugueuses imprécations.

Alors il se laissa tomber sur sa couche de paille, il étreignit son front dans ses mains et se prit à pleurer.

Les prisonniers redeviennent enfants.

Mais tout à coup le même bruit se fit, la même voix aigre retentit dans l'éloignement, et cette voix prononça un nom :

— Hector!

Et, à ce nom, le captif bondit sur ses pieds et courut à la meurtrière.

La meurtrière était à dix pieds du sol; le mur était poli par l'humidité; — mais Hector retrouva des forces, Hector enfonça ses ongles dans le mur; Hector se hissa avec des efforts inouïs jusqu'aux épais barreaux qui fermaient sa prison; il s'y cramponna de toute la force de ses ongles saignants et de ses doigts brisés, et, dressant enfin la tête à la hauteur de la meurtrière, il plongea sur la mer un œil enflammé.

A cent brasses du soupirail, une barque louvoyait et courait des bordées sous les murs du château.

Il était presque nuit, et un brouillard épais couronnait le rocher qui servait de base à la forteresse.

La barque courait donc à la faveur de la double obscurité du brouillard et de la nuit, et un œil moins exercé aux ténèbres que l'œil d'un prisonnier ne l'eût certainement pas aperçue.

Un jeune homme tenait le gouvernail; ce jeune homme inspectait d'un œil ardent la base de la falaise et les soupiraux des cachots.

— Hector! Henry! répéta-t-il.

— Henry! répondit la voix délirante du prisonnier.

A ce nom deux ombres se dressèrent du fond de la barque, et ces deux ombres crièrent :

— Frère! nous voilà!

Hector se sentit défaillir, mais il appela à son aide le nom de la reine, et à ce nom, ses doigts saignants semblèrent vouloir s'incruster aux barreaux de la meurtrière.

Et, meurtri, saignant, il eut le courage d'attendre que la barque, courant toujours des bordées vers la plage, vînt à effleurer enfin le roc et le soupirail.

Henry laissa tomber l'aviron et saisit à deux mains les grilles de fer de la meurtrière, servant ainsi d'amarre vivante à la barque.

Les deux frères tendirent alors leurs bras au captif; mais le captif était épuisé, ses mains crispées se desserrèrent, et il retomba sans force sur la terre humide de son cachot.

Henry tenait toujours les grilles et maintenait la barque immobile.

— Frère, dit alors Gaëtano à l'Espagnol don Paëz, faut-il attendre encore? faut-il le sauver sur l'heure?

Don Paëz parut réfléchir :

— Le brouillard est épais, murmura-t-il, à l'œuvre!

Gaëtano se baissa, saisit au fond de la barque une lime énorme et entama l'un des barreaux.

Le fer grinça sur le fer; pendant quelques minutes, on entendit une sorte de sifflement aigu qui domina la voix sourde des flots, puis ce sifflement s'éteignit... Le barreau était scié.

— Frère! frère! répéta Gaëtano se penchant à l'ouverture du cachot, courage! Nous sommes là, nous allons te rendre la liberté et la vie.

Un gémissement étouffé répondit seul à la voix de Gaëtano.

Alors don Paëz n'hésita plus; il s'élança, gagna l'entablement du soupirail, et, se glissant, non sans peine, à travers l'étroite ouverture ménagée par le barreau scié, il se laissa couler dans le cachot.

Hector était sur ses genoux, mourant, hors d'haleine, faisant de vains efforts pour se lever, pour se hisser une fois encore vers les grilles où se tendaient les mains libératrices, et ne le pouvant plus.

Don Paëz le prit dans ses bras robustes, l'y pressa longtemps, puis le souleva et appela : — Frère! frère!

Un sourire d'espoir passa sur les lèvres d'Hector, qui murmura :

— Je la reverrai donc!

— Frère! appela de nouveau don Paëz, s'adressant à Gaëtano qu'il avait laissé dans la barque, et qu'il s'attendait à voir paraître à l'orifice du soupirail pour lui venir en aide, frère!

Nul ne répondit d'abord, puis un faible cri se fit entendre et parut s'éloigner.

Ce cri disait :

— Silence! silence! silence!

Don Paëz s'élança, comme l'avait fait Hector naguère; il se cramponna aux barreaux que la lime n'avait point entamés... il regarda... plus rien!

La barque, Henry, Gaëtano, — c'est-à-dire le salut, la liberté, l'espérance — venaient de disparaître et de se perdre dans le brouillard. A peine, au travers des brumes, apercevait-on un point sombre qui s'éloignait, s'effaçant à mesure; ce point sombre, c'était la barque.

Don Paëz eut un mouvement de rage; il ne comprit pas d'abord, et il demeura à son poste d'observation, étreignant les grilles de ses doigts ensanglantés et paraissant chercher le mot de cette énigme.

La barque s'éloignait toujours. Don Paëz, épuisé comme l'était Hector, se laissa retomber au fond du cachot.

Tout à coup, traversant l'espace, une chanson lui arriva par lambeaux ; c'était une barcarolle napolitaine dont voici la traduction :

> Du soir jusqu'à l'aube nouvelle
> Au faîte de la vieille tour,
> Veille l'austère sentinelle
> Dont l'œil dans la nuit étincelle,
> Et qui défend, — barque ou nacelle, —
> Qu'aucun esquif n'aborde avant le point du jour!

— C'est la voix de Gaëtano, s'écria don Paëz, remontant de nouveau à la meurtrière.

La barque avait disparu dans l'éloignement, et un silence profond suivit ce premier couplet.

— Mon Dieu! mon Dieu! murmura don Paëz, qu'est-il donc arrivé? Serions-nous trahis? Nous aurait-on découverts?

La même voix reprit aussitôt, quoique plus éloignée :

> Mais la sentinelle, épuisée,
> En est à sa troisième nuit, —
> Prisonniers, dont l'âme est brisée,
> Avant que tombe la rosée,
> Avant que d'une nuit lassée
> La nuit cède la place au jour prochain qui luit.

Et comme don Paëz écoutait, haletant, la voix, qui s'affaiblissait de plus en plus dans l'espace, continua sans s'interrompre :

> La sentinelle austère
> Fermera la paupière.
> Folle sécurité!
> Prisonniers, ayez bon courage...
> La dernière heure d'esclavage
> Est l'aube de la liberté!

— Mordieu! murmura don Paëz, par saint Jacques de Compostelle! il paraît que les sentinelles ont aperçu la barque.

— Ah! fit Hector avec insouciance, brisé qu'il était par tant d'émotions.

Don Paëz vint à lui, le prit dans ses bras, considéra, à la faible clarté du jour qui tombait de la meurtrière, son visage hâve et amaigri, ses yeux étincelants de fièvre, et il lui dit avec une tristesse profonde :

— Tu l'aimes donc beaucoup? tu as donc bien souffert?

Hector tressaillit et regarda son frère.

— Je souffre horriblement, murmura-t-il.

— Frère, continua don Paëz, Henry nous a tout dit... Gaëtano et moi, nous sommes accourus tous deux, moi de Madrid, lui de Naples. Quant à Gontran, il n'a pu le trouver, mais il viendra s'il le sait en péril.

— Dieu le veuille! murmura Hector. Il est bien tard déjà!

— En effet, dit don Paëz, il est bien tard!

Hector frissonna.

— Que veux-tu dire? fit-il, sais-tu quelque chose? parle! parle, frère!

— Frère, dit don Paëz, as-tu bien du courage?

— Parle! s'écria Hector, tu me fais mourir.

— Mon Dieu! murmura don Paëz tout ému; je ne voudrais pas te tuer, pauvre enfant...

Don Paëz avait à son flanc une gourde de marasquin, Hector l'aperçut, en saisit avidement et en avala aussitôt plusieurs gorgées.

— Tiens, dit-il, l'œil enflammé, j'ai repris des forces; maintenant, parle, te dis-je!

— Eh bien! fit don Paëz tout bas, la reine aime Bothwell... et elle l'épousera...

Hector arracha l'épée qui pendait à la ceinture de don Paëz et l'appuya sur sa poitrine.

— Ne dis pas cela, s'écria-t-il, ne dis pas cela, ou je me tue!

— Fou! dit l'Espagnol en lui arrachant l'épée. Rien n'est perdu encore!

— Mon Dieu! murmura Hector, donnez-moi une heure de liberté, mettez-moi un glaive au poing, permettez que je fouille la poitrine de cet homme pour en arracher son cœur, et puis laissez-moi subir le dernier des supplices, la roue ou la potence, que m'importe!

Et comme don Paëz se taisait, il reprit avec exaltation :

— Mais l'Ecosse est donc un pays de félons et de traîtres, un royaume sans sujets, sans noblesse? Les grands feudataires de la couronne sont donc vendus à l'infâme, qui n'élèvent la voix et ne tirent l'épée pour empêcher un tel attentat?

— La noblesse ignore tout encore. Le mariage de la reine d'Ecosse avec lord Bothwell sera le résultat d'un complot.

— Et... ce complot?... demanda Hector, dont la voix tremblait de fureur.

— Je le connais, nous le connaissons tous trois.

— Mon Dieu! mon Dieu! tu me fais mourir, parle donc!

Don Paëz fit asseoir son frère sur la paille de son grabat, et, le priant d'un signe de ne point l'interrompre :

— Ecoute, dit-il : nous sommes arrivés hier soir à Dunbar. Il était presque nuit quand nous avons aperçu dans le lointain les flèches des tourelles et le beffroi de la vieille forteresse. Il était trop tard pour que nous pussions prendre les mesures nécessaires à la délivrance et savoir où tu étais enfermé, il ne l'était point assez pour oser entrer dans la ville. Une forêt était au bord de la route, nous nous sommes enfoncés dans la forêt : un filet de fumée tremblottait au-dessus des arbres, indiquant une hutte de bûcherons, — nous avons gagné cette hutte et demandé l'hospitalité pour la nuit :

« — Messeigneurs, nous a répondu le bûcheron, si vous avez soif et faim, voici un pot de vieille ale et un cuissot de venaison ; buvez et mangez... Mais quant à coucher ici, c'est impossible!

« — Et pourquoi, maroufle!

« — Parce que je n'ai qu'un lit.

« — Eh bien! nous dormirons sur le sol, pliés dans nos manteaux et les pieds tournés vers le feu.

« — Impossible encore, messeigneurs, reprit le bûcheron : je suis un pauvre diable à qui le sort rend la vie dure : une occasion se présente pour moi de faire fortune, ne me l'enlevez pas. Dunbar est proche, vos chevaux ont le jarret solide, poussez jusqu'à Dunbar.

« — Tu attends donc quelqu'un ici?

« — Chut! ceci n'est pas mon secret.

« — C'est possible, dit Gaëtano qui fronça le sourcil soudain ; mais, à coup sûr, ce sera le nôtre.

« Et, comme le bûcheron le regardait étonné, il tira son épée qui étincela d'un fauve reflet à la lueur du foyer.

« Le pauvre diable fit un pas en arrière, Gaëtano un pas en avant.

« — Grâce! exclama le bûcheron avec terreur.

« — Parle! dit Gaëtano avec autorité.

« — Ce n'est pas mon secret : grâce, monseigneur!

« Gaëtano appuya légèrement et piqua la gorge du bûcheron, qui poussa un cri de douleur.

« — Je parlerai, dit-il.

« — Parle donc, mécréant!

« — Eh bien! messeigneurs, il y a à Dunbar un riche seigneur, et à Glasgow une grande dame..... Le riche seigneur et la grande dame s'aiment, mais il paraît qu'il y a des empêchements à leur amour, car...

« Le bûcheron hésita. Gaëtano fronça le sourcil, et il continua :

« — Ils se donnent rendez-vous ici... la nuit...

« — Hum! fit Gaëtano, quel est ce riche seigneur?

« — Je ne sais pas son nom.

« — Et sais-tu quelle est cette grande dame?

« — Pas davantage.

« — Sont-ils venus déjà?

« — Oui, monseigneur, deux fois.

« — Et ils viendront cette nuit?

« — Oui, monseigneur.

« — Eh bien! puisque tu ne sais pas leurs noms, nous les saurons, nous...

« Le bûcheron frissonna :

« — Car nous resterons ici et nous les verrons.

« Le bûcheron tomba à genoux :

« — Que vous ai-je donc fait, messeigneurs, supplia-t-il les mains jointes, que vous me vouliez ainsi ruiner?...

« — Nous ne voulons pas te ruiner.

« — Que vous vouliez causer ma mort?... C'est un puissant seigneur qui me fera pendre comme un chien.

« — Il ne saura rien, et nous ne voulons point ta mort.

« — Mais... si vous restez ici...

« — Nous nous cacherons. Sois tranquille.

« Le bûcheron jeta un coup d'œil rapide autour de lui. La hutte était très-petite ; elle n'avait qu'un étage. Dans un coin, attaché à un méchant râtelier, un cheval sommeillait sur sa longe ; dans le coin opposé se trouvait un monceau de litière.

« — Nous nous cacherons là, dit Gaëtano.

« — Vous n'y pourrez tenir tous trois.

« — L'un de nous s'y placera ; les deux autres s'en iront.

« — Mon Dieu! mon Dieu! murmura le bûcheron tremblant, je suis un homme perdu.

« — Tais-toi donc, imbécile, tu feras ta fortune double, car nous te paierons largement.

« L'œil du paysan s'alluma de convoitise.

« — Dites-vous bien vrai? demanda-t-il.

« Je lui jetai ma bourse pleine d'or ; il s'en saisit, et nous dit :

« — Qu'il soit donc comme vous le désirez.

« — A quelle heure viendront-ils?

« — A onze heures.

« — Et quelle heure est-il maintenant?

« Le paysan franchit le seuil de sa cabane, interrogea les étoiles qui scintillaient à travers le ciel brumeux, et répondit :

« — Il est dix heures environ.

« — Alors, ajouta Gaëtano, il n'y a pas de temps à perdre. Toi, don Paëz, vous, Henry, vous allez gagner un fourré ; vous emmènerez mon cheval, et si je pousse un cri, si j'appelle et demande aide et secours, vous arriverez.

« — Frère, dis-je à Gaëtano, nous ferions beaucoup mieux de gagner le fourré tous trois et d'y attendre le jour. Que nous importent les amours d'un gentilhomme et de sa maîtresse ?

« — J'ai un pressentiment, répondit-il d'une voix profonde.

« Nous lui obéîmes, emmenant les trois chevaux que nous attachâmes dans le bois; puis, nous revînmes, en rampant, nous blottir dans une broussaille, à dix pas de la hutte.

« Pendant ce temps, Gaëtano, avant de s'enfouir dans le monceau de litière, avait dit au bûcheron :

« — J'ai l'œil sur toi, au moindre geste équivoque, au moindre signe de trahison, malheur à toi !

« — Vous m'avez payé, dit-il, bûcheron; j'ai touché le prix du silence, je serai honnête.

« Quelques minutes après, le pas d'un cheval se fit entendre sous le couvert et vint s'éteindre au seuil de la hutte; le bûcheron ouvrit sa porte.

« Un homme entra enveloppé dans son manteau et le visage soigneusement caché sous les larges bords de son feutre, il jeta la bride au bûcheron qui plaça le cheval près du sien, et, sans prononcer un mot, il s'assit près du feu sur un escabeau, approcha ses jambes engourdies des tisons brûlants et parut attendre avec impatience.

« Presque au même instant, un autre piétinement de cheval retentit, un étalon s'arrêta sur le seuil, une amazone mit pied à terre et entra.

« Un grand voile tombait sur son visage et le dissimulait entièrement.

« Le cavalier se leva vivement, alla à sa rencontre, lui prit respectueusement la main et la baisa.

« Puis il montra la porte au bûcheron :

« — Va-t'en, lui dit-il.

« Le bûcheron sortit.

« — Merci, madame, merci d'être venue! murmura-t-il avec émotion.

« — Mylord, dit la dame d'une voix tremblante, c'est, je le crains, notre dernière entrevue.

« — Que dites-vous, madame?

« — Je dis, mylord, qu'il vous faut renoncer à me voir...

« Le cavalier tressaillit.

« — C'est-à-dire, murmura-t-il, que je dois appuyer un pistolet sur mon front...

« — Vous êtes fou! dit-elle avec émotion.

« — Ou un poignard sur mon cœur, continua-t-il, et mourir.

« — Vous ne le ferez pas ! Je vous le défends!

« — Je le ferai, madame, car je vous aime.

« — Et moi, fit-elle frémissante, je ne puis...

« — Vous ne pouvez?

« — Non, mylord; car il m'est impossible de vous accorder ma main.

« — Qui s'y oppose donc, madame?

« — La noblesse entière de mon royaume.

« Gaëtano tressaillit; il venait de reconnaître la reine d'Ecosse.

« — Ah! fit le cavalier avec un ricanement de colère, la noblesse s'y oppose... comme elle s'opposa, sans doute, à votre union avec sir Henry Darnley ?

« — Oui, mylord.

« — Vous l'épousâtes, cependant...

« La reine tressaillit et se troubla.

« — Je l'aimais, murmura-t-elle.

« Le cavalier attacha sur elle un regard perçant.

« La reine baissa la tête.

« Il lui prit la main, la main de la reine tremblait.

« — Madame, dit-il d'une voix humble et suppliante, ne refusez pas une dernière grâce à un homme qui va mourir.

« — Que voulez-vous? demanda la reine frissonnante.

« — Madame, reprit-il d'une voix qu'étranglait l'émotion, votre front si pur rougit, votre main tremble dans la mienne, votre cœur bat à mon oreille...

« — Eh bien? demanda la reine qui chancelait.

« — Ce front qui rougit, madame, cette main qui tremble, ce cœur qui bat, me révèlent un secret.

« — Que voulez-vous dire, mylord?

« — Je veux dire que vous m'aimez, madame. Tenez, je vais mourir... par pitié! laissez-moi emporter l'aveu de votre amour dans l'éternité... dites-moi que vous m'aimez?...

« — Je vous aime... murmura la reine d'une voix éteinte.

« — Ah! s'écria le cavalier se redressant et changeant soudain de ton, vous avouez que vous m'aimez et vous me refusez votre main? Vous me refusez, à moi, lord Bothwell, duc d'Orcney, quand vous l'avez accordée jadis, malgré vos pairs, malgré votre noblesse, malgré les Guises, vos oncles, et les princes de France, vos beaux-frères, à sir Henry Darnley?

« — On ne brave point l'opinion deux fois, balbutia la reine.

« — Eh bien! madame, je triompherai de l'opinion, je la braverai, moi, et nul ne pourra ni vous accuser ni vous blâmer.

« — Je ne vous comprends plus, mylord.

« Le cavalier se pencha à l'oreille de la reine.

« — Je vous enlèverai, fit-il tout bas.

« La reine tressaillit.

« — Vous ne l'oseriez pas! s'écria-t-elle.

« — J'oserai tout.

« — Mais ce serait infâme !

« — Non, puisque vous m'aimez.

« Elle se prit à frissonner.

« — Que dira l'Europe? murmura-t-elle.

« — L'Europe, répondit tranquillement le cavalier, l'Europe dira qu'une reine est femme, et qu'une femme compromise dans son honneur doit lui sacrifier de mesquins intérêts.

« La reine était rêveuse et ne répondit pas.

« Alors il prit à Gaëtano une furieuse tentation de casser la tête à ce misérable, il appuya le doigt sur la détente de son arme, il éleva le canon à la hauteur du front du cavalier.

« En ce moment, Hector, qui avait écouté patiemment le récit de son frère, l'interrompit brusquement :

« — Et il fit feu, n'est-ce pas ? s'écria-t-il.

« — Non, répondit don Paëz.

« — Oh! vociféra Hector, pourquoi donc?

« — Parce que la reine était là, parce qu'il s'arrêta et trembla à la pensée de commettre un meurtre sous les yeux d'une reine.

« — Fatalité! exclama Hector anéanti.

XII

« Quand la reine eut entendu ces brutales paroles, poursuivit don Paëz, quand elle eut baissé la tête et gardé un silence plein d'irrésolution et de honte, le cavalier parut comprendre qu'il devait se contenter de cet aveu tacite. Il se leva donc et lui dit en s'inclinant :

« — Adieu, madame... au revoir, plutôt.

« La reine fit un mouvement, se leva à demi; et peut-être allait-elle encore résister...

« Il ne lui en laissa pas le temps, il s'inclina une fois de plus et sortit précipitamment, demandant son cheval au bûcheron.

« La reine demeura auprès du foyer, absorbée dans une méditation pénible, remplie d'incertitudes et de terreur. Gaëtano était toujours à son poste d'observation, et il eût bien voulu suivre le cavalier qui venait de sauter en selle, si, pour cela, il n'eût fallu sortir de sa retraite, improvisée et faire jeter un cri à la reine.

« Henry et moi nous nous étions traînés presque au seuil de la hutte, et si nous n'avions point vu le visage du cavalier, si nous n'avions pu surprendre son entretien avec la femme arrivée après lui, du moins soupçonnions-nous une partie de la vérité. Au moment où il monta à cheval, nous étions à deux pas, dans une broussaille.

« Nous ne vîmes point son visage, mais, à sa tournure, Henry tressaillit et murmura :

« — Dieu ! quel soupçon !...

« L'inconnu poussa son cheval et s'éloigna au trot.

« Nous le suivîmes en rampant; une coulée d'arbousiers nous protégea bientôt. Alors nous ne rampâmes plus, et nous mîmes à courir.

« Il avait toujours sur nous une avance de trente pas. Tout à coup nous rencontrâmes une couche de feuilles sèches qui crièrent sous nos pieds et nous trahirent. Soudain il fit volte-face :

« — Qui va là? cria-t-il.

« Nous nous étions arrêtés et demeurions immobiles. A tout hasard, il tira un pistolet de ses fontes et fit feu dans notre direction.

« La balle siffla au-dessus de nos têtes; mais à la lueur instantanée de la poudre s'allumant dans les ténèbres, nous aperçûmes enfin son visage et Henry jeta un cri : — Bothwell!

« Cette exclamation lui parvint sans doute, car il enfonça l'éperon au flanc de son cheval et le mit au galop.

« — Feu! feu! me cria Henry, l'ajustant lui-même.

« Quatre coups partirent; mais le cheval continua de faire retentir le sol sous ses ongles de fer et le cavalier répondit à notre décharge par un ricanement.

« Presque au même instant Gaëtano nous rejoignit :

« — L'avez-vous tué? nous demanda-t-il.

« — Non, il était trop loin.

« — Le connaissez-vous?

« — Oui, c'est Bothwell, répondit Henry.

« — Eh bien! continua Gaëtano, cette femme qui était avec lui, c'était la reine!

« — Je m'en doutais, murmura Henry, elle l'aime.

« — Et il doit l'enlever.

« — Malédiction ! et quand, où, comment?

« — Je ne sais pas, il ne l'a pas dit.

« — Et... fit Henry tremblant de fureur, elle y consent ?

« — Oui.

« — Oh! cela ne sera point. Je vais courir après elle, je vais...

« — Trop tard, répondit Gaëtano, elle est partie!

« — Nous allons la poursuivre!

« — Et Hector? m'écriai-je, Hector qu'attend l'échafaud, l'abandonnerons-nous?

« — C'est juste, dit Henry en baissant la tête, tout pour Hector. »

Un ouragan de fureur passa dans la gorge d'Hector, qui, les cheveux hérissés, la sueur au front, écoutait ce dramatique récit.

— O triples fous que vous êtes! s'écria-t-il, fous stupides! Eh! que me laissait la vie, que m'importait l'échafaud? C'était après elle qu'il fallait courir; c'était après Bothwell. C'était...

La fureur d'Hector tri m dia de sa faiblesse :

— Frère, dit-il, frère, je veux sortir!

— Tu sortiras, je te le promets.

— Tout de suite, frère!

— Insensé! murmura don Paëz, la barque où Henry et Gaëtano attendent vient de s'éloigner pour ne point éveiller les soupçons des sentinelles... Il faut attendre son retour...

— Mais quand reviendra-t-elle, mon Dieu?

— A la nuit.

Hector retrouva toute son agilité première. Il bondit vers la meurtrière, plongea son regard dans le brouillard qui étreignait l'Océan et retomba découragé.

— La nuit est loin, dit-il.

— Patience, frère; elle viendra.

— Oui, murmura-t-il, et pendant ce temps, peut-être, le lâche accomplit son forfait...

Don Paëz frappa du pied avec impatience et ne répondit pas.

— Frère, continua Hector, ne pourrions-nous pas nous sauver par cette meurtrière?

— La mer est là.

— Ne pourrions-nous gagner une côte à la nage?

— Les sentinelles veillent.

— Frère, l'incertitude et l'angoisse me tuent!

— Frère, répondit don Paëz avec calme, la sagesse humaine est dans un seul mot : Attendre.

— Attendre! attendre! exclama Hector, mais pendant que nous attendons, pendant que j'attends, le misérable accomplit peut-être son crime.

Don Paëz parut réfléchir :

— Je ne crois pas, dit-il; il est peu probable, il est même impossible que Bothwell ait déjà exécuté son plan... Son plan... peut-être n'en a-t-il pas encore? La reine est rentrée à Glascow ce matin seulement. Elle sera fatiguée, elle ne sortira point aujourd'hui.

— Puisses-tu dire vrai! s'écria Hector.

Don Paëz retourna sous la meurtrière. Le jour baissait; le rayon lumineux qui tombait d'aplomb sur la paille du cachot s'affaiblissait graduellement.

— Patience! dit-il, la nuit vient.

La nuit vint en effet, quoique bien lentement au gré des vœux d'Hector.

Le rayon s'éteignit, l'obscurité descendit, opaque, dans la prison.

Alors les deux frères se prirent à écouter la grande voix de la mer qui rugissait sur leurs têtes; ils écoutèrent, anxieux, espérant à chaque minute entendre un cri, un lambeau de chanson, une voix quelconque qui leur révélât la présence de la barque libératrice sous les créneaux de la forteresse...

Mais rien ne leur arriva, rien que les colères saccadées ou les plaintes monotones du flot déferlant sur le roc, rien que les flocons d'écume jaillissant par la meurtrière et glaçant leurs chevelures ruisselantes. Don Paëz commençait à s'impatienter, il trouvait que l'heure marchait trop vite, que la nuit abrégeait son cours avec une rapidité désespérante...

Quant à Hector, il semblait que la prostration qui le dominait entièrement naguère, s'était de nouveau emparée de lui.

Il était là, muet, immobile, son front dans ses mains, les yeux fermés, semblant achever quelque rêve confus et brumeux, évoquer quelque lointain souvenir à demi effacé déjà.

Don Paëz s'élança de nouveau vers la meurtrière.

La nuit était obscure, mais les brouillards s'étaient levés peu à peu, et la lueur phosphorescente qui tremblotait à la cime floconneuse des vagues, eût jeté assez d'éclat pour trahir, aux yeux perçants des sentinelles, la présence d'un homme ou d'une embarcation à la mer. Il était impossible que Henry et Gaëtano osassent se risquer avant une heure avancée de la nuit dans les parages des casemates.

Don Paëz quitta la meurtrière découragé, mais domptant son émotion et ne voulant point accabler de son désespoir son frère si fort abattu déjà.

Tout à coup l'Espagnol frissonna.

Un bruit de pas se faisait entendre au-dessus de sa tête et semblait provenir d'un escalier tournant creusé dans l'épaisseur du roc, lequel reliait le cachot à la plate-forme de la forteresse.

Venir, à cette heure de la nuit, visiter un prisonnier dans son cachot, était chose de sinistre augure.

Don Paëz prêta l'oreille et porta instinctivement la main à la garde de son épée.

Les pas approchaient et devenaient plus distincts... Quelques se-condes après ils retentirent à la porte, dont les verrous crièrent bientôt sur leurs gonds.

Don Paëz regarda rapidement autour de lui et chercha un lieu de refuge, une retraite quelconque où il pût dissimuler sa présence.

Malgré la rigueur avec laquelle le prisonnier était traité, on lui avait laissé son manteau, et la paille de son grabat était abondante.

Don Paëz n'eut que le temps de se blottir dans cette paille et d'étendre le manteau sur lui.

Presque aussitôt la porte s'ouvrit et plusieurs hommes entrèrent.

C'était d'abord un homme vêtu de noir, tenant à la main un parchemin déroulé.

Puis deux soldats aux gardes de Sa Majesté paraissant servir d'escorte à cet homme.

Après eux, un autre personnage, également vêtu de noir, avec un livre à la main et un surplis blanc.

Enfin, un troisième, vêtu de rouge des pieds à la tête, comme les autres l'étaient de noir, morne et froid comme le Destin, silencieux comme la Fatalité.

Le premier de ces trois hommes était le greffier près des lits de haute-justice, — le second, un prêtre, — le troisième... le bourreau

XIII

Le greffier entra le premier, appela trois fois le prisonnier par son nom, et Hector s'étant levé, il lui lut l'arrêt qui le condamnait à la peine de mort, et ordonnait qu'il marcherait au supplice et monterait les degrés de l'échafaud la tête couverte d'un voile noir.

Hector écouta froidement le greffier, puis, quand il eut fini :

— Je connaissais ma sentence, dit-il, à quoi bon cette lecture?

— Parce que, répondit le greffier, il est d'usage de procéder ainsi le jour de l'exécution.

Hector frissonna; don Paëz étreignit dans sa main convulsive la poignée de son épée.

— Et ce jour?... demanda Hector.

— Est venu, répondit le greffier en baissant la tête.

Et il s'effaça devant le prêtre qui s'avança un crucifix à la main.

Hector ne craignait pas la mort, mais il voulait le salut de la reine. Il avait donné sa tête pour elle, et cette tête ne pouvait tomber inutilement.

Un accès de fureur le prit et il s'écria :

— Je ne veux pas mourir!

Le greffier haussa les épaules et ne répondit pas. Mais un des gardes, demeuré jusque-là dans l'ombre, dit d'une voix dure :

— Il n'y a point de grâce pour les régicides!

Hector recula stupéfait, don Paëz tressaillit sous son manteau... Cette voix qui parlait de sentence inexorable, c'était celle d'Henry.

Et pour qu'ils n'en pussent douter, Henry fit un pas en avant et se trouva dans le cercle de lumière décrit par la torche du greffier.

Son visage était calme, un imperceptible sourire démentait le ton dur de ses paroles.

Hector comprit qu'Henry était là pour le sauver, l'espoir revint à son cœur et il murmura avec résignation :

— Que la volonté de Dieu s'accomplisse!

En ce moment le greffier ajouta :

— Lord Bothwell, duc d'Orcney et régent du royaume d'Ecosse, m'a chargé d'annoncer au condamné que s'il avait quelques révélations à faire avant de mourir, s'il avait des complices à nommer, il était prêt à l'entendre.

— Le lord est donc ici? exclama Hector avec un élan de joie auquel tous se méprirent, Henry et don Paëz exceptés.

— Oui, répondit Henry, et j'ai ordre de vous conduire en sa présence, si vous voulez faire des aveux.

Hector parut réfléchir :

— Conduisez-moi, dit-il.

— Mon fils, dit le prêtre avec douceur, ne m'écouterez-vous pas d'abord, et mourrez-vous impénitent?

Hector interrogea Henry du regard. Henry hésita, mais il aperçut le manteau, il devina la présence de don Paëz, et il répondit au condamné par un signe de tête affirmatif.

— Mon père, murmura Hector, je suis prêt à vous faire ma confession.

— Attendez, dit Henry; à partir du moment où un condamné sait l'heure de son supplice, il ne faut plus le laisser seul. Je dois demeurer ici. Je me tiendrai à l'écart.

Le greffier sortit, puis l'autre garde, puis le bourreau.

La porte se referma sur eux; le prêtre et Henry demeurèrent seuls avec le condamné.

Le prêtre se mit à genoux et commença une prière.

Mais Henry l'interrompit :

— Assez, mon père, dit-il. C'est inutile.

Le prêtre se leva stupéfait.

Henry tira son épée et la lui porta tranquillement au visage.

Le prêtre recula et se trouva face à face avec don Paëz qui venait de rejeter le manteau et se dressait avec le calme lenteur d'un mort sortant à minuit de son sépulcre.

— Mon père, dit alors Henry, vous êtes de haute taille, vous avez une grande barbe brune, un large chapeau rabattu sur les yeux; si vous ramenez un pan de votre manteau sur l'épaule gauche, on n'apercevra presque plus votre visage.

— Eh bien? demanda le prêtre tremblant.

— Eh bien! ce cavalier que vous voyez là et dont naguère vous ne soupçonniez pas la présence, ce cavalier se nomme don Paëz. Il a comme vous la voix profonde et grave, comme vous, il est de haute taille, comme vous il a la barbe brune.

Le prêtre regarda don Paëz et ne parut point comprendre.

— Or, poursuivit Henry, ce n'est point un sacrilège que nous voulons commettre. Nous n'avons nullement l'intention de vous manquer de respect, mon père; mais nous voulons sauver un innocent.

— Je comprends, murmura le prêtre.

— Vous allez donc changer d'habit avec don Paëz; il rabattra sur ses yeux votre large chapeau; il mettra votre surplis et il sortira avec nous tandis que vous resterez ici.

— Un mot? demanda le prêtre.

— Parlez, mon père.

— Jurez-moi sur ce Christ que le condamné est innocent, et j'obéis.

— Nous le jurons, répondirent Henry et don Paëz.

Le prêtre fit un signe d'assentiment, changea de vêtements avec don Paëz, se coucha, à son tour, sur la paille et dans le manteau.

Alors Henry heurta à la porte du pommeau de son épée; un guichetier accourut, suivi du second garde de la reine, et Henry, reprenant son ton dur et rempli de dédain, dit :

— Marchons!

Don Paëz avait su prendre la tournure du prêtre et murmurait une prière, en fermant la marche.

Henry et le garde étaient placés, l'épée nue, aux côtés du condamné, le guichetier les précédait, une torche à la main.

Ils gravirent ainsi les cent marches humides et glissantes d'un étroit escalier, ils arrivèrent sur la plate-forme et passèrent au milieu d'une double haie de soldats des gardes, placés là pour intimider le condamné et lui enlever tout espoir de salut, toute chance d'évasion.

Hector était aimé parmi ses camarades des gardes. Tous le plaignaient, quelques-uns osaient murmurer tout bas qu'il était innocent; — le plus grand nombre prétendaient qu'il était atteint de folie, et qu'un accès de fièvre chaude avait seul pu le porter à l'exécution d'un pareil forfait.

Un morne silence accueillit son passage, — un silence plein d'émotion, de tristesse, de sympathie. Quelques mains furtives se glissèrent même pour serrer la sienne.

Il remercia d'un regard et passa le front haut.

On le conduisit ainsi jusqu'à l'appartement occupé par lord Bothwell.

Cet appartement se composait de trois pièces, — toutes trois ouvrant sur la plate-forme.

La première était une vaste salle où deux gardes veillaient nuit et jour; — la seconde, la chambre à coucher du lord; — la troisième, une sorte de cabinet de travail où se tenait d'ordinaire un secrétaire toujours prêt à coucher sur le parchemin un ordre de son maître.

Ce fut dans la première pièce que s'arrêta le lugubre cortège.

— Attendez Sa Grâce, dit brusquement Henry au prisonnier.

Puis, passant près de lui sans affectation, il ajouta tout bas :

— Pas d'emportements, du calme, au contraire, nous te sauverons!

Hector s'assit sur un banc et attendit.

Le prêtre se plaça près de lui et feignit de l'entretenir.

Henry alla s'asseoir à distance, l'épée nue et l'œil sur le prisonnier.

Puis il se rapprocha de son compagnon, l'autre garde qui l'avait accompagné dans la prison, et il lui dit :

— N'étiez-vous pas de garde cette nuit?

— De dix heures du soir à quatre heures du matin, mon gentilhomme.

— Ce qui fait que vous n'avez point dormi?

— Je tombe de lassitude, et si je trouvais un camarade qui voulût faire ma faction...

— Tope! dit Henry, j'ai votre homme.

— Un garde?

— Sans doute, un garde enrôlé d'aujourd'hui.

— Que vous nommez?

— Gaëtano; un Napolitain recommandé par la reine à lord Bothwell, et arrivé avec moi ce matin.

— Cordieu! murmura le garde en bâillant, s'il me veut remplacer ce soir, il me rendra un fameux service. A l'heure qu'il est, je donnerais toutes les maîtresses du monde pour le lit d'un bûcheron.

— Vous nous offrirez bien, en échange, demain, un pot d'ale anglaise?

— Dix bouteilles de vin de Guienne, au contraire! Mon oncle, le laird de Kirk-Will, vient de mourir, et j'hérite.

— Quel âge avait votre oncle?

— L'âge où l'on était bien élevé pour l'autre monde.

Henry frappa sur la porte du pommeau de son épée.

— Holà! Gaëtano? cria-t-il.

Gaëtano, en costume de soldat aux gardes, quitta un moment ses nouveaux camarades au milieu desquels il pérorait, sur la plate-forme, avec sa verve toute méridionale, et accourut.

— Veux-tu monter la faction de monsieur?

— Hum! dit Gaëtano en faisant clapper sa langue, c'est selon...

— Dix bouteilles de vin de Guienne!

— Peccira! murmura l'Italien, tout de suite.

Le garde prit son mousquet, remit son épée au fourreau, salua, sortit et ferma la porte.

Alors Hector se trouva seul avec Henry, Gaëtano et don Paëz.

Henry alla vers la porte, colla son œil au trou de la serrure, puis revint à Hector et lui serra vigoureusement la main.

— Nous voici maîtres du terrain, murmura-t-il. A nous Bothwell !

XIV

Hector regarda ses deux frères et Henry avec un étonnement profond.

— Que signifie tout cela? demanda-t-il.

— Tout cela est fort simple, dit Henry à voix basse. Tu sais comment don Paëz est devenu ton aumônier. Il n'est pas très-étonnant que l'on m'ait confié ta surveillance, à moi, qui suis garde du corps de la reine, puisque c'est ma compagnie qui fait le service intérieur du château.

— C'est là ce que je ne comprends pas bien.

— Attends donc. On avait aperçu votre barque du haut des remparts; l'éveil donné, il était plus que certain qu'une surveillance active serait exercée toute la nuit. Alors, nous laissant aller à la dérive, nous avons disparu derrière un môle, jeté l'ancre dans une crique déserte, abandonné la barque et gagné la forêt, où étaient demeurés nos chevaux. A la nuit tombante, nous avons fait notre entrée dans les murs du château, comme des voyageurs harassés qui viennent de loin. Alors encore, je suis allé seul trouver Bothwell et lui ai dit :

« — Je suis soldat aux gardes et je reviens de congé; j'ai appris quel forfait avait enlevé à l'Écosse le meilleur des rois et j'ai soif de vengeance. Et comme Bothwell ouvrait de grands yeux, j'ai ajouté : Mon père, que Dieu fasse paix à son âme! était attaché à la maison de Lenox, il était l'ami, presque le père du roi.

« — Eh bien? m'a demandé Bothwell.

« — Mylord, ai-je répondu, j'ai, pour le meurtrier du roi, une haine si violente, que je voudrais lui pouvoir planter ma dague dans la gorge.

« — Cela ne se peut, il mourra de la main du bourreau.

« — Hélas! mylord, je le sais; mais, au moins, vous ne me refuserez pas une grâce? — Ma compagnie fait le service du château; deux gardes escorteront le condamné au supplice; je demande à être l'un de ces deux gardes, et à son heure dernière, — puisse cette heure sonner bientôt! — je veux cracher à la face du régicide et le souffleter du nom de main gantée!

« Bothwell me regarda : j'avais imprimé à ma physionomie une expression de colère et de haine dont il fut frappé.

« — Il en sera comme vous le désirez, me dit-il.

« — Oh! merci, mylord! merci, m'écriai-je avec l'accent de la joie.

« — L'heure que vous attendez avec impatience, ajouta-t-il, est plus proche que vous ne croyez.

« Je tressaillis, il n'y prit garde.

« — Cette nuit même, poursuivit-il, le traître mourra du dernier supplice dans une cour intérieure du château.

« J'avais eu le temps de dompter mon émotion, j'eus le courage de m'écrier :

« — Dieu soit loué!

« — Il est un vieil usage, continua Bothwell, un usage respecté dans le royaume d'Écosse, depuis les siècles les plus reculés : le condamné, aux approches de son supplice, demande un entretien, sans témoins, au gouverneur de sa prison ou au commandant de la citadelle dans laquelle il est enfermé, soit pour faire des révélations, soit pour implorer sa grâce. C'est son droit.

« — Je connais cet usage, murmurai-je avec un frisson d'espérance.

« — Or, poursuivit Bothwell, le condamné réclamera sans doute ce bénéfice et demandera à être introduit en ma présence. Descendez donc avec un de vos camarades et l'aumônier dans son cachot. Il se confessera, s'il le veut, et puis, vous me l'amènerez ici.

« — Vous serez obéi, mylord.

« — Mais, ajouta encore Bothwell, ce n'est pas tout. Le condamné, accablé de stupeur devant ses juges, n'a pu trouver un mot pour les fléchir. Plus calme dans son cachot, il a employé un détestable moyen de défense, un moyen impie, s'il en fût...

« — Quel est-il, mylord?

« — Le malheureux aimait la reine, son amour l'a conduit à cet abominable forfait; la jalousie l'a poussé à en commettre un autre non moins grand : il m'a accusé de l'assassinat du roi.

« Je fis un geste d'indignation.

« — J'espère qu'il a renoncé à cette chance absurde de salut ; cependant, comme il était aimé parmi ses camarades des gardes, peut-être, en passant parmi eux, espérera-t-il les soulever en sa faveur...

« — Jamais, mylord !

« — N'importe ! écoutez bien l'ordre que je vous donne : s'il prononce un mot, s'il jette un cri, s'il essaie de formuler une accusation...

« Bothwell s'arrêta et me regarda :

« — Je vous comprends, mylord, répondis-je avec enthousiasme. Je le tuerai !

« — C'est cela, dit Bothwell ; allez !

« Je fis un pas pour sortir ; sur le seuil, je me retournai :

« — Pardon, mylord, lui dis-je ; j'oubliai de remplir une mission. A une lieue de Dunbar, j'ai rencontré un cavalier italien qui venait de Naples en droite ligne, et portait des lettres de recommandation du roi des Deux-Siciles pour l reine d'Écosse. Il croyait la reine à Dunbar et désirait obtenir son incorporation dans les gardes.

« — Très-bien, où est-il ?

« — Dans vos antichambres, mylord ; il m'a prié de l'introduire auprès de vous.

« — Appelez-le,

« Gaëtano se présenta, et Bothwell signa sur-le-champ son admission aux gardes écossaises, sans éprouver la moindre défiance. Il lui proposa même de m'assister dans ma descente au cachot du condamné ; je refusai, sous le spécieux prétexte que Gaëtano était las d'une longue route, mais, en réalité, pour n'éveiller aucun soupçon dans l'esprit de Bothwell. Maintenant, acheva Henry, tu sais comment nous sommes ici.

— Oui, répondit Hector, et je commence à comprendre que si vous ne me sauvez pas, au moins vous m'aurez fourni l'occasion de poignarder Bothwell. Donne-moi ta dague, Henry.

Henry secoua la tête :
— C'est inutile, dit-il.

Il le prit par la main et le conduisit à la croisée. De la croisée, on apercevait une cour ; dans cette cour brillaient des torches. A la lueur de ces torches, une dizaine d'hommes, commandés par l'homme rouge que Hector avait vu naguère entrer dans son cachot, étaient occupés à construire un échafaud.

— Vois-tu ? dit Henry.
— Oui, c'est mon échafaud.
— Le condamné y doit monter à trois heures du matin.

LORD BOTHWELL.

— Eh bien ?

— Eh bien ! mon maître, fit Henry avec un ricanement sinistre, ce n'est point toi qui y monteras.

— Et qui donc ? demanda Hector tressaillant.

— Le véritable meurtrier du roi, Bothwell !

— Tu es fou, Henry ?

— Non, je suis hardi, voilà tout. C'est pour cela, frère, que tu ne poignarderas point Bothwell ; c'est pour cela qu'il faut, à tout prix, que tu te contiennes devant lui, et que tu lui demandes ta grâce en suppliant, au lieu de le menacer encore.

— Soit, dit Hector ; mais comment opérerez-vous cette substitution ?

— Il est neuf heures, poursuivit Henry ; Bothwell va venir. Nous te laisserons seul avec lui. A dix heures, il te rendra à notre garde et se mettra au lit, dans la pièce voisine, ordonnant, sans doute, qu'on l'éveille à l'heure de ton supplice.

— Après ?

— Bothwell, je le sais de source certaine, boit chaque soir, en se mettant au lit, un verre de vin d'Espagne... Dans celui qu'il prendra ce soir, son valet, gagné par mon or, a versé deux gouttes de la fiole que voici ; cette fiole, nous l'avons achetée à Paris, il y a cinq jours, sur le pont Saint-Michel, dans la boutique de maître René le Florentin, parfumeur et gantier de la reine Catherine de Médicis.

— Du poison ?

— Non, mais du hachis ; une pâte noirâtre délayée, un breuvage oriental qui engourdit les membres, trouble la raison et transporte l'esprit dans un monde imaginaire.

— Je commence à comprendre.

— Ah ! tu comprends enfin, n'est-ce pas ? Tu comprends que les régicides vont à l'échafaud la tête couverte d'un voile noir, et que ce voile ne tombe qu'avec la tête ? Tu comprends que dans quatre heures, c'est-à-dire une heure avant le supplice, nous pénétrerons tous quatre dans la chambre du noble lord, que nous te coucherons dans son lit, tandis que nous le couvrirons du voile et des habits du condamné ? Tu comprends encore, sans doute, qu'il n'est pas rare de voir l'homme qui va mourir avoir la tête en délire et les membres affaiblis, et qu'on mettra sur le compte de la terreur les mots incohérents, les phrases inachevées, la voix étranglée de cet homme que nous serons obligés de porter sur l'échafaud.

Hector étouffa un rugissement de joie :
— Tu es un homme de génie ! murmura-t-il.
— Silence ! fit soudain don Paëz, on vient !

Henry poussa son cheval vers le lord, et lui porta un terrible coup d'épée au visage. (Page 39.)

Et, en effet, la porte s'ouvrit, et le secrétaire de Bothwell parut sur le seuil :

— Sa Grâce, dit-il, est prête à recevoir le condamné.

— Quand il sera garrotté, toutefois, dit Henry.

Et il lia fortement les mains du prisonnier, le fouilla minutieusement pour s'assurer qu'il n'avait aucune arme sur lui.

Hector marcha, d'un pas ferme, vers le secrétaire de Bothwell et le suivit.

Celui-ci referma la porte, et le condamné se trouva en présence de lord Bothwell, duc d'Orcney et régent d'Écosse.

XV

Le duc, vêtu de velours noir des pieds à la tête, portant au cou la chaîne d'or massif des grands dignitaires de la couronne, reçut le condamné debout, comme c'était la coutume : — debout et le chapeau en tête ! Debout, parce qu'il convient d'être courtois pour ceux qui vont mourir ; couvert, parce que l'on ne doit aucun respect à ceux qu'attend le dernier supplice.

— Laissez-nous, dit-il impérieusement à son secrétaire.

Celui-ci sortit, et le condamné demeura seul en face du vrai régicide.

— Monsieur, dit alors Bothwell avec calme, vous usez de votre droit en me demandant audience. Je vous écoute, que voulez-vous ?

— Mylord, dit Hector à voix basse, vous savez que je ne suis point coupable ; vous savez encore, poursuivit-il d'une voix sourde et brève, quel est le vrai meurtrier du roi ?

— Est-ce tout ce que vous avez à me dire ?

— Pardon, mylord. Vous savez pour quoi j'ai dédaigné de me défendre, et ce qu'il y a d'héroïsme dans mon silence et mon dévouement. Mylord, j'en appelle à un reste de loyauté qui, peut-être, n'est point éteint chez vous.

Bothwell ricana et ne répondit pas.

— Mylord... supplia le condamné.

Bothwell fit un geste d'impatience :

— Que voulez-vous ? demanda-t-il brusquement.

— Ma grâce, mylord, rien que ma grâce !

Bothwell haussa les épaules :

— Vous aimez la reine, n'est-ce pas ? fit-il avec dédain, et vous vous êtes dit coupable pour qu'on ne l'accusât point ?

— C'est vrai, murmura Hector.

— Eh bien ! si je vous fais grâce, savez-vous ce que l'on dira ? On dira que c'était une comédie ! et, — continua Bothwell implacable — que la reine, désormais lavée du soupçon, fait grâce au gentilhomme qui s'est dévoué pour elle.

— Mon Dieu ! fit Hector, toujours calme dans son rôle.

— En sorte que si la reine a été renvoyée de l'accusation par le lit de justice, elle n'en sera pas moins accusée et condamnée tout bas par le plus chétif de ses sujets.

Hector poussa un soupir :

— Les paroles que vous venez de prononcer, mylord, murmura-t-il avec accablement sont mon arrêt de mort.

— A moins que vous ne préfériez accuser la reine ? ricana lord Bothwell.

Hector lui jeta un regard d'indignation.

— Je n'ai plus rien à ajouter, dit-il avec dédain ; je me retire, mylord.

Bothwell fit un geste d'assentiment, ouvrit la porte et cria :

— Gardes, assurez-vous de la personne du condamné !

Henry s'avança :

— Votre Grâce peut reposer tranquille, dit-il en s'inclinant. Le condamné attendra-t-il ici l'heure de son supplice ?

Bothwell parut réfléchir.

— Soit, fit-il ; qu'il s'entretienne avec son confesseur.

Don Paëz, agenouillé et tournant, par précaution, le dos à Bothwell, semblait prier avec recueillement.

Bothwell rentra dans son appartement, appela son valet de chambre et se fit déshabiller.

— Tu m'éveilleras à deux heures et demie, dit-il assez haut pour que les gardes et le condamné l'entendissent; j'assisterai, de ma fenêtre, à l'exécution.

Henry se traîna sans bruit jusqu'à la porte, colla son œil à la serrure, et vit le valet placer un gobelet d'or ciselé sur un guéridon. Ce gobelet contenait le marasquin favori.

Il n'attendit point que Bothwell l'eût vidé, et revenant vers ses compagnons, il leur dit :

— Le traître va s'endormir et ne s'éveillera plus que dans l'éternité !

En ce moment, dix heures sonnaient.

XVI

Quatre heures d'anxiété terrible s'écoulèrent pour Henry, Hector et ses frères. Aucun bruit ne se faisait dans la chambre de Bothwell; on entendait seulement une respiration bruyante qui les fit tressaillir d'aise, après une heure d'attente et de profond silence. A cette respiration, succéda bientôt un flot de brusques paroles, séparées par de longs intervalles et annonçant un rêve pénible. Le nom de la reine s'y trouvait mêlé parfois; mais il fut impossible aux quatre cavaliers de suivre et de comprendre ces péripéties du cauchemar.

Au moment où deux heures sonnaient, Hector dit à Henry :

— As-tu le voile noir?

— Non, dit Henry; c'est l'affaire du bourreau : il va nous l'apporter.

— Mais il reconnaîtra Bothwell?

— Peu importe!

— Il est donc notre complice?

— Il le sera.

Presque aussitôt, la porte qui donnait sur la plate-forme s'ouvrit, et le bourreau entra.

Il était sombre et triste, comme il convient à ces hommes marqués au front du doigt de la fatalité et qui doivent, instruments passifs de la loi, étouffer dans leur poitrine toute pulsation humaine, dans leur cœur tout mouvement de pitié.

— Je viens vous chercher, dit-il à Hector avec une sorte de respect douloureux.

— Asseyez-vous une minute, lui dit Henry.

Le bourreau s'assit et le regarda étonné.

— Monsieur d'Edimbourg, poursuivit le jeune garde, regardez bien le condamné en face.

Le bourreau regarda Hector.

— Croyez-vous que ce jeune homme, au front si calme, à l'œil si fier, soit capable de commettre un forfait aussi détestable que celui dont on l'accuse et pour l'expiation duquel il va mourir.

— Il est condamné, dit le bourreau tristement; s'il est innocent, que son sang retombe sur la tête de ses juges!

— Son sang ne coulera point, monsieur d'Edimbourg, dit froidement Henry.

Le bourreau tressaillit.

— Lui aurait-on fait grâce? demanda-t-il vivement.

— Non, mais un autre mourra à sa place.

— Un autre! exclama le bourreau.

— Dites-nous donc, monsieur d'Edimbourg, quelle est votre arme ordinaire?

— La hache, murmura sourdement l'homme rouge.

— Et où est votre hache?

— Sur le billot, dans la cour.

— Vous ne l'avez point apportée?

— A quoi bon?

— Et vous avez eu tort, grand tort, je vous jure; car si vous n'avez pas votre hache ici, nous avons nos pistolets, nous.

— Et, poursuivit Henry en tirant vivement les siens de sa ceinture et les portant tout armés au visage du bourreau, qui recula stupéfait, nous venons de décider que, puisque dans une heure, vous feriez tomber la tête d'un innocent, autant valait dès à présent faire sauter la vôtre.

Le bourreau recula encore, pâle et défait.

— Çà, monsieur d'Edimbourg, il y a un prêtre ici, mettez-vous à genoux et priez Dieu; — vous allez mourir.

Le bourreau se laissa tomber à genoux.

— Je ne suis coupable d'aucun crime, murmura-t-il suppliant; grâce! messeigneurs...

— Vous êtes innocent de tout crime, dites-vous?

— Par le Christ, je le jure, messeigneurs!

— Ce jeune homme aussi est innocent, et vous demandez sa tête cependant?

— C'est la loi qui la demande.

— Eh bien! si, au lieu de sa tête innocente, nous vous donnions la tête du vrai coupable?

Le bourreau frissonna :

— Que voulez-vous dire? fit-il.

— Attendez et écoutez : le condamné va au supplice la tête cou-

verte d'un voile noir, n'est-ce pas? Vous coupez cette tête avec le voile?

— Sans doute... balbutia le bourreau.

— Et vous ne la pouvez examiner que détachée du tronc?

— Eh bien! donnez votre voile, monsieur d'Edimbourg, nous allons remettre en vos mains un homme qui en sera couvert...

A cette proposition inattendue, le bourreau tressaillit et demanda vivement :

— Quel est cet homme?

— Vous le saurez quand sa tête sera coupée!

— Mais je ne le puis... je ne veux pas...

— Vous avez le droit de refuser, vous avons, nous, celui de vous tuer.

Et Henry ajusta le bourreau :

— Grâce! cria celui-ci frémissant.

— Le voile! le voile! demanda impérieusement Henry, je vous donne trois secondes pour vous décider.

— Mon Dieu! murmura le bourreau en tendant le voile funèbre, faites que le sang de l'inconnu que je vais verser soit un sang coupable, et qu'il ne rejaillisse point sur ma tête.

— Cet homme est coupable, murmura don Paëz!

Pour le bourreau, don Paëz était un prêtre... un prêtre ne ment point, le bourreau eut foi.

— Ote ton pourpoint, Hector, dit ensuite Henry. Don Paëz, poursuivit-il, prenez ce pourpoint et ce voile, et allez en couvrir l'homme que nous avons condamné. Nous, nous demeurons ici pour tenir en respect monsieur d'Edimbourg.

Le bourreau tremblait.

Don Paëz prit le pourpoint et le voile, ouvrit sans bruit la porte, la referma sur lui et se dirigea vers le lit de Bothwell à travers les ténèbres, mais guidé par la respiration bruyante du dormeur.

Celui-ci continuait son rêve et murmurait d'une voix entrecoupée et assourdie par l'étrange ivresse du hatchis :

— Je suis le roi... le roi d'Ecosse, parbleu! et j'ai des milliards dans mes caves.

— Mort-Dieu! grommela don Paëz, voici un futur roi d'Ecosse bien riche et qui bâtit des châteaux en Espagne, comme s'il était le roi de ce doux pays.

Et il secoua le dormeur.

— Que me veut-on? fit celui-ci.

— Sire! dit don Paëz.

— Ah! ah! je suis bien le roi, n'est-ce pas?

— Certainement, sire.

— Et quel motif vous amène près de moi?

— Je viens vous prendre pour vous conduire à l'église où l'on doit sacrer Votre Majesté.

— Très-bien, je me lève; habillez-moi.

Don Paëz procéda aussitôt à la toilette du docile monarque, qui se laissa faire, incapable qu'il était d'aider son valet de chambre improvisé, ayant ses yeux toujours fermés, du reste, et poursuivant son rêve doré.

Quand il fut habillé, don Paëz l'assit sur le lit et déplia le voile.

En ce moment, un rayon de lune se dégagea des nuages plombés qui couvraient le ciel, passa au travers des vitraux de la salle et vint éclairer le visage du dormeur.

L'expression en était lourde, sans dignité, sans aucune empreinte de passion autre que la cupidité.

— Cordieu! murmura don Paëz, cette physionomie est plutôt celle d'un imbécile que d'un scélérat de génie. Comme l'ivresse change un homme! Voilà une tête qui ne ressemble plus du tout à celle que j'ai aperçue la nuit dernière, à la lueur instantanée d'un coup de pistolet. Et cependant, c'est la même!

XVII

Après cette réflexion, si peu flatteuse pour un homme qui se prétendait le roi d'Ecosse, don Paëz lui mit sans façon le voile noir.

— Qu'est-ce que cela? fit le futur monarque, et pourquoi me couvre-t-on la tête?

Don Paëz le regarda. Il avait toujours les yeux fermés.

— C'est votre coiffure, sire, dit-il.

— Quelle coiffure?

— Celle que vous devez porter à votre sacre.

— Singulière coiffure, murmura le nouveau roi d'Ecosse, passant ses mains tremblantes sur sa tête et murmurant : on dirait un voile...

— C'est un voile, en effet.

— Et pourquoi ce voile?

— C'est l'usage, sire.

— Soit, bégaya l'étrange roi...

Et, se renversant sur son oreiller, il se reprit à ronfler :

— Bonsoir, dit-il, je rêve...

— Vous ne rêvez pas, sire... Vous êtes parfaitement éveillé.

— Quoi! vraiment, c'est l'heure de mon sacre?

— Votre Majesté l'a dit.

— Je suis donc bien réellement le roi... l'époux de la reine?

— Pouvez-vous en douter, sire?...

— Hum!... fit le faux roi, c'est flatteur... elle est belle la reine...

— Très-belle, sire. .

Le faux roi fit un soubresaut :

— Ah! dit-il, vous trouvez? — Ah! tu trouves que la reine est belle, misérable!

— Mon Dieu! fit don Paëz d'une voix tremblante, aurais-je offensé Votre Majesté?

Le roi parut réfléchir, les yeux toujours fermés.

— Au fait, murmura-t-il, puisque tu la trouves belle, c'est qu'elle l'est.

— J'allais le dire pour ma défense à Votre Majesté.

— C'est profond cela, fit le roi avec gravité.

Don Paëz étouffa à grand'peine un éclat de rire :

— Que ce scélérat-là est bête dans l'ivresse! pensa-t-il.

— C'est que, vois-tu, reprit le roi après un silence entrecoupé de bâillements, trouver la reine belle est presque un crime... Et le dire au roi...

— N'en est pas un, sire.

— Ah! et pourquoi?

— Parce que c'est lui avouer qu'on est son sujet le plus respectueux et le plus dévoué, en osant lui dire la vérité.

— Tu as de l'esprit, dit le roi en essayant en vain d'ouvrir les yeux sous son voile.

— Je vole Votre Majesté.

— Et je désire faire ta fortune.

— Elle est faite, puisque Votre Majesté daigne y penser.

— Quelles sont tes fonctions?

— Je suis votre valet de chambre, sire.

— Eh bien! je te fais premier ministre.

Don Paëz haussa imperceptiblement les épaules :

— Quel singulier pays que l'Ecosse, où des niais de ce genre jouent des rôles importants! murmura-t-il. Allons, sire, reprit-il tout haut, on vous attend. Venez, voici mon bras.

— Tu me disais donc, reprit le loquace monarque, que la reine était belle?

— Encore! pensa don Paëz impatienté.

— C'est très-bien de le penser, mais il ne faut pas le dire trop haut... car enfin, vois-tu, il faut que la reine soit respectée...

— Sans doute. Venez donc, sire.

La faux roi prit le bras de don Paëz et essaya de faire un pas, tout en continuant de parler.

— ... Car si elle ne l'était pas, on pourrait murmurer dans notre bon pays d'Ecosse... et puis, notre noblesse est fière, et elle la déposerait en vertu d'un lit de justice... Or, comprends bien, cela me serait parfaitement égal qu'on déposât la reine, si l'on ne devait pas me déposer. . je ne l'aime pas, moi, et ne tiens qu'aux milliards qui sont dans mes caves de Glascow et d'Edimbourg; — mais comme la déposition de la reine entraînerait la mienne... tu comprends.....

— Oui, oui, je comprends, sire... mais venez... on vous attend...

Le faux roi chancelait sur ses jambes.

— Je suis ému, murmura-t-il; l'heure est si solennelle...

Don Paëz le prit dans ses bras et le porta pour ainsi dire.

— Ce voile m'étouffe...

— Attendez, sire, je vais l'arranger.

Et don Paëz, au lieu de le dégager, noua solidement les coins du voile autour du cou du faux roi, afin qu'aucun mouvement ne le pût déranger et mettre à découvert le visage.

Puis il continua à l'emporter.

La brusque transition des ténèbres à la lumière fit éprouver une sensation douloureuse au faux monarque, qui, la tête couverte des plis épais du voile, s'écria :

— Sommes-nous donc déjà à l'église?

— Pas encore, répondit don Paëz.

Hector et ses compagnons interrogèrent don Paëz du regard.

— Il rêve qu'il est roi d'Ecosse, fit l'Espagnol, et je le conduis à la cathédrale où on le doit sacrer.

Ils échangèrent tous quatre un sourire. Quant au bourreau, il frissonna et se signa.

— Et où sommes-nous donc? demanda le faux roi.

— Dans la salle d'honneur du château.

— C'est étrange... murmura Henry, sa voix n'est plus la même dans l'ivresse...

— J'avais déjà fait la même remarque, ajouta Gaëtano. C'est bien lui, cependant...

— Pardieu!

— Allons donc à l'église! poursuivit le roi.

Henry tressaillit :

— Ce n'est pas du tout la même voix, murmura-t-il en fronçant le sourcil.

Et le soupçon grandissant dans son esprit, il s'avança et prit un coin du voile pour le soulever.

Mais soudain il vit briller une bague qu'il se souvint d'avoir vue au doigt de Bothwell dans la soirée même, et, haussant les épaules, il lâcha le voile sans daigner regarder dessous.

— Sire, dit don Paëz d'une voix railleuse, vous voici au milieu des officiers de votre maison.

— Ah! très-bien!...

— Rien ne vous retient plus, et votre bon peuple d'Ecosse se presse sous les nefs de l'église pour s'enivrer de la vue de son souverain.

— Allons donc, messieurs! Il ne faut pas que mon peuple attende!

Et comme il chancelait toujours, Gaëtano se joignit à don Paëz et le soutint.

Alors Henry dit à Hector :

— Entre dans cette pièce, déshabille-toi et mets-toi au lit, l'heure approche. Quand on viendra t'éveiller, tu auras le dos tourné et tu ordonneras qu'on te laisse seul. Alors tu revêtiras ses habits à lui, puisqu'il vient de revêtir les tiens, et tu t'approcheras de la fenêtre, le chapeau sur les yeux, un pan de ton manteau sur le visage.

Hector ne répondit pas, il entra dans la chambre de Bothwell, se coucha dans le lit encore tiède et attendit.

Dix minutes après le valet de chambre entra :

— Que me veut-on? fit-il, déguisant sa voix et la tête enfouie sous la courtine.

— Votre Grâce a ordonné qu'on l'éveillât pour l'exécution.

— Quelle heure est-il?

— Près de trois heures.

— C'est bien. Qu'on me laisse!

Le valet sortit, Hector revêtit les habits de Bothwell, et s'approcha de la croisée qu'il ouvrit.

Les premières lueurs de l'aube glissaient, indécises, sur la crête des montagnes voisines; et, au travers des ténèbres qui enveloppaient encore les plaines et les bas-fonds, Hector put apercevoir son échafaud dressé au milieu de la cour, et autour de son échafaud un cordon de gardes.

Pendant ce temps, le faux roi descendait en chancelant, — appuyé sur les bras de Gaëtano et de don Paëz, qui portait son costume de prêtre, — les marches du grand escalier qui, des appartements supérieurs, conduisait au lieu du supplice.

Henry et le bourreau fermaient la marche.

— Ah! murmura celui-ci, dont la sueur glacée inondait le front, je commence à deviner quel est cet homme!

— Que vous importe?

Le bourreau hésita une minute :

— Non, jamais! dit-il enfin, jamais je ne me rendrai complice d'un pareil forfait!

Pour toute réponse, Henry lui appuya le canon de son pistolet sur la tempe.

A ce froid contact, le bourreau eut peur et dit sourdement :

— J'obéirai!

— Fais bien attention à ceci, mon maître, dit alors Henry; c'est que, foi de gentilhomme, si tu nous trahis, si tu dis un mot, si tu fais un geste, je te tue!

Le bourreau tremblait de tous ses membres :

— La hache me tombera des mains, murmura-t-il.

— Tu tomberas sur elle, maître. Marche!

— Ah çà, fit le faux roi, pourquoi diable ce voile?

— Je l'ai dit à Votre Majesté, c'est l'usage.

— Je ne savais pas. De quelle couleur est-il?

— Blanc, sire.

— Les rois vont donc se faire sacrer sous le voile, comme les vierges montant à l'autel nuptial?

— Oui, sire; comme elles, les rois doivent être purs de toute souillure.

— Je comprends. Y aura-t-il beaucoup de monde à mon sacre?

— Oui, sire.

— A-t-on convié ma noblesse?

— Sans doute.

— Et le clergé?

— Le clergé aussi.

— Et... qui me sacrera?

— Monsieur d'Edimbourg, sire.

Don Paëz prononça cette atroce parole avec tant de sang-froid, que Henry, Gaëtano et le bourreau en frissonnèrent.

C'était une comédie solennelle terrible que celle de conduire à l'échafaud un homme qui croyait être roi, qui croyait aller au sacre, et que l'on entretenait dans cette erreur fatale par un respect si tragiquement ironique.

— Ah! reprit le faux roi, c'est monsieur d'Edimbourg qui va me sacrer?

— Oui, répondit don Paëz.

Et don Paëz ne mentait point. Seulement, au lieu de parler de l'archevêque d'Edimbourg, ce que le patient comprenait, don Paëz parlait du bourreau. C'était le plus terrible jeu de mots qui se fût jamais fait jusque-là!

Le faux roi marchait avec une difficulté extrême.

Quand il fut arrivé dans la cour, l'air frais du matin lui fouettant le visage, il demanda :

— Où sommes-nous?

— Sur la grande place de la cathédrale, sire...

— C'est drôle, murmura-t-il, je n'entends point le populaire crier : *Noël!*

— Le respect cloue sa langue.

— A-t-on fait *largesse?*

— Non, sire, on a dit au peuple que le roi était pauvre.

— On a bien fait. Le roi n'est pas pauvre, mais il est avare. Je ne veux pas ébrécher mes milliards...

Le faux roi traversa une double rangée de soldats aux gardes. Quelques-uns entendirent ses incohérentes paroles et s'en étonnèrent...

A ceux-là, Henry répondit :

— Il a le délire, et il se figure qu'il est le roi d'Ecosse,

Les gardes haussèrent les épaules :

— Pauvre garçon! murmurèrent-ils.

Le funèbre cortége arriva ainsi au bas de l'échafaud.

— Voici dix marches à monter, sire, dit don Paëz.

— Pourquoi ces dix marches?

— Ce sont celles de votre trône.

— Bien, je les gravirai.

Et il les gravit, en effet, soulevé par les robustes bras du bourreau et de don Paëz, qui remplissait les fonctions d'aumônier.

Henry demeura au bas de l'échafaud avec Gaëtano, il leva alors les yeux dans la direction de la croisée de la chambre de Bothwell; les gardes suivirent ce regard et comme lui aperçurent un homme vêtu de noir, le feutre sur les yeux, enveloppé dans son manteau et considérant, impassible, les apprêts du supplice.

Tous frissonnèrent à cette vue, et plusieurs se souvinrent que la rumeur publique avait accusé cet homme du crime qu'un autre allait expier.

Il y eut même comme un murmure dans les rangs des gardes.

Ce murmure fit tressaillir Henry qui cria au bourreau :

— Dépêchez-vous donc, monsieur d'Edimbourg !...

Pendant ce temps le faux roi était parvenu sur la plate-forme étroite de l'échafaud, et il avait été entouré par les trois aides de l'exécuteur.

Mais celui-ci les avait renvoyés en leur disant : — Je n'ai pas besoin de vous, et il était demeuré seul sur l'estrade fatale, avec le patient et don Paëz.

— Sire, dit alors ce dernier, il faut vous mettre à genoux.

— A genoux ! Pourquoi ?

— Pour prier Dieu devant votre peuple, sire.

— C'est juste ; il faut qu'un roi donne l'exemple de l'humilité.

Et le faux roi s'agenouilla.

Don Paëz se tourna vers le bourreau.

— Vous savez, monsieur d'Edimbourg, lui dit-il tout bas, qu'il y a une vieille loi écossaise qui punit de mort le bourreau maladroit qui manque son patient.

Le bourreau étreignit la poignée de sa hache dans ses mains nerveuses.

— Je le sais, dit-il sourdement.

— Et si cela vous arrivait, poursuivit froidement don Paëz, la loi serait exécutée sur-le-champ. J'ai une dague sous ma robe et je vous l'enfoncerais jusqu'à la garde dans la poitrine.

— Mon Dieu ! murmura le bourreau, pardonnez-moi !...

— Sire, continua don Paëz, le jour de leur sacre, les rois baisent la poussière, et c'est pendant qu'ils sont prosternés que le prélat qui officie laisse tomber sur eux l'huile sainte.

— Eh bien ! dit le faux roi, dites à monsieur d'Edimbourg de se tenir prêt.

Et de lui-même il se baissa, et appuya, sans le savoir, sa tête sur le billot

Don Paëz fit un signe, le bourreau leva le bras, la hache étincela aux premiers rayons de l'aube, puis retomba sourdement et sépara la tête du tronc d'un seul coup, tranchant avec elle le voile noir des régicides.

— Voilà, murmura don Paëz, un homme qui est mort en rêvant, et qui s'en va dans l'autre monde enchanté de son sacre et riche à milliards. C'est le cas, ou jamais, de dire que *le bien vient en dormant.*

Le bourreau saisit aussitôt la tête sanglante, encore enveloppée du voile et, sans cesser la regarder, il la jeta dans le cercueil placé derrière lui avec le corps qu'il plaça par-dessus.

Et puis, comme s'il eût craint encore d'apercevoir cette tête, il ôta son manteau rouge et l'étendit dessus.

La foule des gardes s'écoula en silence.

Seuls, Henry et Gaëtano demeurèrent au pied de l'échafaud, avec don Paëz qui venait d'en descendre.

Quant au bourreau, il demeurait appuyé sur sa hache, inerte, stupide, moulant la statue du Désespoir, réduit à l'idiotisme.

Alors le prêtre et les deux gentilshommes levèrent de nouveau les yeux vers la croisée.

Hector y était toujours appuyé, immobile et froid comme un dieu de marbre, et attachant un sombre regard sur cet édifice rouge, à

travers les fentes duquel le sang tombait tiède et goutte à goutte sur le sable, avec un monotone et lugubre bruit.

Tout à coup, Henry se frappa le front.

— Nous sommes des niais ! dit-il, il faut partir !

— Nos chevaux sont sellés ! répondit Gaëtano.

— Oui, fit don Paëz; et quand nous serons partis, monsieur d'Edimbourg nous vendra.

Le bourreau l'entendit :

— Jamais! murmura-t-il. Ce serait vendre ma propre tête.

— Il y a un moyen bien simple de mettre les nôtres à l'abri, dit l'astucieux Gaëtano.

— Lequel ?

— Il faut emporter celle du supplicié: tous les corps se ressemblent ; celui de lord Bothwell n'était pas fait autrement que celui d'Hector.

— Ceci est fort ingénieux, répliqua Henry, mais il serait convenable alors de lui ôter sa bague.

— Qu'à cela ne tienne! fit don Paëz.

Et il remonta sur l'échafaud, découvrit le cercueil et y prit la tête, qu'il enveloppa des lambeaux du voile et roula sous son manteau.

Puis il souleva le corps à demi, prit la main droite dans sa main et en retira la bague.

— Adieu, monsieur d'Edimbourg, dit-il ironiquement au bourreau; quand vous serez vieux, vous écrirez vos mémoires, et vous raconterez comment trois gentilshommes, n'ayant que la cape et l'épée, arrivés de la veille, étrangers au pays et n'y ayant aucune intelligence, eurent l'audace de substituer sur l'échafaud, à un condamné obscur, un homme qui se nommait lord Bothwell, duc d'Orcney, et était régent d'Ecosse.

Le bourreau se tut et demeura appuyé sur sa hache.

— N'ayez nul regret, monsieur d'Edimbourg, poursuivit don Paëz; le noble lord était le vrai meurtrier du roi. Quand nous serons moins pressés qu'aujourd'hui, nous vous raconterons cette histoire.

. . . .

Les trois gentilshommes rentrèrent dans le château par une porte dérobée, gagnèrent les appartements de Bothwell, trouvèrent Hector toujours appuyé à l'entablement de la croisée, et l'entraînèrent.

Hector avait la même taille que Bothwell, il était revêtu de ses habits; il se couvrait le visage de son manteau. On le prit partout pour le duc, et il traversa le château sans encombre, suivi de ses deux frères et d'Henry; l'un, sous son vêtement ecclésiastique, les deux autres portant le costume des gardes.

Ils montèrent à cheval et partirent au galop.

Don Paëz avait toujours sous son manteau la tête sanglante.

— Ah çà, dit-il, qu'allons-nous faire de ceci?

— Nous le jetterons en pleine mer, répondit Henry.

— Où allons-nous ? demanda Hector.

— Je ne sais, fit Gaëtano; mais hors d'Ecosse toujours.

Hector tressaillit.

— Loin d'elle ! fit-il sourdement.

— Frère, murmura don Paëz, viens en Espagne ; nous te ferons, le roi mon maître et moi, assez puissant seigneur pour parler de ton amour la tête haute; — tu seras ambassadeur, et alors...

— Ce serait trop de bonheur !... fit Hector.

Et l'émotion l'empêcha d'achever sa pensée.

En ce moment, au coude du chemin, un cavalier apparut et poussa un cri.

— Frères ! frères! dit-il.

— Gontran ! s'écrièrent les trois cavaliers. C'était Gontran , en effet; — Gontran qui arrivait bride abattue, mourant.

Mais ce n'était plus ce jeune homme insouciant, à la lèvre rosée, à l'œil mutin , au franc sourire; — c'était un homme pâle , triste , aux yeux caves, à la lèvre amincie et pendante, au geste saccadé.

— Frères ! leur cria-t-il, le malheur est tombé sur Penn-Oli... l'enfant est perdu !

Les trois frères arrêtèrent brusquement leurs chevaux, et poussèrent un rugissement de colère.

— L'enfant est perdu!... exclamèrent-ils.

Gontran baissa la tête et ne répondit pas.

Don Paëz fut le premier qui sauta au bas de son cheval, courut à Gontran, lui secoua vivement le bras et lui dit avec fureur :

— Mais parle donc, malheureux ! parle !

— Il y a quinze jours que je ne dors ni ne vis, répondit Gontran quinze jours que je cours par monts et par vaux et demandant partout mon enfant... Frères, ne m'accablez pas de votre courroux, car je souffre mille tortures, et vingt fois par jour je suis tenté de me passer ma rapière à travers le corps.

— Mais parle donc ! hurla don Paëz, parle ! où et comment l'as-tu perdu?

— A Paris, dans la nuit de la Saint-Barthélemy.

— Oh ! fit Gaëtano, ils l'ont massacré !

— Non, s'écria Gontran avec force, non !

— Qu'est-il donc devenu , alors?

— On me l'a volé.

— Volé !

— Écoutez, frères, écoutez-moi... quand vous m'aurez entendu, peut-être ne me condamnerez-vous pas !

— Par la mordieu ! exclama don Paëz, aussi vrai que le soleil nous éclaire à cette heure, si tu ne retrouves pas l'enfant, quoique tu sois mon frère de sang et de cœur, je te tuerai !

— Frappe, lui dit froidement Gontran.

Et il lui présenta sa poitrine.

— Fou ! murmura don Paëz.

Ils descendirent tous de cheval, ils s'allèrent asseoir à la lisière d'un bois et jetèrent la tête du faux roi dans un fossé.

XVIII

Alors Gontran leur raconta d'une voix brève, saccadée, entrecoupée de sanglots, les détails de cette terrible nuit de la Saint-Barthélemy, nuit pendant laquelle, nos lecteurs s'en souviennent, l'enfant avait été enlevé par le roi de Navarre.

Ils l'écoutèrent avec recueillement, sombres, pensifs, la main sur leur épée, — et quand il eut fini, don Paëz s'écria :

— Nous sommes quatre, tous quatre jeunes et forts, vaillants et sagaces ; nous avons pour nous l'audace qui tente, la foi qui guide, le droit qui triomphe ; nous allons parcourir l'Europe en tous sens, fouiller ciel, terre et mers dans leurs moindres replis, et si nous ne retrouvons point l'enfant notre maître, c'est que Dieu refusera son appui à notre cause, — et Dieu assiste toujours ceux qui croient en lui et ne réclament que leur droit !

Henry s'était tenu à l'écart, il s'avança vers le milieu du groupe :

— Vous êtes quatre, avez-vous dit, don Paëz?

— Oui.

— Vous vous êtes trompé, messire, nous sommes cinq ! dit Henry.

Et il tira son épée comme eux, puis ajouta :

— J'ignore quel est votre nom réel, j'ignore quel est cet enfant que vous appelez votre maître ; mais nous sommes frères depuis dix jours, car nous combattons côte à côte ; frères depuis notre naissance, car l'un de vous a passé sa jeunesse sous le toit de mon père ; nous avons partagé le même lit, bu au même verre, rompu le même morceau de pain. Vous étiez quatre frères, soyons cinq, n'ayant qu'une vie, qu'une pensée, qu'un but... retrouver cet enfant !

— Henry, dit don Paëz d'une voix grave et solennelle, je suis l'aîné de tous, j'ai la parole le premier ; c'est mon droit. Au nom de mes cadets, je te reconnais pour notre frère, j'accepte ton épée et ta vie, notre épée et notre vie sont à toi.

— Partons donc, fit Gaëtano ; cette terre d'Écosse me pèse sous les pieds comme si elle était renversée.

— Oui, répondit don Paëz, partons ; mais avant, jurons-nous aide et secours mutuel. Hector était en péril et nous sommes accourus ; dans huit jours, demain peut-être, l'un de nous sera aux prises avec une passion violente, amour ou ambition, et il aura à lutter.

— Eh bien ! dit Gaëtano, nous ferons pour lui ce que nous avons fait pour Hector.

— Vous le jurez?...

— Tous ! s'écrièrent-ils.

— Frères, murmura Hector, mon vœu le plus cher que vous n'éprouviez jamais les tortures qui m'ont brisé.

— Il est une passion qui guérit l'amour, répondit don Paëz.

— Laquelle, frère?

— L'ambition.

— Est-elle moins amère?

Don Paëz tressaillit.

— Frère, murmura-t-il, tu viens de prononcer un mot terrible ! l'amour vaut mieux, sans doute !

— Bah ! dit Gaëtano, il n'y a qu'une passion réelle en ce monde.

— Quelle est-elle?

— Un vieux flacon vidé auprès d'une beauté qu'on n'aime pas. Quand on n'aime aucune femme, on les aime toutes.

— Gaëtano, murmura don Paëz, toi seul seras heureux !

— Parbleu ! répondit l'Italien, une seule chose suffit pour cela : — la foi ! J'ai la foi grande quand mon escarcelle est pleine ; moindre quand elle est maigre ; sans limites quand elle est vide. Je suis lazzarone, frère, grand seigneur aux heures d'opulence, poëte et philosophe quand viennent les mauvais jours. Seule, la médiocrité m'étoufle, car si je n'ai plus d'or pour être galant gentilhomme, j'en ai trop encore pour improviser des vers et méditer sur le néant des vanités humaines. — En route, messeigneurs, ce ciel brumeux, ces montagnes, ces paysans à mine farouche, ne valent pas le ciel de Naples la belle, son golfe bleu, ses lauriers-roses, et son Vésuve, dont le front flamboie éternellement !

Hector se tourna vers ces montagnes et ce ciel insultés par Gaëtano, et leur dit avec émotion :

— Vous avez abrité ma jeunesse, vous avez été hospitaliers pour moi, je vous remercie et vous regretterai toujours.

Puis Henry vint et murmura :

— Tu n'es point, ô terre d'Écosse ! un pays doré du soleil. La neige couvre tes montagnes, tes vallées sont sauvages et pauvres,

mais tes fils sont loyaux et braves, généreux et hospitaliers. Sur ton sol est née ma famille, mon père y repose du dernier sommeil, et je te quitte en pleurant. Adieu, patrie, je te reverrai !

— Terre d'Écosse ! cria à son tour don Paëz, moi aussi je te veux faire mes adieux, et te laisser un souvenir.

Et sans ajouter un mot, il abattit du revers de son épée une branche de chêne, l'affila des deux bouts comme un épieu, et la planta en terre.

Puis il alla ramasser la tête, la débarrassa de son voile noir, et la ficha dessus comme un sanglant trophée.

Alors il se découvrit et murmura avec un ironique sourire :

— Roi imaginaire, je te salue !

Mais trois cris lui répondirent, trois cris indicibles de stupeur, de rage, d'étonnement...

— Quelle est cette tête? hurla Hector.

— Pardieu ! répondit don Paëz, celle de Bothwell.

— C'est faux ! s'écria Gaëtano.

— Faux ! s'écria Henry hors de lui.

— Bothwell était blond... cette tête est brune, hâlée, reprit Hector en courant vers elle, et l'examinant avec une avide attention.

Henry s'approcha comme lui et jeta un nouveau cri :

— Le secrétaire ! murmura-t-il.

Il y eut parmi ces cinq hommes une minute de terrible silence, pendant laquelle ils se regardèrent presque avec terreur.

Cet homme qu'ils avaient conduit au supplice, cet homme dont la tête sanglante était là, devant leurs yeux, ce n'était pas Bothwell !

Enfin, Henry s'écria :

— Je l'avais bien dit : ce n'était plus la même voix !

— Moi aussi, fit Gaëtano.

— Mais tu ne l'as donc pas vu, frère?

— Jamais. Je lui tournais le dos cette nuit quand il est entré.

— Malédiction ! hurla Hector, la reine est perdue !

— Non ! fit don Paëz avec force, car nous sommes cinq, cinq épées vaillantes qui pourraient conquérir un royaume, et nous la sauverons !

— Mais où donc est Bothwell?

— Bothwell ? dit Henry, il n'était pas à Dunbar cette nuit.

— Et son secrétaire était dans son lit, ajouta don Paëz. A cheval, frères, à cheval !

XIX

Il est nécessaire de revenir sur nos pas pour expliquer cette étrange méprise dont Hector et ses frères venaient d'être victimes, et de nous reporter au moment où Bothwell, après avoir remis le condamné aux mains d'Henry et de Gaëtano, rentra dans son appartement.

Quand la porte se fut refermée, on s'en souvient, le lord appela son valet de chambre et se fit ostensiblement déshabiller et mettre au lit.

Puis il ordonna qu'on l'éveillât à l'heure de l'exécution, et qu'en attendant on le laissât seul.

On avait bien placé sur son guéridon le verre de vin d'Espagne, mais le lord oublia d'y tremper ses lèvres. Il avait bien autre chose en tête, vraiment ; car le valet fut-il parti, qu'il souffla sa lampe, sortit du lit sans bruit, se traîna à pas de loup jusqu'à la porte de la troisième pièce où travaillait son secrétaire et frappa doucement.

Le secrétaire ouvrit, et Bothwell entra.

Le secrétaire était un homme d'environ quarante-cinq ans, assez maigre, assez bien pris, et absolument de la même taille que Bothwell.

La tête seule différait ; elle était brune de peau et de cheveux, tandis que Bothwell était blond et avait le teint rosé.

— Maître Wilkind, dit le lord en refermant la porte avec précaution, vous êtes ambitieux, n'est-ce pas?

— Certes, mylord, répondit Wilkind avec un sourire béat ; il fallait l'être, et beaucoup, pour servir Votre Honneur comme je l'ai fait, en mettant moi-même le feu à cette mèche sonfrée, qui a dû procurer au feu roi d'Écosse un très-vilain quart d'heure.

— Et votre ambition n'est point satisfaite encore?

— Votre Honneur songe à moi, j'en suis sûr.

— Vous voulez faire votre fortune, n'est-ce pas?

— Plus grande possible. Par exemple, si Votre Honneur devient roi d'Écosse, il me semble qu'il pourrait... m'octroyer... un portefeuille...

— Un portefeuille? Oh ! oh ! maître Wilkind.

— Oh ! celui des finances... celui-là seulement.

— Raillez-vous, messire Wilkind?

— Mon Dieu ! murmura ingénument Wilkind, lord Douglas, par exemple, s'il ne refusait un portefeuille, me donnerait beaucoup d'or, j'en suis sûr, si je lui faisais quelques confidences...

Bothwell se mordit les lèvres.

— Silence ! dit-il, tu seras ministre... Mais si c'était à recommencer, je ferais moi-même mes affaires... Ce secret n'est plus le mien.

— Il est le nôtre, monsieur. D'ailleurs, vous avez fort bien fait de me confier le soin des poudres. On ne sait pas ce qui eût pu arriver... Une explosion trop prompte, un grain de fumée sur votre visage... Il n'y a que les pauvres diables comme moi qui réussissent dans ces sortes d'affaires...

— Assez, dit sèchement Bothwell. Passons aux choses importantes. C'est cette nuit que j'enlève la reine.

— Déjà?

— Sans doute. Mais il y a des précautions à prendre... Les gardes me détestent et ils la défendront à outrance...

— Il y aura donc un combat?

— Sans merci. C'est pour cela que j'ai demandé à la reine, pour la garde du château, les trois compagnies de ses gardes les plus turbulentes, ne lui en laissant qu'une à Glascow.

Wilkind s'inclina.

— Votre Grâce a un génie sans égal, murmura-t-il.

— La reine, poursuivit Bothwell, partira demain avant le jour, en litière, de Glascow pour Stirling. Une trentaine de gardes seulement l'escorteront. Au point du jour, le cortège atteindra la vallée de l'Aigle-Noir, où je me trouverai embusqué avec le régiment d'Ecosse-Cavalerie, que j'ai gagné à ma cause et qui m'est tout dévoué. La lutte sera terrible, mais elle sera courte; je ferai la reine prisonnière, je l'amènerai à Dunbar, je l'y tiendrai enfermée, et alors... comme l'Ecosse et l'Europe le sauront, Marie Stuart m'épousera pour mettre, aux yeux de l'Europe et de l'Ecosse, son honneur de reine à couvert.

— Admirable! s'écria Wilkind.

— Mais, ajouta Bothwell, les niaiseries, les riens sont d'ordinaire la pierre d'achoppement des grandes entreprises : ces trois compagnies de gardes écossaises que j'ai ici sont bien moins à mes ordres, tout régent d'Ecosse que je suis, que je ne suis, moi, leur prisonnier : elles me surveillent, elles m'observent... Si je pars ostensiblement pour me mettre à la tête d'Ecosse-Cavalerie, dix hommes me suivront et m'épieront de loin, donneront l'alarme et perdront tout.

— C'est juste, cela, mylord.

— C'est pour cela que j'ai pris mes précautions. Tu sais qu'il y a une loi écossaise qui enjoint à tout gouverneur, commandant de forteresse, d'assister, de sa personne, aux exécutions capitales ?

— Sans doute, mylord.

— C'est précisément pour cela que j'ai donné ordre que le prétendu meurtrier du roi fût exécuté au point du jour; rien que pour cela, entre nous, car l'affaire n'était pas pressée...

— Mais, dit Wilkind, Votre Grâce ne pourra assister à l'exécution puisqu'elle part?

— Non, mais tu y assisteras, toi.

— Moi ?

— Sans doute; tu vas te coucher dans mon lit, tu t'envelopperas dans les courtines et tu attendras qu'on t'éveille. Tu ordonneras alors, en déguisant ta voix le plus possible, qu'on te laisse, tu revêtiras mes habits, tu te couvriras de mon manteau de duc et pair d'Ecosse, et mon chapeau rabattu sur tes yeux, tu assisteras de là fenêtre à la mort de cet imbécile.

— J'obéirai à Votre Honneur.

— Moi, dit Bothwell, je vais m'esquiver par un escalier secret; — à deux lieues d'ici, je trouverai une escorte d'Ecosse-Cavalerie.

— Si votre Grâce est roi, je serai ministre?

— Foi de lord?

— Ministre des finances?

— Oh ! oh ! fit le duc, nous sommes donc bien avide ?

Wilkind se troubla.

— Non, dit-il, mais j'ai l'esprit mathématique.

— Eh bien ! nous verrons... murmura Bothwell en riant. Donne-moi tes habits et ton manteau.

Tandis que le lord endossait les chausses et le pourpoint de son secrétaire, maître Wilkind, déshabillé à son tour, se glissait dans le lit.

— Monseigneur! dit-il à voix basse.

— Que veux-tu?

— Votre Grâce a l'habitude de prendre un verre de vin d'Espagne en se couchant, n'est-ce pas?

— Oui... Eh bien?

— Eh bien ! je réfléchis que puisque je joue, à cette heure, le rôle de votre Grâce, le verre de vin en question ne peut m'être nuisible.

— Il est plein sur mon guéridon... prends-le.

Wilkind, à l'aide du faible rayon de lumière qui passait au travers de la porte entrebâillée, aperçut le gobelet d'or, le saisit à deux mains et le vida d'un trait. Puis il s'endormit en murmurant :

— Je serai ministre des finances et je f rai ma fortune!

Mais, le hat his aidant, le rêve de Wilkind prit bientôt des proportions moins mesquines : de ministre des finances qu'il était d'abord, il se fit bientôt roi d'Ecosse, puis il peupla les caves de ses châteaux royaux d'innombrables trésors, et il en arriva enfin à prendre des bains de pistoles et à ferrer ses chevaux avec des lingots.

Nos lecteurs savent le reste, et comment le pauvre diable acheva son rêve, grâce à la hache du bourreau d'Edimbourg.

Tandis que Wilkind s'endormait, Bothwell, revêtu de ses habits, sortait du château et trouvait un cheval tout sellé à une poterne. Il sauta dessus, le mit au galop et prit la route de Glascow.

A un quart de lieue du château, il quitta la route, se jeta dans un chemin de traverse et entra dans la forêt.

Là, il se dirigea vers la hutte de ce bûcheron qui l'avait deux fois déjà accueilli, lors de ses rencontres avec la reine.

Il y avait nombreuse compagnie dans la hutte : une douzaine de dragons d'Ecosse-Cavalerie se chauffaient à l'entour de l'âtre, tandis que leurs chevaux piaffaient, attachés aux arbres voisins.

Bothwell ne prit point le temps de mettre pied à terre.

— A cheval, messieurs ! dit-il.

Les dragons se levèrent aussitôt, mirent le pied à l'étrier, et se rangèrent aux côtés du régent d'Ecosse.

Bothwell, escorté par eux, reprit sa route au galop, à travers les hautes futaies de la forêt.

Bientôt à la forêt succéda une petite plaine, puis une vallée étroite et sauvage encaissant un torrent, enfin une seconde forêt plus épaisse et plus sombre que celle de Dunbar.

Bothwell y pénétra sans hésiter, gagna un carrefour et s'y arrêta.

Alors il fit un signe à l'un de ses hommes, qui avait une trompe de chasse sur l'épaule, et le dragon sonna une fanfare. A cette fanfare répondit, dans le lointain, un hallali bruyant.

— Ecosse est là! dit Bothwell.

Et il poussa son cheval.

Au bout d'une demi-heure, en effet, le futur mari de la reine atteignit les avant-postes du camp improvisé par le régiment d'Ecosse-Cavalerie. Il était alors trois heures du matin, le jour naissait, et c'était à peu près le moment où le malheureux Wilkind recevait cet étrange sacre que vous savez des mains de monsieur d'Edimbourg.

XX

S. M. la reine d'Ecosse était sur pied à deux heures du matin, et le château royal de Glascow, où se sont passées les premières scènes de notre récit, était en émoi dès cette heure matinale.

La reine partait pour Stirling, où elle allait voir son fils, le futur roi d'Ecosse et d'Angleterre.

Une litière était prête, une compagnie des gardes à cheval rangée, le pistolet au poing, des deux côtés de la litière.

La reine ne descendait point encore, cependant, et demeurait pensive et irrésolue, pâle et frémissante devant la glace où, à l'aide de ses camérières, elle venait de terminer sa toilette de voyage.

— Betsy, dit-elle enfin à la plus jeune de ses femmes, vous ne m'accompagnerez pas...

La jeune lady la regarda avec étonnement :

— Pourquoi cela, madame?

La reine hésita :

— Parce que je ne le veux pas ! dit-elle brusquement en détournant la tête.

Puis, comme Betsy semblait, d'un œil effrayé, l'interroger sur cette sévère détermination, elle ajouta :

— Laissez-moi, je veux être seule.

La jeune femme sortit éperdue.

— Pauvre enfant! murmura Marie, pourquoi l'ai-je grondée? Je ne veux pas qu'elle me suive, mais c'est parce que je l'aime; parce qu'il y aura une lutte terrible, du sang versé...

La reine s'arrêta soudain.

— Du sang versé! s'écria-t-elle frissonnante, et c'est moi qui en serai la cause, c'est pour moi... c'est moi qui vais sacrifier mes meilleurs gentilshommes!...

Par un élan de remords, la reine rejeta vivement sur un siège le manteau de fourrure dont elle s'était déjà enveloppée.

— Non, jamais! murmura-t-elle, jamais!...

Mais, en ce moment, dans le cœur troublé de la reine une voix s'éleva, celle de son amour; — devant son œil éperdu, une ombre passa, celle de Bothwell...

Et elle étendit la main vers son manteau pour le ressaisir; puis elle hésita, le repoussa de nouveau, le saisit encore...

Une fois encore peut-être, la sœur de l'angoisse et du remords au front, elle allait le repousser, quand la porte s'ouvrit, et le capitaine des gardes entra :

— On attend Votre Majesté, dit-il avec respect.

— Je vous suis, murmura la reine chancelante.

Il lui offrit son bras, elle s'y appuya en tremblant. Pendant le trajet qu'elle eut à faire de son appartement à sa litière, son amour et sa raison se livrèrent une dernière, une suprême lutte... la raison fut vaincue, et avec elle l'humanité, cette vertu des rois. L'amour, ou plutôt l'infâme habileté de Bothwell triomphaient. La litière s'ébranla, les gardes se placèrent aux portières. Ils étaient une trentaine environ, tous armés jusqu'aux dents, la tête haute, la mine fière et vaillante, le poing sur la hanche comme il convient à ces soldats d'élite dont la noble mission est de garder les rois.

Le cortège traversa les rues silencieuses de Glascow, et sortit de la ville.

La solitude, unie au silence de la nuit, que troublait seul le pas égal et cadencé des chevaux piétinant sur la terre gelée, vinrent bouleverser de nouveau l'esprit timoré de Marie.

Ses hésitations, ses remords la reprirent plus tenaces et plus implacables; vingt fois elle fut sur le point d'ordonner le retour sous prétexte futile d'une indisposition; vingt fois elle fut dominée par la passion. Au jour naissant, la litière royale et son escorte s'engagèrent dans la Vallée-Noire.

C'était une gorge étroite et sombre, empruntant sa qualification à deux forêts de sapins étendant leur manteau noir sur les flancs escarpés de deux hautes montagnes qui l'enserraient tout entière.

Un torrent roulait au milieu avec un lugubre et strident fracas. Ce torrent était bordé à droite et à gauche de grandes touffes d'arbousiers et de lianes grimpantes qui entrelaçaient leurs réseaux de l'une à l'autre rive.

Ces touffes gigantesques cachaient une moitié des dragons d'Ecosse-Cavalerie.

— Où sommes-nous? demanda la reine, que ce site sauvage impressionnait.

— Dans la Vallée-Noire, répondit un garde.

La reine tressaillit.

— Mon Dieu! murmura-t-elle, ayez pitié de moi.

Presque au même instant un coup de feu se fit entendre, le garde qui courait en éclaireur tomba, et une escouade de dragons se montra hors d'un fourré.

La reine acheva de perdre la tête...

Le capitaine des gardes accourut:

— Madame, dit il, nous sommes enveloppés.

— Par qui? fit-elle avec terreur.

— Par le régiment des dragons d'Ecosse-Cavalerie.

— Que me veut il?

— Je n'en sais rien.

— Qui le commande?

— Je l'ignore; et j'attends les ordres de Votre Majesté.

La reine poussa un cri sourd.

— J'ai la tête perdue, murmura-t-elle, rendez-vous, rendez-vous sans coup férir!

Le capitaine des gardes était un gentilhomme français, un vieux soldat trempé aux luttes héroïques, et qui avait suivi en Ecosse la jeune veuve du roi de France. A cet ordre de la reine: Rendez-vous! il haussa les épaules et répondit:

— Vous savez, madame, que le gentilhomme qui se rend est déshonoré...

Et comme la reine ne répondait pas et, le front dans ses mains, était en proie aux angoisses du remords et de la terreur, il ajouta:

— Et vous savez aussi, madame, que vos gardes sont tous gentils-hommes.

La reine frissonnait et se taisait.

— Gardes! ordonna le capitaine, formez le carré, flamberge au vent, pistolet au poing!

La manœuvre s'exécuta avec une promptitude admirable, la litière royale fut placée au centre du carré, et les soldats de la reine attendirent, calmes et forts, le choc de l'ennemi.

Alors, le capitaine dépêcha l'un d'eux, avec un mouchoir blanc au bout de son épée, en signe de trève, et le garde courut ventre à terre jusqu'aux premières lignes des dragons, qui s'étaient lentement rangés en bataille, aux ordres d'un chef inconnu et masqué, et se déployaient dans le milieu et sur les flancs de la vallée.

— Que voulez-vous? demandèrent les dragons au parlementaire.

— Et vous-mêmes? fit le garde.

— Vous interdire le passage.

— Savez-vous qui nous escortons? reprit le garde avec colère.

— Oui, dit un officier; — la reine.

— Eh bien! reprit le garde, puisque vous le savez, retirez-vous!

— Non! dit résolument l'officier.

Le garde pâlit.

— Comment se nomme ce régiment? fit-il avec dédain.

— Ecosse-Cavalerie.

— C'est donc un régiment écossais?

— Oui.

— Alors il est au service de la reine?

— Nous ne le nions pas.

— Eh bien! quand la reine ordonne, ceux qui mangent son pain lui doivent obéir. Arrière!

Nul dragon ne bougea.

— Vous êtes donc rebelles?

— Peut-être...

Le garde n'ajouta pas un mot, il éperonna son cheval, reprit au galop la route qu'il avait suivie, rendit compte de son infructueuse mission et rentra dans le carré.

Alors, comme les dragons continuaient à demeurer immobiles à leur poste, et ne faisaient nullement mine de vouloir attaquer les premiers, — ce furent les gardes qui, malgré leur petit nombre, marchèrent à leur rencontre, laissant la litière en arrière avec cinq d'entre eux pour la garder.

Le choc fut terrible. Les deux troupes, dédaignant le pistolet, se heurtèrent l'épée à la main, comme deux murailles d'acier qui marcheraient l'une vers l'autre.

La vallée, nous l'avons dit, était étroite; les dragons, quoique bien supérieurs en nombre, ne pouvaient s'y déployer aisément, et le combat qui s'engagea alors fut semblable à une nouvelle bataille des Thermopyles. Le capitaine des gardes se fit tuer le premier; mais, avant d'expirer, il dit à celui de ses hommes qui le soutint dans ses bras:

— Cours vers la reine, fais-la rentrer au galop. Ce n'est plus une fuite, c'est une retraite.

Le garde partit. Au lieu de cinq, la reine avait désormais six défenseurs. Ils entourèrent étroitement la litière, et tandis que leurs camarades se faisaient tuer un à un sans pouvoir entamer cette ligne d'airain que les dragons avaient formée sur les deux rives du torrent, ils rétrogradèrent, lentement d'abord, puis plus vite, et prirent enfin le galop. Mais aussitôt un gros de dragons d'une vingtaine d'hommes se détacha du premier escadron, ayant à sa tête le personnage masqué qui avait constamment donné des ordres, et se mit à leur poursuite. Un moment ils luttèrent de vitesse, mais enfin les dragons arrivèrent à portée de pistolet et firent feu.

Les gardes, dont aucun ne tomba, ripostèrent.

Six hommes contre vingt!...

Et cependant, la lutte qui s'engagea en cet instant dura vingt minutes; sept hommes tombèrent parmi les dragons; un seul garde fut atteint en pleine poitrine et tomba en criant: — Vive la reine!...

Comme au premier engagement, le pistolet fut laissé pour l'épée. Cinq dragons tombèrent encore, deux gardes moururent comme eux, sans reculer d'un pas.

Restaient trois hommes contre huit.

Mais trois hommes lassés, blessés, déjà couverts de sang. La reine s'était évanouie dès le commencement du combat; elle reprit ses sens pendant une seconde et cria aux gardes:

— Rendez-vous... je le veux!...

Mais, au lieu d'obéir à la reine, les gardes écoutèrent l'ardent galop de chevaux qui arrivaient sur eux, et la voix tonnante de cinq cavaliers qui leur criaient: — Ne vous rendez pas!...

C'étaient cinq hommes vaillants et forts, dont les épées nues brillaient au soleil levant et dont les yeux flamboyaient comme des épées nues.

Le premier avait une robe de prêtre, — le second et le troisième portaient l'uniforme des gardes; les autres étaient vêtus comme de simples gentilshommes. Est-il besoin de les nommer?

— A la litière! gardez la litière! cria don Paëz aux trois gardes chancelants, et laissez-nous la besogne.

La besogne dont il se chargea avec ses trois frères et Henry fut rude, car vingt autres dragons, passant sur le corps des débris de l'escorte royale, accouraient au secours du chef masqué.

Ce n'était plus contre huit que ces cinq hommes allaient combattre, c'était contre trente!...

Et pourtant ils ne reculèrent point,; ils fondirent bravement sur eux, ils entamèrent d'estoc et de taille ce mur d'acier qui s'épaississait de minute en minute.

— Allons! hurla le chef masqué, dépêchons cette canaille et que tout cela finisse!...

— Bothwell! exclama Henry.

Il poussa son cheval vers le lord, et lui porta un terrible coup d'épée au visage.

— Traître! s'écria Bothwell en le reconnaissant.

Il évita le coup en baissant la tête, et riposta par un coup de taille qui atteignit le jeune garde à l'épaule.

Un flot de dragons les sépara un moment. Ils se cherchèrent des yeux, ils essayèrent de se rejoindre.

— A moi! s'écria Hector, qui à son tour reconnut Bothwell.

— Le condamné!... hurla Bothwell stupéfait.

Et tandis que don Paëz, Gaëtano et Gontran crevaient en dix secondes la poitrine de dix dragons, les deux ennemis se joignirent et s'attaquèrent avec une animosité telle, que les combattants qui les entouraient s'arrêtèrent comme dans ces luttes que chante Homère, où deux armées suspendaient la bataille pour voir l'héroïque combat de leurs deux chefs.

Cinq fois l'épée de Bothwell atteignit la poitrine d'Hector, cinq fois Hector riposta et rougit la sienne du sang de Bothwell.

Enfin le lord se dressa sur ses étriers, prit son épée à deux mains et la laissa retomber de tout son poids sur la tête d'Hector.

Hector esquiva le coup, l'épée atteignit son cheval à l'épaule; et l'animal, se cabrant de douleur, renversa son cavalier sous lui.

Bothwell allait mettre pied à terre pour l'achever, quand un autre adversaire se présenta à lui. C'était Henry.

La lutte recommença, les épées s'étincelèrent, s'entre-choquèrent, se rougirent à plusieurs reprises, lorsqu'enfin un éclair illumina la pensée de Bothwell, il porta vivement la main gauche à ses fontes, en tira un pistolet et fit feu.

Henry poussa un cri et tomba dans les bras d'Hector qui, s'étant dégagé, revenait implacable sur Bothwell.

— Adieu, frère... murmura-t-il.

Soudain un cri, une voix de femme retentirent. C'était la reine qui s'était jetée pâle, éperdue, hors de la litière et demandait qu'on l'entendît.

Les bras levés retombèrent, les épées rentrèrent dans le fourreau.

La reine jeta un regard consterné sur le champ de bataille... tous

Don Paëz ne pouvait plonger son œil ardent dans la litière sans se heurter à l'œil profond et calme de don Fernand. (Page 42.)

les gardes étaient morts ; il ne restait plus de ses défenseurs que don Paëz et ses frères, dont le troisième, Hector, était à pied.

— Monsieur, dit la reine à Bothwell toujours masqué, que voulez-vous ?

— M'assurer de votre personne, madame.

— Si je me fie à votre loyauté, laisserez-vous libres ces gentilshommes qui sont venus à mon secours ?

— Oui, dit Bothwell avec joie, et en oubliant un moment Hector.

— Je me rends, dit la reine.

Hector jeta un cri terrible et se précipita vers la reine.

— Ne le faites pas ! ne le faites pas, madame, s'écria-t-il.

La reine le regarda fixement et recula avec effroi :

— L'assassin du roi ! s'écria-t-elle, arrière ! misérable !...

Hector ne prononça pas un mot, n'exhala aucune plainte ; — mais il prit son épée et l'appuya lourdement sur sa poitrine :

— Adieu, madame !... murmura-t-il.

Et il allait se tuer sous les yeux de cette femme, à laquelle il avait dévoué sa vie, son honneur, son repos, son passé et son avenir, — si un bras vigoureux ne lui eût arraché l'épée des mains.

C'était celui de Gontran, qui le saisit ensuite par les cheveux, le rejeta sur sa selle, et, enfonçant l'éperon aux flancs de son cheval, prit du champ et s'éloigna au galop, criant à don Paëz et à Gaëtano : — Frères ! en avant ! nous n'avons plus rien à faire ici.

Don Paëz et Gaëtano n'avaient point attendu ce cri pour le suivre ; ils galopèrent bientôt côte à côte, laissant Bothwell, la reine et les dragons stupéfaits de cette brusque retraite.

— Frère, dit alors Hector, laisse-moi en finir ; la vie m'est à charge !...

— Nous sommes les fils de Penn-Oll, répondit Gontran, et l'enfant n'est point retrouvé ! ta vie ne t'appartient pas !...

XXI

Les quatre frères coururent le monde pendant dix-huit mois, allant du Nord au Sud et de l'Ouest à l'Est, s'arrêtant dans chaque ville importante et demandant à tous les échos le nom du lieu qui recélait leur enfant. Recherches vaines !...

— L'enfant n'est plus, murmura don Paëz lassé.

— Non ! s'écria Gontran avec énergie ; non, l'enfant n'est pas mort, j'en jurerais sur ma tête.

— Alors, répondit don Paëz, le hasard seul peut nous le rendre désormais. Confions-nous au hasard, et si dix années s'écoulent sans qu'il ait reparu, il sera inutile de le chercher plus longtemps.

— Soit, murmura Gontran ; mais, Dieu aidant, je le retrouverai, moi !...

— Et si nous échouons encore, observa à son tour Gaëtano, que ferons-nous ?

Ils se regardèrent tous quatre ; puis Hector murmura de sa voix mélancolique et grave :

— Le grand-père de l'enfant était le frère aîné de notre père ; notre père est donc l'héritier de l'enfant, c'est lui que nous ferons duc.

— Et, demanda don Paëz qui tressaillit soudain, si notre père meurt d'ici là ?

— Eh bien ! ce sera l'aîné d'entre nous, toi, don Paëz, qui sera duc de Bretagne.

Un frisson d'orgueil passa dans les veines du Castillan.

— Peut-être monterai-je plus haut, murmura-t-il.

Les trois frères tressaillirent.

— Tu es donc bien ambitieux ? firent-ils.

— Moi ! répondit don Paëz, je voudrais pouvoir prendre le monde dans ma main et l'y enfermer tout entier.

— Pauvre fou ! murmura Gaëtano.

— Appelle-moi sage, plutôt. Il vaut mieux viser loin que près; si l'on n'atteint le but, au moins on s'en approche. L'amour, le vin, le jeu, sont des passions d'enfant et de jeune homme! Le souffle de la vingtième année les fait éclore, la première ride du front les emporte. — L'ambition, au contraire, c'est la passion froide et calculée de l'avenir, le mobile de l'âge mûr, la raison suprême, la sagesse réelle de la vie. Broyer sous son pied les vanités puériles et les as-

Le roi se tourna et dit froidement : — Messire don Paëz.... (Page 46.)

pirations de la jeunesse, se faire des hommes et de leurs passions un marche-pied, monter toujours, monter sans cesse, guidé par une volonté de fer, et arriver ainsi jusqu'au faîte ; alors les hommes et les passions vous paraissent si petits, qu'on en lève les épaules de pitié !... Frères, voilà la poésie vraie, le côté réellement prestigieux de la vie !

Les trois frères frissonnèrent d'inquiétude.

— Toi, Hector, dit don Paëz, tu as l'âme ulcérée, parce que tu aimais une reine et que cette reine ne t'aimait pas? dans quinze ans, tu pleureras sur ton amour tout comme aujourd'hui.

— C'est vrai, interrompit Hector.

— Seulement, ce ne sera point la femme que tu regretteras...

— Et que sera-ce donc?...

— Le trône d'Ecosse! dit froidement don Paëz.

Hector, étonné, ne parut point comprendre.

— Ecoute, continua don Paëz, qu'était-ce que lord Bothwell ? — Un grand seigneur d'Ecosse, rien de plus ! Il n'aimait pas la reine, mais il l'a poursuivie, menacée, et il l'a épousée... il est devenu roi!

— Qu'étais-tu, toi ?— Un gentilhomme n'ayant que la cape et l'épée ; mais un gentilhomme issu des ducs de Bretagne, et qui, pour la naissance et le courage, égalait au moins Bothwell... Pourquoi, le sort aidant, n'eusses-tu point été roi?

Hector baissa la tête.

— Je ne sais, murmura-t-il, si dans quinze ans je changerai de langage; mais ce que je sais aujourd'hui, c'est que le jour où notre frère Gontran m'arracha à l'épée de Bothwell, fut un jour maudit.

— Frère, répondit don Paëz, expose ton front au vent de l'avenir : le temps cicatrise toutes les blessures, celles de l'amour avant les autres. Viens avec moi, je retourne auprès du roi mon maître; ma vie sera la tienne, et si je suis heureux tu le seras.

— Soit, dit Hector, je te suivrai!

— Frères, dit à son tour Gontran, je ne suis moi, ni amoureux, ni ambitieux, mais ma vie a un but, un but unique; — je veux retrouver l'enfant! — Je vais continuer à marcher vers mon but.

Gontran salua ses frères, mit l'éperon aux flancs de son cheval et partit.

— Moi, fit enfin Gaëtano avec son railleur sourire, j'ai laissé à Naples une contessina que les gens du roi disent aussi belle que la madone; elle a de l'esprit comme le majordome de Satan; le contessino, son vénérable époux, vient de mourir en lui léguant tout son bien, qui se compose d'un palais au bord de la mer et d'un coteau aux flancs du Vésuve, où pousse le Lacryma Christi. J'aimerais assez un palais, j'aime plus encore le jus divin du Vésuve; je n'ai nul besoin d'aimer la contessina pour l'épouser. — Frères, adieu!

Et Gaëtano, piquant sa monture, partit à son tour.

Alors don Paëz et Hector se trouvèrent cheminer seuls, et le Castillan murmura ce court monologue :

— Cinq ans se sont écoulés depuis mon départ d'Espagne, et l'Infante est aujourd'hui dans l'âge où l'on aime. Allons! don Paëz, mon ami, l'heure va sonner où il faudra redresser votre taille galante, avoir de frais rubans au justaucorps, le poing sur la hanche et l'œil fascinateur... Il y a d'une vice-royauté, et vous aurez à lutter contre une douzaine de grands seigneurs, contre un roi; et, de plus, contre un tribunal secret dont les arrêts sont sans appel et qu'on nomme la sainte Hermandad! N'importe, j'arriverai au but.

Cinq jours après don Paëz était à Madrid.

DEUXIÈME PARTIE.

LES MARCHES D'UN TRONE.

I

— Juan!

— Votre Seigneurie?...

— Tu selleras Achmed, mon cheval mauresque, le plus beau de mes écuries.

— Oui, monseigneur.

— Donne-moi mon pourpoint de velours noir et or, et mon feutre à plume blanche.

— Les voilà, monseigneur.

— Je veux, en outre, mes plus belles bagues ; mes écharpes d'Orient, mes dentelles les plus fines, mes manchettes de point de Venise, et mon épée à lame damasquinée et à fourreau de diamants.

Le valet obéit.

— C'est bien, mon ami Juan ; maintenant, parfume mes cheveux et ma barbe avec ces essences que distillent les Maures, et fais tressér ensuite avec des fils d'or et de soie la blanche crinière d'Achmed.

Or, le cavalier qui parlait ainsi et demandait si somptueuse toilette pour son cheval et pour lui, n'était autre que messire don Paëz, colonel général des gardes de Sa Majesté catholique le roi Philippe II.

Le valet auquel il donnait ses ordres, était un jeune Maure, au teint de bronze, aux cheveux lustrés, à l'œil bordé de longs cils et d'une expression mélancolique et malicieuse à la fois, aux dents éblouissantes de blancheur.

Juan était un Maure de Grenade, jadis nommé Zégal ; l'inquisition l'avait baptisé et placé sous le patronage de saint Jean-Baptiste.

Messire don Paëz se trouvait alors dans une magnifique salle du palais des rois d'Espagne, à Madrid. Cette salle faisait partie du logis occupé par le colonel des gardes, le roi aimant assez à avoir près de lui et sous la main les officiers de sa maison.

Le colonel s'était placé dans un grand fauteuil en face d'un miroir d'acier, et tandis que Juan lui parfumait les cheveux et la barbe, il s'abandonnait à une rêverie profonde, il se laissa habiller pièce à pièce, sans interrompre sa rêverie ; puis, sa toilette terminée, il ceignit son épée, suspendit à son flanc droit sa dague à fourreau d'or, emprisonna ses mains blanches et fines de gants parfumés, mit le poing sur la hanche et se mira longuement et avec complaisance.

Après cet examen minutieux et tandis que Juan allait s'occuper du cheval arabe, don Paëz murmura :

— Par Saint-Jacques de Compostelle, patron des Espagnes, s'il se trouve à la cour du roi Philippe II plus galant gentilhomme que moi, je consens à troquer mon nom de don Paëz contre celui du premier Maure venu !

Et frisant sa moustache d'un noir d'ébène, don Paëz s'approcha d'un balcon donnant sur les jardins ; il s'accouda sur la balustrade et continua sa rêverie.

Il était à peu près quatre heures de relevée ; les brises du soir commençaient à faire frissonner le feuillage des arbres, la grande chaleur tombait peu à peu, et dans ce ciel éblouissant de l'Espagne, à l'horizon occidental, couraient çà et là quelques bandes de nuages oranges, gazes flottantes et vaporeuses destinées à envelopper le soleil couchant, comme d'un coquet et poétique linceul.

La ville encore silencieuse terminait sa sieste, les jardins déserts ne retentissaient que des cris confus de quelques oiseaux bavards caquetant à droite et à gauche dans les touffes de grenadiers.

Don Paëz laissa errer son regard sur les massifs des jardins, puis il se tourna vers le sablier placé dans un coin de la salle, et qui coulait sans relâche la rapide lenteur de l'éternité.

— Quatre heures ! dit-il, l'infante doit être prête.

En ce moment Juan rentra et dit :

— Achmed est harnaché.

— Bien ! répondit don Paëz ; appelle le capitaine des gardes.

Juan obéit. Le capitaine parut.

C'était un vieux soldat, usé dans les camps, blanchi sous le harnais, et ignorant sur toute chose, hormis sur son métier.

— Monsieur, lui dit don Paëz, vous allez faire monter à cheval votre compagnie tout entière.

Le capitaine s'inclina.

— L'infante doña Juanita, fille de S. M., se rend ce soir au palais de l'Escurial pour y assister à une grande chasse qui aura lieu demain. Nous l'escorterons. Vous vous placerez à la portière de gauche de sa litière, et moi à celle de droite.

— Pardon, messire, dit le capitaine.

— Qu'est-ce, s'il vous plaît ?

— Le roi vient d'envoyer une compagnie de gendarmes pour escorter l'infante avec nous.

Don Paëz tressaillit.

— Corbleu ! s'écria-t-il, en êtes-vous sûr ?

— Très-sûr, messire.

Don Paëz fronça le sourcil.

— C'est là, ce me semble, un affront fait aux gardes ?

— Je ne sais pas, murmura philosophiquement le capitaine ; le roi le veut, cela me suffit.

— Et, fit don Paëz, dont la voix tremblait de colère, qui donc commande à cette compagnie ?

— Don Fernand de Valer.

Don Paëz pâlit.

— Ah ! oui, dit-il avec dédain, ce païen baptisé, ce descendant des

rois maures qui a abjuré l'année dernière, et qui est, dit-on, le plus riche seigneur de la cour ?

— Vous l'avez dit, messire.

— En sorte, reprit don Paëz avec une sourde ironie, que don Fernand de Valer se placera à la portière de l'infante...

— Oui, messire.

— Eh bien ! fit le colonel des gardes avec un sourire hautain, il se placera à celle de gauche, alors ; celle de droite m'appartient.

— En effet, dit le capitaine ; les gardes ont le pas sur les gendarmes. Mais cependant...

— Eh bien ? fit don Paëz.

— Cependant il me semble que si don Fernand se plaçait à la droite de l'infante au lieu de se placer à sa gauche, il n'y aurait là aucun motif de querelle ?

— C'est ce que nous verrons, murmura don Paëz. A cheval, monsieur !...

Le capitaine sortit, don Paëz demeura seul.

— Toujours ce Fernand de Valer, murmura-t-il avec colère, toujours lui !... Il est beau, il est riche ; nul ne sait le nombre de ses trésors ; il a, comme moi, la parole hardie, le geste hautain, comme moi il pourrait me plaire... Et je ne le tuerais pas ?...

Un bruit confus retentit alors dans les cours intérieures ; don Paëz ouvrit une croisée qui faisait face au balcon où naguère il était appuyé, se pencha et vit la compagnie des gendarmes, arrivés de l'Escurial quelques minutes auparavant, se mettre en bataille sur deux rangs avec une admirable précision, aux ordres de son chef.

Ce chef était un beau jeune homme, aux cheveux bouclés naturellement, à l'œil profond et mélancolique, à la lèvre sérieuse, au sourire charmant et grave.

Moins grand que don Paëz, sa taille avait les molles ondulations du tigre, son geste était gracieux et souple, et il maniait un étalon grenadin avec la fantastique habileté des anciens chevaliers maures.

— Sang-Dieu ! exclama don Paëz avec fureur, déjà les gendarmes, et pas encore les gardes !... Où sont les gardes !... Il mit la main à son épée et s'élança à travers escaliers et corridors jusqu'à la cour d'honneur.

Les gardes y arrivaient à leur tour, mais trop tard pour se pouvoir ranger avant que l'infante parût.

— Mon cheval ! exclama le colonel hors de lui.

On lui amena le bel Achmed ; mais il était à peine en selle, qu'il vit don Fernand de Valer mettre pied à terre, s'avancer vers le perron en haut duquel l'infante venait d'apparaître entre la camerera-mayor et la duchesse de Medina-Cœli, sa femme d'honneur, et lui offrir son poing, selon la mode du temps.

Don Paëz rugit et déchira de fureur la dentelle de sa manchette.

L'infante remercia don Fernand d'un sourire, et se laissa conduire jusqu'à sa litière.

Don Paëz s'avança alors et voulut se placer à la portière de droite ; mais don Fernand le prévint et lui dit avec une courtoisie exquise :

— Pardon, monsieur ; mais puisque je viens d'être le cavalier de la princesse, vous ne me refuserez pas ce poste...

La voix de don Fernand de Valer était harmonieuse, caressante, pleine de persuasion.

Don Paëz sentit sa colère se heurter vainement à cette politesse railleuse, sans qu'une étincelle en pût jaillir.

Il se mordit les lèvres avec désespoir, s'inclina sans mot dire, et alla se placer à la portière de gauche.

Le cortège s'ébranla aussitôt, traversa lentement les rues de Madrid et se déroula peu après sur cette route poudreuse, longue de six lieues, qui sépare la capitale des Espagnes du palais de l'Escurial.

L'infante était seule dans sa litière, les deux dames qui l'accompagnaient en occupaient une autre, suivant à quelque distance.

L'infante était une gracieuse enfant de dix-huit ans, un peu pâle, mais rieuse et mutine, avec un grain de mélancolie. Elle s'était renversée sur les coussins de sa litière, et, les yeux demi-clos, elle rêvait, ne paraissant prendre nulle garde aux deux gentilshommes qui chevauchaient à ses portières, mais leur jetant alternativement, et plus souvent encore à don Paëz, de rapides et furtifs coups d'œil qu'ils n'avaient point le temps de surprendre.

Ils la regardaient cependant tous deux, mais chaque fois, leurs yeux se rencontraient, et, de ce regard, semblait jaillir une étincelle.

Don Paëz ne pouvait plonger son œil ardent dans la litière sans se heurter à l'œil profond et calme de don Fernand, dont la portière opposée encadrait la tête mélancolique...

Et quand, à son tour, don Fernand se prenait à considérer l'infante qui sommeillait à demi, il sentait arrêté sur lui l'œil hautain de don Paëz qui le défiait.

Au bout de trois heures de marche, le cortège atteignit un bouquet d'oliviers et de grenadiers, et l'infante témoigna le désir d'y faire une halte.

Elle descendit même de la litière, prit le bras de la camerera-mayor, et se perdit et presque joyeuse, dans les massifs, tandis que, sur un ordre de leurs chefs, les gardes et les gendarmes mettaient pied à terre un moment.

L'infante avait oublié dans la litière son éventail et son mouchoir,

Don Paëz s'en souvint et y courut. Don Fernand l'avait devancé et tenait déjà les deux objets.

Cette fois, don Paëz se plaça fièrement devant lui et lui dit :

— Voudriez-vous, monsieur, me céder cet éventail ?

— Avec plaisir, monsieur ; à la condition toutefois que je conserverai le mouchoir.

— Pardon, reprit don Paëz, je désirerais aussi cet objet.

— Impossible, monsieur, répondit don Fernand avec courtoisie.

Don Paëz s'inclina et reprit avec un sourire :

— Pourriez-vous, aux étoiles, deviner l'heure qu'il est ?

— Sans doute ; il est huit heures.

— Nous arriverons bien à dix au palais de l'Escurial ?

— Je l'espère, monsieur.

— Et nous aurons sans doute, avant le coucher du roi, une heure de liberté ?

— Très-certainement.

— A merveille !... Voici l'Infante qui revient ; faites-moi donc un conte arabe, monsieur de Valer ?

— Soit, messire don Paëz ; je vais vous faire celui des *Deux Chevaliers maures* qui aimaient l'un et l'autre la sultane Namouna.

— Le conte est de circonstance, répondit don Paëz.

II

L'Infante prit le poing de don Paëz pour remonter dans sa litière, comme elle avait pris celui de don Fernand en quittant Madrid.

Les deux rivaux se trouvaient dès lors sur la même ligne. Seulement don Paëz tressaillit profondément, car il lui sembla que la princesse s'appuyait sur lui avec plus d'abandon qu'elle n'en avait montré pour Fernand.

— Colonel, dit l'Infante tandis que le cortège se remettait en marche, il me semble que don Fernand allait vous faire un conte, tantôt ?

— En effet, balbutia don Fernand.

— Eh bien ! reprit l'Infante, pourquoi don Fernand ne continuerait-il pas ?

— Le respect qu'on doit à Votre Altesse...

— Bah ! dit la princesse en souriant, en voyage...

— Don Fernand, fit le colonel des gardes d'une voix railleuse, puisque Son Altesse le désire, faites-nous donc ce conte.

— M'y voici, répondit don Fernand. Mon conte est une véridique histoire...

— Comme tous les contes, murmura l'Infante.

— Naturellement. C'est l'histoire de la sultane Namouna, fille du roi de Grenade Aroun IV.

— Voyons.

— La sultane Namouna, reprit don Fernand, était, au dire de ses contemporains, un peu plus belle à elle seule que les trois cent soixante-treize houris du paradis de Mahomet ; ses cheveux étaient noirs comme la plume luisante du corbeau ; ses dents avaient la blancheur du marbre de l'Alhambra, et ses yeux étaient jaunes comme les paillettes d'or qui miroitent au soleil du désert. La sultane Namouna avait seize ans révolus, et cependant elle n'avait point encore d'époux. Cela tenait à ce que le roi Aroun, son père, l'aimait avec adoration et ne voulait point s'en séparer.

« Namouna lui demandait souvent :

« — Quand donc me marierai-je ?

« Le roi répondait : — Quand tu trouveras un mari qui t'aime plus que moi.

« Et comme, jusque-là, la chose paraissait impossible, la belle sultane Namouna ne se mariait point.

« Il y avait cependant autour d'elle deux chevaliers maures qui eussent donné la moitié de leur turban, la garde de leur cimeterre et la crinière de leur cheval favori pour épouser la belle Namouna.

« L'un était un Abencerrage du nom de Yamoud ; l'autre, un Abasside appelé Hassan.

« Tous deux, du reste, beaux, valeureux et jeunes.

« L'Abasside avait la taille majestueuse comme les cèdres d'Orient ; l'Abencerrage était moins grand, mais ses membres, frèles ou appareux, avaient la force flexible de l'acier. L'Abasside était pauvre, l'Abencerrage était riche.

« L'Abencerrage aimait la sultane pour elle ; l'Abasside l'aimait pour son or et le trône du roi Aroun, qu'il espérait avoir en épousant sa fille.

« Et tous les deux pensaient sagement : celui qui était pauvre était ambitieux ; celui qui était riche n'avait soif que d'une chose, le bonheur.

« L'Abasside vendit les derniers champs de ses pères et vida sa dernière bourse pour avoir de riches habits, des ceintures de soie, des turbans de Cachemyre, des diamants de la plus belle eau, en un mot tout ce qui éblouit et fascine les femmes.

« L'Abencerrage, au contraire, dédaigna ces parures luxueuses qu'il pouvait avoir à profusion, — si bien que la sultane Namouna, qui savait leur commun amour, se disait : Hassan est pauvre, mais c'est le plus élégant cavalier du royaume de Grenade ; — Yamoud est riche, mais il n'y paraît guère. — Lequel choisirai-je ?

« Et comme elle hésitait, elle songea qu'il serait toujours temps de trancher cette question et que l'essentiel, le plus pressant, était d'obtenir le consentement du roi Aroun.

« Elle l'alla donc trouver, et lui dit :

« — Père, tu sais que j'ai bientôt dix-sept ans ?

« — Oui, répondit Aroun ; eh bien ?

« — Eh bien ! fit Namouna, je vieillis.

« — Bah ! je ne trouve pas.

« — Je vieillis, père, et je reste fille, cependant.

« — Que t'importe ! puisque je t'aime et que tu es sultane ?

« — Je comprends, reprit la rusée Namouna, que cela t'importe peu à toi, et même à moi, — mais il n'en est pas de même de tout le monde ..

« Aroun fronça son sourcil noir.

« — Et qui donc, demanda-t-il, oserait trouver mauvais que la sultane ma fille ne prenne point un époux ?

« — Un grand personnage, mon père.

« — Je voudrais bien savoir son nom ? ricana le roi.

« — Il se nomme Mahomet.

« — Quel Mahomet ?

« — Le prophète.

« Le vieil Aroun fit un soubresaut, et, stupéfait, laissa échapper de ses lèvres le bout d'ambre de sa marguilch.

« — En vérité ? s'écria-t-il.

« — Comme je te le dis, petit père, répondit imperturbablement Namouna. Hier, lorsque le muezzin appelait à la prière du soir et que je faisais mes ablutions, une des houris du prophète m'est apparue et m'a dit : « Sultane Namouna, ma mignonne, la volonté de Mahomet « est que tu te maries au plus vite. — Et pourquoi ? ai-je demandé.

« — Parce que, a répondu la houri, le roi ton père se fait vieux, et que, « s'il mourait demain, le trône de Grenade n'aurait pas de roi, ce « qui serait un grand malheur pour le peuple maure... »

« Aroun fut frappé de cette réflexion, il interrompit aussitôt sa fille et lui dit :

« — Cherche tout de suite un époux ; je veux te marier.

« — J'en ai un, répondit Namouna.

« — Ah ! vraiment ? fit Aroun en souriant.

« — J'en ai même deux, continua Namouna.

« — Hum ! fit le roi, il y en a un de trop, ce me semble ; le prophète n'a point permis que les femmes eussent un harem.

« — Aussi choisirai-je...

« — Eh bien ! choisis...

« — C'est que, dit Namouna, je suis bien embarrassée.

« Et elle conta à son père le sujet de son embarras.

« — Lequel aimes-tu ? demanda Aroun.

« — Je ne sais pas ; tous deux peut-être...

« — Alors il faut choisir celui qui t'aime réellement.

« — Comment le savoir ?

« Aroun caressa sa barbe blanche, demanda à Allah une parcelle de ses lumières, et finit par mander devant lui les deux chevaliers maures.

« Quand ils furent en sa présence, il leur dit :

« — Vous aimez ma fille tous deux, n'est-ce pas ?

« — Oui, répondirent-ils.

« — Eh bien ! poursuivit Aroun, comme je veux que ma postérité seule me succède, voici à quelle condition vous l'épouserez : Quand ma fille aura un fils, je ferai trancher la tête à son époux... »

Don Fernand en était là de son conte, quand la litière s'arrêta aux guichets de l'Escurial.

— Eh bien ! demanda vivement l'Infante, que répondirent les deux chevaliers maures ?

— Madame, répondit don Fernand, nous voici arrivés ; permettez que je renvoie à demain la fin de mon histoire.

— Vous me promettez de la continuer, n'est-ce pas ?

— Sur ma parole, madame ; du reste, ajouta mélancoliquement le gentilhomme, s'il fallait que je fusse absent du palais de-main, mon ami don Paëz, à qui je compte finir mon récit cette nuit, vous le répéterait fidèlement.

L'Infante s'inclina en signe d'adhésion, et la litière entra sous les voûtes de ce sombre palais que s'était fait bâtir Philippe II.

III

Le colonel des gardes et le commandant des gendarmes escortèrent l'Infante jusqu'à la chambre du roi, où le monarque jouait avec le duc d'Albe.

Ils s'arrêtèrent sur le seuil, se regardèrent d'une manière significative et se prirent mutuellement le bras.

— On étouffe ici, dit don Fernand.

— C'est assez mon avis, répondit don Paëz.

— En ce cas, montons sur les plates-formes, si bon vous semble ; nous y respirerons et causerons à l'aise.

Les deux gentilshommes gagnèrent les remparts ; renvoyèrent deux sentinelles dont le voisinage les gênait, et s'allèrent asseoir sur

— Il faut bien, dit alors don Fernand, que je vous achève l'histoire de la sultane Namouna.

— Je vous écoute, répondit don Paëz.

Don Fernand s'accouda nonchalamment sur le parapet et reprit son récit.

— Les deux chevaliers se regardèrent, hésitèrent un moment, puis l'Abencerrage répondit:

« — Un an s'écoulera avant que tu aies un héritier, roi Aroun; la sultane m'aimera donc un an... J'accepte et je te promets ma tête, sans regrets.

« — Et toi? demanda Aroun à l'Abasside.

« — Moi, répondit l'Abasside, j'aimerais mieux vivre vieux.

« — Tu n'épouseras point ma fille, répondit Aroun.

« Puis, quand l'Abasside fut parti, il dit à l'Abencerrage : — Tu aimes réellement ma fille, tu l'épouseras et tu vivras. Je n'ai nul besoin de ta tête, et je te fais mon héritier et mon successeur. »

Don Fernand s'arrêta; don Paëz sourit et dit :

— Ne pensez-vous pas, mon gentilhomme, que votre conte ressemble singulièrement à notre histoire?

— Oui, car je l'ai inventé. Seulement il y a une légère différence.

— Laquelle?

— C'est que c'est vous le chevalier pauvre, qui probablement aimez la sultane, tandis que moi...

— Ah! bah! fit don Paëz, je croyais que vous l'aimiez...

— J'essaie, murmura philosophiquement don Fernand. Mais vous sentez qu'à la guerre les ruses sont de bon aloi. L'Infante aura saisi l'allusion, j'ai voulu qu'elle crût à mon amour.

— Et, demanda don Paëz, vous ne l'aimez donc pas?

— Ma foi, non!

— Et vous voudriez l'épouser?

— Pourquoi pas?

— Mais vous êtes riche...

Don Fernand hésita.

— Bah! dit-il enfin, puisque l'un de nous sera mort dans une heure, je puis bien vous confier ce secret.

— Parlez, mon gentilhomme.

— Vous savez que je suis Maure d'origine et le dernier descendant direct de la race royale des Abencerrages. Si les Maures se refaisaient un roi, c'est moi qu'ils choisiraient.

— Je le sais; et vous voulez le devenir, sans doute, en épousant une infante d'Espagne?

— Non, répondit don Fernand avec mélancolie, je ne suis pas ambitieux; mais si j'ai abjuré la foi de mes pères, si je me suis converti à la lumière du christianisme, je n'ai renoncé ni à l'orgueil de ma race, ni à la paix, ni au bonheur du peuple sur lequel a régné ma maison. Les Maures sont aujourd'hui la population industrieuse, intelligente de l'Espagne; ils tiennent dans leurs mains l'agriculture, les arts et les sciences. Ce ne sont plus des conquérants fanatiques voulant asservir les peuples à leurs lois et à leur religion. — Leur religion! beaucoup sont prêts à l'abjurer comme moi, et tous ne demandent qu'une chose : exercer librement leurs professions diverses, à l'ombre du sceptre des rois d'Espagne, dont ils seront volontiers les plus fidèles sujets... Eh bien, cependant, ma malheureuse nation est persécutée sans cesse : l'inquisition la poursuit, la noblesse l'écrase de corvées et d'impôts, le roi, toujours trompé, en alimente ses auto-da-fé. Or, j'aime mon peuple avant tout, et je ne veux devenir puissant et fort que pour le protéger. C'est pour cela, mon gentilhomme, que je voudrais me faire aimer de l'infante dona Juanita, l'épouser et cimenter l'union des deux races par cette alliance.

— Le roi vous refusera sa fille, mon gentilhomme.

— Pourquoi? demanda fièrement don Fernand, ne suis-je pas fils de roi?

Et avant que don Paëz eût répondu, il poursuivit :

— Vous, au contraire, vous aimez l'Infante pour elle...

— C'est ce qui vous trompe, interrompit brusquement don Paëz, je ne l'aime pas plus que vous.

Don Fernand recula.

— Est-ce que, fit-il, vous, simple colonel des gardes, vous voudriez...

— Je voudrais l'épouser, mon gentilhomme.

Don Fernand recula.

— Vous êtes fou, dit-il; pour être gendre du roi d'Espagne, il faut être fils de maison souveraine.

Un sourire d'orgueil arqua les lèvres de don Paëz.

— Qui vous dit que je ne le suis pas? fit-il.

Et comme son adversaire le regardait avec un étonnement profond, il ajouta :

— Mais nous n'avons pas le temps de nous faire des confidences. Nous sommes ambitieux tous deux, tous deux nous avons un but commun, un seul doit l'atteindre; il faut donc que l'un de nous cesse de vivre.

— Sur-le-champ, dit froidement don Fernand en tirant son épée.

Les deux gentilshommes s'attaquèrent avec une froide intrépidité, mesurant habilement leurs coups, maîtres d'eux-mêmes, l'œil terri-

ble et le sourire aux lèvres. Des myriades d'étincelles jaillirent de leurs épées, le fer froissa le fer en grinçant; vingt fois il faillit effleurer leur poitrine, vingt fois il fut détourné.

Après vingt minutes de combat, aucune goutte de sang ne teignait encore leur pourpoint.

Ils s'arrêtèrent essoufflés et respirèrent quelques secondes.

Puis ils se remirent en garde et le combat recommença.

Il recommença sans autre issue que celle de lasser le bras et le poignet des deux champions. Quant à leur poitrine, elle paraissait invulnérable.

Tout à coup don Fernand fit un saut en arrière et jeta son épée.

— Mon gentilhomme, dit-il à don Paëz, puisque nous nous heurtons vainement sans nous pouvoir entamer, voulez-vous essayer d'un autre jeu?

— Je le veux bien, mon maître. Quel est-il?

— J'ai chez moi, dans le logis que le roi me donne en son palais, une fiole d'un poison qui foudroie plutôt qu'il ne tue.

— Après? dit froidement don Paëz.

— J'ai pareillement, poursuivit don Fernand, un cornet et des dés.

— Très-bien!... Je comprends.

— Une seule partie, et la fiole pour le vaincu.

— J'accepte, dit don Paëz impassible.

— Alors, suivez-moi.

Ils remirent l'épée au fourreau, rappelèrent les sentinelles et se prirent la main, comme deux amis qui viennent de vider une querelle d'amour et font la paix.

Ils gagnèrent ainsi la chambre de don Fernand.

Là, celui-ci alluma un flambeau, ouvrit une armoire, y prit les dés et la fiole, posa le tout sur une table et avança un siège à don Paëz.

Don Paëz s'assit à la table, jeta les dés dans le cornet et dit à son adversaire :

— Voulez-vous que je commence?

— Je le veux bien, répondit celui-ci.

Don Paëz agita le cornet et lança les dés sur la table.

— Neuf! dit-il; j'ai des chances...

Don Fernand s'empara du cornet, sans pâlir, et le renversa à son tour.

— Onze! dit-il.

— Vous êtes heureux, fit don Paëz avec un froid sourire.

Il déboucha la fiole, en versa lentement le contenu, et ajouta :

— Il est vraiment bien fâcheux que ce verre de poison se trouve sur ma route, je crois que je serais allé bien loin : j'avais de l'ambition comme feu l'empereur Charles-Quint.

Et saluant don Fernand avec courtoisie :

— Je bois, dit-il, à l'infante dona Juanita!

Il leva son verre sans précipitation ni lenteur à la hauteur de ses lèvres, et s'apprêta à le vider d'un trait...

Mais don Fernand le lui arracha vivement, le jeta loin de lui, et dit :

— Je ne veux pas!...

Don Paëz haussa les épaules.

— Vous êtes un noble cœur, dit-il avec calme, mais vous oubliez que l'Infante ne peut nous épouser tous deux. Si vous m'offrez la vie, e ne vous céderai pas la femme.

— Eh bien! dit don Fernand, l'Infante choisira.

— Par exemple!...

— C'est tout simple, reprit l'Abencerrage; celui de nous deux qui aura quelque chance de l'épouser, c'est celui qu'elle aimera.

— Vous croyez donc qu'elle aimera l'un de nous?

— Je crois qu'elle aime déjà.

Don Paëz pâlit.

— Serait-ce vous? dit-il.

— Je ne sais pas, répondit don Fernand; mais ce que je sais c'est que nous sommes les deux cavaliers les plus élégants de la cour, et qu'à moins qu'elle n'ait le goût gâté...

— Pas de fausse modestie, dit simplement don Paëz.

— Eh bien! reprit don Fernand, il y a un moyen infaillible de savoir quel est celui de nous deux qu'elle aime.

— Lequel?

— Demain, au départ pour la chasse, un gentilhomme lui tiendra l'étrier : c'est un grand honneur, et celui à qui il est refusé quand il l'a demandé se regarde comme disgracié. Nous nous présenterons tous les deux en même temps, tous deux nous étendrons la main vers l'étrier, et puis nous nous mesurerons de l'œil d'un air de défi, et puis d'en appeler, d'un regard, à l'Infante; elle décidera. L'Infante éprouvera un violent dépit, elle souffrira d'avoir à offenser un gentilhomme; mais, à coup sûr, elle n'offensera point celui qu'elle aime; celui-là sera le vainqueur.

— Soit, dit don Paëz, j'accepte l'épreuve.

IV

Don Fernand parut réfléchir.

— Etes-vous mon ennemi? demanda-t-il enfin.

— Je l'étais; je ne puis plus l'être depuis que je vous dois la vie.

Don Fernand sourit.

— Prenez garde, dit-il; la fiole n'est point vide encore.

— C'est juste, fit don Paëz.

Et il la prit dans la main.

— Fou! dit don Fernand en la lui arrachant.

— Mon gentilhomme, répondit don Paëz, votre générosité m'est lourde.

— En quoi, s'il vous plaît?

— En ce qu'elle me rappelle que je suis vaincu.

— Vous êtes la victime du hasard, pas davantage.

— Et je ne vois qu'une manière d'en adoucir l'humiliation.

— Laquelle?

— C'est de vous demander votre amitié.

— J'allais vous l'offrir.

Don Paëz lui tendit la main.

— Maintenant, que le sort décide en ma faveur ou me soit contraire, dit-il, peu m'importe! je serai votre ami à toujours. Mon épée, ma bourse et ma vie vous appartiennent. Disposez-en.

— Ne vous aventurez pas, don Paëz.

— M'aventurer! non, de par Dieu!

— Si l'Infante m'aime, vous ne pourrez oublier que je suis la pierre d'achoppement où votre ambition s'est brisée.

Don Paëz haussa les épaules.

— L'ambition est un arc à plusieurs cordes, répondit-il; si je n'épouse pas l'Infante, je trouverai un autre marchepied.

— Vous êtes cependant attaché au roi.

— Oui, comme à un bienfaiteur.

— Vous ne le trahiriez point?

— Non, à moins que...

— A moins?... fit don Fernand.

— A moins, reprit don Paëz froidement, que le roi ne me heurtât injustement de front et ne me voulût briser sans motifs.

— Ah! fit don Fernand rêveur.

— Et encore, ajouta don Paëz, une trahison est une lâcheté infâme, et je suis trop fier pour m'abaisser jusque-là. Le roi m'a recueilli généreusement, je l'ai servi avec bravoure et loyauté, nous sommes quittes. Si le roi me voulait briser, je dirais au roi : Je ne suis point votre sujet, je ne suis pas né en Espagne, je ne vous appartiens qu'en vertu d'un pacte particulier, vous déchirez le pacte, je suis libre; vous voulez me punir, moi, je vous déclare la guerre; vous êtes un des monarques les plus puissants du monde; moi, je suis un simple gentilhomme, mais un gentilhomme de race souveraine, aussi noble que la vôtre, et noblesse vaut royauté, les nobles sont les pairs du roi.

Don Fernand écoutait gravement don Paëz. Quand il eut fini, il répondit : — Supposons que l'Infante vous aime au lieu de m'aimer...

— La supposition me plaît, dit don Paëz.

— Et que, vous aimant, elle m'insulte, comme cela arrivera inévitablement pour l'un de nous. Je serai forcé de me retirer, n'est-ce pas?

— Sans doute.

— De fuir la cour?

— Comme je la fuirai si je suis outragé.

— Très-bien. Il est probable qu'alors je gagnerai les montagnes, où mes compatriotes se trouvent en grand nombre, les Alpujares, par exemple...

— Soit. Eh bien?

— Eh bien! il peut arriver qu'un jour ou l'autre les persécutions redoublent contre ma race, et que, lassée enfin, elle se soulève... qu'elle cherche un chef, que ce chef soit le descendant de ses rois.

— Vous, n'est-ce pas?

— Précisément. Alors, comme l'affront de l'Infante m'aura contraint d'envoyer au roi la démission de mes charges et dignités, comme je serai franc avec lui de tout lien, de tout vasselage, de toute obéissance; que l'insurrection met aisant roi à mon tour, me rendra son égal, — je me trouverai le rival, l'ennemi de celui qui sera demeuré votre maître.

— C'est juste.

— Et si votre maître vous donne le commandement d'un corps d'armée destiné à me réduire, que ferez-vous?

— Eh bien! on peut être amis et se combattre.

— D'accord, mais si ma tête est mise à prix, si je tombe entre vos mains?

— Diable! murmura don Paëz.

— Si malgré cette amitié que nous venons de nous jurer, votre devoir vous oblige à me faire trancher la tête?

— Je le ferai... si, auparavant, je n'ai pu réussir à vous faire évader.

— A merveille! s'écria don Fernand, nous pouvons être amis désormais.

— Et à toujours, ajouta don Paëz. Mais venez, la partie d'échecs du roi doit tirer à sa fin, et il ne faut pas qu'on remarque notre absence; messire le duc d'Albe et ce cuistre de chancelier Déza profiteraient de la mienne pour la commenter.

— Venez, dit don Fernand en lui prenant le bras.

V

Le roi Philippe II était vieux déjà à l'époque où commence notre récit.

C'était un homme usé par les soucis de l'ambition et de la politique, chauve, amaigri, sujet à de fréquents accès de goutte.

Son œil seul avait conservé le feu de la jeunesse et semblait être devenu le foyer de cette intelligence aussi grande peut-être, quoique moins brillante, que celle de Charles-Quint.

Le roi, au moment où les deux gentilshommes entrèrent chez lui, jouait encore avec le duc d'Albe, son féroce et hardi lieutenant.

Le duc était conseillé par don Francesco Muñoz, chanoine de Madrid et aumônier de Sa Majesté.

Le chancelier Déza, debout derrière le roi, se permettait quelquefois une observation bien respectueuse, que le roi écoutait d'un air distrait. Sa Majesté, en effet, était fort peu à la partie et s'occupait d'une conversation étouffée qui avait lieu derrière lui, au lieu de parer un échec et mat que le duc d'Albe, un des plus habiles joueurs de son temps, lui préparait en sourdine. Cette conversation avait lieu entre le marquis de Mondéjar, vice-roi de Grenade, et le grand inquisiteur don Antonio.

— Marquis, disait le grand inquisiteur, le roi faiblit sans cesse à l'endroit de cette race maudite.

— Le roi est sage.

— Sage!... Pouvez-vous dire que le roi est sage en cette occasion?

— Sans doute.

— Sage! quand il laisse cette race de mécréants et de païens vivre en paix auprès de nous?

— Pourquoi pas?

— Comment! pourquoi pas? Des hommes qui professent secrètement le culte de Mahomet, des hommes qui, il y a trois siècles à peine, étaient encore les maîtres de l'Espagne.

— Ils en sont devenus les sujets.

— En apparence, marquis.

— En réalité, monseigneur. Paisibles et résignés aujourd'hui, ils ne demandent plus qu'une chose : vivre en paix selon leurs coutumes et leurs mœurs, payer les impôts et travailler.

— Payer les impôts et travailler, d'accord; mais vivre selon leurs mœurs impies et leurs abominables coutumes...

— Monseigneur, murmura froidement le marquis, la politique ne doit point marcher de front avec la religion, elles souffrent toutes deux de ce voisinage. Les Maures sont des mécréants, dites-vous?... convertissez-les par la douceur, la persuasion, non par l'effroi des supplices.

— Il faut des exemples terribles.

— Il faut de l'indulgence, monseigneur. Quant à la question politique, la voici, je crois : Si les Maures quittent l'Espagne, l'Espagne reculera de cent ans.

Le grand inquisiteur fit un soubresaut.

— Que me dites-vous là? fit-il.

— Oh! presque rien; la vérité. Les Maures sont, et c'est un dur aveu à faire pour un Espagnol, — les Maures sont, ici, la population intelligente et instruite, laborieuse et infatigable. Les arts, les lettres, les sciences, l'industrie, l'agriculture, le commerce, ils tiennent tout en Espagne, et ils emporteront le secret de tout avec eux. Ce sont eux, monseigneur, qui impriment les livres saints de nos moines et de nos prêtres, eux qui cultivent nos terres et les rendent fécondes, eux encore qui produisent ces statues de marbre de nos jardins, ces tableaux qui ornent nos églises, ces armes ciselées dont nous nous servons, ces tissus moelleux qui deviennent nos vêtements de luxe. Chassez-les! et puis demandez au Castillan, au Léonais, à l'Arragonais de vous remplacer ces chefs-d'œuvre...

— Monsieur, dit brusquement l'inquisiteur, nos pères n'avaient ni statues, ni tableaux, ni armes ciselées, ni tissus précieux. Croyez-vous que sous leurs habits grossiers et avec leurs épées d'acier brut, ils fussent moins fervents et moins vaillants?

Le marquis haussa imperceptiblement les épaules et ne répondit pas.

C'est à ce moment de la conversation que don Fernand et don Paëz, se tenant par la main, entrèrent sans bruit, pour ne point troubler la partie du roi.

Don Fernand se mêla à un groupe de courtisans qui causaient dans le fond de la salle; don Paëz s'approcha de la table du roi et se plaça derrière le marquis de Mondéjar.

Le grand inquisiteur l'aperçut et lui fit signe d'approcher.

— Tenez, don Paëz, dit-il, le marquis et moi sommes en querelle. Savez-vous pourquoi?

— Il ne tiendra qu'à vous, monseigneur, que je le sache bientôt.

— Eh bien! je soutiens que les Maures sont la plaie et la perdition de l'Espagne.

— Et moi, ajouta le marquis, je réponds à Sa Grandeur que les Maures sont la fortune, les arts, le commerce, l'industrie, l'opulence de l'Espagne.

— Moi, fit don Paëz avec un sourire, sans vouloir approfondir la question religieuse, au point de vue de laquelle parle monseigneur le grand inquisiteur, je me permettrai d'être de l'avis de M. le marquis de Mondéjar.

Ces paroles étaient à peine tombées de la bouche de don Paëz que le roi, jusque-là entièrement absorbé en apparence par son jeu et qui, cependant, ne perdait pas un mot de l'entretien, se tourna et dit froidement :

— Messire don Paëz.

Don Paëz s'avança respectueusement vers le roi.

— Messire don Paëz, reprit Philippe II, êtes-vous Espagnol?

— Non, sire.

— Du moins, vous n'en êtes pas très-certain?

— Très-certain, au contraire, sire.

— Eh bien! en ce cas, je vous trouve bien osé de vous mêler des questions politiques de mon royaume.

Don Paëz devint pâle de colère et voulut balbutier quelques mots; mais le roi ne lui en laissa pas le temps, et se tournant de nouveau vers son partenaire :

— Mon cher duc, dit-il, la partie est perdue pour vous... Tenez, échec... et mat!

Don Paëz prit son feutre, se retira à pas lents jusqu'à la porte, salua sur le seuil et sortit, la rage et le dépit au cœur.

VI

Don Paëz dormit mal ou plutôt ne dormit pas du tout. Les heures s'écoulèrent pour lui avec une lenteur désespérante; il les entendit toutes aux horloges d'airain de l'Escurial, depuis le moment où il se mit au lit jusqu'au premier rayon du jour. Son imagination créa et construisit, détruisit et renversa vingt fois le drame muet du départ pour la chasse, drame terrible qui devait presque décider de son avenir. Il se rappela à grand'peine, en interrogeant ses souvenirs, tout ce qu'il s'était passé entre lui et l'infante depuis son retour, chaque heure où il l'avait rencontrée, la moindre circonstance, le plus mince détail; il compta un à un les rares sourires qu'elle avait laissé tomber sur lui, et puis ceux que son rival, maintenant son ami, avait recueillis pour son compte; il analysa les gestes, les demi-mots, le jeu de physionomie de cette enfant, bien éloignée à cette heure, sans doute, de songer que ses actions étaient ainsi passées au creuset.

Certes, il n'aurait pas été un de ces hommes qui, trop faibles pour oser regarder en face l'adversité, préfèrent s'endormir avec de décevantes illusions, il eût trouvé dans ses souvenirs ample matière à se rassurer; il se fût écrié peut-être :

— C'est moi qui tiendrai l'étrier, moi qui serai vainqueur !

Mais don Paëz avait le froid génie de l'ambition, don Paëz mettait toujours les choses au pire, don Paëz ne se forgeait jamais de chimères, et en ce moment suprême, lui l'audacieux et le brave, il eut peur et trembla.

Du moment où il eut tremblé, le fier jeune homme se posa cette question : — Qu'adviendra-t-il, si je suis vaincu ?

Il vit clairement alors, et dans tous ses détails, la position que lui ferait cette lutte dernière, dans le cas où l'issue lui en serait fatale. D'abord il aurait à choisir : — ou tuer don Fernand en duel, ou quitter la cour en fugitif. — Tuer don Fernand... c'était impossible, puisque don Fernand était devenu son ami.

Fuir! c'est-à-dire laisser à la cour d'Espagne la réputation d'un lâche, et renoncer du même coup à ses projets d'ambition; autre alternative également impossible !

Don Paëz réfléchit longtemps, puis il s'écria :

— Oui, je suivrai la cour; oui, l'on me croira lâche; mais je deviendrai rebelle et fort, le roi d'Espagne sera forcé de compter avec moi, et alors...

Comme il achevait ces mots, le jour parut et pénétra à travers le trèfle des persiennes.

Il sauta hors du lit, rejeta en arrière ses grands cheveux, leva la tête, arma ses lèvres d'un dédaigneux sourire et ajouta :

— Le roi a été bien impertinent avec moi, hier soir... et je ne suis pas son sujet, cependant.

Cette phrase était tout un plan de révolte, et maintenant qu'il avait pris son parti, l'infante pouvait lui demander ou lui refuser l'étrier, peu lui importait. Si la fortune se cabrait sous lui, il saurait étreindre et dompter la fortune!

A sept heures, le château s'éveilla, et bientôt les cours intérieures s'emplirent d'une foule bariolée de seigneurs aux manteaux sombres avec un galon d'or, de pages au justaucorps rouge, de valets et de fauconniers aux casaques jaunes et vertes, de piqueurs, tenant en laisse et sous le fouet de grands lévriers orangés et des chiens couchants au poil fauve, de gardes du roi au panache blanc et de gendarmes à la plume bleue.

Puis, le son du cor se fit entendre...

Et alors, les persiennes s'entr'ouvrirent, les manolas et les infantes montrèrent, au travers, leurs minois éveillés et coquets; — les duègnes glissèrent un regard curieux et railleur aux beaux pages qui se gaussaient d'elles; — les maris regardèrent aussi les pages, et, loin de se moquer, froncèrent leurs épais sourcils.

Les pages retroussèrent avec fatuité leurs moustaches naissantes, et rirent pour les maris, comme ils avaient fait pour les duègnes.

Puis, peu à peu, les portes s'ouvrirent, les corridors se dégagèrent, les gentilshommes de la chambre et les gardes du roi s'échelonnèrent sur le passage de Sa Majesté.

Le roi s'habillait, le roi se faisait attendre...

C'était son droit.

Mais la jeune infante, plus leste, avait, dès le point du jour, éveillé la camérera-mayor, qui rêvait de sa jeunesse évanouie, et ses jeunes femmes de chambre, qui songeaient aux moustaches en croc d'un beau garde ou d'un fringant gendarme. Elle avait gourmandé tout le monde, et demandé qu'on l'habillât au plus vite.

Sa toilette avait été terminée en moins d'une heure.

— Venez, duchesse, venez vite, avait-elle dit, je veux arriver avant le roi, et je veux surtout le plus beau gentilhomme de la cour pour m'offrir son genou et me tenir l'étrier.

— Voici, avait grommelé la camérera-mayor, qui est à l'adresse de don Paëz.

VII

Tandis que, la veille, don Paëz regagnait son logis de l'Escurial, les dents serrées par la colère, l'esprit agité des plus lugubres pressentiments, don Fernand, lui aussi, s'éclipsait de la chambre royale et rentrait chez lui.

Non qu'il eût hâte de se trouver seul, mais il eût préféré peut-être une ou deux heures encore de causerie insignifiante aux angoisses de l'isolement qui devaient s'emparer de lui aussitôt que rien ne le pourrait plus distraire de la pensée dominante de l'épreuve terrible du lendemain. Pourtant, don Fernand était un loyal adversaire; témoin de la disgrâce momentanée de don Paëz, il le voyait sortir pâle et hautain comme sont les grands cœurs blessés dans leur orgueil; sortir sous les yeux de l'infante qui avait tout vu, tout entendu; — et il eût regardé comme une lâcheté de demeurer auprès d'elle et de faire un pas, un geste, de prononcer un mot qui pût être fatal à l'homme qui venait de lui offrir son amitié, dont cependant il était encore le rival.

Don Fernand rentra chez lui, et, non moins homme de sang-froid que don Paëz, il procéda méthodiquement et avec le plus grand calme à sa toilette de nuit.

Tandis qu'il se déshabillait, on frappa doucement à une petite porte de service donnant sur un escalier dérobé, qui reliait secrètement les appartements des officiers du roi.

— Qui est là? demanda-t-il.

— Dieu seul est grand, répondit une voix.

Don Fernand parut étonné, mais il ouvrit sans renouveler sa question.

Un homme parut, jeta un regard furtif autour de lui pour s'assurer que don Fernand était bien seul, souffla sur la lanterne sourde qu'il tenait à la main, et entra avec précaution.

Ce n'était cependant ni un alguazil cauteleux furetant à droite et à gauche pour découvrir un voleur, ni un alcade superbe, ni un inquisiteur terrible, ni un grand seigneur que l'ambition privait de sommeil, ni un mari jaloux, ni un courtisan en bonne fortune ou un page la cherchant; ce n'était, ma foi! qu'un pauvre diable de fauconnier portant chausses olive et casaque mi-partie vert et jaune, n'ayant d'autre arme qu'un gant de peau rembourré et traçant à la main son bonnet, comme un humble vassal, un maigre hère qu'il était.

Il est vrai que sous ce modeste costume, on devinait un homme énergique, intelligent, brave et insoucieux. Sa barbe noire, son œil brillant, ses cheveux crépus et lustrés, ses épaules herculéennes, la finesse d'attache de ses poignets, et la noble simplicité de ses gestes, annonçaient un personnage d'une condition supérieure à celle qu'il paraissait occuper.

Il salua don Fernand avec respect, mais sans humilité, et lui dit :

— Seigneur, pouvez-vous m'écouter une heure?

— Qui êtes-vous et que me voulez-vous? demanda le gentilhomme en l'examinant avec une attention mêlée de curiosité.

— Ce que j'ai à vous dire est long; quant à mon nom, il vous est inconnu, je me nomme Pedro, je suis attaché à la vénerie du roi.

— Voyons ce qui vous amène...

Don Fernand s'assit dans un fauteuil à large dossier, croisa les jambes et regarda son visiteur.

— Je me nomme Pedro, reprit celui-ci, parce que l'Inquisition m'a baptisé et m'a donné ce nom; je suis fauconnier du roi, parce qu'il faut avoir un état en ce monde, sous peine d'être réputé riche ou sorcier, ou l'un ou l'autre indistinctement, conduit au bûcher. Mais avant d'être fauconnier, j'étais Maure, et je sculptais des coupes, des aiguières et des poignées en plein or massif, — comme avant de me nommer Pedro, je me nommais Aben-Farax.

Don Fernand fit un geste d'étonnement.

— Et que venez-vous me demander? fit-il.

— Pour moi, rien; pour mes frères, beaucoup.

— Voyons, qu'exigez-vous?

— Je vous ai dit que je me nommais Aben-Farax, comme vous

avant de prendre le nom de don Fernand et le titre de marquis de Vâler, vous vous appeliez Aben-Humeya et vous vous faisiez gloire de descendre de nos derniers rois.

— C'est vrai, et je suis toujours fier de ma race.

— Merci pour cette parole, monseigneur; elle double la confiance que j'ai mise en vous, et je vais remplir ma mission. Les Maures sont malheureux en Espagne; sur cette terre autrefois leur conquête et leur bien, ils sont maintenant esclaves. On leur interdit la carrière des armes et l'épée; ils se sont résignés et sont devenus artisans et laboureurs; puis on leur a défendu l'exercice de leur culte, et ils ont encore courbé le front; mais aujourd'hui, don Fernand, il court d'étranges bruits à la cour d'Espagne...

— Ah! fit don Fernand attentif, et quels sont ces bruits?

— On dit qu'on défendra aux Maures de porter leurs vêtements, qu'on les baptisera tous de force, qu'eux seuls désormais paieront l'impôt, et qu'on leur interdira de résider — dans la ville de Grenade — aux environs de l'Alhambra.

— Après? dit don Fernand.

— Seigneur, reprit Pedro, les Maures sont à bout de patience, ils sont las de souffrir, de pleurer, de fléchir le genou et de subir le joug d'un peuple insolent et ingrat. On nous a défendu de porter des armes, mais nous en avons dans les caves de nos demeures; on a essayé de nous ruiner, mais nous possédons plus d'or, de rubis et d'émeraudes que dix rois d'Espagne réunissant leurs richesses.

— Je le sais. Que comptez-vous faire?

— Prendre les armes, don Fernand.

Le gentilhomme tressaillit :

— Folie! dit-il.

— Et puis, continua Aben-Farax, chercher parmi nous un homme qui descende en ligne directe de nos anciens rois, et lui dire : Il nous faut un chef, veux-tu l'être?

— Ah! et ce chef... l'avez-vous trouvé?... Quel est-il?

— L'un de nous deux, dit froidement le fauconnier.

Don Fernand se leva brusquement :

— Moi, peut-être... dit-il; — du moins ce serait mon droit... mais toi, quels sont tes titres?

— Je suis le dernier descendant de la race royale des Abassides, comme toi le dernier de celle des Abencerrages, répondit Pedro.

— Tu es presque mon égal, dit don Fernand en saluant.

— Je serai ton sujet ou ton ennemi, don Fernand, ton roi ou ton lieutenant.

— Que veux-tu dire?

— Je veux dire que dans huit jours, si les bruits sinistres qui circulent à Madrid sur notre race se confirment, les Maures se lèveront en armes, secoueront le joug odieux qui les accable, et évoquant l'ombre de Boabdil, leur dernier et malheureux souverain, se referont enfin un roi.

— Et ce roi? demanda don Fernand.

— Ce sera toi si tu acceptes la couronne, moi si tu la refuses.

— Je ne refuse ni accepte, dit froidement don Fernand.

— Que signifient ces paroles?

Don Fernand examina le sablier qui coulait sans s'arrêter dans un coin de la chambre, et, étendant la main :

— Il est une heure du matin, dit-il. A huit heures, je te répondrai.

— Pourquoi ce délai?

— C'est mon secret.

— Est-il donc besoin de réfléchir pour accepter une couronne?

— Oui, quand cette couronne doit être achetée au prix d'un torrent de sang.

— Ce sera le sang des martyrs.

— Sans doute; mais peut-être, hélas! ne suffira-t-il point pour l'affermir sur ma tête; peut-être sera-t-il impuissant à faire le bonheur du peuple qui m'aura choisi pour son chef.

— Don Fernand, murmura Aben-Farax, tu parles bien; mais on voit à tes discours que tu vis, toi, de la vie espagnole, et que tu ne souffres point comme nos frères.

— Je souffre plus qu'aucun d'eux, Aben-Farax, murmura don Fernand; il n'est pas nécessaire de régner pour être roi, d'être aimé et respecté d'une nation pour aimer tendrement le peuple. Je suis roi moralement, frère; je me souviens que mes pères ont tenu un sceptre, et je verse une larme à chaque larme que laisse échapper le peuple le mes pères.

— Eh bien! alors, don Fernand, pourquoi hésiter? Nos dominateurs sont des bourreaux, prenons les armes!

— J'ai peut-être un moyen de délivrer les Maures, frère, un moyen pacifique, une alliance qui leur rendrait leur antique splendeur sans les séparer de l'Espagne.

— Ce moyen, quel est-il?

— Je ne puis te le dire encore; car peut-être ne réussira-t-il point. Demain seulement, Aben-Farax, je saurai si je dois être roi.

— Soit; — à demain.

— Et si je refuse demain la couronne?

— Eh bien! tu me diras ton secret. S'il est efficace, les Maures s'inclineront et auront foi en ta sagesse, sinon...

— Sinon? fit don Fernand inquiet.

— Sinon, je serai roi. — Adieu...

Et Aben-Farax, saluant don Fernand, disparut avec la rapidité d'un fantôme.

Don Fernand se mit au lit; comme don Paëz il ne dormit pas, comme lui il examina froidement la situation, et, le matin venu, quand le tumulte des cours intérieures lui apprit que l'heure de l'épreuve fatale allait sonner, il dit :

— Allons voir si je serai gendre du roi, ou roi moi-même.

VIII

L'Infante avait le plus charmant costume de chasse qui eût jamais été porté à la cour de France, cette reine des cours. On eût dit que madame Marguerite de Valois, reine de Navarre, et la plus habile des princesses en matière de modes et de travestissements de femme, avait présidé à son ajustement après avoir conseillé les fournisseurs. L'Infante avait une plume blanche à son chapeau, de grosses émeraudes boutonnaient son amazone bleu clair, un gant de peau jaune d'or enfermait sa main délicate, et elle portait sur l'épaule une trompe de chasse avec la grâce charmante d'un page mutin et habillard.

— Duchesse, disait-elle à la caméréra-mayor, tandis qu'elle passait au travers des escaliers et des corridors jonchés de courtisans, duchesse, je veux aujourd'hui voir la mort de l'ours de si près, que je puisse dire que pour le courage et la hardiesse, les infantes d'Espagne valent les gentilshommes d'ailleurs.

Au moment où la jeune princesse achevait, elle se trouva sur le seuil de la cour d'honneur, où piaffaient aux mains des varlets le cheval du roi et le cheval de l'Infante.

— Quel bonheur! dit l'Infante en battant des mains, j'arrive la première... avant le roi.

Et sans attendre qu'un seigneur lui offrît la main, elle courut à son cheval, magnifique étalon d'Afrique, qu'un Arabe eût payé un empire, s'il l'eût eu.

Au même instant, simultanément, deux gentilshommes à cheval déjà mirent pied à terre et s'avancèrent, des deux extrémités de la cour, vers la monture de la princesse.

Ils se placèrent l'un devant l'autre, auprès de l'étrier, fiers et hautains tous deux, semblant attendre que le choix de l'Infante fît de l'un une victime, de l'autre un triomphateur.

L'Infante rougit et pâlit à cette vue ; elle comprit ce qui allait se passer, sans doute, et elle eût donné tout au monde pour éviter une situation pareille...

Mais il était trop tard; ni don Paëz ni don Fernand ne bougeaient, et il fallait choisir.

Elle rougit et pâlit encore; elle sembla hésiter et consulter une voix mystérieuse, une fibre secrète qui résonnerait doucement au fond de son cœur, — et puis, elle dit enfin bien bas et d'une voix qui tremblait :

— Don Paëz... voulez-vous me tenir l'étrier?

La cour d'honneur était remplie d'une foule nombreuse, élégante; la fleur des Espagnes et du royaume de Grenade s'y était pour ainsi dire donné rendez-vous; — et il y eut un frémissement de crainte, d'étonnement, presque de stupéfaction quand on vit les deux rivaux en face l'un de l'autre, se mesurant du regard et attendant leur arrêt avec la sérénité des grands courages.

Cet arrêt, l'Infante venait de le prononcer en disant à don Paëz, les yeux baissés, et troublée comme une simple manola de Tolède ou de Madrid :

— Don Paëz, voulez-vous me tenir l'étrier?

Don Paëz était beau, généreux, vaillant; il passait à la cour pour un de ces hardis aventuriers qu'il fait bon avoir au nombre de ses amis, qu'on doit craindre d'avoir parmi ses ennemis. Et puis, il était le favori du roi... il est vrai que le roi l'avait maintenu, la veille, à son jeu; mais Sa Majesté, on le savait, avait l'humeur fantasque et maussade, et il n'était personne, duc ou prince, qui n'eût eu à se plaindre, au moins une fois en sa vie, d'une boutade de ce genre.

Don Paëz était donc aimé des uns, craint des autres, choyé de tous.

Don Fernand, lui aussi, était beau, jeune, riche, presque en faveur; on le redoutait moins que don Paëz; peut-être l'aimait-on davantage.

L'affront fait à ce dernier, affront involontaire, il est vrai, causa donc des impressions diverses aux spectateurs de ce drame improvisé.

Les uns se réjouirent, car don Paëz était vainqueur, et on savait que don Paëz était presque le rival, dans le cœur du roi, du duc d'Albe et autres seigneurs cordialement détestés.

Les autres, au contraire, prirent en pitié ce beau et fier jeune homme au regard profond, au sourire mélancolique, auquel l'Infante préférait le hautain don Paëz.

Mais les chuchotements qui eurent lieu aussitôt autour de lui trouvèrent don Fernand calme, froid, non moins fier, non moins hautain que don Paëz.

Seulement, ces deux hommes, qui semblaient se mesurer du regard et se promettre un combat à outrance, se firent un signe mystérieux qui signifiait presque, de la part de l'un : Je regrette ma victoire; — et de la part de l'autre : Je suis assez fort, assez stoïque pour être vaincu.

Quand don Paëz revint à lui, il aperçut, penché sur son visage, le visage empourpré de l'Infante. (Page 52.)

L'Infante s'était mise en selle, rougissante et toujours émue, don Paëz avait senti sa petite main frémir dans la sienne, et s'il avait été maître de son visage, il n'avait pu l'être de son cœur. Son cœur avait battu d'orgueil et il s'était dit : — Elle m'aime !

Don Fernand demeura une seconde encore immobile devant l'Infante et mesurant de l'œil don Paëz ; puis il s'inclina respectueusement, salua fièrement son adversaire, devenu son vainqueur et se retira au milieu des sourds murmures des courtisans étonnés ou peinés, et des regards de compassion et d'encouragement des femmes qui semblaient lui vouloir faire oublier l'ingratitude ou le dédain de la princesse.

Un fauconnier tenait en main le cheval de don Fernand ; le gentilhomme se dirigea vers lui, mit le pied à l'étrier, et dit tout bas à l'homme qui l'avait entretenu la veille : — J'accepte.

Pedro, le fauconnier, tressaillit et répondit sur le même ton :
— Il faut partir aujourd'hui même, en ce cas.
— Ce soir, après la chasse.
— C'est trop tard.
— Eh bien ! partons avant la chasse.
— Bien, — murmura le fauconnier ; — à bientôt.

Et il s'éloigna.

Don Fernand était en selle, il fit faire une courbette à son cheval, tandis que le fauconnier s'éloignait.

Pendant ce temps on continuait à chuchoter derrière les persiennes, dans la cour d'honneur et au travers des corridors.
— Il y aura aujourd'hui même, disaient plusieurs gentilshommes, un combat sans merci entre don Paëz et don Fernand.

Don Paëz a le bras lourd, murmuraient les uns.
— Don Fernand est le plus habile spadassin des Espagnes, répondaient les autres.
— Et puis, ajoutait un page, que don Fernand soit vainqueur ou vaincu, il est perdu.
— Pourquoi ?
— Parce que s'il tue don Paëz, le roi ne lui pardonnera pas.

— Bah ! en duel...
— Don Paëz est le favori du roi, le roi aime don Paëz.
— Mais, ricana un seigneur qui, la veille, assistait au jeu du roi, S. M. paraît l'aimer beaucoup moins qu'on ne croit. Hier, à son jeu...
— Oh ! dit un officier des gardes le roi traite de même les plus grands dignitaires de son royaume. Il a l'humeur chagrine.
— D'accord. Mais il ne peut punir un gentilhomme qui en aura tué un autre loyalement et en champ clos.
— Peut-être : car don Fernand n'est pas Espagnol.
— Il l'est devenu.
— En apparence, du moins ; mais il est Maure au fond du cœur, et l'inquisition n'oublie pas qu'il est le descendant des rois de Grenade...

Un page qui était présent à la discussion haussa les épaules et dit avec un charmant sourire :
— Le grand inquisiteur hait trop cordialement don Paëz pour ne point protéger son meurtrier.
— Et pourquoi le hait il ?
— Mais simplement parce que le roi l'aime.
— Il est donc jaloux de don Paëz ?
— Hum ! murmura le page en imprimant à son sourire une nuance si ironic, — qui donc n'est pas jaloux de don Paëz, ici ?

On eût trouvé, sans doute, le beau page bien hardi, bien impertinent si l'on eût eu le loisir de réfléchir à ses paroles, et d'interpréter son railleur sourire, mais tous les regards se portèrent soudain vers le grand escalier, sur lequel ruisselait un flot de soie, de velours, de satin et de dentelles.

Le roi arrivait. Il était vêtu de noir, selon sa coutume.

Il marchait lentement, le front courbé comme d'ordinaire, mais relevant parfois la tête pour jeter un coup d'œil furtif et rapide autour de lui.

Il porta la main à son feutre, répondant aux saluts de la foule qui s'inclinait bien bas devant lui, et il alla droit à sa fille.

Don Paëz était encore auprès de l'Infante ; il salua respectueuse-

Don Paëz sauta en selle sur le cheval de l'Infante, plaça la jeune fille devant lui et piqua des deux. (Page 54.)

ment le roi, comme tous l'avaient salué. Mais il s'inclina moins bas peut-être, et son visage impassible et hautain témoigna de son ressentiment.

Le roi fronça le sourcil.

Sans doute une dure parole allait tomber de ses lèvres et mettre le comble à l'exaspération du favori, quand celui-ci le prévint et se retira à quelques pas.

Le roi prit la main de l'Infante, la baisa galamment et lui dit :

— Comment avez-vous dormi, ma belle étoile.

L'Infante prit un air boudeur et répondit :

— Fort mal, sire.

— Et d'où vient cette insomnie, madame?

— C'est Votre Majesté qui l'a causée.

— Moi? fit le roi, qui, déridé un instant, reprit son visage morne et sombre.

— Sans doute, sire, dit l'Infante. Vous avez grondé don Paëz.

— Oh! oh! murmura le roi, et cela vous empêche de dormir?

— Oui, parce que de tous les grands seigneurs qui vous environnent, aucun ne vous aime comme don Paëz.

— En êtes-vous certaine, mon étoile?

— Très-certaine, sire.

— Eh bien! fit le roi, qui redevint joyeux et presque souriant, comme l'insomnie fait du mal, comme vous avez les yeux battus et qu'il est nécessaire qu'une infante d'Espagne soit belle toujours, je vais rendre mon amitié à don Paëz, tout exprès pour vous plaire.

Un charmant sourire glissa sur les lèvres mutines de l'Infante.

— Sire, dit-elle, puisque vous rendez votre amitié à don Paëz, vous devriez bien la retirer un peu à un très-vilain seigneur qui possède beaucoup trop votre confiance.

— Ah! ah! murmura le roi moitié souriant, moitié sévère, est-ce que nous nous mêlerions de politique, mon étoile?

— Dieu m'en garde, sire!

— Et... quel est ce très-vilain seigneur?

— Un homme bien laid, sire, le chancelier Déza.

— Bon!... fit S. M. qui redevint soucieuse, ils me disent tous la

même chose. Le duc d'Albe et le marquis de Mondéjar, le grand inquisiteur et don Paëz.

— Et ils ont bien raison, sire.

Mais le roi fronça le sourcil et tourna le dos à l'Infante, qui se mordit les lèvres de dépit.

Le roi se trouva face à face avec don Paëz.

Le colonel des gardes était à pied encore, et tenait la bride de son cheval à la main.

— Ah! dit Philippe II, vous voilà, monsieur?

Don Paëz s'inclina sans mot dire.

Le roi le considéra quelques secondes et finit par reprendre son visage de bonne humeur. Il lui posa la main sur l'épaule, et lui dit :

— Sais-tu, don Paëz, que tu as bon nombre d'ennemis à ma cour?

Le ton familier de S. M. rendit au colonel des gardes son expression de physionomie ordinaire.

— Sire, répondit-il avec une assurance respectueuse qui sentait son favori, ces ennemis me sont une preuve que je possède quelque peu l'amitié de Votre Majesté.

— Ah! fit le roi.

— Et que, l'occasion et Dieu aidant, je serais tout prêt à dévouer utilement ma vie pour elle.

— Bien parlé, Paëz, dit le roi. Tes ennemis sont puissants et ils veillent sans cesse; mais tu as, en revanche, des amis qui se promettent de te défendre à outrance.

— Vraiment, sire? murmura don Paëz à son tour.

— Par exemple, le marquis de Mondéjar, mon vieux capitaine.

— Je le sais, sire.

— Et puis encore, Paëz, mon ami, une belle dame...

Le colonel des gardes tressaillit.

— Une belle dame, poursuivit Philippe II, que moi, le roi, j'aime à l'égal de mes sept couronnes.

— Votre Majesté me cachera-t-elle le nom de cette belle dame? fit don Paëz avec un fier sourire.

— Elle se nomme, acheva joyeusement le roi, dona Juanita, infante d'Espagne.

4

Don Paëz étouffa un cri... Puis, redevenant maître de lui, il joua un étonnement si naïf que le roi s'y laissa prendre.

— En vérité! murmura-t-il, Son Altesse s'intéresse à moi?

— Oh! fit le roi en riant, il ne faut pas t'en enorgueillir trop, maître Paëz, l'Infante ne t'aime que parce que mon chancelier, don José Déza, te déteste... et elle n'aime pas le chancelier...

— Je m'en doutais, soupira humblement don Paëz; mais pourquoi le chancelier est-il mon ennemi?

Le roi haussa les épaules et répondit avec cette bonhomie à la Louis XI, qui faisait le fond de son caractère dans l'intimité :

— Ceci est de la politique... et tu sais bien que je n'y ai jamais rien compris.

— Hum! pensa don Paëz, Sa Majesté est le plus grand politique de son royaume, quoi qu'elle en dise, mais j'y vois plus loin qu'elle en ce moment; l'Infante m'aime... parce qu'elle m'aime.

— Mon cheval? demanda le roi.

On amena un étalon noir comme la nuit, dont la crinière était semée d'étoiles d'argent et dont les brides étincelaient de rubis. Jamais plus noble et plus fier animal n'avait brouté les pâturages de l'Andalousie; c'était, pour nous servir de l'expression antique, un vrai cheval de roi.

— Tiens-moi l'étrier, maître Paëz, dit le roi, frappant sur l'épaule de son favori.

Don Paëz mit un genou en terre, suivant l'usage d'alors.

— Inutile, dit le roi, qui redressa sa taille voûtée et sauta lestement en selle; l'étrier seulement.

Philippe II rassembla son cheval et fit un signe.

— Sonnez le départ, dit-il.

Mais un gentilhomme s'approcha, l'épée à la main, tête nue, et salua le roi. C'était don Fernand.

— Sire, dit-il, des intérêts personnels m'obligent à quitter la cour de Votre Majesté.

— Ah! dit le roi, fronçant le sourcil.

— Et je vous supplie d'accepter ma démission des titres et emplois que Votre Majesté a daigné me conférer.

Le grand inquisiteur attacha un œil perçant sur le roi.

Le roi avait un visage impassible.

Le grand inquisiteur se trouvait à deux pas avec le duc d'Albe et le chancelier Déza.

— Si le roi se fâche, dit-il, les Maures sont à nous.

— Et... s'il accepte?

— Ils seront perdus doublement, car nul ne les défendra plus ici.

— Vous vous trompez, monseigneur, dit le chancelier.

— Et qui donc oserait les défendre?

— Deux hommes : Mondéjar et don Paëz.

Le duc d'Albe fit un geste de colère : — Mondéjar, dit-il, est un vieux fou sans influence sur l'esprit du roi; mais don Paëz...

— Don Paëz, interrompit le chancelier, est plus puissant que nous tous.

— Peut-être, murmura le grand inquisiteur.

— Très-certainement, répondit le chancelier; mais à moi seul, je puis le perdre.

— Ah! dirent-ils, et comment?

Le chancelier eut un mauvais sourire.

— Faisons alliance tous trois, dit-il, et je le perdrai...

En ce moment le roi répondait flegmatiquement à don Fernand :

— Vous pouvez vous retirer, monsieur; j'accepte votre démission.

Don Fernand salua, remit son épée au fourreau et son feutre sur sa tête; puis, en passant près de don Paëz, il lui souffla à l'oreille :

— Adieu... je vais être roi!

IX

Don Fernand sortit de la cour, à pied, comme un gentilhomme congédié.

Le cheval qu'il montait tout à l'heure appartenait au roi; le roi acceptait la démission de ses emplois : il était donc naturel qu'il lui rendît le cheval qu'il tenait de sa munificence.

Mais, de l'autre côté du pont-levis de l'Escurial, un Maure tenait en main deux étalons andaloux presque aussi beaux que celui du roi.

Ce Maure était le pauvre fauconnier Aben-Farax, qui avait eu le temps de changer de costume.

Don Fernand sauta en selle, le Maure l'imita, et tous deux s'éloignèrent au galop.

Quand ils eurent atteint la dernière rampe de ce chemin escarpé qui montait à la sombre demeure de Philippe II, don Fernand arrêta court son cheval, se retourna, embrassa d'un coup d'œil le palais aux murs sévères, à l'aspect morose, auquel les rayons du soleil essayaient vainement d'arracher un sourire; et, la main à la garde de son épée, d'une voix solennelle et grave, il s'écria:

— Je n'étais point ambitieux pour moi-même, messire Philippe II, roi des Espagnes; j'aimais le peuple de mes ancêtres et j'espérais l'arracher à la persécution aveugle de tes sujets. Le sort en a décidé autrement, et mes efforts sont impuissants à rendre le calme et le bonheur à une nation qui paye, depuis des siècles, les revers d'un jour de guerre par des larmes de sang et de cruelles humiliations. Ce peuple me réclame, roi des Espagnes, il évoque le souvenir de mes ancêtres et me demande mon nom comme un drapeau; mon nom, mon épée, mes trésors et ma vie, sont à lui. Ce n'est point don Fernand de Valer, capitaine de tes gendarmes, qui lève l'étendard de la révolte et te déclare la guerre; c'est Aben-Humeya, roi de Grenade, qui, de roi à roi, de pair à pair, te jette le gant! — Je t'ai rendu les insignes de ma servitude, j'ai repris mon indépendance; je ne suis plus ton sujet. Dès ce jour, don Fernand de Valer, le gentilhomme espagnol, n'existe plus; je redeviens Maure; et sauf ma religion, qui est la tienne, et que je regarde comme la vraie religion, je quitte tout, nom, mœurs, coutumes, pour reprendre les mœurs, les coutumes, le nom de mes ancêtres!... Philippe II, roi des Espagnes, des Pays-Bas et des Indes, moi, Aben-Humeya, roi de Grenade et le dernier des Abencerrages, je te déclare la guerre au nom de mon peuple, qui t'a trop longtemps obéi.

Et don Fernand repartit, suivi de son futur lieutenant Aben-Farax; et bientôt, des terrasses de l'Escurial, on n'aperçut plus à l'horizon que deux points noirs enveloppés d'un tourbillon de poussière et se dérobant dans la brume.

X

Pendant ce temps, le roi Philippe II et sa cour descendaient, à leur tour, les rampes de l'aride coteau qui supporte l'Escurial, et la chasse royale gagnait aux galop les gorges de la Sierra où, pendant la nuit, une ourse gigantesque et mère d'une redoutable nichée avait été détournée.

L'Infante paraissait avoir oublié déjà l'affront involontaire qu'elle avait fait à don Fernand, affront, du reste, qui servait en ce moment encore de texte aux conversations et aux demi-mots des courtisans. Elle babillait, railleuse et coquette, gourmandant la camérera-mayor, qui lui faisait respectueusement observer qu'elle devait être plus réservée dans son langage et son maintien, impatientant son cheval qui bondissait et se cabrait à demi sous sa cravache, et souriant parfois d'un air mutin à don Paëz, qui caracolait auprès d'elle avec l'élégance et l'habileté d'un écuyer consommé.

Autour du roi, au contraire, la conversation avait pris une couleur sombre et sérieuse comme le front du monarque. Deux hommes attaquaient les Maures avec la violence du fanatisme et de la haine, renversant, détruisant un à un les derniers scrupules de ce terrible maître qu'on nommait Philippe II.

Au moment où le brillant cortège entrait dans la gorge désignée pour le rendez-vous de chasse, le roi, à demi vaincu, se tourna vers le marquis de Mondéjar qui chevauchait à dix pas, échangeant des réponses insignifiantes avec le grand inquisiteur, et l'appelant d'un signe :

— Marquis, dit-il, je me faisais un plaisir véritable de chasser avec vous aujourd'hui, car vous êtes un excellent veneur, plein d'ardeur et d'expérience.

Le marquis laissa échapper un geste d'étonnement, et regarda le roi.

— Mais, poursuivit Philippe II, il me vient en mémoire que vous êtes gouverneur de Grenade.

— En effet, sire, balbutia le marquis.

— Et savez-vous, marquis, qu'un gouvernement sans gouverneur est bien mal gouverné?

Le marquis tressaillit et fronça le sourcil.

— Aussi bien, j'ai réfléchi qu'il pouvait, d'un moment à l'autre, nous advenir de fâcheuses affaires dans notre royaume de Grenade, et qu'il était tout à fait convenable qu'au lieu de perdre votre temps à courir le sanglier et l'ours en notre compagnie, vous piquiez des deux et revinssiez à l'Alhambra.

— Sire, répondit le marquis d'une voix respectueuse mais ferme, comme il convient à un vieux soldat, ceci ressemble fort à une disgrâce...

— Une disgrâce! mon vieux capitaine, fit le roi avec bonhomie; par saint Jacques de Compostelle! je n'y songe pas. Retourne à Grenade, je t'y enverrai bientôt mes instructions.

Le marquis s'inclina sans mot dire, tourna bride et quitta le cortège; à quelques pas, il jeta un regard en arrière et l'arrêta sur le roi, autour duquel se pressaient le duc d'Albe, le chancelier et le grand inquisiteur.

— Mon Dieu! dit-il avec émotion, les Maures sont perdus! fasse le ciel que mon honneur sorte sauf de la lutte qui va s'engager!

Pendant ce temps le grand inquisiteur disait au chancelier :

— C'est un grand malheur que Mondéjar soit gouverneur de Grenade.

— Pourquoi cela, monseigneur?

— Parce que les Maures seront protégés par lui, quoi qu'il arrive.

— Tant mieux! répondit le chancelier, nous l'accuserons de tiédeur, on le rappellera et nous enverrons le duc d'Albe à Grenade.

Un éclair passa dans les yeux du grand inquisiteur.

— Vous avez raison, dit-il.

— Et puis, continua le chancelier, le marquis de Mondéjar nous gênait ici; il était tout dévoué à don Paëz, et il nous faut perdre celui-ci l'esprit du roi.

— Ce sera fort difficile, chancelier.

— Vous croyez? murmura flegmatiquement don José Déza.

En ce moment le *lancer* fut sonné sous le couvert, les chiens découplés s'élancèrent, en hurlant, sur la brisée, et les plus ardents des veneurs, sans attendre le roi, emportés par cette indomptable passion que les sons du cor allument et excitent chez certains chasseurs d'élite, mirent leurs chevaux au galop et suivirent les chiens.

A leur tête, on voyait courir l'Infante, dont le cheval ardent laissait déjà derrière lui presque tous les autres. Mais un cavalier la suivait de près et galopa bientôt à ses côtés; c'était don Paëz.

— Tenez, dit le chancelier Déza en étendant sa cravache dans leur direction, regardez!

— Eh bien? demanda le grand inquisiteur.

— Mais, dit le chancelier avec un méchant sourire, je trouve maître don Paëz, simple gentilhomme et de naissance plus qu'obscure, assez hardi de suivre d'aussi près une infante d'Espagne, qui fait, du reste, assez peu de cas des grands seigneurs de la cour, en priant un aventurier de lui tenir l'étrier.

Le grand inquisiteur fit un mouvement d'inquiétude :

— Savez-vous, dit-il, qu'on joue sa tête à de pareilles accusations?

— Bah! répondit le chancelier, un courtisan s'expose sa tête que lorsqu'il est un imbécile ou un honnête homme... et je ne suis ni l'un ni l'autre.

— Moi, répondit le grand inquisiteur avec un sourire glacé, je ne suis pas courtisan, chancelier, et, bien que je haïsse don Paëz au moins autant que vous le haïssez, je ne vous suivrai pas sur un terrain aussi glissant.

— Je ferai la besogne tout seul, soyez tranquille... Et puis, du reste, qui sait...

Le chancelier s'arrêta, craignant d'exprimer indiscrètement toute sa pensée.

— Achevez! insista le grand inquisiteur, en attachant sur lui un regard profond.

— Qui sait, murmura tout bas le chancelier, si ce serait vraiment une calomnie et si l'Infante...

— Oh! dit le grand inquisiteur avec colère, pour l'honneur des Espagnes, silence, monsieur, taisez-vous!

— Eh bien! messieurs, cria le roi, interrompant sa conversation avec le duc d'Albe, nous ne chassons pas, ce me semble ; pourtant la bête est sur pied.

XI

La vallée où la chasse venait de s'engager était une gorge tortueuse et profonde, encaissée parmi des rochers escarpés, recelant mainte caverne dans leurs flancs grisâtres, boisée de taillis rabougris et serrés, au travers desquels serpentaient plusieurs sentiers se croisant, se rejoignant et se séparant ensuite comme les dédales d'un labyrinthe. Les voix des chiens, les sons du cor y trouvaient un magnifique et retentissant écho. Bientôt voix et sons se dispersèrent, et on les entendit simultanément sur des points différents; chaque veneur s'abandonna soit à l'instinct sagace du son cheval, soit à ses propres inspirations, et s'enfonça sous le couvert à droite ou à gauche, selon qu'il croyait couper la chasse et gagner la tête des chiens en suivant telle ou telle direction.

L'infante, emportée par son ardeur et confiante dans les jarrets d'acier de son étalon, suivit le fond de la vallée, franchissant les blocs de rochers et les troncs d'arbres, les précipices et les divers accidents de terrain qui la fermaient çà et là. Bientôt elle eut mis entre elle et le reste des veneurs un espace si considérable que leurs fanfares ne lui arrivèrent plus qu'indécises et perdues dans l'éloignement. Seul, l'un d'entre eux, don Paëz, ne perdait pas un pouce de terrain sur elle et galopait côte à côte.

A mesure que les sons du cor allaient s'affaiblissant, la voix des chiens devenait plus distincte, et nos chasseurs paraissaient s'en approcher. Leurs chevaux étaient déjà blancs d'écume, une bave sanglante frangeait leurs mors; mais ils étaient tous deux de vaillante race et n'avaient nul besoin de sentir l'éperon. Tout à coup la voix de la meute qui, jusque-là, avait paru se rapprocher, sembla s'éloigner et perdit de son ensemble.

L'Infante se retourna vers don Paëz, à qui elle n'avait point encore adressé la parole :

— Il y a un défaut, dit-elle, ou nous perdons la chasse.

— L'un et l'autre, madame, répondit don Paëz; tournons à gauche.

Ils quittèrent les bas-fonds de la première gorge et s'enfoncèrent dans une seconde plus étroite, plus sauvage, plus tourmentée encore, dans laquelle soit réalité, soit simple effet d'un écho lointain, la meute semblait hurler au-dessus de leurs têtes. La gorge était étroite, dissonnous, si étroite même, qu'à un certain moment les deux veneurs, galopant côte à côte et se trouvèrent serrés si près l'un de l'autre que leurs selles se touchèrent et que le vent chassait parfois sur le visage de don Paëz les boucles brunes de la chevelure de l'In-

fante. A ce contact, don Paëz tressaillit profondément, et il vit avec une joie sauvage la vallée tourner brusquement par coudes multipliés, et devenir de plus en plus déserte.

Cependant, la voix des chiens approchait toujours; bientôt elle résonna stridente, bientôt encore les taillis du sommet de la vallée semblèrent frémir et s'agiter sous un souffle inconnu ; puis un monstre en sortit la gueule sanglante et les flancs haletants... C'était l'ourse.

Puis, derrière l'ourse et la *buvant* (1), la meute, ardente et tellement serrée, qu'on l'eût recouverte avec un manteau.

L'ourse passa, sans les voir, à vingt pas des chasseurs, traversa le torrent desséché qui servait de chemin, et dans lequel don Paëz et l'Infante chevauchaient, — et grimpa le talus opposé, où elle disparut sous les broussailles.

La meute s'y engouffra après elle; mais la meute n'obéissait plus, du reste, qu'à ses propres instincts, car valets, chiens et piqueurs, elle avait tout laissé en arrière.

Le talus était trop rapide pour que les chevaux, malgré leur ardeur, y pussent tenir pied aux chiens; et l'Infante laissa échapper un petit cri de colère.

— Voilà, dit-elle, que nous allons encore perdre la chasse.

— Ne craignez rien, madame, répondit don Paëz, l'ourse sera morte avant une heure.

L'Infante hocha la tête d'un air de doute :

— Tenez, fit-elle avec dépit, entendez-vous déjà les chiens qui s'éloignent et courent vers le nord ? La chasse est manquée.

— Pardon, répondit don Paëz avec calme, si j'en crois mes instincts de veneur, rien n'est perdu, et nous sommes près de la tanière de l'ourse.

— Vrai! fit-elle avec une joie enfantine.

— Silence ! interrompit brusquement don Paëz, écoutez...

Un hurlement sauvage, une sorte de grognement confus résonnait à cinq ou six cents pas dans les broussailles, au pied d'un banc de rochers caverneux.

— Entendez-vous les oursons?... Réveillés par la voix des chiens, ils ont distingué, au milieu de leurs hurlements, deux ou trois cris de rage échappés à leur mère. Venez, madame...

Et don Paëz poussa son cheval, qui, malgré les ronces, gravit le talus à moitié et porta son cavalier à l'entrée de la caverne qui servait de retraite habituelle à l'ourse. L'Infante l'avait suivi.

Les oursons étaient au nombre de trois. Ils étaient tout jeunes encore, et, à la voix de leur mère, ils s'étaient traînés à l'entrée de la tanière.

Don Paëz mit froidement pied à terre, aux yeux de l'Infante étonnée, en prit un par les oreilles, le serra dans ses bras et l'étouffa. Le second eut le même sort.

Puis don Paëz dénoua sa ceinture, attacha fortement les pattes de derrière du troisième, et le suspendit, la tête en bas, à un arbre voisin. L'ourson fit alors entendre des hurlements désespérés, et comme l'Infante ne comprenait point encore, don Paëz lui dit :

— La mère reconnaîtra les cris de son nourrisson, et elle va revenir.

En effet, dix minutes après, la voix des chiens se rapprocha de nouveau, mêlée à de sourds grognements; bientôt l'ourse arriva au galop et bondit vers l'étroite plate-forme sur laquelle don Paëz, à pied, et l'Infante, toujours à cheval, avaient fait halte.

L'ourse s'arrêta une minute, mesura ses adversaires du regard, flaira ses deux nourrissons morts avec un hurlement de douleur, puis se dressa sur deux pattes et marcha, terrible et l'œil sanglant, vers don Paëz qui l'attendait de pied ferme.

L'ourse avançait avec un calme qui donnait le vertige.

Don Paëz avait ses pistolets aux poings. Il laissa faire dix pas au monstre, l'ajusta ensuite et fit feu.

L'ourse jeta un cri de douleur, recula d'un pas et ne tomba point; elle se remit en marche, au contraire, et arriva si près de son adversaire qu'elle lui brûla le visage de sa rugueuse haleine.

Alors don Paëz étendit le bras, et de son second pistolet lui cassa la tête; elle tomba roide morte.

Mais au moment où il se retournait triomphant vers l'Infante, celle-ci poussa un cri d'indicible effroi, et, étendant sa main tremblante vers les bruyères voisines, montra à don Paëz une masse noirâtre qui bondissait vers eux.

C'était le mâle de l'ourse qui accourait venger sa femelle et ses petits.

Et don Paëz n'avait plus d'arme chargée! il ne lui restait que sa dague...

XII

L'ours n'hésita point; comme sa femelle, il ne flaira pas ses nourrissons morts, il ne prit pas garde à celui qui, suspendu à un arbre, remplissait l'air de ses hurlements; il bondit vers don Paëz, et fut si rapide dans son élan, que l'Espagnol désarmé n'eut point le temps de tirer son arme.

(1) Expression consacrée en termes de vénerie.

47

L'ours était tout debout et touchait don Paëz.

Il ouvrit les pattes, saisit le gentilhomme et le serra sur sa poitrine velue avec une violence telle, qu'il en fut suffoqué et ferma les yeux une seconde.

Un cri d'angoisse de l'Infante, qui demeurait immobile et pétrifiée à quelques pas, rendit à don Paëz son énergie et son sang-froid.

L'Infante était là !... Elle allait assister à cette lutte sans précédent, à ce duel à mort d'un homme et d'un monstre; — et l'Infante 'aimait déjà !...

— Don Paëz, mon ami, pensa-t-il, il s'agit de mourir ou d'être gendre du roi... Choisis !...

Et, quand il se fut dit cela, don Paëz se sentit si fort, lui le gentilhomme élégant qui parfumait sa barbe avec des essences mauresques, qu'il étreignit l'ours à son tour; celui-ci poussa un hurlement sourd.

Ce fut une lutte vraiment grandiose et terrible que celle qui s'engagea alors, sur une étroite plate-forme de rochers, avec un mur infranchissable d'une part, et un ravin profond de l'autre.

L'homme et le monstre se balancèrent quelques secondes, enlacés comme des rivaux aux jeux olympiques; pendant quelques secondes ils ne présentèrent aux yeux de l'Infante, fascinée par la terreur, que la silhouette d'une masse informe, oscillant au-dessus de l'abîme et prête à y rouler sans cesse. Puis, tout à coup, un cri retentit, la masse sembla se fendre en deux. Au cri strident échappé à l'homme, un hurlement de détresse répondit, et l'ours, balancé un moment dans les robustes bras de don Paëz, fut jeté dans le ravin et y tomba inerte et sans vie.

Don Paëz était parvenu à tirer sa dague, et l'avait enfoncée jusqu'à la garde dans le flanc du monstre.

L'ours était tombé dans le ravin avec la dernière arme de don Paëz, qui n'avait point songé à la retirer de ce fourreau improvisé.

Le cavalier se tourna alors vers l'Infante, toujours blanche et froide comme une statue; il lui jeta un regard d'orgueil et de triomphe; il voulait courir à elle et la rassurer... Mais ses forces, épuisées par la lutte, le trahirent; il eut le vertige, tomba d'abord sur un genou, puis s'affaissa tout à fait et s'évanouit.

Les griffes du monstre avaient meurtri ses épaules, le sang perlait sous son pourpoint bleu de ciel et jaspait les dentelles sur sa collerette . . . .

Quand don Paëz revint à lui, il aperçut, penché sur son visage, le visage empourpré de l'Infante qui mouillait ses tempes avec l'eau fraîche d'une source puisée dans son feutre, et lui faisait respirer un flacon d'essence qu'elle portait suspendu au cou par une chaîne d'or.

L'Infante avait seize ans : si elle était princesse, elle était femme aussi; de plus, elle aimait don Paëz sans avoir jamais osé se l'avouer peut-être.

Don Paëz venait de courir un grand péril; don Paëz était évanoui, don Paëz était plus beau que jamais avec son pâle visage et sa large poitrine tachée d'un sang rose et transparent... Don Paëz, enfin, malgré les soins empressés qu'elle lui prodiguait, tardait à reprendre ses sens...

Et puis l'Infante était seule en ce lieu, elle n'avait à ses côtés ni camérera grondeuse, ni courtisan jaloux; elle pouvait donc s'abandonner à sa douleur... et elle pleura.

Elle pleura, la naïve enfant, sans prendre garde que ses larmes, tombant brûlantes sur le visage pâle de don Paëz, le ranimeraient bien mieux que l'eau et les essences qu'elle y répandait. Et, en effet, ce fut sans doute à leur contact que don Paëz ouvrit les yeux; il jeta, à la vue de ces larmes qui coulaient sur les joues veloutées de l'Infante, un de ces cris où se fondent la joie et l'orgueil, et qui rendent fous les cœurs faibles.

L'Infante se redressa comme une biche effarée à laquelle le souffle du vent apporte un lointain jappement; elle se retira rougissante, émue, cachant son visage dans ses mains.

Mais ces larmes, tombées sur lui comme des perles, avaient ranimé don Paëz, il courut vers l'Infante, se précipita à ses genoux, lui prit les mains, les couvrit de baisers, murmurant de cette voix enchanteresse à laquelle il savait imprimer toutes les nuances de la passion :

— Oh! pleurez, madame, pleurez encore...

L'Infante, confuse, retira ses mains, essuya ses larmes et lui dit avec une émotion presque solennelle :

— Don Paëz, relevez-vous et écoutez-moi.

Il obéit, et la regarda avec enthousiasme.

— Don Paëz, reprit-elle, vous êtes un simple gentilhomme, et je suis, moi, infante d'Espagne. Il y a un mur d'airain entre nous, un mur que rien ne saurait briser. Mais la fatalité m'a arraché mon secret; vous m'avez vue pleurer, vous savez que je vous aime, don Paëz. Eh bien! don Paëz, il ne nous reste plus, après cet aveu, à vous qu'à mourir, à moi qu'à me séparer du monde à jamais. Vous allez vous tuer, don Paëz, vous tuer, quand j'aurai mis ma main dans votre main, et un baiser sur votre front. Demain, j'annoncerai à mon père que j'entre au couvent des Camaldules pour n'en jamais sortir.

Et comme don Paëz se taisait toujours, elle continua avec exaltation :

— Eh bien! ami, la mort vous épouvanterait-elle? — Et quand je t'ai dit que je t'aimais...

Mais don Paëz l'interrompit d'un geste, et mettant la main sur son cœur :

— Madame, dit-il, je ne suis point un simple gentilhomme, méritant la hache et le billot pour avoir osé lever les yeux sur une fille de roi...

Don Paëz s'arrêta, redressa sa taille superbe, porta la tête en arrière avec une noblesse sans égale, et poursuivit :

— Je ne suis point don Paëz le simple et obscur gentilhomme que vous croyez, je me nomme Jean de Penn-Oïl, et je suis le descendant d'une race princière, qui a porté couronne ducale au front au temps où les ducs étaient les pairs des rois.

L'Infante poussa un cri, — cri de joie et d'ivresse s'il en fut! — et puis, à son tour, elle s'affaissa sur le gazon jauni par le soleil des Espagnes et ferma les yeux.

Don Paëz la prit dans ses bras, et il allait l'emporter vers la source où naguère elle avait puisé de l'eau, quand trois hommes, portant le costume de l'époque, mais armés de mousquets et de pistolets, se dressèrent du milieu des bruyères et l'entourèrent.

— Qui êtes-vous? demanda don Paëz tressaillant et interdit.

— De pauvres bohémiens qui valent mieux, à cette heure, que les gardes du roi que tu commandes, beau don Paëz, répondit l'un d'eux en ricanant.

Et tous trois s'élancèrent sur le gentilhomme désarmé et tenant l'Infante dans ses bras; — ils l'enlacèrent avec une force herculéenne, le terrassèrent malgré ses efforts inouïs, désespérés, et le garrottèrent.

— Beau don Paëz, dit alors celui qui déjà avait pris la parole, tu viens de faire notre fortune. Merci! une infante d'Espagne! voilà, par saint Jacques, une belle rançon !...

Don Paëz frissonna; don Paëz, le brave et hardi, eut peur à ces mots sinistres.

— Misérables!... exclama-t-il, que comptez-vous donc faire de nous?...

— Rien de mauvais, beau gentilhomme; nous espérons avoir quelques milliers de doublons à l'effigie de feu S. M. l'empereur Charles-Quint et de son très-haut et puissant héritier Philippe II, roi des Espagnes et des Indes. Voilà tout.

— Je vous ferai pendre, scélérats ! s'écria le favori de Philippe II.

— Si nous voulions te pendre nous-mêmes et à l'instant, répliqua le gitano en ricanant, la chose nous serait facile; il y a ici bon nombre d'arbres qui serviraient de potence, mon maître; mais, sois tranquille, nous ne sommes pas de ces obscurs bandits satisfaits de pouvoir assassiner un gentilhomme afin de lui voler sa bourse et sa défroque; nous entendons mieux nos affaires, ami Paëz, comme dit le roi; et nous savons ce que vaut la vie d'un colonel des gardes et celle d'une infante d'Espagne.

— Vraiment! fit don Paëz redevenu calme, vous ne paraissez vous en douter nullement, mes maîtres, car cette infante d'Espagne dont vous voulez tirer parti, vous la laissez évanouie et couchée sur l'herbe, sans lui porter le moindre secours.

Don Paëz en parlant ainsi avait un sourire de mépris aux lèvres, et il essayait vainement de ronger ses liens ou de les couper avec ses dents.

— Beau don Paëz, répondit le gitano avec un dédain glacé, tu insultes notre race et tu as tort, car les Maures valent les Espagnols, et nous avons sous nos capes trouées plus d'or qu'il n'en résonne dans ta ceinture de cuir de Cordoue ouvragé. Et puis, ajouta négligemment le gitano, tu nous insultes, toi qui es brave, ni plus ni moins qu'un lâche, car tu sais bien que notre métier n'est pas de tuer les gens désarmés, — surtout... — et le Maure ricana de nouveau, quand ce sont des colonels des gardes, favoris d'un roi puissant, et pour la liberté desquels l'Espagne fera sans scrupule une large trouée aux caisses d'or enfouies dans les caves de l'Escurial. Sois tranquille, Paëz, nous allons transporter l'infante en lieu sûr, et nous en aurons le plus grand soin. Nous la traiterons selon son rang, et puis, comme tu as une parole excellente, comme on y peut croire aveuglément, nous te demanderons ta parole, et tu iras chercher à l'Escurial ou à Madrid sa rançon et la tienne.

— Je n'irai pas, fit don Paëz avec colère.

— Bah! murmura le gitano avec insouciance, tu iras, mon maître; tu iras parce que l'Infante t'aime et que tu veux être gendre du roi...

Don Paëz tressaillit.

— Silence! s'écria-t-il.

— Sois tranquille, beau don Paëz, nous ne trahissons jamais un se-cret, surtout quand ce secret doit être profitable à notre cause et nuisible à nos ennemis. Ah! tu veux épouser une infante ?... Tant mieux! nous serons plus heureux... En route !...

L'un des trois hommes prit l'Infante dans ses bras, autre à emmena des chevaux, le troisième aida don Paëz à se lever et lui dit :

— Marche, mon gentilhomme; le chemin est court, du reste, et nous serons bientôt arrivés.

Et don Paëz, les mains liées derrière le dos, suivit les gitanos, et s'enfonça avec eux sous le couvert.

Don Paëz avait été moins soucieux et moins sombre un quart d'heure auparavant, quand il luttait corps à corps avec le monstre.

L'infante prisonnière avec lui, l'infante tombée au pouvoir des Bohémiens en sa compagnie... c'était sa perte, aux yeux du roi.

Mais don Paëz était homme de ressource; il n'avait point donné sa parole encore, et il pouvait méditer et exécuter un plan d'évasion si brillant qu'il reconquerrait à l'instant tout l'avantage de la position.

Il cheminait donc tête baissée et méditant, tandis que les gitanos portaient l'infante à tour de rôle, quand le sentier tortueux qu'ils suivaient au travers des bruyères s'arrêta brusquement en face d'un mur de rochers qui semblaient défendre au voyageur de passer outre.

Celui qui paraissait être le chef de la troupe alla droit à l'un des rochers, et le heurta avec la crosse de son mousquet. Une partie de ce même roc s'entr'ouvrit, tourna sur des gonds invisibles, et laissa à découvert les premières marches d'un mystérieux escalier.

— Nous voici chez nous, dit-il; entrez, mon gentilhomme.

Le gitano qui portait l'infante s'engagea le premier dans cet étrange chemin; puis, après lui, le second bohémien qui venait d'attacher les chevaux à un chêne, puis don Paëz, et enfin le chef qui fermait la marche.

Ils descendirent ainsi une trentaine de degrés, guidés par le jour tremblotant de l'orifice; puis, tout à coup, les degrés firent place à une couche de sable criant sous les pieds; au lieu de descendre encore, don Paëz sentit qu'il suivait une route latérale de plain-pied et il se trouvait maintenant dans l'obscurité; à un coude de cette route, il vit poindre, dans l'éloignement, la lueur rougeâtre d'une torche.

Un bruit sourd se fit alors au-dessus de sa tête, et il se retourna vivement.

— C'est la porte qui se referme, lui dit le gitano.

A mesure qu'il approchait de la torche, don Paëz distinguait plus aisément les objets d'alentour; et bientôt il aperçut au bout du souterrain plusieurs hommes environnant une table et occupés à jouer aux dés.

A l'arrivée des nouveaux venus ces hommes se levèrent avec empressement, et l'un d'eux cria :

— Holà! gitanos, quelle aubaine avez-vous?

— Une infante d'Espagne!...

Un murmure de joie courut parmi les bohémiens, qui abandonnèrent leurs dés et se groupèrent en tumulte auprès de l'infante, qu'on déposa sur la table et dont on ne s'occupa point davantage.

— Il faut appeler Madame, dit le chef des gitanos.

— Madame a fait défendre sa porte.

— Cordieu ! même pour une infante.

— Hum! firent quelques-uns.

Et, tandis qu'on hésitait, les regards de plusieurs tombèrent sur don Paëz.

— Et celui-là, quel est-il? demanda-t-on.

— Celui-là? fit le chef en riant, c'est le colonel des gardes, messire don Paëz.

— Oh! oh! le favori du roi?

— Précisément, mes maîtres.

— Eh bien, faut-il prévenir Madame ?

— Sangdieu! fit don Paëz impatienté et rompant le morne silence qu'il avait gardé jusque-là; votre maîtresse est donc une bien grande dame qu'elle ne puisse interrompre ses occupations pour recevoir une infante d'Espagne!...

Don Paëz achevait à peine qu'un pan de mur s'ouvrit absolument de la même manière que le bloc de roche qui avait mis à découvert l'escalier souterrain, et le gentilhomme aperçut au travers une petite pièce de forme octogone, tendue de soie, décorée avec luxe et dans le goût oriental, vivement éclairée par d'énormes candélabres de bronze, dans lesquels brûlait la cire la plus pure qu'on eût jamais recueillie dans les gorges des Alpuxares ou sur les coteaux de Grenade.

Une femme parut sur le seuil de cet étrange boudoir, et, don Paëz l'ayant envisagée, la trouva si admirablement belle, qu'il poussa un cri d'admiration.

XIII

Cette femme, qui se présentait si inopinément aux yeux de don Paëz, n'était point une de ces affreuses bohémiennes que la tradition nous représente lisant dans la main des jeunes filles et leur prédisant l'avenir; ce n'était pas non plus cette créature folâtre et sautillante, belle, mutine, rieuse, comme celles des tableaux de Giraud et de Desbarolles : c'était une femme de vingt-quatre à vingt-cinq ans, au haut sérieux, presque sévère, au profil correct et pur du type oriental, au grand œil noir qui fascinait plus qu'il ne séduisait peut-être.

Entre la beauté de cette femme et celle de l'infante, il y avait un abîme de passions et de sombres douleurs.

L'infante était la jeune fille naïve traduisant en larmes perlées les premières et mystérieuses émotions de son cœur. Cette femme était la statue vivante de la passion assombrie par la jalousie, dominée parfois par un but inconnu vers lequel elle devait marcher sans relâche.

Si cette femme n'avait point encore souffert ces tortures sans nom que l'amour enfonce au cœur des femmes, le doigt de la fatalité avait du moins écrit sur son front qu'elle les endurerait un jour.

Don Paëz, le blasé et le sceptique, don Paëz l'ambitieux, qui se servait de l'amour comme d'un marchepied, don Paëz qui jouait avec la candide passion d'une fille de roi, baissa involontairement les yeux sous l'ardent regard de cette femme, et il se sentit saisi d'un trouble inconnu.

La bohémienne, car c'en était une à coup sûr, à en juger par sa robe de velours noir, sa résille enfermant à grand'peine une chevelure abondante et d'un noir de jais, son corsage écarlate et ses bas de même couleur, — la bohémienne, disons-nous, s'arrêta une minute sur le seuil, promena son œil perçant sur les dix ou douze hommes groupés autour de la table, l'arrêta une seconde sur la jeune princesse évanouie, puis le reporta sur don Paëz qui, malgré ses liens, conservait sa fière attitude, et l'y arrêta longtemps.

Don Paëz, troublé d'abord, se remit bientôt de son émotion inexpliquée, et soutint le regard de la bohémienne avec assurance.

Alors, celle-ci baissa ses yeux à son tour, rougit imperceptiblement puis, s'adressant à celui qui s'était emparé de l'infante :

— Ton butin, dit-elle, te voilà bien joyeux, n'est-ce pas, d'avoir fait une prise aussi importante?

— Oui, madame, répondit le gitano avec respect.

— Et tu comptes avoir ta part de la rançon ?

— Comme c'est mon droit, répondit Hammed.

— Tu te trompes, Hammed...

Le gitano recula, interrogea la bohémienne d'un regard, mais n'osa ouvrir la bouche.

— Tiens, fit un autre, plus hardi, pourquoi donc?

— Parce que nous garderons l'infante sans rançon.

Il y eut un murmure d'étonnement parmi les bohémiens, et don Paëz lui-même laissa les épaules et grommela :

— Quelle charmante plaisanterie!...

La bohémienne leva de nouveau les yeux sur lui.

— Et savez-vous, reprit-elle, sans cesser de regarder le gentilhomme, mais s'adressant toujours aux gitanos, et savez-vous pourquoi nous garderons l'infante sans demander de rançon ?

— La garder, et pourquoi? murmurèrent les bandits.

— Parce que les Maures, hier encore, étaient des esclaves persécutés, à qui il était permis de voler leurs persécuteurs, — et qu'ils seront demain un peuple libre, ayant un roi, reprenant les mœurs et les coutumes de ses pères, et déclarant ouvertement la guerre à ses oppresseurs.

Don Paëz tressaillit et regarda la bohémienne avec attention.

— Or, poursuivit la bohémienne, la guerre déclarée par les Maures aux Espagnols, l'infante nous devient un otage précieux que nous pourrons échanger contre un faire valoir convenablement.

— C'est juste, murmura Hammed. Mais j'aurais préféré les doublons du roi Philippe.

La bohémienne lui jeta un regard de mépris.

— Vous voilà bien, dit-elle, Maures dégénérés, qui n'avez conservé de vos ancêtres que le nom. Vos frères ont courbé le front sous le joug, ils sont devenus toujours aux gitanos, et vous, plus fiers, plus indépendants, vous vous êtes réfugiés dans les montagnes, vous avez, sous le nom de bohémiens, fait à vos oppresseurs une guerre de brigandages et de rapines, et cette guerre vous a plu si fort, elle a si bien flatté vos instincts pervers que le jour où il faut arborer un drapeau et combattre, non plus comme des bandits, mais comme des chevaliers, vous hochez la tête, et regrettez votre profession de voleurs!

Un sourd murmure de désapprobation à l'endroit d'Hammed se fit entendre, et les gitanos s'inclinèrent devant la bohémienne avec ce respect que les peuplades orientales accordent à ceux qui parlent bien.

— Quant à lui, gentilhomme, continua la bohémienne, désignant du doigt don Paëz, nous allons lui rendre la liberté sans rançon.

— Pourquoi? firent les gitanos surpris.

— Parce que, répondit-elle, il est le seul gentilhomme de la cour d'Espagne qui ait appuyé, hier soir, le marquis de Mondéjar, défendant les Maures au jeu du roi.

— Sangdieu! murmura don Paëz, ce n'est donc pas un vain bruit qui court, et les bohémiens sont donc de race mauresque?

— Quelques-unes, messire don Paëz, répondit la gitana, en le regardant fièrement.

Puis, se tournant vers Hammed qui murmurait dans son coin :

— Coupe les liens du sire don Paëz, dit-elle, il est libre.

Hammed obéit.

— Tout ceci est parfaitement inutile, fit le gentilhomme avec calme, je veux demeurer prisonnier.

— Tu veux demeurer prisonnier! s'écria la gitana avec un mouvement de joie.

— Oui répliqua don Paëz, je ne m'en retournerai certes pas à la cour d'Espagne sans l'Infante; puisque j'ai été pris avec elle, elle sera libre avec moi, ou je partagerai sa captivité.

La bohémienne était devenue soucieuse et fronçait le sourcil.

— Viens avec moi, dit-elle, je veux te parler sans témoins.

Elle lui prit la main, et don Paëz frissonna au contact de cette main qui pressait la sienne; elle l'entraîna; il la suivit sans résistance.

Sur le seuil du boudoir, elle dit aux gitanos :

— Faites respirer des sels à l'Infante; voici bien longtemps que dure son évanouissement, et il n'est pas convenable qu'une fille d'Espagne soit aussi mal soignée par des Maures.

Puis elle poussa don Paëz dans sa mystérieuse retraite ; le pan de mur s'abaissa, et ils se trouvèrent seuls.

— Don Paëz, dit-elle alors, tu es ambitieux, n'est-ce pas?

Don Paëz tressaillit.

— Qui vous a dit cela? fit-i..

— Tu veux être gendre de roi.

Don Paëz bondit et s'écria :

— Comment savez-vous mon secret?

— Qu'importe! si je le sais.

— Et... le sachant, reprit don Paëz qui retrouva son humeur altière et fougueuse, comment oses-tu, bohémienne, me le dire à moi-même?

— Ah! fi!... don Paëz, murmura la gitana avec un accent de dédain glacé; je suis une femme, il me semble...

— C'est vrai, et je vous demande pardon, madame.

— Je connais donc votre secret, don Paëz, mais je sais aussi que les plus grands projets rencontrent une imperceptible pierre d'achoppement qui les fait avorter.

Don Paëz parut inquiet.

— Aimes-tu l'Infante, don Paëz?

— Non, de par Dieu! l'amour est l'ennemi de l'ambition.

— Et laquelle de ces deux passions, l'ambition ou l'amour, conduit au bonheur, selon toi?

Don Paëz haussa les épaules.

— Pour être heureux, il suffit de croire qu'on l'est en effet, fit-il avec un dédaigneux sourire. Qu'importe le talisman!

Un éclair passa dans les yeux de la gitana; elle prit la main de don Paëz et le fit asseoir auprès d'elle sur des coussins lamés d'or.

— Pauvre insensé! dit-elle avec douceur, un regard, un mot d'amour d'une femme, valent peut-être mille fois mieux que cette puissance après laquelle tu cours...

Et la voix de la gitana était fascinatrice, et don Paëz en était ému malgré lui.

— Tu ne me réponds pas, don Paëz, reprit-elle.

Don Paëz sentit sa raison chanceler au bruit magique de cette voix; il fit un violent effort, rompit le charme qui l'enlaçait, et s'écria avec un éclat de rire sardonique :

— Est-ce que tu parlerais pour toi, sorcière maudite?

L'œil de la bohémienne s'alluma de colère; elle regarda don Paëz avec mépris, puis se leva froidement et lui dit :

— Messire don Paëz, vous êtes libre, et vous pouvez vous retirer.

— Je crois vous avoir dit, madame, répondit le colonel des gardes avec un ton plus respectueux, qu'il m'était impossible de retourner à l'Escurial sans l'Infante. Mon honneur en souffrirait grand dommage.

La bohémienne hésita.

— Eh bien! dit-elle tout à coup en tirant un anneau de son doigt, regardez bien cette bague; sur le chaton est écrit un mot arabe, qui signifie *serment*...

— Après? dit don Paëz.

— Si un jour, demain ou dans dix ans, un inconnu se présentait à vous, en quelque lieu que vous fussiez, et vous dit : « Je suis prisonnier, » vous allez me rendre la liberté; ne me demandez ni quel est mon désir, mon crime ou mon but. Je me présente chez vous et je vous somme, en vous montrant cette bague, de me faire conduire, moi et les deux personnes qui m'accompagnent, en tel lieu que je vous désignerai? »

— Diable! fit don Paëz, ceci pourrait devenir gênant en temps de guerre.

— A ce prix, ajouta la bohémienne, quand tu m'auras engagé ton honneur de gentilhomme, l'infante pourra te suivre et retourner avec toi à l'Escurial.

— Est-ce tout ce que vous me demandez?

— Je te demande en outre le silence le plus absolu sur ce qui vient de se passer ici, et, si l'infante n'est point revenue à elle avant qu'elle sorte du souterrain, elle ignorera qu'on l'a conduite en ce lieu avec toi; si elle a repris ses sens, eh bien! tu lui recommanderas la discrétion... elle t'aime...

Et la gitana prononça ce mot avec un accent de douleur.

— Elle t'aime... reprit-elle, elle t'obéira...

— Comme ces mots te coûtent à prononcer, gitana! fit don Paëz avec douceur.

Mais elle lui montra le mur qui se rouvrait.

— Va-t'en, dit-elle, tu es libre; emmène l'Infante.

L'Infante était toujours évanouie.

Le grand air, quelques gouttes d'eau fraîche répandues sur son

visage l'eussent ranimée bien mieux que la chaude atmosphère des souterrains

— Allons, dit la gitana avec intérêt, prends l'Infante dans tes bras, don Paëz, et va-t'en.

Don Paëz obéit.

— Conduisez-les jusqu'à la porte du souterrain, continua-t-elle en s'adressant à l'un des bohémiens.

La voix de la gitana tremblait d'émotion, son regard ne brillait plus de courroux, elle avait les yeux baissés.

Don Paëz remarqua son trouble, et lui dit à voix basse en s'éloignant :

— Je te jure de remplir scrupuleusement les conditions que tu m'as faites en me rendant la liberté.

— J'y compte, murmura-t-elle sans lever les yeux.

— Singulière femme! pensa le cavalier en s'éloignant.

Quand il eut fait dix pas, précédé et éclairé par deux guides, il entendit quelques murmures derrière lui. C'étaient les bohémiens qui trouvaient étrange que celle qu'ils nommaient *Madame* renvoyât ainsi l'Infante après avoir annoncé qu'elle la garderait en otage.

— Je vous ordonne de vous taire, leur dit-elle d'un ton impérieux.

Et les murmures s'éteignant soudain, don Paëz put juger de l'ascendant qu'elle avait sur ces hommes; et, comme tout sceptique qu'il pût être, il vivait en un siècle où la magie ne manquait ni d'adorateurs ni de croyants, il se prit à penser que la gitana était bien réellement sorcière.

Les deux bohémiens conduisirent don Paëz jusqu'à l'issue du souterrain, où les chevaux étaient encore attachés à un arbre.

Puis ils le saluèrent sans mot dire, et le bloc entr'ouvert se referma lentement sur eux.

Don Paëz chercha des yeux une source, un filet d'eau où il pût tremper son mouchoir et en humecter le front pâle de la jeune fille. Partout autour de lui le sol était aride, brûlé du soleil, et il était loin de cette fontaine suintant au travers des rochers et auprès de laquelle les gitanos l'avaient surpris et terrassé.

Les forces du gentilhomme étaient épuisées par la lutte physique soutenue d'abord contre le monstre, ensuite contre les bohémiens, et par les angoisses morales qu'il venait d'éprouver. Il n'eut point le courage de transporter l'infante au bord de la fontaine, mais il songea que l'air et la rapidité de la course allaient avoir un résultat plus efficace que les soins insuffisants qu'il essayerait de lui prodiguer.

Il sauta donc en selle sur le cheval de l'Infante, abandonnant le sien, plaça la jeune fille devant lui et piqua des deux.

Le cheval s'élança au galop sur la pente rapide de la forêt.

Don Paëz devait se hâter, du reste. Il était plus de minuit quand il avait rejoint la meute, combattu les deux ours, et fait si fâcheuse rencontre des Maures vagabonds. Il avait passé près de deux heures, soit en route avec eux, soit sous leur garde dans le souterrain. Au moment où il mit le pied à l'étrier pour regagner l'Escurial, le soleil, déclinant à l'horizon, amortissait ses derniers rayons dans les brumes épaisses du soir.

Don Paëz avait près de six lieues à faire pour atteindre la plaine que domine l'Escurial, et il ne pourrait rejoindre la chasse, quoi qu'il fît.

Toutes ces réflexions mirent l'aiguillon au cœur du fier jeune homme, et il lança sa fringante monture à travers ravins et précipices.

Cette course insensée ranima l'Infante; elle ouvrit les yeux, poussa un nouveau cri et se crut un moment le jouet d'un rêve étrange où le fantôme de don Paëz, mort pour elle, l'emportait aux enfers sur un cheval fantastique.

On devait être inquiet de la princesse : le roi envoyait sans doute déjà dans toutes les directions... Peut-être ses ennemis à lui, don Paëz, commentaient-ils déjà son absence.

Et alors, comme les morts ne sont plus soumis aux convenances qui régissent les vivants, elle oublia les lois inflexibles de l'étiquette, les leçons sévères de la camérera-mayor ; et soit frayeur, soit élan d'amour, elle passa ses bras au cou de don Paëz et l'enlaça étroitement. Ce fut une course vagabonde et charmante, que ce trajet à travers monts et vaux, accompli sur un cheval qui paraissait avoir des ailes, par cet homme et cette femme, beaux tous deux, jeunes tous deux, semblant avoir devant eux l'avenir qui rendrait l'heure présente éternelle.

Malheureusement cette femme était princesse, cet homme était un simple cavalier, et le rêve se brisa aux portes de l'Escurial.

La nuit était venue, obscure; le palais était illuminé comme pour une fête, le cor résonnait, et dans toutes les directions, plaines et collines environnantes, passaient au galop, phares éblouissants dans les ténèbres, des cavaliers portant des torches et cherchant la fille du roi.

— La voilà! s'écrièrent une voix, au moment où le cheval ruisselant franchit le pont-levis.

— Escortée par don Paëz, ajouta une voix moqueuse qui fit tressaillir le colonel des gardes.

Cette voix, c'était celle du chancelier Déza, son ennemi mortel.

XIV

Don Paëz frissonna involontairement en entendant l'insinuation du chancelier; mais l'infante sauta lestement à terre et saluant, d'un geste, les courtisans accourus et courbés sur son passage, elle leur montra don Paëz et leur dit avec cette assurance que les femmes les plus timides possèdent aux heures critiques :

— Messieurs, voici mon sauveur !

Et, comme on se regardait étonné, elle poursuivit :

— Don Paëz a tué de sa main, l'un d'un coup de pistolet, l'autre d'un coup de poignard et après une lutte corps à corps au bord d'un précipice, deux ours qui n'auraient pas dédaigné de déchirer à belles dents une infante d'Espagne.

Ce mot fut dit avec un calme apparent qui déguisait mal un reste de frayeur; le ton de l'infante avait un cachet de vérité dont nul ne douta; on cria : Vive doña Juanita! on la porta en triomphe chez le roi, qui venait d'être pris d'un accès de goutte.

En même temps on se pressait autour de don Paëz; on le flattait, ou le complimentait, et, plus rassuré, don Paëz saluait le chancelier d'un sourire dédaigneux et moqueur.

Les gardes, qui adoraient leur colonel; les pages, qui l'aimaient pour sa munificence et son luxe élégant, qui contrastait avec l'avarice sordide du chancelier, son rival dans la faveur royale, chantaient bien haut ses louanges et son courage, à travers les salles et les corridors qu'il traversait sur les pas de l'infante.

Le roi avait été averti du retour de la jeune princesse, il en connaissait déjà tous les détails bien avant qu'elle arrivât jusqu'à lui, suivie et presque portée par la foule.

Quand elle parut sur le seuil de la chambre royale, malgré son état souffrant, le roi se leva, alla vers elle et la pressa tendrement dans ses bras; tandis que le chancelier rejoignait le grand inquisiteur et le duc d'Albe, placés derrière le fauteuil de Philippe II.

L'infante raconta alors à son père les péripéties du drame auquel elle avait assisté et dont le colonel Paëz était le héros; elle lui fit même avec une volubilité, un enthousiasme tels, que le chancelier, inquiet déjà, en tressaillit et dit tout bas au duc d'Albe :

— L'infante nous sert à merveille.

Le roi écouta gravement le récit de sa fille, puis il se tourna vers don Paëz et lui dit :

— Messire Paëz, venez baiser notre main royale. Nous vous remercions en notre nom et au nom de nos sujets.

La joie et l'orgueil brillèrent au front du colonel des gardes; il s'avança la tête haute, jetant un superbe regard au chancelier, mit un genou en terre et baisa la main du roi.

— Messire don Paëz, continua le roi, vous êtes notre favori et nous vous aimons à l'égal de nos plus chers sujets, bien que de votre propre aveu vous soyez étranger à notre royaume d'Espagne; pour vous donner une preuve nouvelle de notre gratitude et de notre confiance, nous vous octroyons un gouvernement.

Don Paëz tressaillit et s'inclina frémissant; le chancelier devint livide et jeta au duc d'Albe un regard effaré.

— Le marquis de Mondéjar, poursuivit le roi, est parti ce matin pour Grenade, dont il est vice-roi; — vous l'allez le rejoindre, nous vous nommons gouverneur de l'Albaïzin, cette ville turbulente que les eaux du Duero ont peine à séparer des terrasses de l'Alhambra.

Don Paëz pâlit : cette faveur, qui l'avait d'abord fait tressaillir d'orgueil, n'était plus qu'une disgrâce. Gouverneur d'un faubourg de Grenade, sous les ordres immédiats d'un autre officier, lui, le colonel général des gardes, le favori du roi ! C'était une dérision amère, si amère, qu'il crut à une plaisanterie et regarda le roi.

Mais le roi était froid et sérieux comme s'il eût été en conseil de ministres.

Le duc d'Albe et le chancelier échangèrent un sourire; le visage du grand inquisiteur redevint calme et souriant, de pâle et contracté qu'il était.

Il y eut un mouvement de stupéfaction parmi les courtisans; on ne comprenait rien à cette disgrâce.

— Sire, dit alors don Paëz au moment interdit, et retrouvant enfin l'usage de sa langue, l'Albaïzin est donc un gouvernement bien important, que vous l'octroyez au colonel général de vos gardes, de préférence à un simple capitaine de gendarmes ou de lansquenets?

— Très-peu en apparence, beaucoup en réalité, ami Paëz, répondit le roi avec calme.

— Vraiment, sire? fit don Paëz pâle de colère.

— Messire don Paëz, poursuivit le roi, il y aura peut-être un soulèvement d'ici à quelques jours; — en notre beau royaume de Grenade, et alors vous aurez pour mission de bombarder, du haut des tours de l'Albaïzin, les terrasses et les jardins de l'Alhambra...

Don Paëz tressaillit et releva la tête :

— En ce cas, dit-il, j'accepte la mission que me confie Votre Majesté...

— En vérité! fit le roi, et sans cela vous l'eussiez refusée?

— Peut-être... sire.

Le roi se mordit les lèvres; mais au lieu d'éclater, ainsi que cela

lui arrivait souvent, après un mot impertinent, il se contenta de sourire et répondit :

— Tu es donc fier, ami Paëz?

— On doit l'être, quand on a l'honneur de servir Votre Majesté.

Le roi frappa amicalement sur l'épaule de son favori, geste qui impressionna désagréablement ses rivaux; puis il fit un signe et demanda qu'on le laissât seul avec son colonel des gardes.

La chambre royale fut évacuée sur-le-champ; une fois seul avec Paëz, le roi dit au colonel des gardes :

— Ami Paëz! je te disais ce matin que tu avais de grands ennemis à ma cour.

— Qu'importe, si j'ai l'amitié de Votre Majesté!

— Tu l'as. Cependant il court d'étranges bruits sur vous, maître Paëz. On dit que vous êtes ambitieux...

Le favori pâlit et regarda le roi avec inquiétude.

— Et que, poursuivit Philippe II, non-seulement vous désirez arriver aux premiers emplois du royaume, mais encore...

Le roi s'arrêta et se prit à rire.

— Mais encore, sire? insista don Paëz.

— Oh! ceci est burlesque, ami Paëz, et il faut que le chancelier soit fort ton ennemi...

Le roi, s'écria don Paëz, qui, maître de lui, comprenait combien le terrain devenait glissant, je ne conçois à savoir quelle accusation le chancelier porte contre moi, que si vous m'autorisez à lui planter, en champ clos, la lame de mon épée dans la gorge.

— Tout beau! mon maître, j'ai besoin de mon chancelier.

— Eh bien, sire, en ce cas, voyez si mes services passés, si mon dévouement et ma fidélité ne sont point assez forts pour me garantir de quelque accusation infâme; — et puis, si vous croyez messire don José Deza plus que vous ne croyez votre cœur et vos yeux, sire, envoyez-moi à l'échafaud ou au bûcher; mais ne me dites point de quoi le lâche m'accuse, car, malgré mon respect pour Votre Majesté...

— Eh bien! vois-tu, ami Paëz, interrompit le roi avec bonhomie, je ne veux pas t'attrister davantage, mais il est nécessaire que tu t'éloignes quelques mois de notre cour. Je sais que les Maures vont se révolter, et j'en suis satisfait, ce sera le moyen de les écraser une fois pour toutes, et de faire entendre les criailleries du grand inquisiteur, de mon chancelier et de tant d'autres. Dieu! fit le roi avec un soupir d'ennui, comme ces gens-là sont fatigants, et que je les ferais bien brûler si je n'en avais si grand besoin!

— Votre Majesté, dit-il charitablement pour don Paëz, ne pourrait-elle trouver un moyen convenable de les remplacer?

Un large sourire épanouit le visage sombre de Philippe II.

— Tu as de l'esprit comme le roitelet de Navarre.

— Merci, sire.

— Et puisque tu as tant d'esprit, tu devrais songer que je deviens vieux, que j'ai la goutte, qu'une journée de chasse est bien pénible pour moi et que j'ai besoin de me coucher. Frappe sur ce timbre, Paëz, mes gentilshommes me vont venir déshabiller...

— Vous passerai-je la chemise, sire?

— Tu vois bien que tu es ambitieux, Paëz, mon ami, car tu réclames une faveur de prince du sang. Non, va-t'en; il n'y aura pas, ce soir, de coucher du roi.

Don Paëz s'inclina.

— A propos, dit le roi, si tu n'étais pas trop las, tu ferais bien de te mettre en route dès ce soir.

— Pour Grenade?

— Sans doute. Le temps est précieux, mon maître.

Don Paëz attacha son œil perçant sur le roi. Le roi avait l'air d'un bonhomme qui n'entendait absolument rien à la politique, et n'avait d'autre préoccupation grave que la goutte dont il souffrait fort.

— Je ne suis jamais las, dit le favori, quand il s'agit du service de Votre Majesté.

— Bien parlé, messire. Ainsi c'est convenu, tu pars ce soir, sans bruit, presque seul, avec quelques gardes bien entendu; — un colonel du roi ne voyage point sans escorte.

— Sire, m'accorderez-vous une grâce?

— Parle, ami Paëz, j'accorde toujours à ceux que j'aime.

— Je voudrais composer moi-même la garnison de l'Albaïzin.

— Eh bien!... prends les régiments que tu voudras.

— Je demanderai donc le premier escadron des gardes, le régiment des gendarmes allemands que commandait don Fernand de Valer; et, de plus, une compagnie de lansquenets.

— Soit, je te les accorde. Ils partiront demain, tandis que tu les précéderas pour prendre possession de la place.

Don Paëz baisa les mains du roi et fit un pas pour sortir. Sur le seuil il s'arrêta.

— Pardon, sire, dit-il, j'ai une dernière prière à vous adresser.

— Voyons? fit le roi avec bonté.

— Messire don Diégo d'Altona, un des gentilshommes de la chambre, est mort en duel il y a huit jours, et il n'est point remplacé encore.

— Et tu voudrais me donner un protégé ?

— Un ami, sire, un gentilhomme écossais de bonne maison qui désire vous servir.

— Eh bien! tu me l'enverras.

— Je vais lui mander un messager. Il arrivera demain à l'Escurial, avant le coucher du soleil. Je désirerais, sire, que nul, à la cour, ne sût que ce gentilhomme est présenté par moi.

— Je te promets le secret, foi de roi!

Don Paëz sortit par les petits appartements et gagna l'escalier dérobé qui conduisait à son logis.

L'escalier était obscur; cependant il sembla au gentilhomme qu'une forme blanche glissait devant lui.

Il doubla le pas; un léger bruit lui confirma la présence d'un être vivant dans l'escalier;—et au moment où il allait descendre qui donc était là, une petite main satinée se posa sur sa bouche et une voix qu'il reconnut murmura tout bas : — Silence!...

Cette voix, cette main, c'étaient celles de l'infante.

— Vous ici, madame? fit-il avec un étonnement mêlé de joie.

— Chut! reprit-elle. Vous m'avez dit vrai, n'est-ce pas, quand vous m'avez dit que vous étiez de maison princière?

— Oui, sur l'honneur! ..

— Vous allez commander une place forte dans le royaume de Grenade; il court des bruits de guerre, soyez vaillant et songez à moi!...

La voix de l'Infante tremblait.

— Et... fit don Paëz ému, vous, madame?

— Moi, dit l'Infante, j'attendrai que vous soyez le plus grand capitaine des Espagnes, et puissiez reprendre votre nom. Adieu...

Don Paëz écoutait encore cette voix mélodieuse et tremblante, qui soulevait son cœur d'orgueil et d'enthousiasme, que déjà l'Infante était loin et que le frôlement de sa robe s'était éteint dans les corridors. Il gagna son logis, ivre d'espérance; puis, avant d'appeler le Maure qui lui servait de valet de chambre, pour lui ordonner de préparer son départ, il se jeta un moment dans un fauteuil, croisa les bras, et se dit avec un fier sourire:

— Ah! messire Philippe II, roi des Espagnes, vous êtes un grand politique, dit-on, et vous l'êtes en effet, puisque vous déguisez une disgrâce sous l'apparence de l'amitié la plus vive; — mais vous ne connaissez point don Paëz, sire roi, et don Paëz est plus profond politique que vous. O ambition!... ajouta-t-il, tu es la plus noble et la plus grande des passions, car ceux qui te prends en croupe montent si haut, qu'ils ne s'arrêtent que sur les dernières marches d'un trône!...

Une heure après, don Paëz galopait à cheval, suivi de son Maure, sur une route escarpée qui courait aux flancs de la Sierra.

PHILIPPE II.

XV

Il était deux heures du matin environ et la lune, enfin levée, versait des flots de clarté tremblante sur la plaine et les montagnes, guidant les deux cavaliers Ce n'était point, cependant, la route de Grenade que suivait don Paëz; c'était peut-être à cause de cela qu'il enfonçait l'éperon aux flancs de sa monture pour arriver plus vite et ne point perdre un temps précieux.

Pourtant, quelque diligence qu'il fît, don Paëz voyagea toute la nuit, quittant parfois le penchant des montagnes, pour entrer dans une vallée sauvage comme on en voit dans la chaîne des Sierras espagnoles; puis, abandonnant les vallées pour de petites plaines arides, caillouteuses que bornaient à l'horizon de nouvelles collines couvertes de bruyères et de forêts de chênes verts rabougris. A mesure que la nuit s'écoulait, le chemin que suivait le colonel des gardes devenait plus étroit et moins frayé; bientôt ce ne fut plus qu'un sentier tracé à peine par les pâtres et les muletiers; et enfin, quand vint le point du jour, notre cavalier se trouva au sommet d'un mamelon où disparaissait tout vestige du passage et de la présence des hommes.

Il se trouvait sur l'une des pics les plus élevés de la Sierra.

Sous ses pieds s'étendait une petite vallée creusée en entonnoir, couverte de bruyères verdoyantes, entourée de jeunes taillis, et ayant çà et là au coin de frais pâturage où venaient brouter les chèvres sauvages de la montagne.

Au milieu s'élevait une petite habitation, non point la venta espagnole, non point la posada où s'arrêtent les muletiers, ni la cabane du chasseur d'ours, mais une maison au toit élancé qui rappelait vaguement les climats du Nord, la hutte du montagnard écossais.

Une vigne sauvage grimpait le long des murs et entrelaçait ses pampres capricieux à l'entour des fenêtres; un grand sycomore rejetait une partie de son feuillage sur la toiture, pour l'abriter des rayons du soleil; un rideau de bruyères lui servait de ceinture, et sur la pelouse verte qui s'étendait devant la porte paissait une vache blanche et noire, venue à grands frais des bords de la Twel.

Malgré l'heure matinale, les croisées de la petite maison écossaise étaient ouvertes, et l'arrivée du colonel des gardes fut signalée par un lévrier noir et feu qui gardait le logis en compagnie d'une vieille femme vêtue à l'écossaise et assise sur le seuil, sa quenouille à la main.

Le lévrier s'élança en grognant à la rencontre de don Paëz, mais il le reconnut sans doute à mi-chemin, car ses aboiements dégénérèrent en cris de joie, et il dressa ses longues pattes sur l'étrier du gentilhomme pour lui lécher les mains.

— Bonjour, Mary, dit le colonel des gardes en saluant la vieille Écossaise. Hector est-il levé?

— Il est parti pour la chasse depuis plus d'une heure, monseigneur.

— Pourvu, fit don Paëz, qu'il ne soit pas trop loin encore.

Et il entra dans la maison, y prit une cornemuse accrochée au-dessus du manteau de la cheminée et somma, à pleins poumons, une fanfare de chasse, bien connue en Écosse, celle du roi Robert.

Peu après la même fanfare retentit dans les bruyères et bientôt, au sommet d'un coteau voisin, don Paëz vit se dessiner, sur le gris cendré du ciel matinal, la silhouette du chasseur qui répondait à son appel. En même temps un autre chien, noir comme le premier, mais de cette belle race épagneule qu'on nomme de nos jours les chiens du roi Charles Ier, apparut bondissant au-dessus des bruyères et devançant son maître pour venir fêter le nouveau venu.

XVI

Le chasseur qui accourait presser don Paëz dans ses bras, c'était Hector.

Cinq ans s'étaient écoulés depuis son départ d'Écosse; mais le temps avait été impuissant à écarter de son front ce voile de sombre tristesse que nous lui avons déjà vu. Il était aussi mélancolique, aussi désespéré, le pauvre jeune homme, que le jour où son frère Gontran l'arracha tout sanglant au combat et l'emporta, sur son cheval, loin de Bothwell et de cette reine ingrate qu'il avait tant aimée.

En vain don Paëz avait-il cherché à cicatriser la plaie vivace de son âme : soins empressés, attentions exquises, tout avait été superflu.

Hector avait voulu vivre loin du monde, il avait paru regretter les montagnes et les sauvages vallées de sa chère Écosse : don Paëz lui avait fait élever cette maison, dont le style rappelait l'Écosse, au milieu de ce paysage agreste qui avait un air de famille avec les sites des monts Cheviot; Hector avait un jour souhaité de revoir Mary, la nourrice de son malheureux Henry, don Paëz avait fait venir la vieille femme.

Don Paëz, l'ambitieux et le cœur froid, laissait ses rêves de grandeur et son égoïsme sur le seuil de la maison d'Hector. Il l'aimait plus que Gaëtano, plus que Gontran, plus que tout au monde. Hector, c'était pour lui cette maîtresse qu'on dérobe à tous les regards, dont on cache l'existence à tous, pour laquelle on s'échappe furtivement et qu'on vient visiter en secret. C'était encore un enfant gâté dont on épie les fantaisies et les caprices pour les satisfaire aussitôt, dont on envie un sourire, dont la joie devient une source de bon-

L'INFANTE.

heur, dont la tristesse assombrit l'âme et plisse le front. Don Paëz avait laissé ignorer à la cour l'existence de son frère; il venait le voir à l'insu de tous, même du roi. Pour quelques heures, il oubliait près de lui ses rêves, son but, son orgueil. Il prenait dans ses mains la tête blonde d'Hector, comme un frère aîné celle d'une sœur chérie, il la couvrait de baisers et cherchait dans ses yeux un furtif rayon de bonheur.

Hélas! ce rayon ne brillait jamais!...

Hector accourut, se jeta dans les bras de son frère qui l'y tint longtemps serré; — puis il lui dit :

— Passeras-tu la journée avec moi, Paëz?

— Non, dit brièvement Paëz, je ne descendrai pas même de cheval.

— Mon Dieu! fit Hector tremblant et regardant le soucieux visage de son frère; qu'as-tu donc, Paëz?

— Enfant, répondit le colonel des gardes, je cours un grand danger...

— Un danger! toi? et lequel?

— La disgrâce du roi.

— Mon Dieu! fit Hector, que vas-tu donc me dire?

— Frère, dit don Paëz, tu as horreur du monde; mais il faut, si tu m'aimes, rentrer dans le monde.

Hector jeta un muet et douloureux regard à sa chère solitude et répondit :

— Frère, compte sur moi. Faut-il prendre la cape et l'épée, courir à cheval et sans trêve à travers les populations et les contrées différentes de l'univers?

— Rien de tout cela; il faut vivre à la cour du roi Philippe II.

— Près de toi?

— Non, loin de moi. Je suis presque exilé.

— Que me dis-tu donc là, frère?

— Le roi me donne le gouvernement de l'Albaïzin, un faubourg de Grenade, à moi son colonel des gardes!... N'importe, il faut obéir; et pendant que je serai loin de lui, mes ennemis infatigables et qui ont juré ma perte, mes ennemis creuseront sans relâche un souterrain dont la voûte s'écroulera sous mes pas, à mon retour. Je n'ai personne à Madrid, personne à l'Escurial qui m'aime assez pour me défendre.

— Je te défendrai, moi, dit fièrement Hector.

— Aussi viens-je à toi pour te dire : Frère, nous nous devons l'un à l'autre, car nous porterons un jour le même nom, et il faut que ce nom soit grand et respecté entre tous; tu étais en péril en Écosse, et je suis accouru; maintenant c'est moi que le danger menace. A moi, frère! à moi!...

— Je suis prêt, répondit Hector. Que dois-je faire?

— J'ai annoncé au roi l'arrivée d'un gentilhomme écossais dont il fera un gentilhomme de la chambre; j'ai sa parole royale que nul,

à cour, ne saura que nous sommes parents; — tu y porteras le nom de ton père adoptif, ce laird écossais qui t'éleva. Ta charge te placera près du roi à toute heure; à toute heure tu pourras l'approcher et veiller sur mes ennemis, qui sapent sourdement mon crédit et ma faveur.

— Et je ferai bonne garde, frère, sois tranquille.

— Le plus acharné de tous est le grand chancelier, et il se nomme don José Déza.

— Bien; et les autres?

— Des autres, deux sont redoutables: le duc d'Albe et don Antonio, le grand inquisiteur.

— Voici des noms à jamais gravés dans ma mémoire.

— Au moindre bruit qui te parviendra, à la moindre crainte qui surgira dans ton esprit, au plus léger froncement de sourcils du roi quand mon nom sera prononcé devant lui, mets un messager à cheval et envoie-le à Grenade avec cet anneau.

Don Paëz tira une bague de son doigt et la remit à Hector.

— Si le danger est réel, tu m'enverras celui-ci.

Et il lui passa au doigt un second brillant.

— Et s'il est pressant, s'il n'y a ni temps à perdre ni moyen de soutenir la lutte de loin, tu mettras toi-même le pied à l'étrier, tu crèveras dix chevaux en route, et tu arriveras à Grenade. Alors je retournerai près du roi, j'irai me défendre moi-même; et si je suis vainqueur... Oh! s'écria don Paëz, dont l'œil étincela comme l'éclair, si je suis vainqueur! ils verront si les griffes du lion s'émoussent et se brisent, même sur l'airain et l'acier! A cheval, Hector! à cheval!...

La petite habitation d'Hector renfermait deux chevaux, tous deux nés dans la verte Ecosse, ayant brouté dans leur jeunesse les genêts d'or et les bruyères grises des montagnes; animaux dociles, patients, infatigables comme tout ce qui naît dans les plaines; rapides comme une étincelle du tonnerre et galopant à la crète des précipices, sur le bord des torrents, avec la fantastique assurance de ces chevaux-fantômes des ballades de leur pays.

Mary sella l'un d'eux, le plus jeune et le plus fort; il était gris de fer; ses jambes étaient grèles comme les fuseaux de la vieille femme, on eût aisément compté chaque muscle et chaque veine sur son large garrot, et son œil à fleur de tête étincelait comme celui des andaloux et des arabes. Hector se mit en selle, prit sa claymore, passa sur son épaule droit sa carabine à deux canons superposés; il suspendit à son flanc droit la dague et à son côté gauche l'un des chefs de clan; rejeta sur son épaule la cornemuse de chasse, agrafa à son chapeau une plume de geai noire et bleue, qui était celle du clan où il avait passé sa jeunesse, — et, ainsi équipé, il siffla ses deux chiens, l'épagneul et le lévrier.

— Tiens, frère, dit-il à don Paëz, emmène l'un des deux, celui que tu voudras, et puis, arrivé à Grenade, renvoie-le-moi.

— Pourquoi cela? demanda don Paëz.

— Parce qu'ainsi il connaîtra la route et te portera l'anneau que tu me confies, bien plus rapidement et surtout plus sûrement qu'un cavalier.

— Tu as raison, fit don Paëz, les chiens valent mieux que les hommes; leur fidélité est à l'abri de l'or... et de l'ambition. Je choisis le lévrier.

Mary se mit à sangloter en voyant partir Hector.

— Ce sera comme mon fils Henry, murmura-t-elle, ils me l'ont tué... et pourtant il devait revenir.

— Je reviendrai, mère nourrice, murmura Hector avec émotion... je reviendrai...

Et comme un pressentiment funeste venait l'assaillir, il poussa son cheval en avant et s'engagea le premier dans le sentier abrupt qui conduisait vers les plaines.

Les deux frères coururent côte à côte pendant deux heures; puis, arrivés aux portes d'un misérable village bâti sur la hauteur, ils s'arrêtèrent un moment.

La route se bifurquait. D'un côté elle remontait vers le nord et gagnait l'Escurial; de l'autre, elle descendait au midi et courait en longs détours vers les fertiles vallées de ce paradis de l'Espagne qu'on nomme le royaume de Grenade.

Hector fit un signe au lévrier, et l'animal docile se plaça devant le cheval de don Paëz.

— Frère, — dit alors celui-ci en pressant une dernière fois Hector dans ses bras; — quand dans les corridors de l'Escurial ou de Madrid, tu rencontreras seule une belle et charmante fille, blanche comme du lait d'Ecosse, avec de grands yeux noirs comme la plume de ton teutre, une femme comme en rêvent les poètes arabes, — si tu ne l'entends, si nul ne te voit, approche-toi et dis-lui bien bas: « — L'aimez-vous toujours? »

— Enfin, dit Hector tressaillant soudain, tu aimes, frère Paëz, ton cœur de marbre s'est ouvert?

Un sourire glacé passa sur les lèvres de don Paëz.

— Fou, dit-il, est-ce que je puis aimer, moi?

Et don Paëz prononçait ce blasphème sous un étincelant rayon de soleil levant, au penchant d'une colline embaumée, dont chaque arbre fleuri était un orchestre où musiciens du roi des cieux, les oiseaux chantaient un hymne d'amour; devant une fontaine ombragée d'un sycomore et sous les rameaux duquel deux jeunes filles du vil-

lage s'étaient assises, les bras arrondis sur leur alcaraza, pour deviser tout bas de deux beaux muletiers qui reviendraient le lendemain des plaines d'Andalousie avec des tissus mauresques, des étoffes de soie et quelques-uns de ces joyeux romanceros aux sons desquels les mules marchent gravement et cadencent leurs pas.

— Impie, murmura Hector, tu ne l'aimes pas, et cependant... Hector hésita.

— Cependant? demanda don Paëz.

— Et cependant, tu veux savoir si elle t'aime toujours...

— Oui, fit don Paëz, mais sais-tu quel nom elle porte?

Il se pencha sur le cou du cheval, et effleurant de ses lèvres l'oreille d'Hector:

— Elle se nomme dona Juanita, infante d'Espagne.

— Imprudent! fit Hector qui tressaillit.

— Bah! répondit don Paëz, l'audace est le talisman des ambitieux; oser, c'est pouvoir...

Et il fit de la main un geste d'adieu à son frère, siffla le lévrier et lança son cheval au galop sur la route de Grenade, dont les cailloux gricèrent et jetèrent des myriades d'étincelles.

XVII

Don Paëz courut toute la journée sous ce soleil ardent de l'Espagne qui terrasse les plus énergiques natures et les accable de son poids.

La sueur ruisselait de son front, son cheval était mourant de fatigue; — mais l'orgueilleux don Paëz avait hâte d'arriver et de se convaincre, en présence de ce faubourg mesquin qu'on avait décoré pour lui du nom de gouvernement, de l'étendue de sa disgrâce pour la regarder en face et la dominer.

Don Paëz n'était pas un de ces cœurs pusillanimes qui fuient le malheur ou le danger; il allait au contraire au-devant d'eux, et les mesurait avec un calme superbe.

Vers le soir, cependant, après une halte de quelques minutes à une posada, dans laquelle lui et son Maure changèrent de chevaux et où ils prirent un frugal repas, — don Paëz modéra son allure et se mit à réfléchir.

Quand don Paëz réfléchissait, il laissait volontiers flotter la bride sur le cou de son cheval et parfois même lui permettait d'arracher un rameau vert aux arbres de la route ou de brouter une touffe d'herbes.

Il cheminait alors dans une plaine déserte malgré sa fertilité et sa luxuriante végétation, une plaine se déroulant en long boyau entre deux chaînes de montagnes boisées, au flanc desquelles paraissaient, épars çà et là, un troupeau de moutons blancs ou fauves dont les clochettes tintaient au loin, un vieux pâtre, fièrement drapé dans ses haillons, debout sur une roche grise, chantant d'une voix grave et sonore un romancero des rois maurosques, les maîtres du passé, les proscrits du présent, et toujours les héros de ce peuple de poètes qui a inventé les balcons, les guitares et les sérénades.

Le soleil avait émoussé ses rayons; la brise du soir s'était levée embaumée et tiède; les orangers et les grenadiers secouaient leurs panaches au soufle, et des nuées d'oiseaux bavards, de merles siffleurs et de perdrix rouges, s'envolaient, au passage du cavalier, des broussailles et des genêts voisins, fuyant à tire d'aile la présence de l'homme.

Alors don Paëz laissa quelques minutes ses projets d'ambition s'assoupir dans son esprit inquiet; — il s'abandonna à ce calme grandiose et poétique du paysage qu'il parcourait, et involontairement il songea à ce mot impie que lui avait jeté Hector, le matin, quand il niait et raillait l'amour. Il se laissa bercer ainsi par les doux soupirs du vent, le chant des oiseaux et ces mille bruits confus qui s'élèvent des champs au déclin du jour, admirant, comme à son insu, les riches teintes de l'horizon, et ces accidents infinis de forme et de couleur que le soleil couchant sème dans le ciel et sur les collines lointaines.

Et alors, peut-être, se prit-il à penser que les plus nobles, les plus orgueilleuses ambitions humaines n'excitaient qu'un sourire de mépris de cet artiste sublime, de ce poète des poètes, de ce roi des rois qu'on nomme Dieu, — tandis qu'un rayon d'amour pur et vrai, un de ces élans du cœur comme n'en ont plus ces hommes que l'ambition ronge et mord éternellement, trouveraient grâce devant son dédain.

Aimer une femme!...

Don Paëz pesa ces trois mots quelques minutes, et il y répondit enfin par ceux-ci:

— Aimer, qui?... Serait-ce l'Infante, cette naïve enfant qui avait enlacé son cou de ses bras d'albâtre avec la spontanéité candide de la passion?

— Bah! se répondit-il, on n'aime pas la femme dont on veut faire un marchepied à son ambition.

Serait-ce cette gitana, bohémienne couverte d'oripeaux, devant laquelle des bandits s'inclinaient avec respect, dont la voix avait un charme magnétique, fascinateur, inexplicable; sous le regard de la quelle on baissait involontairement les yeux, et qui, malgré sa condition misérable et son luxe d'emprunt, l'avait fait tressaillir, lui, don Paëz, le cœur de marbre?

— Peut-être, se dit-il au milieu de sa rêverie.

Et il se souvint alors que toute bohémienne qu'elle pouvait être, elle était femme, et qu'il l'avait presque outragée... il se souvint encore qu'elle ne s'était point montrée couroucée du la dureté de ses paroles ; que plus d'une fois, au contraire, l'oppression de son sein, le timbre tremblant de sa voix, l'avaient averti qu'elle souffrait en silence...

Don Paëz en était là de ses réflexions quand le site, changeant tout à coup à ses yeux, les interrompit un moment.

Il entrait dans une sauvage vallée, déserte en apparence comme la plaine qu'il abandonnait, mais, en réalité, remplie d'une population mystérieuse et presque invisible, dont il devina bientôt la présence à certains mouvements qui se firent dans les touffes voisines, à des coups de sifflet lointains qui se croisèrent dans l'espace.

Mais don Paëz était brave, — il se contenta de visiter les amorces de ses pistolets et de recommander la même précaution à son Maure.

A mesure que les brumes du soir tombaient sur la vallée de plus en plus étroite et sauvage, il semblait à don Paëz que des ombres se mouvaient imperceptiblement sur les rochers voisins et, enfin, au moment où la nuit arriva tout à fait et jeta son humide manteau sur les épaules calcinées des montagnes, plusieurs pâtres descendirent de toutes parts dans la vallée et se placèrent bientôt sur la route du cavalier, semblant lui défendre de passer outre.

— Oh! oh! fit don Paëz à voix basse, voici des pâtres qui ont des mines bien sombres et qui ne me paraissent pas savoir le moindre romancero. Essayons de dérider leur front nuageux. Et il retira ses pistolets de leurs fontes et passa la bride à son bras.

— Holà! cria-t-il, quand la tête de son cheval toucha presque la poitrine de ces pâtres étranges, holà! mes maîtres; place, au nom du roi!...

— De quel roi? demanda l'un d'eux.

— Du roi d'Espagne, corbleu!

— Lequel? demandèrent-ils encore.

Don Paëz éclata de rire.

— Je ne sache pas, dit-il, qu'il y en ait deux.

— Pardon, répliqua celui qui avait pris la parole le premier, il y a le roi de Castille, de Navarre et d'Aragon qui se nomme Philippe II...

— Et l'autre?

— L'autre est le roi de Grenade.

— Boabdil, peut-être, ricana don Paëz; et vous êtes sans doute les fantômes des Abencerrages qui furent décapités dans la fameuse cour des Lions, au palais de l'Alhambra, et dont les têtes sanglantes roulèrent dans le bassin de marbre?

— Nous sommes des êtres vivants, il ne point des fantômes, sire cavalier, et le roi de Grenade auquel nous obéissons a été proclamé cette nuit même à dix lieues d'ici, dans les Alpujarres.

— Ah! ah! fit don Paëz, qui tressaillit; et comment se nomme-t-il, ce roi-là?

— Aben-Humeya; il est le dernier des Abencerrages.

— C'est-à-dire qu'hier encore il avait nom don Fernand de Valer?

— Précisément.

— Eh bien! dit don Paëz avec calme, moi, don Paëz, colonel général des gardes du roi Philippe II, je vous somme de me livrer passage.

— Don Paëz! murmurèrent les pâtres en se regardant, celui qui a défendu le Maure?... Il peut passer. Passez, seigneur don Paëz, et que le prophète, que vous niez, vous prenne en pitié et vous garde!

— Voici des gens courtois, fit don Paëz. Et il passa.

A une lieue plus loin, une nouvelle troupe l'arrêta. Il se nomma et passa encore.

— Morbleu! pensa le colonel des gardes, ces braves gens sont bien reconnaissants pour quelques mots qui me sont échappés avant-hier et qui leur sont arrivés je ne sais comment; ils semblent se croire obligés de me laisser aller prendre possession des canons que je pointerai sur eux à la première occasion favorable.

Il était tard, don Paëz mourait de faim, aucune habitation ne se trouvait sur la route.

— Pardieu! s'écria-t-il, j'aimerais mieux qu'ils m'arrêtassent. Au moins, j'aurais un lit et un souper.

Don Paëz achevait à peine cette réflexion faite à haute voix, qu'un homme se dressa lentement d'une touffe de grenadiers et lui dit :

— Si le seigneur don Paëz veut passer avec moi jusqu'au château de MADAME, il y trouvera une excellente hospitalité.

— Qu'est-ce que Madame? demanda don Paëz, tremblant au souvenir de la gitana à laquelle les bohémiens donnaient ce nom.

— C'est une princesse, répondit l'inconnu.

— Une princesse! pensa don Paëz, ce ne peut être ma gitana; à moins cependant que ce ne soit une princesse de la Bohême, une reine des fous habitant un château en ruines et ayant pour sujets des vagabonds et des voleurs!... Voyons toujours. Pour l'heure présente,

je ne désire qu'une seule chose, un souper; et, après ce souper, je n'aurai d'autre souhait à faire qu'un bon lit et des rêves agréables, de ceux que je fais tout éveillé et qui ne se réalisent encore que dans le sommeil.

Après ce monologue, don Paëz talonna sa monture essoufflée et suivit son guide inconnu.

C'était un beau garçon, autant qu'en put juger le colonel des gardes à la faible lueur de ce dernier crépuscule qui se prolonge assez avant dans la nuit et qui n'est que la réverbération de la terre encore brûlante, à cette heure, dans les chaudes contrées.

Le guide marchait d'un pas alerte, le poing sur la hanche, une main sur un vieux cimeterre de forme mauresque. Il portait la braye large et le turban vert et blanc des anciens maître du pays, et son visage olivâtre seyait à ravir à ce costume oriental.

A une centaine de pas du lieu où il s'était montré à don Paëz, il abandonna le creux de la vallée, et prit sur la gauche un sentier qui grimpait en rampes inégales au flanc ardu de la montagne.

— Diable! murmura don Paëz, mon souper serait-il bien loin?

— N'ayez crainte, seigneur don Paëz, répondit le Maure; nous n'avons plus qu'une demi-lieue à faire.

— Comment savez-vous mon nom?

— Qui ne saurait point le nom de notre généreux défenseur?

— Imbécile! pensa le colonel des gardes, tu ne sais donc pas que je suis nommé gouverneur de l'Albaïzin et que j'ai mission de bombarder l'Alhambra, si besoin est...

Le sentier était étroit et perdu sous les bruyères ; de plus, il côtoyait un torrent desséchée, et il fallait tout l'instinct des chevaux qu'ils montaient, pour que les cavaliers ne roulassent point au fond de quelque précipice que les brumes de la nuit enveloppaient soigneusement.

L'œil de don Paëz plongeait dans les ténèbres et cherchait vainement un point lumineux qui lui montrât enfin ce château où l'on devait convenablement l'héberger.

Tout à coup le Maure fut arrêté par deux hommes qui lui barrèrent le chemin.

— Où vas-tu? lui demanda-t-on.

— Chez Madame, répondit-il.

— Quels sont ces cavaliers?

— Des Espagnols qui viennent de l'Escurial.

— Sont-ils prisonniers?

— Non. C'est le seigneur don Paëz et son domestique.

— Don Paëz!... firent les nouveaux venus, celui qui protége les Maures? Il peut aller où bon lui semble, en ce cas.

— Par le ciel! exclama le colonel des gardes, ceci dégénère en mauvaise plaisanterie, et je ne croyais pas ma réputation aussi étendue.

Les deux Maures s'inclinèrent profondément sur son passage, et il continua sa route.

Le sentier montait toujours au flanc de la sierra, et don Paëz cherchait en vain. Rien ne lui présageait le voisinage d'une habitation, castel ou chaumière.

Enfin, aux rampes abruptes des chemins succéda un brin de plaine, puis une gorge étroite;—et les cavaliers se trouvèrent sur un point culminant, d'où ils purent apercevoir enfin, à travers les montagnes voisines, et les arbres qui leur permettaient les vagues sombres de la nuit, une petite vallée au fond de laquelle étincelait une construction féodale, illuminée de la base au faîte.

— Voici le château, dit le Maure conducteur.

— Ah! enfin, fit don Paëz avec un soupir de soulagement.

En ce moment, la lune se leva derrière les montagnes voisines, et ses premiers rayons, tombant sur la vallée, firent resplendir comme un miroir les eaux d'un petit lac, au bord duquel surgissait le château.

A la clarté tremblante de l'astre nocturne, le colonel des gardes examina cette demeure où il allait passer la nuit, et le paysage qui l'environnait.

Le castel et la vallée avaient un charmant et poétique aspect. Ce n'était plus le château fort morne et désolé sur son roc aride de la vieille Castille ou du pays de Léon, ni la gorge brûlée du soleil, sans eau et sans ombrage, comme on en trouve à chaque pas sous le ciel espagnol; — c'était au contraire une jolie construction arabe, blanche, coquette, aux vitraux coloriés, aux tourelles svelte, aux nervures élégantes, aux toits à flèches multipliées, — une délicieuse maison de campagne baignant son pied mignon dans les flots bleus et tranquilles d'un lac, ayant une ceinture de bosquets et de prairies, de grands sycomores secouant leurs verts panaches sous les fenêtres; et, tout autour du lac, des bouquets d'orangers, de citronniers et de grenadiers poudrés de frimas par le printemps ou daprés de rouge comme une coquette qui ne dit plus son âge.

Au nord du château, c'est-à-dire dans une direction opposée au lac, s'étendait un jardin que celui des Hespérides n'eût point dédaigné pour rival, et où l'on devait trouver aisément des fleurs, des fruits et des parfums.

Don Paëz ne vit point tout cela distinctement, mais il le devina, et il poussa sa monture avec une joyeuse impatience.

Le sentier qui descendait au château était désormais uni, sablé, facile comme une route battue par des pieds de fée et qui s'assouplit à ce léger contact. Une double haie de saules pleureurs, d'aulnes tremblant au moindre souffle, de pommiers en fleurs et de jaunes mûriers, l'escortait jusqu'à la grille d'entrée, qui remplaçait le pont-levis. Les chevaux se laissèrent séduire par ce chemin facile, et, malgré leur lassitude, ils prirent le trot.

— Seigneur don Paëz, dit alors le Maure en montrant au cavalier les lumières scintillant çà et là aux croisées des divers étages, vous le voyez, on nous attend.

— Bah!... répondit le colonel des gardes, vous, peut-être, mais moi ?...

— Vous, seigneur don Paëz ; Madame savait que vous deviez passer cette nuit.

— Par exemple! grommela don Paëz, il paraît que la police de votre princesse est mieux faite que celle de l'inquisition ?

— Il le faut bien, fit modestement le Maure ; sans cela l'inquisition aurait déjà brûlé ce château, sous le prétexte qu'on y adore Mahomet.

— Votre princesse est donc musulmane ?

— Je ne sais trop, murmura le Maure, qui devint sombre tout à coup.

Les chevaux s'arrêtèrent hennissant à la grille.

La grille s'ouvrit, don Paëz entra.

Une douzaine de Maures, portant, non plus les haillons des pâtres, mais de splendides costumes nationaux, attendaient dans la petite cour ombragée sur laquelle ouvrait le blanc péristyle du château, et qu'arrosait une fontaine jaillissant des lèvres d'un triton.

Ils entourèrent don Paëz avec force marques de respect et lui dirent :

— Seigneur don Paëz, votre souper est servi depuis dix minutes. Voulez-vous nous suivre à la salle à manger?

Les uns s'emparèrent de son cheval pour le conduire à l'écurie, les autres, portant des torches, le précédèrent et lui firent gravir un grand escalier de marbre jaune à chaque repos duquel de vastes corbeilles de fleurs et des orangers tout entiers poussés dans des caisses jetaient d'enivrants et tièdes parfums.

Le cavalier était émerveillé et croyait faire un rêve.

Jamais, en lisant les romans de chevalerie des conteurs arabes ou espagnols de l'époque, il n'avait vu description de fée qui approchât de cette réalité.

Ses guides lui firent traverser plusieurs galeries, décorées avec ce luxe coquet quoique lourd des palais arabes, puis ils l'introduisirent dans une dernière salle entièrement meublée à l'Espagnole, où la table était dressée.

Une exquise courtoisie de la fée du logis avait dicté sans doute ce changement de décoration et d'ameublement. Elle n'avait point voulu assujettir aux coutumes orientales un homme qui n'en avait point l'usage.

Les tentures étaient des tapisseries de haute lisse; les sièges sculptés étaient garnis en cuir de Cordoue cloué d'or; quelques tableaux de prix de l'école italienne, alors dans toute sa splendeur, et de l'école espagnole, presque à son aurore, ornaient les murs; une horloge, des premières inventées, faisait entendre en un coin son uniforme et monotone respiration.

Le génie arabe ne s'était réservé qu'une chose dans cette salle toute castillane, — un jet d'eau placé au milieu, et des fleurs, des corbeilles de fruits semés çà et là à profusion.

Don Paëz s'attendait à trouver enfin son hôtesse dans ce dernier salon ; — mais il n'aperçut que son Maure Juan, qu'on avait conduit par un escalier dérobé, et qui, debout derrière le fauteuil réservé à son maître, se tenait prêt à le servir à table.

Ce qui étonna plus encore don Paëz, c'est qu'un seul couvert était mis. La table était servie cependant avec une somptueuse prodigalité, et les mets qui fumaient et répandaient leurs parfums délicats à l'entour, étaient en assez grand nombre pour satisfaire l'appétit d'une douzaine de gardes du roi affamés par une journée de chasse.

Les vins exquis de Malvoisie, de Xérès et de Malaga, le Lacryma-Christi et autres crus merveilleux miroitaient et étincelaient à la clarté des bougies dans des flacons de cristal aux arabesques d'or.

Don Paëz se tourna vers ses conducteurs.

— Souperai-je donc seul? demanda-t-il.

— Madame a soupé, lui répondit-on.

— Ah!... Ne la verrai-je donc pas ce soir ?

Les Maures haussèrent les épaules d'une certaine façon qui signifiait qu'ils n'en savaient absolument rien, et qu'il leur était impossible de renseigner le moins du monde.

Quand Votre Seigneurie aura besoin de quelque chose, ajouta l'un d'eux ... ordinaire, elle voudra bien frapper avec cette baguette sur ce timbre. Votre Seigneurie a besoin sans doute d'être seule et de méditer. Son souper est servi; nous lui laissons son domestique pour la servir.

Et les Maures s'inclinèrent avec respect et se retirèrent, laissant don Paëz seul avec Juan.

— Après tout, la princesse inconnue qui m'héberge a une étrange

manière de recevoir ses hôtes! Mais le souper est délicieux, en apparence du moins. J'ai faim, soupons.

Sur un signe qu'il fit, Juan découpa un quartier de venaison, tandis que lui-même, don Paëz, se servait amplement d'une bisque de perdreaux aux truffes de Guienne.

Un homme qui a faim et soif n'a pas le temps de réfléchir. Le colonel des gardes fit largement honneur au souper succulent de la princesse mystérieuse; il vida gaillardement ses deux flacons, et, arrivé enfin à cet état de béatitude inexprimable qu'on éprouve après un excellent repas, il se renversa mollement sur le dossier de son fauteuil et se prit à rêver.

Les fenêtres étaient ouvertes; l'air embaumé des jardins entrait à flots et se mariait aux parfums de la salle; la lune, d'une pureté extrême, éclairait en plein le lac et les coteaux voisins, répandant sur ce vallon frais et charmant une teinte de mélancolie vaporeuse à laquelle une âme plus vulgaire que celle de don Paëz se fût abandonnée tout entière.

De la place qu'il occupait, notre cavalier apercevait une partie du paysage qui entourait le castel maure.

Il se laissa aller à le contempler; oubliant pendant une heure ses rêves d'ambition, pour se dire que si la princesse était aussi belle que le castel et ses alentours, bien heureux serait l'homme qui posséderait son amour. Et involontairement encore il songea à la gitana.

— Elle était bien belle!... murmura-t-il, et jamais femme ne m'a frappé comme cette reine en haillons. Son amour doit être une enivrante chose pour un homme capable de la comprendre et de la partager... tandis que moi...

Don Paëz allait blasphémer sans doute une fois de plus, quand les sons d'un brillant orchestre résonnèrent sous la croisée. C'était une sérénade, politesse toute castillane que lui faisait son hôtesse inconnue.

Les instruments étaient, pour la plupart, des instruments à cordes d'une harmonie parfaite, et ils palpitaient sous des mains habiles.

D'abord la musique fut brillante, animée, presque joyeuse comme une danse mauresque ou un boléro de muletiers et de majas; ensuite elle prit une tournure grave comme un chant d'église, un psaume débité par les voix sourdes d'une communauté de bénédictins, derrière les vitraux d'un cloître, entre minuit et deux heures du matin; — enfin, les notes sévères s'adoucirent par degrés, puis revêtirent une cachet de mélancolie si rêveuse et si triste que le cœur de marbre du cavalier remua dans sa poitrine et qu'il sentit une larme obscurcir la prunelle de son œil noir; — puis encore, il vint un moment où cette musique fut tellement poignante que don Paëz éprouva une violente douleur, et porta alternativement sa main fébrile de sa poitrine à son front.

Et l'image de la gitana reparut plus séduisante, plus belle mille fois dans son souvenir troublé.

Alors, l'infante aux bras d'albâtre, le sombre Philippe II son père, cette maison du roi si brillante qu'il commandait, ces courtisans jaloux acharnés à sa perte, ce frère qu'il aimait comme son enfant, cet enfant perdu s'il fallait retrouver pour lui conquérir un trône, tout ce qui remplissait l'âme et la tête de don Paëz s'évanouit et s'effaça... La gitana seule resta debout avec son enivrant et fier sourire aux lèvres, son regard magnétique, ses mains et ses pieds de reine, sa chevelure noire et crêpée, que l'imagination de don Paëz se plut à dérouler en flots capricieux pour voiler ses épaules délicieuses.

Et la musique résonnait toujours, magique enchanteresse, à la voix de laquelle don Paëz semblait se métamorphoser peu à peu et perdre sa sauvage humeur. Un moment cependant il parut vouloir se réveiller de ce songe qu'il croyait faire, et contre lequel protestaient son égoïsme et son orgueil ; — mais, soudain, une porte s'ouvrit à deux battants, un Maure parut et annonça :

— MADAME !

Et don Paëz, qui s'était levé à demi, retomba dans son fauteuil et poussa un cri étrange où se fondirent la joie et la terreur, l'angoisse et la folie, le désespoir de la défaite et les enivrements du rêve enfin réalisé.

Une femme éblouissante de pierreries, portant des vêtements de soie et d'or, sous lesquels sa peau transparente et veinée avait la blancheur et l'éclat d'un marbre antique; une femme aussi belle que la peut rêver un poète du désert, plus belle que cet idéal des peintres, qui n'est que matière et couleur et à qui manque l'expression; — une femme auprès de laquelle auraient pâli toutes les infantes de toutes les Espagnes, les Allemandes les plus vaporeuses, les plus fraîches filles de France et la reine de Navarre elle-même, entra d'un pas lent et grave et s'approcha de don Paëz qui frémissait et tremblait sur son siège comme une feuille qui tournoie au souffle du vent.

— Bonjour, seigneur don Paëz, lui dit-elle, je vous attendais...

Jusque-là le cavalier avait cru faire un songe... jusque-là il n'avait pu se convaincre que cette créature sublime qui paraissait avoir des cheveux plus de diamants que le roi d'Espagne n'en avait dans ses coffres, fût cette gitana, vêtue d'oripeaux, qu'il avait entrevue l'avant veille...

Mais c'était le même son de voix, et se tressaillement inexprimable qu'elle lui fit éprouver en l'effleurant de sa main, don Paëz ne douta plus et s'écria :

— La gitana !... la gitana ici ?...

— Tu vois bien, don Paëz, fit-elle avec une douceur fascinatrice, que je ne suis point une gitana ordinaire, car ce palais, ces serviteurs, cet or, ces diamants sont à moi...

Don Paëz était muet et pâle et attachait sur elle un regard éperdu.

— Je suis une princesse maure, don Paëz, reprit elle ; une fille des anciens rois, qui haïssait l'Espagne, et qui, ne sachant plus comment nuire à ses oppresseurs, s'était faite chef de bandits pour dépouiller le plus d'Espagnols qui tomberaient en son pouvoir..

Don Paëz fit un geste de dégoût.

— Oh! reprit elle, rien de ce que tu vois ici, don Paëz, n'est le fruit de nos rapines. Notre butin servait à acheter et à fabriquer des armes pour nous venger. Tout ce luxe qui brille à tes yeux provient des trésors de mes ancêtres, et tu n'en vois qu'une faible partie. — Tiens, don l'aëz, viens voir si en détrousant des hidalgos ruinés et des courtisans endettés, si même en pillant les gabelles du roi on pourrait ramasser en vingt ans la moitié de mes richesses.

Elle le prit par la main et l'entraîna vers la porte des appartements par où elle était arrivée. Au contact de cette main, aux caresses mystérieuses de cette voix, don l'aëz, le robuste et le fort, l'insensible et l'orgueilleux, frissonna et fut pris de vertige. Allait-il donc être vaincu?

XVIII

Cette femme, dont la voix était douce et persuasive comme une voix d'enfant, devait avoir un charme d'attraction bien puissant, car don Paëz se laissa entraîner sans résistance à travers plusieurs salles non moins splendides que celles qu'il avait parcourues déjà, toutes jonchées de fleurs, d'arbustes rares, de statues de marbre ou de bronze d'un merveilleux travail, ayant çà et là des trophées d'armes admirables de trempe et de ciselure, des divans aux riches étoffes, des dressoirs sur lesquels s'étalaient pêle-pêle des coupes d'or aux fines sculptures, des aiguières travaillées à jour, richesses sans prix qui sortaient alors du burin des orfèvres arabes, les plus habiles de l'univers.

Mais don Paëz était fasciné, et il vit à peine tout cela.

La princesse s'arrêta enfin à un petit boudoir dont elle ferma la porte sur elle, après que notre héros fut entré.

Ce boudoir était une merveille : le luxe oriental et le luxe européen s'y donnaient la main avec un goût exquis. Des trésors d'élégance y étaient accumulés. C'était un paradis de Mahomet en miniature, créé tout exprès pour une femme, et qu'une femme seule pouvait habiter.

Là, bien plus qu'ailleurs encore, il y avait des fleurs, des parfums et des fruits ; le paysage qu'on apercevait des croisées était plus riche, plus fertile, plus coquettement capricieux que tout ce que don Paëz avait déjà vu pendant son repas.

Le lac murmurait en bas, la brise entrait et agitait vaguement le feuillage des citronniers ; deux belles colombes d'une éblouissante blancheur, réveillées par l'arrivée de leur maîtresse qui tenait un flambeau à la main, allongèrent leur cou gracieux et se becquetèrent en roucoulant.

La princesse fit asseoir le colonel des gardes sur une ottomane placée auprès de la croisée, et se mit près de lui ; elle prit dans ses blanches mains ses mains nerveuses et aristocratiques, fixa sur lui son grand œil noir, et, de cette voix de sirène qui avait le privilège de l'émouvoir et de le troubler au degré suprême, elle psalmodia plutôt qu'elle ne prononça les paroles suivantes :

— Tu n'as donc jamais aimé, don Paëz? Jamais deux yeux de femme n'ont ils rencontré tes yeux? jamais deux lèvres roses n'ont-elles rencontré tes lèvres? jamais cœur effaré et timide n'a donc battu précipitamment sur le tien? Vous êtes donc insensible et froid comme le marbre où nous sculptons nos statues, ô mon beau cavalier au large front et à la lèvre dédaigneuse, usé et sceptique déjà comme cette vieille horloge qui respire auprès de nous et qui ne ralentirait ni ne presserait une seule de ses pulsations, même si la destinée du monde dépendait d'une seconde? — Tu marches donc, impie! solitaire et le front haut, le sourire de l'orgueil aux lèvres et le vide du désespoir au cœur, sur le sable brûlant de la vie, sans jeter un regard d'envie à ces voyageurs moins pressés et plus sages qui s'arrêtent une heure au bord d'une fontaine, à l'ombre d'un sycomore et s'y reposent aussi longtemps que le sycomore a d'ombre et la fontaine d'eau jaillissante et fraîche? Où vas-tu donc, ô marcheur infatigable, sans te préoccuper des fleurs et des cœurs que tu foules sous ton pied d'airain, des parfums que tu dédaignes, des brises qui passent près de toi murmurantes et rafraîchies et auxquelles il te serait si facile d'exposer quelques minutes ton front brûlant?

« Tiens, don Paëz, écoute ce lac qui nous berce d'une chanson sans fin, ce vent qui bruit dans le feuillage; regarde ces coteaux verts, ces prairies en fleurs sur lesquelles la lune épand ses sourires; aspire les parfums qui nous montent sur l'aile des brises, de ces jardins aux dédales sans nombre, aux bosquets ombreux et discrets

qui ne révèlent rien des mystères qu'on leur confie . Et puis, don P ëz, réfléchis et demande-toi si l'homme qui serait ici, sa main dans ma main, ayant pour talisman mon sourire, pour étoile mon regard, pour éternelle occupation mon amour... »

Et, en prononçant ces mots, l'enchanteresse était belle comme femme ne fut jamais.

— Demande-toi, don Paëz, si cet homme aurait quelque cho-e à envier même à une héritière de maison royale...

Don Paëz tremblait et essayait de parler ; l'émotion lui clouait la gorge.

— O don Paëz, continua-t-elle, il y a bien longtemps que je t'aime; et un être moins égoïste et moins froid que tu n'es l'eût deviné dès la première heure où il m'eût vue. Tu ne l'as point compris, toi, don Paëz; tu m'as outragée, au contraire ; tu m'as traitée de bohémienne et de mendiante ; et tu ne savais pas, insensé, que je suis la fille de dix générations de rois et que je suis plus riche, à moi seule, que tous les hidalgos d'Espagne. Oh! je te pardonne ton outrage, l'amour est aveugle, et je t'aime... je t'aime depuis un certain jour, — il y a bien longtemps de cela, — depuis un certain soir où, poursuivie dans les rues de Madrid par les alguazils de la Sainte-Hermandad qui me voulaient traîner au bûcher, je te vis accourir à mon aide, refouler les alguazils à coups de rapière, puis, me prendre dans tes bras, m'emporter à travers les ruelles sombres pour dépister mes persécuteurs, et me jeter enfin au porche d'une église en me laissant ta bourse, et me disant : Si l'on te poursuit de nouveau, réclame-toi de moi et demande à voir don Paëz, le page favori du roi. Il y a douze ans de cela, j'étais une enfant, tu étais un homme déjà, mais un homme aimant et croyant, un homme dont le cœur était vierge et plein de nobles aspirations... tu es un vieillard, maintenant!

Don Paëz bondit sur ses pieds, son regard s'alluma soudain, sa voix jaillit, sonore, de sa poitrine haletante; il prit la princesse dans ses bras, la porta vers le guéridon sur lequel elle avait déposé son flambeau, la considéra longtemps avec une attention scrupuleuse et s'écria d'une voix délirante : — C'était donc toi!

Et comme l'émotion allait le reprendre et l'étreindre de nouveau, il continua avec exaltation :

— C'était donc toi que j'ai cherchée, toi que j'ai aimée avec toute la fougue de mes dix-huit ans, toi que j'ai demandée à tous les échos de Madrid et de l'Espagne entière, toi la seule maîtresse de mon cœur et que je n'ai sacrifiée qu'à la plus dévorante de toutes les passions : l'ambition!

Et tandis qu'elle jetait un de ces cris d'enivrement et de délire qu'aucune plume, aucune voix, aucune note humaine ne rendront jamais, il la prit dans ses bras, l'appuya et la pressa sur son cœur palpitant avec tout l'enthousiasme de l'amour. Elle se dégagea enfin de son étreinte, et, tenant toujours ses mains :

— Tu es ambitieux, dit-elle. Oh! oui, tous l'êtes, mon beau gentilhomme. Eh bien! je vous donnerai plus d'or et de rubis que n'en ont le roi des sept royaumes et tous les potentats de la terre ensemble. Tiens, regarde.

Elle souleva les tentures de soie qui couvraient les murs, fit jouer un panneau de boiserie, et mit à découvert un magnifique coffre incrusté. Don Paëz poussa un cri et recula.

Ce coffre était plein de diamants. La fortune de tous les juifs de l'Europe n'eût point suffi, peut-être, à en payer la moitié.

Le cavalier, ébloui, mit les mains sur ses yeux et chancela ; mais soudain, reculant d'un pas encore, tandis qu'elle se retournait triomphante et cherchait son sourire, il redevint pâle, hautain et lui dit :

— Tu me donneras des richesses incommensurables, pauvre femme! Mais ce prestige étincelant qui fascine les hommes et les enchaîne, ce prestige qu'on nomme le pouvoir, me le donneras-tu?

— Oh! s'écria-t-elle éperdue, l'ambition! toujours l'ambition!

— L'ambition sans cesse! reprit-il d'une voix éclatante; l'ambition qui creuse le cœur et la tête, l'ambition qui tue, mais qui rend fait si grand qu'on regarde les hommes avec dédain, qu'ils deviennent des marchepieds, des machines intelligentes dont on se sert et qu'on méprise. Oh! voilà désormais ma seule maîtresse et ma seule passion!

Et don Paëz se redressa insensible et fort comme au moment où il avait quitté le palais de l'Escurial.

La princesse, un moment foudroyée par ces paroles, se redressa à son tour ; elle s'élança vers lui, elle reprit sa main et la serrant avec force, l'œil flamboyant, le geste saccadé :

— Don Paëz, s'écria-t-elle, tu veux posséder le pouvoir, tu as soif d'une puissance sans bornes? Eh bien! je te donnerai un trône...

Le cavalier tressaillit.

— Un trône!... tu me donneras un trône?

— Celui de Grenade, répondit-elle. Je suis la sœur de don Fernand de Valer, roi depuis vingt-quatre heures... et don Fernand n'a pas d'enfants... j'hérite de lui.

Mais don Paëz répondit par un éclat de rire :

— Il faudrait attendre trop longtemps, dit-il.

Et comme elle s'inclinait, ployée et broyée sous cette dure parole, comme elle se laissait tomber, blanche et froide, sur l'ottomane, il reprit avec douceur :

— Je t'ai aimée, pauvre enfant, j'ai failli t'aimer encore... Si tu me donnais à la fois or et puissance, je ne t'aimerais plus. L'amour d'une femme, enfant ! c'est le mur d'airain où se brisent les plus grands desseins, les plus hautes aspirations; c'est une nouvelle colonne d'Hercule qui dit au génie : Tu n'iras pas plus loin ! Et moi... je veux passer outre.

Et don Paëz s'enfuit à travers salles et corridors, criant :

— O ambition ! ô ma seule maîtresse... A moi ! à moi ! — Arrière l'amour !

Mais au moment où il traversait de nouveau ce salon où il avait soupé, une porte s'ouvrit en face de celle par où la gitana lui était apparue, et une voix grave annonça :

— Le Roi !

Don Paëz recula d'un pas.

XIX

Il y avait loin de ce gentilhomme que nous avons connu sous le nom de don Fernand, capitaine des gendarmes de Philippe II, au personnage qui entra dans la salle où don Paëz s'était arrêté.

C'était bien le même homme, cependant, mais cet homme était grandi de toute la hauteur de sa mission, et la majesté royale éclatait sur son front. Le gentilhomme au front mélancolique, aux lèvres sur lesquelles s'unissaient à la fois la fierté et la rêverie, le jeune homme au franc et loyal sourire, avait fait place à un homme portant haut la tête, au regard froid et digne, à la démarche lente et assurée.

A la vue de don Paëz il s'arrêta comme don Paëz s'était arrêté.

Don Paëz était fier, mais il s'inclinait devant le rang quand ce rang était supérieur au sien. Il oublia que deux jours auparavant don Fernand était son ami, il ne se souvint que d'une chose, c'est que don Fernand était roi. Il se découvrit donc et s'avança avec une noblesse respectueuse, saluant don Fernand et lui disant:

— Bonjour, sire.

Alors devant cette attitude où la fierté de don Paëz s'abaissait, la glace qui recouvrait le visage du roi de Grenade se brisa, et il tendit la main au colonel des gardes :

— Bonjour, mon ami, lui dit-il, soyez le bienvenu sous le toit de ma sœur.

— Il est donc vrai ! exclama don Paëz, c'est bien votre sœur !...

— La fille de mon père, mon ami.

— Mon Dieu ! murmura don Paëz, moi qui l'ai traitée de bohémienne...

— Je le sais, répondit don Fernand avec un sourire; mais je vous le pardonne, comme elle vous l'a pardonné sans doute... Vous savez qu'elle vous aime, don Paëz; elle me l'a avoué. Voudriez-vous cimenter notre jeune amitié par les liens sacrés de la famille?

Don Paëz tressaillit et se tut.

— Je sais tout, reprit don Fernand; votre rencontre fortuite et le généreux appui que vous lui prêtâtes, il y a douze heures à peine, elle m'a avoué son amour aujourd'hui même ; jamais elle ne m'en avait parlé.

— Je sais encore, don Paëz, que l'infante d'Espagne vous aime, et que vous espérez toucher au but; mais ce que je sais encore et ce que vous ignorez sans doute, c'est qu'autour de Philippe II vous avez une nuée de rivaux et d'ennemis qui ont juré votre perte, et qui même, viennent d'obtenir sur vous un premier avantage. Ce gouvernement de l'Albaïzin que l'on vous donne, don Paëz, c'est une disgrâce.

— Croyez-vous, sire, que j'en doute?

— Ce que vous ne savez pas encore, don Paëz, c'est que le roi Philippe II a un orgueil trop grand pour jamais sacrifier sa fille à un simple gentilhomme...

— Je suis fils de souverain, sire.

— Qu'importe! si vos pères sont déchus et si leurs descendants sont en exil?

Don Paëz baissa la tête et frappa le sol de son pied avec un geste de colère.

— Ami, reprit le roi de Grenade, vous vouliez être gendre de roi, soyez frère de roi.

Une fois encore, peut-être, l'hésitation entra au cœur de don Paëz; mais, par un dernier effort sur lui-même, il releva la tête et répondit : — Non, cela ne se peut!

— Et pourquoi, mon ami?

— Parce que, répondit don Paëz, l'amour tue l'ambition, et que je préfère l'ambition à l'amour.

— Insensé !

— Demandez à l'aigle, fit le gentilhomme avec enthousiasme, pourquoi son vol est si hardi que nul n'ose le mesurer? Demandez au génie pourquoi il s'écarte des routes frayées et marche sombre et seul à côté de la foule, aux lèvres de laquelle étincelle le rire? De l'aigle, ce roi des airs, le génie, ce roi de l'espace, vous répondront qu'un souffle inconnu, une haleine brûlante les poussent, et que ce souffle, cette haleine, sont l'haleine et le souffle de Dieu !

Don Paëz se couvrit le visage de ses deux mains :

— O ma sœur, murmura-t-il, pauvre enfant dont l'amour a dompté et ployé la nature indépendante et sauvage, pauvre cœur brisé, le bonheur n'est point fait pour toi!

Une larme perla au travers de ses doigts, un moment il courba le front sous une douleur terrible; puis il le releva soudain et murmura:

— Les rois aussi doivent fermer leur cœur aux joies saintes de l'amour et de la famille, eux aussi doivent marcher tristes et seuls et renoncer au bonheur; ils doivent ne songer qu'à leur peuple. — Je suis roi, don Paëz, j'ai pris la couronne et tiré l'épée pour affranchir du joug le peuple de mes pères, il faudra que l'on brise cette couronne sur mon front, cette épée dans ma main, si je les dépose avant que ce peuple soit libre! Adieu, don Paëz ; nulle malédiction ne franchira le seuil de cette maison où ton insensibilité sème le désespoir. Des cœurs amis te suivront, et si un jour, meurtri et brisé, las d'insulter au bonheur, tu lui demandes grâce enfin, reviens, don Paëz, reviens ici! Si Dieu a béni nos armes, si je suis roi de fait, comme aujourd'hui je le suis de droit, tu partageras ma puissance, nous régnerons ensemble, unis l'un à l'autre par le sourire et l'amour d'une femme dont nous tiendrons chacun une main.

— Taisez-vous ! sire, tais-toi, don Fernand ! s'écria le colonel des gardes, tu me ferais chanceler si je t'écoutais plus longtemps. Adieu...

— Adieu donc, ami; dans vingt-quatre heures, la guerre aura mis entre nous des larmes et des flots de sang; sers ce maître que je combats, puisque telle est ta destinée; mais avant serrons-nous la main, et si, au jour d'une bataille, nous avons le temps de nous embrasser avant de croiser le fer...

— Nous le ferons; adieu !...

Et don Paëz, que l'émotion gagnait, s'enfuit précipitamment.

Dans la cour, Juan attendait, tenant en main le cheval de son maître et le sien.

Don Paëz sauta en selle et enfonça l'éperon aux flancs du généreux animal, qui prit le galop en hennissant de douleur.

Au moment où le colonel des gardes atteignait le sommet de la colline d'où quelques heures auparavant il avait aperçu les lumières du castel arabe, les premières lueurs du jour, scintillant au milieu des ténèbres, pâlirent l'éclat des étoiles dans le ciel oriental, et, ricochant sur la crête encore baignée de rosée des montagnes, le crépuscule resplendit sur le petit lac et éclaira cette demeure où le bonheur avait essayé d'enlacer don Paëz.

Le cavalier fit faire volte-face à sa monture, tourna les yeux vers le castel, contempla ce vallon paisible et verdoyant où la guerre allait bientôt transporter son sanglant théâtre, et, posant la main sur son cœur qui battait maintenant avec la froide régularité d'une horloge, il murmura avec un fier sourire :

— J'ai foulé aux pieds le présent pour lui préférer l'avenir; j'ai résisté au bonheur qui m'ouvrait les bras, parce que le bonheur ne suffit pas aux vastes aspirations de mon âme; j'ai eu le courage de résister à la seule femme que j'aie aimé, j'ai été sans pitié pour ses larmes; j'ai vu couler les pleurs de roi, et ces pleurs ne m'ont point touché... Oh ! je suis fort maintenant, et mes ennemis peuvent essayer d'entamer mon audace et ma volonté; cette audace et cette volonté sont un mur d'airain où se briseront leurs ongles et leurs dents de tigres! O ambition! merci, tu es le talisman des braves et des forts!

Trois jours après, don Paëz entrait dans les murs de l'Albaïzin; une heure plus tard, les troupes qu'il avait demandées au roi arrivaient, seulement elles étaient moindres de moitié; le régiment des gardes qu'il attendait ne devait point venir. La plupart des officiers qu'on lui envoyait étaient vendus au chancelier; un seul corps lui demeurait entièrement dévoué, celui des lansquenets allemands.

Don Paëz fronça le sourcil d'abord, et haussa les épaules ensuite.

— Bah! dit-il, j'ai mon étoile.

Le lendemain, il trouva cloué au chevet de son lit le billet suivant :

« Don Paëz, tu as refusé mon amour, je te hais... Souviens-toi du serment que tu as fait à la bohémienne pour obtenir ta liberté et celle de l'Infante; et si l'on te présente mon amour, tu seras parjure! »

Cinq jours après, le lévrier d'Hector, qu'il avait renvoyé à l'Escurial, arriva haletant et couvert de poussière. Il avait une bague dans la gueule, bague qui signifiait que la faveur de don Paëz était battue en brèche par ses rivaux.

— Vrai Dieu! se dit-il, la fortune voudrait-elle donc lutter avec moi? Eh bien, soit! je relève le gant... Fortune, à nous deux !

XX

Trois mois s'étaient écoulés.

Don Paëz avait défié la fortune, — la fortune avait relevé le gant et accepté le défi. Depuis trois mois, tout semblait conspirer contre le colonel des gardes disgracié.

C'était un triste gouvernement que celui de l'Albaïzin, un gouvernement monotone et isolé sur le théâtre de la guerre, dans lequel don Paëz n'avait autre chose à faire qu'à veiller sur des canons rouillés regardant les canons inoffensifs de l'Alhambra.

La garnison de l'Albaïzin se composait d'environ deux mille hommes; sur ces deux mille hommes, cinq cents à peine étaient dévoués au gouverneur; le reste semblait obéir à quelque chef mystérieux et inconnu qui, d'un signe imperceptible, approuvait ou désapprouvait les ordres de Paëz.

Et don Paëz cherchait vainement, parmi ses officiers, ce chef qui paraissait être le vrai gouverneur ; — il ne rencontrait autour de lui que des marques d'un respect équivoque et une obéissance ironique à laquelle il ne pouvait se tromper.

Parfois il se prenait à espérer que le théâtre de la guerre se rapprochant, il lui serait enfin permis d'y prendre part et de reconquérir, par un coup d'éclat, cette faveur qu'il avait perdue.

Mais la fortune paraissait lui refuser une revanche.

Les Maures, cernés dans les Alpujares par des forces imposantes, se défendaient vaillamment, ayant leur roi à leur tête, et se montraient peu soucieux de marcher sur Grenade, leur ville sainte.

Pas plus que don Paëz, le marquis de Mondéjar, qui commandait à l'Alhambra, n'apercevait, dans le lointain, la fumée de l'artillerie, et il semblait frappé de la même disgrâce ; — car les ordres formels du roi étaient que les gouverneurs de Grenade et de l'Albaïzin n'abandonnassent, sous aucun prétexte, leurs murailles respectives pour faire une sortie et marcher à la rencontre des Maures.

Un jour, cependant, le bruit lointain d'une mousqueterie très-vive était venu retentir en échos affaiblis jusqu'aux remparts de l'Albaïzin ; puis un nuage de fumée avait obscurci l'horizon ; enfin, aux rayons du soleil levant, les armures avaient étincelé et miroité comme un fleuve d'acier...

L'espoir revint au cœur du morne don Paëz ; il monta anxieux, haletant, au sommet d'une tour ; il suivit les péripéties du combat qui paraissait devoir être fatal aux Espagnols ; et enfin, dominé par un sentiment d'égoïsme facile à comprendre, il poussa un cri de joie en voyant un corps d'armée mauresque passer sur le corps des carrés espagnols enfoncés, et marcher victorieux sur Grenade.

Un siége ! pensa-t-il, une défense héroïque, les canons de l'Albaïzin s'éveillant enfin de leur long sommeil ; les remparts de Grenade enveloppés d'un manteau de fumée, les balles sifflant, les glaives froissant les glaives, les cris de joie des joyeux insultant aux imprécations des mourants... Et, au milieu de ce tumulte, lui don Paëz, fier et calme, l'épée nue, donnant ses ordres d'une voix retentissante et creusant, sous les murs de Grenade, un tombeau à cette armée assez hardie pour le venir braver !

Don Paëz descendit de son poste d'observation, il revêtit ses habits de combat, il ordonna qu'on prît les armes, et que chaque tourelle, chaque bastion fussent occupés.

Ses ordres furent ponctuellement exécutés.

En même temps, à l'Alhambra, les mêmes dispositions de défense furent prises, et la lutte promit d'être gigantesque.

Debout sur la plate-forme, une lunette d'approche à la main, don Paëz suivait attentivement du regard la marche rapide de l'ennemi.

Ses forces étaient nombreuses : plus de dix mille hommes s'avançaient au galop en traînant de l'artillerie de campagne ; ils n'étaient plus qu'à un quart de lieue, et leurs phalanges se déroulaient comme une immense collerette de fer sur les collines verdoyantes que dominent l'Alhambra.

Don Paëz fit pointer les canons et s'apprêta à saluer les Maures d'une pluie de feu.

Mais soudain ils s'arrêtèrent et parurent se consulter.

L'impatient don Paëz frémit qu'ils se remissent en route...

Il attendit vainement : les Maures se rangèrent seulement en bataille dans la plaine et sur les hauteurs ; puis ils semblèrent offrir le combat aux deux garnisons de Grenade et de l'Albaïzin.

— Corbleu ! s'écria don Paëz, puisqu'ils n'osent venir, nous allons les inviter.

Et quittant le rempart, il fit sonner le boute-selle, mit ses cavaliers et ses fantassins en ordre de bataille, ordonna qu'on ouvrit les portes et demanda son meilleur cheval.

Jusque-là ses ordres avaient été suivis ponctuellement ; mais, au moment où il mettait le pied à l'étrier, don Fernando y Mirandès, capitaine des dragons de l'Albaïzin, sortit des rangs, s'approcha le chapeau à la main de don Paëz, qui l'accueillit avec un geste d'étonnement, le salua et lui dit avec courtoisie : — Pardon, monseigneur, je voudrais vous entretenir une minute à l'écart.

— Que me voulez-vous ? demanda le gouverneur en fronçant le sourcil.

— Vous rappeler simplement une loi martiale, monseigneur.

— Quelle est cette loi ?

— Celle qui interdit à un commandant de navire de quitter son bord et à un gouverneur de forteresse d'abandonner ses murs.

Don Paëz frémit de colère : — Eh bien ? demanda-t-il.

— Eh bien ! monseigneur, vous allez, ce me semble, quitter les remparts de l'Albaïzin et faire une sortie.

— Sans doute.

— Et vous manquerez à votre devoir, monseigneur, votre devoir étant de ne point abandonner l'Albaïzin.

— Même quand l'ennemi me provoque ?

— Même quand l'ennemi vous provoque.

La lèvre de don Paëz se crispa.

— Monsieur, dit-il sèchement, vous êtes un simple capitaine de dragons, et vous êtes sous mes ordres, n'est-ce pas ?

— Sans doute, monseigneur.

— Eh bien ! monsieur, je n'ai point de conseils à recevoir de vous, et je ne relève ici de personne. Une armée mauresque est devant nos murs, cette armée nous provoque, il est de mon devoir, il y a de l'honneur de l'Espagne de marcher à sa rencontre et d'accepter le combat.

— Je comprends, dit flegmatiquement Fernando, qu'il est du devoir d'un gouverneur de faire sortir une partie de sa garnison...

— Ah ! vous comprenez cela ?

— Tandis que le gouverneur, poursuivit don Fernando impassible, doit, lui, demeurer avec le reste derrière ses murailles.

— Corbleu ! exclama don Paëz impatienté, ma manière de voir diffère de la vôtre, monsieur, et je vous trouve bien hardi de commenter mes ordres et ma volonté.

— Monseigneur, répondit le capitaine avec calme, vous désobéissez au roi.

— Je ne le crois pas, fit don Paëz en raillant.

— Et moi je vous l'affirme.

Don Paëz abrita ses yeux du revers de sa main, regarda les collines de l'Alhambra et aperçut les bataillons du marquis de Mondéjar qui descendaient au pas de course et s'apprêtaient à passer le Daro pour marcher à la rencontre des Maures.

— Tenez, dit-il avec un sourire de triomphe, voyez, monsieur ; la garnison de l'Alhambra tranche la question. A cheval ! monsieur, à cheval ! ou nous arriverons les derniers.

— Pardon, fit l'imperturbable don Fernando, demandez votre lunette, monseigneur, et regardez bien le chef qui marche en tête des troupes de l'Alhambra, vous verrez que ce n'est point M. de Mondéjar.

Don Fernando disait vrai. C'était le vice-gouverneur de Grenade qui les conduisait. Don Paëz pâlit.

— Eh bien ! s'écria-t-il, si par un puéril respect d'une vieille loi martiale, M. de Mondéjar demeure sur ses remparts alors que le canon va tonner, moi, don Paëz, je n'y resterai point. A cheval, monsieur, et j'en atteste le roi lui-même, il sera content d'une pareille désobéissance !

— Vous vous trompez, monseigneur, car la volonté formelle du roi est que vous ne sortiez point de l'Albaïzin.

— Pourriez-vous m'en fournir une preuve ?

— Volontiers, monseigneur.

Don Fernando ouvrit son justaucorps et tira de son sein un parchemin scellé du sceau royal. Don Paëz le prit, le parcourut et pâlit.

Le parchemin contenait les quelques mots suivants : « Notre volonté royale est, que sous aucun prétexte, et l'ennemi fût-il sous les murs, le gouverneur de l'Albaïzin ne franchisse les portes de sa forteresse. S'il résistait à cet ordre, il serait déclaré coupable de haute trahison, déchu de son rang et de son emploi, et don Fernando y Mirandès serait chargé du gouvernement provisoire de l'Albaïzin. »

La signature du roi était authentique.

Don Paëz poussa un cri de rage, et mesurant don Fernando du regard : — C'était donc vous, fit-il avec hauteur et dédain, qui étiez le véritable gouverneur ici ?

— Vous vous trompez, monseigneur, répondit humblement le capitaine, j'étais simplement chargé de vous rappeler la volonté du roi.

— Je n'y soumets, monsieur, fit don Paëz avec un calme superbe ; mais souvenez-vous bien de ceci : le chancelier don José Déza, dont vous me paraissez être l'âme damnée, a la première manche de notre partie, mais j'aurai la seconde, et qu'il prenne garde à lui !

Le capitaine s'inclina avec indifférence.

— Prenez, dit-il, les troupes de la garnison qu'il vous plaira, monseigneur, j'emmène les autres au combat... Et c'est mon droit, ajouta-t-il, car je commande ici en second.

Il remit son chapeau et sauta en selle.

Don Paëz promena son œil d'aigle sur cette petite armée rangée en bataille ; il mesura les dragons d'un air de mépris, puis désignant du doigt les cinq cents lansquenets allemands :

— Restez ici, dit-il ; don Fernand vient de me faire observer que le devoir d'un gouverneur était de ne point abandonner le siége de son gouvernement... Et il a raison. Ouvrez les portes !

Les deux régiments espagnols sortirent de l'Albaïzin, ayant à leur tête don Fernando et Mirandès ; il ne demeura plus dans la forteresse que don Paëz, gouverneur illusoire, et les lansquenets qui, seuls, lui étaient dévoués et prêts à se faire hacher pour lui.

— O fortune ! s'écria alors le favori déchu, tu ne m'as point vaincu encore !

Il regagna son poste d'observation et voulut être spectateur de ce combat auquel la fatalité lui défendait de prendre part.

C'était le matin, nous l'avons dit, par une matinée splendide de l'Espagne avec un soleil étincelant qui miroitait sur les brumes bleuâtres flottant encore au flanc des collines, et jetées comme une mantille de gaze sur les épaules grises des rochers et les tours noircies des forteresses.

L'armée maure, immobile ainsi qu'un mur d'acier, attendait le choc de l'armée espagnole avec la confiance de son droit et de la supériorité de ses forces. Les bataillons de l'Alhambra et ceux de

Don Paëz pointa une pièce de sa main gantée, prit une lance enflammée et se tint prêt à mettre le feu. (Page 64.)

l'Albaïzin couraient, au contraire, à sa rencontre, avec l'impétuosité de troupes fraîches que les marches forcées n'ont point lassées avant le combat. Le choc fut terrible, les Maures reculèrent ; leur centre parut s'enfoncer indéfiniment vers le nord, et, croyant sans doute à une défaite prématurée, les Espagnols poussèrent en avant et voulurent poursuivre, l'épée haute, ces prétendus fuyards.

Mais soudain les ailes de l'armée maure, massée sur les collines voisines, se déployèrent rapidement et, par une manœuvre habile, se rejoignirent sur les derrières de l'armée espagnole.

Alors le centre qui avait lâché pied jusque-là s'arrêta, fit tête à l'ennemi, et celui-ci, enveloppé de toutes parts, se trouva enclavé par une muraille d'acier et dans l'impérieuse nécessité de former un carré et de changer son rôle d'agression en une attitude de défense.

Don Paëz, du haut de sa tour, assistait à ce combat, et son égoïsme, son ressentiment parlant plus haut que le devoir, il se réjouit presque de voir le combat prendre cette tournure fatale aux troupes espagnoles. Le poing sur la hanche, un sourire d'orgueil aux lèvres, il contemplait cette mêlée terrible que la fumée du canon et les reflets du soleil semblaient couvrir d'un voile aux couleurs changeantes, d'un manteau de soie et de pourpre qui en obscurcissait les détails pour imprimer à l'ensemble un cachet de poésie grandiose.

Pendant une moitié de la journée, le canon et la mousqueterie grondèrent dans la plaine, et les rangs des Maures ne cessèrent de se rétrécir comme une chaîne de fer et d'airain autour des Espagnols, qui se défendaient et tombaient un à un avec l'héroïsme du désespoir. Et à mesure que l'armée maure avançait, don Paëz souriait et sentait la joie inonder son cœur et sa tête. Il la voyant déjà se déployer poudreuse et triomphante sous les canons de l'Albaïzin et de l'Alhambra, venir se heurter à ses murailles, et alors...

Alors lui, don Paëz, aurait le droit d'agir ; il pourrait pointer le premier canon et s'envelopper d'une héroïque draperie de fumée et de gloire, auréole magique dont les rayons iraient éclairer les marches du trône de Philippe II, feraient tressaillir l'Infante de joie et d'orgueil, et pâlir ses ennemis d'impuissance et de colère !

Alors encore, le gouvernement illusoire de l'Albaïzin grandirait de toutes les hauteurs du péril ; il deviendrait le boulevard de Grenade et de l'Espagne entière ; et comme don Paëz n'avait jamais désespéré de son étoile, comme s'il se reprenait à croire en elle avec plus de ferveur encore, il faudrait bien que sous le feu de son artillerie, les fossés de ses murs devinssent le tombeau de cette armée déjà victorieuse.

Le fracas de la mousqueterie allait s'apaisant, à mesure que l'armée maure avançait ; les Espagnols décimés, sanglants, éperdus, étaient parvenus à faire une trouée, et accouraient vers leurs murailles pour s'y abriter et les défendre.

Don Paëz quitta le rempart un instant pour donner ses ordres de combat ; — puis, comme la mode d'alors était de revêtir ses plus riches habits un jour de bataille, il demanda son épée à poignée de diamants, son manteau brodé d'or, son feutre à plume blanche, et il remonta sur le rempart. L'armée maure avançait toujours.

Don Paëz pointa une pièce de sa main gantée, il prit une lance enflammée et se tint prêt à mettre le feu.

Mais soudain une manœuvre s'opéra dans les rangs des Maures qui, au lieu de poursuivre leur course vers les murailles de Grenade, firent volte-face, s'arrêtèrent une minute, puis se retirèrent lentement hors de la portée du canon.

La lance tomba des mains de don Paëz anéanti.

En même temps, il se sentit tiré par le pan de son manteau ; il se retourna et aperçut le lévrier d'Hector.

Le lévrier avait dans sa gueule une bague qu'il laissa tomber sur la dalle. Cette bague signifiait : — Le péril a grandi.

L'œil de don Paëz s'enflamma ; il frappa le sol du pied et s'écria : La veille du supplice est quelquefois l'aurore du triomphe, et je veux triompher !

XXI

L'homme qui croit à son étoile, l'homme qui ose est fort contre tous. La fortune semblait défier don Paëz, elle paraissait même le battre depuis quelque temps, mais elle ne l'avait point terrassé.

Un pas de plus, et avec cette torche j'incendie Grenade et l'Alhambra. (Page 67.)

A chaque coup qu'elle lui portait, il chancelait une seconde pour se redresser plus fier, plus inébranlable, plus audacieux que jamais.

Il contempla froidement la retraite des Maures, qui bientôt disparurent à l'horizon, cachés par un pli du terrain ; puis il reporta son regard sur les débris mutilés des bataillons espagnols, se traînant vers Grenade, la tête basse et couverts de sang ; — et une joie secrète envahit son cœur.

Le sous-gouverneur de l'Alhambra avait été tué ; quant à don Fernando y Mirandès, il avait survécu, mais on le rapportait mourant sur une sorte de civière formée avec quatre mousquets mis en croix.

— Voilà, pensa don Paëz, un homme qui ne me nuira pas de sitôt ; et, pour le moment du moins, je suis encore le vrai gouverneur de l'Albaïzin.

Un sourire amer passa sur ses lèvres :

— Ah ! fit-il avec dédain, ils m'ont confié un gouvernement dérisoire. Ah ! messire le roi, vous avez voulu humilier votre favori, et vous lui avez donné une bourgade à commander ! Eh bien ! croyez-moi, mon noble maître, ce gouvernement, je le grandirai de toute ma valeur personnelle ; ces murailles d'un quart de lieue de circonférence, je les ennoblirai d'une auréole de fumée et de sang qui gravera leur nom aux pages de l'histoire et de la renommée ; et, s'il le faut, si l'ennemi ne vient point en aide à leur gloire future, si je ne puis l'ensevelir dans le cercueil que je creuse à leur ombre, j'y mettrai le feu moi-même et, nouvel Érostrate, j'attacherai mon nom au nom de l'Albaïzin incendié, et ces deux noms, enlacés à toujours, diront aux âges à venir ce qu'eût été don Paëz !

La nuit approchait. Don Paëz quitta le rempart, descendit dans les rues et alla, comme c'était son devoir et son droit, recevoir aux portes qu'on venait d'ouvrir les débris sanglants et dispersés de sa garnison.

Don Fernando avait reçu un coup de lance à travers le corps, et il était évanoui ; à peine osait-on répondre de sa vie.

Ce qu'il ramenait de la garnison de l'Albaïzin sortie le matin, pouvait être évalué à deux cents hommes, la plupart hors de combat et incapables de reprendre vis-à-vis du gouverneur cette attitude d'hos-

tilité et de révolte qui avait entravé jusque-là ses moindres volontés. Les lansquenets allemands dévoués à don Paëz composaient seuls désormais la garnison valide de l'Albaïzin.

Don Paëz donna ses ordres pour la nuit, regagna la citadelle et se retira dans son appartement. Il avait besoin de solitude et de méditation pour parer les coups que la fortune aveugle s'obstinait à lui porter sans relâche. Mais il était seul à peine que son Maure Juan entra avec un air de mystère.

— Que me veux-tu ? lui demanda don Paëz surpris.

— Monseigneur, répondit Juan, un habitant de l'Albaïzin sollicite de vous un entretien secret.

— Sais-tu ce qu'il désire ?

— Je l'ignore ; c'est un barbier qui se nomme Padillo.

— Est-il Maure ou Espagnol ?

— Ni l'un ni l'autre ; il est juif.

— Fais-le venir, dit don Paëz agité d'un secret pressentiment.

Juan introduisit un petit vieillard jaune et voûté, aux cheveux blancs et rares, à la barbe grise et mal taillée. Son œil pétillant, son nez crochu, ses lèvres minces disaient assez à quelle race il appartenait. Il salua avec cette humilité servile et railleuse en même temps des fils d'Abraham, et se tint debout et les yeux baissés devant le gouverneur qui attachait sur lui son œil interrogateur.

— Que me voulez-vous ? demanda don Paëz.

— Monseigneur, répondit le juif, je suis le barbier le plus achalandé de l'Albaïzin depuis que la guerre civile déchire notre belle Espagne.

— Ah ! et comment cela ?

— C'est fort simple. Les Maures de l'Albaïzin jouissent, par un caprice de feu l'empereur Charles-Quint, de certaines franchises, de quelques prérogatives que n'ont jamais eues leurs frères de Grenade et des autres villes de l'Espagne. Ils se trouvent heureux ainsi et n'ont aucun intérêt direct au rétablissement d'un prince maure sur le trône de Grenade. Ils n'ont donc aucune haine pour les Espagnols, et font même avec eux un certain commerce de détail assez étendu.

5

Cependant, comme leurs frères ont levé l'étendard de la rébellion, par un sentiment d'orgueil national, par une sorte de pudeur patriotique, ils ont rompu ostensiblement avec les chrétiens et ils paraissent n'avoir plus avec eux aucun rapport ; mais chaque fois qu'ils peuvent en rencontrer sur un terrain neutre, ils continuent leurs relations et leurs échanges commerciaux.

— Eh bien ? fit don Paëz.

— Eh bien ! monseigneur, comme je ne suis ni chrétien ni maure, mais israélite, ils se donnent naturellement rendez-vous dans mon échoppe, où ma profession les attire forcément, du reste.

— Je comprends ; où voulez-vous en venir ?

— Le voici... dit le juif d'un ton mystérieux et à voix basse ; j'ai des révélations importantes à faire à Votre Excellence.

— Et, fit don Paëz, prêtant l'oreille, quelles sont ces révélations ?

— Je suis sur la trace d'un complot, monseigneur.

Don Paëz releva la tête, comme un cheval de bataille qui entend tout à coup un bruit lointain de clairons.

— Et ce complot a pour but ?

— La prise de l'Albaïzin et celle de Grenade.

Le gouverneur fronça le sourcil.

— Je croyais, dit-il, du moins c'était votre avis tout à l'heure, que les Maures de l'Albaïzin étaient parfaitement inoffensifs ?

— La majeure partie ; oui, monseigneur.

— Et l'autre ?

— L'autre se souvient qu'elle est de race mauresque, qu'elle a été libre avant de subir le joug de l'Espagne, et elle est prête à sacrifier ses intérêts du moment à la splendeur future de ses frères.

— Comment le savez-vous ?

— Dans mon échoppe, poursuivit le juif, il se tient, depuis huit jours, bien des conversations étouffées, bien des propos allégoriques. J'ai l'air de ne rien entendre, je parais ne m'occuper que de mes rasoirs ébréchés et de mon savon parfumé, mais je ne perds ni un mot, ni un geste.

— Et vous avez, dites-vous, découvert un complot ayant pour but l'occupation de l'Albaïzin ?

— Votre Excellence l'a dit.

— Connaissez-vous les chefs de ce complot ? Pouvez-vous me donner des détails ?...

Le juif se gratta l'oreille : — Je suis un pauvre diable, murmura-t-il, et je gagne de mon mieux ma misérable vie...

— Je comprends, fit don Paëz avec dédain, tu viens me vendre ton secret ?

— Votre Excellence a bien de l'esprit ; elle a deviné juste.

— Fais ton prix, juif...

Et don Paëz prit une bourse qui se trouvait sur une table, à portée de sa main : — Veux-tu mille pistoles ? dit-il.

— Hum ! grommela le juif, les Maures sont riches, et je suis bien sûr qu'ils payeraient mon silence plus cher que vous ne voulez acheter ma langue.

— Je double, dit froidement don Paëz. Si tu n'es pas content, je te fais pendre sur l'heure.

— C'est pour rien, murmura le barbier, mais je suis un fidèle sujet de Sa Majesté Catholique et je vais tout vous dire.

Don Paëz vida la bourse sur la table.

— Voilà quinze cents pistoles, dit-il ; demain tu auras les cinq cents autres.

— Oh ! je puis faire crédit à Votre Excellence. Cependant...

— Quoi donc, maroufle ?

— Comme le grand courage de Votre Excellence peut, cette nuit, l'exposer à quelque péril, si elle voulait me donner un bon sur son trésorier...

— Soit, répondit don Paëz prenant une plume.

— On ne sait ni qui vit ni qui meurt, dit humblement le juif.

— Et maintenant, ajouta le gouverneur en lui tendant le papier qu'il venait de griffonner, parle, juif, et parle bien surtout ! ou je te fais hisser au beffroi de la citadelle comme un étendard de sinistre augure.

Le pauvre homme sourit humblement :

— Votre Excellence sera satisfaite, dit-il.

Don Paëz se renversa sur son siége et prêta l'oreille.

— Le roi de Grenade, commença le juif, a un lieutenant en qui il a toute confiance, et qui se nomme Aben-Farax. Ce lieutenant est un homme de bravoure et de résolution ; il est né dans l'Albaïzin, il y a encore une partie de sa famille, et c'est sur elle et les amis de cette famille qu'il a surtout compté pour la réussite de son plan. Le nombre des Maures de l'Albaïzin, gagnés à la cause d'Aben-Farax, s'élève à environ cent cinquante hommes. Ces cent cinquante hommes, doivent entraîner par leur exemple le reste de la population et la contenir au besoin. L'Albaïzin communique avec l'Alhambra par un passage souterrain qui passe sous le lit du Daro ; — un autre souterrain relie l'Albaïzin aux Alpunares. Ce souterrain est étroit, tortueux, et il faudrait plus d'un jour pour y faire passer toute une armée ; mais ces cinquante hommes pourront aisément y pénétrer et ressortir en deux heures au centre même de la ville. Les caves de la famille d'Aben-Farax lui servent d'issue. Nul, si ce n'est quel-

ques Maures, ne connaît cet important secret ; — pas un Espagnol ne soupçonne l'existence de ce passage.

— En vérité, interrompit don Paëz, je conseille au roi Philippe II de vanter encore la police de l'Inquisition.

— C'est par là, poursuivit le juif, que cette nuit même...

— Déjà ? fit don Paëz avec joie.

— Par là, reprit le juif, que dans quelques heures Aben-Farax et une petite troupe aguerrie pénétreront dans l'Albaïzin. Cette troupe, jointe aux Maures de la ville qui servent la cause de leurs frères, à l'aide des ténèbres et grâce au déplorable état de la garnison, encore harassée du combat d'aujourd'hui, se rendra aisément maîtresse des portes et des postes principaux, tandis que l'armée mauresque, qui a paru se retirer, mais qui est campée à deux lieues d'ici, accourra, et, s'emparant de l'Albaïzin dont les portes lui seront ouvertes, escaladera les hauteurs de l'Alhambra, qui lui sera livré par un détachement introduit dans la place à l'aide du souterrain du Daro.

Le juif s'arrêta et regarda don Paëz.

— A quelle heure, demanda celui-ci, Aben-Farax entrera-t-il dans l'Albaïzin ?

— A minuit.

— A quelle heure l'armée maure se trouvera-t-elle sous les murs de l'Albaïzin ?

— Une heure plus tard.

— C'est bien ; indique-moi la maison où se trouve l'issue secrète ?

— C'est celle que j'occupe, monseigneur.

Le juif fit un pas en arrière ; don Paëz l'arrêta d'un geste :

— Tu vas rester ici, dit-il, et si tu m'as menti, tu seras pendu.

Il frappa sur un timbre, deux lansquenets parurent :

— Conduisez cet homme à la tour du Sud, dit-il, et veillez sur lui, vous m'en répondez.

On emmena le barbier.

Alors un fier sourire glissa sur les lèvres de don Paëz, qui s'écria :

— Cette fois le combat aura lieu dans mes murs ; cette fois je serai bien le véritable défenseur de Grenade, et don Fernando ne sera point là pour discuter mes ordres.

Don Paëz frappa une seconde fois sur un timbre. Juan reparut.

— Appelle, lui dit-il, le capitaine des lansquenets.

Le capitaine arriva sur-le-champ. C'était un gros Allemand, grisonnant déjà, toujours à moitié ivre, capable de tout, même de piller une église et de se faire mahométan pourvu qu'on le payât ; mais tenant scrupuleusement sa parole, et brave comme un lion.

— Combien avons-nous d'hommes en état de combattre ? demanda don Paëz.

— Six cents environ.

— L'Albaïzin a-t-il des vivres et des munitions en assez grande abondance pour soutenir un siége de huit jours ?

— Oui, monseigneur.

— Même contre une armée de dix mille hommes ?

— Les murs sont bons, nos hommes sont braves ; pourvu que nous ayons à boire...

— Très-bien. Faites doubler les postes des portes. Nous serons assiégés cette nuit même.

— Oh ! oh ! grommela le lansquenet, peut-être faudrait-il en donner avis à l'Alhambra...

— Non, de par Dieu ! s'écria don Paëz, je veux la gloire et le péril pour moi seul !

— Payera-t-on mieux ? demanda le lansquenet.

— On payera double, répondit don Paëz.

— Morbleu ! avec mes cinq cents hommes, je tiendrais tête à toutes les Espagnes !

— Tout votre monde aux remparts, excepté cent hommes que vous commanderez.

— Où les conduirai-je ?

— Je vous montrerai le chemin. Allez donner vos ordres et attendez.

Don Paëz ceignit son épée et descendit dans les cours intérieures de la forteresse, où le capitaine de lansquenets exécutait ses instructions.

— Comment va don Fernand ? demanda-t-il.

— Mal, lui répondit un soldat, il a le délire.

— Qu'il l'ait quelques heures encore, pensa-t-il, et je suis sauvé !

Les cent hommes étaient prêts à partir, et la nuit, devenue obscure, devait protéger leur marche silencieuse à travers les rues désertes de l'Albaïzin.

— Qu'on m'amène le barbier que l'on a conduit en prison, ordonna don Paëz qui, sans doute, avait réfléchi que le juif lui pouvait être un précieux cicérone.

On alla chercher le barbier.

— Juif, lui dit le gouverneur à demi-voix, tu m'accompagnes et tu vas m'indiquer, rue par rue, les maisons de ceux qui sont disposés à prendre les armes pour les Maures.

Le juif hésita.

— Cela n'était point convenu entre nous, balbutia-t-il.

— Je te payerai. Marche.

L'objection était levée. Le juif marcha.

— Allons d'abord chez toi, dit don Paëz.

Le juif, après quelques centaines de pas, s'arrêta devant la porte de la maison où il avait fait son échoppe, et qu'habitait la famille d'Aben-Farax.

Un soldat heurta cette porte avec la crosse de son mousquet.

La porte demeura close longtemps et ne s'ouvrit enfin qu'avec précaution sous la main d'un vieillard débile et courbé, qui demanda d'une voix tremblotante à qui on en voulait chez lui.

— A vous, répondit don Paëz.

Et, sur un signe du gouverneur, deux soldats appuyèrent le canon de leur mousquet sur la poitrine du vieillard qui recula tout tremblant.

— Vous êtes le père d'Aben-Farax ? demanda don Paëz.

— Oui, monseigneur.

— Alors, veuillez me conduire dans vos caves.

— Elles sont vides ! murmura le vieillard effrayé... nous n'avons plus d'or... on nous l'a pris...

— Si vous n'avez plus d'or, vous avez une issue mystérieuse...

— Monseigneur se trompe, assurément.

— Mon maître, dit froidement don Paëz, vous avez dans vos caves l'issue d'un souterrain ; ce souterrain aboutit aux Alpunares ; par cette issue, ce soir, à minuit, votre fils Aben-Farax pénétrera dans l'Albaïzin avec cent cinquante hommes...

Le vieillard ne chercha point à nier, mais bien à s'échapper des mains des soldats et à courir au fond de sa maison pour donner l'alarme.

— Si cet homme fait un pas, tuez-le ! ordonna don Paëz.

Le vieillard rugit, mais l'instinct de la conservation l'emporta chez lui sur tout autre sentiment, et il demeura paisible aux mains des soldats.

— Conduisez-nous, dit alors don Paëz ; sur ma foi de gentilhomme, il ne sera fait de mal à personne, et aucune vengeance ne sera exercée. Mais que tout le monde se rende ou j'ordonne un massacre général des Maures dans l'Albaïzin ; Demain je rendrai la liberté à tout le monde, et l'Inquisition ne sera point instruite de cette tentative de révolte.

XXII

Le vieillard guida don Paëz et ses hommes à travers un dédale de corridors, et les conduisit par un étroit escalier jusqu'à une salle souterraine éclairée par de nombreuses torches, et au milieu de laquelle une douzaine de Maures, la plupart jeunes et vigoureux, apprêtaient des armes de toute nature et fabriquaient des munitions et des engins de guerre.

A la vue inattendue des soldats, ils se levèrent précipitamment et portèrent la main à leurs pistolets et à leurs poignards ; mais le vieillard leur cria soudain :

— Bas les armes ! nous sommes trahis !

Quelques-uns vociférèrent ; don Paëz leur dit :

— Si vous voulez faire massacrer tous les Maures de Grenade et de l'Albaïzin, vous n'avez qu'à tirer un seul coup de feu.

Les Maures se rendirent à merci.

— J'ai nom don Paëz, reprit le gouverneur, et comme je suis loyal, j'ai foi en la loyauté des autres. Voulez-vous être mes prisonniers sur parole ?

— Soit, répondirent-ils.

— En ce cas, demeurez ici, et qu'aucun de vous ne bouge.

Puis don Paëz se tourna vers le capitaine des lansquenets :

— Emmenez le barbier avec vous, dit-il, pénétrez dans toutes les maisons, désarmez sans bruit tous les conspirateurs ; si l'on résiste, faites tuer à coups d'épée, mais que pas un coup de feu ne soit tiré.

Le capitaine s'inclina.

— Ensuite, poursuivit don Paëz, vous enverrez un détachement à la forteresse et ferez apporter ici une vingtaine de barils de poudre.

Les Maures se regardèrent avec effroi :

— C'est pour faire sauter Grenade et l'Alhambra si besoin est, dit tranquillement don Paëz.

Ces ordres furent promptement exécutés.

Tandis que le capitaine de lansquenets, avec une partie de ses hommes, désarmait et cernait les maisons suspectes, guidé par le barbier, un officier apportait en toute hâte les barils de poudre demandés par don Paëz.

La salle où le vieillard l'avait conduit n'était autre que le point de jonction des deux souterrains, fermés tous deux par une porte de fer.

Don Paëz se fit ouvrir celle qui conduisait à l'Alhambra, et il ordonna qu'on y plaçât les deux tiers de la poudre ; laissant le reste dans la salle. Il avait près de lui une vingtaine d'hommes, il en fit demander trente autres à la forteresse ; puis, quand minuit approcha, il ordonna qu'un baril fût défoncé, se fit donner ensuite une torche, et se plaça à côté, sans que les Maures frissonnants pussent deviner son projet.

Au moment où minuit sonnait, deux coups discrets furent frappés à la porte du souterrain qui venait des Alpunares.

— Ouvrez ! ordonna don Paëz.

La porte tourna sur ses gonds et un homme entra, l'épée à la main : c'était Aben-Farax ; puis deux autres, pareillement armés, ses frères, et après eux une vingtaine de Maures, tous armés, tous prêts

à combattre... mais tous s'arrêtèrent frappés de stupeur à la vue des soldats allemands qui emplissaient la salle, et de don Paëz, immobile et calme auprès du baril de poudre, la torche dans la main droite, la gauche sur la garde de son épée.

— Messire Aben-Farax, dit-il alors en les mesurant d'un tranquille regard, j'ai nom don Paëz ; j'étais le favori du roi d'Espagne, mais on a miné ma faveur et mes rêves d'ambition sont près d'avorter. Un coup d'éclat seul peut raffermir ma fortune ébranlée ; si l'occasion me manque, j'appellerai la mort à mon aide. Les regrets de l'ambition déçue sont le plus atroce des supplices. Or, vous empêcher de prendre Grenade, vous faire prisonniers vous et ceux qui viennent derrière vous, serait certes un assez beau coup et je vais le tenter. Je ne veux ni coups de feu, ni tumulte, ni sang versé. Si l'on se battait dans les rues de l'Albaïzin, on me traiterait de boucher et mes ennemis me contesteraient ma victoire. Rien de tout cela ; je veux simplement vous amener à déposer vos armes et à vous rendre à merci.

— Par Mahomet ! s'écria le bouillant Aben-Farax, je voudrais bien savoir comment ?

— De la plus simple façon, messire. Vous voyez ce baril, vous voyez cette porte ouverte, et par cette ouverture d'autres barils semblables à celui-ci ?

— Oui, murmura Aben-Farax.

— Eh bien ! il y en a trente ou quarante semblables, échelonnés jusque sous les murs de l'Alhambra.

Aben-Farax fit un mouvement et voulut marcher sur don Paëz.

— Un pas de plus, dit celui-ci, et avec cette torche j'incendie Grenade et l'Alhambra, les souvenirs d'orgueil de votre race, les merveilles de vos rois ; — tout ce qui atteste votre splendeur passée, tout ce qui est l'objet, le but de vos rêves d'avenir, saute avec nous et retombe en décombres noircis.

Et don Paëz approchait la torche du baril.

— Bas les armes ! cria Aben-Farax frémissant ; nos frères accourent et nous délivreront !

— Je vais les recevoir ! répondit don Paëz d'une voix railleuse.

Il confia les prisonniers aux lansquenets et courut à la forteresse, sur laquelle marchait l'armée maure, commandée par le roi Aben-Humeya lui-même.

Pas une lumière ne brillait aux créneaux de l'Albaïzin ; les remparts de la forteresse paraissaient déserts, et don Fernand ne douta point un instant que l'assaut ne fût de courte durée, grâce au sommeil des assiégés, qui lui permettrait d'espérer un plein succès.

La nuit était sombre, et la silhouette noire des tours se dessinait à peine sur le bleu foncé du ciel.

Les Maures marchaient silencieux, croyant toujours au sommeil de la garnison ; mais soudain, et au moment où ils étaient à portée de mousquet, les créneaux, les remparts, les tours, s'illuminèrent à la fois, puis s'enveloppèrent d'un manteau de fumée et retentirent d'un horrible fracas. Le canon grondait !

— Nous sommes trahis ! s'écria don Fernand, nous avons un véritable siège à faire maintenant, car l'homme qui défend ces murs est aussi brave que moi. Feu ! et aux remparts.

Don Fernand poussa vigoureusement son cheval aux pieds duquel vint s'amortir un boulet ; — et presque aussitôt, à la lueur momentanée d'un coup de canon, il aperçut debout sur le rempart, calme, impassible, la tête haute et l'œil flamboyant, un homme qui donnait ses ordres d'une voix brève et assurée : c'était don Paëz.

— Fatalité ! murmura-t-il, cet homme et moi, nous devrions être frères !

XXIII

Les murailles de l'Albaïzin resplendissaient comme un phare dans l nuit sombre ; les boulets, la mousqueterie pleuvaient sur les assiégeants et leur causaient grand dommage, tandis qu'abrités derrière les créneaux, les assiégés n'éprouvaient que des pertes minimes.

Don Paëz, l'épée à la main, l'œil étincelant, la parole brève, le regard hautain, était partout, calculant la durée de l'attaque avec le sang-froid d'un général vieilli dans les camps.

Éveillé en sursaut par le fracas fait autour de l'Albaïzin, l'Alhambra s'était illuminé, à son tour, d'une auréole de feu, et ses boulets, sifflant au-dessus des murs et des tours de l'Albaïzin, allaient ricocher sur les bataillons maures et y creuser un sillon sanglant. Le combat dura jusqu'au jour.

Au moment où naissaient les premières clartés de l'aube, les Maures se regardèrent, calculèrent l'énormité de leurs pertes, s'aperçurent que pas un bastion de Grenade ni de ses faubourgs n'était pris, et que le siège devait être converti en blocus pour obtenir un résultat.

Mais don Fernand de Valer dédaignait un pareil moyen, et il lui paraissait indigne de son sang et de sa race d'affamer une ville pour la prendre. Il préféra se retirer.

De même que don Paëz n'avait pas quitté le rempart un seul moment, de même, don Fernand, épée au poing et couronne en tête, avait constamment poussé son cheval au premier rang et combattu comme un simple soldat. — Il avait fait son devoir de guerrier; son devoir de roi lui ordonnait maintenant de ménager le sang de ses sujets. Il ordonna donc la retraite et l'effectua sans précipitation, le visage tourné vers l'ennemi et marchant le dernier.

Don Paëz vit les Maures s'éloigner; il les suivit du regard, immobile et debout à son poste de combat, le pied sur un cadavre, appuyé sur son épée et dans l'attitude d'un héros fatigué qui se repose et contemple son triomphe. Puis, quand les Maures eurent disparu, il abaissa son œil sur le champ de bataille, sourit d'orgueil à la vue des monceaux de cadavres entassés dans les fossés et au pied des tours, et quitta enfin le rempart.

— Messire le roi, se dit-il alors, sera content de moi, je suppose, car, sans moi, le roi Aben-Humeya couchait ce soir à l'Alhambra et devenait un vrai roi de Grenade. Ah! messire mon maître, mes ennemis ont remporté une première victoire, et ils ont si bien ébranlé ma faveur, que vous m'avez donné une bourgade à gouverner? Eh bien, cette bourgade a grandi; en moins d'une nuit, elle est devenue une page de pierres à ajouter aux feuillets de l'histoire, et maintenant que, grâce à elle et à moi, Grenade vous appartient encore, peut-être ne me refuserez-vous pas le gouvernement de la ville que je vous ai gardée! Vous êtes un homme d'esprit, messire don José Déza, le chancelier; vous avez la langue envenimée des gens de justice et l'astuce des courtisans; vous êtes patient comme un larron, et vous avez mis trois mois à saper ma faveur dans le cœur et dans le cerveau du roi; — vous avez presque réussi, mon maître, et quelques jours de plus vous auraient suffi pour m'envoyer au bûcher. Malheureusement je viens de trouver le moyen de renverser tous vos projets d'un seul coup. Un simple cadeau que je vais faire à S. M. Philippe II déridera son front plissé et me rendra sa royale amitié. Il est vrai que ce cadeau, c'est la ville de Grenade que sans moi il n'aurait plus, et le bras droit du roi son rival, le lieutenant Aben-Farax.

— Çà, ajouta don Paëz, en appelant le capitaine des lansquenets qui se tenait à distance respectueuse, montez à cheval, mon maître!

— Où vais-je?

— A Madrid, conduire les prisonniers. Prenez une escorte de deux cents hommes.

Le capitaine alla faire sonner le boute-selle, et don Paëz rentra chez lui.

— Monseigneur, lui dit Juan, votre prisonnier Aben-Farax et ses deux frères désirent avoir une minute d'entretien avec Votre Excellence avant leur départ.

— C'est leur droit, répondit don Paëz; qu'on les introduise!

Aben-Farax entra peu après, salua don Paëz avec courtoisie, prit le siége que celui-ci lui indiquait et lui dit :

— Connaissez-vous, messire, la sœur de mon roi !

— La gitana... murmura involontairement don Paëz?

— Oui la gitana, fit Aben-Farax, souriant.

Don Paëz s'inclina.

— Et, poursuivit Aben-Farax, vous souvenez-vous d'une certaine rencontre entre elle et vous, dans un souterrain, un jour de chasse royale...

Don Paëz tressaillit.

— Et d'une promesse qu'elle exigea de vous? continua le Maure.

Don Paëz pâlit.

— Elle m'a chargé de vous présenter cet anneau.

Aben-Farax tira la bague de son sein et la présenta au gouverneur.

— C'est votre liberté que vous réclamez, n'est-ce pas ? demanda don Paëz.

Aben-Farax s'inclina.

— Fatalité! murmura le colonel des gardes. Tout est perdu.

Puis il ajouta tout haut:

— Un gentilhomme tient toujours son serment, messire. Vous serez libre dans quelques heures. Puisse cette liberté ne point m'envoyer à l'échafaud !

Aben-Farax demeura impassible.

— Messire, poursuivit don Paëz, vous allez partir pour Madrid, vous et les vôtres, sous bonne escorte, mais je donnerai des ordres, j'achèterai, s'il le faut, le capitaine des lansquenets que j'ai chargé de conduire le convoi, et à deux lieues d'ici, dans le premier bois que vous traverserez, il vous laissera fuir, vous et vos deux frères.

— Soit! répondit Aben-Farax.

Mais en ce moment, la porte s'ouvrit et un homme pâle et chancelant, couvert de bandelettes ensanglantées, parut sur le seuil.

C'était don Fernando y Mirandès.

Don Paëz fit un pas en arrière et porta la main à son épée avec un geste de colère, à la vue de don Fernando.

— Que me voulez-vous? demanda-t-il avec hauteur.

— Monseigneur, dit poliment don Fernando, vous allez envoyer un convoi de prisonniers à Madrid?

— Que vous importe! fit don Paëz. Je suis le gouverneur de l'Albaïzin et ne prends conseil que de moi-même et du roi.

— C'est que, précisément, c'est au nom du roi que je parle.

— Ah! Et que veut le roi?

Don Fernando déplia lentement un parchemin et le mit sous les yeux de don Paëz, qui pâlit de rage.

Ce parchemin contenait ces deux lignes :

« Si don Paëz envoie des prisonniers à Madrid, don Fernando y Mirandès sera chargé de les escorter avec une partie des troupes qu'il commande. »

« Signé : Le Roi. »

Don Paëz rugit comme un taureau irrité par une meute de chiens hurlants. Une seconde d'anxiété terrible s'écoula pour lui; car il se trouvait dans la dure nécessité de fouler son serment aux pieds ou de désobéir au roi.

Pendant une seconde il tourmenta son épée dans son fourreau et fut tenté d'en frapper don Fernando. S'il n'eût été blessé déjà et chancelant encore, don Fernando était un homme mort. Son état de faiblesse le sauva.

Don Paëz garda une minute de terrible silence, pendant lequel don Fernando parut inquiet et troublé; puis il lui dit avec dédain :

— Vous êtes souffrant, monsieur; il serait imprudent de vous mettre en route en pareil état...

— Le roi le veut, murmura don Fernando.

— Sans doute, fit don Paëz, le roi veut que vous escortiez les prisonniers que j'enverrai. Mais...

— Mais? demanda don Fernando avec hésitation.

— Je ne les enverrai point, répondit froidement don Paëz; ils demeureront ici.

Don Fernando parut étonné et jeta un furtif regard sur Aben-Farax et ses frères.

Don Paëz surprit ce regard, et un éclair jaillit de son œil.

— Don Fernando, dit-il d'une voix railleuse, vous êtes pâle et hâve comme un mort qui ressuscite, ou un homme de loi tel que messire le chancelier; vous souffrez, mon cher sire, et nous sommes exposés ici à tous les vents de l'Espagne, rentrez donc chez vous au plus vite; — l'Albaïzin et le roi feraient une perte trop cruelle si vous mouriez de vos blessures.

Don Fernando salua froidement et sortit.

Alors don Paëz se tourna vers Aben-Farax et lui dit :

— Je vous ai donné ma parole que vous seriez libre, vous le serez cette nuit même. Comptez-y.

La nuit suivante, vers deux heures, la porte de la tour où étaient enfermés Aben-Farax et ses frères s'ouvrit sans bruit, et un homme, dont le chapeau tombait jusque sur les yeux, entra dans le cachot où les trois Maures s'étaient endormis.

— Suivez-moi, dit mystérieusement cet homme.

Ils obéirent. L'inconnu les guida, à travers les ténèbres, jusqu'à un petit escalier tournant qui s'enfonçait dans les profondeurs de la forteresse, et il descendit le premier.

Ils le suivirent, confiants en la loyauté de don Paëz.

Après avoir descendu une centaine de marches, ils pénétrèrent dans un corridor assez étroit qu'ils traversèrent dans toute sa longueur; au bout de ce corridor était une porte que l'inconnu ouvrit, et quand elle eut tourné sur ses gonds, ils se trouvèrent en plein air.

Ils reconnurent alors qu'ils venaient de franchir une poterne, ils aperçurent un pont-levis jeté sur le fossé extérieur, et, au-delà du pont-levis, trois chevaux attachés à un arbre. Alors ils reportèrent leurs regards sur leur guide et, à la clarté phosphorescente qui se dégage de l'atmosphère des pays chauds et jette un rayon lumineux à travers les nuits les plus sombres, ils reconnurent don Paëz...

Don Paëz qui, conspirant contre lui-même, trompait le gouverneur au profit du gentilhomme et trahissait le roi pour être fidèle à son serment.

— Messire, dit-il à Aben-Farax, voilà des chevaux, partez au plus vite, et que les premiers rayons du jour vous trouvent à distance de l'Albaïzin. Hors de mon gouvernement je ne peux rien.

Aben-Farax s'inclina.

— Dans mon gouvernement même, reprit don Paëz avec un accent de dédain amer, je suis bien moins gouverneur que gouverné; et mes pouvoirs illimités en apparence se trouvent restreints et contre-balancés par une influence mystérieuse. Mes ennemis ont su placer des espions autour de moi, et je ne suis, pour l'heure, rien moins que le gouverneur de l'Albaïzin.

— Je le sais, murmura Aben-Farax.

— Ah! vous le savez? fit don Paëz tressaillant.

— Sans doute. Les Maures savent tout. Don Paëz, vous êtes le seul Espagnol, si j'en excepte Mondéjar, pour lequel nous n'ayons aucune haine au fond du cœur.

— Je vous ai pourtant fait assez de mal cette nuit même?

— Oui, mais nous avons un pressentiment.

— Lequel?

— C'est que vous combattrez un jour dans nos rangs. Ne riez pas, don Paëz, Dieu est grand.

— Et Mahomet est son prophète, n'est-ce pas? Je ne crois pas à Mahomet.

— Don Paëz, dit gravement Aben-Farax, on ne retrouve point le cœur d'un roi, pas plus que le cœur d'une maîtresse. Votre faveur est sapée ; le roi ne vous aime plus, car il sait tout...

— Quoi ! tout ?

— Il sait que vous aimez l'Infante.

— Il se trompe, mon maître, je veux seulement qu'elle m'aime.

— C'est ce que je voulais dire. Eh bien ! don Paëz, si l'Infante vous aime, et j'en suis assuré du reste, vous ne l'épouserez jamais...

— Peut-être ?

— Vous épouserez la sœur de mon roi, celle que vous appelez la 'itana.

— Jamais.

— Ne vaut-elle point une infante d'Espagne ?

— Peut-être... mais je ne l'épouserai pas.

— Même si elle vous donnait un trône ?

Don Paëz tressaillit et hésita.

— Non, dit-il enfin, même pour un trône.

— Et pourquoi cela, don Paëz ?

— Pourquoi ? parce que l'ambition et l'amour ne cheminent point côte à côte dans l'âpre route de la vie ; parce que l'amour étouffe l'ambition... et j'ai peur d'aimer la gitana !

Aben Farax poussa un cri :

— Tu l'aimes ! don Paëz, fit-il avec joie ; don Paëz, une heure viendra où tu seras las de ton maître, comme nous l'avons été de notre joug, et, à cette heure-là, don Paëz, nous t'attendrons ! Adieu !...

Et Aben-Farax sauta en selle avec ses frères et s'éloigna au galop.

Don Paëz le suivit des yeux à travers les ténèbres ; puis, lorsque le galop se fut éteint dans l'éloignement, il rentra dans l'Albaïzin, referma soigneusement la poterne et murmura :

— Cette femme est donc un démon, que mon cœur tressaille quand on me parle d'elle, et qu'un trouble inconnu s'empare de ma tête et de mon cœur à son souvenir ? Cet homme est donc un prophète, qu'il m'annonce l'heure de ma chute avec un accent convaincu et un front impassible ?

Et une sueur glacée inonda le front de don Paëz.

— Pourtant, reprit-il, j'ai foi en mon étoile ; pourtant je dois être si grand un jour, si j'en crois la voix secrète du destin, qu'une couronne descendra du ciel ou montera de l'enfer sur mon front... Cet homme est un imposteur !... Ou bien, acheva-t-il soudain, ou bien me serais-je trompé, et cette couronne que j'attends de l'Espagne me viendrait-elle d'ailleurs ? Attendons ! ce mot est le talisman de la vie.

Le jour venait, don Paëz, enveloppé dans son manteau, regagna ses appartements.

Les escaliers étaient déserts à cette heure, les sentinelles sommeillaient çà et là sur leurs hallebardes ; don Paëz traversa un obscur corridor, le front penché et absorbé dans une méditation profonde ; aussi n'aperçut-il point un homme, immobile et dissimulé dans l'ombre, qui dardait sur lui un œil étincelant et le suivit du regard usqu'à ce que la porte de sa chambre se fut refermée sur lui.

C'était encore don Fernando y Mirandès, pâle et frissonnant de fièvre sous son manteau brun :

— Don Paëz, murmura-t-il, tu viens de faire évader un prisonnier de guerre, te voilà coupable de haute trahison... et nous te tenons enfin !

XXIV

Cinq jours après, vers le soir, un cavalier s'arrêta tout poudreux aux portes de l'Albaïzin ; il portait le costume des gentilshommes de la maison du roi, et il montra aux porte-clefs et à l'officier des portes un parchemin scellé du sceau royal et fermé par un fil de soie bleue.

— Pour le gouverneur ! dit-il.

On le conduisit auprès de don Paëz, et don Paëz, le reconnaissant, poussa un cri et pâlit...

C'était Hector. Hector, harassé, épuisé, aussi pâle que don Paëz, l'œil brillant de fièvre.

— Ciel ! s'écria le gouverneur, qu'arrive-t-il donc ?

Hector congédia, d'un geste, les lansquenets qui l'avaient conduit auprès de son frère, ferma soigneusement la porte et revint vers don 'ëz :

— Frère, lui dit-il avec émotion, demain il serait trop tard, il faut fuir cette nuit même.

— Fuir ! exclama don Paëz.

— Préfères-tu l'échafaud ?

— L'échafaud ! l'échafaud ! pour moi ! As-tu perdu la raison ?

— Tiens ! dit Hector d'une voix brisée, en rompant le scel du parchemin, lis.

Don Paëz frissonna une seconde, puis il lut d'une voix calme et forte :

« Nous, Philippe II, roi des Espagnes, des Indes, etc., etc., à notre féal don Fernando y Mirandès, salut !

« Notre volonté royale est qu'au reçu des présentes lettres, vous preniez le commandement suprême des forces de l'Albaïzin, fassiez jeter en prison le gouverneur don Paëz, que nous déclarons, sur notre

foi de roi, coupable de haute trahison, assembliez un conseil de guerre, afin que le traître soit jugé, condamné et mis à mort dans le plus bref délai.

« Fait en notre palais de l'Escurial, etc.   « PHILIPPE, roi. »

Don Paëz chancela.

— Oh ! s'écria-t-il, je vais monter à cheval, courir à Madrid, me défendre, et malheur ! malheur à ceux qui me veulent briser !

— Malheur à toi-même, frère, si tu ne fuis à l'instant ! Le gentilhomme qui portait cet ordre avait douze heures d'avance sur moi ; je l'ai rejoint la nuit dernière, au milieu d'une forêt ; je l'ai supplié de me rendre ce parchemin, et il m'a refusé ; alors j'ai mis l'épée à la main...

— Et alors ? fit don Paëz anxieux.

— Alors, dit mélancoliquement Hector, Dieu sans doute a été pour moi et a guidé mon épée, car je l'ai tué ! Mais on aura trouvé son cadavre, et ces ennemis ne se seront point bornés sans doute à envoyer un seul message... Dans une heure peut-être... Frère, acheva Hector qui tremblait, les instants qui s'écoulent en paroles inutiles valent des monceaux d'or et des royaumes ; tu es encore gouverneur, on t'ouvrira les portes... Fuyons !

Don Paëz porta la main à son front :

— Fuir ! murmura-t-il avec rage... O projets d'ambition, rêves de grandeur, vous n'étiez donc que des rêves ?

Et comme Hector se taisait, don Paëz continua avec amertume :

— C'est donc une fatalité que ceux qui sont coulés dans le moule du génie, ceux qui semblent destinés à enfermer le monde dans leur main, soient brisés sous le pied du destin avant d'arriver à leur but ! et ceux qui sont nés pour voir les trônes à leur niveau, les grands seigneurs en bas des trônes et au-dessous, comme dans une brume lointaine le reste des hommes, ceux-là doivent-ils donc se heurter à quelque obstacle inconnu et y briser leur front dans lequel Dieu a mis un de ces rayons lumineux, un de ces éclairs fulgurants devant lesquels s'inclinent les peuples et les rois ?

— Espère, frère ! murmura Hector.

Ce mot produisit un effet magique sur don Paëz ; sa tête inclinée se redressa, vous n'étiez donc que des rêves... lança des flammes, et il prit une si fière attitude que l'enthousiasme gagna le cœur d'Hector.

— Je suis un impie ! s'écria don Paëz, je viens de blasphémer et de renier mon étoile qui me dit qu'un trône sera pour moi tôt ou tard. Ah ! messire le roi d'Espagne, vous voulez m'envoyer à l'échafaud, moi qui vous ai conservé Grenade ? Eh bien ! je vous la prendrai, soyez tranquille ! Et ce sera à la tête d'une armée maure ; je ne suis point votre sujet, et je ne vous dois ni fidélité, ni vasselage ; je vous ai loyalement servi... en échange vous me livrez au bourreau ; eh bien ! notre pacte est rompu et mon épée m'appartient !

En ce moment on heurta à la porte, et le capitaine des lansquenets entra :

— Messire, dit-il à don Paëz, je viens vous prévenir que moi et mes hommes nous étions vendus au roi pour trois ans.

— Eh bien ?

— Eh bien ! les trois années expirent demain, et si le roi ne nous fait un autre marché, il pourra confier à qui il voudra la garde de l'Albaïzin.

— A quel prix voulez-vous faire ce nouveau marché ?

— Oh ! monseigneur, plus cher que le premier. Nous donnions notre vie pour rien. Si le roi ne veut pas de nous, nous irons ailleurs. Notre épée est à celui qui la paye le mieux.

— Et si je l'achetais, moi ? demanda brusquement don Paëz.

— Vous, monseigneur ?

— Et le double de ce que le pourrait payer le roi d'Espagne ?

— Elle serait à vous, monseigneur, à vous que nous aimons bien mieux que ce roi avare et morose qui nous fait boire de mauvais vin quand nous sommes de garde à l'Escurial.

— Eh bien ! tope ! eh bien, je vous prends à ma solde.

— Pour combien d'années ?

— Autant qu'il en sera nécessaire pour rétablir un roi maure sur le trône de Grenade.

Le lansquenet recula stupéfait :

— Que voulez-vous ? dit froidement don Paëz, le roi me traite mesquinement et m'occasionne force misères ; je prends le parti de rendre le mal pour le mal, et je le veux empêcher de dormir. Je ne suis pas Espagnol, moi, et on ne m'accusera point de trahison, je suppose ?... Allez, mon maître, allez faire monter vos hommes à cheval. Je vous suis.

— Et où allons-nous ?

— Rejoindre le roi Aben-Humeya qui est campé à dix lieues d'ici.

Le lansquenet sortit ; presque aussitôt don Fernando entra, regarda attentivement Hector, et dit à don Paëz :

— Vous avez reçu des ordres du roi ?

— Oui, messire, répondit don Paëz avec dédain, et ces ordres sont de mourir à mort les traîtres.

Don Fernando recula. Soudain don Paëz frappa sur un timbre, au son duquel accoururent les lansquenets de garde dans ses antichambres :

— Emparez-vous de cet homme ! cria-t-il, c'est au nom du roi.

Don Fernando porta la main à son épée.

— S'il résiste, tuez-le ! ajouta don Paëz impassible.

Don Fernando, pâle et tremblant comme tous les traîtres, se laissa garrotter. Alors, don Paëz lui dit :

— Vous me vouliez envoyer à l'échafaud, mon maître, et vous n'avez point réussi ; mais je vous donne ma parole de gentilhomme que j'aurai, moi, la main plus sûre et que vous serez pendu avant demain.

— Monseigneur, cria le capitaine des lansquenets par la porte entrebâillée, nous sommes prêts.

— Très-bien ! répondit don Paëz ; gardez avec soin cet homme, et dans le premier bois que nous traverserons, vous chercherez un arbre de belle venue qui lui puisse servir de potence.

Il se retourna alors vers Hector :

— Frère, demanda-t-il, me suis-tu ?

— Frère, répondit le fier et triste Écossais, ta vie est ma vie, et je n'ai d'autre but que le tien. Je te suivrai comme ton ombre.

— A cheval donc ! s'écria don Paëz. Et maintenant, messire Philippe II d'Espagne, à nous deux ! on me nomme don Paëz !

XXV

Retournons maintenant à ce petit castel maure où nous avons laissé la sœur d'Aben-Humeya brisée de douleur sous la dédaigneuse indifférence de don Paëz.

C'était un soir,—un soir d'été revêtu de toutes les splendeurs poétiques du ciel espagnol ;— le soleil déclinait à l'horizon comme un roi déchu qui gagne la terre d'exil enveloppé d'un lambeau de pourpre; et il semblait jeter, par-dessus la crête des montagnes occidentales, un dernier regard à ce frais et mélancolique paysage qu'il abandonnait à regret, — ainsi que Boabdil, fuyant vers les plages africaines, s'arrêta un moment au sommet de la sierra pour contempler une fois encore sa Grenade embaumée, son paradis à jamais perdu...

Ses obliques et mourants rayons secouaient sur les collines et le lac une poudre d'or étincelante : les vitraux du castel flamboyaient à leur reflet, et les panaches verts des sycomores s'inclinant à un léger souffle de la brise, paraissaient saluer l'agonie du roi des astres d'un hymne frémissant d'une mystérieuse harmonie.

Sur une terrasse du castel on avait roulé un lit de repos; sur ce lit était couchée nonchalamment cette femme merveilleuse, cette fée aux mains de reine, cette reine à l'imagination de fée que don Paëz avait admirée, et dont l'amour l'avait fait frissonner, lui, le sceptique et le fort.

Trois mois à peine s'étaient écoulés depuis le passage du favori de Philippe II, mais ce passage avait laissé sans doute dans le cœur de la princesse maure les germes d'une terrible orage qui n'avait pas dû tarder à éclater, si l'on en jugeait par ses traits contractés et par la pâleur de son front.

Elle était toujours belle, cependant, car la beauté de certaines femmes résiste aux plus navrantes douleurs; mais cette beauté avait pris un caractère de sombre fatalité, et don n'eût cru tressailli.

A demi couchée sur son lit de repos, elle contemplait l'horizon charmant qui se déroulait autour d'elle avec un sourire amer plein d'une résolution suprême. On eût dit la reine de Carthage pleurant Énée et prête à monter au bûcher. Deux Maures agenouillés agitaient devant elle de grands éventails et la considéraient d'un air inquiet. Elle ne paraissait pas même s'apercevoir de leur présence et elle demeurait indifférente à ce qui se passait autour d'elle. Une pensée tenace, ardente, dominatrice, plissait son front et réunissait ses noirs sourcils; le sourire crispé de ses lèvres prenait peu à peu une expression cruelle, et les Maures qui ne cessaient de l'épier en étaient épouvantés.

Tout à coup elle se releva brusquement et appela :

— Saïd ! Saïd !

Un Maure à la tête blanche, qui se tenait dans une pièce voisine, un livre à la main, accourut et l'interrogea du regard.

— Mon bon Saïd, lui dit-elle, toi qui es le plus savant médecin des Espagnes, sais-tu s'il existe un genre de mort qui n'altère point la beauté ?

Cette parole fit tressaillir le Maure, qui répondit avec vivacité :

— Que vous importe, madame ?

— Je veux le savoir.

— Eh bien ! répondit le Maure avec hésitation et attachant sur elle un regard pénétrant, je n'en connais point.

— Tu mens, Saïd ; tu mens, mon vieil ami...

— Je vous jure, madame...

— Ne jure pas, Saïd, Dieu punit les parjures.

— Mais pourquoi, balbutia le vieillard qui rougit sous ses cheveux blancs, pourquoi me faites-vous pareille question ?

— Réponds-moi sans feinte.

— Oh ! s'écria le Maure, ne cherchez point à me tromper, madame, ne le cherchez point...

— Parle, dit-elle avec autorité.

— Vous avez quelque funeste dessein,

— Mais... parle donc !

— Madame, supplia le vieillard, par grâce, par pitié, au nom de vos aïeux, au nom de votre peuple...

— Saïd, interrompit-elle froidement, as-tu jamais aimé?

Le vieillard frissonna à cette question et il regarda la princesse avec une sorte d'effroi douloureux.

— Tu as aimé, continua-t-elle ; si je ne le savais déjà, je le devinerais à cette contraction subite de ton visage, à la crispation soudaine de tes lèvres, à cette pâleur d'ivoire qui vient de passer sur ton front cuivré. Tu as aimé, Saïd, et tu as souffert... Tu as souffert horriblement sans doute, car tes cheveux sont blancs, car ton dos est voûté avant l'âge, car vieillard déjà en apparence, le feu de ton regard et l'animation de ton geste trahissent un homme jeune encore... Saïd, l'amour t'a ployé et brisé comme il me ploie et me brisera...

— Grâce !... exclama le médecin maure.

— Tu vois bien, reprit-elle avec cette froide exaltation qui trahit les volontés inébranlables, tu vois bien que ce mal t'a courbé sous son souffle de feu, et qu'aujourd'hui encore où le volcan est éteint, où l'orage est passé, tu frissonnes au souvenir de tes tortures, dont un seul mot rallume la cendre mal éteinte.

— On en guérit, murmura Saïd.

— Peut-être, dit-elle avec un sourire qui glaça d'effroi le médecin ; mais quand la guérison arrive, sais-tu de quel prix on l'a payée?... Les cheveux sont blanchi, le front s'est ridé, les derniers vestiges de la beauté se sont évanouis.

La gitana s'arrêta, et un rire étrange plissa ses lèvres.

— Eh bien ! demanda Saïd frémissant, qu'est-ce que la beauté?

— Pour un homme, peu de chose peut-être ; pour une femme, tout. Vois-la passer, cette infortunée qui a laissé aux ongles roses de l'amour sa beauté et sa jeunesse, — vois-la passer, un soir, dans quelque rue sombre ou bruyante de Salamanque ou de Tolède;—vois-la passer, hâve et tremblante, drapant sa taille roide et voûtée d'un haillon, ou cachant la maigreur de son bras sous des flots de dentelles et les pierreries d'un bracelet, duchesse ou mendiante, vois-la passer et regarde !... Cette femme, Saïd, ni les moines qui psalmodient au sentil du temple, ni les étudiants dansant et buvant avec les ribaudes, ni les enfants charbonnés dans la boue, ni l'infante rêvant dans sa litière, ne prendront garde à elle et ne s'arrêteront pour dire : Qui sait si elle n'a point bu goutte à goutte et jusqu'à la lie le calice des tortures humaines? — Et cependant cette femme, Saïd, a été belle à tenter un archange, — et si dix ans plus tôt elle eût rasé les murs de cette rue tortueuse et sombre, si elle eût traversé cette place bruyante où nul ne l'aperçoit aujourd'hui, où un sourire de raillerie ou de pitié vient heurter çà et là son morne regard, les étudiants eussent interrompu leurs danses, les enfants de dix ans eussent attaché sur elle un œil brûlant d'admiration, la jalousie eût mordu le cœur de l'infante, et tous peut-être eussent humblement demandé à Dieu le pardon d'un moment d'oubli !

La gitana s'arrêta et regarda Saïd avec un œil calme et résolu.

— Cette femme, poursuivit-elle, ce serait moi dans dix ans ; moi, dont la beauté éblouit, moi, dont les rois achèteraient l'amour au prix de leur couronne, moi, qui pourrais bien un jour faire hausser les épaules de dédain à un varlet ou à un fauconnier!... C'est bien qu'il faut que je meure, Saïd, que je meure, si je ne veux être un objet de risée ou de mépris, si je veux descendre au cercueil en reine et non en femme vulgaire!...

— Mourir! s'écria Saïd, mais vous n'y songez pas, madame! Mourir! vous si belle, si grande, vous la fille de nos rois...

— Oh! dit-elle avec un sourire, sois tranquille, je mourrai en fille de roi. C'est pour cela, Saïd, que je t'ai demandé un genre de mort qui n'altérât point la beauté, car je ne veux pas que les souffrances du trépas contractent mon visage et le rendent un objet d'horreur pour ceux qui m'ont vue belle. Je le veux, je le veux, lui, car tu m'embaumeras, tu me placeras dans un coffre de santal, avec des fleurs et des rubis dans les cheveux, parée comme en un jour de fête...

Saïd frissonnait et attachait un regard éperdu sur sa jeune maîtresse.

— Ensuite, continua-t-elle, tu escorteras et tu feras porter mon cercueil jusqu'à l'Albaïzin, dont il est gouverneur, et tu lui diras :

— « Voici les restes de la femme qui vous aimait et que votre dédain a tuée... »

La gitana s'interrompit encore ; mais cette fois ni ricanement ni sourire ne suivirent cette interruption; son front s'inclina, rêveur, sur sa poitrine, une larme perla au bout de ses longs cils, et elle murmura d'une voix brisée :

— Alors, Saïd, s'il paraît ému, si cette beauté qui m'aura survécu et qu'il a dédaignée pendant ma vie le touche après ma mort; si, étreint une minute par le remords et la douleur, il incline son front vers mon front et dépose un baiser sur mes lèvres livides; alors, Saïd, tu lui présenteras cette clef et tu lui diras :

« — Celle qui vous aimait ouvrit un jour devant vous un coffre rempli de rubis, trésor inépuisable, fortune fabuleuse qui suffit à payer tous les royaumes d'Espagne, et elle vous l'offrit en vous disant : « Prends, puisque tu es ambitieux. » « Non, lui répondites-vous. L'amour étouffe l'ambition, et je ne veux pas vous aimer. »

Eh bien! aujourd'hui, don Paëz, elle est morte, vous n'aurez pas à l'aimer; votre ambition n'aura point à souffrir de l'amour, et ces richesses la serviront. Prenez la clef de ce coffre, ce coffre est à vous... elle vous l'a laissé...»

Elle étouffa un sanglot et continua :

— Si, au contraire, mon trépas ne le touche point, si son œil d'acier s'arrête froidement sur mon front pâli, si son cœur de marbre ne tressaille point, si ce sourire glacé qui me tue n'abandonne pas un seul instant sa lèvre dédaigneuse... Oh! alors, Saïd, comme je suis fille de roi, comme il faut que mon trépas soit vengé...

Sa voix trembla dans sa gorge, elle parut hésiter...

— Alors?... demanda le médecin maure.

— Prends ce poignard, Saïd; le dernier Abencerrage l'avait à son flanc le jour de sa mort, et avec ce poignard...

Elle hésita encore et voulut jeter l'arme loin d'elle; — mais soudain une pensée terrible, un souvenir atroce illumina son cerveau.

— L'Infante! murmura-t-elle, il l'aimera peut-être... et je ne le veux pas!..

Et alors la larme qui brillait au bord de son œil s'évanouit, séchée au feu dévorant de la jalousie; son éclair remplaça cette larme, — la gitana tendit le poignard à Saïd et elle ajouta :

— Alors... tu le tueras!...

— Mais vous voulez donc mourir? s'écria le Maure tremblant.

— Je le veux!...

— Ni les larmes de vos serviteurs, ni le souvenir de vos aïeux, ni le roi votre frère...

— Silence!... Tu sais, ô Saïd, si ma volonté est un mur d'airain; je veux mourir, je mourrai!...

— Mon Dieu! Mon Dieu! murmura le Maure éperdu.

— Allons! reprit-elle, ton secret, Saïd, ton secret?

— Je n'en ai point...

— Tu mens!...

— J'ai besoin de consulter mes livres, de méditer... il me faut une partie de la nuit... Demain j'aurai trouvé.

— Demain il sera trop tard, dit-elle froidement; je veux mourir aujourd'hui, ce soir, dans une heure...Tiens, vois ce soleil couchant, cette soirée splendide, ce lac bleu, comme le ciel, immobile et calme comme lui; écoute cet hymne mystérieux qui monte de la terre au ciel par les mille voix de la brise qui pleure et de l'oiseau qui babille sous la feuillée, du ruisseau murmurant sous l'herbe et des forêts au fond desquelles résonnent des bruits inconnus... Dis, n'est-il pas doux de mourir à cette heure où tout va s'endormir ou s'éteindre : l'oiseau dans son nid, la brise au fond des bois, les rayons du soleil, cet emblème de la vie, derrière les collines qui ferment l'horizon? — Voyons, Saïd, parle vite! il me faut ton secret...

— Eh bien! s'écria le Maure avec l'accent du désespoir, j'ai composé un breuvage qui plonge en un sommeil profond.

— Bien... Après?

— Après, on ouvre les veines des poignets et des pieds, et le sang fuit goutte à goutte sans que la victime éprouve la moindre douleur.

— Tu me passeras au bras mes plus gros bracelets, afin de cacher ma blessure; il ne faut pas qu'il voie le sang, il en aurait peut-être horreur. Ton breuvage, Saïd, prépare-le sur l'heure.

— Mon Dieu! supplia le Maure, attendez une heure encore, madame, rien qu'une heure...

— Mais tu ne vois donc pas, malheureux, s'écria-t-elle avec colère, tu ne vois donc pas que ce trépas que j'implore est une délivrance, et que cette heure que tu me demandes est une heure de tortures de plus?... Appelle mes femmes, Saïd, je veux être belle et parée pour mourir; je veux prendre les vêtements que j'avais le jour où il vint et me vit ici; je veux une couronne des fleurs les plus rares, à mes mains des bagues sans prix; je veux, sous mon pied nu, des sandales de velours et d'or, et, dans le cercueil où tu me placeras, je veux que mes cheveux noirs, dénoués, s'arrondissent en boucles capricieuses et fassent un oreiller de velours à mon visage blanc et pâle.

Saïd frissonnait et gardait le silence.

— Mais surtout, reprit-elle, souviens-toi que je veux être belle, belle à éblouir...Tu m'arroseras de parfums pour chasser les haleines fétides du trépas... tu brûleras de l'encens dans ma tombe...

La gitana s'arrêta et prêta l'oreille... Un bruit inaccoutumé se faisait entendre dans le château.

— Qu'est-ce? demanda-t-elle vivement et vivement troublée; qu'arrive-t-il? que peut-il arriver?

Saïd se précipita, heureux de cette diversion inespérée; — mais soudain la porte s'ouvrit et un homme entra...

C'était Juan, le Maure de don Paëz.

— Où est le roi? demanda-t-il.

— Que lui voulez-vous?

— Je viens de la part de don Paëz.

— Que dites-vous? s'écria la gitana.

— Je dis que don Paëz a été disgracié et condamné à mort par le roi d'Espagne.

La gitana poussa un cri et chancela.

— Rassurez-vous, se hâta de dire Juan, il a fui... il est sorti de

l'Albaïzin escorté par cinq cents lansquenets qu'il avait pris à sa solde et il s'est dirigé vers le camp du roi Aben-Humeya.

— Et après? demanda la princesse, devenue blanche et froide comme une statue.

— En route, il a appris que le roi se rendait ici pour vous voir, et il a pris le chemin du castel pour le joindre, au lieu d'aller rallier l'armée maure.

— Mon Dieu! s'écria la princesse hors d'elle-même, où est-il, et pourquoi arrivez-vous avant lui?

— J'arrive avant lui parce qu'il a été attaqué par un régiment espagnol à trois lieues d'ici, et qu'un combat à outrance s'est engagé.

— Et vous l'avez abandonné! exclama-t-elle éperdue.

— Il l'a voulu, répondit Juan. «Cours, m'a-t-il dit, cours vers le château; si le roi s'y trouve, dis-lui qu'il va être enveloppé, et réunissez le plus de troupes qu'il vous sera possible pour défendre le castel, tandis que je tiens tête au premier choc et cimente notre jeune amitié avec mon sang et celui de mes lansquenets!... »

— Oh! s'écria la gitana avec désespoir, il est mort peut-être...

En ce moment le bruit affaibli de la mousqueterie arriva jusqu'à elle; elle se dressa frémissante et courut à une tour au sommet de laquelle elle monta pour interroger l'horizon.

L'horizon paraissait désert; cependant, au couchant, un nuage de fumée étincelait aux derniers rayons du soleil et paraissait indiquer le lieu du combat.

Elle cloua son œil éperdu sur cette fumée, elle demeura haletante, anxieuse, le front dans ses mains et le corps agité d'un tremblement convulsif, semblant attendre que ce fatal nuage se déchirât et lui montrât son bien-aimé sain et sauf, la tête haute et l'épée à la main.

Mais le nuage ne se déchira point, le soleil disparut et la nuit jeta ses premières brumes sur l'horizon; — et à mesure que les ténèbres grandirent, l'éclair des mousquets brilla et les illumina de son fauve reflet; — et chacun de ces éclairs parut à la princesse chasser la balle qui trouerait la poitrine de don Paëz.

Mais enfin éclairs et bruit s'éteignirent graduellement; le nuage, un moment converti en volcan, reprit son aspect terne et blafard, et la princesse sentit une sueur mortelle inonder son front et le glacer...

Le combat avait cessé. — Don Paëz vivait-il?

Soudain, aux dernières et mourantes clartés du crépuscule, un cavalier parut à l'horizon et se dirigea vers le castel.

Il était seul, et à sa vue la princesse tressaillit...

Était-ce lui?

Elle le suivit du regard dans sa course rapide; elle trouva, tant son anxiété était grande, que le cheval qui le portait était fourbu; les dix minutes qui s'écoulèrent avant qu'il vînt heurter les grilles du castel furent pour elle autant de siècles d'angoisses et d'agonie; et quand enfin le cheval se fut arrêté tout fumant, quand, au travers des ténèbres croissantes, il lui fut impossible de distinguer le visage de ce cavalier, folle, éperdue, elle s'écria :

— Don Paëz! don Paëz!... est-ce toi?

A ce mot, le cavalier leva la tête, et elle poussa un de ces cris d'ivresse que nulle voix, nulle plume, ne rediront jamais et dans lequel se fondirent en une joie immense les sombres et navrantes douleurs, les angoisses déchirantes qui avaient courbé le front et torturé le cœur de cette femme!...

La gitana se précipita à la rencontre de don Paëz; et tandis qu'elle bondissait avec la légèreté d'une biche effarouchée à travers les escaliers et les corridors, elle oubliait une à une toutes ses tortures, et les froids dédains de don Paëz, et la dureté de ce cœur d'acier qui ne s'était ému ni à ses larmes ni à son désespoir.

Foulant sans pitié sous ses pieds délicats les fleurs et les arbustes entassés dans les corridors, coudoyant les serviteurs qui s'échelonnaient, étonnés, sur son passage, elle arriva ainsi jusqu'au dans la petite cour où don Paëz venait de mettre pied à terre et de jeter la bride aux mains des varlets.

En voyant accourir vers lui cette femme à qui la passion donnait une beauté sublime, ce démon vêtu de satin et couvert de pierreries dont le regard le brûlait et le fascinait, à la voix duquel il tremblait involontairement, don Paëz chancela et pâlit.

— Encore elle!... murmura-t-il tout bas.

Elle ne l'entendit point, et ne prit garde ni à son émotion ni à sa pâleur, mais elle l'enlaça de ses bras de neige et lui dit :

— Vous vivez, don Paëz! les balles espagnoles ont donc passé sur votre tête et sifflé à vos oreilles sans vous atteindre? Vous êtes sain et sauf, ingrat!

Et elle le regardait avec enthousiasme, s'assurant qu'aucune goutte de sang autre que le sang ennemi ne maculait son pourpoint; — et elle avait peine à se contraindre et à se souvenir qu'elle était femme et princesse pour ne le point étreindre dans ses bras et sur son cœur.

XXVI

Don Paëz était, lui aussi, trop troublé pour trouver un mot ou un geste qui peignit son étonnement d'une aussi étrange réception;

et, comme il se taisait, la gitana l'entraîna après elle, lui prit les deux mains, les pressa doucement, et lui dit :

— Savez-vous que j'ai bien souffert depuis votre départ? savez-vous, ingrat, que mes larmes cristallisées donneraient plus de diamants qu'il n'y en a dans les coffres de mes ancêtres?... Oh! tu m'as torturée, don Paëz, comme jamais ne le fut une pauvre femme; ton indifférence, ton dédain, m'ont brisée. Mais tu es noble et bon, don Paëz, de revenir ici, d'accepter enfin ce que mon frère t'a offert, de vouloir faire de nous ta famille... C'est bien à toi, don Paëz, car si tu ne fusses point venu, si tu eusses tardé un jour encore, tu ne me gronderas point, n'est-ce pas?... tu ne m'en voudras point d'avoir douté de toi une heure, ô mon Paëz... Si tu eusses tardé, ami, tu n'aurais plus trouvé qu'un froid cadavre et tu m'aurais aimée peut-être une heure... Tu es venu, merci! merci, car la vie est bonne avec toi, car nous te donnerons une somme de bonheur si grande que tu ne regretteras ni ce monarque ingrat qui paye tes services avec la hache du bourreau, ni cette infante sans énergie et sans cœur qui te laisse accuser et condamner sans oser te faire un invulnérable bouclier de son amour!... Oh! cette femme ne t'aimait point, Paëz... si elle t'avait aimé, elle eût écrasé sous sa mule de satin les ennemis qui ont miné ta faveur, elle fût morte avant que l'arrêt fatal tombât des lèvres du roi!...

La gitana s'interrompit; elle continua à entraîner don Paëz à travers les merveilleux appartements du castel, et elle le conduisit ainsi jusqu'à cette terrasse où elle était naguère avec Saïd et où Juan l'avait rejointe. Alors, par respect sans doute pour l'amour et la folie de leur maîtresse, les serviteurs et tous les Maures la laissèrent avec don Paëz; et, après un moment de silence, elle reprit :

— Oh! si l'on venait t'enlever à moi, s'il se trouvait un homme assez hardi, soldat ou homme de justice, roi ou mendiant, pour me venir disputer mon Paëz... cet homme, fût-il mon père ou mon frère, je le déchirerais avec mes dents; j'incrusterais dans sa chair l'ivoire de mes ongles; je le mordrais à la gorge comme une hyène, avant qu'il eût touché un cheveu de ta tête...

Don Paëz croyait faire un songe, et il contemplait tout frémissant cette femme, belle entre toutes dans la splendeur poétique de la passion, l'œil étincelant, le geste hautain, le langage imagé; — et son regard s'attachait sur elle avec une sorte d'effroi, et il se demandait s'il n'avait point affaire à un fils de l'enfer devenu femme pour une heure, — le temps nécessaire pour le tenter.

— Vois-tu, reprit-elle, mon frère m'aime comme il aimerait le fils de son sang, l'héritier de son nom; pour moi, il renoncerait à l'espoir d'une postérité; pour moi, il abdiquerait la couronne... pour moi, pour me plaire, pour assurer mon bonheur, il te fera roi, s'il le faut! Nous sommes maintenant à jamais réunis, don Paëz, nous serons époux et rois un jour... Tes rêves d'ambition, mes rêves de bonheur seront réalisés...

Elle s'arrêta encore, épiant un sourire, un mot d'amour, une étreinte; mais don Paëz se redressa hautain et froid, il la repoussa d'un geste de colère et s'écria :

— Arrière, démon! arrière! tu me ferais croire à l'amour et je ne veux point y croire, je finirais par t'aimer, et l'amour tue le génie... Arrière! je ne veux pas t'aimer, je ne t'aimerai pas!...

Elle poussa un cri, chancela et s'appuya détaillante, la lèvre crispée, le regard morne, à l'angle du balcon; — et comme la folie arrivait sans doute et gagnait sa tête ébranlée, elle mesura d'un œil stupide la hauteur de la terrasse, la profondeur des flots du lac qui dormaient en bas, et elle prit son élan pour s'y précipiter.

La main de fer de don Paëz l'arrêta, il l'enleva dans ses bras et la porta, mourante, sur le lit de repos; — il accomplit tout cela froidement, sans que son cœur battît plus vite, sans qu'un muscle de son visage tressaillit, sans que sa tempe se mouillât... on eût dit une statue de marbre.

— Laissez-moi mourir! murmura-t-elle d'une voix brisée. Paëz, sois noble, sois généreux, sois bon... laisse-moi mourir!...

— Vous êtes folle! répondit-il en haussant les épaules.

Mais tout aussitôt la porte s'ouvrit et un homme entra.

Cet homme s'arrêta sur le seuil et mesura d'un coup d'œil rapide et froid la scène qu'il avait devant les yeux et dont il devina le prologue. A sa vue don Paëz recula, et la gitana, jetant un cri, se précipita vers lui et l'enlaça étroitement.

— Frère, murmura-t-elle... frère, viens à mon aide; j'ai l'enfer dans le cœur.

— Enfant, répondit le roi maure, car c'était Aben-Humeya lui-même, calme-toi et espère... l'espoir ne meurt qu'avec la vie, et je ne veux pas que tu meures...

Puis il se tourna vers don Paëz :

— Ami, lui dit-il, j'avais raison le jour où je te parlai de l'ingratitude de Philippe II et où je te prédis ta chute; tu fus sourd à ma voix, tu dois voir aujourd'hui si elle était sage : fugitif, tu t'es rappelé notre amitié et tu es venu me demander asile et vengeance, c'est noble à toi, don Paëz, et tu auras l'un et l'autre!... Mon lieutenant, Aben-Farax, a été tué ce matin même dans une escarmouche, tu prendras sa place, ami, tu seras mon lieutenant, mon frère d'armes, mon successeur...

— Jamais! s'écria don Paëz tressaillant.

— Insensé! murmura don Fernand, qui t'es persuadé que l'amour et le génie ne pouvaient brûler à la fois le même cœur et la même tête; fou qui n'as jamais songé que la femme était en ce monde le but unique de l'homme et le seul mobile de ce qu'il peut faire de noble et de grand.

— Le vide de mon cœur est mon talisman, répondit froidement don Paëz; le jour où j'aimerai je serai un homme perdu!

— Eh bien! fit le roi avec bonté, puisque tu crois à ton talisman, don Paëz, sois-lui fidèle jusqu'au jour où tu seras monté si haut que nul ne pourra te renverser de l'échelle de l'ambition; alors, jetant les yeux autour de toi, tu y retrouveras cette femme qui t'aime et dont tu brises si froidement le cœur avec ton dédain; tu la verras, muette et tremblante sous ton regard, vivant de ton sourire, prête à tout oublier, prête à t'aimer encore comme elle t'aime à cette heure. Tu ne me réponds pas, don Paëz?

Don Paëz, en effet, avait une morne et sombre attitude, et son front plissé attestait le labeur pénible de sa pensée se heurtant, bouillonnante, aux parois de son cerveau. Il attachait son regard glacé sur la gitana émue et tremblante : il paraissait soutenir une dernière lutte contre son amour au profit de son orgueil.

— Réponds-moi? demanda don Fernand de cette voix grave et entraînante qui fascinait; réponds-moi, don Paëz?

Don Paëz releva le front.

— Frère, dit-il, as-tu foi en ton étoile comme moi en la mienne?

— J'ai foi en mon droit.

— As-tu la certitude de reconstituer le royaume de Grenade et de vaincre ce sombre monarque qu'on nomme Philippe II?

— Peut-être, murmura don Fernand avec un sourire, pourvu que tu ne me maltraites point souvent comme il y a trois jours sous les murs de l'Albaïzin.

— En ce cas, s'écria don Paëz, frère, je suis à toi!... Je t'ai amené cinq cents hommes, je viens de soutenir une lutte acharnée à leur tête et de passer sur le corps d'un régiment qui fuit, à cette heure, sanglant et mutilé... Ces hommes sont campés à une lieue d'ici et ils m'attendent; je cours les chercher et je combats désormais avec toi, côte à côte et sans relâche, car je veux me venger!

— Et si nous sommes vainqueurs? demanda le roi maure.

— Eh bien? fit don Paëz.

— Ma sœur... murmura le roi.

Don Paëz hésita.

— Eh bien! reprit-il, je l'aimerai.

Il lui sembla sans doute que ce mot déchirait sa gorge, que cette promesse il ne la faisait qu'à regret, car il détourna la tête et poussa un soupir.

— Frère, dit don Fernand, patience et courage! tu seras roi!... Mais il ne faut point nous attarder ici, il ne faut pas que l'ennemi nous surprenne; j'ai à peine deux cents hommes autour de moi et le gros de mon armée n'arrivera que demain à la pointe du jour. L'ennemi ignore sans nul doute que j'ai quitté mes troupes, et son attention est concentrée sur elles; mais un espion bien renseigné, la trahison d'un soldat, pourraient découvrir ma retraite, et alors il ne nous resterait qu'à vendre chèrement notre vie... A cheval, ami, et rejoignons tes hommes.

— Mon frère les commande, répondit don Paëz, et ils seront ici dans vingt minutes.

Et tout aussitôt don Paëz prit sa trompe et sonna les premières notes de cette fanfare familière à Hector.

La voix était puissante, les notes de la fanfare traversèrent l'espace et durent aller se heurter au nuage de fumée duquel la gitana avait vu, une heure auparavant, sortir don Paëz : mais aucun son n'y répondit d'abord, et ensuite, au lieu de la ballade écossaise que le roi maure et don Paëz attendaient, un bruit de mousqueterie s'éleva au milieu du silence, et tout étonnés Aben-Humeya et don Paëz se regardèrent.

— Encore le régiment espagnol! murmura don Paëz.

Le canon gronda.

— Diable! fit don Paëz, ils n'avaient pas d'artillerie naguère...

— Voyez! voyez! s'écria à son tour le roi, en étendant la main dans une direction opposée.

Don Paëz suivit du regard la main du roi et recula d'un pas.

A l'horizon oriental des feux venaient de s'allumer au sommet des montagnes, et, à la lueur de ces feux, des armures nombreuses étincelaient et l'on pouvait voir flotter les étendards espagnols.

— A cheval! s'écria Aben-Humeya, nous sommes trahis et nous allons être enveloppés; le sud est libre encore et la retraite est possible.

— Trop tard! murmura don Paëz; regarde!...

A son tour il étendit la main vers le sud, dont les collines venaient de se couronner d'une crinière de feu : puis vers le nord, où des feux semblables s'allumaient. A cette vue, le roi maure poussa un cri de rage et s'écria :

— Dieu ne serait-il donc point pour nous?

— Pourquoi ce front pâli et cette lèvre crispée, ô ma reine? (Page 79.)

Ces collines, paisibles et silencieuses naguère, verte ceinture nouée au flanc d'une fraîche vallée, venaient de revêtir une teinte rougeâtre et lugubre qui semblait annoncer un drame prochain. Ces feux allumés, ces armes étincelantes, ces lointains hurlements du canon et de la mousqueterie disaient assez que les Espagnols connaissaient la retraite du roi maure et que tant de préparatifs n'avaient point été faits dans le but de prendre un simple castel sans autres fortifications que des jardins et sommeillant au bord d'un lac avec la confiance de la coquetterie et de la faiblesse. Ces deux hommes qui suivaient en ce moment d'un œil éperdu les rapides dispositions de ce siége, étaient braves entre tous; ils avaient coutume de contempler la mort face à face et le dédain aux lèvres, ils avaient confié leur vie l'un et l'autre, on s'en souvient, aux chances hasardeuses d'une partie de dés. Et cependant ils frémirent tous deux en cet instant, car la mort arrivait cette fois lentement et à peu près inévitable, inutile et presque sans gloire...

Un roi allait être massacré, un favori en disgrâce, un homme de génie allait être obscurément assassiné par deux ou trois régiments qui ne songeraient pas même à saluer avec respect ces deux héros dans leur chute.

Tous deux se regardèrent un instant avec une anxiété terrible.

— Que faire? murmurèrent-ils tous deux.

— Combien avons-nous d'hommes? demanda don Paëz.

— Deux cents; et de plus les serviteurs du castel.

— Eh bien! aux armes, et défendons-nous!...

— Impossible! nous n'avons pas même de remparts.

— Nous tiendrons bien une heure au moins, et cela suffit pour que notre trépas soit immortalisé... Frère, ajouta don Paëz avec enthousiasme, mourons s'il le faut, mais espérons jusqu'au dernier moment... J'ai foi en mon étoile.

— Et moi je vois la mienne pâlir et s'éteindre, murmura le roi maure.

— Frère, courage!

— Et mon peuple, que deviendra-t-il?

— Dieu veillera sur lui.

Don Fernand leva les yeux au ciel avec accablement; puis, les reportant vers la terre, il laissa tomber son regard sur sa sœur qui, muette et glacée, paraissait absorbée par un pénible rêve.

— Et ma sœur, murmura-t-il, que deviendra ma sœur?

Don Paëz tressaillit.

— Les Espagnols l'épargneront, dit-il.

— Oh! s'écria don Fernand, je la tuerais plutôt de ma main que de la voir tomber en leur pouvoir.

Et, joignant le geste à la parole, don Fernand mit la main à la garde de son épée.

Mais soudain une idée traversa son esprit; il refoula l'épée dans son fourreau et revint à don Paëz.

— Ecoute, dit-il, il y a ici un souterrain qui communique avec la sierra.

Don Paëz poussa un cri de joie.

— Nous sommes sauvés! dit-il.

— Ma sœur, du moins, et toi avec elle, répondit don Fernand. Ce souterrain se trouve ici même; tiens, regarde...

Et don Fernand fit jouer un panneau de boiserie qui mit à découvert les premières marches d'un escalier.

— Deux personnes, reprit-il, y peuvent cheminer de front; tu prendras ma sœur dans tes bras et tu l'emporteras...

— Et toi? demanda don Paëz.

— Moi, dit simplement don Fernand, je reste ici, je ne dois point fuir...

— Mais je fuis bien, moi! s'écria don Paëz.

— Tu le peux; moi je ne le peux plus...

— Que veux-tu dire?

— Je suis roi.

— Eh bien! moi, fit don Paëz en relevant la tête, je serai digne de l'être, et je ne fuirai pas!

— Tu fuiras! don Paëz, car il faut que ma sœur soit sauvée.

— Elle peut l'être sans moi; confie-la à un serviteur.

— Tu fuiras, reprit don Fernand, car mon peuple a besoin d'un roi.

Don Paëz frissonna.

— Ne me tente pas! s'écria-t-il, et laisse-moi mourir à tes côtés.

— Don Paëz, don Paëz, murmura don Fernand, l'heure s'écoule et nous dépensons les minutes en vaines paroles. Prends ton épée, don Paëz, et emmène ma sœur.

— Mais tu veux donc que je devienne lâche!...

— Je veux que tu sois roi, don Paëz. Les rois, mes pères, transmettaient la couronne aux femmes quand ils n'avaient pas de rejetons mâles; — moi, je meurs sans enfants, et je laisse mon sceptre à ma sœur... Or, tu sais bien, ami, qu'elle t'aime et te voudrait donner l'empire du monde au lieu de ce trône, encore chancelant, que j'ai sacré de mon sang et de celui de mes sujets. Tu la conduiras à l'armée maure, que j'ai quittée la nuit dernière et qui arrivera trop tard ici; elle se fera reconnaître, tu l'épouseras et tu seras roi; tu veux te venger, ami; la haine universelle vouée à Philippe II est entrée enfin dans ton cœur! Eh bien! tu pourras maintenant traiter de roi à roi, d'égal à égal; tu pourras soutenir dignement la lutte... et si tu tombes, un manteau de pourpre sera ton linceul!...

XXVII

Don Paëz pressait son front dans ses mains.

— Non, Fernand, murmura-t-il, cela est impossible; je ne t'abandonnerai pas!...

— Mais songe, malheureux, que ma sœur et mon peuple te réclament...

— Je serais un lâche!

— Tiens!... s'écria don Fernand avec colère, et étendant la main vers le sud, regarde...

Et, en effet, aux pâles et tremblants reflets de feux allumés sur les montagnes pour servir de signaux, on apercevait de nombreux bataillons descendant au pas de course vers le castel.

— Appelle un serviteur... dit don Paëz.

— Insensé! exclama don Fernand, qui ne vivais que par l'ambition, qui ne vendis ton âme pour un trône, qui, maintenant, n'as qu'un seul mot à dire, quelques pas à faire pour être roi... insensé! tu restes en chemin!

— Tais-toi! tais-toi, don Fernand! s'écria don Paëz.

Et don Paëz avait raison de lui imposer silence, car une lutte terrible s'était engagée dans son cœur et dans sa tête, entre son égoïsme et ses instincts chevaleresques. Un trône ne valait-il point un ami?

Mais don Fernand reprit avec animation :

— Tu fuiras, don Paëz, car je n'ai pas d'héritiers de ma race, et ma sœur, qui t'aime, n'épousera jamais un autre que toi. Tu fuiras, don Paëz, car si tu me résistes encore, eh bien! j'en appellerai au hasard pour décider, et le hasard sera pour moi.

— Que veux-tu dire?

— Je veux dire qu'une fois déjà, ami, ton sort fut dans mes mains, grâce à une partie de dés.

— Eh bien? fit don Paëz tressaillant.

— Eh bien! tu ne me refuseras point de me jouer une fois encore ta vie contre un sceptre de roi.

Don Paëz hésitait toujours.

— Allons, frère, s'écria don Fernand, regarde : l'ennemi s'approche, le temps s'écoule; décide-toi...

— Soit! répondit don Paëz en baissant la tête.

Don Fernand ouvrit la bourse qui pendait à son flanc droit et en tira une pièce d'or. Sur l'une des faces était le millésime; sur l'autre, l'effigie de Charles-Quint.

Il la jeta en l'air, et don Paëz la suivit de l'œil en frissonnant.

Quelle étrange émotion le domina en cet instant? Souhaita-t-il d'être vainqueur ou vaincu? C'est ce que nul n'eût pu dire.

— Roi! s'écria-t-il en tremblant.

La pièce pirouetta une seconde, puis retomba sur le millésime.

Don Fernand poussa un cri :

— Frère, dit-il, tu es vaincu, et tu vivras!

— Mon étoile ne pâlit donc pas? murmura Paëz.

— Fuis, reprit don Fernand; hâte-toi, l'armée marche!...

Don Paëz se pencha sur le lit de repos, y prit la gitana, dont les dents claquaient d'effroi, et, l'enlaçant de ses bras nerveux,

— Venez, dit-il.

Mais, à son tour, elle se leva et, courant à don Fernand, dans le sein duquel elle cacha sa tête en feu,

— Je ne veux pas fuir!... dit-elle, je veux mourir avec toi, mon Fernand!

— Fuis, ma sœur, répondit le fier jeune homme; il faut que don Paëz soit roi!...

— Mon Dieu! s'écria-t-elle, fuis donc avec nous, Fernand!

— Cela ne se peut, dit-il avec calme; si demain don Paëz se trouve dans le même cas que moi aujourd'hui, il mourra à son poste... car demain il sera roi.

La gitana se tordait les mains avec désespoir.

L'ennemi approchait toujours, le bruit de la mousqueterie augmentait et devenait strident... il n'y avait plus une minute à perdre.

— Bientôt il sera trop tard, dit vivement le roi maure, prends cette torche, Paëz, et fuis!

Don Paëz rejeta la princesse à demi évanouie sur son épaule, s'arma de la torche et tendit la main à don Fernand :

— Adieu! dit-il, adieu, le plus noble et le plus brave des hommes... martyr du devoir et de l'honneur, adieu!...

— Adieu, frère, répondit don Fernand. Ce souterrain aboutit à la sierra; quand tu en auras atteint l'extrémité, quand tu te retrouveras au grand air, retourne-toi, don Paëz, fixe ton regard sur ce castel, que la fumée de la mousqueterie enveloppera, et attends que cette fumée s'évanouisse. Je veux que tu assistes à mon trépas et que tu saches comment meurent les rois! Adieu...

Et don Fernand, ému un instant, se redressa fier et superbe; il remit son chapeau sur sa tête, posa sa main sur le pommeau de son épée, et, tandis que don Paëz disparaissait par le souterrain, emportant dans ses bras la gitana désespérée, il cria d'une voix forte et retentissante :

— Aux armes! Maures, aux armes!...

La garnison du castel était faible en nombre, mais elle avait ce courage du dévouement qui double les forces humaines.

Tous ces soldats, qui adoraient leur souverain et avaient foi en lui comme en Dieu, vinrent se ranger à ses côtés, sûrs d'avance qu'au matin suivant pas un d'eux ne vivrait encore, mais fiers de mourir à la droite et sous les yeux du dernier descendant de leurs vieux rois.

Le castel était une coquette demeure, un nid de colombe, une charmante retraite de femme; ses fossés étaient des jardins embaumés, ses ponts-levis de simples grilles d'un merveilleux travail, ses remparts de simples terrasses où des hamacs encore suspendus se balançaient au souffle de la brise; quelques heures auparavant, il eût semblé impossible, même à un vieux soldat, d'y opposer la moindre résistance.

Eh bien! en quelques minutes, jardins embaumés, fraîches terrasses, boudoirs coquets, salles de bain eurent pris une tournure martiale, parfums de la poudre en chassa les parfums d'Orient et les senteurs enivrantes des arbres et des fleurs. On roula des obusiers sur les balcons; chaque fenêtre fut convertie en meurtrière, chaque salon en porte de défense, et toutes ces dispositions furent prises sans bruit, sans fracas; — si bien que l'ennemi, qui s'avançait simultanément des quatre points cardinaux, espéra un moment surprendre le castel et ses hôtes, faire le roi prisonnier, presque sans coup férir.

Mais au moment où il arrivait à la portée du canon, les fenêtres, les terrasses, les jardins s'illuminèrent; le castel flamboya une seconde comme un volcan qui se rallume tout à coup après plusieurs siècles de sommeil et de silence, — puis un ouragan de fer et de feu s'en échappa avec un fracas lugubre et alla apprendre aux assiégeants que les rois chevaliers ne s'endorment que sur l'affût d'un canon.

Don Fernand monta au beffroi du castel. Une lunette d'une main, son épée de l'autre, il s'apprêta à voir les péripéties du combat, avant de mourir lui-même; — et quand l'action fut engagée, il vit tomber chaque soldat avec un sourire d'orgueil, car ce soldat mourait en héros. Et quand les défenseurs du castel ne furent plus qu'une poignée d'hommes, quand les jardins furent occupés par l'ennemi, les grilles enfoncées, quand le sang ruissela sur les fleurs de cette poétique retraite, lorsque chaque boudoir, naguère empli de parfums et jusque-là retraite inviolable de la beauté, eut été empli de morts et de mourants, don Fernand quitta son poste d'observation et descendit l'épée haute, pour aller à ce trépas héroïque, le plus noble sacre d'un roi.

— Ombre de Boabdil, s'écria-t-il alors, toi qui n'eus point la force de mourir sous les murs de Grenade et t'arrêtas un moment au sommet des montagnes pour contempler une dernière fois les murs sacrés de l'Alhambra, tu eus tort en cet instant de murmurer : «Ma race est déshonorée!» car moi, le dernier fils de cette race, je meurs la tête haute, le sourire aux lèvres, l'espoir au cœur et l'épée à la main!

Pendant ce temps, don Paëz fuyait, emportant la gitana.

Il mit près d'une heure à sortir du souterrain; et quand il en atteignit l'issue opposée, le combat était engagé sous les murs du castel.

Alors, fidèle aux dernières volontés de don Fernand, il déposa son fardeau sur le gazon et se retourna.

Certes, il n'avait jamais eu sous les yeux spectacle plus poignant et plus grandiose.

Les montagnes qui fermaient la vallée étincelaient sous le ciel assombri, tandis que la vallée était plongée tout entière dans les ténèbres, à l'exception d'un seul point qui concentra l'attention de don Paëz et celle de la gitana, qui, les coudes sur les genoux, soutenant son front pâle dans ses mains, dardait sur ce spectacle ses yeux égarés.

Ce point était enveloppé d'un nuage blanc qui se déchirait à chaque minute et laissait échapper des éclairs dont le reflet brûlait les yeux de don Paëz; — et à la lueur de ces éclairs, malgré l'éloignement, on distinguait facilement alors une silhouette d'homme, se dessinant en noir au sommet d'une tour, sur le bleu foncé du ciel ; — et alors encore les yeux de don Paëz abandonnaient les détails du tableau pour s'attacher, fixes et désespérés, à cette silhouette.

Don Paëz et la gitana demeurèrent longtemps muets tous deux à la même place où ils s'étaient arrêtés ; tous deux ils ne cessèrent de contempler cette silhouette, dont la calme attitude était un poème de bravoure et d'orgueil ; — et quand la silhouette eut disparu et se fut abîmée dans le nuage, ils continuèrent à écouter, anxieux, le bruit du canon et le sifflement des balles, comptant chaque éclair et chaque détonation...

Et puis il vint un moment où éclairs et détonations s'éteignirent, où le nuage, jusque-là opaque et condensé, se déroula lentement en capricieuses spirales et commença à monter dans l'azur du ciel!... Et tout aussitôt une flamme rougeâtre et sombre d'abord, puis bleue et blanche, s'éleva au milieu du nuage, et don Paëz et sa compagne jetèrent un cri. Don Fernand était mort— et le château brûlait.

Alors don Paëz se redressa; il poussa un soupir, mit la main à la garde de son épée, et, rejetant la tête en arrière avec un geste plein de noblesse, s'écria d'une voix grave et solennelle :

— J'avais donc raison de croire en toi, ô mon étoile, — je suis roi...

— Et tu m'aimes, n'est-ce pas ? murmura la gitana en courant vers lui et l'enlaçant de ses bras d'albâtre. Oh ! aime-moi, mon Paëz, car je n'ai plus que toi maintenant, et le sang de mon frère vient de sacrer notre union.

Mais don Paëz répondit soudain :

— Arrière, femme! je n'ose pas t'aimer, car le jour où je t'aimerai, le malheur fondra sur moi et j'aurai perdu mon génie!...

XXVIII

C'était la troisième fois que don Paëz repoussait impitoyablement cette femme, qui lui parlait d'amour avec sa voix enchanteresse et son regard fascinateur; pour la troisième fois il lui disait : « Je ne t'aime pas! je ne veux pas t'aimer! »

Mais, cette fois, sa voix tremblait si fort en prononçant ces mots, que la gitana tressaillit de joie et répondit :

— Tu ne m'aimes pas, don Paëz, tu ne m'aimes point encore, mais l'heure est proche où tu m'aimeras.

— Ne dis pas cela, s'écria don Paëz, ou je renonce sur l'heure à ce trône que tu me vas donner!...

— Fou! dit-elle en haussant les épaules, ce trône est à moi, je puis en disposer et je n'ai pas besoin que tu m'aimes pour t'y faire asseoir. Quand ton ambition sera satisfaite, quand tu n'auras plus ni trésors, ni pouvoir à désirer, il faudra bien que tu te laisses aller à ce courant du bonheur que tu remontes sans cesse ; il faudra bien que ton œil, lassé d'explorer les déserts arides et les horizons inconnus, s'arrête enfin sur l'oasis et s'y fixe. Et alors, don Paëz, je me te dirai plus comme naguère, « Aime-moi; » ce sera toi, toi, qui viendras emprisonner mes mains dans les tiennes, qui mettras tes genoux en terre devant moi et me diras avec un baiser : « Aimons-nous!... »

Don Paëz eut un geste d'impatience.

— Jusque-là, poursuivit-elle, hais-moi si tu le veux, don Paëz; traîne-moi à ta suite sans laisser tomber sur moi un seul regard; sieds-toi sur le trône à mes côtés, sans me dire : Merci!... Que m'importe! j'attends mon heure, et elle viendra. Quand nous aurons atteint l'armée maure, je me ferai proclamer, puis je t'offrirai un union. Accepte-la, don Paëz, accepte-la sans hésitation ni remords, car la glace de ton cœur se fondra au soleil de mon amour, et je serai largement payée de tes dédains passés et de ta cruauté.

Et la voix de cette femme, vibrant ainsi solennelle et triste, sous un ciel étoilé, en face d'un incendie, au milieu de la solitude et du silence de la nuit, cette voix était empreinte d'une sauvage et poétique harmonie qui résonnait jusques au fond du cœur de don Paëz, et l'agitait d'un trouble inconnu.

Il demeura un moment immobile et le front courbé; sous ces reproches si poignants et si doux, un moment il fut sur le point de tomber aux genoux de cette femme et de lui dire :

— Pardonne-moi, je t'aime, et la gloire n'est rien pour moi désormais auprès de ton amour.

Et elle attendait ce moment ; sans nul doute, car elle demeura immobile, elle aussi, les bras ouverts, l'œil humide, attachant sur lui son regard velouté tout rempli d'enivrants espoirs. Mais une fois encore l'orgueil de don Paëz l'emporta sur son cœur, et il répondit froidement :

— Pardonnez-moi, madame, d'avoir manqué de courtoisie avec vous, et prenez mon bras. Nous allons nous orienter et nous mettre sur les traces de mes lansquenets qui, sans doute, ont été refoulés assez loin d'ici. Vous êtes lassée, je vais vous porter. Vos pieds se meurtriraient aux ronces de la sierra.

Elle poussa un soupir de résignation.

— Merci, dit-elle; je marcherai.

— Mais vous êtes brisée, fit-il avec bonté et touché de la tristesse digne et grave de cette femme qu'il torturait ainsi.

Elle faillit le remercier de l'émotion avec laquelle il prononça ces paroles; mais elle était femme, c'est-à-dire capricieuse, et, à son tour, elle lui dit froidement et avec une raillerie aiguë et presque navrante :

— Vous oubliez, monsieur, que je suis une bohémienne, et que les bohémiennes courent nu-pieds à travers les ronces et les cailloux des sierras.

Cette phrase, prononcée avec calme, alla au cœur de don Paëz :

— Vous êtes cruelle, madame, murmura-t-il.

— Eh bien! lui dit-elle en redevenant triste et pensive comme il convient à ceux qui perdent en un jour un père ou un frère en héritant d'une couronne, à des fronts qu'inclinent ensemble la douleur et le souci, oublions tous deux ce que nous avons pu nous dire de cruel, et partons! La nuit est avancée, nous sommes seuls, presque sans armes, nous pourrions, d'un moment à l'autre, tomber au pouvoir des bourreaux: marchons, monsieur!...

Elle lui prit le bras et s'y appuya avec force; — elle sentit ce bras trembler sous sa main et l'ivresse emplit son cœur.

— Il m'aime déjà, pensa-t-elle.

En même temps, don Paëz tout frémissant murmurait tout bas:

— O ambition, mon astre conducteur, mon étoile polaire, à moi! je vais t'aimer.

Ils s'engagèrent, silencieux et recueillis, à travers les bruyères humides déjà de la rosée du matin, imprégnées encore des enivrantes senteurs de la nuit, comme deux époux qui vont à l'autel, — graves et tristes comme ceux qui conduisent un deuil funéraire, s'appuyant l'un sur l'autre, et écoutant, à leur insu, l'hymne d'amour que chantaient leurs cœurs, unis déjà par un lien mystérieux et inconnu.

L'action de la nature est puissante sur l'âme des hommes : — la nuit était belle; à peine un léger souffle de vent bruissait dans les arbres, le grillon et l'oiseau de nuit troublaient seuls de leur cri monotone l'austère silence de la sierra, tout embaumée du parfum des grenadiers et des lauriers-roses. Certes les deux amants ne pensaient plus en ce moment au théâtre de la guerre et au récent combat qui avait ensanglanté le sol qu'ils foulaient. — Tout entiers à leur rêverie, on eût dit un page maure et une sultane errant, l'amour au cœur et sur les lèvres, dans les jardins ombreux de l'Alhambra, pendant une nuit où le roi trop confiant aurait laissé traîner après leurs serrures les lourdes clefs de son harem.

Tout à coup la princesse jeta un cri et recula; son pied venait de heurter un corps inerte et flasque, un cadavre! Ils foulaient le théâtre même du combat engagé dans la soirée précédente entre les lansquenets et les Espagnols.

— Horreur! murmura-t-elle.

Don Paëz la prit dans ses bras et la porta.

Les premières clartés du matin commençaient à iriser l'horizon oriental, et à leur lueur indécise, l'œil d'aigle de don Paëz inspecta le champ de bataille. Il était jonché de cadavres, et chaque bloc de roche blanchissant parmi les bruyères sombres était jaspé de taches sanglantes.

Parmi les morts, il y avait beaucoup de lansquenets, et don Paëz jugea que ses cinq cents hommes avaient été terriblement décimés; mais les Espagnols étaient en plus grand nombre, et il comprit qu'ils avaient dû plier et battre en retraite dès la première heure.

Tandis que don Paëz traversait le théâtre de la lutte, un éclair brilla au sommet d'une roche et une balle vint siffler aux oreilles des fugitifs.

Don Paëz leva précipitamment la tête et aperçut une douzaine de soldats espagnols qui, campés sur un petit plateau pendant la nuit, avaient été éveillés par le bruit des pas de don Paëz sur la bruyère.

Don Paëz n'avait d'autre arme que son épée, il était donc dans l'impossibilité de se défendre contre d'aussi nombreux adversaires; — s'il eût été seul, il eût, sans nul doute, marché sur eux l'épée haute, prêt à se faire tuer plutôt que de lâcher pied.

Mais il avait à côté de lui une femme, une femme qu'il allait tenir un trône, une femme qu'il était sur le point d'aimer, qu'il aimait déjà sans oser se l'avouer encore, et il la serra dans ses bras et se prit à courir.

La distance qui le séparait des soldats était assez grande, il l'eut doublée en quelques bonds; mais, à leur tour, ceux-ci quittèrent leur attitude d'immobilité, ils se mirent à sa poursuite et firent feu sur lui plusieurs fois. L'étoile de don Paëz ou sa présence d'esprit à se courber et à dissimuler sa course au milieu des bruyères le sauvèrent. Les balles passèrent près de lui sans pouvoir l'atteindre, et pressant toujours la gitana dans ses robustes bras, il continua à bondir de bruyère en bruyère, de roche en roche, avec la légèreté d'un daim qui fuit le plomb du chasseur.

Mais les soldats couraient aussi et continuaient à faire feu, les balles pleuvaient autour de don Paëz, — et don Paëz, désespéré, cherchait, d'un œil éperdu, un abri, un secours, et n'apercevait rien.

Tout à coup il se trouva au bord d'un précipice, et dans l'impossibilité d'échapper, sans le franchir, à ses implacables ennemis. De l'autre côté de ce gouffre de rochers, il remarqua les traces d'un campement récent, une sorte de retranchement construit à la hâte avec des branches d'arbres et des blocs de roche, et déserté sans doute aussi à la hâte, car on voyait épars sur le sol une douzaine de usils.

Don Paëz s'arrêta une seconde à la lèvre du gouffre, il en mesura la largeur d'un coup d'œil assuré et rapide, et puis, toujours confiant en son étoile, il prit son élan pour le franchir.

Il fallut que ses jarrets eussent acquis la souplesse et l'élasticité de ceux du tigre, car il retomba sur le bord opposé et ne chancela point!

Il avait mis entre ses ennemis et lui un abîme de plusieurs centaines de toises de profondeur et de quinze pieds de largeur.

Courir à la redoute abandonnée, déposer la gitana dans le coin le plus abrité, puis s'armer d'un fusil encore chargé et revenir au bord du gouffre, fut pour don Paëz l'affaire de quelques secondes.

Les soldats arrivaient en courant, — don Paëz épaula, le canon du mousquet s'abaissa lentement, un éclair brilla, un soldat poussa un cri étouffé et tomba à la renverse.

Don Paëz prit un autre mousquet et fit feu une seconde fois, — un autre Espagnol mordit le sol ensanglanté.

Alors la gitana, cette créature si faible devant les émotions de l'amour, retrouva cette mâle énergie des femmes méridionales à l'heure suprême du danger; elle quitta le lieu où don Paëz l'avait placée, elle s'arma comme lui d'un mousquet et vint se placer à ses côtés.

Ce fut une lutte héroïque entre toutes, celle que soutinrent cet homme et cette femme à qui l'amour donnait force et courage, un poëme tout entier qui passa dans dix minutes, et à la fin duquel il n'y eut plus sur le bord opposé du gouffre qu'un monceau de cadavres, alors que don Paëz et sa compagne étaient debout encore.

Don Paëz se retourna alors vers elle avec un sourire de triomphe et d'orgueil; mais il poussa un cri et recula... La gitana était pâle et chancelante, et quelques gouttelettes de sang rosé perlaient sur sa robe blanche.

— Mon Dieu! s'écria don Paëz, au secours! à moi!...

— Ce n'est rien, murmura-t-elle d'une voix éteinte, une balle m'a frappée.

Elle s'évanouit dans les bras de don Paëz qui la soutint et poussa un cri de fureur intraduisible.

— Oh! s'écria-t-il, malheur à moi... je l'aimais!

Et abandonnant la redoute, il reprit avec elle sa course à travers les bruyères, et s'enfuit, cherchant partout une source, quelques gouttes d'eau, — et ne les trouvant pas.

Tout à coup, dans le silence des bois, dans le lointain, le son d'une trompe de chasse se fit entendre; don Paëz reconnut la fanfare du roi Robert et poussa une exclamation de joie.

— A moi, Hector! cria-t-il; à moi les lansquenets!

Et il emboucha sa trompe à son tour, répondit à la fanfare, puis continua à courir, ivre d'impatience, d'angoisse et de fureur.

La rapidité de la course ranima la gitana.

— Don Paëz... fit-elle tout bas.

Il s'arrêta palpitant de joie, la déposa sur l'herbe et, l'œil humide, frémissant, il dégrafa sa robe, déchira la chemise et chercha la blessure... Une balle avait effleuré les chairs et la plaie n'offrait aucune gravité.

Les anges durent noter, pour en faire un hymne de reconnaissance, le cri de joie qui échappa alors à don Paëz; et, à ce cri, la gitana répondit par un autre non moins ardent, non moins passionné :

— Ah! dit-elle, tu m'aimes donc enfin!...

Il se redressa comme un taureau fougueux que les chiens ont mordu pendant son sommeil; son front se plissa; il voulut blasphémer et la provoquer encore, mais cette fois son cœur parla plus haut que son orgueil; il s'agenouilla près d'elle, prit ses petites mains dans les siennes, appuya ses lèvres brûlantes sur son front pâli, auquel il imprima un long baiser, et murmura :

— Pâlisse mon étoile! peu m'importe! je viens d'éprouver un moment d'ivresse que dix siècles de gloire et de puissance ne pourraient faire oublier.

En ce moment, la fanfare du roi Robert se fit entendre de nouveau; don Paëz bondit sur ses pieds et cria : — A moi, Hector! Hector! moi!

XXIX

Don Paëz rejeta sa trompe sur l'épaule, reprit la gitana dans ses bras et s'élança dans la direction qu'avait suivie la fanfare du roi Robert, en arrivant jusqu'à lui.

A l'horizon des bruyères et à l'extrémité du plateau qu'il foulait, le gentilhomme remarqua la lisière d'une grande forêt de chênes oirs, au milieu desquels semblait être partie la première note de .. or de chasse; il y dirigea sa course, et bientôt, aux clartés naissantes ou jour, il vit étinceler des armures au travers des arbres.

Bientôt comme étoile! un cavalier sortit du bois et s'élança au galop à sa rencontre. C'était Hector lui-même.

— Frère, lui cria-t-il, est-ce toi?

— C'est moi, répondit don Paëz, moi le roi!

— Toi, le roi?

— Depuis une heure, répondit-il au moment où il touchait presque au cheval d'Hector.

— Eh bien! murmura Hector frémissant, ta couronne devient ton arrêt de mort... Tiens, ajouta-t-il, étendant sa main vers le sud-est, écoute... n'entends-tu pas un bruit lointain de mousqueterie?...

— En effet... Quel est ce bruit?

— Ce bruit est celui d'une lutte suprême que l'armée maure, ton armée maintenant, don Paëz, — soutient contre trois armées espagnoles qui l'ont enveloppée.

— Tu mens! frère, tu dois mentir! s'écria don Paëz.

— Je dis vrai, répéta Hector d'une voix sombre; tes ennemis étaient bien instruits, et ils savaient que tu joindrais don Fernand si tu parvenais à t'échapper de l'Albaïzin. Tu as fui, et soudain trente mille hommes qui se tenaient sur la défensive se sont avancés de toutes parts et ont enveloppé l'armée maure que tu avais déjà décimée il y a trois jours..... Nous nous sommes battus, moi et tes lansquenets, une partie de la nuit, et nous n'avons dû notre salut, après avoir laissé la moitié de nos gens sur la place, qu'à la hâte qu'avaient nos ennemis, ne te voyant point parmi nous, d'aller écraser l'armée maure à la tête de laquelle ils te croyaient. Il ne te reste plus qu'à fuir, frère, à fuir au plus vite. Viens! j'ai encore près de trois cents hommes avec moi, c'est une escorte imposante, fuyons vers le nord-est, gagnons la plage la plus prochaine... nous y trouverons bien un navire qui voudra prendre à son bord un roi d'une heure et sa fortune chancelante.

Don Paëz paraissait ne point entendre. Debout, la main sur la garde de son épée, l'œil étincelant, il écoutait les hurlements lointains du canon et considérait un tourbillon de fumée qui, dans la plaine, au sud-est, obscurcissait l'horizon du matin.

— Frère, répéta Hector, l'heure s'écoule, il faut fuir.

Alors don Paëz se redressa comme un chêne superbe que la tempête n'a courbé qu'à demi.

Il étendit sa main dans la direction de la vallée, où flamboyaient encore les débris du castel mauresque.

— J'étais là-bas, reprit-il, avec cette femme dont l'amour est ma perte, et le frère de cette femme dont la mort me fait roi. Les brasiers s'allumaient sur tous les pics de la sierra; les armures des bataillons espagnols, s'avançant du nord et du sud, de l'est et de l'ouest, étincelaient à leur fauve lueur; le trépas montait vers nous comme une mer déchaînée qui, à l'heure du reflux, galope mugissante vers la grève et y surprend le pêcheur attardé. Alors cet homme qui vient de mourir se tourna vers moi et me dit : « Voici l'issue d'un souterrain, ce souterrain aboutit à la sierra. Prends ma sœur dans tes bras et fuis. » J'hésitai, et répondis : « Je ne fuirai que si tu me suis... »

— Eh bien? demanda Hector.

— Eh bien! frère, sais-tu ce que me dit Fernand

Hector regarda son frère avec anxiété.

— Il me dit, poursuivit don Paëz : « Les rois ne peuvent fuir! »

— Oh! fit Hector pâlissant.

— Je n'étais point roi encore, reprit don Paëz, et c'est pour cela que je lui obéis, c'est pour cela que je suis ici au lieu d'être enseveli sous les décombres fumants du castel.

— Et... maintenant? interrogea Hector qui tremblait.

— Maintenant, frère, je suis roi!

Et sans attendre la réponse d'Hector qui baissait la tête d'un air sombre, il s'avança vers la forêt, sur la lisière de laquelle les lansquenets s'étaient rangés en bataille :

— A moi! leur cria-t-il d'une voix retentissante.

— Où allons-nous? demandèrent-ils.

— Vaincre ou mourir! répondit-il avec le calme et le stoïcisme de Léonidas.

— Eh bien, mourons! dit à son tour Hector; la mort, parfois, est une délivrance!

La gitana, blanche et froide, les regardait tous deux alternativement.

— Paëz, dit-elle enfin en jetant ses bras autour du cou de son amant, puisque tu veux mourir, mourons ensemble; je combattrai à ta droite, comme naguère, et je n'aurai pas besoin d'être frappée pour mourir, le coup qui t'atteindra me tuera.

— Eh bien! puisque tu veux, mourons, puisque nous nous aimons; mourons enlacés, la main dans la main; que nos visages pâlissent et se glacent ensemble; que nos cœurs, appuyés l'un sur l'autre, cessent de battre à la même heure; que nos âmes, brisant leur enveloppe de chair et de boue, se fondent en un souffle et montent vers Dieu.

Il la pressa sur son sein une minute, — une minute il entendit sourdre les sanglots d'ivresse qui soulevaient le sein de la gitana, — une minute il parut tout oublier...

Puis il se dégagea, courut au cheval qu'on lui amenait et sauta en selle.

Alors il ferma les yeux pour regarder quelques secondes au fond de son âme et soulever le voile déjà terne du passé; il envisagea d'un coup d'œil son existence aux trois quarts gaspillée et prête à finir, et laissant errer sur ses lèvres un pâle et amer sourire :

— Voilà donc, murmura-t-il, ce que deviennent ces hommes en qui Dieu avait mis assez de force et de génie pour que d'une seule étreinte ils pussent ébranler le monde ; — un sourire de femme les tue !

Et tirant son épée, dont la lame étincela comme un éclair aux rayons du soleil levant, il poussa son cheval et s'alla placer à la tête de ses lansquenets mutilés, qui frissonnèrent d'enthousiasme à la superbe attitude de leur chef.

Mais, au moment où la troupe s'ébranlait, un homme parut au sommet d'un petit coteau voisin, dans la direction de la vallée abandonnée par don Paëz durant la nuit. Cet homme agitait son turban blanc, qu'il avait déroulé et qui flottait comme un étendard au souffle du vent matinal. Don Paëz l'aperçut et s'arrêta.

L'homme s'avança alors. Il marchait lentement, écrasé qu'il était par une sorte de coffre qu'il portait sur ses épaules.

C'était un Maure qui apportait à la princesse son coffre de rubis et de perles, et à don Paëz l'anneau royal de don Fernand. Elle baisa l'anneau avec respect, une larme au bord de ses paupières ; et, comme l'amour est d'un égoïsme navrant, elle oublia encore ce frère bien-aimé qui venait de mourir, et passant l'anneau au doigt de don Paëz :

— Te voilà vraiment roi, dit-elle.

Il secoua la tête :

— Roi pour une heure encore !

Elle tressaillit ; puis attachant sur lui son grand œil noir qui fascinait :

— O mon Paëz, dit-elle avec enthousiasme, tu es fataliste ; tu es fataliste, tu crois ton étoile éclipsée, mais à mon tour j'interroge la voix secrète de l'avenir qui semble vibrer au fond de mon cœur, et cette voix me répond que l'heure du trépas ne sonnera point aujourd'hui pour toi, que de longs jours te sont encore réservés, et que l'instant viendra où tu seras roi puissant.

— Roi des Maures ! fit-il avec amertume, roi d'une nation dont, à cette heure, on écrase les derniers débris ? Roi de Grenade, leur ville sainte, dont, peut-être, en ce moment, on a détruit l'Alhambra ?

— Roi de Grenade ou d'ailleurs, des Maures ou d'un autre peuple, qu'importe ! moi aussi je lis dans l'avenir, don Paëz, et à moi l'avenir répond que tu seras roi ! Non pas un roi errant et vagabond, reprit-elle, mais un roi portant couronne en tête et sceptre en main, ayant sujets et courtisans, manteau brodé d'or agrafé à l'épaule, et sur le passage duquel les fronts se courberont aussi bas que les épis d'un champ de blé s'inclinent sous le vol du feu de la tempête.

Et la princesse, en parlant ainsi, avait le regard ardent, le front inspiré d'une pythonisse antique, — et à sa voix entraînante don Paëz redressa la tête et s'écria :

— Puisses-tu dire vrai, et que l'amour soit un talisman, car je t'aime !

Il fit un signe, et l'escadron de lansquenets s'ébranlant, se précipita au galop, comme un ouragan de fer et d'acier, vers ces plaines lointaines où le canon grondait toujours, franchissant ravins et précipices comme une nuée d'aigles qui fondent sur leur proie.

Don Paëz, ayant Hector à sa gauche et la princesse à sa droite, galopait au premier rang et murmurait avec orgueil :

— Si je meurs, j'aurai vu, au moins pendant quelques heures, les hommes à mes pieds, et cela me suffit !

Laissons don Paëz tomber dans la plaine avec sa petite troupe et rétrogradons de quelques heures.

Don Fernand, éprouvé mais non abattu par ses pertes récentes devant les murs de l'Albaïzin, avait senti qu'il ne pouvait plus tenir la plaine, et reprenant la route des sierras, aux gorges profondes desquelles il voulait confier sa fortune pâlissante, il s'était replié avec son armée sur le petit castel maure où sa sœur l'attendait et où nous l'avons vue naguère voulant se donner la mort.

Quand il ne fut plus qu'à une journée de marche, don Fernand choisit une position fortifiée naturellement par des rochers escarpés, et fit camper son armée lassée sur un étroit plateau d'où il était facile de surveiller les menées de l'ennemi et d'éviter une surprise.

Puis, comme il aimait sa sœur d'une ardente affection et que plusieurs mois s'étaient écoulés depuis qu'il ne l'avait vue, il confia le commandement de son armée à son second lieutenant Aben-Seïd, car Aben-Farax avait été tué la veille dans une escarmouche, et il continua son chemin avec une escorte de deux cents hommes.

Nous savons ce qui lui était advenu.

L'armée, après un jour de repos, s'était remise en route à la nuit tombante.

Elle était forte d'environ sept mille hommes, et les chemins qu'elle prit se trouvaient si étroits et si difficiles, qu'il était impossible à une armée supérieure en nombre de lui tenir tête et de l'envelopper aisément.

La nuit était belle, quoique un peu assombrie par l'absence de la lune ; les bataillons marchaient en silence et le bruit de leurs pas sur le gazon ou les rochers était si léger, qu'à un quart de lieue de distance et grâce à l'obscurité, il était impossible de soupçonner leur passage.

Vers minuit, cependant les troupes d'avant-garde crurent apercevoir çà et là des ombres rapides se dérobant derrière les rochers ou glissant au travers des clairières ; mais elles étaient si peu nombreuses que la pensée ne vint à personne qu'elles pouvaient être autre chose que des bêtes fauves ou des chasseurs s'épiant mutuellement ; et l'armée continua à avancer.

Plus tard, les Maures étonnés virent briller soudain, sur les montagnes voisines, des feux qui s'allumèrent un à un ; et ils commencèrent à être inquiets.

Un peu plus loin, les feux se multiplièrent, et alors les chefs ordonnèrent une halte pour tenir conseil.

— Nous sommes enveloppés, dit Aben-Saïd ; tenez, regardez derrière nous, les mêmes feux commencent à briller, la retraite nous est coupée ; mais il est trop tard pour reculer, et d'ailleurs, nous sommes en nombre imposant ; — une poignée d'hommes ne pourrait avoir raison de nous.

— Il faut plus d'une poignée d'hommes pour établir des signaux aussi nombreux, répondit un chef, et tout ce peuple qui de nos forces imposantes nous doivent attaquer ; — mais qu'importe ! Dieu est pour nous, notre cause est juste, marchons !

L'armée se remit en route et arriva vers une heure du matin dans une étroite plaine fermée en tous sens par de hautes montagnes boisées, n'ayant d'autres issues que des vallées étroites, creusées par les torrents et les crues d'eau subites des sierras.

La plaine, déserte en apparence, était cependant emplie d'un vague murmure qui trahit aux oreilles des Maures la présence de l'ennemi ; et, en effet, à mesure que leurs bataillons avançaient, chaque touffe d'arbre s'agitait et laissait échapper un homme tout armé ; sur chaque roche grise remuait soudain un être vivant, et c'était un soldat espagnol.

Puis, soudain, les montagnes qui fermaient la plaine, sombres jusque-là, se couvrirent à leur tour d'une chevelure de feu, et, répondant à cette clarté subite, d'autres clartés livides et instantanées jaillirent des flancs de chaque colline et de chaque mamelon, suivies d'un fracas horrible qui ébranla les sierras dans leurs assises de granit. C'était le bruit de la mousqueterie et du canon. Les Espagnols engageaient le combat en mitraillant les Maures.

Alors ceux-ci, qui ne traînaient après eux que deux pièces de campagne, dédaignèrent de s'en servir et ils attaquèrent l'épée et le pistolet au poing.

Ainsi commença cette lutte, qui durait encore au point du jour.

D'abord, les montagnes et les collines ne supportaient pas une armée plus nombreuse que l'armée maure ; — mais, à mesure que les uns tombaient sous la mitraille et que leurs rangs s'éclaircissaient, les vallées dégorgeaient de nouveaux bataillons espagnols qui venaient grossir ceux qui avaient engagé l'affaire, tandis qu'aucun secours n'arrivait aux Maures.

Léonidas et ses trois cents Spartiates ne furent pas plus héroïques aux Thermopyles que ces hommes, écrasés par le nombre, qui défendaient à cette heure suprême, et sans espoir de victoire, leurs foyers, leurs mœurs, leur indépendance, leur Dieu.

Ils combattaient à outrance et tombaient frappés en pleine poitrine, serrant leur épée dans leurs doigts crispés, pour la conserver même après leur mort, le sourire des martyrs sur les lèvres, l'orgueil des héros sur le front.

Quand le jour vint, les trois quarts mordaient la poussière et les Espagnols étaient encore plus de vingt mille !

Aussi parurent-ils rougir de leur victoire, et comme s'ils eussent été honteux de combattre au grand jour, avec un pareil nombre, des ennemis ainsi décimés, ils battirent en retraite, laissant quelques bataillons encore frais pour achever d'écraser les vaincus.

Parmi les Maures encore debout était leur chef Aben-Saïd ; le noble jeune homme avait fait des prodiges ; couvert de plaies, ruisselant de sang, il était infatigable, et son épée paraissait convertie en une lame de feu qui foudroyait tout ce qu'elle touchait.

Ce fut alors que don Paëz et ses lansquenets tombèrent comme la foudre, ou plutôt comme une nuée d'archanges vengeurs sur le théâtre du combat, pour en changer la face et les destinées.

Ranimés par ce secours inespéré et dont ils ne pouvaient s'expliquer le mobile, ils relevèrent la tête, et une force nouvelle, celle de l'espérance et de l'enthousiasme, passa soudain dans leurs veines et raffermit leurs bras alourdis et lassés.

La lutte recommença, plus acharnée et plus terrible que jamais ; mais, cette fois, l'issue n'en pouvait être douteuse, et bientôt les Espagnols vaincus se débandèrent et prirent la fuite ; le canon se tut, la fumée se dispersa en spirale vers le ciel, sur l'aile d'un vent vigoureux. Alors les Maures étonnés aperçurent, au milieu d'eux, à cheval, tout poudreux et tout sanglant encore du combat, son épée rougie la main, don Paëz fier et superbe, don Paëz grandi de toute la hauteur de la majesté royale et de tout l'enthousiasme du triomphe.

Don Paëz fit un signe avec son épée et réunit avec ce signe les principaux chefs qui survivaient encore.

A ses côtés, pâle et sanglante comme lui, comme lui l'œil étincelant de la fièvre de la victoire, se tenait la princesse, dont le cheval frappé à mort s'était naguère abattu sous elle.

— Maures, dit-elle alors, votre roi Aben-Humeya n'est plus ; il est mort en roi comme devait mourir le dernier des Abencerrages.

Un cri de stupeur douloureuse répondit à ces paroles.

— Nous n'avons plus de roi ! malheur à nous ! murmurèrent tous ces hommes qui n'avaient pas su pâlir en face du trépas.

— Le roi est mort, vive le roi ! répondit alors la princesse. Je suis la sœur de don Fernand et les femmes régnaient à Grenade.

— Une reine ! firent-ils avec accablement, aura-t-elle le bras assez fort pour brandir l'étendard de notre indépendance?

— Voici mon époux, dit-elle en montrant don Paëz, je le fais roi ! Les Maures tressaillirent...

Ils hésitaient et se regardaient encore, quand Aben-Saïd qui, percé de cent coups différents, avait sur le visage la pâleur du trépas, s'adressa à don Paëz et lui dit :

— Tu es brave, don Paëz ; nul n'en a jamais douté et n'en doutera ; mais tu n'es pas de notre nation et tu as combattu dans les rangs de nos ennemis...

— C'est vrai, répondit don Paëz ; mais le roi Philippe II m'a insulté, et quand on a nom don Paëz, on ne pardonne pas une insulte ! Je ne suis point de race maure, mais je ne suis pas non plus de race espagnole, et mes ancêtres portaient couronne au front. Votre roi est mort me léguant son sceptre ; je prends ce sceptre et je vous dis : Vous êtes désormais mon peuple, et la dernière goutte de mon sang, la dernière pensée de mon cœur est à vous ! Vous étiez tout à l'heure forts et redoutables ; la mort a ravagé vos bataillons, dont il ne reste plus que des débris, — eh bien ! avec les trésors que m'a légués votre roi, nous achèterons une armée, nous triompherons ou nous succomberons ensemble ; périr les armes à la main avec un roi à sa tête, n'est point le trépas pour un peuple comme vous, c'est un triomphe à l'heure présente, c'est l'immortalité dans l'avenir !

Et don Paëz était si beau et si fier en ce moment, il avait la tête si haute, le geste si noble, le regard si étincelant, que l'enthousiasme galvanisa ces hommes sanglants et mutilés qui foulaient du pied les cadavres de leurs frères, et qu'ils s'écrièrent d'une voix unanime :

— Vive don Paëz !

Alors Aben-Saïd, dont les premières brumes de la mort obscurcissaient déjà les regards, s'avança en chancelant vers don Paëz, mit un genou en terre et lui dit :

— Prends mes deux mains dans la tienne, en signe de vasselage ; je te fais homme lige, et au nom des débris de ce peuple, dont j'étais le dernier chef, je te reconnais et te salue pour mon roi !

Et Aben-Saïd se releva ; il fit deux pas en arrière, et, d'une voix mourante, cria trois fois, selon l'usage :

— Le roi est mort, vive le roi !

— Vive le roi ! répondit la foule.

— A présent, murmura Aben-Saïd, puisque les Maures ont un chef, je puis mourir !

Et le noble jeune homme tomba pour ne plus se relever.

Don Paëz posa la main sur le cœur dont la dernière pulsation venait de s'éteindre et il dit :

— Dors en paix, jeune brave, les martyrs seront vengés !

Puis tirant son épée :

— Maures ! cria-t-il, vous avez eu raison de m'acclamer pour roi, vous avez eu raison de croire en don Paëz, — la journée de revers que vous avez subie coûtera cher à vos vainqueurs !

Alors, se tournant vers Hector :

— Prends, lui dit-il, dans ce coffre autant de rubis, de perles et de richesses qu'il en faudra pour acheter une armée ; cours à Naples et dis à notre frère Gaëtano d'enrôler des lansquenets allemands et des marins génois pour me venir en aide !

— J'irai, dit simplement Hector, et nous te sauverons !

XXX

— Pourquoi ce front pâli et cette lèvre crispée, ô ma reine? pourquoi ce sombre regard que du haut de ces murs vous promenez à l'horizon de l'Océan? Quelle douleur sans nom peut navrer votre âme, puisque j'ai pris vos mains dans la mienne et je vous répète que je vous aime?

Ainsi parlait don Paëz, assis auprès de la princesse Noraïma, devenue sa femme devant Dieu, — un soir d'automne, par un ciel nuageux et une mer orageuse, sur les remparts de cette forteresse fameuse qui a nom Gibraltar.

Ce n'était plus là don Paëz que nous avons connu, l'ambitieux sans cœur et sans pitié, foulant aux pieds l'amour et le niant parfois ; mais don Paëz vaincu désormais, lié, garrotté par le sourire d'une femme ; don Paëz qui perdait son royaume ville à ville et bourgade à bourgade, sans en prendre nul souci et presque en se jouant ; don Paëz qui aimait enfin.

Il le lui avait dit à cette heure suprême où ils venaient d'échapper à la mort tous les deux ; ils avaient combattu ensemble et côte à côte pour délivrer les débris de l'armée maure ; à la tête de ces débris, ils avaient défendu le terrain pied à pied, se donnant la main comme il convient à des époux rois et guerriers, et ce n'était qu'après trois mois de lutte héroïque et de revers successifs qu'ils se trouvaient

cernés enfin dans leur dernière place forte, sur un roc dont la mer rongeait la base méridionale, et qu'une armée de vingt mille hommes séparait, au nord, du reste de la terre.

Cinq cents hommes à peine demeuraient encore autour du roi don Paëz et soutenaient le siège, converti en blocus par les Espagnols.

Les vivres commençaient à manquer ; si Hector et Gaëtano n'arrivaient au plus vite pour ravitailler la place et y jeter une garnison imposante, c'en était fait de don Paëz. Le roi Philippe II avait demandé sa tête, et il la voulait avoir à tout prix.

Mais don Paëz n'y songeait guère ; don Paëz, tout entier à son amour, ne regrettait plus son trône qui s'écroulait lentement ; et c'est pour cela qu'il disait à la princesse, avec un sourire :

— Pourquoi ce front pâli et ces lèvres crispées, puisque nous nous aimons?

Elle prit sa tête brunie dans ses mains diaphanes, y déposa un long baiser et répondit :

— Si mon front est pâle, ô Paëz, c'est qu'il est le reflet de mon âme navrée ; c'est que le remords et la douleur me torturent. J'ai joué, dans ta vie, le rôle terrible de la fatalité, mon amour t'a perdu. Ce trône que je t'ai donné devient le marchepied de ton échafaud ; cette tendresse dont je t'ai accablé, poursuivi, a jeté dans ton cœur d'airain une étincelle de faiblesse qui te conduit maintenant à ta perte. Je suis une femme ingrate et sans cœur, ô mon Paëz, car j'ai étouffé ton génie au souffle de mon amour, car je n'ai point compris que les hommes tels que toi doivent marcher vers leur but seuls et silencieux, sans prendre garde aux douleurs qu'ils foulent, aux âmes qu'ils brisent, ainsi que des prêtres saints qui s'isolent de la terre et de ses misères, pour aller à Dieu le front haut. Je ne t'ai point compris, ô Paëz, car je me suis cramponnée à toi, car j'ai enchaîné tes bras noueux de mes bras débiles, j'ai enlacé ma vie à la tienne, et je t'ai perdu ! C'est peut-être que mon œil hagard interrogé en vain l'horizon désert de l'Océan, cherchant la trace d'un pavillon sauveur et ne le trouvant point.

La princesse tremblait en parlant, et elle pressait de ses mains tremblantes la main de don Paëz.

La nuit venait, enveloppée de ténèbres épaisses ; la mer, déchaînée, galopait vers le roc en lames hurlantes et raccourcies ; parfois un éclair brillait, sans fracas, dans le ciel lointain, — et le silence absolu de la forteresse, troublé seulement à de longs intervalles par le pas lourd et le *qui vive!* des sentinelles avait quelque chose de poignant qui allait à l'âme et serrait le cœur.

Don Paëz se tut une minute, une minute il parut en proie à une sombre et indicible douleur ; puis, tout à coup, son front se rasséréna et il répondit en attirant à lui la princesse :

— L'ambition, ô ma reine, est la passion dévorante qui étreint les hommes forts et les entraîne à travers l'espace, sans leur accorder jamais une heure pour sommeiller à l'ombre de cet arbre touffu qu'on nomme le bonheur ! L'ambition, c'est l'enfer des chrétiens, ce supplice sans fin et sans commencement, ce ver insatiable qui ronge, ce vautour qui dévore, à la cime d'un roc, le foie de Prométhée sans cesse renaissant. Le but vers lequel elle marche s'éloigne toujours, ainsi qu'un mirage ; la jeunesse croit l'atteindre, l'âge mûr espère y toucher, et la vieillesse, à son dernier relais, à sa dernière heure, pose un pied lassé dans sa tombe ouverte et murmure découragée : « C'est encore bien loin ! »

Le bonheur, au contraire, ô ma reine! c'est l'ombre des haies du chemin, un jour de soleil, quand on est deux, la main dans la main ; le bonheur, c'est ton sourire un soir de tempête ; c'est ton amour, de l'aube naissante aux dernières clartés du couchant. Déridez votre front assombri, ô ma reine! ramenez un sourire sur tes lèvres, un rayon d'espoir dans votre âme ; — assez longtemps j'ai mordu aux âpres fruits de l'ambition, je veux boire à longs traits à la coupe d'or du bonheur !

Elle l'interrompit brusquement.

— Insensé ! s'écria-t-elle, tu ne vois donc pas que la mort monte, lente et inexorable, vers nous ; tu ne vois donc pas que cette coupe où tu t'abreuves va se briser dans tes mains...

Un éclair déchira la nue, fit resplendir la mer jusqu'aux limites extrêmes de l'horizon, et la princesse poussa un cri de suprême joie, un cri comme en dut jeter le vieil Abraham quand le glaive protecteur de l'ange se plaça entre son glaive meurtrier et la poitrine de son cher Isaac ; — un cri qu'on n'entend en sa vie qu'une fois et qu'on ne redit point.

— La flotte ! la flotte ! murmura-t-elle.

En effet, à la lueur instantanée du feu céleste, elle venait d'apercevoir à l'horizon les voiles blanches de cinq navires courant des bordées vers la terre et luttant contre le vent.

— Oh! s'écria-t-elle, et cette fois avec une frénétique ivresse, déridons maintenant nos fronts assombris, épanouissons nos cœurs serrés ; la coupe du bonheur, où nous puisons tous deux, ne se brisera point dans nos mains, car voici le salut!

XXXI

Il se passa alors chez don Paëz un de ces étranges revirements d'esprit fréquents aux hommes à imagination ardente. Il venait de flétrir l'ambition, cette passion dévorante de toute sa vie; il l'avait hautement reniée, lui préférant l'amour; il avait paru vouloir rompre complétement avec son passé pour s'abandonner tout entier à une existence nouvelle... Eh bien! au cri de la princesse, à la vue subite de la flotte libératrice, tout un monde de pensées bouillonna dans sa tête et heurta violemment les parois de son cerveau.

Ce ne fut plus son amour sauvegardé qu'il aperçut dans cet avenir prochain que lui faisait l'arrivée de ses frères, son bonheur menacé qu'ils allaient protéger; — non, don Paëz ne vit plus qu'une chose, la restauration future de sa grandeur, le rétablissement du royaume de Grenade et le moyen assuré de contre-balancer une fois encore la puissance du roi Philippe II, désormais son mortel ennemi.

Ainsi entre les hommes; il faut un abîme profond, lentement creusé, pour les séparer violemment de leur passion dominante; un pont de roseaux jeté sur cet abîme, ou moins d'une heure, les en rapproche aussitôt et les réunit plus étroitement que jamais. Il avait fallu tout l'amour de la gitana, toutes ses larmes, toute son abnégation, la mort héroïque de son Fernand, trois mois de revers consécutifs et la perte de ses dernières illusions pour détacher don Paëz de son ambition; — une lueur d'espoir, un flot rapide de tumultueuses pensées suffirent à renverser ce long ouvrage; il redevint ambitieux, hautain, fier de lui-même comme autrefois et il s'écria:

— J'ai cru mon étoile éclipsée, j'ai douté de moi, j'ai été insensé! Cette flotte, cette armée qui m'arrivent, c'est plus que le salut, plus que la délivrance, c'est mon royaume reconquis, c'est don Paëz plus grand et plus fort que jamais! Cette flotte, poursuivit-il avec exaltation, elle profitera sans doute, inévitablement, de la nuit sombre qui nous environne, elle abordera silencieuse, sans qu'un fanal brille à ses vergues, sans qu'un jet de lumière trahisse ses sabords. Elle nous prendra avec elle, et puis, quand nous serons en pleine mer, elle saluera le duc d'Albe et son armée d'une salve moqueuse, et paraîtra fuir vers les côtes d'Afrique. Le duc d'Albe maudira ciel et terre, et se disputera d'occuper Gibraltar. Moi, pendant ce temps, je débarquerai avec Gaëtano et les débris de ma garnison sur un point quelconque des côtes du royaume de Valence, où nul ne m'attendra... Alors, et sans m'arrêter, je marche rapidement sur Valence que je prends d'assaut; je laisse dans ses murs deux mille hommes et je poursuis ma course vers Grenade; — les Maures, abattus un moment, se lèvent de nouveau à ma voix, et grossissent mon armée; les places fortes qui se trouvent sur mon passage m'ouvrent leurs portes sans coup férir, ma marche devient un triomphe et dans un mois j'ai reconquis tout le royaume de Grenade...

Un coup de tonnerre interrompit don Paëz; — la foudre rugit de nouveau, le vent, apaisé jusque-là, s'éleva tout à coup, mugissant avec une violence inouïe, — et la mer vint se heurter aux rocs de la grève avec une fureur telle que la princesse s'écria, frissonnante:

— Mon Dieu! voici la tempête, et la flotte amène à la côte, elle y brisera son dernier vaisseau!

— Eh bien! répondit don Paëz, ce sera pour la nuit prochaine.

— Oh! j'ai peur... exclama-t-elle en montrant la flotte qu'on voyait s'avancer toujours à la lueur des éclairs multipliés.

— Peur? fit-il avec un sourire en l'attirant sur son sein; peur, auprès de don Paëz?

Elle tressaillit à cette voix si mâle et si fière:

— Non, dit-elle, je ne crains rien, puisque tu m'aimes!...

La flotte avançait toujours, et don Paëz, à chaque éclair, la voyait courant des bordées et luttant contre le courant avec cette habileté particulière aux marins génois de l'époque.

— Cordieu! s'écria-t-il à son tour, si ces gens-là font cent brasses encore, ils sont perdus!

De larges gouttes de pluie commençaient à tomber; le tonnerre et le vent se disputaient les airs et les emplissaient de fracas; la mer écumante raccourcissait toujours ses lames, et le péril devenait pressant.

La saveur commençait à perler au front du roi, et il eût voulu voir à cent lieues de distance les navires attendus si longtemps avec toute la fièvre de l'impatience.

— Ces hommes-là sont donc insensés? exclama-t-il hors de lui, ou bien ne sont-ils pas déjà plus les maîtres de leur manœuvre?

Il sembla que les cinq navires eussent entendu don Paëz, car, presque aussitôt, ils virèrent de bord et gouvernèrent de façon à s'éloigner de la terre et à reprendre le large.

Don Paëz respira.

— Les tempêtes, ici, murmura-t-il, durent rarement vingt-quatre heures; demain, la flotte pourra mouiller, et nous serons sauvés, ajouta-t-il en regardant la princesse avec amour.

— Il était temps! répondit-elle, car nous commençons à manquer de vivres, de poudre et de boulets, et si l'ennemi tentait un nouvel assaut, nous ne pourrions résister.

— Il ne le tentera pas, il espère nous affamer.

Don Paëz fixa de nouveau son regard sur la mer et attendit un éclair.

Quand la foudre jaillit, il aperçut la flotte déjà dispersée par la tempête, la toile soigneusement pliée et disparaissant à demi dans le brouillard.

— Enfin! murmura-t-il.

L'orage allait croissant, et les époux-rois étaient exposés l'un et l'autre à ses âpres caresses, sans y avoir pris nulle garde; la pluie fouettait leur front nu, le vent s'engouffrait dans leurs manteaux, mais ils étaient tout entiers, elle à son amour, lui à son rêve un moment effacé et reconstruit depuis une heure.

Tout à coup un cri d'alarme, jeté par une sentinelle et que toutes répétèrent, retentit à travers les remparts et réveilla en sursaut la garnison qui s'était endormie sur la foi d'un prochain orage et des ténèbres de la nuit.

— Aux armes! criaient les vedettes, aux armes! l'ennemi!

Don Paëz crut voir le roc de Gibraltar s'effondrer sous ses pieds à ce cri terrible: l'ennemi! L'ennemi! et il n'avait plus de boulets; l'ennemi! et cinq cents hommes à peine étaient autour de lui!...

L'ennemi au nombre de trente mille hommes, l'ennemi lassé du blocus, qui voulait en finir à tout prix et avoir don Paëz mort ou vivant, profitant, pour tenter l'escalade, d'une nuit de tempête:

Et la flotte était loin!

Alors, de même que naguère il l'avait repoussée de ses vœux, don Paëz sembla l'appeler de toute la force de son désespoir; il interrogea la haute mer avec anxiété, ayant toujours pour flambeau les foudres du ciel qui se croisaient en tous sens; — mais, cette fois, l'horizon était désert, la flotte avait disparu, obéissant à un caprice de la tempête...

— Oh! s'écria le roi, poussant un cri de rage, la fatalité me suit.

— C'est mon amour qui te tue, répondit sourdement la princesse; Paëz, tu avais raison, l'amour et le génie ne peuvent marcher côte à côte...

Un éclair de colère jaillit de ses yeux.

— C'est vrai, dit-il froidement.

— Eh bien! reprit-elle avec l'enthousiasme de l'abnégation, prends ta dague, Paëz, prends-la, et tue-moi.

Il frissonna et fit un pas en arrière.

— Frappe! continua-t-elle en lui présentant le sein; moi morte, peut-être triompheras-tu?

Elle saisit elle-même la dague qui pendait à son flanc et la lui présenta.

Don Paëz sentit le délire gagner sa tête et voiler son regard; il prit l'arme, son bras se leva et fut sur le point de retomber...

Mais soudain il poussa un éclat de rire strident et jeta l'arme loin de lui.

— Je suis fou! dit-il.

Et prenant la princesse dans ses bras, l'étreignant sur sa poitrine, il l'emporta en lui disant:

— Viens! allons mourir ensemble comme les rois et des amants... allons unir notre dernier souffle et notre dernière pensée; — l'amour est le plus glorieux des linceuls!...

Et alors la voix de don Paëz redevint vibrante et terrible, et, parcourant le château, les remparts, les bastions, cette voix cria partout: — Aux armes! aux armes!

Puis calme maintenant, froid, impassible comme tous les grands cœurs aux heures suprêmes, il donna ses ordres de combat avec précision, se fit apporter ses vêtements les plus beaux, ses armes les plus fines et son manteau de roi, voulant descendre au cercueil avec la pompe des souverains.

La princesse, toujours près de lui, toujours à sa droite, était redevenue, en quelques secondes, cette femme énergique et forte qui suivait son époux en tous lieux; comme lui elle se couvrit du manteau royal et ceignit une épée, comme lui elle courut aux remparts recevoir l'ennemi.

L'heure des serments d'amour, des rêveries charmantes et des baisers sans fin, était passée, celle du combat arrivait, et la reine des Maures devait se souvenir de la belliqueuse gitana.

La nuit était bien sombre, mais la foudre du ciel l'éclairait de minute en minute et montrait aux assiégés les Espagnols montant à l'assaut.

Ils avaient dédaigné de traîner des canons après eux, et la promptitude et le sang-froid qu'ils mettaient à combler les fossés avec des fascines et à ajuster des échelles, témoignaient de l'irrésolution absolue du général en chef, qui n'était autre que le farouche duc d'Albe, d'en finir d'un seul coup et de sacrifier au besoin dix mille hommes.

Don Paëz les reçut avec de la mitraille et des feux de mousqueterie qui leur firent éprouver un grand dommage dès la première heure; — mais chaque soldat tué était remplacé, chaque échelle renversée était redressée à l'instant.

Les Espagnols se cramponnaient aux blocs de roche, grimpaient au talus des murailles, étreignaient une pierre en saillie et mouraient avant de tomber; parfois leur corps servait de bouclier et de rempart; et toujours décimés, toujours infatigables, sanglants, hachés, ils montaient sans cesse, les morts devenaient un marchepied pour les vivants.

Don Paëz, debout sur le rempart, ayant la princesse à ses côtés, pointait lui-même un canon avec le sang-froid d'un vieil artilleur, chaque coup qui partait de sa main labourait les rangs espagnols et y creusait une large trouée; mais la trouée se refermait soudain, et l'ennemi montait toujours, montait sans cesse recruté, raffermi par de nombreux renforts, tandis que les derniers lansquenets de don Paëz tombaient sans être remplacés.

Une partie de la nuit s'écoula ainsi au milieu de cette lutte homérique et à qui les ténèbres de la nuit, les hurlements de la tempête et parfois les sinistres lueurs de la foudre imprimaient un cachet de poésie sombre et sauvage. Enfin l'ennemi atteignit le rempart et envahit la forteresse; alors on se battit pied à pied, les haleines se croisant et la dague au poing.

Puis, du rempart, le combat gagna les rues, la forteresse elle-même, et l'on se battit de carrefour en carrefour, de corridor en corridor, et de salle en salle.

Et à mesure que don Paëz reculait d'un pas, les Maures et les lansquenets tombaient un à un; et puis encore il vint un moment où, presque seul, il fut contraint de prendre sa femme dans ses bras et de l'emporter jusqu'à la salle basse d'une tour où il se barricada.

Cette tour était celle où la princesse avait placé le coffre de rubis et de perles entamé par Hector pour lever une armée. Le coffre servit, avec le lourd ameublement de la salle, à fortifier la porte.

Celle-ci fut bientôt criblée de balles qui continuèrent autour de don Paëz leur moisson sanglante; enfin la porte commença à être ébranlée à coups de hache, et don Paëz se trouva tout seul avec sa femme, foulant les cadavres pantelants de ses derniers défenseurs.

Alors cet homme si brave fut pris de vertige, il eut peur! Peur, vraiment! car il lui sembla voir déjà l'échafaud qu'on lui dressait sur la plate-forme de l'Escurial et le bûcher où l'on traînerait la princesse comme une gitana infâme... peur! car une pensée terrible éblouit soudain son cerveau et lui fit prendre dans ses bras la princesse avec la frénésie de l'amour et du désespoir :

— Écoute, lui dit-il d'une voix entrecoupée... c'est la mort... il faut mourir... mieux vaut tout de suite... dans quelques minutes, il serait trop tard... la porte est ébranlée... elle cède... et les monstres ne respecteraient point en toi la fille de dix générations de rois... Veux-tu mourir? dis... le veux-tu?

— Tue-moi! dit-elle, en découvrant sa poitrine d'un geste plein de majesté.

— Meurs, répondit don Paëz avec délire; mais avant écoute, et meurs heureuse. Je ne regrette rien en mourant, car mon âme et la tienne vont à Dieu enlacées; je t'aime, ô ma reine! et ton dernier baiser sera le talisman qui m'ouvrira le ciel.

Il la pressa sur son sein, leurs haleines se mêlèrent; une seconde, ils vécurent de la même vie et leurs cœurs battirent l'un sur l'autre.

Puis don Paëz se dégagea brusquement de cette dernière étreinte, il leva sa dague et frappa.

La princesse tomba souriante et mourut sur-le-champ en murmurant : — Adieu... je t'aime!...

— Je te suis, répondit don Paëz, qui jeta sa dague et prit son épée pour s'en frapper...

Mais soudain un bruit sourd, étrange, se fit sous ses pieds. Le sol parut ébranlé, et tout à coup, comme il chancelait, une partie du parquet en boiserie vola en éclats, une hache apparut mettant à nu l'orifice d'un passage secret, un homme suivit cette hache...

C'était Hector!

— Il est temps! exclama-t-il : à moi! à moi, Gaëtano!

Gaëtano s'élança à son tour et arracha l'épée aux mains de don Paëz.

— Frère! frère! cria Hector hors de lui, un navire est au large; un canot est amarré au roc, et cet escalier, connu d'un marin génois et qu'il nous a montré, y aboutit. Viens, frère, viens!

Don Paëz lui montra le cadavre de la princesse.

— Elle est morte, dit-il, et je l'aimais!...

— Nous l'inhumerons en reine, frère, nous pleurerons avec toi... viens!...

Un éclair passa dans les yeux de don Paëz.

— Et la flotte, demanda-t-il, où est-elle? Peut-être pourrions-nous vaincre?

— La flotte a été dispersée par la tempête et quatre vaisseaux se sont brisés.

— Alors, répondit don Paëz, quand on perd en un jour une couronne et la femme qu'on aime, il ne reste plus qu'à mourir.

— Frère, la porte va céder, il sera trop tard dans deux minutes... fuyons!

— Tiens, fit don Paëz avec calme, prends ce coffre, il est à toi; et laisse-moi. Je suis roi, je veux mourir comme tel... Les rois ne fuient point.

— C'est vrai, s'écria alors Gaëtano, les rois ne fuient point; mais avant d'être roi tu te nommais Jean de Penn-Oll, et tu avais fait le serment de dévouer ta vie à la restauration de notre race. Ta vie ne t'appartient pas, l'enfant n'est pas retrouvé!

Et les deux frères, saisissant don Paëz dans leurs bras, l'emportèrent dans cet escalier souterrain, qui devenait pour eux la voie suprême du salut!

Madame Marguerite restait insensible aux coquetteries de ses camérières. (Page 1.)

LES

CAVALIERS DE LA NUIT

DEUXIÈME SÉRIE

LE PAGE DU ROI

I. — LE BABIL DES CAMÉRIÈRES DE MADAME MARGUERITE DE NAVARRE.

Madame Marguerite de Valois, reine de Navarre, s'était levée, ce jour-là, d'assez méchante humeur.

C'était pourtant un beau jour de printemps, encore à son matin, au milieu d'un ravissant paysage des Pyrénées occidentales.

Avril s'était enfui, emportant sous son aile le dernier frisson de l'hiver, et laissant à peine traîner çà et là, sur la crête chauve des hautes montagnes, un lambeau de son manteau de neige.

Mai arrivait la face épanouie, comme un galant cousin qui revient des terres lointaines avec des cadeaux pour tous ; — il arrivait secouant, parure fanée, le givre qui tremblotait aux branches des arbres, pour y suspendre de charmantes petites fleurs roses, bleues ou blanches, à peine écloses à demi ; — rendant au ruisseau, muet tout l'hiver, son caquet bruyant de l'automne, à la pelouse sa robe verte, au toit de chaume sa nichée d'hirondelles, aux femmes, ces hirondelles dont le cœur voyage si souvent, un mutin sourire et de

fraîches couleurs. Son compagnon, le soleil, tréflait le feuillage des grands marronniers, s'épanouissait sur le lichen des tours grises, miroitait aux ardoises sombres des toits, et, glissant par les persiennes demi-closes du manoir vermoulu, allait, courtisan matinal, saluer madame Marguerite que ses camérières ajustaient avec des soins minutieux et infinis.

Madame Marguerite était parfaitement insensible aux coquetteries de ses camérières, qui devisaient à tort et à travers des courtisans et des gentilshommes, des pages et des dames de Nérac, et paraissait, elle, l'artiste par excellence, se soucier fort peu des rayons que le soleil éparpillait à droite et à gauche sur les vieux bahuts aux sculptures délicates, sur les bronzes de Benvenuto entassés sur les bahuts, et sur les groupes et les statuettes de marbre qui, dans l'oratoire de madame de Navarre, étincelaient de blancheur sur le fond sombre des tentures et de l'ameublement à clous d'or.

Madame Marguerite était bien dans le plus ravissant retrait qu'eût jamais eu une princesse de France, artiste et petite-fille des Médicis. Les étoffes d'Orient, les richesses sans prix des musées italiens, l'art sévère de la Renaissance, l'école espagnole avec ses tableaux sombres, l'école florentine avec sa peinture aux couleurs éclatantes, tout y était représenté par de merveilleux échantillons.

Au milieu de la salle, une statue ébauchée, et près de la statue un maillet, un ciseau ; dans un coin, une table supportant une magnifique édition d'Homère, dans le texte original, des plumes et du parchemin ; un peu plus loin des fleurets et un masque jetés à terre ; plus loin encore un chevalet avec un paysage commencé, disaient assez que la fée de ce logis était à la fois peintre, sculpteur, poète, savante dans les langues anciennes, habile à manier l'épée, comme son premier maître d'armes, le roi Henry de France.

Puis, si l'on avisait une grande glace de Venise, ajustée par morceaux, et que, dans l'un de ses compartiments, on aperçût une tête adorable brune avec un large front où la pensée s'ébattait à l'aise, un grand œil noir où brillait le génie, des lèvres d'un rouge ardent, où la passion semblait vivre, on s'avouait que la fée de ce logis était la plus ravissante, la plus merveilleuse des créatures, et qu'il était bien impertinent celui qui osait creuser un pli dans ce front d'artiste, jeter un voile de mélancolie sur ces yeux qui fascinaient, poser un sourire amer sur ces lèvres d'où la poésie et l'amour devaient découler en flots d'harmonie.

Qu'avait donc madame Marguerite? Quel caprice, quel ennui pouvait ınt assombrir son visage? — N'était-elle point entourée des chefs-d'œuvre de l'art? pouvait-elle souhaiter retraite plus séduisante que celle où elle se trouvait, site plus pittoresque et plus frais que celui qui se déroulait sous sa fenêtre entr'ouverte? — N'était-elle point la belle des belles, la reine des reines, l'idole qu'un cavalier, fût-ce don Juan lui-même, eût choisie entre les idoles?

Les deux camérières se posaient sans doute les mêmes questions, car elles caquetaient à qui mieux mieux, les mutines et les curieuses, tout en élevant en un édifice hardi la chevelure luxuriante de leur maîtresse, chevelure magique qui, dénouée, eût pu l'envelopper tout entière de ses flots de jais.

Et certes, elles étaient bien jolies toutes deux : l'une, blonde et rose comme une fille du Nord ; l'autre, brune et dorée comme l'Espagne, son pays ; si jolies qu'il fallait avoir nom Marguerite de Valois et être la plus belle des reines, pour oser les prendre à son service.

Il y avait d'une heure qu'elles devisaient comme des pages en bonne fortune sous le balcon de leurs manolas, effleurant de leurs railleries tous les sujets de conversation et riant du plus paix aux éclats, sans que leurs propos légers, leurs charmantes médisances et leurs rires mutins pussent arracher la reine à sa profonde rêverie. Mais ni Pepa la Catalane, ni Nancy la Parisienne ne se décourageaient un instant, et elles continuaient leur babil, se jetant parfois des œillades fort significatives.

— Dieu ! dit tout à coup Nancy, lassée d'escarmoucher en pure perte et décidée à aller droit au but, le vilain séjour que Coarasse!

Marguerite ne répondit pas.

— Des montagnes, de la neige, des arbres grotesques et un vieux château, reprit Nancy avec dédain, — pas une salle de bal !

— Pas un balcon ! soupira à son tour Pepa la Catalane.

Marguerite était à cent lieues du caquetage de ses soubrettes.

— J'aimais bien mieux Nérac, continua Nancy.

A ce nom de Nérac, la reine tressaillit :

— Que me parlez-vous de Nérac ? demanda la reine.

— Oh! par insouciance Nancy, je disais que Nérac valait mieux que le manoir de Coarasse, où le roi se plait si fort qu'il y amène tout le monde avec lui.

— Le roi a raison, dit sèchement Marguerite.

— Mais, ajouta la soubrette avec une petite moue dédaigneuse, j'aimerais bien mieux le Louvre que le château de Nérac.

La reine tressaillit pour Nérac comme elle avait tressailli pour Nérac, mais plus profondément encore, et elle fronça outre mesure ses sourcils de déesse.

— Le Louvre, reprit Nancy, avec sa cour étincelante, son beau roi si noble d'attitude et de visage, si fier quand il pose sur la garde d'or sa belle main qui n'a d'égale en beauté que celle de Votre Majesté.

Un soupir souleva le sein de Marguerite.

— Taisez-vous, mademoiselle, fit-elle avec impatience, vous me fatiguez; j'ai une migraine affreuse.

— Il fait si chaud ! murmura philosophiquement Nancy.

Puis elle se tut et regarda malicieusement Pepa qui ne soufflait mot et riait sous sa résille noire.

Mais condamner deux femmes au silence quand elles ont vingt ans, de l'esprit comme messire l'abbé de Brantôme et de petites dents blanches et pointues qui se montrent sans cesse en un frais éclat de rire, est chose impossible... Après cinq minutes de silence, Nancy reprit à mi-voix :

— Nous n'avions ici qu'un gentilhomme et une dame qui fussent, à toute heure, de charmante humeur.

— Ah! fit Pepa d'un air curieux.

— C'étaient mademoiselle de Montmorency, poursuivit Nancy, et M. le vicomte de Turenne.

La reine fit un brusque mouvement, un léger incarnat colora ses joues, mais elle se remit presque aussitôt et parut tout à fait indifférente au bavardage de ses camérières.

Pepa et Nancy avaient tout vu et elles se jetèrent un furtif regard qui signifiait très-clairement : « Bien! M. de Turenne est pour quelque chose dans la tristesse de S. M. »

— M. de Turenne, continua Nancy, est parti depuis trois jours pour sa terre de Bouillon et y passera six semaines ; mademoiselle de Montmorency n'est point partie, elle, mais elle a laissé sa gaieté je ne sais où et elle a maintenant des poses mélancoliques qui ne lui vont pas à ravir.

— A quoi cela peut-il tenir ? demanda Pepa.

Nancy fit un geste d'épaules parfaitement ingénu.

— Je n'en sais rien, dit-elle, mais les méchantes langues de Nérac prétendent qu'elle est toquée à l'endroit d'un beau gentilhomme.

— Ah! fi ! murmura la prude Pepa, c'est impossible !

— On parle, reprit Nancy, d'un beau gentilhomme qu'elle a vu à Nérac d'abord, et puis... ici...

— Bon ! s'écria Pepa, le seigneur Gaëtano...

— Précisément. Ce beau gentilhomme italien qui est ambassadeur d'Espagne près la cour de Navarre.

— Ah! par exemple! dit soudain la reine, sur les lèvres rouges de laquelle le sourire revint comme par enchantement.

Nancy regarda attentivement madame Marguerite, puis Pepa, et le sourire qu'elle adressa à cette dernière fut un sourire de triomphe.

— Vraiment! la petite Fosseuse serait toquée de l'italien?

— On le dit, répondit Nancy, mais on dit tant de choses en Navarre.

— J'en ferai part au roi ! s'écria naïvement Marguerite, qui redevint tout à fait la railleuse et spirituelle élève de l'abbé de Brantôme.

— Dame! fit Nancy en riant à son tour, il parait que le roi ne s'en soucira guère désormais.

— Et pourquoi cela, mamzelle?

— Madame a-t-elle vu l'ambassadeur?

— Nenni, dit Marguerite ; il est arrivé tard hier et j'étais rentrée. Lorsqu'il passa à Nérac, j'étais déjà partie pour Coarasse.

— Alors, madame n'a point vu davantage cette senorita espagnole qu'il accompagne et qui vient prendre les eaux à Coarasse ?

— Non, dit Marguerite. Pourquoi ces questions?

— C'est qu'on prétend qu'elle est fort belle, la senorita.

— En vérité!

— Du mois, c'est l'avis du roi... hasarda timidement la Catalane Pepa.

Un fou rire s'empara de Marguerite.

— Voici qui tombe à merveille, fit-elle ; je commençais à m'ennuyer bien fort à Coarasse.

— Oh! je le crois sans peine, murmura l'espiègle Nancy ; il n'y a que M. de Turenne qui ait assez d'esprit pour amuser Votre Majesté.

— Mademoiselle, dit la reine avec une petite moue pleine de sévérité, vous êtes une impertinente.

Mais la reine était revenue en belle humeur et elle poursuivit :

— Comment est cet ambassadeur?

— Le plus beau gentilhomme qu'il se puisse trouver après le roi Henry de France, le duc Henry de Guise et feu MM. de la Môle et Hector de Furmeyer.

A ces derniers noms, le front de Marguerite s'assombrit, mais ce ne fut qu'un nuage et elle reprit peu après :

— Est-il aussi bien que M. de Turenne?

Nancy hésita, puis, payant d'audace, elle répondit :

— Il est beaucoup mieux, je le jure à Votre Majesté.

— Et la Fosseuse l'aime?

— On le dit.

— Et cette senorita est-elle belle?

— Elle le serait partout, hors d'ici, murmura hypocritement la camérière.

— Vous êtes une flatteuse, mamzelle. Allons, hâtez-vous, je me suis habillée qu'aux trois quarts, et voici l'heure où le roi revient de la chasse. Je veux que le roi me trouve belle.

— M. l'ambassadeur d'Espagne est avec lui, dit effrontément Nancy.

Elle était bien impertinente, vraiment ! Mais la reine avait l'esprit bien fait, et elle feignit de ne point comprendre.

— Par exemple, reprit Nancy, il y a un nouvel amour sur le tapis...

— Ah! demanda la reine, n'est-ce point assez de deux? L'amour de Fosseuse pour l'ambassadeur et celui du roi pour la senorita?

— Il y a encore celui de la senorita pour le page du roi.

— Bavolet! fit la reine, impossible! Ils se sont vus à peine.

— L'amour est instantané.

— Mais c'est un enfant!

Pepa rougit comme une cerise de juin, mais Nancy continua avec sa verve intarissable :

— Un enfant qui a quinze ans passés, qui est beau comme un chérubin, hardi comme un page qu'il est, courageux et spirituel comme le roi son maître.

Pepa se réfugia dans un coin de l'oratoire et feignit de tirer des profondeurs d'un bahut des essences et des pommades, afin de mieux cacher son trouble.

— Beau, je te l'accorde, dit la reine; courageux, j'en conviens; mais hardi et spirituel... hum!

— Il l'est, madame.

— Pas devant moi, au moins, car il a toujours les yeux baissés et langage entortillé comme une nonne à confesse.

— Ah dame! fit Nancy, c'est que... c'est que...

— Eh bien! quoi?

— C'est qu'il vous aime, dit-elle.

Un grand bruit se fit à l'extrémité de l'oratoire et coupa court aux aveux de Nancy et aux étonnements de madame Marguerite: — c'était Pepa la Catalane, qui avait laissé tomber deux flacons d'essence florentine, lesquels avaient heurté et entraîné dans leur chute une statuette de Michel-Ange que la reine avait payée à un prix fou. La statuette s'était brisée le bras droit.

La reine fronça le sourcil et regarda Pepa. Pepa était rouge, confuse, et son visage trahissait une telle souffrance que Marguerite en eut pitié.

— Vous êtes une maladroite, dit-elle sans aigreur; je vous pardonne.

Mais Pepa continua à être troublée et maladroite, si bien que la reine lui dit:

— Vous me coiffez aujourd'hui en dépit du bon sens.

Elle se leva vivement, détruisit avec sa main blanche l'édifice construit à grand'peine et avec lenteur par Pepa et Nancy, et ajouta en riant: — Je me coifferai toute seule, vous n'êtes bonnes à rien.

Marguerite roula ses cheveux en grosses nattes, les aplatit lestement en un tour de main, dégarnit son front à la Marie Stuart et apparut en dix secondes, aux yeux de ses camérières, bien plus séduisante que lorsqu'elle avait une montagne de cheveux sur la tête.

Elle remplaçait l'art de convention par l'art de la nature.

Puis, quand ce fut fait, elle alla vers une immense jardinière où croissaient, à la tiède atmosphère de l'oratoire, les fleurs les plus odorantes et les plus rares; elle y prit deux marguerites sauvages et une touffe de vergiss-mein-nicht, les éparpilla dans ses cheveux et dit à ses camérières d'un air de triomphe:

— Vous pouvez serrer mes diamants.

Nancy se pencha vers Pepa et lui dit à l'oreille:

— La bouderie de S. M. avait nom Turenne, sa belle humeur se nomme Gaëtano.

Mais Pepa ne riait plus, Pepa était soucieuse et sombre.

— Bon! se dit Nancy, illuminée soudain, voici un cinquième amour que je découvre: Pepa aime le page!

— Nancy, dit la reine, cherche-moi mon amazone vert-amarante à galons orange et mes mules de velours nacarat; décidément, vous m'avez ajustée aujourd'hui comme une femme de prévôt des marchands ou une infante d'Autriche. Je suis affreuse!

Et, ce disant, Marguerite se mirait dans la glace de Venise et rajustait un à un les plis de son corsage et de sa collerette de guipure, qui dissimulait à grand'peine des merveilles de carnation qui eussent donné le vertige au sculpteur Michel-Ange.

Quelques minutes après, la toilette de madame Marguerite était achevée; elle se mira de nouveau et se fit une petite moue pleine d'impatience.

— Il me manque quelque chose, murmura-t-elle, un rien irrésistible... je ne veux pourtant pas de diamants, ni d'or...

Elle retourna à la jardinière, y prit un petit œillet rouge et se le posa à la jonction du corsage vert et or et de la guimpe blanche comme lait.

— C'est cela, dit-elle avec un sourire, voilà le coup de crayon de l'artiste.

Pendant ce temps, Nancy murmurait:

— Fosseuse aime le seigneur Gaëtano; le roi aime la senorita; la senorita aime le page; le page aime la reine; la reine s'ennuie et elle va choisir, sans doute, du page ou de Gaëtano. Pepa a aussi son petit roman. J'étais une sotte, tantôt, quand je prétendais que le château de Coarasse était un affreux séjour; voici assez d'intrigues pour s'y amuser un long mois!...

Nancy réfléchit une minute, puis elle reprit:

— Il n'y aura que moi qui serai spectatrice et de sang-froid dans tout ceci; c'est vraiment bien dommage!

Et elle réfléchit encore:

— Bah! ajouta-t-elle, le roi m'a dit un soir qu'il aurait toujours deux heures de sa journée à consacrer à mes yeux bleus...; si je me réservais dans la comédie un petit rôle de Discorde.

Un bruit de fanfares interrompit Nancy. Le cor résonna sous les fenêtres du château, le roi arrivait de la chasse.

La reine se dirigea vers la fenêtre, s'y accouda et murmura à son tour:

— Voici la Providence qui m'envoie une charmante occasion de me venger. Le roi a exilé M. de Turenne, et mamzelle Fosseuse m'a joué plus d'un vilain tour; je veux être adorable pour le seigneur italien, et je réserve le page pour la senorita; ce qui fait que ni le roi ni Fosseuse ne trouveront leur compte à mon jeu.

Une pensée soudaine traversa l'esprit de Marguerite:

— Diable! fit-elle, Nancy prétend que Bavolet m'aime... Et Nancy est une fine mouche...

Elle demeura pensive une minute, — puis elle laissa échapper de ses lèvres rouges un frais éclat de rire:

— Je l'ai tenu sur mes genoux, dit-elle, et je lui ai appris à lire; ensuite je lui ai enseigné le latin et le grec; après, je lui ai montré la peinture et la sculpture; enfin, j'ai été son premier maître en escrime; voilà, ce me semble, assez de leçons; mon écolier me paraît accompli, et il est temps que je résigne mes fonctions de professeur.

En ce moment la chasse débouchait sur la pelouse verte qui entourait le château, et la reine aperçut son royal époux chevauchant à la droite de la senorita.

II. — OÙ IL EST PARLÉ DES CONTES QUE NARRAIT M. DE TURENNE ET DU CAQUET SPIRITUEL DE MADEMOISELLE DE MONTMORENCY.

Le château de Coarasse, dont mamzelle Nancy, l'espiègle et railleuse Parisienne, avait tant médit durant la toilette de madame Marguerite, et qui promettait maintenant d'être fertile en intrigues mystérieuses, était la demeure favorite du roi Henry de Navarre.

C'était à Coarasse qu'il avait passé la plus belle moitié de sa jeunesse, au milieu de rudes serviteurs qui le tutoyaient et ne lui donnaient jamais le nom de prince, d'après les ordres de son aïeul Jean d'Albret; vivant de l'âpre et sobre existence des chasseurs et faisant contre les ours des Pyrénées son apprentissage de monarque guerrier...

Coarasse n'était point une résidence royale; loin de là! Un bonhomme de châtelain gascon s'en fût accommodé tout au plus pendant la belle saison, car l'hiver, la neige, la glace, les rigueurs de la température en faisaient la plupart des temps taciturne des demeures.

Ses vieux murs étayés par un réseau de lierre, ses fossés sans eau, ses boiseries vermoulues, ses salles enfumées, avaient même Marguerite, la première fois qu'elle y vint, — et elle y arriva par une nuit fort sombre, mis un sourire dont l'amertume était inadmissible.

Elle ne put fermer l'œil et songea involontairement que la politique était une fort sotte chose, puisqu'elle lui avait donné Coarasse pour résidence et le roi de Navarre pour mari, au lieu et place des palais lorrains aux riches tentures et de son Henry de Guise qu'elle avait tant aimé.

Mais au matin, quand, les yeux encore battus, le front pâle, elle eut ouvert elle-même ses jalousies et jeté un coup d'œil au dehors, un cri d'admiration lui échappa.

Le panorama qui se déroulait sous ses yeux avait la poétique splendeur d'un rêve.

Le château, assis sur un étroit plateau, dominait un fris-mêle adorable de frais vallons, de rocs moussus, de bois, de ruisseaux, de prairies, de charmants villages coquettement perchés, — tout cela éclairé, illuminé, étincelant des rayons d'un soleil d'avril et des rubis sans nombre d'une rosée matinale; tout cela encadré par les crêtes bleues et neigeuses des Pyrénées, horizon magique et grandiose entre tous!

La reine qui se voyait pauvre, la princesse de France dépaysée, la fille des Valois née sous les lambris d'or, disparurent.... l'artiste seule resta.

— Que c'est beau! murmura-t-elle.

Et alors elle fit appeler le roi et lui dit:

— Retournons-nous à Paris?

— Ma mie, dit le Béarnais, César, qui était un homme assez fort, prétendait qu'il préférait de beaucoup être le premier dans une bourgade que le second à Rome.

— Je le sais. Eh bien?

— Eh bien! je suis comme César; à Coarasse je suis chez moi, à Nérac aussi, à Pau tout autant... A Paris, je suis chez notre frère, et vous savez que nos frères de France ont de fort vilaines idées à l'endroit de la liberté de conscience en religion.

— Combien de temps comptez-vous passer à Coarasse?

— Mais le plus possible; six mois par an.

— Très-bien; je m'y résigne, cependant...

— Parlez, ma mie, dit le Béarnais en attachant sur sa femme cet œil bonhomme si perspicace.

— Vous me donnerez carte blanche, et je ferai restaurer le château de Coarasse.

— Hum! fit le Béarnais, nous sommes de pauvres diables de souverains, endettés et sans revenus, d'autant plus, ajouta le roi en riant, que mon frère de France me paie fort peu votre dot.

— Je serai sage, dit la reine.

— Eh bien! en ce cas, viennent la récolte du blé, la cueillette des olives et les vendanges, nous aurons bien quelque vingt mille livres à vous octroyer.

Et le roi regardait sa femme à la dérobée.

— C'est peu, dit-elle; mais je m'en contente à une condition, c'est que je les aurai tout de suite.

Le roifit la grimace, mais il répondit sur-le-champ, heureux d'en être quitte à si bon marché :

— Je crois que mon intendant, qui me sert en même temps de ministre des finances, de grand veneur et de mestre de camp, ce pauvre Mornay, a sa caisse en piètre état; mais nous verrons à vous trouver les vingt mille livres dans le plus bref délai. Dans tous les cas, je vendrai à mon cousin d'Espagne ce lopin de terre qui mord sur ses frontières et qu'il veut toujours acheter.

Le soir même la reine eut ses vingt mille livres; — le lendemain, elle mit quarante ouvriers à l'œuvre; huit jours après, Coarasse était habitable, décoré, rajeuni, et madame Marguerite y possédait cet oratoire où nous avons introduit nos lecteurs, et dans lequel elle avait entassé une partie de ses richesses artistiques qu'elle avait apportées de Paris ou fait venir d'Espagne et d'Italie à grands frais.

Cependant les vingt mille livres avaient été insuffisantes, et madame Marguerite jugea convenable de dévaliser une aile du château de Pau de ses tentures et de son ameublement.

Le roi fronça un peu le sourcil, mais il ferma les yeux en se disant :

— Je prendrai d'assaut, un jour ou l'autre, la ville de Cahors, que me retient mon frère de France, et je volerai les meubles et les tentures du gouverneur pour mon château de Pau, comme madame ma femme vole ce dernier au profit du château de Coarasse.

Pendant trois mois la reine fut ravie, ses instincts de peintre et de poète se trouvèrent satisfaits, et puis l'ennui vint, mais elle n'osa se plaindre, et y acheva la saison sans trop d'humeur brune.

L'année suivante elle revint, s'ennuya davantage et se fit ordonner le climat de Nérac comme nécessaire à sa santé.

Le roi ne souffla mot et la laissa à Nérac sous la garde de ses dames d'honneur et de M. de Turenne, un fort galant cavalier, qui contait à merveille, et dont l'esprit faisait sourire madame Marguerite dans ses plus noires tristesses.

Le roi s'en alla à Coarasse tout seul, emmenant ses pages et quelques gentilshommes.

Mais d'aventure il arriva que l'hiver suivant, pendant les longues soirées du château de Nérac, le roi s'aperçut que si M. de Turenne avait beaucoup d'esprit, une fille d'honneur de la reine n'en possédait pas moins, vu à l'occasion, fort à écouter jaser mademoiselle Fosseuse de Montmorency sous les marronniers de Coarasse, au printemps, comme il l'entendait. en hiver, dans l'oratoire du château de Nérac, où madame Marguerite tenait sa cour. Malheureusement, la santé de madame Marguerite exigeait toujours qu'elle demeurât à Nérac, et en conscience, le roi ne pouvait emmener mademoiselle Fosseuse à Coarasse sans la reine, dont elle était la fille d'honneur.

Alors une idée, une idée spirituelle comme il en avait tant, poussa dans le cerveau du roi, qui se dit :

— Puisque je ne puis avoir, à Coarasse, le gentil caquet de mamzelle Fosseuse, j'aurai, au moins, les contes de M. de Turenne.

Et il nomma le vicomte gouverneur du château de Coarasse.

M. de Turenne quitta fort à regret les ombrages du parc de Nérac; mais le roi ordonnait, il obéit.

Quand M. de Turenne fut parti, la reine, qui aimait fort les contes, en demanda au nouveau gouverneur de Nérac, mais le nouveau gouverneur était un bélître qui n'en savait faire, et la reine recommença à s'ennuyer.

Alors son médecin, qui n'était autre que le vieux Miron, un homme qui savait par cœur sa Marguerite, lui ordonna l'air de Coarasse, comme il lui avait conseillé, deux ans auparavant, celui de Nérac; et la reine partit emmenant Fosseuse, ce qui fit que le roi retrouva chaque soir, au retour de la chasse, le caquet de la fille d'honneur, comme la reine les récits merveilleux de Coarasse.

Pendant deux années, la reine continua à passer l'été à Coarasse, et elle s'y habitua bel et bien; ce qui fit que le roi finit par s'avouer que les contes de M. de Turenne nuisaient fort à ceux de mamzelle Fosseuse, et qu'il lui dit un beau matin avec sa bonhomie accoutumée en lui frappant sur l'épaule :

— Si tu allais faire un tour dans ta terre de Bouillon, vicomte?

Le vicomte tressaillit et regarda le roi; le roi continua simplement :

— Il y a longtemps que tu n'y as paru, et tes vassaux et métayers te doivent voler de la belle manière. Quand on possède des champs au soleil, vois-tu, il les faut visiter souvent; rien n'est tel que l'œil du maître. J'en fais tout autant, moi, et je veille à l'air quand mes métayers engrangent, sans cela je serais à l'aumône...

Et le roi fit une demi-pirouette.

— Oh! dit le vicomte, le service de Votre Majesté m'est bien plus cher que de mesquins intérêts.

Le roi parut ne point entendre, et il ajouta d'un ton confidentiel :

— Au surplus, vois-tu, j'ai besoin que tu t'en ailles, et voici pourquoi : je m'aperçois que tes contes et tes histoires achèvent de tourner la tête de madame Marguerite, qui était déjà pas mal toquée, et qui finira par devenir folle à lier, si tu ne vas faire un voyage quelque part. Je te conseille d'aller à Bouillon; je suis sûr qu'on te vole!

Le roi avait fait une demi-pirouette; il en fit une tout entière et planta là le vicomte, qui prit la chose en galant homme, fit fermer ses valises et partit le même jour.

Le roi, avons-nous dit, chevauchait en tête du cortége, à côté de la senorita. Henry avait alors à peu près trente ans : il était de taille moyenne, brun, l'œil pétillant, le sourire affable avec une pointe de raillerie fine, l'air avenant et franc.

La senorita était un chef-d'œuvre, qu'on nous passe le mot. Son pied de Cendrillon chaussait l'étrier avec une aisance parfaite; sa main blanche et dégantée maniait habilement la bride et la cravache, et sa taille se balançait au pas du cheval avec des ondulations d'une souplesse exquise.

Aussi le Béarnais avait-il deviné tout d'abord que la senorita devait posséder tout autant d'esprit que Fosseuse, et s'occupait-il d'elle avec une galanterie tellement minutieuse, que mademoiselle de Montmorency en souffrait fort, quoi qu'en eût pu dire Nancy, laquelle avait prétendu qu'elle aimait le beau Gaëtano.

Elle chevauchait, en effet, à côté du gentilhomme italien, mais ne prêtait à ses discours qu'une attention distraite.

Le seigneur Gaëtano était ce beau cavalier que vous avez entrevu à la tour de Penn-Oll, au château de Glascow et à Gibraltar.

Madame Marguerite le trouva fort beau et se dit : — Qui sait s'il ne possède pas l'art merveilleux de Turenne pour narrer des contes?

Après cette réflexion, madame Marguerite demeura pensive. Le roi mit pied à terre le premier et offrit son genou à la senorita. La senorita l'effleura de son pied mignon et bondit comme une biche sur la pelouse verte. Alors le roi se tourna vers le seigneur Gaëtano :

— Monsieur l'ambassadeur, dit-il, vous trouverez l'hospitalité du roi de Navarre un peu maigre à Coarasse, mais le vin est bon, nos environs sont giboyeux, nous boirons frais et chasserons beaucoup, jusqu'à ce qu'il prenne fantaisie à notre cousin d'Espagne de vous rappeler pour nous confier une mission plus importante. Quelle idée, ajouta le Béarnais avec un sourire naïf, quelle diable d'idée a donc eue mon cousin Philippe de me prendre ainsi au sérieux et de m'envoyer un ambassadeur?

— C'est que le roi de Navarre est plus grand que son royaume, répondit Gaëtano en s'inclinant.

Puis il se dit tout bas : — Voilà un bonhomme beaucoup plus fort qu'il ne veut le paraître, et décidément nous avons eu raison de commencer par lui.

— A propos, dit le roi, je ne vous ai point encore présenté à madame Marguerite, n'est-ce pas?

— J'en attends l'heure avec impatience, sire.

— Eh bien! offrez votre poing à mademoiselle de Montmorency, et si la senorita veut accepter le mien, nous l'irons visiter en son retrait, un retrait assez extraordinaire, je vous assure, un chaos bien singulier, qui me fait dire chaque jour que madame Marguerite a le cerveau écorné.

— Je sais la reine grande artiste, dit Gaëtano.

— On le dit, murmura philosophiquement le roi, mais moi, je n'y entends goutte, et j'estimerais bien plus qu'elle sût filer et coudre comme la reine Anne de Bretagne, notre grand'tante, ou confectionner des pâtisseries et confitures, comme feu la mère, que passer, ainsi qu'elle fait, de longues heures à dégauchir un bloc de marbre.

Gaëtano observait le roi du coin de l'œil; le roi avait la physionomie la plus insignifiante du monde en ce moment-là.

— Cordieu! murmura Gaëtano, nous aurons du fil à retordre avec ce roi paysan.

— Bavolet! cria le Béarnais.

Le page s'approcha respectueusement.

— Monte chez madame Marguerite, mon enfant, et demande-lui si elle nous peut recevoir.

Bavolet s'inclina et partit en courant.

Bavolet était, ainsi que l'avait dit mamzelle Nancy, un page charmant, hardi, spirituel, beau garçon, portant son manteau sur l'épaule et son pourpoint nacarat avec une grâce parfaite. Souvent le roi, qui l'aimait fort, avait coutume de dire : — Ce gaillard-là est trop élégant pour le pauvre diable de monarque comme moi, et il serait bien plus en son lieu et place auprès de mon frère de France, qui a le Louvre et des châteaux par centaines, ou chez mon cousin de Guise, qui est un élégant et un musqué... mais, malgré cela, je l'affectionne et le garde.

Bavolet était l'enfant de la cour. Madame Marguerite avait été, de son propre aveu, son maître d'école, de dessin, d'escrime et de beau langage; le roi lui avait enseigné la vénerie et l'agriculture; Nancy lui avait appris certains travaux d'aiguille et de broderies.

Bavolet était un garçon accompli, que tout le monde aimait, même M. de Turenne, quoiqu'il eût beaucoup d'esprit et fût parfaitement capable de narrer des contes.

Bavolet monta quatre à quatre l'escalier qui conduisait aux appartements de la reine; en route, il croisa Nancy, qui lui dit avec un fin sourire :

— Madame la reine est habillée, monsieur Bavolet; vous pouvez l'aller voir. Vous trouverez Pepa la Catalane qui voudrait vous narrer des contes.

— Ah! dit Bavolet avec insouciance, je me moque bien de ses contes.

Et il prit Nancy par la taille et lui appliqua un gros baiser sur la joue.

— Hum ! pensa Nancy en se débattant, ce garçon-là est moins timide que ne le veut bien dire Sa Majesté ; je le crois aussi beau conteur que M. de Turenne.

Bavolet laissa glisser Nancy en son ascension ; il était en belle humeur, il sifflotait un air de chasse et était bien en ce moment le plus hardi des pages.

Mais quand il fut arrivé à la porte de l'oratoire, sa hardiesse, sa bonne humeur disparurent, le cœur lui battit et il gratta d'une main mal assurée.

— Entrez, dit la reine.

Bavolet entra et demeura immobile sur le seuil, contemplant madame Marguerite avec le plus flatteur des embarras.

Ainsi vêtue, ainsi coiffée, Marguerite de Valois était belle à damner l'austère Mornay lui-même.

Elle sourit de l'admiration de Bavolet, et lui dit avec ce ton de bonté toute maternelle qu'elle employait toujours avec lui :

— Bonjour, mon enfant ; donne-moi ton front et dis-moi si nous avons été un hardi chasseur aujourd'hui ?

— Non, dit Bavolet en baisant la main de la reine ; j'ai été maladroit !

— Et pourquoi cela ?

— Je ne sais pas, murmura Bavolet tout rougissant.

— Et moi je le sais, dit la malicieuse reine : c'est que vous êtes amoureux, mon beau page.

Bavolet frissonna et souhaita un moment être à cent cinquante lieues du château de Coarasse, en un désert quelconque.

— Il paraît, reprit la reine, que mamzelle Fosseuse vous trouble l'esprit !

Bavolet, alarmé, se trouva rassuré par ces dernières paroles.

— Votre Majesté me raille, dit-il, et me fait oublier mon message.

— Et que venez-vous m'annoncer, monsieur l'ambassadeur ? demanda Marguerite en bouclant du bout de ses doigts rosés la chevelure châtain du page.

— Le roi désire présenter à Votre Majesté, dit Bavolet, une dame espagnole et l'ambassadeur du nouveau roi d'Espagne, S. M. Philippe III.

La reine avait fait une toilette minutieuse pour recevoir l'ambassadeur, elle avait daigné être sa propre camérière tout exprès pour lui ; mais elle était la petite-fille de François Ier, et, partant, d'humeur changeante, pour justifier sans doute le distique de ce monarque :

Souvent, femme varie, etc.

Elle avait réfléchi sans doute depuis et renoncé, pour le moment, à recevoir l'ambassadeur, car elle répondit à Bavolet :

— J'ai la migraine, mon enfant ; prie le roi de renvoyer à plus tard cette présentation.

Bavolet alla rendre compte de sa mission et remonta chez sa belle institutrice.

La reine avait jeté sur un dressoir ses gants parfumés et, un morceau de craie à la main, elle dessinait avec un soin infini des projets de costumes sur le lampas grenat de la tapisserie.

— Bavolet, dit-elle en voyant reparaître le page, je veux donner un bal masqué ce soir.

— Ah ! fit Bavolet étonné.

— Viens m'aider à dessiner des costumes, toi qui dessines si bien ; nous allons fouiller le règne du roi Charles VI dans ses plus mystérieux arcanes d'élégance.

Elle lui tendit la craie et se dit à part :

— Un bal masqué est adorable pour nouer les fils de plusieurs intrigues... On est si hardi sous le masque !

— Dame ! observa Bavolet, il est un peu tard ; aurons-nous le temps de tout préparer pour ce soir ?

Elle lui adressa un ravissant sourire.

— Tu sais bien, dit-elle, que je suis une fée... et tu seras mon petit génie familier.

Bavolet frissonna de plaisir et ses joues rosées gagnèrent en un instant le ton d'incarnat de son pourpoint.

III. — NANCY ESCARMOUCHE, GAETANO OBSERVE, LA REINE S'AMUSE.

— J'ai tort, murmurait philosophiquement le bonhomme de roi de Navarre à part lui et en délaçant, à neuf heures du soir, ses guêtres de chasse, qu'il avait gardées toute la journée ; j'ai grand tort d'en vouloir parfois à madame Marguerite et de me gausser d'elle à tout propos ; — madame Marguerite est la plus spirituelle des reines et la plus accommodante des femmes. Je n'aurais jamais eu l'idée d'un bal masqué pour faire ma cour à cette petite señorita andalouse, la plus jolie Espagnole qui jamais ait franchi les Pyrénées et posé un pied imperceptible en Navarre... Heureusement, madame Marguerite a l'esprit romanesque et elle tient à ce que son

mari s'amuse. Je serai bon prince... Je rappellerai Turenne qui narre si bien...

Le roi riait dans sa barbe en parlant ainsi ; — et tout en parlant il revêtait un costume assez étrange pour l'époque, et qui consistait en une robe couleur café au lait, semée d'étoiles d'argent et formant capuchon.

— Bon ! dit-il en se mirant, voici un accoutrement bizarre et qui est sans doute allégorique ; ma femme m'expliquera cela, car pour moi, vrai Dieu ! je n'y comprends absolument rien, je ne sais ni latin, ni grec.

Le roi mit son masque, puis il avisa sur un guéridon la coiffure qui, sans doute, lui était destinée et devait aller avec son déguisement.

Un éclat de rire lui échappa.

— Dieu me pardonne ! s'écria-t-il, c'est la mitre du pape des fous !... Madame Marguerite, qui est bien plus folle que moi, veut donner le change à la cour.

— Voici votre crosse, dit une petite voix flûtée sur le seuil de la porte, qui fut entre-bâillée sans bruit.

Le roi se retourna et vit un jeune page fluet, mince, soigneusement masqué, lequel entra d'un pas délibéré, le poing sur la hanche et tenant à la main la crosse épiscopale qu'au moyen âge l'abbé de la Déraison ou le Pape des Fous brandissait avec de singulières contorsions et d'affreuses grimaces.

Le page en question était rigoureusement vêtu selon la mode du règne de Charles VI. Il portait le maillot collant d'un rouge clair, les poulaines à haut talon, le pourpoint à manches pendantes et le toquet à plume bleue incliné en arrière.

Deux yeux pétillants de malice étincelaient sous le masque. La taille du page était moyenne, petite même, et le roi, qui d'abord avait cru reconnaître Bavolet, s'aperçut qu'il avait affaire à une femme.

— Oh ! oh ! dit-il, grand merci, mon beau page ; mais puisque tu m'apportes ma crosse, tu me feras bien le plaisir de m'expliquer mon costume.

— Volontiers, sire ; votre costume est celui d'un pape.

— Celui des fous, n'est-ce pas ?

— Il vous sied à ravir, sire.

— Petit impertinent !...

— Et la reine, qui s'y connaît, a songé tout de suite à vous travestir ainsi.

— La reine est trop bonne, murmura le roi avec une gratitude bouffonne qui fit sourire le page.

— La reine a prétendu, ajouta-t-il, que Votre Majesté, qui jouait le bon sens et la gravité habituellement, pouvait bien, sans vergogne, se montrer pour quelques heures sous son vrai jour.

Et le page débita cette raillerie avec un aplomb admirable.

— Mon cher page, répondit le roi, vous avez beaucoup d'esprit, et si j'étais un roi sérieux, je veux dire un roi possédant un royaume et des revenus, je vous ferais une pension convenable sur ma cassette. Malheureusement, — je suis pauvre ; — vous suffirait-il d'un bon baiser sur le duvet de pêche de vos joues ?

— J'aimerais mieux la pension, repartit effrontément le page.

— Petit drôle ! murmura le roi, mettons bas le masque et laissons-nous embrasser...

— Non pas, sire ; où donc avez-vous vu qu'on ôtât le masque avant le bal ?

Le roi lui prit la taille.

— Mon bel ami, dit-il, je te crois une petite femme charmante, et c'est pour cela que je te demande un gros baiser.

— Ah ! fi de te page, un gros baiser !

— Eh bien ! deux petits.

— A la bonne heure ! mais vous ne les aurez pas.

— Et pourquoi, mon cher lutin ?

— Parce qu'il me faudrait ôter mon masque.

— Eh bien ! soufflons la chandelle.

— Quelle horreur !...

— Bah ! c'est fait, dit le roi qui éteignit prestement le flambeau, arracha le masque et embrassa le page sur les deux joues.

Le page se dégagea en riant, prit la main du roi et l'entraîna.

— On n'attend plus que vous, dit-il.

Le roi suivit son gentil conducteur et le voulut regarder au moment où ils arrivèrent dans un corridor éclairé ; — mais il perdit sa peine, le page avait rattaché son masque très-soigneusement et on ne vit plus de son visage que deux yeux brillants d'espièglerie et la fossette d'un petit menton parfaitement imberbe et d'une irréprochable blancheur.

— Ah çà ! dit le roi, puisque tu m'as apporté ma crosse, il est certain que tu es du complot.

— Quel complot ? demanda le page en riant l'effroi.

— Oh ! rassure-toi, dit le Béarnais, ce n'est point d'un complot politique qu'il est question. Est-ce que l'on conspire en Navarre ? Un royaume de trente pieds carrés et un roi qui déjeune avec du fromage de chèvre et de la piquette ne font envie à personne. Je veux parler de ce bal dont madame Marguerite nous a fait si grand mystère aujourd'hui qu'elle a refusé de recevoir l'ambassadeur d'Espagne et la senorita.

— C'était impossible autrement. Elle confectionnait les costumes.

— Toute seule?

— Oh! non; avec quelques filles d'honneur et messire Bavolet.

— Ce drôle-là, dit le roi, est de toutes les conspirations féminines...

— Oh! soyez tranquille, sire, s'écria le page avec un petit rire railleur, il n'en est encore qu'à la conspiration... il est si jeune!

Le roi sourit dans sa barbe et continua :

— Je me suis présenté dix fois à la porte de la reine; j'ai toujours trouvé sur le seuil un petit cerbère en jupons que j'exilerais bien certainement si j'étais assez roi pour oser exiler quelqu'un.

— Par exemple! demanda ingénument le page, et quel est-il?

— Mamzelle Nancy, dit le roi; tu la connais, je gage?

— Beaucoup, sire... elle m'aide à la toilette de madame Marguerite...

— Ah! tu as donc un emploi près d'elle?

— Je la coiffe, répondit imperturbablement le page.

Le roi darda un regard perçant sous le masque du page et examina la nuance des yeux.

— Ma femme, dit-il, a deux camérières : l'une qui se nomme Pepa et qui a les yeux noirs, l'autre qui est cette petite drôlesse de Nancy, dont je te parlais tantôt, et qui a les yeux bleus. Or, puisque tu coiffes la reine, tu es une de ses camérières...

— Ce n'est pas une raison, murmura le page éhonté. La reine confie souvent ce soin à ses filles d'honneur.

— Tu as bien de l'esprit, grommela le roi; et si tu étais Nancy, je croirais que tu t'enverrais rejoindre ce pauvre Turenne qui plante ses choux à cette heure dans sa terre de Bouillon.

— Vous n'aimez donc pas les gens d'esprit?

— Peu, dit le roi; ils sont romanesques, et la reine a la tête faible.

— Je croyais, fit le page, que Nancy vous amusait.

— Je ne m'en défends pas, ventre saint-gris!...

— Et que... même... un soir... il y a huit jours...

— Corbleu! dit le roi, quel ton de mystère tu prends...

— Vous lui aviez dit, poursuivit le page, que vous désireriez bien savoir si elle narrait des contes.

Et le page, quittant son air mystérieux, partit d'un grand éclat de rire.

— C'est vrai, dit le roi, et c'était vrai; mais...

— Bon!... le *mais* doit être joli.

— J'ai réfléchi depuis, et j'ai pensé que cette péronnelle me pourrait brouiller avec ma femme, en me narrant des contes bleus à moi et des contes jaunes à elle.

— C'est pour cela que vous en demandiez ce soir, à souper, à la senorita.

— Page, mon bon ami, tu me parais savoir bien des choses et je t'exilerai bel et bien.

— Ce ne sont pas des secrets d'État.

— D'accord; mais si tu étais mamzelle Nancy...

— Nenni!...

— Pourtant si tu es l'une des caméristes, tu dois te nommer Pepa ou Nancy?

— L'une ou l'autre, peut-être...

— Or, Pepa a les yeux noirs, et les tiens sont bleus.

— Décidément, ricana le page, le roi ne veut pas de mes contes, et le pape des fous m'aide; ceci est moins sérieux.

— Eh bien! narre tes contes au pape des fous, et le pape des fous apaisera le roi.

— Vous êtes un fat! dit Nancy, qui n'était autre que le page.

Et elle poussa le roi dans la salle de bal, au seuil de laquelle ils venaient d'arriver.

Madame Marguerite de Valois avait eu raison en disant à Bavolet : « Je suis une fée! »

Et il fallait l'être pour improviser en quelques heures la fête charmante qui venait de s'ouvrir.

Toute une aile du château avait été dégarnie de son lourd mobilier et disposée en salle de bal; — les costumes qui s'y mouvaient étaient splendides.

La reine avait figuré le règne de Charles VI avec une vérité historique fort remarquable.

Madame Marguerite s'était réservé le rôle d'Isabeau de Bavière, cette reine aussi belle que perverse.

Le piquant de ce bal, où avaient été invités tous les gentilshommes et les dames de la cour et du voisinage, c'est qu'aucun ne connaissait le déguisement de son voisin, tandis que la reine, Nancy et Pepa qui avaient distribué les costumes, pouvaient mettre un nom sur chaque visage.

Bavolet, à qui l'on avait dévolu le rôle du roi Charles VI, ne les connaissait point lui-même, à l'exception de la reine qu'il avait devinée, du reste.

Bavolet était placé au fond de la salle décorée à l'impromptu, suivant le goût du temps de Charles VI, sur un trône de velours bleu ciel à clous d'or.

Près de lui se tenaient madame Isabeau de Bavière, la gentille Odette et un page. Au milieu de la salle on dansait déjà aux sons d'un orchestre invisible.

La salle ouvrait de plain-pied sur les jardins de Coarasse, lesquels étaient fort beaux, ombreux, emplis de mystères et pourvus de nombreuses charmilles qui pouvaient abriter les conteurs, si toutefois il s'en trouvait encore après le départ de M. de Turenne.

Nancy le page conduisit le vrai roi au pied du trône du roi improvisé, et dit à celui-ci :

— Sire, laissez-moi vous présenter votre fou, qui a trouvé spirituel de se déguiser en pape. Je l'ai trouvé dans les jardins, où il s'occupait d'ordonner un évêque et deux archiprêtres.

Le pape des fous s'inclina gravement, tandis que la reine comprimait un violent éclat de rire, puis il se tourna vers Nancy et lui dit à l'oreille:

— Petit drôle, tu me paieras tout cela.

— À votre aise, répondit Nancy, mais alors vous ne saurez rien.

— Que veux-tu que je sache?

— Mais où est la senorita, ce me semble...

— Tiens, pensa le Béarnais, elle a raison, la maudite espiègle, comment la reconnaître sans elle?

Puis il reprit assez haut pour qu'elle seule l'entendît :

— Eh bien! dis-moi où elle est?

— Hein? fit Nancy, et puis vous me punirez...

— Non, je te le jure.

— Je ne crois pas aux serments.

— Par la messe!

— Vous n'y allez plus depuis que le roi Charles IX est mort.

— Petite, dit le Béarnais avec bonhomie, tu sais trop bien l'histoire et la politique, nous nous brouillerons.

— Soit, je me tais; mais il me faut une garantie...

— Eh bien! foi de roi...

— Vous l'êtes si peu!

— Foi de Bourbon!

— Je vous crois. Tenez, voyez-vous cette dame vêtue de noir des pieds à la tête, laquelle figure la duchesse d'Orléans, dont le duc de Bourgogne a occis le mari... C'est la senorita.

— Très-bien, dit le roi, je vais l'aborder.

Le roi fit un pas, Nancy courut après lui et l'arrêta :

— Que veux-tu encore, démon?

— Vous donner un conseil.

— À moi?

— Vous savez bien que j'ai de l'esprit.

— Et moi bien de la patience; parle, drôle!

— La senorita est arrivée avec le seigneur Gaëtano; le seigneur Gaëtano n'est point son mari, son amant pas davantage, son père encore moins. Or, une femme qui voyage ainsi avec un ambassadeur d'Espagne et qui, des son arrivée, écoute complaisamment les sornettes d'un roi de Navarre... Il y a de la politique là-dessous... tâchez d'être plus sage que votre habit; sire, bien du plaisir!...

— Hum! murmura le roi, cette péronnelle pourrait bien dire la vérité, il faudra que je la ménage.

Le page mutin quitta le roi et se dirigea vers un cavalier qui se tenait à l'écart et paraissait réfléchir profondément. Ce cavalier était vêtu d'une armure étincelante en acier damasquiné; il portait couronne ducale en tête, éperons d'or au talon, et la visière baissée de son heaume lui tenait lieu de masque; il figurait le duc de Bourgogne.

— Beau duc, murmura le page en lui prenant le bras, accorderez-vous à un humble damoiseau une minute de votre rêverie.

Le duc examina le page, reconnut une femme et lui répondit :

— Pourquoi pas, petit page?

— Vous plairait-il me dire pourquoi vous demeurez ainsi à l'écart, beau duc de Bourgogne, tandis qu'autour de vous la danse et les galants propos occupent dames et gentilshommes?

— Je suis dans mon rôle, répondit le duc; quand on a nom Jean de Bourgogne et qu'on est le cousin du roi de France, il est permis de traîner après soi, au bal et à table, les soucis de la politique et de l'ambition.

— Très-bien, mon cher; mais tandis que le duc joue son rôle historique, à quoi songe, s'il vous plaît, le beau seigneur Gaëtano?

Le duc tressaillit.

— Page, dit-il, tu te trompes...

— Nenni, car c'est moi qui ai distribué les costumes.

— Les pages sont menteurs.

— Et les amoureux discrets en paroles, indiscrets en actions.

— Oh! oh! monsieur le sentencieux, expliquez-vous, de grâce.

— J'y compte; les pages sont bavards. Vous êtes discret, mon cher sire, car vous refusez de me dire le secret de votre rêverie; vous êtes indiscret aussi, car, à votre attitude, je le devine aisément et lis dans vos yeux à travers les grilles du heaume.

— Ah vraiment! et que lisez-vous?

— Ceci : Quand on est gentilhomme, et vous l'êtes, ambassadeur d'un grand monarque, vous l'êtes encore, beau et spirituel... vous croyez l'être...

— Impertinent!...

— Rassurez-vous, on ne se dit, surtout au château de Coarasse : L'ennui est un rude compagnon, et pour le dompter, un peu d'amour...

Le page s'arrêta et rit sous son masque.

— Après? demanda le duc de Bourgogne.

— Alors, on cherche autour de soi... une femme... une femme jeune, belle, spirituelle, haut située... car, mon beau sire, un ambassadeur ne peut pas descendre aux camérières ou aux femmes de gouverneurs; la dame de ses pensées doit être au moins duchesse, sinon reine.

Le duc tressaillit et regarda le page avec défiance.

IV. — FOSSEUSE BOUDE, PEPA PLEURE, GAÉTANO COMMENCE UN CONTE ET BAVOLET S'AVOUE QU'IL EST, A LA FOIS, LE PLUS HEUREUX ET LE PLUS INFORTUNÉ DES PAGES.

Gaëtano garda un moment le silence; puis il attacha son œil d'aigle sur le page qui riait sous son masque :

— Oh! oh! dit-il, nous paraissons savoir bien des choses...

— Je sais tout.

— Par exemple!

— Je suis un lutin déguisé en page.

— Eh bien! mon petit lutin, continue... ton babil est charmant...

— Or, à Coarasse il y a deux reines pour une...

— Quelle plaisanterie!

— L'une qui est reine de droit et qu'on nomme madame Marguerite; l'autre, qui est reine de fait, car elle narre des contes au roi et le roi l'écoute en riant... elle se nomme mamzelle Fosseuse...

— Vraiment? fit le duc avec bonhomie.

— Or, reprit le page, un diplomate est un homme profond, il fait de la politique partout, même en amour.

Le duc de Bourgogne recula d'un pas et eut un mouvement d'inquiétude.

— Vous sentez, mon cher sire, qu'un grand roi comme celui des Espagnes ne se plaît point à envoyer un ambassadeur à un roitelet comme celui de Navarre, sans un petit but bien tenébreux, une mission bien secrète, dont son ambassadeur, qui est beau, brave et coureur d'aventures, s'acquittera sans paraître y toucher et sans cesser de s'occuper de galanterie.

— Hum! pensa Gaëtano, voici un page perspicace, jouons serré.

— Ce qui fait, continua le page, que l'ambassadeur, tandis qu'on danse autour de lui, se réfugie en un coin et médite...

Et le page moqueur prit une attitude pensive qui imitait merveilleusement celle qu'avait naguère le faux duc de Bourgogne.

— En politique, poursuivit-il, il est bon de savoir un peu les secrets de tout le monde, des rois surtout. Où diable le roi de Navarre a-t-il déposé les siens? Est-ce la reine de la main droite, ou la reine de la main gauche qui en a la clef?

— Bon! pensa Gaëtano, cette femme parle trop pour n'avoir point envie de se vendre, achetons-la.

— Page, mon bel ami, dit-il d'une voix caressante, c'est bien ennuyeux, Coarasse, n'est-ce pas!

— Oh! oui.

— Et mieux vaudrait pour une belle dame comme ta sœur, si tu en as une, un joli retrait, à Madrid ou à l'Escurial, un tabouret à la cour, un mari gentilhomme et magnifique, un carrosse à quatre mules, une nuée de valets, des diamants par ruisseaux, des basquines de velours à soutaches d'or par centaines, un peigne d'ivoire à filigranes d'argent...

— Oh! oui, murmura le page avec un soupir de convoitise qui donna le change à Gaëtano.

— Mais peut-être n'as-tu pas de sœur?

— Si fait! dit le page, j'en ai une.

— Eh bien! nous verrons, murmura le diplomate. Que me disais-tu donc tantôt?

Le page prit un ton confidentiel :

— Je disais, fit-il tout bas, que le beau Gaëtano, en diplomate habile qu'il est, voudrait bien avoir la clef des secrets du roi, et qu'il ne sait encore si cette clef se trouve chez madame Marguerite ou chez mamzelle Fosseuse.

— Vraiment! tu disais cela?

— Oui, mon sire.

— Et toi, serais-tu plus savant que le seigneur Gaëtano?

— Hum! dit le page, peut-être... mais il faudrait que ma sœur...

— Fût dame d'honneur en Espagne.

— Monseigneur a infiniment d'esprit.

— Elle le sera, parle.

— Eh bien, mamzelle Fosseuse baisse en ce moment, et la reine hausse.

— Pas possible!

— Cela tient à la senorita, dont le roi est toqué.

— Par exemple!

— Quand le roi a des fantaisies, la reine sourit et ne s'en fâche point; la reine a bien de l'esprit. Alors le roi, qui en a tout autant, fait à la reine des confidences... politiques.

— Page, fit Gaëtano, merci; où te reverrai-je?

— Attendez donc... Savez-vous où est la reine?

— Non!

— Tenez, là-bas en costume d'Isabelle de Bavière.

— Très-bien.

— Je vous présenterai ma sœur demain : bonsoir, et bonne chance.

Le page rentra dans la foule et Gaëtano demeura seul.

— Bon, dit-il, j'ai un espion dans la place, et un espion de bon sens.

Il s'approcha sans affectation de la reine qui, assise près du faux Charles VI, suivait du regard le roi, qui papillonnait autour de la senorita dans son burlesque costume de pape des fous.

— Madame, dit Gaëtano en s'inclinant, je m'appelle Jean de Bourgogne, et désirerais fort un entretien de vous.

— De moi? fit la reine avec surprise.

— Ne conspirons-nous point ensemble contre le roi votre époux?

— C'est juste, répondit la reine souriante; venez, donnez-moi votre bras.

Et ils s'éloignèrent du roi Charles VI, qui eut un moment d'inquiétude et frappa du pied comme un vrai roi en colère.

Tandis que la reine et le duc de Bourgogne s'éloignaient, Odette s'approcha du monarque insensé.

— Bonjour, dit-elle, tu parais triste.

— Je le suis.

— D'où vient ta tristesse?

— Je vois que l'on conspire contre moi, murmura le jaloux enfant en montrant du doigt le duc de Bourgogne et la reine Isabeau qui s'éloignaient et descendaient dans les jardins.

— C'est vrai, dit Odette, mais il est des cœurs qui t'aiment et qui veillent près de toi.

— Ah! dit le faux roi, vraiment?

— Ta petite Odette, par exemple, ton Odette qui t'aime et qui voudrait passer sa vie entière à tes genoux.

Bavolet tressaillit et regarda Pepa au travers du masque d'Odette :

— Est-ce bien vrai? demanda-t-il.

— Eh! oui, murmura l'ardente Espagnole en pressant les mains de son roi.

— Tant pis! répondit Bavolet, car un roi de France doit donner le bon exemple à son peuple.

— Que veux-tu dire? murmura Pepa frémissante.

— J'aime la reine, dit-il avec un soupir.

Pepa rugit sous son masque comme une lionne blessée, elle quitta brusquement le bras de Bavolet, et s'enfuit vers les jardins où la reine et le duc de Bourgogne l'avaient précédée.

Bavolet, demeuré seul un instant, appuya son front dans ses mains et parut rêver péniblement. Il avait peur de Gaëtano. Pendant ce temps, Nancy le page abordait la senorita.

— Gaëtano! lui dit-elle tout bas.

La senorita tressaillit.

— Que voulez-vous? demanda-t-elle.

— Le roi vous aime.

La senorita fit un mouvement.

— Il vous aimera plus encore, continua le page malicieux, si vous savez vous y prendre.

— Que faut-il faire?

— Le brouiller avec ses amis.

— Quels sont-ils?

— Mamzelle Fosseuse...

— C'est à peu près fait, je crois.

— Et Bavolet.

— Bah!... un enfant.

— De très-bon conseil, senora.

— Comment le brouiller avec Bavolet?

— En vous approchant du page, en lui prenant la main et causant avec lui. Le roi est jaloux.

— Très-bien; j'y vais. Où est-il?

— C'est le roi Charles VI, qui rêve là-bas péniblement et seul.

La senorita remercia le petit page et joignit Bavolet.

— Gentil roi, lui dit-elle, voudrais-tu m'offrir ton bras et faire avec moi le tour du bal. Je suis la duchesse d'Orléans, ta cousine, et te veux parler politique.

Bavolet offrit son bras et quitta le trône qu'on lui avait élevé.

— Sais-tu l'espagnol, gentil roi?

— Un peu.

— Alors, parlons espagnol. En politique il faut être prudent.

Tenez, sire, murmurait Nancy à l'oreille du pape des fous, les rois ont grand tort d'avoir des pages.

— Hein? fit le roi.

— Voyez plutôt.

Et Nancy désigna Bavolet et la senorita qui s'en allaient deviser politique sous les ombrages du parc.

— Oh! oh! pensa le roi, maître Bavolet est bien impertinent; je prierai madame Margot, qui est son institutrice, de lui donner le fouet dès demain.

En même temps, Nancy ajoutait :

— Je voudrais bien, mon cher sire, vous parler politique,

Le pape des fous s'inclina gravement, tandis que la reine comprimait un violent éclat de rire. (Page 6.)

— Politique! fit le roi, à moi? je n'y comprends absolument rien.
— Peuh! dit Nancy, vous avez tant d'esprit; venez toujours.
— Non, non, fit le roi, évidemment préoccupé de la sortie de son page, qu'entraînait la senorita; plus tard.
— Quand donc, alors?
Le roi réfléchit et rencontra le regard mutin de Nancy le page.
— Tu as de bien beaux yeux, murmura-t-il.
— Vous me l'avez dit cent fois.
— Et j'aimerais bien mieux causer de tout autre chose.
— Que de politique, n'est-ce pas? Eh bien! je vous ferai des apologues, vous les comprendrez.
— Soit, après le bal.
— C'est que, balbutia Nancy, il sera grand jour.
— Qu'importe!
— Et vous me reconnaîtriez, fit le page en éclatant de rire et s'esquivant. A demain soir, plutôt.
Dans un coin du salon, il y avait une belle dame qui paraissait absorbée en une rêverie profonde; elle refusait tristement les cavaliers qui venaient l'inviter, et elle demeurait assise et le front penché comme une veuve éplorée ou une coquette surannée qui regrette ses charmes. Nancy l'aborda et lui dit:
— Le roi est bien maussade aujourd'hui, n'est-ce pas?
La belle dame tressaillit et regarda Nancy le page.
— Oh! dit Nancy, je le sais bien, moi; et il y a des gens encore plus maussades que lui dans ce salon.
— En vérité! demanda la belle dame d'une voix tremblante.
— Certainement, continua le page effronté, mamzelle de Montmorency, par exemple.
— Oh! taisez-vous! taisez-vous, de grâce, qui que vous soyez!
— Je suis un ami de mamzelle de Montmorency, et je lui voudrais donner des conseils.
— Ah! dit la belle dame avec défiance.
— Et si je savais où est mamzelle de Montmorency...
— Eh bien?

— Je sais ce que j'aurais à lui dire.
— Parlez donc!...
— Vous n'êtes pas mamzelle de Montmorency?
— Non, mais je suis son amie.
— En ce cas, je vais vous dire ce qu'il lui faudrait faire pour chasser sa tristesse; vous le lui redirez, n'est-ce pas? demanda la mutine Nancy.
— Oh! soyez tranquille, — parlez.
— Il lui faudrait faire enrager le roi...
— Est-ce possible?
— Très-possible et surtout facile.
— Comment cela, petit page?
— En contant des historiettes à maître Bavolet.
— Son page favori?
— Sans doute; le roi a horreur de la poésie et des romans, il aime Bavolet comme son fils, et il sera furieux si on exalte l'imagination de ce jeune drôle. Le roi a exilé M. de Turenne pour un motif bien puéril. M. de Turenne narrait comme messire l'abbé de Brantôme, et il composait des vers comme feu Clément Marot. Le roi a craint pour la raison déjà chancelante de madame Marguerite, qui les goûtait fort, et il l'a renvoyé dans ses terres. Or, continua le page, je suis bien assuré que le roi serait furieux s'il savait que mamzelle de Montmorency qui a, pour le moins, autant d'esprit que M. de Turenne; sait narrer des historiettes et les narre à Bavolet.
— Page, dit la belle dame, merci du bon conseil, je le vais donner à mamzelle de Montmorency.
— Et bien vous ferez, car lorsque le roi est furieux, il adore ceux qui le mettent en colère; témoin M. de Turenne qu'il a embrassé les larmes aux yeux en lui tenant, lui-même, l'étrier. A bon entendeur, salut!
La belle dame s'éloigna et se dirigea vers la porte-fenêtre qui ouvrait sur les jardins.
Sur le seuil elle rencontra la senorita qui marchait lentement et le front courbé, d'un air de désappointement visible; derrière elle,

Bavolet s'avançait calme et froid, presque triste, et son attitude disait éloquemment que la séduisante senorita avait perdu sa peine.

— Sire roi, dit à son tour la belle dame, les gentilshommes de votre cour sont peu courtois.

Bavolet leva la tête, fut touché de l'inflexion de voix mélancolique de la belle dame, et lui répondit poliment :

— Vous auraient-ils manqué d'égards, madame?

— Ils me laissent seule, en un coin, et ne m'invitent point à danser.

— Eh bien! dit Bavolet, galant malgré sa tristesse, voulez-vous accepter ma main?

La belle dame prit par la main le faux roi et l'entraîna dans le tourbillon.

— Sire roi, dit-elle alors, avez-vous jamais aimé?

— Encore! murmura tout bas Bavolet impatienté, et de trois!

Puis il répondit tout haut : — Peut-être, madame...

— Aimeriez-vous encore?

Et la belle dame haussa légèrement sa voix, car le pape des fous passait derrière elle, et il entendit distinctement.

— C'est selon, murmura Bavolet.

— Sire roi, continua la belle dame, connaissez-vous mademoiselle de Montmorency?

— Oui, madame, beaucoup.

— Savez-vous qu'elle vous aime?

Le pape des fous était derrière la belle dame et il entendait tout.

— Ventre saint-gris! murmura-t-il, Bavolet est bien heureux ce soir, tout le monde l'aime, jusqu'à Fosseuse.

— Mamzelle de Montmorency a tort de m'aimer, dit Bavolet.

— Et pourquoi? fit la belle dame d'un ton piqué.

— Parce que... le roi... parce que, balbutia-t-il, je ne l'aime pas, moi.

La belle dame lâcha brusquement le bras de Bavolet et laissa passer, à dessein, un flot de masques entre elle et lui.

— Ouais! fit le pape des fous, ce drôle joue les scrupules, mais il en veut à la senorita.

La reine entrait en ce moment au bras de Gaëtano; Bavolet l'aperçut, pâlit sous son masque, chancela et murmura :

— Je suis un homme bien heureux, vraiment! tout le monde m'aime ici : Pepa, l'Espagnole, Fosseuse... excepté... Oh! je suis le plus infortuné des pages!

En même temps la reine, se dégageant du bras de Gaëtano, et Nancy le page, blotti en un coin de la salle derrière une draperie, murmuraient chacun en leur a parte :

Soit, répondit la reine en se penchant et en lui tendant sa main blanche. (Page 11.)

— J'espère, disait Nancy en riant sous son masque, j'espère que j'ai passablement embrouillé les fils de l'intrigue; ce soir, la reine sera contente!

— Tout beau! disait à son tour la reine avec ce spirituel sourire que nous lui connaissons, vous venez ici faire de la politique, seigneur Gaëtano, sous le prétexte de me narrer des contes; je les écouterai tout juste assez pour vous arracher votre secret et vous n'aurez point ceux du roi... Les reines sont femmes quelquefois, reines toujours.

— Ah! ah! ricanait pareillement le pape des fous, c'est un homme d'esprit, ce seigneur Gaëtano, et si je n'étais un paysan doublé de montagnard, il aurait peut-être beau jeu. Mon frère Henriquet n'y verrait goutte, lui qui est un grand roi, de si belle attitude, comme dit Nancy.

V.

LE PREMIER CONTE DE GAËTANO.

Le bal avait commencé à neuf heures; à minuit il tirait à sa fin; à deux heures du matin tout paraissait dormir dans le manoir de Coarasse. Mais de l'apparence à la réalité il y a loin, et réellement, personne ne dormait, de ceux que l'arrivée de l'ambassadeur d'Espagne et de la senorita intéressait au plus haut point.

Il n'y avait guère que le roi de Navarre qui, en véritable chasseur, et malgré sa qualité d'amoureux, s'était endormi en soufflant son flambeau.

La reine, au contraire, changea de costume, fit allumer du feu, car, bien qu'on fût alors au mois de mai, le voisinage des neiges éternelles jetait un brin de fraîcheur dans la nuit, s'installa au coin de la cheminée, prit un volume de Ronsard qu'elle avait corné la veille, et sonna Nancy qui reprenait ses vêtements féminins dans une pièce voisine.

Nancy parut.

— Petite, lui dit la reine en lui tendant sa belle main, vous êtes une fine mouche et je suis contente de vous.

— Madame est bien bonne...

— Je me suis amusée ce soir comme si j'eusse encore été à la cour de feu le roi Charles IX, mon frère. Cet ambassadeur est charmant.

— Il est surtout rusé.

— A trompeur, trompeuse et demie, répondit la reine; sois tranquille, il y a un bon petit complot qui couve et dont je veux avoir le mot, je l'aurai...

— Si nous prévenions le roi?

— Ah fi! ce serait nous enlever tout le mérite du triomphe. Quand nous aurons déjoué le complot, nous le préviendrons et lui demanderons la grâce de Turenne.

— Hum! pensa Nancy, je crains bien que le seigneur Gaëtano ne tire pour le compte de M. de Turenne.

— Petite, reprit la reine, tu vas aller chez l'ambassadeur et tu tâcheras de l'envoyer dans le parc. Je veux un conte de sa façon.

— Vous l'aurez, dit Nancy.

Et elle se dirigea vers l'appartement de Gaëtano.

Le seigneur Gaëtano n'était point au lit; bien au contraire, il avait pourpoint et manteau, rapière au côté, et il se disposait à quelque nocturne expédition.

— Don Paëz, murmurait-il, a dû arriver dans la nuit chez le bûcheron qui nous est vendu corps et âme, il serait peut-être bon de le voir tout de suite. Le château est silencieux, tous ces gens-là sont las ou content fleurette; il n'y a ici ni gardes, ni soldats, les portes sont ouvertes; il est aisé de sortir. Si l'on me rencontre, je prétexterai une indisposition et le besoin d'air.

Et Gaëtano ceignit son épée et s'enveloppa dans son manteau.

En ce moment on heurta légèrement à la porte.

Le gentilhomme tressaillit, rejeta vivement son manteau, prit un siége et dit enfin:

— Entrez!

La porte s'ouvrit et Nancy entra.

Gaëtano la salua profondément et parut surpris; elle lui rendit son salut d'un ton dégagé et lui sourire confidentiel:

— Comment! dit-elle, vous n'êtes point au lit encore, à cette heure?

— J'ai la migraine et ne puis dormir.

— C'est bien fâcheux, je vous jure.

— Pourquoi, s'il vous plaît?

Et Gaëtano avança un siége à la jolie camériste.

— Parce que la reine a pareillement la migraine.

— Cette communauté de mal me plaît fort, murmura l'ambassadeur.

— Ah! vraiment? fit Nancy avec un fin sourire; seriez-vous amoureux?

— J'ai un volcan dans le cœur.

— Hélas! fit Nancy jouant le désespoir, votre migraine, compliquée de votre amour, m'accable...

— Par exemple! c'est un mal qui ne se communique point, cependant.

— L'amour?

— Non, la migraine.

— Sans doute, mais elle étourdit l'esprit, et c'est fâcheux, car j'avais compté sur vous pour distraire la reine et lui faire oublier la sienne.

— En vérité! que dois-je faire? demanda Gaëtano avec empressement.

— Rien; vous souffrez vous-même.

— N'importe! que faudrait-il faire si je ne souffrais pas?

— Vous avez vécu en Espagne, je crois, et avec les Maures?

— Fort longtemps; je suis presque l'arabe.

— Les Arabes, continua Nancy, sont des conteurs merveilleux, et nous devez avoir retenu quelqu'une de leurs légendes...

— Beaucoup.

— La reine, vous ai-je dit, aime fort les contes; j'avais pensé à vous pour lui en faire un... mais vous avez la migraine.

— Oh! presque plus, elle se dissipe...

— Vous ne mentez pas?

— Sur mon honneur!

— Eh bien! allez faire un tour dans le parc, cela vous fera un bien infini... Tenez, sous les fenêtres de la reine, il y a un banc de gazon charmant pour rêver une heure.

— Madame, dit Gaëtano, j'ai causé cette nuit avec votre frère, un page charmant, je vous jure.

— Votre Seigneurie est trop bonne...

— Il m'a demandé pour vous un tabouret à la cour d'Espagne.

— Et vous le lui avez promis, n'est-ce pas? demanda Nancy

— Sans doute, à la condition toutefois...

— Chut! j'accepte toutes les conditions: il fait une belle nuit, un peu fraîche, pas de clair de lune, et tout dort; c'est l'heure ou jamais de rêver un conte; partez vite.

Nancy s'esquiva et rejoignit la reine, qui entr'ouvrit à demi sa fenêtre, encadrée à l'extérieur par une vigne grimpante.

Gaëtano prit le chemin du parc après s'être encapuchonné soigneusement, et, pour y arriver, il descendit sans bruit le grand escalier,

enfila un corridor et se dirigea vers une petite porte bâtarde qui demeurait ouverte d'ordinaire.

L'escalier et le corridor étaient déserts, mais sur le seuil de la porte, il y avait un homme également enveloppé d'un manteau et qui hésitait à pénétrer dans le parc.

— Pardon, mon gentilhomme, murmura poliment Gaëtano, voulez-vous me laisser passer?

— A qui ai-je l'honneur de parler? demanda l'inconnu sans bouger et continuant à barrer le passage.

— A un gentilhomme qui a la migraine et veut prendre l'air.

— Son nom?

— Que vous importe!

— Monsieur, dit froidement l'inconnu, je me nomme Bavolet.

— Ah! oui, le page du roi?

— Précisément. A ce titre, j'ai quelque droit de demander le nom de ceux qui vaguent par les corridors à trois heures du matin.

— Très-bien; mais comme je ne suis ni un voleur, ni un amoureux, mais simplement un homme malade, je ne vois pas la nécessité de vous décliner mes titres.

— Pardon, monsieur, je crois vous avoir dit que je me nommais Bavolet.

— C'est un joli nom, monsieur; après?

— Cela veut dire que je suis l'élève, en escrime, de la reine et du roi, et que je boutonne M. de Turenne, qui est très-fort cependant, neuf fois sur dix.

— Je vous en fais mon compliment, murmura Gaëtano qui commençait à perdre patience.

— Or, monsieur, reprit Bavolet, je vous ai parlé poliment, vous m'avez répondu avec... vivacité; vous voyez que je suis toujours poli; je vous demande votre nom; si vous ne me dites sur l'heure, il me faudra vous prier de servir de gaîne à mon épée, dont le fourreau commence à s'user.

Gaëtano porta la main à sa garde, la patience faillit lui manquer; mais il se ravisa et songea que la reine l'attendait.

— Monsieur Bavolet, dit-il, vous êtes un charmant enfant, plein de courage et d'esprit; vous faites merveilleusement la police du château; — seulement, vous voudrez bien adoucir un peu les rigueurs de votre consigne pour l'ambassadeur du roi d'Espagne.

Bavolet recula vivement et feignit une profonde surprise.

— Ah! monseigneur, dit-il, vous me voyez tout honteux.

— Ce n'est rien, mon jeune ami; mille grâces! et tout à votre service.

Gaëtano donna du revers de sa main une tape sur la joue du page, et passa outre.

Bavolet ne bougea pas et le laissa s'éloigner.

— Voilà, dit-il alors, un homme que je hais de toute mon âme et à qui je planterais volontiers mon poignard en pleine poitrine. Puisse l'occasion s'en présenter!

Et il suivit de l'œil Gaëtano qui prit une allée du parc et s'y engagea.

— Cordieu! pensa soudain Bavolet, qui sait s'il ne va pas sous les fenêtres de la reine!

Et frémissant à cette pensée, il porta la main à son épée.

Bavolet avait raison. Gaëtano quitta bientôt l'allée transversale, et sa silhouette se dessina sur le bleu foncé du ciel dans une éclaircie qui longeait les murs du château et passait sous les fenêtres de la reine.

— L'insolent! murmura Bavolet, pâle de colère.

Mais soudain une sueur glacée perla à ses tempes.

— Qui sait, dit-il en tressaillant, qui sait si ce n'est point elle... Il s'arrêta et n'osa poursuivre; puis la main fébrile tourmenta encore son épée dans sa gaîne de cuir, et il s'écria:

— Si j'en étais sûr, je le tuerais!

A cette dernière exclamation, le page fit un brusque retour sur lui-même:

— De quel droit le tuerais-je? se demanda-t-il, si la reine...

Et le sang du page se figea dans ses veines.

Mais Bavolet était un garçon d'esprit et il avait réponse à tout:

— Pardieu, se dit-il, du droit d'un rival; moi aussi, j'aime la reine!

C'était la première fois que Bavolet s'avouait son amour.

Cet aveu, du reste, ne calma son incertitude que l'espace de quelques secondes:

— Je l'aime, reprit-il, et je ne suis qu'un humble page, un enfant obscur et sans nom, dont la naissance est un mystère; je l'aime... et elle est la femme du roi, du roi mon bienfaiteur, du roi que je vénère comme un père, et à qui je dois tout...

Et Bavolet éprouva presque de la terreur:

— Eh bien! s'écria-t-il tout à coup, si mon amour est insensé, et jamais il ne doit monter de mon cœur à mes lèvres et se traduire par un aveu, et je dois le refouler au plus profond de mon âme, ce n'est point une raison pour que je laisse ce misérable...

Le page n'acheva point sa phrase, mais il serra plus violemment la poignée de son épée, et il se glissa derrière une charmille en murmurant:

— Allons! l'honneur du roi est sous ma sauvegarde, et par le prê-che et la messe! il sera bien gardé!

———

Pendant que messire Bavolet monologuait ainsi, la reine et Nancy chuchotaient à leur fenêtre, étouffant parfois un éclat de rire.

Tout à coup une ombre parut se glisser le long du mur; la reine repoussa vivement Nancy et demeura seule.

L'ombre avançait lentement, à petits pas, comme un poëte qui cher-che une rime.

La reine modula un léger cri d'effroi, qui eût fait honneur à une comédienne du théâtre de la Passion, en face le Louvre; à ce cri, l'ombre leva la tête, reconnut la reine et recula, feignant à son tour la surprise.

— Bavolet! est-ce toi? demanda la reine.

— Non, madame, répondit l'ombre, c'est un pauvre diable d'am-bassadeur qui a la migraine.

— Ah! mon Dieu! fit la reine, le seigneur Gaëtano?

— Lui-même, madame.

— Et vous avez la migraine?

— J'en souffre horriblement.

— Absolument comme moi, dit Marguerite; je ne puis dormir, et je rêve aux étoiles pour oublier mon mal.

— Moi, dit Gaëtano, je compose un conte arabe.

— Par exemple! je le voudrais bien entendre...

— C'est que, murmura Gaëtano avec l'orgueilleuse modestie des poëtes qui se font prier un petit quart d'heure, alors qu'ils meurent d'envie de lire leurs vers, lorsque ce que je n'ai point fini...

— Avez-vous imaginé le commencement?

— A peu près, madame.

— Eh bien! voyons, faites-m'en le récit, je vous écouterai de mes deux oreilles afin de tuer ma migraine.

— Mais, observa l'ambassadeur-poëte, nous sommes bien loin l'un de l'autre, ainsi.

— Diable! fit la reine, c'est vrai. Eh bien! vous crierez un peu fort.

— Je suis bien enroué, madame.

— Quelle mauvaise raison.

— C'est la faute du roi, qui m'a fait chasser dans la neige... Si je montais chez vous, ce serait plus facile...

— Y pensez-vous! à pareille heure? Et puis, tous les corridors sont fermés et il y a une sentinelle dans le mien.

— Si j'escaladais le mur à l'aide de cette vigne?

— Pour entrer chez moi comme un voleur, n'est-ce pas? Voilà un bel exemple que vous donneriez, ma foi! vous, un ambassadeur d'Espagne.

— Eh bien! dit humblement Gaëtano, il y a là au-dessous de vous et au-dessus de moi une corniche assez large pour que j'y tienne assis. Je vais me hisser jusque-là; de cette façon nous partagerons la distance.

— Je le veux bien, dit la reine; montez.

Gaëtano escalada lestement les espaliers et posa un coude, puis un genou sur la corniche. Alors il s'arrêta et regarda la reine.

— Ne pourriez-vous pas me donner la main? demanda-t-il avec l'ingénuité d'un jeune clerc.

— Soit, répondit-elle en se penchant et lui tendant sa main blanche.

Il s'y appuya à peine et se trouva tout d'un coup sur la corniche; mais avant d'abandonner la main secourable, il la serra doucement dans ses doigts, la porta ensuite à ses lèvres et y mit un baiser qui parut un peu long à la reine, car elle lui dit en riant:

— Est-ce que cela est dans votre conte?

Gaëtano sourit et répliqua:

— Pourquoi pas? l'amour est indispensable dans un conte.

— Est-ce que cette impertinence serait une phrase détachée du vôtre?

— Votre Majesté m'accable, murmura respectueusement l'ambas-sadeur; mais je me tairai désormais... sur tout ce qui sera étranger à mon récit.

— Voyons, commencez, seigneur, fit la reine sur un ton tragi-comique. Je vous écoute.

— Mon conte est une histoire, dit Gaëtano: c'est celle d'un simple chevalier maure qui devint amoureux d'une sultane, et qui, pour combler la distance qui le séparait d'elle, imagina de devenir le fa-vori d'un shah de Perse, qui le fit son ambassadeur.

— Ah! dit la reine avec une pointe d'ironie, et la sultane l'aima-t-elle à son tour, grâce à son titre d'ambassadeur?

— Je n'en sais rien encore, répondit Gaëtano, car lorsque Votre Majesté a daigné m'appeler, je n'avais encore composé que cela de mon conte et j'étais indécis sur le dénoûment.

On le voit, le conteur Gaëtano, qui imaginait des historiettes sous le roi Henri IV, avait le même procédé de travail que les feuilleton-nistes de notre époque, — il allait un peu à l'aventure.

— Et, fit la reine, avez-vous mis un terme à votre indécision maintenant, et ferez-vous la sultane aimante ou dédaigneuse.

— C'est selon; j'ai bien envie de consulter Votre Majesté.

— Ah! murmura Marguerite, ceci est embarrassant, et je m'aperçois qu'au lieu d'écouter vos contes, je vais être contrainte de vous aider à les faire...

— Puisque les muses sont sœurs, les poëtes doivent être...

— Frères, n'est-ce pas?

— Frères, soit! fit Gaëtano, puisque ce mot vous plaît... J'aime-rais mieux, peut-être...

Gaëtano n'eut pas le temps d'achever sa phrase, car la reine laissa échapper un léger cri et le repoussa vivement... Des pas criaient sur le sable du parc, et une ombre apparaissait au détour d'une allée.

— Fuyez! dit la reine, nous chercherons demain la suite de votre conte.

Elle ferma sa fenêtre et souffla sa bougie avec la rapidité de l'éclair, tandis que Gaëtano se laissait glisser à terre. Mais l'ombre s'était avancée sous la fenêtre, et l'ambassadeur, se trouvant face à face avec elle, reconnut Bavolet qui, l'épée nue, fixait sur lui un œil étincelant.

Gaëtano fit un pas en arrière et mit la main à son épée.

Bavolet fit un pas en avant et lui porta la pointe de la sienne au visage.

— Monsieur, lui dit-il, je suis le page du roi, et je vous trouve, au milieu de la nuit, en train d'escalader la fenêtre de la reine... Com-prenez-vous?

— Pas le moins du monde, répondit Gaëtano avec sang-froid.

— Alors, je vais m'expliquer. L'honneur du roi m'est cher; vous attentez à cet honneur; j'arrive à temps, et j'ai le droit de vous tuer comme un chien.

— Par exemple! fit Gaëtano avec hauteur, oubliez-vous qui je suis?

— Un lâche, répondit Bavolet avec le sang-froid d'un jeune lion. Tenez, ajouta-t-il, en voici la preuve, — dégaînez maintenant!

Et, abaissant son épée, il fit un pas encore, leva sa main blanche et rosée et en frappa Gaëtano au visage.

VI. — DUEL.

Gaëtano porta la main à son visage avec un geste de fureur terrible, et il demeura une minute ébloui, pétrifié de l'audace du page.

Soufflé par un enfant! et sous les fenêtres de la reine, qui peut-être avait tout vu!...

Gaëtano était pourtant un homme froid et railleur, calculant et pe-sant les moindres actes de sa vie; peut-être qu'à une simple insulte de Bavolet il lui eût tourné le dos en riant; — mais sa joue brûlait, il eut un accès de rage et mit l'épée au vent.

— Pas ici, monsieur, dit Bavolet avec calme; pas sous les fenêtres de la reine de Navarre!

— Où vous voudrez, dit sourdement Gaëtano.

Bavolet se dirigea vers l'extrémité du parc et choisit un petit bou-quet de coudriers à travers le feuillage desquels la lune tamisait assez de clarté pour que deux champions s'y pussent battre à l'aise, et qui, cependant, masquaient le château suffisamment pour qu'on ne pût des fenêtres soupçonner le combat.

Gaëtano l'avait suivi, et, la main sur son épée, attendait que son adversaire choisît sa place.

— Monsieur, dit Bavolet, je suis gentilhomme, je puis donc croiser le fer avec vous.

— Peu m'importe que vous soyez ou non gentilhomme, répondit Gaëtano vous m'avez outragé, fussiez-vous un vilain...

— Je voulais dire qu'étant gentilhomme et parfaitement bien élevé, monsieur, je n'aurais pas eu, à la rigueur, absolument besoin de vous frapper au visage pour vous voir croiser le fer avec moi; mais ma jeunesse eût pu vous paraître un obstacle; peut-être vous seriez-vous contenté d'une égratignure, peut-être eussiez-vous joué la magnanimité, — et c'est un combat à mort, un duel sans merci que je veux.

— Comme vous voudrez!... murmura Gaëtano avec un calme fa-rouche.

— Vous me trouverez précoce à coup sûr, monsieur, car j'ai seize ans à peine; mais je vous hais si profondément que je voudrais que mon épée eût mille pointes au lieu d'une seule pour vous les planter toutes à la fois dans le cœur. En garde! monsieur.

Gaëtano engagea le fer.

— Pourquoi me haïssez-vous? demanda-t-il.

— Parce que vous aimez la reine.

— Qui vous l'a dit?

— Qu'importe... je le sais.

— Que peut vous faire mon amour... si cet amour existe!

— Ah! ah!... ricana Bavolet en portant une botte terrible à son ennemi, vous demandez ce que cela peut me faire?... je l'aime, moi aussi!...

Gaëtano para le coup et ricana à son tour.

— Monsieur, continua Bavolet, après l'aveu que je viens de vous faire, vous seriez le plus stupide des fous si vous me ménagiez, si votre fer tremblait, si vous aviez pitié de moi; — car vous devez comprendre qu'il faut que je vous tue, maintenant que vous avez mon secret et que vous êtes le seul être au monde à qui j'ai découvert la plaie saignante de mon cœur.

Et Bavolet ferraillait avec fureur en parlant ainsi.

Les deux champions étaient tous deux de bonne école, ils ne s'escrimaient point avec bonds exagérés, ils ne rompaient point sans cesse pour déplacer le lieu du combat; ils demeuraient, au contraire, calmes et immobiles, sans avancer ni reculer; et leur poignet seul se mouvait avec une agilité merveilleuse.

Bavolet ne s'était nullement vanté, il y avait une heure, quand il prétendait qu'il boutonnait M. de Turenne neuf fois sur dix. Bavolet tirait aussi bien que madame Marguerite; mais Gaëtano était un rude jouteur et chaque coup que lui portait le page était soigneusement paré.

L'ambassadeur avait commencé le combat avec fureur, Bavolet, au contraire, avec le calme de la haine calculée et sans trêve; les rôles changèrent bientôt, Gaëtano reprit son sang-froid, Bavolet le perdit. Après dix minutes d'une lutte acharnée, les deux champions, sains et saufs, mais hors d'haleine, s'accordèrent une trêve tacite et piquèrent leur épée en terre.

— Monsieur, dit Gaëtano, nous sommes d'égale force et nous pourrons continuer longtemps ainsi...

— La lune est belle, monsieur, et rien ne nous presse.

— Que gagnerez-vous à me tuer?

— Beaucoup. Je vous hais.

— Mais si je vous tue?

— Vous me rendrez service, monsieur.

— Vous êtes un enfant. On m'accusera d'assassinat.

— Nullement; car on me sait très-fort.

— Tenez, dit Gaëtano avec calme, serrons-nous la main; je vais vous donner ma parole que nul autre que moi ne possédera votre secret.

— Seriez-vous lâche, monsieur?

— Vous voyez bien que non, puisque j'écoute vos insultes.

— Eh bien, faudra-t-il vous insulter de nouveau?

Gaëtano frémit d'impatience et releva son épée.

— Allons donc, monsieur, fit Bavolet furieux. En garde! ou je vous sangle de mon épée au travers du visage.

— Petit fou! murmura Gaëtano.

Les épées s'engagèrent à mi-fer et le combat recommença plus acharné.

Mais Gaëtano attaquait mollement et se contentait de parer; très-souvent emporté par l'animosité, Bavolet commettait une faute impardonnable à un tireur de sa force, — Gaëtano n'en profitait jamais.

Complètement maître de lui, l'ambassadeur faisait les réflexions suivantes:

— Bavolet est le seul page favori du roi, et la reine a pour lui une affection toute maternelle; si je le tue, le roi et la reine ne me le pardonneront pas, il me faudra quitter Coarasse, — et alors... — Alors, se dit-il, adieu mes projets, l'édifice croule par la base.

— Cordieu! monsieur, lui cria Bavolet, vous n'attaquez plus, me feriez-vous l'insulte de m'épargner?

— Je suis las, dit Gaëtano.

— Reposez-vous, alors... Il n'est point jour encore, et nous avons le temps.

Bavolet fit un saut en arrière, son adversaire l'imita.

Le page était sombre; son front pâle, ses lèvres crispées, le feu ardent de son regard attestaient éloquemment sa haine.

— Nous avons tout le temps, reprit-il avec fureur; quand on se veut proprement tuer, il ne se faut point presser comme des clercs de la basoche qui dégaînent au bout d'un fer et ferraillent à la hâte dans la crainte du guet. Vous tuer est le plus ardent de mes vœux, mais je ne le voudrais point faire par un coup déloyal, et je veux qu'on vous trouve occis au soleil levant selon les lois les plus rigoureuses de la science.

Bavolet, on le voit, était redevenu calme; il raillait.

En ce moment l'horloge du château sonnait quatre heures.

— Cordieu! pensa Gaëtano, que la peste soit du page de la reine, il est tout à l'heure trop tard pour aller rejoindre Paëz. Allons, finissons-en!...

— Je suis à vos ordres, monsieur, dit-il tout haut.

— Très-bien, répondit Bavolet, et tâchons de besogner comme il faut.

Ils se remirent en garde et le page poussa un vigoureux coup droit qui eût atteint Gaëtano en pleine poitrine s'il ne se fût jeté de côté.

Le fer, cependant, lui effleura l'épaule et lui arracha un cri.

— Ah! s'écria Bavolet, touché, enfin!

Gaëtano ne riposta point.

— Tenez, dit-il, je suis blessé, mon sang coule, ne m'exaspérez pas, bas le fer!...

— Lâche!... répondit le page.

Et il attaqua de nouveau, portant toujours son terrible coup droit. La patience n'était point la vertu dominante de M. l'ambassadeur d'Espagne.

— Ce page maudit, murmura-t-il enfin, commence à me lasser, je ne veux pas le tuer, mais je veux m'en débarrasser; — assommons-le!...

Et Gaëtano se baissant soudain sous le fer de Bavolet qui glissa dans le vide, fit un bond jusqu'à lui, se redressa vivement et lui appliqua sur la tête un coup furieux du pommeau de son épée.

Bavolet lâcha aussitôt la sienne, étendit les bras et tomba à la renverse poussant un cri étouffé.

— Si je l'avais tué, pensa-t-il en frémissant.

Il se pencha sur lui, prit sa tête dans ses mains, et reconnut avec joie que le béret du page avait amorti le coup. A peine quelques gouttelettes de sang découlaient-elles du crâne meurtri sur les cheveux châtains de l'enfant. Bavolet n'était qu'étourdi et son état était sans gravité.

Gaëtano n'était pas blessé plus sérieusement lui-même; il plaça son mouchoir entre son épaule déchirée et son pourpoint, remit l'épée au fourreau et s'en alla en se disant:

— La première soubrette qui passera par ici trouvera messire Bavolet et donnera l'alarme; mais j'ai son secret, et il n'osera rien dire. Tout ceci n'est qu'un enfantillage; allons chez le bûcheron. Paëz doit m'attendre.

VII. — DE L'ALLIANCE QUE FIRENT BAVOLET ET FOSSEUSE.

On dormait bien mal, à Coarasse, le lendemain d'un bal masqué. La reine avait peu reposé, le seigneur Gaëtano et Bavolet pas du tout, et ils n'étaient point les seuls.

Il y avait, au premier étage du château, une fenêtre qui était demeurée éclairée toute la nuit, — et c'était un hasard étrange que ni Gaëtano ni le page ne l'eussent remarquée.

Cette fenêtre était celle de mamzelle de Montmorency.

Fosseuse avait les yeux rouges et secs; — elle n'avait point pleuré, mais elle avait horriblement souffert, et les larmes, peut-être, l'eussent soulagée.

Le roi ne l'aimait plus, le roi était infidèle; Fosseuse n'avait plus rien à faire à la cour de Navarre, Fosseuse ne se sentait point l'horrible courage de sourire à sa rivale à chaque heure du jour.

Aussi avait-elle passé la nuit à préparer un prochain départ. Aidée d'une femme de chambre, elle avait entassé pêle-mêle, dans ses valises, ses bijoux, ses robes de brocart, ses écharpes de soie, ses dentelles, tout ce que le roi avait aimé chez elle, tout ce qu'il n'aimait plus.

Puis, quand tout fut prêt, elle renvoya sa camériste épuisée de fatigue, et elle se jeta elle-même sur son lit.

Mais le sommeil ne venait point, la pauvre enfant avait la tête en feu, elle étouffait.

Les premières lueurs du matin ricochaient sur les Pyrénées. Fosseuse descendit dans le parc et s'y promena quelques instants, livrant ses caresses de la rosée et de la brise matinale sa tête en délire, avec une âpre volupté.

Poussée par le hasard, elle se dirigea vers le bouquet de coudriers sous lesquels s'étaient battus Bavolet et Gaëtano, — et, y pénétrant, elle trouva le page ensanglanté et évanoui.

Aux âges chevaleresques, les femmes étaient dignes des hommes, et elles les égalaient en courage. Mademoiselle de Montmorency ne s'évanouit point comme une petite maîtresse, elle ne poussa point des cris et n'appela point au secours; — elle se pencha sur Bavolet, mit la main sur son cœur et s'assura qu'il vivait; puis elle visita la blessure et la trouva légère.

L'épée nue qui gisait à terre, le gazon foulé en tous sens, révélèrent le récit à Fosseuse; — du moment que Fosseuse eut deviné le duel, elle pressentit un mystère. Avec qui Bavolet pouvait-il se battre? Quel motif l'y avait poussé? Fosseuse alla, sans bruit, puiser un peu d'eau à une fontaine voisine, et elle jeta cette eau au visage de Bavolet.

Le page revint à lui sur-le-champ, promena un regard étonné sur le parc, puis sur mademoiselle de Montmorency, rassembla ses souvenirs et se rappela Gaëtano.

— Où est-il? où est-il? demanda-t-il avec fureur.

— Qui donc? fit Fosseuse.

— Gaëtano, dit Bavolet, celui qui m'a assommé.

A ce nom de Gaëtano, Fosseuse tressaillit.

— Bon! dit-elle, l'ambassadeur d'Espagne, le mentor de la senorita, mon ennemi par conséquent. Voici un auxiliaire.

— Bavolet, continua-t-elle, que t'a fait l'ambassadeur?

— Il m'a assommé.

— Vous vous êtes donc battus?

Bavolet, encore troublé, tressaillit à son tour. A cette question, nettement posée, il regarda Fosseuse avec défiance et répondit :

— Non, nous ne nous sommes point battus; j'ai fait un rêve...

— Un rêve, ici?

— Je me suis endormi là, cette nuit.

— Mais ce sang qui coule encore de ton front?

— Je me serai heurté quelque part... balbutia le page en essayant de se lever.

Fosseuse lui prit les mains et les pressa doucement.

— Mon petit Bavolet, dit-elle, tu sais que je suis discrète; voyons, avoue-moi ce qui s'est passé.

— Rien, vous dis-je; je me suis endormi, j'ai rêvé que le seigneur Gaëtano m'assommait, tandis que je me cognais tout simplement... tenez... à ce tronc d'arbre que voilà.

— Ah! dit Fosseuse, et cette épée que voilà?

Bavolet rougit : — Je ne veux rien dire, murmura-t-il.

— Pas même à moi? demanda Fosseuse avec un sourire plein de franchise et de bonté, qui ne parvenait point à voiler sa tristesse.

— Non, car mon secret n'est pas à moi.

— Diable!... un secret d'État?

— Non, un secret d'amour.

— Page, mon bel ami, dit alors Fosseuse en souriant, ton secret d'amour, je le sais.

Bavolet fit un soubresaut et regarda Fosseuse avec effroi.

— Tu aimes la reine... dit Fosseuse.

— Oh! murmura Bavolet anéanti, il vous a tout dit... il a parlé... ou vous avez entendu...

— On ne m'a rien dit, je n'ai rien entendu... j'ai deviné.

— C'est faux, je ne l'aime pas... balbutia le page.

— Pauvre enfant, murmura Fosseuse en serrant les deux mains du page, si tu ne l'aimais pas, ta voix tremblerait moins dans ta gorge à cette heure.

Bavolet retira ses mains et s'en cacha le visage.

— Écoute, mon enfant, reprit mademoiselle de Montmorency, je t'ai dit cette nuit que je t'aimais, je voulais m'amuser... j'avais un autre but... j'aime le roi, tu le sais bien, et le roi t'aime comme son enfant...

— C'est vrai, murmura Bavolet frémissant, et je suis le plus lâche et le plus ingrat des hommes.

— Pourquoi cela?

— Puisque j'aime...

— La reine?... le roi s'en soucie peu, va... qu'est-ce que cela lui fait?... Mais tu m'interromps toujours... Je disais que le roi t'aime; moi j'aime le roi... et par conséquent mon amour s'étend sur tous ceux qu'Henri affectionne.

— Eh bien?... demanda Bavolet qui ne comprenait pas très-aisément...

— Eh bien! mon pauvre enfant, je t'aime comme une sœur, et je veux être ta confidente... ton amie... Dis, veux-tu me confier tes secrets?...

— Je n'ai que celui-là; et c'est pour cela que je me suis battu avec cet homme.

— Il le savait donc?

— Non, mais...

Bavolet s'arrêta.

— Ceci, dit-il brusquement, n'est plus mon secret; ne me le demandez pas.

— Bon, murmura Fosseuse, c'est inutile, je le devine; le seigneur Gaëtano aime la reine.

Bavolet pâlit de colère.

— Ou bien encore, et c'est possible...

— Quoi? que voulez-vous dire? exclama le page frissonnant.

— ... La reine aime Gaëtano.

— Oh! s'écria Bavolet, sautant sur son épée, ne dites pas cela... s'il était vrai, je me tuerais!...

Fosseuse étendit la main vers l'épée, l'arracha à Bavolet et lui dit en riant :

— Eh bien! j'admets volontiers que le sieur Gaëtano est un coquin éhonté, un impudent et un fat. Es-tu content?... Bavolet ne répondit pas.

— Écoute, reprit mademoiselle de Montmorency, je voudrais bien causer longuement avec toi, mais nous sommes fort mal à l'aise ici, et ton état demande des soins.

— Je ne souffre presque pas, dit le page en portant avec insouciance la main à son front.

— Au moins te faut-il laver le sang qui souille tes cheveux...

Bavolet se leva et fit un pas vers la fontaine qui jaillissait au milieu du parc.

— Étourdi! murmura Fosseuse; sous les fenêtres du château!... autant vaudrait courir par les corridors et crier à tue-tête : « Je me suis battu avec l'ambassadeur d'Espagne! »

Bavolet poussa un soupir.

— Vous avez raison, murmura-t-il, et moi, je crois que je deviens fou...

— Tu as à peu près raison; seulement, au lieu de le devenir, tu l'es tout à fait.

— Vous êtes bien bonne... Maintenant, trouvez-moi un moyen de me laver sans qu'on me voie...

— Rien de plus facile : dans ma chambre, qui est là, au premier étage, et où nous arriverons par le petit escalier. Je vais monter la première.

— Et si l'on me rencontre?

— Tire ton chapeau sur tes yeux et mets ton mouchoir sur ton visage. Il fait sombre encore, on ne verra rien.

Fosseuse s'enfuit à travers les massifs; Bavolet demeura quelques minutes encore sous les coudriers, — puis il prit, à son tour, le chemin du château et gagna le petit escalier.

Mais, quoiqu'il fît sombre encore, et que, par conséquent, il fût à peine quatre heures, par ce même escalier que Bavolet, une femme descendait le parc.

C'était la Catalane Pepa, — affligée sans doute de cette insomnie inaccoutumée qui, cette nuit-là, avait gagné plusieurs des hôtes de Coarasse.

— Tiens, dit-elle en croisant le page, et d'une petite voix tremblante qui se ressentait de la froideur avec laquelle, la veille, le roi Charles VI avait accueilli les aveux d'Odette, d'où venez-vous si matin, monsieur Bavolet?

— De me promener, répondit le page d'un air visiblement contrarié...

— Bon Dieu! comme votre chapeau est tiré sur vos yeux!...

— Je suis enrhumé.

— Et pourquoi diable avez-vous votre mouchoir comme ça... sur la joue?

— J'ai mal aux dents.

Mais Pepa l'examina attentivement, et elle aperçut une goutte de sang tombée sur le mouchoir.

— Ah! mon Dieu! murmura-t-elle pâlissante, vous êtes blessé?

— Les dents me saignent, répondit sèchement Bavolet en passant outre et grimpant l'escalier tournant quatre à quatre.

L'escalier aboutissait à un corridor; sur ce corridor, à droite, donnait l'appartement de mademoiselle de Montmorency.

La prudente Fosseuse avait laissé la porte entr'ouverte, Bavolet la poussa avec précaution et la referma sans bruit, mais trop vite cependant pour qu'il eût le temps d'apercevoir Pepa qui montait derrière lui et, tout intriguée de ce chapeau rabattu, de ce mouchoir et de ce sang, voulait à tout prix savoir où il allait.

Pepa vit entrer Bavolet chez Fosseuse; mais comme sa curiosité n'était qu'à demi satisfaite, elle s'avança sur la pointe du pied jusqu'à la porte et colla son œil au trou de la serrure.

Malheureusement la clef était en dedans, et Pepa ne vit rien : alors Pepa voulut au moins entendre, et elle appliqua son oreille à la place même où elle venait de mettre infructueusement son œil.

Mais Pepa eut beau écouter elle n'entendit rien, comme elle n'avait rien vu. Pepa jouait de malheur, Pepa était poursuivie par un guignon inconcevable; — et elle était, sans aucun doute, la première soubrette des temps passés et futurs qui se donnât inutilement la peine d'écouter aux portes.

Réduite enfin aux ressources de son imagination, Pepa se prit à réfléchir, — autant qu'il est possible toutefois, à une jeune fille de dix-huit ans qui est brune, Andalouse, un peu bohémienne peut-être, et qui aime éperdument un beau page qui ne l'aime pas.

Après avoir réfléchi, Pepa se dit :

— Ou c'est un rendez-vous d'amour, ou c'est un rendez-vous politique, comme dit le roi. Si Bavolet aimait Fosseuse?...

Un éclair de colère brilla dans les yeux de la jalouse Pepa, mais l'éclair s'éteignit, un sourire de satisfaction glissa même sur ses lèvres rouges et elle reprit :

— S'il l'aimait, il n'aimerait pas la reine!...

Ce qui tuait Pepa depuis vingt-quatre heures, c'était l'indiscrète révélation de Nancy touchant l'amour de Bavolet pour madame Marguerite; elle en mourait lentement, elle en pleurait la nuit, elle en avait des défaillances pendant la journée; car Pepa, mieux que toute autre, excepté Nancy toutefois, savait que la reine était une de ces femmes qu'on aimait éternellement, qui n'avaient et ne pouvaient avoir de rivales, une de ces sirènes contre lesquelles duchesse ou camérière, Andalouse ou blonde fille du Nord, essaieraient vainement de lutter. Et c'était pour cela qu'à tout prendre, Pepa préférait encore que Bavolet aimât Fosseuse...

Fosseuse était belle, il est vrai; Fosseuse avait fixé pendant deux années le cœur vagabond du roi de Navarre; Fosseuse avait plus d'esprit que Turenne, presque autant que madame Marguerite; — mais, après tout, elle n'était point invincible, — et Pepa la Catalane avec ses lèvres rouges, son pied taillé tout exprès pour le fandango rapide ou le lascif boléro, — Pepa, avec son esprit infernal et son humeur sauvage de fille des gitanos, était un terrible adversaire, une jouteuse qui pourrait, à l'occasion, se transformer en tigresse, et arracher avec ses griffes le naïf Bavolet aux doigts rosés de la blonde Fosseuse.

Pepa se complut quelques minutes à cette pensée que Bavolet a...

mait peut-être mademoiselle de Montmorency, — cependant, elle' en revint à son premier membre de phrase :

— Si c'était un rendez-vous politique?

Elle'y réfléchit quelques secondes, puis elle haussa les épaules :

— Est-ce que Bavolet se mêle de politique? murmura-t-elle, c'est plutôt Fosseuse qui a besoin de consolation; et elle s'adresse à Bavolet qui est l'ami du roi.

Pepa colla encore son oreille à la serrure. Peine perdue.

— C'est égal, fit-elle en s'en allant découragée, je vais prévenir la reine; je veux savoir d'où vient ce sang.

Et Pepa s'esquiva.

Pendant tout ce temps, Bavolet était entré chez Fosseuse.

Fosseuse, en l'attendant, s'était pelotonnée sur une chaise longue, et si Pepa l'eût vue ainsi posée, elle l'eût certainement trouvée assez belle pour en éprouver un mouvement de jalousie terrible.

Mais Bavolet le hardi et le naïf, Bavolet qui aimait une reine à ses heures de mélancolie et lutinait des camérières et des filles d'honneur dans ses moments perdus, Bavolet ne prit garde à la pose nonchalante de Fosseuse, à ses cheveux d'un blond cendré qui ruisselaient sur la guipure de son peignoir en boucles capricieuses...

Fosseuse se leva, le prit par la main et lui dit :

— Passons dans mon boudoir, il faut être prudent.

— Bah! dit Bavolet.

— Chut! fit-elle en posant un doigt sur sa bouche; là où il y a des soubrettes et des demoiselles d'honneur, les murs ont des oreilles. Venez!...

Elle le poussa dans la seconde pièce de son logis, — un charmant petit réduit qui luttait de coquetterie artistique avec le retrait de la reine,—referma la porte, puis le conduisit vers une table de toilette qui supportait une aiguière d'or et des flacons d'eaux diverses.

— Je vais vous panser, lui dit-elle, avec son sourire demi-mutin, demi-mélancolique, triste toujours.

Fosseuse lava la plaie avec de l'eau tiède; elle appliqua ensuite sur son crâne meurtri une toile enduite de cire, et avec un art infini elle ramena les cheveux, qu'elle peigna et parfuma, sur la toile qui disparut.

— Maintenant, dit-elle, quand elle eut fait, viens t'asseoir et causons.

Elle le ramena vers une sorte de chaise longue à coussins, le plaça à un bout, se coucha à demi vers l'autre, reprit les mains du page dans les siennes, et lui dit :

— Tu hais le seigneur Gaëtano, n'est-ce pas?

— Oh! oui, murmura Bavolet d'une voix sourde.

— Tu le hais parce qu'il aime la reine?

— Je ne sais pourquoi je le hais, mais j'aurais eu un féroce plaisir, cette nuit, à lui passer ma rapière à travers le corps.

— Bien. Moi, je hais la senorita; et comme je suis femme, je sais pourquoi je la hais : Le roi l'aime!...

— Oh!... dit Bavolet avec un haussement d'épaules, en êtes-vous sûre?...

— Très-sûre; il le lui a dit, et je l'ai entendu. Eh bien! le roi aime la senorita, et Gaëtano aime la reine: or, moi, j'aime le roi, et toi tu aimes...

— Taisez-vous! murmura Bavolet, taisez-vous!... j'ai horreur de moi-même, et je suis le plus misérable des insensés!...

— Tu hais donc Gaëtano, reprit Fosseuse, comme moi je hais la senorita ; or, la senorita et Gaëtano sont arrivés ensemble à Coarasse, plus d'un lien mystérieux les unit... ils font donc cause commune?

— Tiens, fit Bavolet, c'est vrai ce que vous dites là, et il n'y a que les femmes pour deviner...

Mademoiselle de Montmorency sourit de son pâle sourire.

— Cela remonte, dit-elle, à la création du monde. Quand Dieu eut créé Adam et Eve, il leur offrit un don à leur choix : — Je veux être fort, dit Adam; — Je veux être rusée, demanda Eve. Depuis, l'homme eut la force en partage, et la femme, la pénétration... C'est pour cela que j'ai deviné ce que tu ne devinais pas...

— Eh bien! ces liens mystérieux, cette cause commune... qu'en conclure?

— Ceci : le roi, qui joue le bonhomme et s'occupe de chasse et d'amour, est un grand politique, sois-en sûr. Le seigneur Gaëtano qui tombe amoureux de la reine à première vue, et la senorita qui fait la coquette avec le roi, s'occupent également de politique.

— Vous croyez?...

J'en suis certaine. Hier, Gaëtano me faisait la cour, aujourd'hui il s'est tourné vers la reine; non qu'il veuille plus de son amour que du mien, mais il est amoureux des secrets du roi, voilà tout.

L'œil de Bavolet s'illumina.

— Faisons alliance, dit-il à Fosseuse.

— Enfant! voici une heure que je te le propose.

— Soyons uns et forts...

— Cela ne peut être autrement quand on se nomme Fosseuse et Bavolet.

— Ainsi pas un mot du duel...

— Pas un mot de notre rendez-vous ici.

— Mais il faudra nous revoir souvent, observer, nous consulter.

— Consultons-nous tout de suite, mon bel allié, et engageons la partie aujourd'hui même.

— Que faut-il faire?

— Le roi aime la senorita, mais la senorita ne l'aime pas, sans nul doute, car elle joue trop bien son rôle; pas plus que Gaëtano n'aime sérieusement la reine.

— Oh! en êtes-vous sûre?

— Chut!... si la senorita t'aimait, et que, supposant que j'aie le secrets du roi, Gaëtano délaissât un peu la reine et me fît un doigt de cour...

— Tiens, s'écria Bavolet, qui comprenait à merveille, le roi n'aimerait plus la senorita et la reine ne croirait plus aux serments du ce misérable Gaëtano.

— Tu es un garçon d'esprit, Bavolet, et nous ferons bien d'entrer en campagne, toi, contre la senorita, moi, contre Gaëtano.

— Certainement. Mais... balbutia Bavolet en rougissant, je suis un enfant... et il n'est pas sûr qu'une femme aussi belle que la senorita...

— La senorita n'est point belle, dit sèchement Fosseuse; tu es, au contraire, un page charmant, un cavalier magnifique...

Fosseuse disait tout cela avec un sourire adorable et attachait sur Bavolet deux yeux bleus les plus beaux de France et de Navarre.

Bavolet remarqua enfin la beauté de son alliée et lui dit en souriant : — C'est bien fâcheux que vous aimiez le roi !...

— C'est très-heureux, au contraire, mon petit sournois, car si je vous aimais, vous ne m'aimeriez pas...Vous aimez...

— Oh! silence, de grâce! supplia Bavolet qui tressaillit et prit les mains de Fosseuse.

— Je vous aime comme ma sœur, dit-il, car vous êtes noble et bonne... Et le pauvre enfant essuya une larme.

— Allons, mon beau page, murmura Fosseuse émue malgré elle, chassons les nuages de notre front, déridons-nous, soyons fort, — il faut l'être pour vaincre... La senorita vous aimera.

— Corbleu! s'écria Bavolet, je suis un fou!

— Je le dis.

— Un niais!

— Peut-être...

— Et j'avais complètement oublié... qu'hier... la senorita...

Bavolet s'arrêta pour rassembler ses souvenirs.

— Tu avais complètement oublié... qu'hier... la senorita... reprit Fosseuse, en appuyant sur chaque mot...

— Parbleu!... la senorita, hier, pendant le bal, m'a dit qu'elle m'aimait...

— Hum! murmura Fosseuse, quand on aime réellement, on ne le dit point.

— C'est juste, fit Bavolet; —mais par le prêche! elle m'aimera!

Et le page se redressa, cambra sa taille svelte, mit le poing sur la hanche, rejeta ses cheveux blonds en arrière et illumina son joli visage, un peu féminin, d'un si adorable sourire que Fosseuse en tressaillit d'aise et murmura à part : « Il est presque aussi beau que le roi. »

Mademoiselle de Montmorency n'eut point le temps de communiquer cette réflexion à Bavolet, car on gratta soudain à la première porte.

Fosseuse laissa Bavolet dans son boudoir et courut ouvrir...

La reine était sur le seuil!...

— Déjà levée, madame? demanda Fosseuse interdite.

— Je viens de faire un tour dans les jardins. Bonjour, mon enfant. Savez-vous ce que je viens faire ici?

— Si Votre Majesté daignait me l'apprendre...

— Trève de Majesté... à Coarasse!... je viens vous demander mon page. On me l'a bien certainement volé, et j'invoque vainement tous les échos en criant : Bavolet! Bavolet! Les échos me répondent : Nous ne savons où il se tient!...

— Me voilà!... dit une voix.

Bavolet sortit du boudoir et apparut, aux yeux de la reine, son mouchoir sur sa joue.

— Qu'as-tu donc? demanda-t-elle.

— J'ai mal aux dents, madame.

— Et tu te viens guérir ici?

— Je suis un peu médecin, murmura Fosseuse impassible, je lui ai donné d'un certain baume composé sur le pont Saint-Michel, à Paris, et qui est d'un excellent effet.

— En vérité? fit naïvement la reine.

— Il est de fait, hasarda Bavolet redevenu timide et gauche en présence de la femme qu'il aimait, il est de fait que je souffre moins.

— Ah! dit la reine, montrez-moi ce baume, Montmorency.

— Volontiers, madame, répondit Fosseuse, en se dirigeant vers le boudoir.

Mais la reine la suivit et y pénétra avant elle. Sur la toilette était l'aiguière encore remplie d'eau sanguinolente : la reine l'aperçut et jeta un cri.

— Qu'est-ce que cela? fit-elle avec effroi, du sang!...

— Bavolet a saigné aux dents.

La reine attacha son clair regard sur le page.

— C'est vrai, dit Bavolet qui, par un sublime effort, rejeta sur le parquet un fragment de salive ensanglantée.

Mais la reine n'était nullement convaincue, et elle continua à fixer sur Bavolet son œil pénétrant.

Bavolet était au supplice.

— Madame, dit tout à coup Fosseuse qui, son flacon de baume à la main, s'était approchée de la fenêtre du boudoir, laquelle donnait sur une cour intérieure; — venez donc voir le seigneur Gaëtano, il vient de faire une course assez longue, sans doute, car son cheval est ruisselant.

La reine se pencha vers la cour, aperçut Gaëtano, et, oubliant le sang de l'aiguière et le baume, se tourna vers Bavolet :

— Va donc le prier de monter, dit-elle; il m'a commencé un conte dont je veux ouïr la fin.

Bavolet pâlit sous son mouchoir, mais il obéit et sortit.

— Oh! oh! pensa la reine qui avait remarqué son trouble, je pourrais bien déjà tenir un des fils du mystère.

Tandis que la reine réfléchissait, Bavolet gagnait la cour et abordait l'ambassadeur.

— Monsieur, lui dit-il, prenez familièrement mon bras et montez avec moi chez mademoiselle de Montmorency, où la reine vous attend.

— La reine! fit Gaëtano tressaillant.

— Et tenez-vous averti de trois choses, ajouta Bavolet : — La première, c'est que la reine doit ignorer...

— Chut! c'est convenu d'avance.

— La seconde, c'est que si vous me haïs de toutes les forces de mon âme, et que j'espère recommencer notre partie de cette nuit.

— Quand vous voudrez; voyons la troisième?

— La troisième, c'est que je vous planterai ma dague en plein cœur si vous sortez, avec la reine et devant moi, des bornes du plus profond respect.

— Oh! oh! mon jeune maître, quelle plaisanterie!

— Je ne plaisante jamais, dit froidement Bavolet... venez, monsieur!...

VIII. — OU IL EST PARLÉ DES PROJETS DE GAËTANO, DE L'INFANTE D'ESPAGNE ET D'UNE CHAINE D'OR.

Mais d'où venait le seigneur Gaëtano avec son cheval ruisselant, lorsqu'à peine il était sept heures du matin?

Avant d'aller plus loin, nous le dirons à nos lecteurs, et nous suivrons l'ambassadeur espagnol depuis l'instant où il abandonna Bavolet évanoui sous les scouldriers du parc.

Gaëtano sortit du parc par la porte la plus voisine des communs; il se dirigea vers les écuries et y sella un cheval.

Ce ne fut point un bel andaloux ni un cheval de France que choisit l'ambassadeur pour sa course matinale, mais bien une monture de voyage, un étalon béarnais aux jambes grêles et sûres, capable de galoper nuit et jour au bord des précipices les plus escarpés.

Gaëtano sortit sans bruit du château, se nomma à l'officier de garde au pont-levis, prétextant un besoin de promenade, et pour lui donner le change, il prit la route de Nérac.

Cette route descendait d'abord perpendiculairement, puis servait de liséré à un bois de châtaigniers, et y pénétrant ensuite finissait par disparaître par une coulée touffue.

Gaëtano chemina au petit trot tant qu'il fut en vue du château, mais parvenu sous la coulée, il rebroussa chemin aussitôt, enfonça l'éperon aux flancs de sa monture et prit une direction opposée à celle qu'il avait suivie jusque-là, gagnant la montagne au lieu de descendre dans la plaine. La montée était rude, mais le cheval était vaillant, et l'éperon du cavalier de bonne trempe.

En moins d'une heure, Gaëtano se trouva transporté, après avoir franchi des ravins et des précipices sans nombre, au milieu d'une étroite et sauvage vallée de sapins, dans laquelle roulait un torrent que la fonte des neiges avait grossi durant la nuit.

Cette vallée était déserte, en apparence du moins, — mais le cavalier ne tarda point à voir briller au travers des arbres une petite lumière qui luttait d'éclat avec les clartés naissantes du matin, — et s'il eût conservé jusqu'alors la moindre incertitude touchant sa route, Gaëtano n'eût pas hésité, à la vue de cette lueur qui, sans doute, était un signal. Il passa le torrent sur un pont de roseaux, piqua droit au massif de sapins au milieu desquels tremblotait la lumière, et découvrit bientôt une petite hutte de bûcherons dont le toit laissait échapper un filet de fumée grise, en même temps que de la porte entr'ouverte sortait ce même rayon de clarté qui l'avait guidé. Mais contre son attente, Gaëtano ne trouva dans la hutte qu'un vieux pâtre qui sommeillait au coin du feu à demi éteint, et qui, selon toute apparence, y avait passé la nuit.

— Holà! cria le cavalier.

Le pâtre s'éveilla en sursaut :

— Est-ce vous, monseigneur? fit-il en portant une main respectueuse à son béret.

— Tu es donc seul?

— Oui, monseigneur; personne n'est encore arrivé.

— N'as-tu rien entendu sur le bord du torrent?

— Non, monseigneur.

— Allons, murmura Gaëtano, sans ce maudit page, j'aurais pu continuer mon conte à la reine, et il n'y aurait eu nul temps perdu. Don Paëz n'arrivera que la nuit prochaine, maintenant.

Et Gaëtano, qui avait mis pied à terre, fut sur le point de sauter en selle de nouveau et de repartir. Il hésita et rentra dans la chaumière, où il se jeta auprès de l'âtre sur un tronc d'arbre converti en escabeau.

— Attendons encore, murmura-t-il, il y a loin de Madrid ici; les neiges fondent, les torrents grossissent et les chemins sont mauvais. Attendons une heure; — si au soleil levant Paëz n'est point arrivé, il n'arrivera qu'à la nuit prochaine.

Le bûcheron s'était rendormi. Gaëtano s'adossa au mur, croisa les jambes et se prit à philosopher entre ses dents.

— Étrange destinée que la nôtre! murmura-t-il; depuis dix ans, la fortune nous a tour à tour élevés ou abaissés sans interruption. Don Paëz a été roi, Hector a pu l'être; tous deux sont tombés au métier misérable d'aventuriers. Gontran et moi, qui étions sans nulle ambition, nous contentant d'être les favoris de nos maîtres, nous sommes arrivés au faîte des grandeurs après avoir mené longtemps l'existence qu'ils ont aujourd'hui. Gontran est tout-puissant en Lorraine; il est devenu la clef de voûte de l'œuvre que nous poursuivons, le pivot suprême de notre association; moi, je suis son lieutenant; après lui, je commande aux autres.

Gaëtano se prit à rire.

— La fortune est bizarre, continua-t-il; c'est la plus inconstante et la plus capricieuse des maîtresses; elle m'a traité en enfant gâté depuis deux années, et je l'en remercie de tout mon cœur.

« La contessina que j'avais épousée est morte, me laissant tout son bien; le vice-roi de Naples a jugé convenable de me nommer gouverneur de Palerme, et pour couronner l'œuvre, le nouveau roi d'Espagne, messire Philippe III, m'a mandé près de lui pour me donner le gouvernement de la Catalogne; je lui ai demandé le poste d'ambassadeur en Navarre, et il me l'a accordé, à moi, le frère de don Paëz!...

« O pauvre don Paëz, reprit Gaëtano après quelques secondes de rêverie, comme cette fortune que nous sert à souhaits t'a rudement étreint, comme elle t'a secoué et meurtri dans ses griffes de fer, t'enfonçant au cœur, à la fois, les cuisants regrets de l'ambition déçue et les tortures de l'amour brisé... comme tu as dû souffrir, ô Paëz, toi le magnanime et le superbe, de vouter ta taille, de courber ton front et de vivre désormais obscur, ignoré dans le cercle de mon ombre, toi qui fus un moment si grand et si haut placé que les têtes d'aigle. Ils ne t'ont point reconnu, frère, quand tu es arrivé à ma suite. Ni le chancelier, ton ennemi mortel, ni le duc d'Albe, ton bourreau, ni tous ceux qui, il y a cinq ans, s'acharnèrent à ta perte, — ni l'infante, qui t'aimait et qui t'a oublié sans doute; ils n'ont pas reconnu dans l'humble écuyer de Gaëtano, don Paëz, le roi des Maures; don Paëz, dont le vieux Philippe II avait coutume de dire dans les derniers jours de sa vie :

« — Je donnerais mon royaume de Grenade tout entier pour qu'un tel homme fût encore à mon service!... »

Gaëtano fut interrompu par un bruit subit qui se fit à quelque distance de la hutte.

On entendit le pas d'un cheval sur les rochers.

L'ambassadeur sortit aussitôt et aperçut un cavalier qui venait de franchir le torrent et arrivait au grand trot.

Ce n'était point don Paëz, mais Hector, qui venait de la Lorraine, tandis que don Paëz devait arriver d'Espagne; Hector poudreux et harassé, parti de Paris il y avait cinq jours à peine.

Gaëtano poussa un cri de joie.

— Déjà? dit-il.

— Oui, répondit Hector en mettant pied à terre, l'ordre est donné, nous pouvons agir.

— Les Guises sont prêts?

— Oui, dans huit jours, le roi de France sera au fond d'un cloître.

— Et le roi de Navarre aussi, dit Gaëtano avec un fier sourire, sois-en sûr.

— Et alors? reprit Hector en regardant son frère.

— Alors, dit impétueusement Gaëtano, le duché de Bretagne sera pour nous.

— Comme la Navarre pour l'Espagne, n'est-ce pas?

— Il le faut bien, S. M. le roi Philippe III, mon honoré maître, ne nous prêtera main-forte qu'à ce prix... J'attends don Paëz avec impatience.

Hector parut surpris de l'absence prolongée de don Paëz, et voulut s'éclairer sur le motif de ce retard.

— Je partage ton anxiété, continua-t-il... Mais le roi d'Espagne ne savait donc rien?...

— Rien absolument, dit Gaëtano. Je lui ai, d'ici, fait passer un billet ainsi conçu : .

— Tu hais le seigneur Gaëtano, n'est-ce pas ? (Page 14.)

« Si l'on donnait au roi d'Espagne une abdication bien en règle « du roi de Navarre en faveur de S.ᵐ J. Catholique,— le roi d'Espagne « accepterait-il? Et s'il acceptait, se chargerait-il de tenir dans un « bon couvent, bien gardé, ledit roi de Navarre, lequel pourrait bien « avoir des regrets et vouloir reconquérir son royaume? »

— Don Paëz doit arriver ce matin ou au plus tard la nuit prochaine. Selon la réponse du roi nous agirons.
— Le roi répondra affirmativement. Si petite qu'elle soit, la couronne de Navarre est un joli fleuron à ajouter à celle des Espagnes.
— Aussi je ne doute nullement de l'acceptation. Le difficile est d'obtenir l'abdication.
— On dit le roi de Navarre un bonhomme?
— Rusé.
— Incapable de soupçonner un complot?...
— A peu près comme Philippe II, de sombre mémoire.
— Est-il brave?
— Je n'en sais rien encore, je le crains.
— Boit-il?
— Comme une outre, mais sans jamais trébucher.
— Diable! fit Hector, voici un roi qui ne doit point s'asseoir sur le trône de France... ou nous sommes perdus!...
— Heureusement le roi a un faible...
— Lequel?
— Les femmes, et je le crois loquace avec elles. Sa femme ne l'aime point et le trahirait peut-être; je la sonde à l'heure qu'il est. Sa maîtresse, qu'il n'aime plus, se vengerait peut-être aussi... et enfin la senorita, cette marquise aventurière que j'ai amenée de Madrid et qui a ruiné sept ou huit princes, est une fine mouche qui peut nous mener grand train à l'abdication.
— Très-bien, murmura Hector ; Gontran sera satisfait.
— Un seul obstacle réel se trouve sur mon chemin.
— Quel est-il ?

— Un page qui s'est mis en tête d'aimer la reine et qui, se figurant que je l'aimais aussi, m'a voué une haine fort gênante.
— Un page?... allons donc!...
— Un page roué et courageux qui m'épiera et me suivra partout... un enfant que j'ai presque assommé il y a une heure, pour m'en débarrasser, et qui m'assassinera, pour se venger, la première fois qu'il me rencontrera seul dans une rue déserte ou dans un corridor un peu sombre.
— Tiens-toi sur tes gardes.
— J'y suis, et j'ai bonne envie, à la première chasse du roi, de m'en défaire honnêtement.
— Fi ! un enfant...
— Un démon !
— Silence ! dit soudain Hector : écoute...
Les deux frères sortirent de la hutte et aperçurent un nouveau cavalier. Celui-là descendait la vallée et venait du sud.
— C'est Paëz, dit Gaëtano ; le voici!...
Quelques minutes après, don Paëz mettait pied à terre.
Ce n'était plus, ainsi que Gaëtano venait de se l'avouer, le beau et fier don Paëz, le brûlant colonel des gardes, le hardi gouverneur de l'Albaïzin, le superbe roi de Grenade. C'était un gentilhomme aux cheveux grisonnants, au dos voûté, au front creusé de rides profondes, portant la barbe inculte et longue, les cheveux veufs de toute essence, et ayant dans la physionomie une singulière expression de tristesse farouche et sombre.
— Eh bien, frère?... demanda Gaëtano avec anxiété.
— Tiens, répondit don Paëz en lui tendant un parchemin roulé, sans sceau ni armoiries et qui ne renfermait que ces quelques mots sans signature : « Le roi accepte; le couvent est prêt. »
— Le roi est prudent, murmura Gaëtano... Et maintenant à l'œuvre!...
Hector hocha la tête.
— Pourquoi tant nous presser ? demanda-t-il tristement, l'enfant est-il retrouvé?

D'où tenez-vous ce bijou? Qui vous l'a vendu? (Page 18.)

— Frère, dit gravement Gaëtano, depuis trois exjirent les dix années que nous avons consacrées à sa recherche; dans un mois le duc de Guise sera roi de France, le Béarnais mis hors de cause, enfermé, et la Bretagne nous sera rendue. . Eh bien, si l'enfant n'est point retrouvé, nous ferons un duc de Bretagne.

Et Gaëtano regardait don Paëz à la dérobée.

Don Paëz, toujours sombre, s'appuyait au pommeau de sa selle et paraissait rêver.

— A quoi songes-tu donc, frère? demanda Gaëtano.

— Je songe, répondit don Paëz, que la vie est une roue dont l'homme parcourt deux fois les rayons; il retrouve, à son âge mûr, le sentier battu par sa jeunesse, et il se prend parfois d'amour pour la fleur inclinée déjà au souffle de l'orage qu'il a brutalement foulée aux pieds la première fois qu'il a passé près d'elle, alors qu'elle était fraîche, belle et tout étincelante de la rosée du matin.

Hector soupira et se tut; mais Gaëtano regarda don Paëz avec étonnement :

— Que veux-tu dire avec tes maximes? lui demanda-t-il.

— C'est une triste histoire, répondit don Paëz; une histoire à fendre le cœur d'un homme moins bronzé que moi par les drames lugubres de la vie. Deux femmes m'ont aimé dans ma jeunesse; ces deux femmes eussent souhaité être reines du monde pour me céder leur trône; j'en ai fait tour à tour le marchepied de mon ambition, et je les ai traînées sans pitié à ma suite... Il était réservé à mon âge mûr, désillusionné et flétri, de les aimer toutes deux de ce même amour qu'elles ont eu pour moi. Frères, vous savez si j'ai aimé vivante et si j'ai pleuré, après son trépas, avec des larmes de sang, cette princesse maure à qui je devais mon trône?...

— Nous le savons, murmura tristement Hector.

— Mais, ce que vous ne savez pas, c'est que la seconde...

— L'Infante? fit Hector tressaillant.

— Celle-là ne t'aime plus, Paëz, dit Gaëtano; celle-là t'aima quelques jours à peine, car elle ne t'a point reconnu.

... La la Bretagne. (son nom).

Gaëtano et Hector regardèrent curieusement don Paëz.

— Écoutez, reprit-il : il y a trois jours, au moment où, à huit heures du soir, je sortais de chez le roi avec le parchemin que j'apporte, une femme passa près de moi dans ce même escalier que je gravis il y a cinq ans pour regagner mon logis, en quittant Philippe II, mon maître, qui m'envoyait à l'Albaïzin. Ce soir-là, une jeune fille avait collé sa bouche à mon oreille, au milieu des ténèbres, en me disant : Soyez grand et fort, je vous aime!... — Eh bien! il y a trois jours, dans ce même escalier, presque à la même heure, comme je descendais, le front incliné sous le poids des tristes et sombres pensées qui m'obsèdent, une femme s'offrit tout à coup à mes yeux. Elle tenait un flambeau à la main et je la reconnus. C'était l'Infante!... non plus la jeune fille, l'enfant rieuse et mutine qui m'avait tant aimé, mais l'Infante devenue femme, pâle et triste, avec des yeux brillants de fièvre; l'Infante ressemblant à une madone de cire vierge.

« Elle me contempla quelques secondes avec une expression étrange, puis elle se pencha vers moi.

« — Paëz? me dit-elle tout bas.

« Je tressaillis et ne répondis point.

« — Je t'ai reconnu, continua-t-elle, malgré ta chétive apparence et ton front ridé...

« Elle prit ma main et l'appuya sur son cœur... son cœur battait à rompre sa poitrine.

« Elle me retint doucement et ajouta :

« — Que veux-tu? est-ce de l'or, du pouvoir, un titre, un gouvernement? parle; mon frère m'aime et m'obéit... je suis son plus intime conseiller... il n'a rien à me refuser... dis, que veux-tu?

« — Rien, répondis-je, je ne mendie point.

« — Mendier, fit elle avec un geste de douleur, ce mot est cruel, Paëz, et je ne le mérite point...

« — C'est que je vous fais pitié, murmurai-je.

« — Non, dit-elle bien bas en replaçant ma main sur son cœur, dont j'entendais presque les battements précipités, — c'est que je t'aime encore...

« Je sentis mes genoux fléchir et un nuage passer sur mes yeux troublés.

« — Madame, lui dis-je d'une voix étranglée, vous m'offrez des trésors, un titre, un gouvernement, tout ce que désirait mon ambitieuse jeunesse; au lieu de tout cela, accordez-moi une grâce unique.

« — Que voulez-vous ? fit-elle frémissante.

« — De loin en loin, quand vous me rencontrerez et que nul ne pourra nous entendre, répétez-moi ces trois mots qui viennent de vous échapper...

« Je pris vivement sa main, j'y mis à la fois un baiser ardent et une larme, et, la laissant immobile et pétrifiée, je m'enfuis. »

Don Paëz ayant ainsi parlé, cacha sa tête dans ses mains et pleura.

Tout à coup les trois frères, un moment silencieux et recueillis, tressaillirent et levèrent la tête : un cavalier remontait la vallée au galop essoufflé d'un vigoureux étalon.

Ce cavalier, qu'aucun d'eux n'attendait, ce cavalier poudreux et qui venait de loin, c'était Gontran!... Hector, don Paëz, Gaëtano poussèrent un cri de surprise et coururent vers lui.

— Frères, leur cria-t-il en les apercevant, frères, l'enfant n'est point mort!...

— Que dis-tu? exclamèrent-ils.

— Je dis que l'enfant, notre seigneur et maître, est plein de vie...

— Tu l'as donc retrouvé ?

— Non, mais je suis sur sa trace. Voyez plutôt...

Et Gontran tira de son sein une boîte qu'il ouvrit aussitôt :

— Tenez, dit-il, voilà la chaîne d'or qu'il avait au cou la nuit de la Saint-Barthélemy.

Les trois frères regardèrent la chaîne d'or avec étonnement, puis Hector s'écria :

— Je la reconnais, je la reconnais, moi! c'est bien celle que l'enfant avait au cou le jour où nous le vîmes dormant sur un lit de repos à la tour de Penn-Oll. Je le pris dans mes bras, je m'en souviens, et je remarquai cette chaîne parce qu'elle était d'un merveilleux travail et qu'à ses ciselures on devinait son origine écossaise.—Mais où l'as-tu trouvée?

— Comment supposer par ce simple bijou que l'enfant vit encore? demandèrent tour à tour don Paëz et Gaëtano.

— Écoutez, reprit Gontran : si l'on doutait de la Providence, les merveilles de ce dieu inconnu qu'on nomme le Hasard y feraient certainement croire. Vous le savez, j'accompagne souvent le duc de Guise à Paris lorsqu'il y vient incognito, dans l'intérêt de la sainte Ligue et dans les siens, qui sont les nôtres, maintenant.

« Il y a huit jours, en donnant mes instructions à Hector, il était convenu que je ne viendrais point ici et vous laisserais tout le soin de l'abdication du roi de Navarre, me réservant celui de nos intérêts auprès du duc. Rien encore ne me faisait supposer que j'irais à Paris; — mais Hector était à peine parti depuis une heure lorsque le duc me manda près de lui.

« — À cheval, me dit-il, et ventre à terre jusqu'à Paris!

« — Que faut-il y faire?

« — Porter ce message à madame de Montpensier, ma sœur, me répondit-il.

« Dix minutes après j'étais en selle, trente heures après je franchissais les murs de Paris.

« Je descendis, selon ma coutume, dans une sorte de cabaret borgne situé à la place Bourdelle, et qui, sous le patronage de saint Pacôme, loge et héberge les pauvres gentilshommes dont la bourse est légère, et quelquefois ceux qui, ayant leur escarcelle pleine, ont de bonnes raisons, comme moi, pour demeurer inconnus.

« Le soir venu, je me présentai rue de Bussy, chez madame de Montpensier, et m'acquittai de mon message.

« — Il vous faudra attendre huit jours, me dit la duchesse, avant de retourner auprès du duc. Demeurez caché dans l'hôtellerie où vous êtes et attendez-y mes instructions.

« Je repris le chemin du cabaret dédié à saint Pacôme et m'y attablai devant un maigre repas, comme un cavalier affamé et peu difficile sur les mets qu'on lui sert.

« Mais tandis que je soupais et vidais ma cruche de piètre vin, une querelle s'engagea à une table voisine de la mienne et attira mon attention. Deux buveurs se disputaient à propos d'un coup de dés mal lancé; des deux buveurs, l'un était mon hôte lui-même, l'autre un moine génovéfain.

« — Je vous dis, criait l'hôte, que le coup est nul, et je le soutiens !

« — Tarare! répondait le moine, si vous n'aviez pas perdu toute la journée et ne me deviez déjà deux brocs de vin de Guienne et dix pistoles, vous auriez l'esprit mieux fait; vous n'êtes pas beau joueur.

« — Moi, pas beau joueur! vociféra l'hôte; si le coup que vous venez de jouer était nul, si vous voulez le considérer comme tel, je vous promets bien successivement tout mon avoir, mon hôtellerie et ce qu'elle renferme, les dix perches de terrain qui l'entourent et les cinquante arpents de vigne que je possède à Argenteuil.

« — Contre quoi? demanda le moine.

« — Contre votre froc, dit l'hôtelier furieux.

« — Tope! s'écria le génovéfain, — le coup est nul.

« — Pardieu! reprit l'hôte, je vais commencer par une certaine chaîne d'or, qui est d'un bon poids, et qui vaut bien, à elle seule, la moitié de ce que j'ai sous mon toit de briques.

« — Voyons la chaîne? dit le moine, dont l'œil s'alluma de convoitise.

« — Oh! c'est un vrai bijou, fit l'hôtelier avec assurance, en se levant et allant vers un bahut duquel il tira la chaîne. Tenez, je m'en rapporterais volontiers, pour sa valeur, à l'estimation de ce cavalier qui festoye près de nous sans souffler mot.

« En parlant ainsi, l'hôte me plaça la chaîne sous les yeux. Je la regardai d'abord avec une certaine indifférence, puis l'examinant tout à coup avec attention, je la reconnus et me levai précipitamment.

« — D'où tenez-vous ce bijou? m'écriai-je. Qui vous l'a vendu? Où l'avez-vous volé?

« — Tout beau!... répondit-il en souriant; je suis connu de MM. les échevins et les prévôts, mon gentilhomme, pour un catholique qui ne vole personne et n'a jamais réclamé que son bien. Je n'ai point volé cette chaîne...

« — Mais enfin, d'où la tenez-vous?

« — D'un petit gentilhomme jeune et gentil comme un page du roi.

« — Quel âge avait-il?

« — Environ seize ans.

« — Son nom?

« — Je l'ignore.

« — Son pays?

« — Je ne sais... Mais il parlait un langage qui ressemblait à l'espagnol...

« — Et vous dites que c'était un page?

« — Il en avait la tournure.

« — Mais comment était-il ici?

« — Il arriva un soir, mit le cheval à l'écurie, demanda à souper et soupa gaillardement. Il but surtout de mon meilleur vin en aussi grande quantité qu'eût pu le faire un vieux reître ou un paillard de lansquenet... Le vin lui troubla la raison; et, quand son repas fut achevé, il tira de ses chausses un cornet et des dés et cria : « Holà! qui donc ici veut faire la partie d'un honnête gentilhomme? »

« C'était un mercredi des Cendres; les révérends pères génovéfains, mes pratiques habituelles, se trouvaient à l'office; mon cabaret était à peu près désert, et personne ne répondit.

« Alors, j'eus pitié de ce gentil garçon qui paraissait s'ennuyer fort, et je m'assis à sa table. Il tira sa bourse, qui était ronde, par la messe! la posa près de lui et jeta bruyamment les dés sur le tapis.

« Quand on a trop bu, on joue mal, ce qui est une preuve infaillible que la Fortune est une petite maîtresse qui n'aime pas l'odeur du vin. Le petit gentilhomme n'était pas en veine; il perdit... Il perdit une fois, dix fois, cent fois, si bien que la bourse se vida, et que la bourse vidée, il coupa, avec son poignard, les boutons de son pourpoint et les perdit comme ses pistoles; puis il se débarrassa de l'agrafe de diamants qui retenait la plume de son feutre, — et l'agrafe eut le même sort.

« Alors il se leva désespéré et me dit : — C'est fini, je n'ai plus rien!...

« — Et ceci? lui dis-je en désignant du bout de mon doigt la chaîne qui pendait à son cou.

« — Ceci? fit-il en pâlissant, c'est un bijou de famille; c'est la seule richesse qu'une mère inconnue a attachée sur ma poitrine, le seul signe mystérieux avec lequel il me sera permis peut-être de retrouver ceux que je cherche...

« — Bah!... lui dis-je, la chance peut tourner... Tenez, tout ce que vous avez perdu contre cette chaîne.

« Il hésita un instant, puis saisit les dés d'une main fébrile, les remua longtemps au fond du cornet et les rejeta sur la table.

« — Sept, murmura-t-il frémissant.

« Je les pris à mon tour et amenai le nombre onze. Je le vis aussitôt pâlir et trembler, puis il se leva sans mot dire, prit son chapeau et sortit, me laissant tout interdit. Je n'étais point revenu encore de ma stupéfaction, quand je l'entendis s'éloigner au trot de son cheval qu'il avait sellé lui-même.

« — Et, m'écriai-je, quand mon hôte eut fini de parler, continua Gontran, vous ne le suivîtes point...

« — Il était nuit et il pleuvait.

« — Vous ne le revîtes pas le lendemain?

« — Jamais!...

« — Combien y a-t-il de cela?

« — Six mois environ.

« — Et vous êtes sûr qu'il était Espagnol et page?

« — J'en jurerais presque. »

« Je n'en savais assez; ce jeune homme, c'était l'enfant, et s'il était Espagnol, ce devait être un page de Philippe III. Frères, j'ai acheté cette chaîne le double de sa valeur réelle; frères, j'ai oublié le service du duc mon maître, je suis remonté à cheval, je suis accouru vers vous et je vous ai crié: L'enfant vit!...

— Dieu est enfin pour nous! s'écria Hector.

— Et maintenant, poursuivit Gontran, serrons-nous la main et que l'un de vous m'accompagne.

— Mais notre plan, frère, l'as-tu donc oublié? demanda Gaëtano.

— Non; mais vous êtes assez de deux, au besoin, pour l'exécuter; et d'ailleurs, bientôt nous serons de retour.

— Où vas-tu donc?

— A Madrid, pardieu! à Madrid; là sans doute est l'enfant,—l'enfant que je cherche nuit et jour depuis dix années!...

— Frère, dit alors Hector, je te suis, et je te guiderai.

Et Hector sauta en selle à son tour.

— Adieu donc, reprit Gontran, ou mieux, à bientôt; dans cinq jours nous serons ici... et peut-être... — Oh! mon cœur brise ma poitrine... peut-être ne reviendrons-nous pas seuls?

— Frères, Dieu vous conduise, répondit Gaëtano, et puissiez-vous ramener cet enfant à qui notre vie est dévouée.

Hector et Gontran firent de la main un dernier signe d'adieu et s'éloignèrent au galop.

Don Paëz et Gaëtan les suivirent longtemps des yeux à travers les clairières et les rochers; puis, quand un pli du terrain les eut dérobés à la vue, l'ambassadeur se tourna vers son frère :

— Tu vas demeurer ici, lui dit-il; tu ne sortiras pas le jour, tu te montreras le moins possible; chaque nuit, je viendrai me consulter avec toi. Un amer sourire éclaira le sombre visage du roi déchu.

— J'ai la tête bien faible maintenant, murmura-t-il, pour être d'excellent conseil; mais, Dieu merci! j'ai encore le bras lourd, et tu peux le guider sans crainte.

Gaëtano remonta à cheval et regagna Coarasse, où nous venons de le voir mettre pied à terre sous la fenêtre de Fosseuse, puis monter chez elle sur l'invitation de la reine, au bras de Bavolet, son mortel ennemi.

IX. — LE CONTE DE GAETANO TERMINÉ PAR FOSSEUSE.

Tandis que Bavolet descendait dans la cour pour y chercher Gaëtano, la reine regardait sévèrement Fosseuse.

— Mademoiselle de Montmorency, dit-elle, m'expliquerez-vous ce que signifie la présence de Bavolet chez vous, à cette heure, et cette aiguière pleine de sang?

— Votre Majesté m'excusera, répondit Fosseuse, mais ceci n'est point mon secret.

— Ah!... dit la reine d'un ton piqué, c'est celui de Bavolet sans doute.

Fosseuse ne répondit pas.

— Mademoiselle, reprit la reine avec hauteur, je pourrais vous ordonner de parler,—et si je me souvenais que je suis la reine,—je préfère l'oublier et songer seulement que je suis femme; à ce titre, je respecte votre silence... Mais si ce que vous avez à me dire n'est cette voix caressante et pleine d'harmonie qu'elle avait quelquefois, si je vous priais de m'avouer...

— Je ne le puis, madame, murmura Fosseuse troublée.

— Et si je devine?

— Il sera parfaitement inutile que je parle, en ce cas.

— Me direz-vous au moins si j'ai touché juste?

— Je le veux bien, répondit Fosseuse après une légère hésitation.

— Eh bien, reprit madame Marguerite, voici ce qui a dû se passer : M. l'ambassadeur d'Espagne est un belître et un fat, qui a conclu de mon abandon de la nuit dernière et de l'absence d'étiquette qui règne à Coarasse, que j'étais éprise de sa personne, et qu'il n'aurait qu'à venir soupirer sous mon balcon pour que je l'autorisasse à l'escalader.

— Ah! fi! dit Fosseuse, qui joua l'indignation parfaitement.

— J'étais à ma fenêtre, après la reine; quand, au détour d'une allée, j'ai vu déboucher le seigneur Gaëtano qui rêvait au clair de lune et qui allait composer un conte. « Narrez-le-moi, » lui ai-je fait. Il est venu sous ma fenêtre, et puis il a grimpé sur une corniche et m'a commencé le récit de ses élucubrations poétiques.

— Était-ce amusant? demanda mademoiselle de Montmorency.

— Assez; mais je n'ai point tout entendu. Une ombre s'est dessinée à la lisière d'un massif, j'ai refermé ma fenêtre et souhaité le bonsoir à M. l'ambassadeur, que j'ai engagé vivement à s'aller coucher...

— Je ne vois là, murmura Fosseuse, rien qui ressemble à mon secret.

— Attendez donc. L'ombre, j'y ai songé, devait être celle de Bavolet, qui a coutume de rôder la nuit dans le parc, où il déniche des merles et des passereaux.

— Vraiment? fit Fosseuse, en écoutant avec attention.

— Bavolet aura pris l'ambassadeur d'Espagne pour un voleur et il aura voulu lui barrer le passage; l'ambassadeur, craignant d'être reconnu, lui aura sans doute asséné un coup de plat d'épée sur la tête... Aurais-je deviné?

— Votre Majesté a touché juste, dit hypocritement Fosseuse, et Bavolet, tout honteux, car il a fini par reconnaître M. l'ambassadeur, est monté chez moi le visage en sang et m'a demandé de l'eau, un peu d'essence de rose et le plus profond secret.

— Vous n'avez pas à craindre de reproche, dit la reine impassible, car j'ai tout deviné.

La porte s'ouvrit, et Gaëtano entra tenant Bavolet par la main.

— Monsieur l'ambassadeur, dit Marguerite, avez-vous terminé la composition de ce conte dont vous m'avez narré le commencement la nuit dernière?

— Pas encore, madame, répondit l'ambassadeur en s'inclinant.

— Votre migraine était donc bien terrible?

— Si terrible que je viens de courir comme un fou à travers champs, et que j'ai essoufflé le meilleur cheval du roi.

— Je narrais ce que je savais de votre conte à mademoiselle de Montmorency, poursuivit la reine, et mademoiselle de Montmorency y prenait un plaisir extrême; c'est pour nous l'achever que je vous ai envoyé chercher par Bavolet.

— Mademoiselle de Montmorency est trop bonne, murmura l'ambassadeur, de trouver quelque plaisir à ce faible récit.

— Et nous sommes désolées, vraiment, que vous ne l'ayez point terminé.

Gaëtano se mordit les lèvres.

— J'avais, dit-il, imploré le secours de Votre Majesté.

— J'ai si peu d'imagination; demandez plutôt à mademoiselle de Montmorency.

— A moi? fit Fosseuse, quelle plaisanterie!...

— Faisons mieux, dit l'ambassadeur, aidez-moi toutes deux, mesdames?...

— A merveille, murmura la reine en riant; nous aurons là une singulière façon d'ouïr les contes.

Bavolet, sombre et seul en un coin du boudoir de Fosseuse, était au supplice.

— Ainsi que je vous le disais la nuit dernière, pendant le bal...reprit Gaëtano.

— Fi! dit la reine, auriez-vous la fatuité de mentir, monsieur l'ambassadeur? c'est sous ma fenêtre et assis sous une corniche... Il faisait un clair de lune superbe...

Gaëtano pâlit et se tut; la reine jeta un furtif regard à Bavolet;—Bavolet tourmentait le manche de sa dague.

— Nous nous sommes arrêtés, reprit Gaëtano, à cet endroit où le chevalier maure, amoureux de la sultane, revient à la cour du sultan avec le titre d'ambassadeur du shah de Perse.

— Précisément, dit la reine; vous ne saviez encore s'il serait convenable de laisser finir le conte... je crois que je le finirais très-bien.

— Voyons! dit la reine, vous avez tant d'esprit!...

— Je veux parfois Votre Majesté, répondit humblement Fosseuse. Écoutez : le chevalier maure était un fat, selon moi, de croire qu'une sultane, quand elle aime, a besoin d'élever son amant ou de le voir en haut lieu. L'amour d'une sultane est un marchepied qui dispense de tout autre titre.

— Je suis assez de cet avis, dit la reine; continue, Montmorency.

Gaëtano se mordait les lèvres, Bavolet triomphait.

— La sultane, poursuivit Fosseuse, se prit à songer que le chevalier maure eût montré bien plus d'esprit en demeurant dans l'ombre et se contentant de lever les yeux sur elle, de son coin obscur, bien mieux qu'en allant acquérir des richesses et des grandeurs pour s'en faire remarquer.

— Vous parlez comme un volume de l'abbé de Brantôme, petite, interrompit la reine... Après? Après?

— Et la sultane se dit : Le chevalier maure a aimé en moi non point la femme, mais la sultane, car il a osé espérer, en voulant monter jusqu'à moi...

— Diable! ricana Gaëtano désappointé, voilà un singulier dénoûment.

— Attendez donc, continua Fosseuse. Alors la sultane se souvint qu'elle avait près d'elle un beau page, bien timide, bien naïf, brave comme Roland ou Bayard, modeste, et qui l'aimait, dans la religion de son cœur, bien plus que le chevalier maure, car il n'avait jamais osé la regarder, lui dire un mot, ou lui faire un aveu... car il n'espérait rien, et vivait d'un banal sourire, d'un gant perdu dans une allée de jardin, d'une fleur fanée tombée de sa ceinture...

La reine tressaillit et regarda Bavolet. Bavolet était horriblement pâle, Bavolet chancelait comme un homme frappé à mort.

— Alors, poursuivit l'impitoyable Fosseuse, en jetant un sourire ironique à Gaëtano, la sultane n'hésita plus, elle dédaigna le chevalier maure qui était un ambitieux et un fat, et elle prit, un soir, la main du pauvre page et lui dit : « Espère, toi qui n'as jamais espéré!... »

A ces derniers mots, la reine poussa un cri et se précipita vers Bavolet.

Bavolet, s'affaissant sur le parquet, venait de s'évanouir.

Fosseuse et Gaëtano, qui se sentait singulièrement mal à l'aise, se précipitèrent à leur tour vers le page.

La reine était aussi pâle que Bavolet, elle tremblait en soutenant dans ses belles mains la tête de l'enfant,—elle repoussa Gaëtano avec colère, en lui disant :

— Vous me l'avez assommé ce matin, et ses forces l'ont trahi. Tenez, voilà sa plaie qui se rouvre et qui saigne...

Et comme Gaëtano stupéfait se taisait, elle reprit avec dédain :

— Vous l'avez assommé parce qu'il vous barrait le passage et vous prenait pour un voleur; vous avez joué à l'amant heureux en refusant de vous nommer; vous avez essayé de compromettre une reine: vous êtes un fat, monsieur, — et vous ne savez pas que les reines ne se compromettent jamais!...

Et Marguerite se redressa, grandie de toute la beauté de la douleur, et majestueuse comme devait l'être une princesse de Valois, petite-fille du roi François Ier.

X. — LES OPPOSITIONS DE FOSSEUSE ET LA MÉDÉCINE DE NANCY.

L'indignation subite de la reine et l'évanouissement de Bavolet venaient de convertir en drame la comédie de Fosseuse.

Gaëtano, pâle de colère, avait fait un pas en arrière, et dans une attitude respectueuse et fière à la fois, il semblait protester énergiquement contre les paroles outrageantes de madame Marguerite.

Fosseuse, seule, conservait tout son sang-froid.

— Madame, dit enfin Gaëtano, s'adressant à la reine, vous venez de m'accuser, me sera-t-il permis de me disculper?

Le ton fier et soumis de l'ambassadeur toucha la reine et l'apaisa.

— Monsieur, répondit-elle, pardonnez mon emportement, mais j'ai pour mon page une affection toute maternelle, et le voyant en cet état...

— Je vous comprends, madame; mais je veux simplement me laver de l'épithète d'assommeur que vous m'avez octroyée tantôt.

La reine se tourna vers mademoiselle de Montmorency et l'interrogea du regard.

— Il paraît, répondit Fosseuse, que M. l'ambassadeur s'est battu très-loyalement avec Bavolet, pendant près d'une heure.

— En vérité? dit la reine étonnée.

— Si loyalement, dit Gaëtano, que j'en suis blessé moi-même, et que j'ai plus d'une fois épargné la vie de cet enfant.

Mais la reine n'écoutait déjà plus : penchée sur Bavolet, elle lui faisait respirer des sels et mouillait ses tempes avec du vinaigre que lui présentait Fosseuse.

— Mon Dieu! dit-elle enfin, le pauvre enfant est dans un état de faiblesse étonnée.

La voix de Marguerite tremblait si fort que Fosseuse ne put s'empêcher de faire la réflexion mentale suivante :

— Mon conte aurait-il donc fait un miracle en faveur de Bavolet?

Puis elle ajouta tout haut :

— Si Votre Majesté faisait appeler un médecin?

La reine leva les yeux sur Gaëtano :

— Monsieur l'ambassadeur, dit-elle d'une voix grave et empreinte d'une inflexion de noble prière, les rois ont parfois des torts comme de simples sujets; je suis reine et reconnais loyalement les miens. Voulez-vous accepter mes regrets des paroles un peu vives qui viennent de m'échapper... Et ne me prouverez-vous pas que vous ne me gardez nulle rancune, en allant vous-même...

— Chercher le médecin du roi, n'est-ce pas? s'écria l'ambassadeur avec enthousiasme; j'y cours, madame.

Et Gaëtano se précipita vers la porte, tandis que Marguerite le remerciait avec un noble regard.

Fosseuse et la reine, Gaëtano sorti, demeuraient seules auprès de Bavolet.

Les femmes se comprennent admirablement à demi-mot; la reine regarda Fosseuse; Fosseuse comprit et lui dit :

— Vous avez deviné la cause de l'évanouissement de Bavolet. Cette nuit, de l'aveu du page, tout s'est passé loyalement, l'ambassadeur a même ménagé sa vie plusieurs fois.

— Bavolet était donc furieux?

— Il voulait le tuer. Il l'avait reconnu.

— Je suis une étourdie, murmura la reine.

— Vous n'y êtes pour rien, madame; mais Bavolet était fou, et je crains qu'il n'ait voué une terrible haine à l'ambassadeur d'Espagne.

— Parce qu'il a trouvé celui-ci sous ma fenêtre?

— Non, mais parce que hier vous n'avez point quitté son bras.

La reine fronça le sourcil.

— Cet enfant est bien impertinent! murmura-t-elle avec hauteur.

— Oh! madame, dit tout bas Fosseuse, pouvez-vous l'accuser ainsi?...

Et comme Marguerite devenait rêveuse, Fosseuse continua :

— L'amour est un mal que nul ne raisonne, et qui fait bien souffrir, madame... Quelle est sa source? nul ne le sait. Il naît d'un sou-

rire, il vit d'une fleur perdue, il meurt d'un mot cruel... Quel est son remède? Nul ne le sait encore, nul jamais ne l'a trouvé... Il est des femmes qui sont reines par le cœur et la beauté, bien plus encore que par le rang, des femmes qui essaieront en vain de traverser la foule et d'y glisser inconnues... La foule s'écartera respectueuse, la foule les suivra des yeux, la foule deviendra muette et les adorera... Ces femmes ne peuvent sourire impunément, leur regard ne peut tomber en vain sur un homme; celui qui aura vu leur sourire, celui qui aura frissonné sous le rayon de leurs yeux, celui-là suspendra son cœur à ses lèvres, celui-là baisera la trace de leurs pieds sur le sol, et son cœur, trouvant des ailes, abandonnera ses lèvres pour suivre cette trace... Ces femmes-là, madame, passent insoucieuses et le front haut au milieu des fronts qui s'inclinent, des poitrines qui battent d'admiration, des cœurs qui saignent d'enthousiasme;—elles passent le dédain aux lèvres, et sourient d'étonnement et de pitié quand un de ces êtres chétifs qu'elles ont fasciné et perdu trahit involontairement son secret et appuie la main sur son sein qui se brise avec un geste de souffrance... Elles sourient et haussent les épaules, car elles ne savent pas combien de remords assaillent l'infortuné qui les aime dans l'ombre, car elles ignorent tout ce qu'il lui a fallu de force et de courage, d'héroïsme et de vertu pour ensevelir son amour aux yeux de tous... L'amour qui se cache, madame, est le plus respectueux des hommages, la plus discrète des admirations; — si une femme comme vous oubliait qu'elle est reine, l'amour de cet enfant le lui rappellerait...

Fosseuse s'arrêta et regarda Marguerite.

Marguerite, soutenant d'une main la tête pâle de Bavolet, attachait sur lui un regard troublé et voilé de larmes.

Fosseuse continua :

— Je ne suis point assez pure, madame, pour avoir le droit d'élever la voix; je suis assez coupable envers vous...

La reine l'interrompit d'un geste et lui tendit la main.

Fosseuse baisa cette main et reprit :

— Je n'ai ni le droit ni le courage de prier; la prière serait une insulte, mais je veux au moins le défendre..

Un pâle sourire vint aux lèvres de la reine; ce sourire tomba sur le visage de Bavolet, et la reine murmura :

— Je lui ai déjà pardonné.

Fosseuse poussa un cri de joie.

— Madame, murmura-t-elle, pardonnez-moi mes torts, et accordez-moi votre royale amitié, je m'en rendrai digne, je vous jure, ajouta-t-elle avec un soupir... je veux oublier...

— Silence!... dit énergiquement la reine, il faut le sauver d'abord.

— Qui? demanda mademoiselle de Montmorency en tressaillant.

— Lui, dit Marguerite, le roi.

— Le roi? murmura Fosseuse troublée.

— Oui, le roi, répondit Marguerite de Navarre, le roi que je n'aime point comme époux, mais le roi que j'aime comme roi, comme allié, comme souverain; le roi dont il porte le nom, le roi qui m'a pardonné mes erreurs, le roi qui n'a aucun tort à mon égard... Écoutez, continua Marguerite... hier je vous abhorrais, Fosseuse; aujourd'hui je vous aime comme sœur et veux être votre amie. Le roi court un grand danger, je ne sais lequel encore, mais je veux le savoir, et nous le saurons...

— L'ambassadeur? la senorita? fit mademoiselle de Montmorency tremblante.

— L'un et l'autre. Vous connaissez la politique astucieuse de l'Espagne qui, depuis plusieurs siècles, convoite la Navarre? —Eh bien! je vous assure que la présence d'un ambassadeur espagnol ici et celle de cette aventurière qui le suit masquent quelque ténébreux complot...

— Madame, interrompit Fosseuse, je le crois comme vous, et vous me prévenez, car j'allais m'ouvrir à vous et vous demander votre appui.

— J'avais commencé l'œuvre, reprit Marguerite, une imprudence m'a arrêtée en chemin. Il est impossible que j'aille plus loin, j'ai trop formellement donné son congé à M. l'ambassadeur, tout à l'heure.

— Je continuerai votre œuvre, madame, soyez-en sûre... et nous sauverons le roi!...

Marguerite tendit de nouveau sa main à mademoiselle de Montmorency.

— C'est convenu, dit-elle; maintenant occupons-nous de mon étourdi de page...

— Pauvre enfant! murmura Fosseuse avec compassion et en jetant à la reine un triste et mélancolique regard.

— Mon Dieu! dit vivement Marguerite dont les joues s'empourprèrent subitement, savez-vous que je suis horriblement vieille, Montmorency, je vais avoir... c'est affreux!... je vais avoir trente ans!

— L'âge se compte aux rides, madame, et... vous n'en avez pas.

— Sur le front, peut-être... mais au cœur?

Fosseuse soupira, puis elle regarda Bavolet, qu'à l'aide de la reine elle avait placé sur son lit.

— Cet enfant, murmura-t-elle, est né sous une bien mauvaise étoile?...

La reine tressaillit.

— Pourquoi cela? dit-elle.

— Pourquoi? répondit Fosseuse, parce que Dieu a fait à tous les hommes un don qui ne sera point pour lui. Le condamné dont on dresse le gibet, le moribond que le râle étrangle, la mère qui se tord au chevet de son enfant qui agonise, le marin que la brise emporte et qui voit fuir, l'œil humide, la terre bleue où il est né, — l'ont en partage, ce don que n'a point Bavolet...

— Quel est-il?, demanda la reine émue.

— L'espérance, murmura Fosseuse.

— Qu'en savez-vous? dit tout bas Marguerite qui posa sur le front blanc du page ses lèvres frémissantes, l'espérance et l'avenir sont à Dieu.

Puis, honteuse sans doute d'en avoir trop dit, elle ajouta brusquement: — Mais ce médecin ne vient donc pas? mon Dieu! mon Dieu!...

— Le voici! dit une voix.

La porte s'ouvrit, et Gaëtano entra suivi d'un médecin.

Le médecin examina Bavolet attentivement.

— Ce n'est rien, dit-il; il faut le transporter chez lui, et quand il recouvrera ses sens, le laisser seul. Son mal provient d'une violente émotion et d'une faiblesse.

On transporta Bavolet, la reine le suivit, laissant Gaëtano seul avec Fosseuse.

Quand la porte fut refermée, Fosseuse regarda l'ambassadeur avec un ironique sourire :

— Eh bien! lui dit-elle, comment trouvez-vous ma manière de terminer un conte, monsieur l'ambassadeur?

— Assez originale, grommela Gaëtano en se mordant les lèvres, mais peu vraisemblable.

— Par exemple!...

— Et je vous assure que le chevalier maure aimait assez sincèrement la sultane pour mériter un meilleur sort, en place de l'insulte qu'il a reçue... tout à l'heure.

— Tout à l'heure? Ah! mon Dieu!

— Certainement, dans notre conte. Je dis notre, parce que nous en avons composé chacun la moitié.

Un fin sourire vint aux lèvres de mademoiselle de Montmorency et mit à nu ses petites dents blanches.

— Est-ce que ce chevalier maure aurait existé? demanda-t-elle.

— Qui sait?

— Au fait, dit ingénument Fosseuse, il se nomme peut-être Aben-Gaëtano, et est amoureux de la sultane Marguerite.

— Précisément, murmura l'ambassadeur avec un soupir.

— En vérité!... Oh! l'étourdie que je fais!...

— Il est certain, ajouta Gaëtano, que vous m'avez fait bien du mal tout à l'heure, mademoiselle.

— Vous l'aimez donc bien?

— Oh! fit Gaëtano en portant la main à son cœur.

— Mon Dieu, reprit Fosseuse, je suis bien désolée... et je mérite votre colère...

— Ah! fi!...

— Votre haine?

— Moi, vous haïr?

— Que voulez-vous? je me trompais... je croyais...

— Que croyiez-vous, mademoiselle?

— Presque rien... je me figurais... Bah!... à quoi bon cette confidence?...

— Dites toujours.

— Eh bien! il me semblait difficile qu'un ambassadeur, un personnage grave comme vous pût éprouver une passion... sérieuse...

— Vous vous trompiez, mademoiselle, murmura Gaëtano avec un geste dramatique.

— Hélas! je le vois bien, et j'en suis confuse. Que diable aussi, comment supposer qu'un ambassadeur qui conte fleurette à une reine ne fait pas de la politique sous le pseudonyme de galanterie?

— Ah! dit vivement l'ambassadeur, vous supposez?...

— Mon Dieu! oui; mais vous le voyez, je me trompais... et c'est bien fâcheux?

— Pourquoi cela?

— Fâcheux pour moi, bien entendu... Oh! il est inutile que je m'explique...

— Si je vous en priais...

— Du tout; vous aimez la reine... vous me perdriez...

— Supposez que je ne l'aime pas.

— Que de suppositions!... s'écria Fosseuse en riant. Soit, supposons... que faut-il supposer?

— Que je n'aime pas la reine.

— Soit, vous ne l'aimez pas... Alors, je serais allée à vous, et je vous eusse dit : Vous n'aimez pas la reine pour elle, vous l'aimez pour les secrets du roi..

Gaëtano tressaillit et recula.

— Quelle singulière plaisanterie! murmura-t-il.

— Simple supposition, cher seigneur, supposition pure, croyez-moi. Alors j'ajouterais : Le roi et la reine font assez mauvais ménage et ne possèdent les secrets l'un de l'autre que lorsqu'ils les devinent...

et c'est rare. Or, la reine n'a pas à se plaindre du roi, qui est fort complaisant pour elle, et elle saurait parfaitement sacrifier son amour à sa dignité de femme et de reine, s'il était question de secrets d'État. Les reines peuvent être femmes quelquefois... en amour... jamais en politique!...

— Ah vraiment! ricana Gaëtano stupéfait de l'aplomb railleur de Fosseuse.

— Par exemple, continua-t-elle, j'eusse certainement ajouté : Si les secrets du roi sont quelque part, ils pourraient bien être... chez...

— Bah! exclama Fosseuse, il est inutile de vous dire où. Qu'il vous suffise de savoir que si une femme devait trahir le roi, ce serait peut-être celle-là que le roi aurait ignominieusement trompée.

— Le roi a donc trompé une femme? demanda ingénument l'astucieux Gaëtano.

— Peut-être; une demoiselle de haut rang, portant un noble nom, qui a, par amour, oublié ce rang et ce nom, qui a tout sacrifié, tout foulé aux pieds... et qui n'a recueilli pour fruit de son abnégation qu'un lâche abandon, qu'un dédain insultant...

— Vraiment? fit Gaëtano, cette femme existe.

— Oh! murmura l'espiègle Fosseuse, vous savez que nous en sommes au chapitre des suppositions... voilà tout!

— Il y a trois choses bien fâcheuses, mademoiselle.

— Lesquelles, s'il vous plaît?

— La première, c'est que j'aime la reine.

— Pourquoi? la reine est belle entre toutes.

— La seconde, c'est que je n'ai point un but politique...

— Il paraît que c'est très-amusant, la politique... Voyons la troisième.

— C'est que la femme dont vous parliez tout à l'heure n'existe pas.

— Mon Dieu! ces deux dernières choses pourraient dépendre de la première. Si vous n'aimiez pas la reine, vous auriez certainement un but politique en la courtisant, et la femme dont je vous parlais... existerait peut-être...

— Vraiment? En ce cas, il y aurait une quatrième chose non moins fâcheuse.

— Bon Dieu! quel homme funèbre vous êtes.

— Ce serait que vous ne fussiez point cette femme.

— Ah! par exemple. Eh bien! puisque nous avons supposé jusqu'ici, supposons encore...

— Alors je me permettrais de regretter un cinquième malheur.

— Quel mélancolique personnage vous faites avec vos regrets!

— Je regretterais qu'étant cette femme, vous ne m'aimiez pas un peu, ne fût-ce que pour vous venger.

Fosseuse éclata d'un fou rire.

— Eh bien! s'écria-t-elle, ajoutons celle-ci à la liste de nos suppositions, et renvoyons-en l'analyse à plus tard; voici bien longtemps que nous causons, et on s'imaginerait que nous conspirons. Où vous verrai-je?

— Vous supposerez que vous avez la migraine et qu'un tour de parc vous ferait du bien.

— Et vous?

— Moi je supposerai que je vais l'avoir. Adieu.

Et Fosseuse s'esquiva.

Gaëtano demeura seul dans le boudoir et dit après dix minutes de rêverie : — J'étais un fou, la reine se moquait de moi; et je ne voyais pas que mon allié le plus naturel devait être une maîtresse délaissée et jalouse.

Et Fosseuse s'en alla à son tour.

Une heure après, deux femmes étaient assises au chevet de Bavolet qui secouait après un long évanouissement un reste de délire.

C'étaient madame Marguerite et Nancy, l'espiègle camérière que nous avons un peu oubliée.

Le délire de Bavolet était furieux et empli de visions.

— Il faut que je le tue, murmura-t-il, il le faut... il a mon secret... il sait que je l'aime., et il le lui dira... Oh! si elle le savait... si elle le soupçonnait... il faudrait que je meure... la vie ne me serait plus possible... et je veux vivre, pourtant... je veux vivre pour la voir... la voir tous les jours, à toute heure... pleurer de joie quand elle me regarde... écouter le son de sa voix comme une divine harmonie... tressonner quand son haleine effleure mes cheveux... N'est-ce point assez tout cela? n'est-ce point le bonheur sur terre?... le bonheur aussi simple, aussi immense que le puisse souhaiter la plus ardente tête, le cœur le plus enthousiaste?...

Bavolet s'interrompit et parut rêver... Nancy et la reine se regardaient : la reine était émue; Nancy souriait.

— Comme il vous aime! murmura Nancy.

— Tais-toi! tais-toi! c'est un petit fou, un écervelé...

— Son amour doit en être un ravissant poème... hasarda la camérière...

— Mais taisez-vous donc, petite!... exclama la reine avec impatience.

— Un poème que Pepa voudrait bien lire, assurément.

— Pepa? dit la reine fronçant le sourcil; que signifie ici le nom de Pepa?

— Pepa l'aime, fit Nancy avec son mutin sourire; ces Espagnoles ne doutent de rien.

— Pepa est bien hardie, murmura la reine avec dédain, bien hardie, en vérité, d'aimer mon page.

— Pourquoi les Scribes ne feraient-ils point l'aumône à ceux que les Pharisiens repoussent? répondit Nancy qui avait lu la Bible.

Marguerite tressaillit.

— Les Pharisiens ont le cœur dur, dit-elle, mais ce cœur n'est point de roche, cependant...

— Chut! fit la camériste, écoutez...

Bavolet, un moment assoupi, venait de reprendre son monologue, et cette fois d'une voix mélancolique et pleine de suaves admirations.

— Qu'elle était belle! murmura-t-il, qu'elle était belle, hier, avec ses noirs cheveux roulés en torsades et rejetés en arrière... Comme elle promenait un fier regard sur la foule qui frissonnait d'enthousiasme... Comme ils la regardaient, comme ils l'admiraient tous... Le roi lui-même a dit qu'elle était belle... Si ma vie n'eût été trop chétive, si le salut de mon âme n'eût été un trop mince sacrifice, j'aurais en ce moment vendu au démon ma vie et mon âme pour avoir le droit d'appuyer mes lèvres sur le bas de sa robe...

Bavolet s'arrêta et joignit les deux mains comme un ange qui se prosterne devant la Vierge; on eût dit qu'il sentait que la reine était près de lui.

— Mon Dieu! murmura Marguerite, cet enfant me rendrait folle.

Nancy, ma mignonne, rappelle-moi donc que je vais avoir trente ans!...

— Elle était belle aussi, reprit Bavolet... bien belle, un soir d'été qu'elle s'appuya sur mon bras et m'emmena dans la forêt pour cueillir des cerises rouges... L'herbe du sentier était verte, les buissons en fleurs: la brise chantait dans les arbres... Elle me fit asseoir près d'elle... Elle joua avec mes cheveux, et moi je la contemplais, et j'eusse échangé ma part de paradis éternel pour une heure de plus de ce repos qu'elle me laisait prendre auprès d'elle...

Bavolet s'interrompit encore, — mais cette fois il fit un brusque mouvement, poussa un cri et ouvrit les yeux.

Le délire était passé.

Marguerite n'eut que le temps de se dérober derrière un rideau, laissant Nancy au chevet.

Bavolet jeta autour de lui un regard étonné, puis aperçut Nancy.

— Tiens, dit-il, te voilà, petite; que fais-tu ici?

— J'attends que vous vous éveilliez, monsieur Bavolet.

— Et pourquoi faire attends-tu mon réveil?

— Pour vous faire prendre cette potion.

— Je suis donc malade?

Nancy fit un signe de tête affirmatif.

— Il est vrai, reprit Bavolet, que j'ai fait de vilains rêves; je crois que j'ai rêvé qu'on m'assommait... et puis que Fosseuse... puis encore... la reine...

Bavolet poussa un cri.

— Je me souviens, dit-il, ce n'est point un rêve...

Et alors il devint affreusement pâle, un tremblement convulsif agita ses lèvres, et il regarda Nancy avec épouvante.

— N'ai-je point parlé en dormant? demanda-t-il d'une voix mal assurée.

— Certainement...

Bavolet frissonna.

— Et... qu'ai-je dit?...

— Vous avez parlé d'ELLE.

Un râle étouffé s'échappa de la poitrine de Bavolet, qui regarda Nancy avec épouvante.

— Vous avez parlé d'ELLE, reprit Nancy, mais vous ne l'avez point nommée.

— Ah! fit le page qui respira.

— Et tout ce que j'ai compris, c'est qu'elle est fort belle et a les cheveux noirs, poursuivit la camériste qui avait pitié de ton trouble.

— Vraiment, fit Bavolet dont le regard perdit son étrange expression de frayeur, vraiment, je ne l'ai point nommée?

— Malheureusement! murmura l'hypocrite Nancy; j'aurais bien voulu savoir...

— Ah! là!... ricana le page d'une voix fébrile, mais tu ne sauras pas!

— Mon petit Bavolet, continua Nancy de sa voix câline, pourquoi ne me prendriez-vous pas pour votre confidente?... je suis bien discrète...

Bavolet avait retrouvé son sang-froid et sa raillerie.

— Discrète comme une camériste, dit-il, peuh! autant vaudrait dire un page.

— Vous êtes un impertinent, monsieur Bavolet; mais peu m'importe!... que vous me fassiez ou non vos confidences, je les devine, soyez-en sûr, fit Nancy d'un petit ton boudeur.

La terreur reprit Bavolet.

— Tu les devines... dis-tu... tu les devines?

— Pourquoi pas? elle est belle et elle a les cheveux noirs... Or, à Coarasse, il y a peu de femmes belles et entièrement brunes... voyons, comptons-les...

— Chut! dit Bavolet frémissant, on pourrait nous entendre...

— Du tout, nous sommes seuls... D'abord, nous avons la reine... Serait-ce la reine?

Bavolet frissonna.

— Non, dit-il énergiquement, non, ce n'est pas elle.

— Nous avons ensuite Pepa... Serait-ce Pepa?

— Pas davantage, répondit Bavolet rassuré. Du reste, petite, tu perds ta peine, tu ne le sauras point.

— Monsieur Bavolet, soyez gentil...

— Je veux être un page exceptionnel, un page discret.

— Je vous en prie...

— Tarare!...

— Vous m'embrasserez sur les deux joues...

— Non, j'ai la fièvre.

— Eh bien! tenez, vous voyez cette potion, le médecin vous l'ordonne parce qu'il est un bélître et se figure qu'on guérit le mal d'amour comme on guérit les maux d'estomac; il est donc parfaitement inutile que vous la preniez, et je vous assure qu'elle est fort mauvaise... Pouah!...

— Je ne la prendrai pas.

— Malheureusement, le médecin l'a ordonnée...

— Je me moque bien du médecin.

— Et la reine aussi...

— La reine?... dit Bavolet, qui perdit son assurance; la reine le veut?...

— Sans doute, car elle ignore votre vrai mal; mais moi je sais bien que cet affreux médicament ne guérit point l'amour... Eh bien! quoique ce soit horriblement mauvais, amer, douceâtre, huileux...

Bavolet fit un geste de dégoût.

— Eh bien! si vous vouliez me faire vos confidences... me dire son nom... je boirai pour vous le médecine, et la reine sera satisfaite en trouvant le verre vide...

— Je ne veux pas! dit Bavolet, j'aime encore mieux la potion...

Il étendit la main vers le hanap et le prit; — mais en ce moment, la reine parut et fit un signe.

— C'est inutile, dit-elle; c'est un mauvais remède pour ton mal...

Bavolet redevint pâle, tremblant, et étouffa un cri d'effroi; puis il attacha sur la reine un œil hagard, fiévreux, et la reine craignit un instant le retour du délire.

D'un geste, elle congédia Nancy et s'assit au chevet du page. Nancy s'en alla en faisant la moue, puis la porte fermée, elle revint sur la pointe du pied et se dit:

— Je veux tout savoir, moi aussi; c'est le système de Pepa. Les serrures n'ont point été inventées pour fermer les portes, mais pour fournir le moyen d'écouter.

Et elle colla son oreille à celle de la chambre de Bavolet.

La reine prit dans ses mains la main moite du page:

— Voyons, mon enfant, dit-elle, je suis un peu ta mère, tu me témoigneras sans doute plus de confiance qu'à Nancy: dis-moi qui... tu aimes...

La reine tremblait en parlant ainsi, tout autant que Bavolet, qui se rejeta épouvanté au fond du lit, lorsque Marguerite lui eut adressé une question pareille.

— N'as-tu pas en moi... quelque confiance... en moi qui t'aime?...

La reine tressaillit à ce mot et se hâta d'ajouter:—Comme une mère...

Bavolet frissonnait de tous ses membres et regardait la reine avec terreur.

— Eh bien!... dit-il enfin... eh bien!...

Il hésita, la reine trembla à son tour et se sentit agitée d'un trouble inconnu, elle regretta peut-être sa tenace curiosité.

— Eh bien! reprit Bavolet, la femme... que j'aime... c'est...

La reine sentit ses genoux fléchir; si elle l'eût osé, elle aurait peut-être mis sa main sur la bouche de Bavolet, en lui disant: « Tais-toi!...»

Mais Bavolet fit un effort suprême et ajouta d'une voix étouffée:

— La femme que j'aime... éperdument... à en mourir...

— Mon Dieu! s'écria Marguerite, tu me fais peur!...

Et Marguerite, en parlant ainsi, tremblait comme ces chétives feuilles d'automne que le vent fait tournoyer sur son aile.

— Cette femme, acheva Bavolet qui retrouva en cet instant suprême, c'est la señorita, cette dame espagnole qui...

Bavolet n'acheva point, car la reine devint horriblement pâle et se laissa retomber dans le fauteuil d'où elle s'était levée naguère.

— Bon! murmura Nancy qui n'avait pas perdu un mot de la scène et qui avait tout vu par le trou de la serrure, ce drôle de Bavolet nous doit un assez beau cierge à Fosseuse et à moi... Nous avons mené la chose grand train... La reine l'aime!...

Revenons au roi, que nous avons à peine entrevu, et que nous avons laissé lutiné tour à tour par Fosseuse et par la señorita.

Le roi, nous l'avons dit déjà, comme tous les chasseurs, avait le sommeil dur. Le bal fini, il rentra chez lui, se fit déshabiller et dormit d'une seule traite jusqu'au jour.

Un rayon de soleil l'éveilla. Il sauta lestement à bas de son lit et courut à la fenêtre. Le temps était superbe et le ciel n'avait pas de nuage.

— Oh! oh!... pensa-t-il, il fera beau ce matin tirer des perdrix rouges sur les coteaux et des coqs de bruyère dans les genêts.

Et il sonna pour se faire vêtir.

La première pensée du roi avait été pour sa passion favorite; la seconde fut pour ses nouvelles amours.

— Qui sait? dit-il, si la senorita a bien dormi? J'ai bonne envie de l'aller savoir moi-même.

Quand le roi avait une fantaisie, il ne connaissait pas d'obstacle qui s'y pût opposer; il ordonna donc quelques modifications galantes dans sa toilette de chasseur et, lestement équipé, il se dirigea vers l'étage supérieur, où logeait la belle Andalouse.

Les femmes de la senorita reçurent le roi dans l'antichambre.

— La marquise est encore au lit, dirent-elles, mais elle est éveillée et a demandé si Votre Majesté chasserait aujourd'hui.

— Oh! oh! pensa Henry de Navarre, voici qui tombe à merveille. On fait de beaux contes sous la futaie et la brise du couvert emporte les propos d'amour et ne les redit point.

Puis il ajouta tout haut:

— Je chasse tous les jours, moi qui n'ai rien à faire. Si la senorita me veut accompagner...

Les femmes de l'Andalouse transmirent la réponse du roi; — la belle marquise se fit habiller sur-le-champ.

— Je tâcherai, se dit le roi, de laisser en arrière l'ambassadeur et mon écervelé de page, à qui ses fonctions interdisent la discrétion, madame Marguerite serait capable de me redemander Turenne...

Dans l'escalier le roi rencontra Nancy.

— Bonjour, mignonne; comment la reine a-t-elle dormi?

— Très-bien, sire.

— La reine chasse-t-elle aujourd'hui?

— Non, elle peint.

— A merveille, grommela le roi.

— Je crains bien, reprit Nancy, que Votre Majesté chasse seule ce matin.

— Et pourquoi cela, mignonne?

— Parce que Bavolet peint avec la reine.

— Peuh! dit le roi enchanté.

— Et que le seigneur Gaëtano est très-occupé, continua Nancy.

— Ah!... et qu'a-t-il à faire?

— Il compose un conte.

— Tout seul?

— Nenni. Avec mademoiselle de Montmorency.

Le roi devint soucieux.

— Fosseuse, dit-il, se pourrait bien passer d'un aide, il me semble, et elle possède assez d'esprit pour composer des contes toute seule.

— Hum! pensa Nancy, il y a encore du feu sous la cendre, l'amour du roi pour Fosseuse n'est pas tout à fait éteint.

— Par conséquent, reprit-elle tout haut, si le seigneur Gaëtano et mademoiselle de Montmorency font des contes, si Bavolet peint avec la reine, Votre Majesté en sera réduite à chasser avec M. de Mornay, qui est d'humeur fort sombre...

— M. de Mornay est parti pour Nérac, dit le roi; il est parti avec M. de Goguelas qui est un mauvais veneur, et MM. de Mailly qui sont de mauvais cavaliers; — mais qu'est-ce que cela me fait? murmura Henry de Navarre, puisque la senorita est de la partie.

Puis il devint rêveur tout à coup en songeant à Fosseuse.

— Quelle singulière idée, dit-il, cette petite Fosseuse a eue de composer des contes avec l'ambassadeur!

— Dame! fit Nancy, il a beaucoup d'esprit, l'ambassadeur.

— Peuh! jactance italienne.

— Il est beau cavalier.

— Heu! heu!...

— Et, après Votre Majesté et M. de Turenne...

— Flatteuse!...

— Or, mademoiselle de Montmorency aime fort les gens d'esprit quand ils ont bonne tournure.

— Ah! vraiment?

— C'est pour cela qu'elle adorait Votre Majesté.

— Elle m'adorait!... tu crois?...

— On le dit, et elle eût aimé peut-être M. de Turenne, mais M. de Turenne est parti. Alors elle se rejette sur le seigneur Gaëtano.

— Mais... moi... dit le roi, puisque tu dis qu'elle m'adorait..,

— Jadis, cher sire; tout passe, en ce monde,

— Aurais-je moins d'esprit que jadis?

— Tout autant.

— Vieillirais-je?

— Vous rajeunissez.

— Alors je n'y comprends plus rien.

— Demandez-en l'explication à cette belle senorita espagnole, de chez qui vous revenez à huit heures du matin...

Le roi se prit à rire.

— Il paraît, dit-il, que mamzelle Fosseuse est jalouse?...

— Moins que Votre Majesté, toutefois.

— Bah! serais-je jaloux?

— Comme un tigre, sire; en voulez-vous une preuve?

— Je l'attends avec impatience.

— Eh bien! vous n'aimez plus Fosseuse, puisque vous aimez la senorita. Cependant, quand vous avez appris que le seigneur Gaëtano...Vous comprenez, sire? Votre front est devenu soucieux et vos yeux ont brillé de colère, comme ceux d'Othello, ce personnage d'une tragédie qu'on donne à Londres devant la reine Elisabeth en ce moment, et qui est l'œuvre d'un poëte nommé Williams Shakespeare, dont madame Marguerite prise fort le talent; madame Marguerite, vous le savez, parle et écrit fort bien la langue anglaise.

— En vérité! je suis jaloux!...

— Comme un tigre, sire; et cependant... vous n'aimez plus Fosseuse...

— Peut-être...

— Puisque vous aimez la senorita?

— Qu'est-ce que cela fait? On peut aimer deux femmes...

— Et même trois, n'est-ce pas? Cette nuit, vous m'avez dit aussi que... vous m'aimiez...

— Tu crois?

Nancy fit la moue.

— Comme j'ai bien fait, murmura-t-elle, de ne vous pas commencer quelque historiette... je serais, à cette heure, une pauvre femme délaissée!...

Le roi prit Nancy par la taille et lui appliqua un baiser.

— Faudra-t-il le porter à Fosseuse? demanda-t-elle.

— Garde-le pour toi, petite...

— Bien obligé, murmura la camérière, je le rendrai à la senorita.

— Tu as de bien beaux yeux, ma petite.

— Je le sais, vous me l'avez dit.

— Ne pourrais-je te le redire encore?

— Ma foi! sire, si cela vous peut plaire...

— Ce soir, par exemple, après souper...

— C'est bien tard; le sommeil me prend dès huit heures...et quand le sommeil vient, les yeux se ferment... Cependant...

— Bon! dit le roi, c'est entendu. Adieu, petite.

— Adieu! sire; n'oubliez pas que la senorita aime à s'occuper de politique.

Le roi haussa les épaules, descendit le grand escalier et gagna la cour en se disant:

— Bavolet peint, Gaëtano conte, j'enverrai les Mailly relever un défaut, et M. de Goguelas prendre la tête des chiens.

Dix minutes après, le roi chevauchait à côté de la senorita, escorté par ses trois gentilshommes et une vingtaine de piqueurs et de valets de chiens; le roi ne soupçonnait nullement les événements de la nuit et de la matinée, le duel de Bavolet, son évanouissement et ce qui se passait alors chez Fosseuse, demeurée seule avec l'ambassadeur.

L'escorte royale gagna la plaine et découpla dans un petit bois de châtaigniers que longeait un torrent; le roi donna ses ordres, et, grâce à une manœuvre habile, se fut bientôt isolé, lui et la senorita, du reste de la chasse.

La matinée était superbe, un peu fraîche; les arbres secouaient au vent leur vert panache; les chevaux foulaient, sous le couvert, un épais gazon qui assourdissait le bruit de leurs pas, assez pour ne point effaroucher les fauvettes gazouillant dans les broussailles voisines; la voix des chiens, déjà bien éloignée, n'arrivait plus qu'indécise et affaiblie, et c'était l'heure, où jamais, de parler doucement d'amour, en chevauchant l'un près de l'autre, se donnant un baiser par-dessus la selle, se tenant toujours par la main.

Pourtant la senorita était pensive, émue en apparence; elle abandonnait la bride qui flottait sur la crinière tressée de l'étalon, elle penchait un peu en avant sa taille d'Andalouse, et paraissait oublier complétement le roi.

Le roi l'épiait du coin de l'œil et ralentissait toujours le pas de sa monture, désireux de perdre tout à fait la chasse.

Les deux chevaux se touchaient; parfois une boucle de la chevelure de l'Andalouse effleurant la joue du roi de Navarre, parfois le roi de Navarre, se baissant pour raccourcir son étrier, appuyait, comme par hasard, sa tête sur l'épaule de la belle marquise.

Enfin, rompant le silence:

— A quoi songez-vous donc, senora? demanda-t-il.

Elle leva sur lui un regard humide et voilé d'une larme furtive.

— Au passé, dit-elle avec émotion.

— Ce passé serait-il bien sombre?

— Y a-t-il rien de riant dans la vie?

Un fin sourire vint aux lèvres d'Henry de Navarre.

— Quand on a vingt ans comme vous, qu'on est belle, adorée,... quelle vague tristesse pourrait envahir l'âme?

— Les cendres d'un amour mal éteint, murmura-t-elle en tremblant...

— Hum! se dit le roi, je vais avoir à lutter avec un mort ou un fugitif. — Terrible lutte.

— Vous avez donc aimé? demanda-t-il tout haut avec une pointe d'ironie.

— Hélas! sire, et j'aime encore...

Deux femmes étaient assises au chevet de Bavolet. (Page 21.)

— Diable! grommela le roi, c'est peu encourageant.—Et ne direz-vous quel homme assez fortuné?...

— Silence! dit la senorita; silence, sire, par pitié!...

Le roi se tut, il savait par expérience que les femmes désirent fort parler quand on ne les questionne pas.

— Il y a bien longtemps, reprit la senorita après quelques secondes de rêverie, il y a bien longtemps déjà...

— Et vous avez vingt ans? demanda le malicieux Béarnais.

— Vingt-trois, sire... il y a bien longtemps que je l'aime...

— Ne serait-il point l'heure de l'oublier?

— L'oublier!... oh! sire... Oui, il y a longtemps, je le vis un soir, dans un bal... au milieu d'une fête splendide... une fête de rois s'il en fut...

— Diable! murmura le roi, je parie qu'elle va se moquer de celle que nous a donnée madame Marguerite.

— Un flot de courtisans au galant costume, de femmes étincelantes de parures, de pages aux propos moqueurs, nous environnaient : — l'orchestre avait de suaves harmonies, les parfums embaumaient les salles... moi, je ne voyais que lui!...

— Et lui?... fit le Béarnais avec ironie, ne voyait que vous, sans doute?...

— Il ne m'aperçut point, sire : il était heureux, il était prince...

— Ce prince était bien impertinent!

— Il se mariait, il épousait une princesse belle entre toutes... adorée... une femme devant laquelle tous les fronts s'inclinaient avec admiration et respect.

— Etait-elle aussi belle que vous?

— Pas de compliments, sire, je suis trop émue pour les écouter... Non, il ne me vit pas, il ne prit garde à moi... car j'étais une enfant, une enfant de quatorze ans à peine, à laquelle nul ne prenait garde...

— Je n'en crois pas un mot, senora.

— Pourtant il m'invita à danser..... Oh! tenez, ce souvenir, à dix ans de distance, m'étreint le cœur et la tête, et me rend folle... — Pendant dix minutes, je tournoyai emportée dans ses bras, hale-

tante, éperdue, la tête renversée sur son épaule, ne voyant plus, n'entendant plus que lui, et il me sembla que la terre fuyait sous nos pieds, et que devant nous s'ouvrait un monde inconnu ; — et puis l'orchestre éteignit sa dernière note, la valse s'arrêta, le monde réel me reprit et il me reconduisit à ma mère qui le remercia d'un sourire... Pendant le reste de la nuit, je l'attendis, le cœur frémissant; à chaque quadrille, j'espérais qu'il viendrait me reprendre... il ne vint pas!...

— Et puis?... demanda le roi.

— Je ne le revis jamais et je le vois toujours.

— Ces amours-là, pensa le Béarnais, sont indéracinables, sachons un peu son nom. Il n'y a qu'à ne le point demander.

— Et savez-vous, sire, quel était cet homme, ce prince, aux fêtes nuptiales duquel ma mère m'avait conduite?

Le Béarnais ne souffla mot.

— Sire... oh! tenez, pardonnez-moi cet instant de folie; sire... ayez pitié de moi...

Le Béarnais se taisait toujours.

— Sire... c'était... c'était vous!...

Et en parlant ainsi, la senorita eut un assez beau mouvement dramatique. Mais le roi bondit soudain sur sa selle, et son étonnement fut si violent qu'il scia la bouche de son cheval qui se cabra à demi.

— Moi! dit-il, moi? c'était moi?

A son tour l'Espagnole se tut et inclina son front sur sa poitrine haletante.

Le roi attacha sur elle son regard clair et pénétrant.

— Ma parole d'honneur!... pensa-t-il, je ne me souviens pas de cela.

Et il la contempla encore scrupuleusement.

— Foi de roi! reprit-il en à parte, je n'ai nulle souvenance d'avoir dansé avec une petite fille. Cette femme se moque de moi.

Et tandis que le roi rêvait et que la senorita songeait, les chevaux continuaient leur chemin et se rapprochaient de la chasse.

On entendait les aboiements de la meute résonner derrière un coteau voisin.

Tout à coup le roi fronça le sourcil.

Parfois une boucle de la chevelure de l'Andalouse effleurait la joue du roi de Navarre. (Page 23.)

— Cette femme se moque de moi, se dit-il; et elle joue admirablement son rôle. Pourquoi?

Cette question que s'adressa le roi motiva une nouvelle rêverie, et les chevaux continuèrent d'avancer.

Le Béarnais s'avança vers la senorita; la senorita pleurait.

Il la prit dans ses bras, l'appuya silencieusement sur son cœur et lui murmura à l'oreille : — Moi aussi, j'aime...

Elle poussa un soupir... ce soupir était si déchirant et imitait si bien la passion, que le roi, illuminé soudain, fit la réflexion suivante:

— Je crois que Nancy avait raison, cette petite marquise andalouse s'occupe de politique. A nous deux, donc, senorita! je ne suis pas impunément le gendre de madame Catherine, et de plus fin que vous se sont laissé prendre à ma bonhomie. Ventre saint-gris! si l'on en veut à ma couronne de Navarre, il la faudra gagner!...

Puis cet à parte fini, le roi pressa de nouveau l'Espagnole sur son cœur et lui dit :

— Venez, tournons bride, car voici la chasse... et j'ai tant de choses à vous dire que mon cœur éclate... je deviens fou!...

XI

— Tournons bride, avait dit le roi en voyant déboucher la bête de chasse que la meute buvait de très-près.

La senorita ne demandait pas mieux et ne se fit point prier; si bien que dix minutes plus tard il y avait une lieue de distance entre la chasse et les deux amants, qui avaient pris une direction tout opposée et étaient rentrés sous cette bienheureuse futaie où, au dire du Béarnais, on contait si bien fleurette au milieu du jour, alors que la fraîcheur, bannie du reste de la terre, se réfugie sur l'aile des brises, loin du soleil et de l'air embrasé, sous les vertes pommes des forêts.

Et en effet, tandis qu'ils avaient ainsi discouru, chevauchant au petit pas et permettant à leurs montures de tondre le gazon du chemin et de brouter les jeunes pousses des taillis, l'heure de midi était

venue et avec elle cette atmosphère étouffante qui se concentre dans es vallées voisines des hautes montagnes, comme dans un entonnoir

Alors, après un temps de galop sous le couvert, le roi chercha une belle touffe de hêtres bien ombreuse, bien fraîche, puis il dit à la senorita, dont le front pensif et enflammé était toujours incliné :

— Si nous nous reposions quelque peu, ma mie?

Et pour ne pas être refusé, le roi sauta lestement à terre, délia la gourmette de son cheval et le mit en liberté; ensuite il s'approcha de la senorita, la prit galamment par la taille et l'enleva de sa selle comme s'il se fût agi d'une plume.

La senorita s'assit toute rêveuse à côté du roi, redevenu pensif, et un silence assez long s'ensuivit, pendant lequel les deux amants causèrent avec eux-mêmes.

— J'ai été imprudente, pensait la senorita, mais mon audace a parfaitement réussi; il m'a crue sur parole... et il s'est souvenu..... Pauvre roi, va. — Gaëtano sera content ce soir.

— Vrai Dieu ! murmurait à son tour le roi, cette petite mouche se prend à mon miel: elle donne dans le panneau à plein collier; et, à cette heure, je lui parais plus naïf que jamais. Continuons... c'est une partie d'échecs où j'ai l'air d'être mon propre fou. Patience, elle sera échec et mat!..

Après ce court monologue, le Béarnais arrondit amoureusement son bras autour de la taille svelte de l'Andalouse.

— Quittez ce front nuageux, ma mie, lui dit-il; le bonheur a-t-il donc la mine assombrie et morose, et le sourire n'est-il point la fleur toujours fraîche qu'il caresse avec ses lèvres?

La journée fut charmante; elle coula bien vite entre ces deux amants qui ne s'aimaient pas et qui eurent l'un pour l'autre de suaves transports: si les brises qui secouaient dans le feuillage leurs ailes lassées, s'y reposaient un instant et repartaient ensuite pour la cime des monts, eussent été indiscrètes en passant au-dessus des tours de Coarasse, madame Marguerite en eût appris de belles; mais les brises étaient de bonne compagnie, elles se contentaient de murmurer, et un simple murmure est chose si vague que les plus fins s'y trompent.

Le soir vint : — un beau soir de printemps, tiède, parfumé, mélancolique, avec un panorama splendide de coteaux ombrés déjà, de nuages pourpre et opale, mobile trait d'union entre la terre et le ciel, à l'horizon, de cimes neigeuses étincelantes comme des gerbes d'or au reflet du soleil couchant.

Et alors ils quittèrent la touffe de hêtres et de grenadiers sauvages qui les avait abrités des rayons embrasés du midi; ils regagnèrent les champs, que léchait déjà cette brume grise et flottante, paresseuse estafette de la nuit prochaine, et tournant les yeux vers Coarasse, le roi dit à la senorita toujours rêveuse :

— Rentrons maintenant; car je puis dire : Ma journée n'est point perdue aujourd'hui.

— Vous avez fait un heureux? demanda l'Andalouse avec un sourire moqueur.

— J'en ai fait deux, madame.

— Vraiment !... comment donc?

— C'est bien simple; le premier c'est moi, votre plus fidèle serviteur; — le second c'est M. de Goguelas qui aura eu aujourd'hui les honneurs de la curée et de l'hallali. Il en sera vain et bouffi pendant un mois. Titus était plus modeste, car il se contentait d'un seul.

On le voit, le roi s'était prodigieusement vanté quand il avait prétendu ne savoir ni latin ni grec; le roi avait lu Tacite...

— Eh bien! murmura la senorita avec un sourire charmant, vous vous trompez, sire; vous avez fait trois heureux.

Il porta à ses lèvres la petite main de l'Andalouse, tandis qu'il lui présentait son genou en guise d'étrier :

— Vous êtes adorable, lui dit-il, et si vous étiez quelque peu bergère, je me trouverais satisfait d'être roi.

— Bah! les rois ne les épousent plus. Il vaut mieux que je sois marquise.

— Vous serez duchesse, ma toute belle. Le royaume de Navarre est petit, mais nous trouverons bien le moyen de nous y tailler un duché.

— Fi! dit l'Andalouse, je ne fais point de l'amour une sébile, je ne mendie point, sire.

— Mais quand, à deux genoux, on vous demande la grâce d'accepter une aumône?

— Je fais la charité à celui qui me l'offre, j'accepte.

Devisant ainsi, ils arrivèrent au château; la nuit les avait surpris en route, et quand ils franchirent le pont-levis, on sonna sur-le-champ pour avertir les hôtes de Coarasse que le souper du roi était servi.

XII. — OU L'ON VOIT PLEURER NANCY ET SOURIRE FOSSEUSE.

Le roi avait trouvé le moyen d'expliquer à la reine de la façon du monde la plus naturelle comment il avait perdu la chasse avec la senorita; — mais il n'en eut nul besoin, la reine ne parut point au souper; elle était souffrante, lui dit-on.

Bavolet, que nous avons laissé, le matin, en proie au délire et dans un dangereux état de surexcitation, était complètement ressuscité le soir, et il vint prendre sa place accoutumée de page et d'enfant gâté au bas bout de la table, en compagnie du seigneur Gaëtano, avec lequel il paraissait être au mieux.

Le roi fut frappé de cette intimité.

— Oh! dit-il, se dit-il, mon page et l'ambassadeur ont l'air d'être bien bons amis, ne seraient-ils pas battus ce matin?

Cette réflexion judicieuse, si elle eût été faite à haute voix, eût certainement fait frémir le seigneur Gaëtano, qui avait moins de confiance en la bonhomie du roi que le crédule Bavolet. Maintenant comment Bavolet et Gaëtano paraissaient-ils si intimes et quel remède aussi prompt avait guéri le page? C'est ce que nous allons vous dire.

Nous avons laissé, pour suivre le roi, madame Marguerite au chevet de Bavolet qui, haletant et l'œil hagard, comprimait les battements de son cœur et avouait, avec un sourire crispé, qu'il aimait la senorita; nous avons laissé aussi à la porte mamzelle Nancy, d'où elle ne perdait, grâce au trou de la serrure, ni un mot, ni un geste de madame Marguerite et de son page.

La reine était fille de François Ier; elle appartenait, par sa mère, à cette belle race de marchands souverains, d'artistes magnifiques qui s'appelaient les Médicis; il y avait en elle la noblesse des Capétiens et la nature passionnée de ses ancêtres maternels. Artiste, elle comprenait toute la poésie idéale de l'amour de Bavolet; reine, elle était touchée du respect sans bornes, du mystère impénétrable dont il environnait cet amour, qu'il essayait d'ensevelir au plus profond de son cœur et qui débordait malgré lui à son insu de ses lèvres, de ses yeux, de son âme, comme la sève déborde, au printemps, d'un jeune arbre qui n'a point eu le temps de se nouer encore. De plus, la reine était femme, et elle avait trente ans; trente ans, l'âge où, pour une femme, commence à bruire un vague murmure qui lui dit qu'il faut se hâter de jouir de cette jeunesse qui déjà essaie son aile pour prendre bientôt son vol; — trente ans! cette heure où frissonne la première brise un peu fraîche qui an-

nonce un prochain automne, où les fruits mûrissants s'inclinent sur leur branche avec mélancolie comme s'ils pressentaient déjà le fatal passage de la serpe et des corbeilles!... Elle avait trente ans, elle était toujours belle; le serait-elle longtemps encore? elle avait aimé et souffert, — mais souffrir en aimant, c'est le bonheur...

Et le bonheur dure si peu !... — Elle voulait souffrir encore !...

Et puis la fatalité s'en mêlait. La fatalité est d'ordinaire le pivot de l'amour comme l'obstacle en est le fruit défendu. On n'aime point ce qui se peut avoir tout naturellement; — l'amour dépourvu de drame est un clair de lune...

Depuis deux jours tout paraissait conspirer pour lui faire aimer cet enfant à qui elle avait servi de mère, cet enfant aux lèvres roses qui avait le courage et la volonté d'un homme, car il prenait la plaie de son cœur à deux mains et l'étreignait, afin qu'elle saignât en dedans et n'apparût point aux yeux...

Le caquet de Nancy, la mélancolique éloquence de Fosseuse, le duel de Gaëtano et sa présomption italienne, tout, jusqu'à la jalousie de Pepa, cette soubrette catalane qui osait lever les yeux jusqu'à Bavolet, après tout un gentilhomme, tout avait conspiré pour le pauvre page, tout avait battu en brèche les résolutions de sagesse prises par la pauvre reine au début de notre récit.

Plus la distance est grande de l'homme qui aime à la femme qui est aimée, plus cette femme se croit grandie en élevant celui qui l'aime jusqu'à elle. L'amour de Marguerite pour Bavolet, et cet amour venait enfin de naître, était presque une protection, une faveur que sa royale main laissait tomber sur un pauvre sujet, une aumône de reine à un page qui mendie... Bavolet avait été sublime d'héroïsme, — mais il avait bien fait du mal à Marguerite, car elle se laissa retomber sur son siège et devint pâle comme le page, plus blanche et plus froide que ces statues de marbre qui ornaient son oratoire.

La reine demeura une minute tremblante et presque foudroyée, ne sachant ce qu'elle devait le plus redouter de la torture qu'elle éprouvait ou des symptômes effrayants que prenait son amour en se développant soudain avec une telle violence.

Puis, tout à coup elle se leva, attacha sur le page, dont l'œil brillait de fièvre, son œil où la fièvre s'allumait.

— Tu mens, lui dit-elle; tu ne l'aimes pas !...

Bavolet frissonna.

— Pourquoi mentirais-je? dit-il.

— Je te répète que tu mens.

Et la voix de la reine, en prononçant ces mots, avait une intonation étrange. Le page sentit son courage défaillir sous ce regard ardent qui lui retournait l'âme, qu'on nous passe l'expression vulgaire; mais il eut au moins le courage du silence.

— Tu mens, continua la reine avec véhémence, ce n'est pas elle!

Et la reine, parlant ainsi, s'était penchée sur Bavolet effleurant son visage des boucles en désordre de sa chevelure; l'œil humide, le sein ému, belle à tenter un cénobite, belle comme le jour fatal où le bourreau lui montra la tête livide de ce la Môle qu'elle avait tant aimé!

Alors il se fit une grande clarté dans l'esprit du page, il comprit tout... la reine l'aimait!...

Quelle étrange émotion cloua sa gorge, quelle joie immense et pleine de délire monta de son cœur à sa tête pendant dix secondes? nul jamais ne le dira; — pendant dix secondes, il faillit pousser un de ces cris où l'âme se noue d'un sauvage et délirante harmonie, ses bras se tendirent spontanément pour étreindre cette femme sublime, cette reine des femmes qui lui avouait son amour par cette voix mystérieuse du cœur dont le corps tout entier devient l'écho; — mais une pensée terrible lui vint, et les bras entr'ouverts se referma sans rendre aucun son, ses bras tendus retombèrent sans avoir effleuré la robe de Marguerite... Un nom avait retenti dans la conscience troublée du page : LE ROI !...

Et alors l'enfant devint un héros, il fut plus fort qu'un homme et il répondit d'une voix brève, sèche, presque dure :

— Ne la trouvez-vous pas bien belle?

Bavolet poussait l'héroïsme jusqu'à la barbarie, il devenait le bourreau de la reine.

Eh bien! la reine se trouva, en ce moment suprême, aussi forte, aussi héroïque, aussi grande que lui; elle s'agenouilla au chevet du page, silencieusement, lentement, elle prit sa main dans ses mains diaphanes et y laissa tomber une larme.

— Tiens, lui dit-elle, tiens, mon pauvre enfant, bois cette larme, elle contient mon amour tout entier. Je ne t'en parlerai jamais; et si nous souffrons tous les deux, la plus cruelle torture sera la mienne. Adieu...

Elle baisa cette main qui tremblait dans les siennes, son âme tout entière passa dans ce baiser, comme son amour, diamant sans prix, s'était dissous dans cette larme; — puis elle s'enfuit étouffant un sanglot.

Nancy était encore à la porte, Nancy pleurait et n'avait point songé à s'esquiver; elle prit à son tour la main de la reine, se mit à genoux et la baisa.

— Madame, lui dit-elle, j'ai tout entendu et j'ai bien souffert... je ne suis qu'une pauvre servante, mais je vous aime et voudrais donser ma vie pour vous; dites, madame, me trouvez-vous indigne de pleurer avec vous? ne me parlerez-vous pas de lui?

La reine mit un baiser sur le front de Nancy; une minute elle chancela et ses larmes furent sur le point de jaillir; mais tout à coup elle se redressa majestueusement, un sourire navré revint à ses lèvres et elle répondit:

— Je ne pleurerai pas. Les reines doivent être fortes contre la douleur; les larmes sont indignes d'elles, car elles ne les peuvent verser dans l'ombre.

Et Marguerite rentra chez elle, la main appuyée sur son noble cœur, dont elle comprimait les pulsations et qui saignait si fort!

Bavolet, à l'heure du drame, avait été plus fort que la reine; il fut plus faible après la crise. Quand il fut seul, il fondit en larmes et cacha sa tête sous la courtine.

Nancy, demeurée dans le corridor, car elle n'avait osé suivre la reine, l'entendit sangloter et elle entra.

Au bruit de la porte qui s'ouvrit, le page se leva effaré; mais la camérière alla vers lui et le pressa doucement dans ses bras.

— Je sais tout, dit-elle, j'ai tout entendu; vous aimez la reine, malheureux enfant, et vous la tuez!...

Bavolet voulut mentir encore.

— Fou!... murmura Nancy, est-ce que votre amour ne se voyait pas? Était-il un mystère pour moi, pour la reine, pour mademoiselle de Montmorency?

— Nancy, dit résolûment le page, donne-moi mon épée, je veux me tuer.

— Ah! fit-elle froidement, vous voulez vous tuer!...

— Puis-je vivre?

— En vous tuant, vous tuerez la reine.

Bavolet tressaillit et regarda Nancy d'un œil hagard.

— Vous voulez vous tuer, reprit Nancy, parce que vous aimez la reine: eh bien! la reine vous aime plus que vous ne l'aimez...

— Tais-toi! tais-toi!...

— Et elle ne se tuera point, elle: elle aura le courage de vivre et de cacher ses larmes; elle sera plus forte que vous!...

— Lorsqu'elle ne m'aimait pas, murmura Bavolet, je souffrais moins...

— Insensé que vous êtes! vous souffrez et elle vous aime. Le ciel s'ouvre devant vous, et vous n'osez y entrer?

— Nancy, dit gravement le jeune homme, je suis le PAGE DU ROI...

— Je le sais bien; qu'importe!

Nancy haussa les épaules.

— Et s'il était donné à l'homme de mourir dix fois, je le ferais avant de trahir mon roi dont je mange le pain, et qui m'a fait noble comme lui. Oh! ajouta Bavolet avec un enthousiasme fébrile, j'ignore mon vrai nom et mon pays, mais je sens aux pulsations de mon cœur que je suis gentilhomme, car je vais en expulser un amour criminel pour y graver à la place ces deux mots: devoir et loyauté!

Et Bavolet se mit sur son séant. Et comme la reine avait souri naguère à travers ses larmes, il sourit, lui aussi, d'un fier et triste sourire, et ajouta:

— Maintenant je veux vivre, maintenant je suis fort et je veux, pour tous, aimer la senorita. Nancy, donne-moi mon plus galant pourpoint, attache à mes chausses de belles faveurs bleues, un nœud de rubans à mon épée; je veux mon manteau brodé d'or et ma toque à plume blanche; je veux être beau et hardi comme les pages du temps jadis, je veux que la senorita m'aime... et que la reine m'oublie!...

— Il vous faut pour cela, dit Nancy dont le naturel enjoué reprenait le dessus malgré elle, faire votre paix avec l'ambassadeur.

— La paix? s'écria Bavolet qui frissonna soudain de colère, la paix?... Oh! je ne renonce point à mon amour pour laisser le champ libre à d'autres... l'ambassadeur! tôt ou tard, je le tuerai! — Mais sois tranquille, ajouta-t-il avec un froid sourire, pas aujourd'hui, j'ai soif de patience! Si le hasard sert le page du roi et lui fait quelque bonne fortune, il faut bien que je sois heureux, acheva-t-il avec un accent de navrante ironie; et, ventre saint-gris!... comme dit le roi mon maître, la senorita m'aimera ou j'y perdrai mon nom!...

Bavolet fit une toilette coquette. On eût dit le plus mauvais sujet de page qu'eût jamais eu le roi Henri III, se disposant à escalader le balcon d'une duchesse à tabouret, à enfoncer jusqu'à la garde la lame d'une jolie épée de cour, finement damasquinée, dans le pourpoint d'un mari trop curieux.

Quand il fut équipé, il se mira complaisamment, prit une pose cavalière, inclina sa toque, mit un poing sur la hanche, passa la main droite dans les dentelles en point de Venise qui sortaient de son pourpoint entr'ouvert, et descendit chez le seigneur Gaëtano, qui paraissait fort affairé à écrire une volumineuse correspondance.

— Monsieur, lui dit-il, vous savez que je vous hais.

— Vous m'avez fait l'honneur de me le dire et même de me le prouver, monsieur; que puis-je faire pour votre service?

— Oh! presque rien... une main.

— De grand cœur, je n'ai pas de rancune.

Bavolet éclata de rire.

— Je ne l'entends point ainsi, dit-il.

— Bah! comment l'entendez-vous?

— Voici: La reine a vent de votre querelle...

— Vous vous trompez; elle la connaît dans tous ses détails.

— Soit... Il ne faut pas que la reine cherche à nous réconcilier; elle nous réconcilierait fort mal.

— Alors, que faut-il faire?

— Paraître bons amis.

— Je vous ai offert mon amitié, vous êtes discret, mon cher monsieur Bavolet, vous ne m'en demandez que le fac simile.

— Ainsi, c'est convenu, l'apparence...

— Parfaitement.

— Et à la première occasion...

— Je suis à vos ordres, monsieur.

— Monsieur, dit Bavolet avec une courtoisie excessive, malgré la fantaisie que j'ai de vous passer ma rapière à travers corps, je suis forcé d'avouer que vous êtes un galant homme.

— Je vous remercie, monsieur.

— Et je serais bien désolé si je me voyais contraint de vous assassiner.

— Ah! vraiment! et pourquoi?

— Si vous adressiez jamais un mot d'amour à la reine...

— N'ayez crainte, monsieur Bavolet, ce n'est point la reine que j'aime, c'est mademoiselle de Montmorency.

— C'est comme moi, dit Bavolet, j'aime la senorita et non la reine de Navarre.

— Il faut avouer que la reine est bien malheureuse, pensa Nancy, qui écoutait à la porte pour essuyer ses larmes, — ses amants sont d'une inconstance rare et d'une humeur bien capricieuse!

Henri de Navarre n'était point un amoureux de roman. Il soupa merveilleusement bien et fut enchanté de la bonne humeur de Bavolet, qui s'occupait de séduire la senorita et avait dépouillé ce masque de mélancolie qui faisait dire au roi depuis quelque temps:

— Les pages s'en vont!... ils ont la lèvre pendante et l'œil morne comme les poètes de mon frère Charles IX.

Une seule chose irrita légèrement le Béarnais, ce fut le ton enjoué de Fosseuse, qui au Gaëtano débita ses galants propos, et la complaisance qu'elle parut mettre à les écouter.

Heureusement le roi avait faim, et, pour justifier la moitié du proverbe, il n'entendit qu'à demi.

Le souper se prolongea jusqu'à dix heures. A dix heures le roi se leva et demanda sa canne. Bavolet s'empressa d'offrir sa main à la senorita qui le trouvait charmant, et Fosseuse prit celle de l'ambassadeur.

— Avez-vous la migraine? lui demanda-t-elle.

— Je suppose que je vais l'avoir, répondit Gaëtano.

— Moi, dit Fosseuse, je ne l'aurai que dans une heure; la mienne est approvoisée.

Fosseuse quitta Gaëtano à la porte de son logis et s'enferma. Peu après on gratta à la porte de Fosseuse, et Nancy entra.

— Mademoiselle, dit-elle, voulez-vous que je vous fasse un conte, petite?

— Je le veux bien, c'est peu dangereux... Que veux-tu me dire, petite?

— Le roi m'a parlé de vous ce matin.

Fosseuse tressaillit et rougit de plaisir.

— Je lui ai dit beaucoup de mal de vous...

— Par exemple!...

— J'ai affirmé que vous composiez des histoires avec le seigneur Gaëtano.

— Ah! et qu'a-t-il dit?

— Il a froncé le sourcil et a prétendu que l'ambassadeur de son cousin était un impertinent et vous une péronnelle.

— Il paraissait donc affligé?

— Il est jaloux! dit Nancy, avec un geste dramatique qui fit sourire Fosseuse.

— En vérité! il m'aime donc toujours?

— Heu! heu! ce n'est pas une raison...

— Après, que t'a-t-il dit?

— Dame!... fit Nancy, j'ai de bien jolis yeux, dit-on, et si je les perdais...

Fosseuse tendit la main à Nancy.

— Dis toujours, petite.

— Eh bien! il m'a dit que j'avais de jolis yeux...

— Présomptueuse!... et tu l'as cru, sans doute!

— Dame! il faut toujours croire... la foi sauve.

— Celle-là damne, ma petite. — Et puis?

— Et puis il m'a donné un rendez-vous...

— Oh! oh! dit la jalouse Fosseuse, ne serait-ce pas toi, plutôt!...

— Hum! fit Nancy, peut-être bien... c'est possible...

— Et vous aurez l'audace d'y aller, mademoiselle?

— C'est bien tentant, un roi...

— Impertinente!

— Et ce serait bien mal à moi de le faire attendre en pure perte.

Fosseuse fronça ses grands sourcils.

— Mais, réflexion faite, je n'irai pas; j'y enverrai quelqu'un à ma place.

— La senorita, peut-être!...

— Il faudra bien, si vous n'y voulez aller vous-même.

Mademoiselle de Montmorency poussa un cri de joie et embrassa Nancy.

— Tu es charmante, petite, dit-elle, et je te récompenserai.

— Venez chez moi, dans ma chambre.

Fosseuse suivit Nancy qui la conduisit au second étage du château, où les camérières avaient leur retrait. Le retrait de Nancy était charmant, coquet dans sa simplicité, arrangé avec art : il trahissait une Parisienne de l'école de la reine de Navarre.

— Tenez, dit Nancy en posant un abat-jour sur la lampe, mettez-vous dans ce coin sombre; il faudrait que le roi ne vous reconnût point d'abord, ce serait plus amusant.

Fosseuse se plaça en riant dans un grand fauteuil et tourna le dos à la porte.

— Bon! dit Nancy, maintenant je me sauve. Le roi va venir. Il frappa trois coups; vous contreferez votre voix et direz bien doucement : Entrez!...

Et Nancy s'en alla.

— Que je suis heureuse, se dit-elle, de n'être point toquée, moi aussi; je m'amuserais moins. Ces amoureux ne font que pleurnicher. Une seule chose me fait saigner le cœur : l'état de ma pauvre reine... et c'est ma faute!... Aussi comment supposer que ce drôle de Bavolet aurait des idées si chevaleresques!

Nancy partie, Fosseuse attendit, le cœur palpitant. Tout à coup des pas légers résonnèrent dans le corridor; Fosseuse reconnut le roi; elle eut peur et trembla. Puis une idée merveilleuse lui vint :

— Je veux, dit-elle, savoir s'il m'aime encore... et je veux le bien savoir. Soufflons la bougie!...

XIII

La bougie soufflée, la chambre de Nancy se trouva dans la plus complète obscurité, et le roi, qu'un rayon de lumière avait guidé jusque-là, fut contraint de gagner la porte à tâtons.

— La petite drôlesse, ce me semble, me veut faire rompre le cou, murmura Henry de Navarre.

Il poussa la porte qui tourna sans bruit sur ses gonds et dit tout bas : — Nancy! es-tu là?

— Est-ce vous, sire? demanda une voix de femme que l'émotion déguisait assez bien.

— Parbleu! est-ce que tu n'as pas de lumière?

— Elle s'est éteinte.

— Rallume-la.

— Je n'ai pas de feu...

— Attends, dit le roi, j'ai un briquet; attends.

Fosseuse frémit; elle quitta son grand fauteuil et se dirigea vivement vers le roi, qu'elle saisit par le bras.

— C'est inutile, dit-elle.

— Pourquoi, inutile? il fait si noir ici... et tu sais que je suis venu pour voir tes yeux.

— Ah! murmura Fosseuse troublée, en effet...

— Comme ta voix tremble, petite, dit le roi, je te fais donc peur?

— Non, mais...

— Mais quoi?

— Je suis émue... troublée... et c'est pour cela que je vous supplie de ne pas rallumer la bougie.

— Diable! diable! pensa le roi, ceci prend une tournure un peu brusque.

Puis il ajouta tout haut : — Fais-moi asseoir, au moins.

— Venez, sire. Tenez, mettez-vous là, près de moi.

Et Fosseuse fit asseoir le Béarnais à côté d'elle.

— Ventre saint-gris!... dit-il alors, pourquoi trembler? pourquoi cette émotion? je parie que si nous rallumions...

Le roi mit de nouveau la main sur son briquet de chasseur, Fosseuse l'arrêta encore.

— Par pitié dit-elle, ne me faites point mourir de confusion.

— De confusion! pour si peu?...

Fosseuse prit la main du roi et la posa doucement sur son cœur. Son cœur battait bien fort. Le roi en tressaillit.

— Petite, dit-il, est-ce que... sérieusement... toi qui ris toujours...

— Moi?... fit tristement Fosseuse qui oublia une minute qu'elle jouait le rôle de Nancy.

— Là, franchement, reprit le roi, — m'aimerais-tu?

Fosseuse ne répondit point, mais elle pressa doucement la main du roi.

— Ma parole d'honneur! grommela celui-ci, ceci devient fort embarrassant. Nancy, ma mignonne, je sais que tu es une petite espiègle, une assez piquante comédienne et il ne serait pas impossible que tu eusses logé dans ta cervelle écornée le projet de te moquer de moi...

— Ah! sire... quelle idée!

— Or, vois-tu, il n'est pas permis de se moquer du roi comme d'un simple gentilhomme tel que Turenne, ou d'un page comme ce

drôle de Bavolet, qui était ce soir d'une hardiesse à tenter le fouet.

Fosseuse soupira sans mot dire.

— Et si tu te moquais, continua le roi en riant, je serais obligé de t'envoyer à Bouillon rejoindre M. de Turenne, pour lequel, m'as-tu dit, Fosseuse avait quelque inclination.

Mademoiselle de Montmorency fit un brusque mouvement auquel le roi ne prit garde, et elle oublia encore son rôle.

— Ne croyez pas cela, sire.

— C'est toi qui me l'as dit.

— Je me suis trompée... Mademoiselle de Montmorency n'aime personne.

— Et le seigneur Gaëtano, qui lui narre des contes? fit le roi avec un accent de dépit qui fit tressaillir Fosseuse et la rappela à elle-même assez pour qu'elle ne se pût trahir.

— Heu! heu! répondit-elle, on ne sait pas trop.

— Et moi, ne m'aime-t-elle plus?

— Je ne crois pas.

— Bah! qui sait?

— Comment voulez-vous qu'elle vous aime? vous aimez la senorita.

— Non, je te le jure.

Un cri de joie faillit échapper à Fosseuse; elle se contint cependant et poursuivit : — Et moi, ne m'aimez-vous pas... un peu!...

— Toi! dit le roi tressaillant à son tour, je ne sais pas...

— Merci! vous êtes aimable...

— Je te demande pardon, ma petite, mais... je suis ému...

— Vraiment? fit Fosseuse qui triomphait. Est-ce mon voisinage qui vous trouble? ajouta-t-elle en quittant la main du roi.

— Tu as un mauvais caractère, Nancy.

— Vous êtes si galant, sire!... vous venez ici... au fait, pourquoi venez-vous?

Le roi se gratta l'oreille.

— Ecoute, dit-il enfin, tu as de bien jolis yeux...

— Je le sais, fit sèchement Fosseuse.

— Un pied et une main... charmante!...

— Passons.

— Une fossette à la joue qui te va à ravir.

— Soit. Est-ce tout? où voulez-vous en venir?

— Ah! voici qui est difficile... Je voulais dire que tu es incontestablement très-gentille.

— Je vous remercie bien...

— Cependant je ne venais point ici pour te le dire.

— Ah! et pourquoi donc?

— Tiens, dit le roi, je vais te parler franchement, je suis... amoureux.

— De moi?...

— Eh! non, hélas!

Fosseuse eut toutes les peines du monde à ne point se trahir; cependant elle eut le courage de repousser le roi en jouant le dépit :

— Ce n'est point, dit-elle, ce que vous me diriez... d'abord.

— Que veux-tu? l'amour est un mystère. Je suis amoureux...

— Je voudrais bien savoir de qui.

— Ah! fit le roi, ceci est peut-être encore plus difficile à dire.

— Est-ce de la reine?...

— Fi! pourquoi chagrinerais-je ce pauvre Turenne?

— Est-ce de la senorita?

— Je l'ai été deux jours, je ne le suis plus.

— Inconstant!...

— Ce n'est point cela... elle a un vilain défaut, cette petite Espagnole.

— Bah!...

— Elle s'occupe de politique.

— Mon Dieu!... fit la Fosseuse, la reine et moi nous sommes jouées! le roi a déjà deviné.

— Et je n'aime pas les femmes qui se mêlent des secrets d'État.

— Vous avez bien raison, sire; mais de qui donc êtes-vous amoureux, alors?

— Je n'ose le dire.

— Dites toujours, je suis résignée à tout entendre...

— Un moment... Crois-tu que Gaëtano, tu sais, l'ambassadeur?...

— Parfaitement. Eh bien?

— Eh bien? crois-tu... enfin, me comprends-tu?

— Nenni, dit Fosseuse dont le cœur éclatait.

— Qui sait si... Fosseuse...

— Dame! on ne sait pas... Ces choses-là ne se disent point...

— Cordieu! murmura le roi dont la voix s'altéra subitement, si je le savais... si j'étais sûr...

— Qu'est-ce que cela vous fait?

— Comment... qu'est-ce que cela me fait!... mais tu ne sais donc pas?...

— Je sais que vous l'avez indignement délaissée!...

— Indignement!... oh! non...

— Trahie!...

— Un caprice, voilà tout.

— Et si elle s'est vengée, elle aura très-bien fait.

— Mais, ventre saint-gris! ce serait infâme!...

— Ce serait œuvre pie, sire; vous le méritez.

— Pour un pauvre petit caprice de deux jours?

— Qu'importe la durée? dit Fosseuse.

— C'est que, fit le roi avec émotion, je l'aime toujours, moi, je t'assure.

— Quelle plaisanterie! murmura mamzelle de Montmorency défaillante.

— Et je me passerais mon épée au travers du corps si...

Fosseuse, cette fois, ne put retenir un cri. Elle se jeta au cou du roi et l'étreignit tendrement sans ajouter un mot.

— Par exemple! dit celui-ci tout étonné, qu'est-ce que cela te fait que j'aime encore Fosseuse?

Fosseuse ne répondit point.

— Voilà, poursuivit le roi, qui est au moins original; tu me donnes un rendez-vous d'amour et j'y viens... au lieu de te baiser les mains et de te conter de galants propos, je t'avoue que j'aime toujours Fosseuse, que je suis horriblement jaloux... et tu ne me témoignes pas de dépit, tu te réjouis, au contraire!

Fosseuse se taisait toujours, elle pleurait de joie.

— Ventre saint-gris! s'écria soudain le roi, ceci serait trop fort... Nancy n'a jamais pleuré!...

Et le roi chercha de nouveau son briquet, en tira quelques étincelles et alluma la bougie.

Fosseuse avait regagné le fauteuil et y sanglotait la tête dans ses mains.

Le roi courut vers elle, aperçut les belles boucles cendrées de sa chevelure et jeta un cri à son tour.

— Fosseuse! s'écria-t-il, c'était toi?

Elle s'élança vers lui, et souriante à travers ses larmes, elle lui dit:

— C'est moi, moi qui ai bien souffert, moi qui vous pardonne, puisque vous m'aimez toujours.

Le roi se mit à genoux et couvrit de baisers les mains de mademoiselle de Montmorency. Puis tout à coup le nom de Gaëtano revint à ses lèvres.

— Vous ne l'aimez pas, au moins?

Fosseuse haussa les épaules.

— Alors cette petite Nancy m'a trompé.

— Du tout. C'est vrai.

— Quoi! qu'est-ce qui est vrai? fit brusquement le roi.

— L'histoire du conte.

— A vous deux, en tête à tête?

— En tête à tête et à nous deux!

— Mais, c'est affreux! je veux savoir...

— Dame! dit Fosseuse, ceci est mon secret.

— Vous n'en devez point avoir pour moi.

— Si fait. C'est un secret... politique.

— Qu'importe!

— Ne m'avez-vous point dit tantôt que vous exécriez les femmes qui s'occupaient de politique?

— Sans doute...

— Et je veux vous m'aimiez.

— Mais vous conspirez donc? fit le roi impatienté.

— Précisément, mon beau sire. Gaëtano et moi, nous conspirons.

Gaëtano conspire contre le roi de Navarre, et moi je conspire contre le roi d'Espagne. Au demeurant, nous sommes les meilleurs amis du monde et les plus fidèles alliés qui se puissent trouver.

— Corbleu! pensa le roi, je commence à croire que les femmes y voient plus clair que nous. Il y a un complot sous roche: je veux rappeler mon vieux Mornay, qui était allé couper les foins à Nérac, service du roi... Dites donc, ma mie.

— Sire?

— Ne pourrais-je pas être un peu de ces deux conspirations?

— Si fait, sire, c'est très-facile.

— Que faut-il faire?

— Aimer beaucoup la senorita.

— J'y songeais.

Fosseuse fit sa moue.

— Je m'entends, dit-elle; en apparence seulement.

— Peuh! dit le roi. Qu'est-ce que cela fait?

Un éclair de jalousie s'alluma dans l'œil de Fosseuse.

— Je ne veux pas, dit-elle; entendez-vous, Henry?

— Oh! si nous commandons, madame, dit humblement le roi, j'obéirai; je n'aimerai la senorita que... superficiellement. A propos, est-ce que Bavolet conspire aussi?

— Peut-être... Pourquoi cette question?

— Il était bien empressé ce soir auprès de la senorita...

— Il cache son jeu, dit finement Fosseuse. Maintenant, sire, adieu, partez.

— Déjà? mais je n'ai point le mot de la conspiration?

— Ni moi. Je le cherche.

— Quand espérez-vous le trouver?

— Peut-être ce soir. J'y vais de ce pas.

— Ce soir? vous y allez?

— Mon Dieu! de quel air vous me dites cela?

— Vous allez chez...

— Chez qui, sire?

— Vous verrez... Gaëtano... l'ambassadeur?

— Pourquoi pas?

— Dame! fit le roi, la nuit... à cette heure... une dame d'honneur qui court les corridors. C'est peu convenable.

— Jaloux! dit-elle avec un frais éclat de rire; était-ce plus convenable... jadis... de voir un roi s'aventurer dans de petits escaliers... mystérieux.

— Pourtant, cela me paraît imprudent...

— Je vais le rejoindre dans le parc.

— Bien vrai? vous ne me mentez point?

— Tenez, dit-elle en riant et ouvrant la croisée, voici la lune qui se lève, la croisée donne sur le parc, mettez-vous là, vous nous verrez.

— Adieu...

Le roi lui mit un baiser au front et elle s'esquiva.

Peu après, de son poste d'observation, le roi aperçut Gaëtano se promenant au clair de lune sous les coudriers, et presque aussitôt Fosseuse qui vint le rejoindre et prit son bras.

— Bon! pensa le Béarnais, je ne les perdrai point de vue.

L'ambassadeur et mademoiselle de Montmorency se promenèrent de long en large un moment, et puis, insensiblement, ils se dirigèrent vers le massif de coudriers sous lesquels Gaëtano s'était battu le matin avec Bavolet.

— Diable! fit le roi, elle m'a dit: «Vous nous verrez; » mais c'est que je ne les vois plus du tout. — Diable! diable!...

Et le roi attendit, espérant les voir ressortir. Dix minutes s'écoulèrent, rien ne reparut.

Le roi commençait à éprouver des impatiences nerveuses, lorsqu'un bruit de pas et un frôlement de robe se firent entendre dans le corridor. Le roi respira.

— La voici, pensa-t-il; ils auront suivi la grande allée et seront remontés par le grand escalier.

Le parc était éclairé par la lune; mais la croisée de Nancy se trouvait masquée par une tourelle, si bien que la chambre où était le roi était entièrement dans l'ombre.

La porte s'ouvrit et se referma sans bruit.

— Est-ce toi? demanda le roi.

Ce n'était point Fosseuse, c'était Nancy qui, croyant le roi et Fosseuse partis, venait reprendre possession de son domicile.

— Oh! oh! pensa Nancy, le roi est encore ici, et Fosseuse n'y est plus... cela aura mal tourné, et j'en suis pour mon sacrifice... Depuis deux jours, je fais les affaires de tout le monde,.. excepté les miennes; je tourne au Bavolet... Bah!... on dit que charité bien ordonnée commence par soi-même. J'ai commencé par les autres... si je finissais...

Et Nancy répondit bien bas:

— Oui, c'est moi.

XIV. — OU LA NATURE ESPIÈGLE DE NANCY REPREND LE DESSUS.

— Ah! c'est vous, dit le roi d'un ton piqué... où donc avez-vous laissé le seigneur Gaëtano?

— Mais... balbutia Nancy interdite, je ne sais pas...

— Comment, vous ne savez pas?... serait-ce sous les coudriers où vous aviez si grande hâte de vous réfugier tantôt, alors que vous saviez que d'ici je voyais tout?

— Moi, je me suis réfugiée sous les coudriers? demanda Nancy qui ne comprenait plus du tout... avec le seigneur Gaëtano?

— Parbleu! dit le roi, me prenez-vous pour un niais?

— Non pas, sire; mais je ne sais ce que vous voulez dire avec vos coudriers et votre Gaëtano.

— Corbleu!... dit le roi en frappant du pied, ceci est trop fort, et vous êtes la plus perfide des femmes!...

— Oh! sire, quel vilain mot!

— Un monstre d'hypocrisie!

— De grâce... sire...

— Et moi qui vous aimais?

— Vraiment, vous m'aimiez?

— Elle ose en douter! ô perfidie!...

— Dame!... écoutez donc, fit Nancy qui souriait dans l'ombre, on en douterait à moins.

— Que voulez-vous dire? expliquez-vous.

— Vous aimez la senorita.

— Je vous ai juré le contraire tout à l'heure.

— Alors c'est Fosseuse...

— Eh! oui, dit le roi, c'est Fosseuse que j'aime... je te l'ai dit dit assez clairement.

— Bien vrai? fit la méchante soubrette.

— Douterais-tu de moi?

— Je vous crois, sire. En ce cas, que vous importe ma conduite?

— Ma foi! s'écria le Béarnais, ceci est le comble de l'impudence.

Elle sait que je l'aime, que je suis jaloux...

— Mais non, vous ne m'aimez pas, puisque... vous aimez Fosseuse, sire.

Le roi poussa un cri.

— Tu n'es donc point Fosseuse? demanda-t-il.

— Moi? pas le moins du monde.

— Alors, pourquoi... viens-tu?

— Je rentre chez moi.

— Nancy!... fit le Béarnais qui comprit enfin.

— Je croyais que vous m'aviez reconnue, murmura l'hypocrite camérière.

— Comment voulais-tu que je te reconnusse; je ne t'attendais pas.

— Par exemple! dit Nancy d'un ton piqué.

— Serait-ce toi que j'ai aperçue dans le parc avec l'ambassadeur?

— Nenni.

— Alors comment veux-tu?...

— Mais dame! fit Nancy, il me semble, ce matin...

— Quoi? ce matin... demanda naïvement Henry de Navarre.

— Eh bien! ce matin, ne m'avez-vous pas dit... Diable! vous avez pourtant de l'esprit, sire.

— C'est juste; mais je suis venu il y a une heure...

— Je suis désolée de vous avoir fait attendre, mais j'avais mon service auprès de la reine.

— Voilà qui s'embrouille de plus en plus, dit le roi.

— Au contraire, c'est fort clair.

— Comment donc Fosseuse était-elle ici?

— Fosseuse!... ici, chez moi? s'écria la soubrette jouant la stupéfaction.

— Dame! murmura le roi, je l'y ai trouvée...

Et le roi raconta à Nancy la scène précédente. Nancy pouffait de rire.

— En sorte, dit-elle, que Votre Majesté attend Fosseuse?

— Sans doute.

— Fosseuse qui a disparu derrière les coudriers avec l'ambassadeur?...

— Eh oui, fit le roi, dont la jalousie renaissait peu à peu.

— Y a-t-il longtemps déjà?

— Un siècle!...

— Hum! murmura Nancy, les coudriers sont touffus...

— Peuh! dit le roi.

— Le gazon est vert...

— Heu! heu!...

— La nuit est fort belle...

— Il fait froid.

— Pour les jaloux peut-être, mais pour ceux qui s'aiment...

Le roi frissonna.

— Tais-toi, petite, dit-il, tais-toi donc!...

— Et le seigneur Gaëtano sait de bien beaux contes.

Le roi, qui avait abandonné la fenêtre, y retourna et plongea anxieusement ses regards dans le parc. Le parc était désert.

Nancy en laissa échapper un soupir. Nancy en laissa échapper un autre.

— Tu soupires? demanda le roi.

— Oui, sire.

— Et pourquoi?

— Je soupire en songeant que je suis une pauvre camérière qui sert de jouet à tout le monde.

L'accent de Nancy était si triste que le roi en tressaillit.

— De jouet? fit-il, et à qui donc, par hasard?

— A beaucoup de gens. Au roi de Navarre, par exemple... au roi qui donne chez moi un rendez-vous à mademoiselle de Montmorency.

Le roi était bon, l'accent ému de Nancy le toucha:

— Pardonne-moi, dit-il.

— Il le faut bien, puisque vous aimez Fosseuse...

— Corbleu! s'écria le Béarnais, j'ai peut-être grand tort en cela...

— Ah! sire... quelle idée!

— Et ces coudriers... ce Gaëtano...

— Vous êtes méchant, sire.

— Et j'ai bonne envie... de me venger!

— Comment cela, sire?

— Dame! fit le roi, si je savais...

— Que voulez-vous savoir, sire?

— Si je savais que tu... m'aimasses un peu.

Nancy étouffa à demi un gros soupir.

— Je ne vous aime pas, sire, dit-elle... et j'en suis bien heureuse.

— Impertinente!...

— Car vous ne m'aimeriez pas...

— Peut-être...

— Vous aimez Fosseuse.

— Morbleu! je finirai par ne plus l'aimer...

— Vous aurez tort, car elle vous aime.

— Je crois plutôt qu'elle me trompe.

— On trompe en aimant, murmura la perfide camérière.

Le roi eut le vertige et il prit Nancy par la taille.

— Si je me vengeais, dit-il.

Nancy lui glissa doucement des mains.

— Sire, dit-elle, c'est parfaitement inutile, voici mademoiselle de **Montmorency.**

Le roi poussa un cri de joie.

— Tu crois? dit-il.

Nancy éclata de rire.

— Vous voyez, dit-elle, que je suis sage en refusant de vous venger.

Le roi, pris au piège, se tut.

— Mais moi, poursuivit Nancy, je me suis vengée! Voici une demi-heure que je me divertis aux dépens du roi de Navarre. Pourquoi diable me donnez-vous des rendez-vous pour me dire que vous aimez Fosseuse?

Et Nancy, laissant échapper un second éclat de rire, s'enfuit, tandis que le roi demeurait tout soucieux à la fenêtre.

— Allons! murmura la camérière, j'ai le cœur plus sage que la tête et mes caprices n'ont pas de suite. Décidément je suis la véritable reine du château, car je n'aime personne et fais le bonheur de tout le monde. Je vais chercher Fosseuse et l'envoyer au roi qui me paraît être au supplice!...

Nancy n'eut point le souci de chercher longtemps Fosseuse, elle la rencontra dans le grand escalier.

— Allez! lui dit-elle, le roi est sur les épines.

— Pourquoi cela?

— Il est jaloux. Courez vite... Cependant, comme il se fait tard, tâchez de le mettre hors de chez moi, je veux me coucher.

Fosseuse fit un signe de tête et rejoignit le roi en riant:

— Mon pauvre Henry, dit-elle, vous êtes donc toujours jaloux?

— Mais, fit le roi qui respira bruyamment, il y a de quoi, ce me semble?

— Taisez-vous, ce n'est point l'heure et nous n'avons pas le loisir de nous faire une querelle. Nous conspirons.

— Ah oui! reprit Henry, quel est le mot de l'énigme?

— Je ne le sais point encore.

— Vous avez cependant causé... bien longtemps.

— Peu importe! Voici ce qu'il vous faut faire.

— Pour conspirer?

— Sans doute! Il vous faut feindre d'aimer la senorita...

— Comme vous l'ambassadeur?

— Certainement.

— Et lui obéir en tout...

— Très-bien.

— Satisfaire tous ses caprices...

— Diable!

— Je m'entends, et paraître me dédaigner plus que jamais...

— Le pourrai-je?

— Ingrat!... murmura Fosseuse, vous l'avez tenté déjà, ce me semble...

— Chut! dit le roi, je vous aime, oublions le passé.

— Soit; — et maintenant voici minuit qui sonne, rentrez, sire, il est tard.

— Cruelle!... murmura le roi.

— Tout beau!... dit Fosseuse, avant d'être absous, il se faut repentir...

Fosseuse s'esquiva et laissa le roi qui ne tarda point à rentrer chez lui.

— La senorita, pensa-t-il, est bien belle et Fosseuse veut que je l'aime... en apparence, beaucoup; — si je l'aimais un peu... en réalité?...

———

Mademoiselle de Montmorency regagna son appartement et fut fort étonnée d'apercevoir un filet de lumière qui passait au travers de sa porte demeurée entr'ouverte.

Elle entra et reconnut Nancy et Bavolet qui causaient paisiblement au coin du feu.

Bavolet était dans son charmant costume de la soirée, et il souriait à Nancy comme le plus gai des pages souriait à la plus sémillante des camérières.

Fosseuse les regarda tous deux et parut chercher la signification de leur présence chez elle à une pareille heure.

Nancy la comprit bien, car elle lui dit aussitôt:

— Vous me chassez de chez moi, il faut bien que je me réfugie quelque part.

— Bien, dit légèrement Fosseuse en regardant ensuite Bavolet.

Bavolet souriait, mais son œil était fiévreux, et son front pâle disait éloquemment sa souffrance.

— Me trouvez-vous beau? demanda-t-il en s'efforçant d'être fat et de bonne humeur.

— Ravissant, répondit Fosseuse.

— Tant mieux! car d'autres sont de votre avis.

— Nancy, peut-être?

— Nancy, d'abord.

— Chut! monsieur Bavolet, dit Nancy qui essaya de rougir.

— Ensuite la senorita, reprit le page.

— Vraiment! fit Fosseuse.

— En vérité, murmura Bavolet qui essayait de masquer la tristesse de son cœur avec le sourire de ses lèvres, elle serait, morbleu! bien difficile.

— Voyons, dit Fosseuse, ne plaisantons point, Bavolet. La senórita t'aime-t-elle?

— Elle ne me l'a point dit, mais...

— Tu as lieu de le croire, n'est-ce pas?

— Il n'est rien de tel pour être fort et clairvoyant en amour, reprit Bavolet, que de ne pas aimer ceux qui vous aiment.

— C'est assez philosophique, cela.

— Et la senórita, m'aimant, n'aimera point le roi... alors vous comprenez, ma petite Fosseuse?

— Je comprends, dit gravement mademoiselle de Montmorency, que tout cela est inutile.

— Inutile!...

— Sans doute, le roi m'aime toujours.

— Alors, murmura tristement Bavolet, rien ne m'oblige plus à jouer mon rôle. Ce que j'en faisais n'était que pour vous.

— Au contraire, il faut continuer.

— Que voulez-vous dire?

— Je veux dire que le roi sera plus que jamais empressé auprès de la senórita.

— Alors il vous délaisse?

— Il m'aime plus que jamais.

— Ceci devient une énigme.

— En voici le mot : la senórita conspire.

— Ah! bah!...

— Elle conspire avec l'ambassadeur contre le roi.

— Et quel est le but du complot?

— C'est ce qu'il faut savoir. La reine cherche, je cherche aussi, cherche à ton tour. Le roi est prévenu.

— Bon, dit le page, je vais avoir une passion de tigre pour l'Andalouse. Il faut bien que je tue le temps!...

— La reine, murmura Nancy à l'oreille de Fosseuse, nous sera maintenant d'un pauvre secours.

— Tu la remplaceras, dit Fosseuse. Maintenant, allez-vous-en; je meurs de sommeil.

— Il paraît que les amoureux dorment, murmura Nancy.

— Oui... quand ils sont heureux! répondit Bavolet avec un soupir. Bonne nuit, petite.

XV.—L'ENCRE SYMPATHIQUE DU SEIGNEUR GAETANO ET LA CHIMIE DE MADAME MARGUERITE.

Trois jours après, le château de Coarasse avait la même physionomie, et les passions diverses qu'il abritait avaient suivi paisiblement leur cours sans bruit ni scandale.

La migraine de la reine de Navarre continuait de la rendait inaccessible; le roi, en fort bonne intelligence avec Fosseuse, s'occupait plus que jamais de la senórita, dont le cœur n'était peut-être plus fort tranquille depuis que Bavolet s'était mis en tête d'être aimé; — Gaëtano était toujours galant et empressé auprès de mademoiselle de Montmorency, qui le lui rendait. Du reste. De temps en temps il était sujet aux migraines et sortait à cheval au milieu de la nuit. Le gentilhomme qui veillait au pont-levis s'inclinait bien bas et le laissait passer.

Enfin Nancy et Pepa ne se montraient plus que rarement et demeuraient auprès de madame Marguerite.

Voilà donc où en étaient les choses au bout de trois jours.

C'était la veille d'une grande chasse à laquelle étaient conviés tous les gentilshommes du voisinage, une battue aux ours dont le roi promettait d'avance des merveilles. Aussi le souper avait-il été avancé pour que les chasseurs pussent se retirer de bonne heure et prendre un repos nécessaire aux fatigues du lendemain. Pourtant la senórita avait dit à l'ambassadeur en passant, au bras de Bavolet, derrière le fauteuil du roi : « A tantôt !... » Et Gaëtano, s'approchant d'elle, lui avait murmuré à l'oreille :

— Dans dix minutes je serai chez vous.

Bavolet n'avait rien entendu, mais Fosseuse avait deviné, et croyant Bavolet et l'Andalouse, elle dit bien bas au page : « Attention! » Fosseuse cherchait encore le mot de l'énigme.

Bavolet reconduisit la senórita chez elle.

— Rentrez chez vous, mon enfant, lui dit-elle avec un charmant sourire, nous ne ferons point ce soir notre partie d'échecs accoutumée.

— Et pourquoi? demanda le page.

— Parce que nous chassons demain.

— Bah! nous chassons tous les jours, il me semble.

— Mais la journée sera rude, et il vous faut du repos.

— C'est bien ennuyeux, murmura Bavolet du ton d'un enfant gâté et boudeur, je voulais jouer aux échecs.

La senórita passa ses doigts dans la chevelure du beau page, en roula et déroula complaisamment les boucles et lui dit :

— Mon petit Bavolet, soyez raisonnable...

— Vous ne m'aimez pas... fit le page effronté, jouant la jalousie.

— Oh! si, dit-elle avec un regard charmant, va t'en...

Bavolet s'en alla sans mot dire et referma la porte du boudoir. Par hasard, les femmes de l'Andalouse étaient encore aux offices, et l'antichambre se trouvait déserte.

— Oh! oh! pensa le page, il y a quelque chose d'extraordinaire ce soir. La senórita était bien pressée de me renvoyer, et Fosseuse, qui est une fine mouche, m'a donné l'alerte. Si je faisais pour une heure le métier de Nancy?

Il y avait un cabinet de toilette à deux issues dans l'appartement de la senórita; l'une de ces issues donnait dans le boudoir, l'autre dans l'antichambre. Bavolet ouvrit bruyamment la porte de l'appartement, parut gagner le corridor et refermant cette porte sans sortir, revint sur la pointe du pied et se glissa dans le cabinet de toilette d'où, grâce à une porte vitrée, on pouvait voir ce qui se passait dans le boudoir.

Tout aussitôt on gratta à l'extérieur, et Gaëtano entra. Il avait à la main une petite fiole et du parchemin.

— Tenez, dit à la senórita, voici l'encre sympathique; elle est d'une qualité merveilleuse, et ne disparaît complètement qu'au bout de six heures. Jusque-là elle ressemble à de l'encre ordinaire d'un beau noir et paraît ineffaçable.

— Très-bien, dit la senórita. Maintenant, m'expliquerez-vous...?

— Sans doute. Je vous ai achetée assez cher pour me fier entièrement à vous.

— Ce mot est peu courtois.

— En politique, la courtoisie est de pure invention; en conspiration, elle est inutile.

— Soit; expliquez-moi...

— Voici. Le roi va venir, n'est-ce pas?

— Sans doute; dans quelques minutes il sera ici.

— Vous lui ferez une scène de jalousie...

— J'y compte bien.

— Et quand il vous aura attesté son amour par tout ce qu'il y a de plus saint...

— Eh bien, alors...

— Alors, ma toute belle, vous lui direz simplement : « Fosseuse, que vous dites ne plus aimer, me fait ombrage. »

— Ah! très-bien.

« — Fosseuse m'est insupportable; vous la devriez bien exiler. »

— Le roi refusera, soyez-en sûr.

— Peut-être consentira-t-il, si vous êtes habile. Alors, vous le ferez asseoir à dans ce fauteuil, vous lui tremperez cette plume dans cette encre, et vous la lui présenterez en disant : il vaut mieux tenir qu'attendre; écrivez-moi sur-le-champ l'ordre d'exil.

— Et si le roi refuse?

— Alors, vous lui direz : « Fosseuse est duchesse, je veux l'être aussi. Faites-moi mon brevet sur-le-champ, je veux tout entier de votre main. »

— Je commence à comprendre, murmura la senórita.

— Le brevet écrit et signé, vous l'enfermerez précieusement. Le reste me regarde.

— C'est précisément le reste que je voudrais savoir...

— Rien de plus simple. Pendant six heures, ce parchemin que voilà sera rempli par un brevet de duchesse, et signé Henri de Navarre. Dans six heures, l'encre sympathique disparaîtra, et le parchemin redeviendra entièrement vide. Alors, nous le remplirons à notre tour par une belle et bonne abdication.

— Oh! oh! fit Bavolet qui, de sa retraite, ne perdait ni un geste ni un mot; voici le mot de l'énigme : l'abdication.

Et le page mit la main sur son poignard.

— Mais, dit la senórita, vous n'avez point songé à une difficulté des plus grandes.

— Laquelle?

— C'est que la signature du roi disparaîtra tout comme la teneur du brevet.

— J'y ai parfaitement songé, senórita. Attendez donc... l'encre sympathique disparaît, mais elle peut reparaître aussi. Sans cette qualité, elle serait parfaitement inutile.

— Comment reparaît-elle?

— De plusieurs manières. En l'approchant du feu, et elle ressort aussitôt, pour s'effacer peu après.

— Si vous employez ce moyen, tout reparaîtra.

— Sans doute; mais une goutte d'un acide que je possède, et qui est également de la composition de celui que j'ai inventé cette encre, une goutte de cet acide, versée sur un seul mot, fait aussitôt reparaître ce mot et le rend ensuite ineffaçable.

— Vraiment!

— J'en ai fait cent fois l'expérience... Vous sentez, senóra, que je verserai la goutte d'acide sur le mot nécessaire.

— Le nom du roi?...

— Sans aucun doute.

— Bon! dit l'Andalouse; mais quand vous aurez l'abdication?

— Parbleu! le reste est peu difficile.

— Vous croyez?

— Deux de mes frères, Hector et Gontran, sont à Madrid ; Paëz est ici ; à leur retour tout sera prêt.

— Quand reviendront-ils ?

— Dame !... fit Gaëtano calculant, dans trois jours au plus tard. Nous choisirons un jour où le roi chassera seul, dans les montagnes, un jour, par exemple, où il tirera, à pied, des gelinottes et des coqs de bruyère.

— Vous êtes un bandit habile et adroit.

— Ah! senora... le vilain mot !

— C'est l'équivalent du vôtre : «Je vous *paye* assez cher. »

— Très-bien !... Faisons la paix.

— Aurai-je mon tabouret ?

— Sans aucun doute.

— Mon château près de Séville ?

— Je vous le promets.

— Et me permettez-vous d'emmener mon petit Bavolet ?

— Le page du roi ?

— Oui, señor.

— Hum ! murmura Gaëtano, je n'y vois qu'un inconvénient.

— Lequel ?

— C'est qu'il pourrait bien être mort dans huit jours.

La senorita recula épouvantée.

— Vous sentez, ma chère amie, continua imperturbablement Gaëtano, que le fanatisme de ce drôle pour son roi est gênant. — Comment l'entendez-vous ?

— Si Bavolet accompagne le roi, le jour où nous l'enlèverons, il se fera tuer avant que le roi soit pris.

— Oh! il n'ira pas... je vous le promets.

— Ah çà, fit l'ambassadeur avec un railleur sourire, croyez-vous donc qu'il vous aime ?

— Je le jurerais !

— Moi je suis certain du contraire. Il aime la reine.

— Impossible !

— Et c'est pour donner le change qu'il vous courtise.

La senorita poussa un cri.

— Si je le savais, dit-elle, je le tuerais de ma main !...

— Chut ! ma mie, comme dit le roi, pas d'impertinences inutiles. Il faut être calme quand on conspire. Adieu...

Pendant ce dialogue Bavolet murmurait :

— Le seigneur Gaëtano est un habile homme, mais il a compté sans mon poignard ; et quant à la senorita...

Un rire silencieux et un haussement d'épaules achevèrent la pensée du page.

Gaëtano avait fait un pas de retraite ; il revint à la senorita.

— N'auriez-vous pas, dit-il, un lieu où me cacher ?

— Pourquoi faire ?

— C'est que j'ai réfléchi qu'il se pourrait bien faire que le roi ne voulût rien signer, ni lettre d'exil, ni brevet.

— Impossible. Le roi m'aime... il signera.

— N'importe! si je me blottissais quelque part...

— Pensez-vous que votre présence suffirait ?...

— S'il refuse ?... murmura Gaëtano d'un air sombre, eh bien !... comme il faut qu'à tout prix cet homme disparaisse, je le tuerai!

— Horreur! fit la senorita indignée, un assassinat! Jamais je ne prêterai les mains à pareil crime.

— Il le faudrait, cependant.

— Le roi signera, je vous le promets.

— Mais encore...

— Je ne sais où vous cacher. S'il ne signe pas, vous lui camperez demain, à la chasse, une balle dans les reins, mais chez moi... non, je ne le veux pas !...

— Soit, dit Gaëtano, mais faites qu'il signe.

— Il signera. Bonsoir.

— Ah çà, murmurait Bavolet en tourmentant le manche de son poignard, si je le tuais, moi, ce bandit !

Et Bavolet fit un pas vers l'issue de l'antichambre que gagnait Gaëtano, et son poignard sortit à demi du fourreau.

Une seconde de réflexion fit rentrer l'arme dans sa gaîne, et Bavolet s'arrêta.

— Morbleu! non, dit-il, mieux vaut prévenir le roi. On arrêtera M. l'ambassadeur, on lui fera son procès et il sera pendu en place publique, à Nérac, à une belle potence toute neuve dont je graisserai la corde moi-même, si le roi me le veut bien permettre.

Et Bavolet attendit que Gaëtano fût sorti pour s'esquiver à son tour et courir chez le roi. Mais au moment où Gaëtano sortait, les femmes de la senorita entraient. Alors Bavolet ne pouvait plus sortir sans donner l'alarme, sans occasionner une rumeur et tout perdre par trop de précipitation.

Il demeura donc

Bavolet se glissa, sur la pointe du pied, dans le cabinet de toilette. (Page 31.)

à son poste, décidé à ne plus le quitter jusqu'à ce que le roi fût entré, eût signé et donné des armes à la senorita. Alors il paraîtrait, lui, Bavolet, et raconterait la scène au roi ébahi.

Le roi ne se fit pas attendre longtemps. Il entra l'œil brillant, le sourire aux lèvres, guilleret comme au temps où il courait, de nuit, les corridors du Louvre.

La senorita avait eu le temps de composer son maintien, de prendre un air triste et boudeur, et de s'asseoir sur une chaise longue roulée auprès d'un feu de printemps.

— Bonjour, ma mie, dit le roi en lui baisant galamment la main.

— Bonjour, sire, répondit-elle d'un ton sec.

— Mon Dieu ! qu'avez-vous? vous êtes pâle...

— Vous croyez, sire.

— Pâle comme un marbre. Souffrez-vous ?
— Peut-être...
— En quel endroit ?
— Au cœur, sire.
— Cordieu !... exclama joyeusement le roi, qui peut vous attrister ainsi, ma mie ?
— Vous, sire.
— Moi ?... par exemple !...
— Vous ne m'aimez pas, sire.
— Je vous aime de toute mon âme, chère belle.
— Je n'y crois point, sire.
— Qui vous en peut faire douter ?
— Vous aimez toujours mademoiselle de Montmorency, sire.
— Quelle folie !
— Et vous paraissiez trop jaloux, ce soir, quand l'ambassadeur causait avec elle, pour que j'en puisse douter un instant.
— Ma mie, dit gravement le roi, quelle preuve vous faut-il pour vous convaincre que je n'aime plus mademoiselle de Montmorency ?
— Aucune. J'ai la certitude du contraire.
— Mais encore...
La senorita jeta un tendre regard à son royal amant.
— Si je vous le demandais, fit-elle, vous me la refuseriez.
— Non, de par Dieu !...
— Eh bien ! puisque vous avez exilé M. de Turenne...
— Oh ! oh ! fit le roi, vous voulez que j'exile Fosseuse ?
— Pourquoi pas, si vous m'aimez ?
— Mais elle ne mérite pas cette disgrâce !
— Elle me déplaît ! dit impérieusement la senorita.
— Ma mie, dit humblement le roi, je le voudrais faire, puisque cela vous serait agréable, mais...
— *Mais* est un mot inconnu dans la langue de l'amour.

— C'est tout bonnement impossible, continua froidement le roi.
— Ah ! vraiment ? murmura la senorita avec dépit.
— Jugez-en : Mademoiselle de Montmorency est dame d'honneur de la reine ; elle est au service de la reine et non au mien ; adressez-vous à la reine.
— Avez-vous consulté la reine pour exiler M. de Turenne ?
— Ceci est bien différent ; M. de Turenne m'appartenait.
La senorita frappa du pied.
— C'est bien ! dit-elle, vous ne m'aimez pas.
— Je vous aime, ma mie, mais je ne puis cependant...
— Eh bien ! dit-elle, faites au moins pour moi ce que vous avez fait pour elle.
— Qu'ai-je fait ? parlez vite

— Elle est duchesse...
— Vous le serez.
— A l'instant ?
— Si vous le désirez.
— Vrai ? fit l'Andalouse en poussant un petit cri de joie, vrai ?... vous me feriez duchesse ?
— Je vous l'ai promis, ce me semble.
— Et si je vous présentais ce parchemin ? et puis cette plume...
— Diable ! grommela le roi, vous êtes pressée, ma mie.
— Oh ! c'est que je hais Fosseuse de toute mon âme.
— Vous avez tort, je ne l'aime plus.

— Et je veux que demain, toute la cour sache que vous m'avez fait.
— Duchesse ? soit, vous allez l'être. Donnez-moi ce parchemin et cette plume.
La senorita prit la tête du roi dans ses mains :
— Vous êtes adorable, sire, dit-elle en le baisant sur le front.
Le roi prit la plume et parut réfléchir.
— Voulez-vous la duché de Coarasse ? demanda-t-il.
— Est-elle aussi riche que celle dont vous avez gratifié Fosseuse ?
— Oh ! certainement.
— Eh bien ! donnez-moi Coarasse. Mettez-vous là, sire.
La senorita installa le roi dans un fauteuil auprès d'un charmant pupitre, elle plaça devant lui le parchemin apporté par Gaëtano et la fiole d'encre sympathique, puis retourna au coin du feu. Le roi prit la plume et traça une ligne.
— Cette encre est bien épaisse, murmura-t-il ; n'en avez-vous point d'autre, senora ?
L'Andalouse tressaillit.
— Non, sire, dit-elle.
— J'ai bonne envie de la délayer avec un peu d'eau.
— N'en faites rien, sire ; elle serait trop blanche.

MARGUERITE DE VALOIS.

— Comme vous voudrez, dit le roi avec indifférence.
Et il écrivit d'une grosse écriture fort lisible le brevet demandé par la senorita ; et puis il signa : Henry de Bourbon, roi de Navarre.
Après quoi il tendit le parchemin à la senorita :
— Tenez, dit-il, enfermez cela ; et maintenant douterez-vous encore...
— Oh ! non, fit-elle avec son adorable sourire, et je vous aime... moi, aussi.
— Hum !... pensa le roi, voilà une duché dont vous ne palperez pas longtemps les revenus, ma mie.
La senorita plia le précieux brevet en quatre et le plaça dans le tiroir du pupitre.
Bavolet, cependant, n'avait point paru, Bavolet demeurait immobile

3

et muet à son poste d'observation. A quoi songeait-il? C'est ce que nous allons dire bientôt.

Bavolet, au fond de sa retraite, faisait les réflexions suivantes :

— Si je préviens le roi, je cours deux chances : la première, c'est que, me trouvant chez la senorita, il me prenne pour un amoureux jaloux qui fait un conte pour se venger; c'est la moins à craindre. La seconde, c'est que la senorita, qui a toujours sur elle une charmante dague de Tolède, ne poignarde le roi en se voyant découverte...

Et Bavolet se prit à réfléchir encore.

— Il serait bien plus simple, poursuivit-il, d'attendre que le roi fût parti. J'aurais bon marché, moi tout seul, de cette petite marquise andalouse qui veut être duchesse.

Et Bavolet attendit.

— Maintenant, dit la senorita, il se fait tard, sire, et vous chassez demain.

— Méchante! vous me congédiez déjà?

— Il le faut, je suis brisée...

— De douleur?

— Non, de bonheur et d'émotion. Je vous aime tant, Henry...

Le roi hésita; mais il songea à Fosseuse, et il répondit avec un dépit admirablement joué :

— Je pars, puisque vous l'ordonnez.

— C'est encore une preuve d'amour que je vous demande.

— Celle-ci est originale, grommela le roi en baisant la petite main de la nouvelle duchesse.

Puis il fronça tout à coup le sourcil.

— Mon Dieu! fit-elle effrayée, qu'avez-vous donc?

— Presque rien. Au mot tour je suis jaloux.

— Jaloux! Et de qui, s'il vous plaît?

— Mais, dit le roi avec humeur, vous écoutez bien complaisamment mon page depuis quelques jours.

La senorita eut un rire forcé.

— C'est un enfant, dit-elle.

— Il a seize ans, ma mie, et il est beau, ventre saint-gris!...

— Vous trouvez?

— Demandez à la reine, murmura le Béarnais avec un fin sourire qui fit tressaillir le page.

— Moi, je le trouve laid, dit la senorita avec dédain.

— Bon, pensa Bavolet, voilà un mot qui est dur, senora, et il vous portera malheur.

— Laid! fit le roi, quel blasphème!...

— Insignifiant, au moins...

— Par exemple, ma mie, ajouta mentalement Bavolet, je vous aurais pardonné peut-être la première épithète, mais je me souviendrai de la dernière, et il vous en cuira!

— Ainsi, reprit le roi, vous n'aimez pas mon page?

— Oh! fit-elle avec un sourire de mépris.

— C'est que, si vous l'aimiez, j'en serais bien marri.

— Vous l'exileriez, dit-elle en riant; il est à vous, celui-là.

— L'exiler! non certes, ma mie, Bavolet est presque mon fils, je l'aime comme s'il l'était; je renoncerais plutôt à ma couronne de Navarre qu'à mon page, ventre saint-gris! adieu, ma mie...

Et le roi, baisant de nouveau la main de l'Andalouse, s'en alla tranquillement se coucher, après avoir donné ses ordres pour qu'on fit soigneusement le bois dans la nuit avec ses meilleurs limiers.

— Avec tout cela, murmura-t-il en se mettant au lit, nous ne savons rien encore : cet ambassadeur est fin comme l'ambre, et j'ai là un rude jouteur. Heureusement je suis prévenu, et ces frontières sont bien gardées.

La chambre à coucher de la senorita ouvrait sur le boudoir.

Quand elle fut seule, l'Andalouse relut le brevet et examina attentivement la précieuse signature.

— Voilà le brevet de moine de Sa Majesté, murmura-t-elle en replaçant le parchemin dans le tiroir. Gaëtano sera content.

— Attends, murmura Bavolet, je vais le remplir, ce brevet-là.

Et Bavolet allait s'élancer dans le boudoir, quand la senorita le prévint et sonna ses femmes, ce qui le contraignit à demeurer coi.

Les femmes entrèrent.

— Venez me déshabiller, dit la senorita, je vais me coucher.

— Très-bien, pensa Bavolet qui imagina soudain tout un nouveau plan.

La senorita passa dans sa chambre à coucher avec ses femmes, et les portes furent refermées.

Bavolet n'hésita plus, il s'élança vers le pupitre, y prit la fameuse abdication et s'enfuit par le cabinet, ouvrant et refermant les portes de l'antichambre désertée avec des précautions telles, que ni la senorita ni ses femmes n'entendirent le moindre bruit.

— Ah! ah! ricana le page, quand il fut dans le corridor. Vous croyez que les rois ont des pages pour le seul plaisir de les habiller de velours et d'or, monsieur l'ambassadeur? Doucement; le page du roi, c'est l'épée qui veille sans cesse quand le monarque dort. Vous apprendrez cela à vos dépens, mon cher Gaëtano, un matin de soleil, sur la grand'place de Nérac, où l'on dresse la potence. Et vous, ma petite senorita, belle aventurière qui me trouvez laid et insignifiant, soyez tranquille! je vous promets que les verges dont on vous fouettera seront coupées dans votre belle duché de Coarasse.

Bavolet songea à monter chez le roi.

— Bah! dit-il, le roi dort déjà. Allons chez Fosseuse, elle en rira tout à son aise.

Fosseuse, étendue à demi sur un lit de repos, se faisait lire par Nancy la Vie des Dames galantes, de messire l'abbé de Brantôme.

— J'ai le mot, dit Bavolet.

— Quel mot?

— Celui de l'énigme, parbleu!

Fosseuse tressaillit.

— C'est le mot ABDICATION, un mot insignifiant, comme vous voyez.

Et Bavolet mit le parchemin sous les yeux de Fosseuse et lui raconta de point en point tout ce qu'il venait de voir et d'entendre.

— Par exemple! s'écria Fosseuse, voici qui est trop fort, et notre cousin d'Espagne a une grande envie de notre petit royaume de Navarre qui me paraît assez plaisante.

— Aussi, dit Bavolet, je suis d'avis de brûler ce cher parchemin quand le roi l'aura vu tout à son aise.

— Le brûler? non pas! s'écria Fosseuse, il faut le rendre à la senorita, au contraire.

— Le rendre!... y pensez-vous?

— Bavolet, mon ami, tu n'es pas versé en politique, et je te pardonne tes terreurs; mais sois tranquille, nous allons arranger les choses de manière que M. l'ambassadeur ne saura qu'en faire. Allons chez la reine.

Le page pâlit soudain et ne répondit pas.

— Je te comprends, murmura Fosseuse, j'irai seule.

— Allez, murmura Bavolet redevenu triste et morne, moi je n'en aurais point la force.

— Tiens, dit Fosseuse, prends ce volume et attends-moi.

Fosseuse fit signe à Nancy de la suivre, et toutes deux gagnèrent l'appartement de la reine.

Ce n'était plus cette belle Marguerite de Valois que nous avons connue au début de cette histoire, cette reine au front serein, au charmant sourire, au regard calme et fier; — c'était Marguerite pâle de souffrance, l'œil noyé de larmes, Marguerite redevenue sombre et désespérée, comme le jour où le bourreau fit voler dans la poussière la tête du comte de la Môle; comme le jour encore où Hector de Furmeyer mourut dans ses bras, un soir de printemps à l'heure où tout parlait d'amour autour d'elle dont l'amour venait de tuer son amant!...

Elle était seule, la pauvre reine, seule et triste en cet oratoire où son dernier amour était né et où elle essayait de l'étouffer dans l'isolement et le silence.

— Madame, lui dit Fosseuse, essuyez vos pleurs pour une heure, il faut sauver le roi.

A ce mot la reine tressaillit et regarda Fosseuse.

— Tenez, dit celle-ci, connaissez-vous cette encre?

La reine prit le parchemin et l'examina avec attention.

— C'est de l'encre sympathique : quelle idée le roi a-t-il eue de s'en servir, et quelle autre idée lui a passé par le cerveau de faire cette aventurière duchesse de Coarasse?

— Ce n'est point tout à fait cela, madame. Le roi cherchait, comme nous, le mot de l'énigme. La senorita lui a demandé une duché, et il la lui a octroyée... toujours pour arriver à trouver le mot fameux. Le roi a pris une plume et du parchemin, et la senorita lui a présenté cette encre. Le roi l'a trouvée épaisse, mais comme il n'y en avait pas d'autre, il s'est servi de celle-là.

— Très-bien, dit la reine; dans quelques heures, le parchemin sera blanc et la duchesse n'aura plus de duché.

— Oui, dit Fosseuse; mais à la place du brevet, savez-vous ce que le seigneur Gaëtano aura soin d'écrire?

— Oh!... dit la reine en fronçant le sourcil, je commence à comprendre.

— Le mot de l'énigme était abdication en faveur du roi d'Espagne.

La reine prit vivement le parchemin.

— Mais la signature disparaîtra également? fit-elle.

— Sans doute, mais avec un acide...

La reine fit un brusque mouvement, et puis un sourire épanouit ses lèvres.

— M. l'ambassadeur, dit-elle, ne sait pas que j'ai appris la chimie chez maître René le Florentin, le parfumeur de ma mère,—lequel a composé lui-même cette encre.

— C'est pour cela que je suis venue à vous, madame.

— Et il ne sait pas non plus que s'il est un acide assez puissant pour la rendre ineffaçable, il en est un autre acide, qui, employé auparavant, la fait complètement disparaître.

— Vraiment! dit Fosseuse, qui avait imaginé déjà tout un plan de mystification à l'endroit de l'ambassadeur.

— Attendez, petite, fit la reine, vous allez voir. Nancy, ouvre ce bahut et apporte-moi les deux fioles rouges que tu trouveras sur la deuxième tablette à gauche.

Nancy obéit, la reine prit les deux fioles et les montrant à Fosseuse.

— Voici, dit-elle, de l'encre pareille à celle de M. l'ambassadeur, et voilà l'acide qui la détruit.

— En ce cas, dit Fosseuse rayonnante, si Votre Majesté m'en croit...

— Que ferons-nous, petite?

— Nous effacerons le nom du roi.

— J'y songeais.

— Et nous en écrirons un autre à la place.

La reine se prit à sourire.

— Ton idée me plaît, dit-elle; mais il y a une chose à craindre, c'est que le seigneur Gaëtano ne soit pressé de rédiger l'acte d'abdication et ne s'aperçoive de la substitution.

— C'est juste, dit Fosseuse; mais il s'en apercevra tout autant si nous effaçons simplement la griffe du roi.

— Tu as raison.

La reine versa une seule goutte de l'acide sur le nom déjà pâli du roi de Navarre, et ce nom disparut tout à fait.

Puis elle trempa une plume dans l'encre sympathique et la remit à Fosseuse.

Fosseuse écrivit à l'endroit même où se trouvaient naguère ces mots : « Henry de Bourbon, roi de Navarre, » ce mot unique : « Bavolet Ier. »

La reine eut un triste sourire en lisant le nom du page, puis elle se roidit contre ses poignants souvenirs et ajouta :

— Maintenant il ne suffit point de détruire la possibilité d'un acte d'abdication, il faut prévenir un coup de main. Ce Gaëtano est capable de poignarder le roi ou de l'enlever.

— Il faut prévenir le roi.

— Non pas; je veux que nous ayons tout le mérite d'avoir déjoué le complot.

— Mais il serait bon d'arrêter M. l'ambassadeur et ses complices?

— C'est l'affaire de M. de Mornay, qui est chargé de la police du royaume.

— M. de Mornay est à Nérac.

— Nous allons mettre un gentilhomme à cheval et le mander à Coarasse.

— M. de Mornay sera ici demain soir.

— Mais si d'ici là...

— D'ici là, l'ambassadeur n'osera rien tenter. Le roi chasse demain en nombreuse compagnie et Bavolet ne le quittera point.

Pepa qui pleurait entendit ces derniers mots.

— Allez, petite, dit la reine, il faut que Bavolet se charge de tout cela. Surtout qu'on ne l'éveille point le roi. Nous veillons pour lui.

Pepa ne vit point le parchemin, mais elle pensa qu'il y avait quelque chose d'extraordinaire, et une joie presque féroce illumina un moment son beau visage de gitana.

Elle parut avoir oublié quelque détail de service à l'extérieur et ressortit sur les pas de Fosseuse.

Fosseuse rentra chez elle, où Bavolet l'attendait.

— Tiens, dit-elle tout bas en lui glissant le parchemin dans son pourpoint entr'ouvert, de manière que Pepa, qui collait son œil à la serrure, ne vît et n'entendît rien, tu peux remettre le brevet de duchesse dans le trésor de la senorita, il n'est plus dangereux.

— Comment cela?

— Je te conterai tout plus tard, le temps presse.

Bavolet prit sa toque.

— Un mot encore, dit Fosseuse: tu vas te rendre chez M. de Goguelas, et tu l'éveilleras.

— Il a le sommeil bien dur et s'éveille difficilement.

— Tu le roueras de coups, s'il le faut.

— Bon! murmura Bavolet, je n'y manquerai pas, puisque l'occasion s'en présente; il y a longtemps que je veux me venger d'une impertinence qu'il m'a faite à la chasse. Un jour que j'avais tué un sanglier, ce maroufle prétendit que ma balle s'était perdue, tandis que la sienne s'était logée dans l'oreille de la bête. Et le roi, qui était de méchante humeur, prétendit qu'il avait raison.

— M. de Goguelas éveillé, poursuivit Fosseuse, tu le feras monter à cheval.

— Tant pis; il crève tous les chevaux qu'il monte.

— Et tu l'enverras à Nérac.

— Bon; après?

— Avec ordre, de par le roi, — de par le roi, entends-tu bien?— de ramener M. de Mornay.

— Très-bien, je comprends, dit Bavolet, qui ouvrit la porte.

Pepa s'était rejetée dans l'ombre, elle suivit le page jusqu'à la chambre de M. de Goguelas, qui ronflait comme un orgue un jour de grande fête.

Bavolet avait seize ans, c'est-à-dire que les plus violentes douleurs et les situations les plus critiques ne pouvaient effacer entièrement chez lui ses velléités d'espièglerie.

Il réveilla M. de Goguelas avec une grêle de croquignoles. M. de Goguelas ouvrit péniblement les yeux, crut rêver et les referma. Bavolet en vint aux coups de poing et meurtrit la tête carrée du vieux gentilhomme, qui finit par s'éveiller tout à fait et sauta sur son épée avec un geste de colère.

— Chut! lui dit Bavolet, voilà vos chausses, habillez-vous. Service du roi.

— Est-ce le roi qui vous commande de m'assommer?

— Jusqu'à ce que vous soyez éveillé, oui, mon gentilhomme.

— Et pourquoi faut-il que je m'éveille? demanda le pauvre homme en se frottant les yeux et bâillant.

— Pour vous vêtir d'abord, et monter à cheval ensuite.

— Et où dois-je aller?

— A Nérac.

— A cette heure?

— Pourquoi pas?

— Mais il est nuit!

— Il fait un clair de lune superbe.

— Tout seul?

— Puisqu'il fait clair de lune, vous chevaucherez avec votre ombre, une très-belle ombre, ma foi!... ajouta Bavolet avec un sourire moqueur.

— Petit drôle, grommela le gentilhomme, si tu n'étais si jeune...

— Bah! je vous boutonne neuf fois sur dix. Vous auriez mauvaise grâce à faire de l'escrime avec moi. Allons! presto, habillez-vous.

— Je suis prêt.

— Vous allez courir à Nérac, ventre à terre.

— Je le veux bien, puisque le roi l'ordonne.

— Toujours au galop, car le trot vous fatigue, et votre ombre aurait mauvaise mine.

— Insolent!...

— Vous irez trouver M. de Mornay, et le ramènerez ici sur-le-champ.

— Ah çà, dit M. de Goguelas, il y a donc quelque chose d'important au château?

— Certainement; il s'agit de faire pendre un gentilhomme.

— Un gentilhomme!... qui cela?...

— C'est un secret.

— C'est un secret?

— Quel est son crime?

— Dame! fit Bavolet en riant, il s'est attribué un sanglier qu'il n'avait point tué. A cheval, messire.

M. de Goguelas se prit à rire de la plaisanterie du page, puis il agrafa son épée et s'enveloppa dans son manteau.

Pepa avait tout écouté. Pepa se rejeta de nouveau dans l'ombre quand Bavolet et M. de Goguelas sortirent.

Dix minutes après, le vieux gentilhomme courait sur la route de Nérac, et Bavolet gagnait sans bruit l'appartement de la senorita.

L'une des femmes de l'Andalouse couchait dans l'antichambre, et elle s'éveilla au bruit de la porte que le page ouvrit cependant avec précaution.

— Diable! murmura-t-il, voici qui est fâcheux.

Une veilleuse brûlait auprès du lit de la camérière, en sorte que celle-ci reconnut le page et le regarda avec étonnement.

— Payons d'audace, pensa le page.

Puis il mit un doigt sur sa bouche.

— Chut! dit-il, pas de bruit.

— Que voulez-vous à cette heure?

— Petite, répondit Bavolet en tirant sa bourse, veux-tu être bien gentille?

La camérière aperçut les pièces d'or brillant d'un fauve reflet au travers des mailles de l'escarcelle, et elle regarda Bavolet d'un air interrogateur.

— Figure-toi, dit impudemment Bavolet, que j'ai laissé mon mouchoir chez ta maîtresse.

— Je vais vous quérir, monsieur Bavolet.

— Fi!... une jolie fille comme toi ne se doit point lever à minuit passé. J'irai moi-même.

— C'est que, murmura la camérière, madame dort.

— Je gage que non.

— Et, si elle dort, vous l'éveillerez...

— Je marcherai sur la pointe du pied.

— Attendez donc, dit la soubrette qui hésitait toujours.

— Petite, murmura le page, il y a onze pistoles... tout autant et cela suffirait à acheter une belle basquine de velours soutaché d'or comme en portent les manolas et les senoras de Séville.

— Mais ma maîtresse me chassera!...

— Si elle s'éveillait, je ne dis pas... mais elle ne s'éveillera pas...

— Elle s'éveillera, j'en suis sûre.

— Petite, dit le page d'un ton confidentiel, tu es curieuse, et je vois qu'il faut te le dire. Mais tu seras discrète, n'est-ce pas?

— Oh! oui, dit la camérière que les pistoles tentaient fort, et qui cherchait un honnête prétexte pour transiger avec sa conscience.

— Eh bien! reprit Bavolet, figure-toi que la senorita aime beaucoup... les contes.

— En vérité! dit la soubrette, avec un malin sourire.

— Et ce soir, quand je l'ai quittée, je lui en ai commencé un que je n'ai point achevé...

— Et vous voulez?...

— C'est-à-dire qu'elle veut... Elle m'a dit : « Venez à minuit, entrez sur la pointe du pied et n'éveillez pas ma camérière. Je tiens à la fin de votre histoire. »

— Bien vrai, elle vous a dit cela?

— Je suis trop timide pour oser mentir. Je suis entré bien doucement Mais que veux-tu? Tu as le sommeil si léger... Sais-tu, petite, que tu es bien jolie, et qu'une basquine de velours soutachée d'or...

L'œil de la camérière brilla de nouveau.

— Allez finir votre conte, dit-elle; mais vous ne direz point à la senora que je me suis éveillée.

— Ah! fi! murmura le page, ce serait lui dire que j'ai le pas lourd, et un conteur doit être léger.

Bavolet entra dans le boudoir, sans lumière, comme un romancier que son sujet absorbe et qui a des distractions; puis, à la clarté de la lune, il trouva le tiroir du pupitre et y replaça soigneusement ce précieux parchemin qui devait assurer, selon les calculs de Gaëtano, la couronne de Navarre au roi d'Espagne et un tabouret à la cour de Madrid à la senorita.

— Diable!... pensa-t-il alors, la soubrette trouvera mon conte bien court; si j'en commençais un autre à la senorita... elle ne pourrait s'en lâcher.

Et Bavolet se dirigea vers la porte de la nouvelle duchesse.

Mais soudain une ombre passa devant les yeux de Bavolet, un souvenir se dressa devant lui, son cœur meurtri saigna; il lui sembla voir la reine, la reine, qu'il aimait; la reine, qui pleurait sans doute à cette heure...

Et Bavolet s'arrêta, frissonnant, et demeura au milieu du boudoir, étreint par de cruelles pensées et la main appuyée sur son cœur.

Il demeura là plus d'une heure, oubliant tout pour ne songer qu'à elle; et puis enfin, quand il revint au sentiment de la réalité, il se dit :

— Je pense que mon conte est de bonne longueur, allons-nous-en.

Bavolet donna à sa physionomie une expression de béatitude extrême et regagna l'antichambre.

La soubrette ne s'était point rendormie.

— Ma chère enfant, lui dit-il avec un fin sourire, le roi de Navarre a bien de l'esprit.

— Je le sais, répondit la camérière.

— Il narre admirablement, et a commencé déjà plusieurs histoires à la senorita.

— Je m'en doute, monsieur Bavolet.

— La senorita les trouve charmantes, mais elle préfère les miennes.

— La senorita a bon goût, dit la camérière.

— Vous êtes une petite flatteuse!... Or, le roi, comme tous les gens qui ont de l'esprit, est fort jaloux de celui des autres...

— Vous croyez? demanda la camérière en souriant.

— J'en suis sûr. Le roi est comme le roi de trèfle dans un certain jeu de cartes qu'on nomme le jeu de la reine.

— Ah!... et que fait le roi de trèfle à ce jeu?

— Il ne doit point savoir ce que le valet de cœur dit à la reine de trèfle, qui l'a pour son conseil.

— Très-bien. Le roi de trèfle ne saura rien.

— Mais, reprit Bavolet, la dame de trèfle est fort méchante pour ses sujets qui sont les menus atouts; et si les menus atouts jasent trop, même de ce qu'elle a pu dire avec le valet de cœur, elle punit les menus atouts.

— Je comprends; je serai muette.

— Tu feras très-bien, petite, car j'ai songé que j'avais encore chez moi dix autres pistoles qui pourraient bien suffire à acheter une la mantille de dentelles en point de Venise, et que cette basquine sied à ravir sur la basquine soutachée d'or dont nous parlions tout à l'heure.

— Soyez tranquille, monsieur Bavolet, murmura la soubrette dont l'œil pétillait, je ne me suis point éveillée.

— Adieu, petite, dit le page en s'en allant.

— Monsieur Bavolet... fit la camérière d'un ton suppliant.

— Que veux-tu encore?

— Vous m'avez éveillée et je ne dormirai plus; ne sauriez-vous point achever un conte?

— Je viens de me ruiner, répondit le page en riant. Et il sortit.

Tandis que M. de Goguelas et Bavolet descendaient aux écuries pour y seller un cheval, Pepa s'était dirigée vers l'appartement occupé par le seigneur Gaëtano, ambassadeur d'Espagne.

— Ah! murmurait la jalouse Catalane, vous aimez Bavolet, madame la reine, et vous, Bavolet, vous l'aimez à votre tour; —et vous croyez que Pepa ne se vengera point? — Ah! je ne suis qu'une servante, mon beau gentilhomme, et vous haussez les épaules de l'ardent amour que j'ai pour vous! — Eh bien! je me nomme Pepa; ma mère était une gitana, mon père, un brigand de la Sierra; leur sang coule dans mes veines, et, par le patron des Espagnes, je me vengerai!...

Le seigneur Gaëtano était au lit. Dans l'antichambre, veillait son unique serviteur, ce vieil écuyer que nous avons entrevu au seuil de cette histoire, maugréant contre la pluie et le vent et cherchant au fond de sa gourde pansue quelques consolations philosophiques.

— Votre maître dort-il? demanda Pepa.

— Je n'en sais rien, que voulez-vous?

— Lui parler sur-le-champ.

— Il est bien tard...

— Qu'importe! il le faut.

Le ton de l'epa était impérieux, son regard pétillait et fascina l'écuyer. L'écuyer pénétra dans la chambre de son maître et le prévint.

— Que peut me vouloir cette péronnelle? se demanda l'ambassadeur, en donnant l'ordre d'introduire Pepa.

Pepa entra, regarda l'écuyer et ensuite Gaëtano.

Gaëtano comprit et congédia d'un geste le vieux serviteur.

— Seigneur, dit résolûment la Catalane, vous conspirez contre le roi de Navarre, n'est-ce pas?

Gaëtano fit un brusque mouvement et attacha sur Pepa un regard défiant.

— Oh! dit-elle, fiez-vous à moi, je suis une amie.

Gaëtano se prit à rire.

— Mon enfant, vous êtes folle.

— Vous conspirez! reprit énergiquement Pepa.

— En vérité, je voudrais bien en avoir la preuve?

— J'en suis certaine.

— Je suis assuré du contraire, ma chère enfant.

— Vous vous défiez de moi, monseigneur, et vous avez raison, car je suis attachée à la reine de Navarre.

— Vous êtes Pepa la Catalane, je crois?

— Je suis du service de la reine, mais je hais la reine.

— Pourquoi?

— Je la hais parce qu'elle aime Bavolet.

— Je ne le savais pas, murmura ingénûment l'ambassadeur.

— Je la hais parce que Bavolet l'aime.

— Vous aimez donc le jeune page?

A cette brusque question, Pepa rougit comme un écolier pris en faute.

— Oui, murmura-t-elle, je l'aime... et je veux me venger!

Gaëtano tressaillit et examina attentivement la Catalane.

— Que puis-je faire pour te servir? demanda-t-il.

— Rien, profiter d'un conseil.

— D'un conseil? écoute; ce doit être plaisant!...

— Vous conspirez, reprit Pepa, mais la reine et mademoiselle de Montmorency vous surveillent.

Gaëtano fit un soubresaut.

— Bavolet est aux aguets, poursuivit Pepa.

Gaëtano devint inquiet.

— Et vous devez être découvert, car M. de Goguelas part en ce moment pour Nérac.

— Que va-t-il y faire? demanda vivement l'ambassadeur.

— Chercher M. de Mornay qui est premier ministre, et l'amener à toute bride.

Gaëtano bondit.

— Si vous avez encore le temps de mettre à exécution votre plan que j'ignore, du reste, faites-le sur-le-champ; demain soir il serait trop tard, car M. de Mornay sera ici.

La sueur perlait au front de Gaëtano; il se leva d'un bond et congédia Pepa en lui disant:

— Je te récompenserai.

— Ma récompense, dit-elle avec un sourire féroce, c'est le malheur de la reine et de Bavolet; leur humiliation et leur ruine. Je sais bien que je trahis ceux dont je mange le pain; mais je veux me venger. La haine est mon excuse.

Et Pepa s'en alla triomphante, murmurant avec une joie cruelle :

— Je voudrais qu'on pût effacer le royaume de Navarre du livre des nations!

Gaëtano se trouva vêtu en quelques secondes; il prit son manteau et son épée, et il courut chez la senorita. La camérière se leva à la hâte et passa chez sa maîtresse. Gaëtano la suivit.

— Mon Dieu! lui demanda-t-il, qu'est-il arrivé?

— Ce que je prévoyais : le roi a signé.

— Il a signé, dites-vous; vous ne mentez pas?

Elle le regarda étonnée.

— Il a signé, vraiment?

— Tenez, dit la senorita, passez dans le boudoir, vous trouverez le brevet dans le pupitre.

Gaëtano y courut, trouva le parchemin et l'ouvrit précipitamment.

Le parchemin ne contenait plus que des traces illisibles de l'encre sympathique, et la signature était presque entièrement effacée.

— Oh! s'écria-t-il, tout n'est point perdu encore; et si Hector et Gontran ne sont point arrivés, eh bien! Paëz et moi, nous ferons la besogne tout seuls. Le roi sera bien escorté aujourd'hui; mais dussé-je lui camper une balle et le prendre pour un ours ou un sanglier, ce soir, mort ou vivant, il aura passé la frontière et se trouvera en pleine terre espagnole.

Et Gaëtano, se saisissant du parchemin, le cacha dans son pourpoint, laissa la senorita stupéfaite et courut aux écuries, où il sella un excellent cheval.

Une heure après, il était à la porte de cette hutte de bûcheron où il avait trouvé ses frères. Trois hommes étaient alentour de l'âtre.

Le premier était Paëz, le second Hector, qui arrivait à toute bride de Madrid, et précédait Gontran de quelques heures.

Le troisième, un vieillard cassé et blanchi, mais dont l'œil étincelait de jeunesse : ce dernier, c'était le vieux Penn-Oll qui venait de Bretagne.

Et puis, dans l'ombre, il y avait une femme vêtue de noir, pâle, triste et pourtant toujours belle, — la mère de l'enfant !

XVI

Trois chevaux ruisselants et couverts de poussière, qu'on avait attachés à la porte, attestaient que le vieux Penn-Oll, son fils Hector et la mère de l'enfant étaient arrivés depuis quelques minutes à peine.

Gaëtano poussa un cri en reconnaissant son père, courut vers lui et fléchit le genou.

Le vieillard le releva et lui dit gravement:

— Votre frère Paëz m'a dit que vous étiez sur le point d'obtenir un succès complet; où en êtes-vous?

Gaëtano tira de son pourpoint le brevet signé par le roi.

— Voici l'abdication, mon père, dit-il.

— L'abdication ? ce parchemin est blanc....

Alors Gaëtano raconta brièvement à l'aide de quel procédé il était aisé de faire reparaître la signature du roi, et comment on pourrait remplir le parchemin.

— Tout est bien, murmura le vieillard ; mais l'enfant ?

— Mon enfant! répéta la pauvre mère avec l'accent d'une douleur longtemps comprimée.

— Nous le retrouverons, madame; Gontran l'a peut-être retrouvé à cette heure, répondit Hector.

Gaëtano regarda son frère.

— Pourquoi reviens-tu seul ? demanda-t-il.

— Je reviens seul parce que la cour était à l'Escurial et non à Madrid, et que Gontran craignait que tu n'eusses besoin de nous. Je suis parti le premier. Gontran a couru à l'Escurial, où le roi est avec ses pages ; — et soit qu'il retrouve ou non l'enfant, il arrivera ce soir.

— Ce soir ? fit Gaëtano joyeux ; nous pouvons agir aujourd'hui, en ce cas...

— Que veux-tu dire?

— Que dans vingt-quatre heures, peut-être, il sera trop tard. Les soupçons commencent à se répandre, on me regarde avec défiance. Il y a une heure, un gentilhomme est monté à cheval, et a pris, au galop, la route de Nérac ; nous avons hurté à la porte de toutes les chaumières, et sonné au pont-levis de tous les castels; partout, comme le barde antique appuyé au bras de sa fille, j'ai chanté la grandeur des siècles passés de la Bretagne et la misère des temps présents. On m'écoutait d'abord avec indifférence, puis l'étonnement lui succédait, ensuite les cœurs commençaient à battre sourdement; et enfin, quand je disais qu'un fils des Dreux vivait encore et redemandait le trône de ses pères, l'enthousiasme s'allumait dans tous les yeux, toutes les poitrines s'enflaient et on me répondait dans les chaumières: — Montrez-le! et nos faux de moissonneurs, nos socs de charrue deviendront des instruments de guerre!... — Dans les châteaux on me disait : — Notre épée est rouillée; mais, montrez-nous le fils de nos ducs, et nous la fourbirons avec du sang français. Voilà, messires mes fils, tout est prêt en Bretagne; tout est prêt en France, car le signal va retentir qui placera la maison de Lorraine sur le trône en précipitant le dernier des Valois. Un obstacle presque insurmontable en défendait l'accès aux Guises: cet obstacle c'était le roi de Navarre, le plus proche héritier. Nous sommes arrivés et nous lui avons dit : « Rendez-nous notre duché de Bretagne et

nous vous débarrasserons à toujours du Béarnais. » L'heure est venue, tenons notre promesse; les Guises tiendront la leur, car le jour où Henri de Lorraine sera proclamé roi, Jean de Penn-Oll sera couronné duc!...

L'enthousiasme rayonnait au front du vieillard et il regardait fièrement ses fils, semblant leur dire: Etes-vous contents?

Gaëtano se tourna vers Hector :

— Gontran espère-t-il toujours retrouver l'enfant?

— Plus que jamais; car, à Madrid, on lui a dépeint les pages du roi, et parmi eux il a cru reconnaître celui dont lui parla le cabaretier parisien.

— A l'œuvre donc, mes maîtres ! la couronne de Bretagne dépend de la journée qui commence. Le roi chasse aujourd'hui et il aura nombreuse escorte. Il faudra dégaîner et frapper d'estoc et de taille.

— Nous avons un carrosse et une troupe de lansquenets à la frontière, dit Hector.

— Oui, mais la frontière est éloignée, et il y faut arriver.

— Ecoutez, dit Paëz, je me charge de tout, si Gaëtano peut obtenir que la bête détournée soit dirigée vers la Combe-Noire, gorge qui se trouve à trois lieues d'ici et avoisine la frontière. Il y a dans cette combe une sorte de caverne où nous pourrions établir un bivouac et cacher le roi une partie de la nuit, car si nous parvenons à le faire disparaître, sans aucun doute on le cherchera aux frontières.

— Et comment le faire disparaître?

— Monte-t-il un bon cheval?

— Excellent coureur.

— A-t-il l'ardeur bouillante des veneurs?

— Quand sonne l'hallali, il n'y tient plus.

— Soyez tranquilles, je ferai la curée et le roi y arrivera avant personne.

— Il n'y a que Bavolet qui me gêne, murmura Gaëtano.

— Je t'en charge. A nous le roi!

Le vieux Penn-Oll et la mère de l'enfant écoutaient attentivement.

— Mais, dit le vieillard, cette abdication, il la faudrait écrire...

— Paëz le fera. Je suis parti précipitamment et n'ai point apporté le flaçon d'acide qui doit faire ressortir la signature du roi.

Hector alla vers la porte. Une sorte de clarté blanchâtre commençait à poindre à l'horizon et annonçait que la nuit tirait à sa fin.

— Gaëtano, dit-il à son frère, il faut partir!...

— Je me fie donc à vous?

— Oui, à la condition que la bête débouchera dans la Combe-Noire.

— J'achèterai les piqueurs et les valets de chiens.

Gaëtano reprit son manteau et se dirigea vers le seuil ; là, il se retourna, mû sans doute d'une pensée soudaine.

— Il faut tout prévoir, dit-il; si l'enfant n'était point retrouvé?

La pauvre mère poussa un cri d'effroi.

— Oh! par pitié! murmura-t-elle, taisez-vous!...

— Madame, il s'agit, avant votre fils, de la liberté de tout un peuple; ce n'est point votre fils que nous cherchons, c'est le souverain de ce peuple, dit gravement l'ambassadeur espagnol.

— Si l'enfant n'est pas de retour, si Gontran revient seul, répondit le vieux Penn-Oll, c'est qu'il sera mort.

La veuve pâlit et chancela.

— Et alors, continua le vieillard, nous lui nommerons parmi nous un successeur.

— Et ce successeur c'est vous, mon père, dit Hector.

— Je suis trop vieux. Il faut un homme jeune et fort pour relever le trône écroulé de nos pères.

— Alors ce sera moi!... s'écria le sombre don Paëz, qui se dressa tout à coup de toute sa hauteur, et dont l'œil flamboya.

Le vent de l'ambition venait encore de fouetter le cœur du roi déchu; il rêvait une autre couronne.

— Mais, s'écria la veuve écossaise avec un accent déchirant, si Gontran ne retrouve point mon fils, est-ce à dire que mon fils soit mort?

— S'il ne l'est point et qu'il reparaisse, madame, je lui rendrai cette couronne qui ne m'appartient qu'après lui.

La malheureuse mère se mit à genoux et pria avec ferveur.

— Adieu, mon père! frères, adieu! dit Gaëtano ; à ce soir, et Dieu nous protège! car notre cause est sacrée...

Gaëtano sauta en selle et repartit au galop. Moins d'une heure après il rentrait à Coarasse.

Le jour naissait à peine et tout paraissait dormir dans le château. Seuls, les valets de limiers et les piqueurs, déjà levés, étaient rassemblés dans les chenils et donnaient la soupe du matin aux vaillants animaux qui devaient, dans quelques heures, combattre l'hôte le plus redoutable des Pyrénées.

Gaëtano entra, tandis qu'on les couplait avec soin, avisa le chef des piqueurs, et lui dit négligemment:

— Qu'avez-vous détourné, cette nuit?

— Une ourse qui nourrit.

— Bravo! fit-il, jouant le ravissement du veneur passionné,

— Les brisées sont-elles sûres?

— Infaillibles, monseigneur. L'ourse est à une lieue d'ici. Le roi entrera en chasse à huit heures; à dix, la bête sera sur pied, et nous la pouvons courir deux heures en vue.

— Et après?

— Après, il est probable qu'elle gagnera la futaie.

— Dans quelle direction?

— Au sud-est.

— Y a-t-il là un bon passage?

— Excellent, monseigneur! la Combe-Maudite.

Gaëtano tressaillit.

— Quel vilain nom! dit-il.

— Oh! ce nom vient d'une vieille histoire de châtelain maudit par son père qu'il avait outragé, et qu'on trouva assassiné dans ce lieu.

— Très-bien! Et ce passage est le meilleur?

— Bien certainement. Excepté, pourtant, celui de la Combe-Noire.

— Ah! dit Gaëtano avec indifférence, n'y aurait-il pas moyen que la chasse passe par là?

— Si le roi le voulait, sans doute; mais c'est lui qui a ordonné le bois, et il a désigné la Combe-Maudite.

— Cela m'est parfaitement indifférent, murmura Gaëtano.

Et il s'en alla, sans apercevoir Bavolet, qui, d'une fenêtre de la salle basse, avait entendu ses questions et les réponses du vieux piqueur.

Bavolet courut chez Fosseuse et lui rapporta fidèlement que Gaëtano revenait d'une expédition nocturne, et qu'il s'était entretenu avec les valets de chiens.

— Très-bien, dit Fosseuse, on veillera.

— Faut-il prévenir le roi?

Mademoiselle de Montmorency parut réfléchir.

— Eh bien! tu vas donner à tous les gentilshommes l'ordre de se porter en avant et bien armés, et de se rallier à Combe-Maudite. Si l'embuscade est quelque part, elle est là.

— Ou plutôt à Combe-Noire.

— Ceci nous est parfaitement indifférent, la chasse ne passera point par là. Le roi, par conséquent, n'y passera point davantage.

— L'essentiel reprit Fosseuse, est que le roi ne soit jamais seul et qu'il se trouve bien entouré.

— Je ne le quitterai point, et au premier signe équivoque, au premier soupçon, je casse la tête à Gaëtano.

Bavolet était magnifique d'audace en prononçant ces mots.

Il quitta mademoiselle de Montmorency, qui procéda à sa toilette sur-le-champ, et il gagna l'étage supérieur du château où les gentilshommes ordinaires du roi avaient chacun leur logis.

— Messieurs, dit-il aux frères de Mailly, mauvais écuyers, avait dit Nancy, mais braves comme leur épée, votre vie est-elle au roi?

— Certainement, répondirent-ils avec simplicité.

— Le roi en aura besoin peut-être.

Les deux gentilshommes regardèrent Bavolet avec inquiétude.

— Secret d'État, répondit il; — le roi courra aujourd'hui un grand danger, ayez vos pistolets soigneusement amorcés dans leurs fontes, et ne vous amusez point à faire feu sur l'ours, la balle de vos carabines vous sera peut-être nécessaire.

— Mais qu'y a-t-il donc? demandèrent les Mailly.

— Chut! dit Bavolet, secret d'État.

— Mais encore?

— Et le roi défend qu'on lui en parle.

— Soit, dirent-ils en s'inclinant.

— Le rendez-vous de chasse est à Combe-Maudite... La bête n'y sera qu'à cinq heures, mais il y faut être avant. Là est le péril.

Bavolet visita les Mailly et entra successivement chez les vingt-cinq gentilshommes qui devaient assister à la chasse, donnant à chacun le même rendez-vous et les mêmes instructions.

— Ma parole d'honneur!... se dit-il, me voici converti en général d'armée; un page! c'est prodigieux...

Bavolet se sentait grandi de toute la responsabilité qui pesait sur lui; — à lui l'enfant de seize ans, le page étourdi, la mission de veiller sur le roi et de le protéger; — lui seul, des gentilshommes qui suivraient le roi, connaissait une partie du complot, et il devait tout diriger. Certes, maintenant, pour un royaume, pour l'amour de la reine de Navarre, pour la moitié du paradis, Bavolet n'eût pas voulu dire au roi : Sire, vous êtes en péril, un complot est tramé contre vous!...

Le roi prévenu, Bavolet retombait au second plan, et Bavolet voulait pouvoir dire : C'est moi seul qui ai tout fait!

Et puis, la haine du page pour Gaëtano s'était encore accrue du jour où il avait connu les desseins ténébreux de l'ambassadeur; Gaëtano n'était plus seulement pour lui l'insolent qui avait osé lever les yeux sur la reine, c'était encore le traître qui, au mépris de la paix et du droit des gens, venait conspirer contre un roi dont il habitait la maison et mangeait le pain.

Aussi Bavolet se promettait-il de se venger enfin; et, rentré chez

lui, il chargea soigneusement ses pistolets et sa carabine, destinant mentalement une de ses balles à M. l'ambassadeur d'Espagne. Mais tandis que Bavolet était chez lui, Gaëtano redescendait aux chenils où il ne restait plus que le vieux piqueur.

— Mon ami, lui dit-il, êtes-vous riche?

— Je n'ai pas besoin de l'être. Je mange le pain du roi, répondit fièrement le piqueur.

— Refuserez-vous donc la chance de gagner honnêtement une centaine de pistoles?

— Honnêtement, non; que faut-il faire?

— Presque rien. Me faire gagner un pari.

Le piqueur ouvrit de grands yeux.

— J'ai parié hier, avec M. de Mailly, l'aîné, que l'ourse tiendrait tout le jour.

— C'est difficile; Combe-Maudite est trop près.

— C'est pour cela qu'il la faudrait diriger sur Combe-Noire, qui est plus loin.

— Cela se pourrait; mais l'ordre du roi....

— N'y aurait-il point moyen de le faire... comme par hasard? demanda ingénument Gaëtano.

— Si le roi le savait...

— Il ne le saura point.

— C'est un fin veneur, le roi...

— Eh bien! je me charge de tout arranger, et vous ne serez point réprimandé.

— Vous me le promettez?

— Foi d'ambassadeur d'Espagne. Seulement, vous ferez tout vous-même, il ne faut point que M. de Mailly ait vent de rien, et vous tairez tout aux piqueurs.

— Votre Seigneurie peut se fier à moi.

— Tenez, ajouta Gaëtano en donnant sa bourse au piqueur, voici cinquante pistoles; vous aurez les cinquante autres ce soir si vous réussissez.

Bavolet avait eu grand tort de ne pas continuer à observer Gaëtano; car Gaëtano venait, en un clin d'œil, de déjouer tous son projets, et le rendez-vous donné à Combe-Maudite pouvait devenir fatal au roi.

XVII. — LA POLITIQUE DU ROI DE NAVARRE ET CELLE DE BAVOLET.

Huit heures sonnaient à la grande horloge du château de Coarasse.

Le départ était fixé pour neuf heures, et tout le monde se trouvait sur pied. Le roi avait merveilleusement dormi, il était frais et dispos comme un monarque sans souci que le hasard a doté d'un premier ministre habile et taciturne, et qui se repose sur lui du soin de ses affaires.

Un passage secret, connu seulement des hôtes de Coarasse, et dont ni la senorita ni Gaëtano ne soupçonnaient l'existence, mettait en communication l'appartement du roi et celui de Fosseuse, situé à l'étage inférieur.

Le roi descendit donc chez mademoiselle de Montmorency, avant d'appeler ses gens pour se faire vêtir de son costume de chasse.

— Eh bien! dit-il à Fosseuse, savez-vous le mot?

— Quel mot, sire?

— Le mot de l'énigme, ventre saint-gris!...

— Ma foi! non, sire.

— Ni moi, dit le Béarnais. Jusqu'à présent, je n'y vois goutte dans cette conspiration.

— Peut-être n'y a-t-il pas de conspiration du tout.

— Allons donc! je sais qu'il y en a une.

Fosseuse avait un visage parfaitement indifférent.

— C'est possible, dit-elle; mais en ce cas, le seigneur Gaëtano est fort habile; car jusqu'à présent il s'est renfermé avec moi dans les bornes d'une prudence extrême. J'ai beau paraître toute prête à me livrer, à vous trahir, il fait la sourde oreille.

— Savez-vous, ma mie, que la senorita m'a demandé une énormité, hier soir?

— Serait-ce ma tête?

— Non, mais votre exil.

Fosseuse se prit à rire.

— Ne suis-je point exilée, ici? dit-elle.

Le roi fit la moue.

— Vous n'êtes pas aimable! murmura-t-il.

— Dame! écoutez donc, vous ne m'aimez plus...

— Oh! l'affreux mensonge!...

— Pour la senorita et l'ambassadeur, du moins.

— Ah! très-bien, je comprends.

— Or, si vous ne m'aimez plus, croyez-vous que Coarasse ne soit pas un plus vilain séjour que Paris, où le roi Henri III me recevrait parfaitement; que Montmorency, où mon oncle me doit l'hospitalité?

— Je suis de votre avis.

— Voulez-vous que je vous donne le mot de la conspiration?

— Vous le savez donc?

— Je viens de le deviner.

— Oh! oh! voyons cela?

— La senorita est peut-être la sœur de Gaëtano... ou sa cousine... ou.

— Passons, dit le roi.

— Et l'ambassadeur ne sera point fâché d'avoir la preuve que je vous trahis, ensuite celle que vous aimez la senorita.

— Très-bien!...

— En sorte que moi exilée, — n'est-ce pas ce que vous demandait la petite marquise andalouse?...

— Sans doute.

— .... Moi, exilée, reprit Fosseuse, la senorita régnerait sans parage et gouvernerait le royaume de Navarre.

— Un pauvre royaume à gouverner, vraiment!

— D'accord. Mais les petits ruisseaux font les grandes rivières. Un jour viendrait où la senorita vous dirait: Madame Margot est bien... ennuyeuse! si vous divorciez?

— Ah bah! fit le roi avec un éclat de rire, si je divorçais, ma mie, ce serait pour me mieux allier, soyez tranquille.

— Je ne dis pas non. Seulement ni l'ambassadeur ni sa... cousine ne savent vos projets d'ambition.

— En ai-je? fit ingénument le roi.

Fosseuse se prit à rire.

— Mon beau roi, lui dit-elle, vous avez une idée fixe,...

— Impossible! j'ai l'humeur capricieuse.

— Une idée qui ne vous quitte point et qui sommeille sur votre oreiller pour peupler ensuite vos rêves.

— En vérité! vous m'étonnez, petite. Quelle est donc cette idée?...

— C'est que si le roi Henri III...

Le roi tressaillit.

— Qu'a donc affaire ici mon frère de France? demanda-t-il.

— Je veux dire que vous pensez ceci: Si le roi Henri III mourait... et le roi Henri III est parfaitement mortel...

— Oh! il est jeune encore, ma mie.

— Je le sais bien; mais il est malade.

— Vous croyez?

— Il est attaqué d'une maladie de poitrine.

— Peuh! un rhume chronique.

— Mon Dieu! les Valois meurent jeunes. Le roi François II est mort à vingt-deux ans, le roi Charles IX à vingt-sept, le duc d'Anjou à trente-quatre. Le roi en a déjà quarante...

— Il fait bonne chère, il vivra.

— Rien n'est moins sûr. Or, vous pensez que si le roi Henri III mourait, le royaume de France serait vôtre.

— Ma mie, dit le roi avec un fin sourire, si je pensais pareille chose, je me garderais de le dire... fût-ce à vous-même!...

Mais Fosseuse regarda le Béarnais avec enthousiasme et s'écria:

— Vous êtes un grand homme, Henri, car vous joignez la finesse à la bravoure et l'audace à la franchise. Vous serez un grand roi, car vous vous taillerez au besoin un royaume sur la carte d'Europe.

— Avec quelle épée donc? demanda ingénument le roi. J'ai à peine une armée de six mille hommes.

— Bon! quand le général est hardi, l'armée sort de terre.

— Ma mie, dit froidement le roi, il me semble que nous nous éloignons fort de cette conspiration dont nous parlions.

— J'y reviens, sire. Gaëtano est l'ambassadeur d'Espagne, n'est-ce pas?

— Ses lettres de créance sont parfaitement en règle.

— Le roi d'Espagne est très-bien avec les Guises.

— Mes cousins de Lorraine?

— Sans doute; ils sont catholiques, d'abord; ensuite, après vous, le royaume de France leur retourne.

— Ce n'est pas ce qu'ils disent, ma mie, car le cousin Henri prétend, lorsque la péronnelle de sœur lui monte la tête, qu'il est de meilleure lignée que moi.

— Il ment, sire.

— Je le crois volontiers.

— Or, le duc de Guise est bon catholique et il a en grande haine les huguenots... Tout le monde est huguenot en Navarre: le duc de Guise ne voudrait donc pas de la Navarre si on la lui donnait.

— Il est grand seigneur, le cousin Henri! peste la Navarre a bien son mérite.

— C'est ce que pense, comme vous, S. M. Philippe III, le roi d'Espagne.

— Le roi d'Espagne est un homme de goût.

— Et il pense que si on lui donnait la Navarre, ce serait un vrai cadeau qui l'arrondirait assez bien.

— On ne lui donnera point.

— C'est ce que vous trompe, sire. Le duc de Guise, qui n'en veut pas pour lui, l'a déjà donnée au roi d'Espagne.

— Par exemple! s'écria le roi, mon cousin est aimable de faire des cadeaux avec mon royaume; il a de l'esprit le cousin Henri.

— Bien entendu, continua Fosseuse, que c'est à une condition.

— Ah! il y a des conditions!

— Une seule: c'est que le roi d'Espagne vous fera disparaître.

— Tout beau! dit le roi, je sais cela depuis longtemps.

Fosseuse regarda le Béarnais; — le Béarnais souriait de son fin sourire moitié railleur, moitié naïf.

— Et je ne serais pas étonnée, sire, poursuivit Fosseuse qui tenait à éveiller la prudence du roi sans trahir l'imminence du péril, que le roi eût affronté certainement, — je ne serais pas étonnée que le seigneur Gaëtano...

— Voulût m'assassiner? j'y ai songé aussi, interrompit froidement le roi.

Fosseuse recula. Le roi en savait autant qu'elle.

— Vois-tu, poursuivit-il, vois-tu, ma mie, il y a trois hommes en ce monde qui se moquent singulièrement de moi. Le premier se nomme Henri de France, et il se dit: Mon frère de Navarre est un rustre à qui je dois la dot de sa femme, et qui s'imagine que je la lui baillerai. Mon frère est un bélître et son armée est trop petite pour que je dorme une heure de moins. — Le roi Henri de France a grand tort, ma mie, car un de ces jours je lui prendrai ce qu'il ne veut pas bailler.

— Avec quelle armée, sire? demanda finement Fosseuse.

— Bah! répondit le roi en frappant sur la garde de son épée et redressant fièrement la tête, tu m'as dit toi-même que les armées sortaient de terre à qui les savait commander.

— Il n'y a que des rochers en Navarre.

— Impertinente!... — Le second des trois hommes qui se gaussent de moi a nom le duc Henri de Guise. — Le duc Henri de Guise se dit: Si ce paysan béarnais qui ose s'intituler mon cousin mourait d'un mal quelconque, je ne me mettrais plus martel en tête. Après lui Henri III, qui est usé, je serais roi de France. Heureusement le Béarnais est un poltron et un lâche, et je lui ferai si grand'peur qu'il sera moine au premier jour. — Or, vois-tu, le duc de Guise est un niais, et si je n'avais d'autre obstacle sérieux qu'une douzaine de ses pareils pour entrer au Louvre, j'y serais chez moi demain.

— C'est possible, dit Fosseuse. Voyons le troisième?

— Le troisième est le roi d'Espagne. Celui-là se dit chaque matin, comme son père se l'est dit pendant vingt années: Je veux prendre aujourd'hui le royaume de Navarre pour m'arrondir un peu. — Et alors il mande un grand général, le duc d'Albe, par exemple; le grand général arrive et demande quarante mille hommes, six mois de temps et une somme fabuleuse pour conquérir cette taupinière où l'on sème la bravoure et où l'on récolte des champs entiers de canons de mousquets et de pointes d'épées. — Le roi d'Espagne réfléchit, et il renvoie son général. Voici vingt ans que cela dure; maintenant, mon cousin Philippe a trouvé une autre voie plus expéditive: il me veut faire assassiner. Ah! les hommes comme moi ne meurent assassinés que lorsqu'ils ont été grands et forts. Dieu ne les moissonne jamais avant le temps!...

Tout en parlant, le roi avait perdu peu à peu cette expression de bonhomie qui le caractérisait, son visage était devenu mâle et sévère, la fierté brillait dans son regard, son front rayonnait de majesté. C'était le roi Henri IV plus jeune de dix ans!...

Fosseuse se sentit pénétrée d'admiration et de respect; elle prit les mains du roi, les baisa et lui dit:

— Vous avez raison, sire, croyez à votre étoile, elle ne pâlira point.

— C'est Dieu lui-même qui l'a suspendue à la voûte de l'avenir, cette étoile dont tu me parles, Dieu ne calculera dessus que lorsque les grandes choses que je rêve seront accomplis.

Un éclair étincela dans les yeux du roi, puis cet éclair s'éteignit, la majesté s'en alla, et il ne resta plus du grand roi futur qu'un prince beau et mélancolique, un peu voûté, au sourire naïf, un prince qui ressemblait vaguement à son père, le bonhomme Antoine de Bourbon.

— Il n'est pas moins vrai, ma mie, reprit-il, que je voudrais fort avoir le mot de l'énigme et prendre en flagrant délit cet ambassadeur qui me veut assassiner; je le ferais pendre, et cela donnerait à réfléchir à mon cousin d'Espagne, qui me ruine en m'envoyant des ambassseurs à héberger convenablement. Je suis pauvre, et mon vin va grand train avec le surcroît de convives.

— Nous trouverons le mot, sire. Seulement, prenez garde: ne vous écartez jamais de Coarasse. A la chasse, soyez prudent, aujourd'hui, par exemple...

Le roi haussa les épaules.

— Ne vous inquiétez point de cela, ma mie; j'ai au flanc une bonne épée, des pistolets dans mes fontes et au cœur un mot qui vaut mieux qu'une cuirasse.

— Quel est ce mot?

— Mon droit. Adieu, Fosseuse, je vais m'habiller.

— Bon! murmura mademoiselle de Montmorency quand le roi fut parti, j'en ai dit juste assez pour que Sa Majesté ne dorme point sur sa selle; et nous aurons tout le mérite, la reine et moi, d'avoir découvert le complot et détruit l'abdication.

— Et moi, donc? fit une voix sur le seuil du mystérieux escalier dont la porte était demeurée entr'ouverte.

C'était Bavolet qui entrait sans se faire annoncer.

— Toi, dit Fosseuse avec un sourire, tu es la cheville ouvrière, tu ne comptes pas!...

— Merci! sans moi, vous ne sauriez rien.

— Puisse l'enfant être retrouvé, car la couronne est toute prête ! (Page 37.)

— Nous aurions deviné.

— Tarare ! Au reste, je ne revendique aucune part de gloire, moi ; je veux sauver mon roi, rien de plus.

Et Bavolet fit une petite moue pleine de bouderie qui arracha un nouveau sourire à Fosseuse.

— Vous avez bien de l'amour-propre, mon beau page, dit-elle.

— J'en ai le droit, il me semble, car je viens de voir une femme à mes genoux.

— Fat !...

— Je n'exagère pas, elle était à mes genoux et pleurait.

— C'est au moins la senorita ?

— Précisément.

— Tu ne l'aimes donc plus ?

— Je l'adore plus que jamais, murmura Bavolet avec un sourire amer ; cela m'occupe.

— Alors, pourquoi ces larmes ?

— Dame, dit froidement Bavolet, elle ne veut pas que j'assiste à la chasse.

— Tiens ! fit mademoiselle de Montmorency, il paraît qu'on se méfie de toi, Bavolet ?

— On a grand tort, je vous jure. Elle prétend qu'une chasse à l'ours est dangereuse.

— Y va-t-elle ?

— Sans nul doute. Aussi lui ai-je demandé pourquoi elle voulait que j'eusse moins de courage qu'une femme.

— Et que t'a-t-elle répondu ?

— Qu'elle était simplement curieuse. Je le suis aussi, ai-je dit ; et j'irai !... C'est ce qui fait qu'elle a pleuré.

— Bavolet, mon ami, dit gravement Fosseuse, sois prudent. Si tu gênes le seigneur Gaëtano, il pourra bien essayer...

— Le seigneur Gaëtano serait un fat. Il sera mort dix fois avant que j'aie une égratignure.

— Et Bavolet sourit fièrement.

Tout coup la porte s'ouvrit et la reine entra.

Le page recula et pâlit ; — la reine ne put pâlir, car elle était blanche et froide comme un marbre, et la douleur avait tellement altéré sa beauté, que Fosseuse elle-même en tressaillit.

La reine marcha vers Bavolet, lui prit la main et lui dit :

— Je viens te recommander le roi.

Bavolet frissonnait de tous ses membres.

— Je me ferai tuer, dit-il, avant qu'un cheveu tombe de sa tête.

— Bien, dit la reine, j'attendais cette parole.

Bavolet se mit à genoux.

— Madame, dit-il d'une voix entrecoupée, vous m'avez longtemps nommé votre fils, me refuserez-vous un baiser et votre bénédiction ? Je puis mourir aujourd'hui.

La reine, très-émue, se pencha sur le page agenouillé, le baisa au front et murmura :

— Tu ne mourras point, mon enfant, car tu es jeune, noble et beau, et Dieu veille sur ceux qui foulent aux pieds leur cœur pour demeurer fidèles au devoir... J'ai été ta mère, comme telle je te bénis. Adieu, mon enfant !...

Et la reine releva la tête, comprima un sanglot et sortit majestueuse, sans qu'un soupir eût soulevé sa poitrine, une larme roulé sur sa joue. Elle était de ces âmes fortes qui ne pleurent que dans l'ombre et qui montrent à la foule un visage impassible.

— Mon Dieu !... murmura Bavolet, quand il se retrouva seul avec Fosseuse, aurai-je maintenant le courage de ne point mourir ?

— Oui... répondit mademoiselle de Montmorency, car ta mort serait la sienne... Les femmes meurent quand se brise leur dernier amour...

On entendit la voix du roi qui, penché à la croisée de sa chambre, appelait :

— Bavolet ! Bavolet !...

Bavolet sortit le front courbé et monta chez le roi.

— Mon enfant, lui dit ce dernier, je t'ai fait seller mon meilleur cheval.

— Merci, sire.

Les veneurs sonnaient toujours, sonnaient sans relâche la terrible et sauvage fanfare. (Page 44.)

— Celui-là et le mien sont les plus ardents coureurs de mes écuries. C'est te dire que tu ne me quitteras point un seul instant.

— N'ayez crainte, sire; ma place est à vos côtés.

— Et, tiens, poursuivit le Béarnais, tu ferais bien d'ôter ton pourpoint et d'agrafer ceci sur ta chemise.

Et le roi présentait à son page une cotte de mailles fine et légère, en acier pur et merveilleusement trempé.

— J'en ai une pareille, dit le Béarnais.

— Mais, sire, dit Bavolet, que voulez-vous que j'en fasse?

— Dame! fit le roi, les ours sont terribles...

Bavolet sourit et montra sa dague.

— Une balle égarée... continua le roi.

— Je suis si mince.

— Un coup d'épieu mal dirigé... Allons, obéis-moi!

Bavolet prit la chemisette d'acier.

— C'est parfaitement inutile, dit-il; mais enfin... sire, puisque vous le voulez...

— Le pauvre garçon ne sait rien, pensa le roi, tandis que Bavolet endossait la cotte de mailles.

— Il paraît, se disait en même temps Bavolet, que le roi se méfie.

Le roi avait un grand costume, un justaucorps vert amarante avec des chausses oranges et un nœud de ruban ponceau à la garde de son épée. La plume de son feutre était blanche, et une grosse émeraude l'agrafait. Bavolet était non moins galamment vêtu que son maître; il portait pourpoint de velours grenat, chausses bleu de ciel, collerette en point de Venise, plume rouge à sa toque.

Un jabot, brodé par la reine elle-même, et des manchettes de fines dentelles complétaient son costume.

— Sais-tu, dit le roi, que tu es à croquer, mon beau page?

Bavolet rougit.

— Et que la senorita t'adorera plus que jamais?

— Votre Majesté raille, balbutia Bavolet.

— Tu es un heureux fripon, mon page, continua le Béarnais en riant; les femmes raffolent de toi et me relèguent au second plan.

— Oh! fit Bavolet confus.

— Un exemple, tiens... j'aimais la senorita, moi...

Bavolet tressaillit.

— Et tu m'as coupé l'herbe sous le pied.

Bavolet eut le frisson.

— Que veux-tu? poursuivit le Béarnais, tu es plus jeune que moi, c'est justice...

Bavolet retrouva sa langue.

— Votre Majesté se trompe, dit-il; je suis moins beau qu'elle, et je ne puis, comme elle, donner des duchés à mes belles.

— Hein? fit le roi, de quel duché parles-tu?

— Dame! la senorita m'a peut-être fait un conte, répondit effrontément Bavolet. Mais voyez-vous, sire, l'amour est une singulière loterie: ceux qui mettent un fort enjeu comme votre duché, par exemple, gagnent rarement; ceux qui ne mettent rien, comme moi, qui n'ai ni sou ni maille, gagnent toujours. Les femmes vendent bien quelquefois leur amour, mais à la condition de se venger. Le marché les humilie, et leur seule monnaie de bon aloi est celle qu'elles donnent gratis.

— Ah çà, dit le roi, savez-vous que vous êtes un philosophe, mons Bavolet?

— Votre Majesté le croit?

— Tudieu! si je le crois... Qui donc t'a si bien éduqué? serait-ce madame Marguerite?

Bavolet devint pâle aussitôt et sa gaieté factice avait disparu. Le roi y prit garde, devina et ne put s'empêcher de murmurer:

— Voilà le seul être qui m'aime sans arrière-pensée, et qui soit incapable de prendre le bien de son maître... même quand le maître est désintéressé et que d'autres le volent sans qu'il s'en soucie.

Puis le roi ajouta tout haut:

— Voici l'heure de boire le coup de l'étrier et de monter à cheval. Va faire sonner le boute-selle.

Bavolet partit, tandis que le roi roulait dans son manteau une paire de pistolets soigneusement amorcés.

Nancy entra en ce moment.

La blonde camérière était charmante ce matin-là : elle avait aux joues un léger incarnat, son œil bleu pétillait de malice et ses lèvres roses souriaient.

— Sire, dit-elle, la reine vous prie de l'excuser, elle a la migraine et ne chassera point.

— Je l'excuse, dit gravement le roi... La reine n'est point de sa famille, car les Valois étaient des veneurs qui eussent couru un archevêque, le vendredi saint, s'ils n'eussent trouvé mieux. Peuh!... qu'est-ce qu'une migraine?

— En revanche, la reine m'a permis d'assister à la chasse.

— Et si, moi, je ne le permettais pas?

— Oh ! dit l'effrontée soubrette, je prierais Fosseuse de vous rappeler que je vous ai prêté ma chambre un soir...

— Je te le permets, répondit le roi avec un sourire, à la condition que tu n'iras pas te faire dévorer et resteras en arrière.

— Nenni, sire, je veux voir de près.

— En vérité!...

— Et monter un bon cheval.

— Diable!... je n'en ai pas beaucoup de bons chevaux; Goguelas me les rend tous fourbus ou poussifs. A propos, où est-il, Goguelas? Je lui veux défendre de prendre la tête des chiens, sans cela nous ferons une journée blanche. Avec lui, les chiens font défaut sur défaut!...

— M. de Goguelas ne chassera pas.

— Pourquoi cela?

— Il est à Nérac.

— A Nérac? Il était ici hier.

— Il est parti cette nuit, sire.

— Sans mon ordre?

— Avec l'ordre de la reine.

— Qu'a donc la reine à faire, à Nérac?

— Elle veut parler à M. de Mornay qui s'y trouve.

— Et que lui veut-elle?

— Je ne sais, répondit la discrète Nancy.

— Ah ! ah! pensa le roi, la reine en sait aussi long que Fosseuse. Décidément la reine me veut du bien, et il me faudra faire quelque chose pour elle. Si je rappelais Turenne?... Bah! ajouta mentalement le roi, Turenne n'est plus de mise, et ce serait plutôt Bavolet..... Ceci est trop difficile... Bavolet est un petit saint qui ne fait pas de contes profanes, et à qui j'ai trop répété que la reine avait l'esprit romanesque.

Et le roi, souriant dans sa barbe, descendit suivi de Fosseuse, et gagna la vaste salle à manger de Coarasse, où le coup de l'étrier et l'halte des chasseurs étaient servis.

Bavolet avait précédé le roi dans la salle à manger et y avait trouvé les Mailly et les autres gentilshommes qu'il avait prévenus la veille en termes précis. Il s'approcha de chacun d'eux et leur dit à mi-voix :

— Ventre à terre, par diverses routes, jusqu'au rendez-vous de chasse de Combe-Maudite. Le roi le veut!...

— Très-bien! répondit chacun.

— Si vous trouvez au rendez-vous des étrangers à mine suspecte, continua le page avec le sang-froid d'un vieux général, désarmez et garrottez. Si l'on résiste, tuez!...

Puis il alla à un jeune seigneur du pays basque qui se nommait M. de Bique, et qui était brave et beau comme un mignon du roi de France.

— N'est-ce pas, lui dit-il, que la senorita est belle?

— Oh!... fit le gentilhomme avec un accent pénétré et un regard brûlant, — elle est belle à damner un saint!

— Eh bien! mon gentilhomme, je vais vous donner une mission... délicate.

— Laquelle?

— Celle de courtiser aujourd'hui, et sans la quitter un seul instant, cette senorita si belle.

Le gentilhomme tressaillit.

— Y pensez-vous? dit-il.

— Cela vous effraierait-il?

— Mais le roi... qui... dit-on...

— Bah! vous vous trompez; ce n'est pas le roi qui... c'est moi...

— Vous aussi?

— Moi seul; et je vous y autorise.

Le gentilhomme fit la grimace.

— Surtout, ajouta Bavolet, ne l'aimez pas trop vite, et gardez de la perdre de vue. Partout où elle ira, suivez-la.

— Que signifie tout cela?

Bavolet se pencha à l'oreille du gentilhomme.

— Elle conspire, dit-il. A bon entendeur, salut!...

— Je veillerai, répondit M. de Bique.

— Arrangez-vous enfin pour qu'elle arrive au rendez-vous après tout le monde.

— Elle monte un vaillant cheval.

— Eh bien! si son cheval va trop vite, cassez-lui une jambe d'un coup de pistolet.

— Cela fera scandale.

— Pas du tout. Vous aurez tiré un lièvre, et n'aurez été que maladroit...

Bavolet quitta vivement M. de Bique, car la senorita entrait, donnant la main au roi.

— Voici la première fois, pensa le page, que le valet de cœur et le roi de trèfle s'entendront pour tromper la dame d'atout. A nous deux, ma senorita bien-aimée!...

Derrière le roi entra Gaëtano. Il alla droit au page et lui tendit cordialement la main.

— Mon cher monsieur Bavolet,—lui dit-il avec un ton protecteur — ne m'avez-vous pas demandé une revanche?

— J'y compte, monsieur.

— Vous plairait-il la prendre aujourd'hui, sous quelque vert ombrage, loin des chiens criards et des veneurs?

— Quand la curée sera faite, oui, monsieur.

Gaëtano fronça le sourcil.

— Je te devine, pensa le page, je te gêne fort auprès du roi, et tu me voudrais expédier dès ce matin pour avoir à toi la journée.

— Je vous croyais pressé de trouver une occasion favorable, fit dédaigneusement Gaëtano.

— J'ai la passion de la chasse et me battrais mal si j'entendais l'hallali tandis que nous ferraillerions.

— Remarquez, monsieur, que la curée pourra n'être faite qu'à la brune.

— Nous nous battrons au clair de lune, monsieur.

Gaëtano, visiblement contrarié, était pâle de colère.

— Monsieur, reprit-il, en toisant le page, je crois, Dieu me damne! que vous avez une mémoire excellente.

— Vous ne vous trompez pas, monsieur.

— Et que vous vous souvenez du coup de pommeau que je vous ai appliqué.

— Je m'en souviens parfaitement. C'était un coup de rustre.

— Monsieur! fit Gaëtano avec hauteur.

— Ne vous fâchez pas, dit insolemment le page, nous réglerons tout cela au clair de lune... quand le roi sera couché.

Gaëtano recula à ces derniers mots.

— Qu'a à faire le roi, ici? demanda-t-il.

— Absolument rien, il est de trop, puisqu'il a rendu un édit contre le duel; — et c'est pour cela que je veux attendre qu'il soit couché.

La logique de Bavolet était serrée et fort claire; elle avait épouvanté Gaëtano qui, un moment, se crut découvert.

Aussi l'ambassadeur reprit-il avec un dédain glacial qui ne parvenait point à dissimuler sa fureur.

— Permettez-moi de vous dire, monsieur, que je commence à croire...

— Que votre coup de pommeau était fort brutal, n'est-ce pas? Vous avez raison, monsieur; nos paysans béarnais seraient plus courtois.

— Je voulais dire que je commençais à vous croire...

— Quoi, s'il vous plaît?

— Poltron et lâche, monsieur, répondit Gaëtano froidement.

Et il pirouetta sur le talon et tourna le dos à Bavolet.

— Oh! oh! pensa celui-ci, tu veux m'insulter, mais je ne me battrai pas ce matin. Je veille sur le roi : mon honneur passe après sa vie. Ce soir, par exemple, si tu ne m'obliges à le faire avant et avec un brutal pistolet, je te promets de te tuer galamment, à petits coups d'épée; comme M. de Saint-Luc tua son ami Castillac... en détail!...

Le roi avait quitté la senorita pour s'approcher des frères Mailly, dont l'un était son capitaine des chasses et lui devait faire le rapport.

La senorita en profita pour rejoindre Bavolet.

Elle était pâle et tremblante, car elle aimait le page et avait entendu son colloque avec Gaëtano.

— Mon enfant, lui dit-elle, j'ai peur...

— Peur de quoi, senora?

— Des ours. Ne venez pas.

— Vous vous moquez! — j'en ai tué cinq en ma vie.

— C'est pour cela que je crains votre témérité.

— Je ne quitterai pas le roi, et le roi est un bon compagnon en cas de danger.

La senorita frissonna : si Bavolet ne quittait point le roi, Bavolet était perdu!... Gaëtano le tuerait.

— Bavolet... je vous en supplie!...

— Je suis sourd.

— Je joins les mains...

— Je suis aveugle.

— Mon Dieu! mon Dieu! fit-elle, si vous... si tu m'aimes?

— Je ne vous laisserai point aller seule à une chasse aussi terrible, dit froidement Bavolet, et je vous aime... C'est pour cela que j'y vais.

— Eh bien! dit la senorita avec effort... je n'irai pas.

— Comme vous voudrez; mais il faut que je suive le roi. Moi seul puis relever les défauts, s'il y en a. Les autres sont des bélîtres qui n'entendent rien à la vénerie.

— Bavolet! par pitié... supplia la nouvelle duchesse.

— Madame, interrompit Bavolet, permettez-moi de vous présenter mon ami, M. le comte de Bique, un charmant gentilhomme qui aura l'honneur de vous servir de cavalier aujourd'hui, si je prends la tête des chiens.

Et il laissa la senorita interdite et pâle, pour s'approcher de Fosseuse qui arrivait avec Nancy.

— Allons! mesdames, cria le roi, à cheval! En selle, messieurs! sonnez le départ!...

XVIII. — LA FANFARE DU ROI ROBERT.

En quelques minutes, tout le monde fut à cheval. Le roi se trouva entouré par un groupe de gentilshommes et de dames, et Gaëtano, soit qu'il craignît d'être soupçonné, soit qu'il voulût jouer une indifférence absolue, — Gaëtano se tint légèrement à l'écart.

Mademoiselle de Montmorency s'était placée à la droite du roi; Bavolet, qui montait un bel étalon limousin, se rangea à sa gauche.

Derrière venaient la senorita et M. de Bique. Les Mailly et quelques autres chevauchaient en tête.

Le cortège des veneurs sortit ainsi du château et gagna le premier rendez-vous de chasse. Là, les chiens furent découplés dans un bouquereau environné de rochers et de cavernes, et bientôt ils donnèrent de la voix, séparément d'abord, puis avec ensemble.

Bientôt la bête fut sur pied et en vue. Elle gagna la plaine au nord-est, et les veneurs s'élancèrent sur ses traces; puis, arrêtée par un torrent, elle rebroussa chemin, mit tête à droite vers le sud et parut se diriger tout d'abord vers les gorges de la Combe-Noire. Gaëtano tressaillit : c'était trop tôt.

Mais soit hasard, soit habileté de la part des piqueurs, l'ourse dévia de nouveau, passa sur le front des chasseurs, dont les chevaux frémissants n'étaient point encore arrivés à ce degré de surexcitation où la terreur les grise et dégénère chez eux en courage furieux, et se dirigea vers le sud-est à travers les ravines et les précipices, gagnant Combe-Maudite, selon les prévisions de la plupart des veneurs un moment déroutés par cette fausse manœuvre.

Alors, chacun parut obéir à ses instincts particuliers et poussa son cheval; Fosseuse abandonna le roi et joignit MM. de Mailly, auxquels elle dit vivement :

— En avant! en avant! le danger est réel!

Les Mailly et une dizaine de gentilshommes se trouvèrent bientôt masqués par un taillis, et alors ils piquèrent des deux et gagnèrent es hauteurs pour atteindre la Combe-Maudite.

Quelques-uns prirent une direction opposée, et s'échelonnèrent sur la route du roi et le suivirent de près. Parmi ces derniers se trouvaient Gaëtano, la senorita et M. de Bique.

Bavolet se contenta de passer à la droite du roi abandonnée par Fosseuse. Aussitôt une femme vint se placer à la gauche : c'était Nancy.

Gaëtano s'était approché de la senorita et chevauchait à cent cinquante pas en arrière du roi.

— Très-bien, pensait-il, voici déjà que le roi n'a plus autour de lui que quelques hommes; les autres courent prendre possession des passages et comptent sans le piqueur. Ils comptent mal! Dans quelques minutes, le roi sera tout seul.

— Vous ferez bien, — se disait en même temps Bavolet qui, de temps en temps, observait Gaëtano à la dérobée, — vous ferez bien de ne pas vous approcher trop près du roi, monsieur l'ambassadeur; car, si vous en êtes jamais à portée de pistolet, je vous casse la tête.

Le roi modérait l'allure de son cheval, en murmurant :

— Tous ces étourneaux, Fosseuse en tête, s'imaginent que dans une heure ils pourront sonner l'hallali, et c'est pour cela qu'ils galopent et essoufflent leurs chevaux avant le temps. Nous en avons au moins pour la moitié de la journée avant de pouvoir acculer la bête. Ne vous pressons pas.

Et, alors, le roi se tourna vers Bavolet :

— Laissons-les faire, dit-il en riant, ils auront le temps de se reposer. Allons au pas, nous, et dans cinq heures nous tirerons l'ourse.

— Où cela? demanda le page.

— Écoute, dit le roi, l'ourse gagne Combe-Maudite, n'est-ce pas?

— Oui, sire.

— Eh bien! je t'assure qu'avant une heure elle rebroussera chemin.

— En vérité!...

— Et qu'elle ira se faire prendre à Combe-Noire, cinq lieues plus loin.

— Par exemple! dit Bavolet, incrédule.

— Le bois a été mal taillé où les chiens ont été découplés de travers, car la bête a pris une direction opposée à celle qu'elle prend ordinairement quand elle se doit faire prendre à Combe-Maudite.

— Ce serait curieux, pensa Bavolet, que les gens du seigneur Gaëtano et les hommes de MM. de Mailly échangeassent des coups de mousquet et des estocades, tandis que le roi et moi nous prendrions tranquillement l'ourse à cinq lieues de distance. Précisément, voici M. l'ambassadeur qui tire à gauche et gagne, à son tour, le rendez-

vous de l'hallali. Bon !... la senorita et M. de Bique le suivent. J'ai grande envie de tout avouer au roi et de le faire retourner à Coarasse. Le seigneur Gaëtano sera bien embarrassé de l'y venir chercher avec ses estafiers.

Le seigneur Gaëtano, ainsi que le disait Bavolet dans son monologue, gagnait effectivement du terrain et laissait le roi en arrière. Il s'était placé à la droite de la senorita et lui disait en anglais :

— Je suis joué du piqueur, l'ours ira se faire prendre à Combe-Maudite, où ils sont déjà tous. S'il ne rebrousse et ne gagne Combe-Noire, où Paëz, Hector et mon père attendent sans doute, tout est perdu!...

— Mon Dieu! que me dites-vous là?

— Quittez-moi, reprit Gaëtano, piquez à droite, gagnez Combe-Noire et prévenez-les. Paëz est sage, il avisera.

— Mais, vous?

— Moi, je vais disparaître derrière quelque taillis, je ne veux pas perdre le roi de vue un seul instant.

Ils coururent côte à côte pendant quelques minutes encore, puis Gaëtano éperonna son cheval et bientôt il fut séparé de la senorita et du comte de Bique par un pli de terrain.

Alors celle-ci dit au gentilhomme :

— Prenons à droite, je crois que c'est la bonne route.

— Comme vous voudrez, dit le comte.

La senorita avait examiné le cheval de son cavalier; elle avait reconnu qu'il était moins ardent et moins rapide que le sien, et elle espérait le laisser en route avant peu.

Mais le comte, sans savoir l'anglais, avait cependant compris que l'ambassadeur la chargeait de quelque mystérieuse mission, et il n'oublia point les recommandations de Bavolet. Au moment où la senorita commençait à prendre une avance de cinquante pas, il poussa un cri :

— Un daim! un daim! fit-il, jouant l'enthousiasme du chasseur.

Et, ajustant le daim imaginaire dans un fourré voisin, il épaula sa carabine, fit feu et cassa la jambe droite de devant du cheval de l'Andalouse.

Le cheval s'abattit et la senorita se retourna effrayée. Le comte joua assez bien la stupeur; il parla de sa maladresse, et puis, comme s'il eût espéré retrouver le daim, il s'élança dans le fourré et laissa l'écuyère démontée et maugréant.

Pendant ce temps, et selon ses prévisions, le roi était presque entièrement abandonné. Les quelques veneurs qui l'entouraient encore s'étaient laissé emporter par leur ardeur et couraient sur les traces des chiens dont les voix, affaiblies par la distance, résonnaient dans les basses gorges des montagnes sud-est.

Seuls, Nancy et Bavolet demeuraient auprès du Béarnais.

Bavolet réfléchissait et se disait que si, malheureusement, il avertissait le roi, celui-ci voudrait courir au-devant du péril et y donnerait tête baissée; de plus, il avait une foi profonde dans les lumières cynégétiques du Béarnais, et il pensait que si, comme il le prétendait, la bête faisait tête-queue et revenait sur Combe-Noire, tout danger disparaîtrait, et qu'en ce cas il devenait inutile de prévenir le roi et de l'engager à retourner à Coarasse.

Et puis il était là, lui, Bavolet, le vaillant et le fidèle, il était là confiant en son courage et fort de son amour pour son roi.

En voyant disparaître Gaëtano, Bavolet avait dit à Nancy : —Suis-le et rejoins-le, si tu peux!

Ce qui fit que Nancy partit au galop.

— Ah çà, dit tout à coup le roi, nous voici donc seuls?

— Il paraît, sire.

— Et ces gens-là se figurent donc qu'ils vont prendre l'ourse tout de suite?

— Ils sont présomptueux, dit Bavolet.

— La présomption n'est qu'un défaut; mais crever les chevaux du roi est un vice, et la plupart montent mes chevaux. Ménageons au moins les nôtres.

— Sire, il me semble qu'on n'entend plus les chiens.

— C'est que tu n'as pas l'oreille fine, mon page. Tiens, écoute... au sud-est, là-bas, à notre gauche.

— Ah oui! j'entends, en effet.

— Et tu verras que dans quelques minutes, ils se rapprocheront de nous et reviendront sur leurs pas. Tiens, tiens, écoute encore...

La voix de la meute prenait du corps et devenait plus distincte et plus sonore.

— La bête, continua le roi, va suivre le bas de ces précipices là-haut, dans la direction de mon doigt... elle rasera les rochers pendant une heure, puis elle viendra sur nous, débouchera de ce taillis noirâtre que tu vois, fera un quart de lieue, passera sur notre front avec toute la meute et, se dirigeant vers l'ouest, tirera sur Combe-Noire. Tu verras que nous donnerons l'hallali tout seuls.

Et le roi entra dans une longue et savante dissertation sur les mœurs et les habitudes des ours, la manière de les chasser et de les tirer, soit en temps de neige ou de découvert, citant à propos plusieurs auteurs versés dans la noble science, tels que l'érudit Jacques du Fouilloux, et le roi Charles IX lui-même, de vaillante mémoire cynégétique.

Le roi s'exprimait avec calme et ne paraissait pas se douter le moins du monde que sa vie pût être en danger un seul instant.

Bavolet l'écoutait attentivement, mais toujours l'oreille tendue vers la meute et l'œil errant en avant et en arrière, sondant taillis et ravins, comme si chacun d'eux eût recélé un ennemi invisible.

La meute s'approchait et semblait justifier l'opinion du roi, — et taillis et ravins étaient complétement déserts.

— A propos, dit brusquement le roi, est-ce aujourd'hui que le seigneur Gaëtano me doit assassiner?

Bavolet bondit sur sa selle et regarda le roi avec stupeur.

— Votre Majesté sait donc? fit-il.

— Parbleu !... je sais qu'il veut m'assassiner, et je suppose qu'il profitera d'aujourd'hui. Une balle égarée fait tant de mal parfois, ainsi que je le disais ce matin.

Bavolet hésita encore et fut sur le point de parler.

— Non! non!... pensa-t-il; si je dis tout, le roi ira à Combe-Maudite, que l'ourse en prenne ou non le chemin.

— Je ne sais pas, répondit-il, mais je veille sur Votre Majesté.

— Mon pauvre Bavolet, dit le Béarnais en souriant de son fin sourire, je suis montagnard et pauvre; mais vienne le jour où je serai roi de France, je te veux remplir ta toque de pistoles.

— Votre Majesté, répondit Bavolet du ton d'un enfant boudeur, era beaucoup mieux, ce jour-là, de me donner une armée à commander.

— Tout beau !... monsieur le capitaine, vous serez donc bien habile?...

— Qui vivra verra, répondit le page. Maintenant, si j'ai un conseil à donner à Votre Majesté...

— Oh! dit le roi, ce n'est point assez que tu veuilles commander une armée, tu veux encore donner des conseils. Tu joues donc au Nestor, étourdi?

Bavolet se mordit les lèvres.

— Je voulais dire qu'on ne sait point ce qui peut advenir, et que Votre Majesté, puisqu'elle sait que le seigneur Gaëtano la veut assassiner, ferait sagement de rentrer à Coarasse, et d'envoyer ensuite un gentilhomme,— moi par exemple,— arrêter monsieur l'ambassadeur.

— Arrêter un ambassadeur !... y penses-tu, mon page?... et un ambassadeur d'Espagne encore!...

— Dame! sire, écoutez donc, il le vaut mieux faire pendre que d'être assassiné par lui.

— Pour le pendre, il faut des preuves.

— Votre Majesté se trompe; pour le pendre, il n'est besoin que d'une corde neuve et bien graissée.

— Et d'un bourreau, s'il te plaît !...

— Peuh! fit modestement Bavolet, je me chargerais bien de la besogne, à la rigueur.

Le roi se prit à rire.

— Tu le hais donc bien, ce seigneur Gaëtano?

— Oh! de toute mon âme!... il en veut à votre vie, cela me suffit.

— Est-ce pour cela seulement?

— N'est ce point assez? demanda le page qui se troubla soudain.

— Je croyais que tu en étais un peu jaloux?

— Par exemple! fit Bavolet dont le trouble croissait.

— Et que sa manière de narrer les contes... Il a beaucoup d'esprit, sais-tu? Mais il paraît que je me suis trompé... Passons!

Bavolet défaillait un fois de plus.

— Tiens, reprit le roi qui eut pitié de son page, voici l'ourse, écoute donc!

La meute, en effet, remplissait le taillis désigné naguère par le roi de ses hurlements furieux , et , animant ses cris, deux trompes résonnaient derrière lui.

Ces trompes sonnaient une fanfare inconnue au pays de Navarre, une fanfare qui fit tressaillir le roi.

— Qu'est cela? dit-il, et où diable mes piqueurs...

Il n'acheva pas, l'ourse apparut suivie et hue par la meute ardente; puis derrière la meute sortirent du fourré deux gentilshommes inconnus au roi et à Bavolet, deux gentilshommes de haute taille, montant des chevaux noirs et encapuchonnés eux-mêmes dans des manteaux de couleur sombre.

L'ourse passa à mille pas du roi, entraînant la meute à sa suite; et sur le flanc de la bête, les deux cavaliers inconnus passèrent au galop, sonnant à pleins poumons cette fanfare écossaise qui a nom la fanfare du roi Robert. Quant aux piqueurs ordinaires, ils étaient demeurés en arrière.

— Ventre saint-gris! s'écria le roi, ai-je donc la berlue?

— Non, sire, répondit Bavolet frissonnant, je ne connais plus les veneurs que la fanfare.

— Cordieu! mon page, nous les connaîtrons.

— Le complot! le complot! murmura le page dont les cheveux se hérissaient; il y a du Gaëtano là-dessous. Sire, arrêtez! arrêtez! au nom du ciel!...

Mais le roi avait poussé son cheval en disant :

— Je suis curieux de savoir quels sont les gens assez hardis pour chasser ma propre bête avec mes propres chiens, sans que je les y convie?

— Sire! sire! cria Bavolet en le rejoignant, sire, arrêtez! ne les suivez pas! ce sont les assassins!

Le roi se retourna.

— Ils sont deux, n'est-ce pas?

— Oui, sire. Eh bien?...

— Eh bien! nous sommes deux aussi. En avant! mon maître; et, ventre saint-gris! s'il faut dégaîner, si l'on en veut à ma vie... Allons, Bavolet! allons, mon page!

Et le roi poussa de nouveau son cheval sur les traces de la meute et des veneurs au manteau sombre.

— Décidément, se dit Bavolet, il faut en découdre!... Mais mon maître ne mourra qu'après moi. Ventre saint-gris! je suis le page du roi.

La chasse s'engouffra dans un ravin, puis déboucha dans une petite plaine pour disparaître quelques minutes plus tard sous une futaie de châtaigniers.

Le roi et Bavolet ne perdaient pas un pouce de terrain, mais ils ne gagnaient aucune avance, car les cavaliers qu'ils poursuivaient étaient admirablement bien montés.

L'ourse se dirigeait au galop vers la Combe-Noire, ainsi que l'avait prédit le roi. Bientôt elle eut atteint les premières vallées du défilé et se trouva encaissée entre deux montagnes à pic, semées de nombreux échos.

Alors la fanfare qui résonnait toujours, le galop des chevaux, les aboiements des chiens, les sourds grognements de la bête de chasse qui commençait à faiblir sur ses jambes, se fondirent en un fracas retentissant, en un pêle-mêle étourdissant de cris et de sons discordants qui revêtirent un cachet d'horreur grandiose, au milieu du paysage étrange et désolé que la chasse traversait. La vallée était étroite et dominée par des rochers à pic sur lesquels croissait, çà et là, un vieux sapin solitaire; dans le lointain, en haut, apparaissait la cime neigeuse des Pyrénées; un torrent roulait au bord du sentier que dévorait la meute ardente suivie des veneurs, et mêlait sa rauque harmonie, son murmure confus à cet effrayant orchestre, à ce fracas sans nom qui réveillait toutes les cavernes et faisait mugir toutes les profondeurs des bois et des roches comme un ouragan d'imprécations.

Les veneurs sonnaient toujours, sonnaient sans relâche la terrible et sauvage fanfare, leurs chevaux volaient au milieu d'une gerbe d'étincelles que leurs sabots arrachaient aux cailloux du ravin, — et le roi mettait vainement l'éperon aux flancs du sien, — il ne pouvait atteindre les veneurs inconnus.

Bavolet lui-même était distancé par le roi et s'efforçait en vain de le rejoindre, criant toujours :

— Sire! sire! arrêtez!...

Le roi n'entendait plus, le roi était hors de lui, et il labourait le ventre de sa monture avec furie.

Tout à coup la vallée fit un coude, le roi disparut aux yeux de son page dont les cheveux se hérissaient.

En cet endroit, la vallée était boisée et coupée brusquement en deux par un ravin plus étroit encore qui la scindait transversalement comme la traverse d'une croix.

Un autre torrent suivait ce ravin et se jetait dans le premier; le roi l'avait franchi, ayant de l'eau jusqu'au poitrail de son cheval. A son tour, Bavolet voulut pousser le sien et passer également à la nage; mais soudain au coup de feu retentit à dix pas de distance, le cheval du page s'abattit lourdement et un cavalier, débouchant par le ravin, se montra en deçà du torrent et cria à Bavolet:

— A nous deux, mon beau page! je n'aime point à me battre au clair de lune!...

Ce cavalier, c'était Gaëtano, qui avait fait un détour et venait, pour ôter à Bavolet tout moyen de franchir le torrent, de lui tuer son cheval d'un coup de pistolet. Le page se dégagea en un clin d'œil, laissa échapper un énergique juron, et saisissant ses pistolets tout armés, il ajusta Gaëtano.

— Je n'ai pas le temps de me battre aujourd'hui, dit-il, et votre cheval m'est nécessaire, puisque vous m'avez tué le mien.

Parlant ainsi, il ajusta l'ambassadeur et fit feu.

Gaëtano se courba sur son cheval qui se cabra à demi. La balle atteignit le noble animal au front et le tua raide.

L'ambassadeur roula par terre comme Bavolet; comme lui il se releva soudain et courut au page l'épée haute.

Le page fit feu de nouveau; l'ambassadeur sauta de côté et la balle siffla à ses oreilles. Alors, ivre de rage, Bavolet mit flamberge au vent et s'élança à la rencontre de Gaëtano.

— Ah! s'écria-t-il, traître infâme! si je ne puis sauver mon roi, au moins aurai-je ta vie !

— Voilà précisément ce que je ne veux pas, mon jeune coq, répondit Gaëtano en ricanant. Tu nous gênes, et il est impossible que je ne te tue point aujourd'hui, car je n'ai plus de raison pour te ménager.

Les deux adversaires s'attaquèrent avec furie : Bavolet oubliant, dans sa fureur, son habileté en escrime et les savantes théories de la reine;—Gaëtano, maître de lui, froid, railleur, impitoyable, résolu à tuer le page pour assurer l'enlèvement du roi.

Gaëtano prit Bavolet dans ses robustes bras et le chargea sur ses épaules. (Page 46.)

Trois fois Bavolet se fendit à fond, trois fois le coup fut paré ; — une fois l'épée de Gaëtano lui arriva en pleine poitrine...

C'en était fait du page sans la précieuse cotte de mailles que lui avait prudemment fait revêtir le roi.

L'épée ploya et ne pénétra point.

— Sang-Dieu! exclama Gaëtano qui devint furieux à son tour, ceci est une lâcheté! vous êtes cuirassé.

— Je n'y songeais plus, répondit Bavolet; mais en tous cas c'est encore moins déloyal que votre coup de pommeau.

Bavolet revenait à sa nature railleuse; sa haine pour Gaëtano qu'il allait assouvir enfin, lui faisait oublier momentanément le roi, pour lequel, d'ailleurs, il ne pouvait absolument plus rien.

Il fit un saut en arrière, piqua son épée en terre et dit froidement à Gaëtano :

— Attendez! je vais ôter ma cotte de mailles. Reculez-vous, s'il vous plaît.

— Pourquoi faire?

— Mais, dit le page avec dédain, pour que la fantaisie de m'assassiner ne vous prenne point pendant l'opération.

Le rouge de l'indignation monta au visage de Gaëtano.

— Je suis gentilhomme et non estafier!

— Vous êtes un traître et un lâche !

La main de l'ambassadeur se crispa sur le pommeau de son épée et la fureur jaillit de ses yeux.

— Patience! exclama le page avec un rire ironique; attendez donc, mon maître! dans trois secondes, je suis à vous!...

Et Bavolet ôta son pourpoint, délaça la cotte de mailles, la jeta à terre et la poussa du pied avec mépris :

— Ceci est contre les balles; mais voici ma poitrine, dit il, et tâchez d'en trouver le chemin, seigneur assassin, car si je trouve le chemin de la vôtre auparavant, j'en ferai une assez belle gaîne à mon épée. — En garde, monsieur !...

Les rôles changeaient. La fureur aveuglait maintenant Gaëtano. Bavolet reprenait son sang-froid, sa raillerie mordante et sa vaillante

audace. Il redevenait l'élève savant et calme des derniers Valois, ces maîtres d'armes par excellence.

Aussi, dès les premières passes, le sang de Gaëtano coula; l'épée de ce dernier rencontra sans cesse l'épée du page.

Pendant dix minutes, aucune parole ne fut échangée entre les acteurs de ce combat sans merci, livré au bord d'un torrent, dans un ravin désert, en face de rochers muets et sombres; pendant dix minutes, tous les efforts de Gaëtano furent infructueux et la fine et blanche chemisette de Bavolet ne fut jaspée d'aucune goutte de sang.

Enfin, Gaëtano se souvint d'une feinte habile, une feinte d'estafier napolitain : il se courba vivement, passa sous l'épée du page, et étendit le bras pour l'atteindre en pleine poitrine.

Mais le page sauta de côté à temps, il fut simplement effleuré, et, levant le bras à son tour, assena sur la tête de son ennemi un vigoureux coup de pommeau.

Gaëtano chancela, mais il ne tomba point, et se redressa soudain.

— Nous sommes quittes, dit Bavolet en ricanant, c'est un coup de rustre pour un coup de manant. Partie et revanche. Voyons la belle!...

Alors Gaëtano poussa un cri de joie: le sang du page coulait.

— Oh! dit flegmatiquement Bavolet, c'est une égratignure et vous vous gaudissez pour peu de chose. Tenez! voyez plutôt ce coup!

Et Bavolet atteignit Gaëtano à l'épaule et lui arracha un cri de douleur.

— C'est un joli coup, continua-t-il en ricanant, un coup que M. de Gignac, un page du roi Henri III, me montra l'an dernier, à Paris.

— Il vous l'a mal montré, riposta l'ambassadeur.

— Vous trouvez?

— Sans doute; car vous m'avez simplement éraflé.

— C'est que votre linge est grossier. C'est la faute de votre valet de chambre : la chemise a fait bourrelet. Mais figurez-vous que M. de Gignac me porta le même si durement, que sans une chaîne que j'avais sur la poitrine, j'étais mort.

— Cette chaîne était malencontreuse, grommela Gaëtano; sans

elle, je ne perdrais point mon temps ici, car on m'attend ailleurs, mon jeune coq.

— Oh! fit Bavolet, qui devint grave et sérieux tout à coup, cette chaîne, je ne l'ai plus, soyez tranquille, et elle ne vous gênera point. C'était cependant une belle chaîne d'or fin, massif et ciselé; un bijou de famille, mon maître.

Gaëtano tressaillit et arriva tard à la parade.

— Voyez donc, fit Bavolet en riant, vous devenez maladroit, ceci fera le troisième coup d'épée que vous aurez reçu comme appoint; je veux arriver à dix-neuf, reste seize.

Puis il continua l'histoire de la chaîne :

— Figurez-vous que cette chaîne était le seul objet qui me pût faire jamais retrouver ma famille...

A ces mots, Gaëtano poussa un cri et se jeta en arrière.

— Qu'avez-vous donc, mon maître? demanda le page.

— Rien, rien, répondit Gaëtano frémissant, je suis ému... troublé... voulez-vous m'accorder deux minutes de trêve?

— Avez-vous déjà peur de mourir?

— Non, non... mais cette chaîne?... Eh bien?...

— Eh bien! fit Bavolet ému et troublé à son tour, cette chaîne, je ne l'ai plus... je l'ai jouée et perdue!...

— Jouée! perdue! s'écria Gaëtano pâlissant. Mon Dieu! mon Dieu! Et il jeta son épée.

— Ah çà! exclama Bavolet, est-ce que vous perdez la tête?

— Non; mais répondez-moi; — une question... une seule?

— Parlez!...

— N'avez-vous point perdu cette chaîne contre votre bourse et les boutons de votre pourpoint qu'un cabaretier...

— Pardieu! c'est bien cela; comment le savez-vous?

— Et, continua Gaëtano en s'animant, vous n'avez pas de famille?

— Je la cherche depuis la Saint-Barthélemy, le seul jour de mon enfance dont j'aie gardé le souvenir, répondit le page dont le front se mouilla soudain de la sueur de l'angoisse.

Gaëtano poussa un nouveau cri, un cri strident, un cri de joie et d'amour, un cri de mère qui voit ressusciter son enfant déjà mis au cercueil; — il se précipita vers Bavolet, les bras ouverts, le sein palpitant; hors de lui, oubliant ciel et terre, il se mit aux genoux du page éconnue, lui prit les mains et les baisa en murmurant d'une voix entrecoupée : — Mon enfant! mon maître! est-ce donc vous?

Bavolet était pâle et muet, Bavolet frissonnait, car cette pensée terrible venait de traverser son cerveau.

— Serais-je donc son fils, lui que je hais!...

Il fit un violent effort et s'écria à son tour :

— Mais qui donc êtes-vous?

— Ton oncle, répondit Gaëtano délirant.

— Je ne me souviens pas de vous, répondit durement le page; le seul être que j'aie jamais entrevu dans les brumes du souvenir, c'est ma mère!...

— Ta mère! exclama Gaëtano, ta mère? elle est ici!...

— Ma mère, ici!... ma mère?... Vous ne mentez pas?... s'écria Bavolet.

— Viens! allons la trouver; — j'avais donc un voile de plomb sur les yeux que je ne t'avais point reconnu? Pardon, mon enfant; mon maître, pardon!...

Et Gaëtano blessé, Gaëtano sanglant, se redressa sublime et beau de force, d'enthousiasme, d'amour pour celui qu'il appelait à la fois son maître et son enfant; — il prit Bavolet dans ses robustes bras, car Bavolet tremblait et chancelait, il le chargea sur ses épaules, courut au torrent et s'y précipita à la nage, tenant l'enfant d'une main, tendant de l'autre les flots bouillonnants du gouffre.

Bavolet délirait à son tour, Bavolet songeait à sa mère... Il avait oublié le roi!...

XIX. — LA FIDÉLITÉ.

Le roi avait franchi le torrent, ne perdant pas de vue un seul instant les deux veneurs inconnus qui couraient à mille pas devant lui, sonnant toujours l'étrange fanfare et harcelant les chiens.

Le jour baissait. Le cheval du roi était rendu, ceux des veneurs paraissaient avoir des jarrets d'acier et des poumons d'airain.

L'ourse faiblissait à vue d'œil; les chiens, las eux-mêmes, la bavaient et hérissaient son poil fauve de leur brûlante haleine; tout faisait présager un hallali prochain; mais la fanfare, un moment assouplie, se réveillait plus stridente et plus sonore, et l'ourse, les chevaux et les chiens retrouvaient une vigueur nouvelle.

Cela dura près d'une heure, sans qu'il fût possible au roi de joindre la chasse; enfin son cheval s'abattit et ne put se relever. Il se dégagea, dédaigna de prendre ses pistolets, et, son épée nue à la main, à continua sa course.

Alors, comme s'il n'eût attendu que ce moment, l'un des veneurs ajusta la bête, lui campa une balle dans l'oreille et la tua raide. Les chiens se jetèrent sur leur proie, les veneurs mirent pied à terre et firent méthodiquement la curée, semblant narguer le roi, qui accou-

rait à pied, et qui n'arriva que lorsque les intestins et les basses viandes de l'ourse eurent été jetés à la meute.

— Holà! leur cria-t-il, qui êtes-vous?

Ils ne parurent point entendre, et terminant l'hallali, ils recommencèrent leur fanfare sur une gamme ironique.

— Qui que vous soyez, reprit le roi qui arrivait sur eux l'épée haute, qui que vous soyez, arrêtez!

Un éclat de rire moqueur lui répondit; et tout aussitôt les deux veneurs abandonnèrent les chiens et poursuivirent leur route en amont de la vallée.

Le roi les suivit en courant.

Le jour baissait de plus en plus, le soleil avait disparu, le crépuscule perdait pâle à peu ses teintes rougeâtres, et le roi était hors d'haleine. Tout à coup, aux dernières lueurs de l'horizon, il vit les deux cavaliers mettre pied à terre, attacher leurs chevaux à un arbre et prendre un petit sentier qui grimpait à travers les broussailles et les rochers aux flancs de la vallée; puis s'arrêter une minute au pied d'une énorme roche grise qui surgissait, presque à pic, d'un massif de sapins, et enfin disparaître brusquement, comme des ombres.

Tout autre que Henri de Navarre eût hésité avant de s'engager sur leurs pas; le roi n'hésita point.

Parvenu au pied de la route, il put s'expliquer leur disparition. La roche était creuse et formait l'ouverture d'une sorte de caverne assez profonde, car il vit briller dans l'éloignement une clarté rougeâtre. Le souterrain, étroit à l'orifice, s'élargissait peu à peu, et finissait par former une sorte de salle assez spacieuse, au milieu de laquelle flambait un grand feu de sapins : c'était la lueur que le roi avait aperçue.

Autour du feu se trouvaient quatre personnages : — les deux veneurs, qui n'étaient autres que don Paëz et son frère Hector, le vieux Penn-Oll et la mère de l'enfant. Le roi alla droit à eux, et arrivé à trois pas, il s'arrêta et les toisa du regard; puis apercevant une vieux femme, il s'inclina courtoisement.

— Qui êtes-vous et que voulez-vous? demanda durement le vieux Penn-Oll.

Le roi fit un pas en arrière, arrêta son œil d'aigle sur le vieillard et répondit : — Je me nomme Henri de Bourbon, roi de Navarre; et je veux savoir de quel droit ces deux hommes que voici se permettent de chasser chez moi et avec mes propres chiens.

Don Paëz, Hector et le vieux Penn-Oll avaient l'épée nue, tout comme le roi; don Paëz répondit :

— Puisque vous nous avez dit qui vous êtes, sire, nous allons vous dire, à notre tour, qui nous sommes. Ce vieillard est notre père, nous sommes frères tous deux, et nous avons deux frères encore, Gaëtano, l'ambassadeur d'Espagne, et Gontran, l'écuyer du duc de Mayenne. Tous quatre nous sommes les descendants des ducs de Bretagne, dépouillés par les rois de France; tous quatre nous avons juré de rétablir un duc sur le trône des Dreux, et de refaire un État libre de la vieille Armorique.

Le roi, la main sur son épée, écoutait gravement.

— Et le duc sera l'un de vous, n'est-ce pas? demanda-t-il avec calme.

— Non, répondit don Paëz, nous sommes des cadets. Ce duc est un enfant que nous cherchons; c'est le fils de cette femme vêtue de noir que vous voyez ici.

— Très-bien, dit le roi. Auriez-vous compté sur mon appui, par hasard?

Un ricanement échappa à don Paëz.

— Mieux que cela, sire, dit-il. Nous avons compté sur le roi d'Espagne et sur le duc de Guise, qui sera roi de France demain.

Henri de Bourbon tressaillit.

— Mon frère serait-il mort? dit-il.

— Non; mais on va le déposer, au nom de la sainte Ligue.

— En ce cas, dit impétueusement le roi, je serai donc le roi de France!

— C'est précisément ce que nous ne voulons pas, car nous avons acheté la Bretagne au prix de votre propre couronne et de votre liberté.

Un éclat de rire s'échappa de la poitrine du roi.

— Ceci devient burlesque, murmura-t-il.

— Roi de Navarre, continua don Paëz, vous avez signé hier votre abdication en faveur de Philippe d'Espagne.

— Ces gens-là sont fous! fit le roi avec dédain.

— Nous disons vrai, je vous jure! Vous souvenez-vous d'avoir signé un brevet de duchesse?

— Oui, dit le roi étonné!

— Eh bien! l'encre dont vous vous êtes servi était une encre qu' s'efface. Votre signature seule est restée, et nous avons rempli...

Le roi poussa un cri terrible : — Trahison!...

— Attendez donc, roi de Navarre, poursuivit don Paëz d'une voix vibrante, attendez donc!

Et don Paëz déroula le parchemin, et lut d'un bout à l'autre un acte d'abdication dans lequel le roi de Navarre renonçait à sa couronne en faveur du roi d'Espagne, et à ses droits au trône de France en faveur du duc de Guise.

Un homme ordinaire se fût élancé impétueusement sur don Paëz et eût essayé de lui arracher le parchemin; — le roi se contint et dit : — Me pourriez-vous montrer la signature? Il me semble qu'elle est pareillement effacée.

— Vous allez la voir reparaître, sire, dit Hector en prenant le flacon et en versant une goutte d'acide à la place même où le roi avait signé.

Il y eut parmi les cinq personnes qui assistaient à cette opération une seconde d'anxiété, puis l'encre reparut lentement, trait de plume par trait de plume, et soudain Hector, Paëz, le vieux Penn-Oll pâlirent et demeurèrent stupéfaits, tandis qu'un sourire de triomphe échappait au roi.

— Bavolet Ier! s'écria-t-il. Voilà qui est admirablement joué!

Et, à son tour, il éleva la voix et leur dit avec un ton d'autorité et majesté suprêmes:

— Bas les armes, messieurs, remettez l'épée au fourreau et sortez d'ici! je suis encore le roi.

Mais soudain un bruit se fit à l'entrée du souterrain, un homme accourut en criant:

— Frères! frères! malheur à nous! je n'ai point retrouvé l'enfant. C'était Gontran qui revenait seul et désespéré.

Il regarda ses frères et son père, tous trois pâles et mornes, il se précipita sur le parchemin tombé à terre, lut l'étrange signature et devina tout!

Alors il regarda le roi d'un œil menaçant; mais à peine l'eut-il envisagé, qu'un cri lui échappa, un cri de surprise, de joie, de délire...

A son tour, le roi le reconnut et répondit par une exclamation identique.

Ils se contemplèrent une minute silencieux, puis Gontran se précipita vers lui, le saisit par le bras et lui dit:

— N'est-ce pas vous que j'ai sauvé... la nuit de la Saint-Barthélemy... n'est-ce pas vous?

— C'est moi, dit le roi, moi, le roi de Navarre!

Tous les personnages de cette scène écoutaient avec anxiété.

— L'enfant! demanda Gontran, qu'avez-vous fait de l'enfant que je laissai sous votre garde?

— Mon fils! exclama à son tour la veuve, qui bondit vers le roi comme une tigresse à qui on arrache sa progéniture, qu'avez-vous fait de mon fils?

En cet instant, deux ombres apparurent à l'entrée du souterrain.

— Frères, frères! le voilà!

— Ma mère! ma mère! murmurait une voix de jeune homme avec délire.

Gaëtano accourait, entraînant Bavolet.

— Cet enfant, dit alors le roi de Navarre à Gontran, votre fils, ajouta-t-il à la veuve, et se tournant vers la mère, je l'ai élevé, il a grandi sous mon toit et je l'appelle mon fils.

Et le roi, en prononçant ces mots, semblait oublier, tant il était ému, la scène terrible qui venait d'avoir lieu.

Le page ne fit qu'un bond vers sa mère; il l'étreignit dans ses bras, — et à la vue de ces deux êtres que la tempête avait séparés et que la Providence réunissait enfin, le roi, les quatre frères, le vieillard lui-même se turent et demeurèrent soucieux et recueillis.

Mais quand le premier transport fut passé, lorsque Bavolet, s'arrachant des bras de sa mère, jeta enfin un regard autour de lui et aperçut ses oncles et le roi, — le vieux Penn-Oll s'avança vers lui, mit un genou en terre et lui dit:

— Sire duc de Bretagne, notre maître, nous te saluons et te faisons hommage de fidélité.

Bavolet recula étonné et regarda le roi.

Alors le roi prit la parole à son tour:

— Bavolet, lui dit-il, ces hommes sont tes oncles, et tu es le descendant des ducs de Bretagne; tu n'es plus mon page, mon enfant, tu es de race souveraine, et tu ne peux demeurer à mon service. Ces hommes vont te dire que ta couronne est prête et que la Bretagne t'attend.

— La Bretagne est au roi de France, répondit Bavolet, et je ne sais ce que vous voulez dire.

— Écoutez donc alors, sire duc notre maître, dit impétueusement Gaëtano; la Bretagne ne demande qu'à vous voir pour se séparer de la France et vous élever sur le pavois, car la Bretagne se souvient qu'elle était libre jadis, et qu'elle ne fut réunie à la France que par félonie et trahison!

— Qu'est la Bretagne? demanda soudain Bavolet, est-elle assez forte pour se révolter et reconquérir son indépendance?

— Elle le pourrait, dit le vieux Penn-Oll, mais cela est inutile. Le nouveau roi de France nous le rend.

— Le nouveau roi de France!... quel est-il donc, messieurs mes oncles?

— Le duc de Guise montera sur le trône demain...

Bavolet était redevenu calme; la révélation de son origine avait mis sur son front d'enfant une fierté majestueuse, il était grave et digue comme un jeune souverain qui sent déjà tout le poids de sa couronne.

— Pardonnez-moi, dit-il, si je vous questionne ainsi, — mais je croyais que le plus proche héritier du roi de France se nommait le roi de Navarre.

Les quatre frères tressaillirent et se turent sous le froid regard de Bavolet; seul, le vieux Penn-Oll répondit:

— Mon maître et mon enfant, je vous dois obéissance comme sujet, mais je suis de votre race et mes cheveux sont blancs, vous me devez donc écouter.

— Parlez, mon père, dit le page avec respect.

— Le roi de Navarre, poursuivit le vieillard, est de cette race maudite qui persécuta la nôtre; il est notre implacable ennemi: si le roi de Navarre montait sur le trône de France, nos dernières espérances seraient ruinées. Le roi de Navarre, sire duc, c'est l'obstacle invincible qu'il nous faut briser à tout prix...

Un rire féroce s'échappa de la poitrine du vieux Penn-Oll, et il ajouta d'un air sombre: — Et il ne sortira point vivant d'ici!

Le roi écoutait froidement, les bras croisés sur sa poitrine, la tête haute comme François Ier à Pavie! Il dédaignait de parler, il attendait avec un calme stoïque la réponse de Bavolet.

Bavolet garda, pendant quelques instants, un silence glacé qui pesa sur tous les cœurs du poids de dix siècles entassés; il promena son œil bleu, qui brillait d'un mâle orgueil, sur tous ces visages que la passion et le fanatisme bouleversaient, puis il fit de nouveau un pas en arrière, posa le poing sur la hanche, se couvrit comme c'était son droit de souverain, et alors il regarda fièrement le vieillard et les quatre frères.

— J'accepte le duché de Bretagne, dit-il.

Le roi tressaillit et regarda Bavolet; Bavolet était impassible.

Un cri de joie s'échappa de la bouche du vieux Penn-Oll et de ses fils; — seule, la mère du jeune duc garda un morne silence et jeta un regard inquiet à son cher enfant.

— Je suis donc votre duc, reprit-il, votre seigneur et maître, celui à qui appartient votre vie, votre sang, votre volonté et votre énergie?

— Oui! dirent-ils avec enthousiasme.

— Eh bien!... alors, s'écria le page d'une voix vibrante, chapeau bas, mes maîtres; chapeau bas! moi, le duc, je l'ordonne!

Ils se regardèrent avec étonnement et se découvrirent, domptés par le son impérieux de cette voix d'enfant qui venait de revêtir l'accent de l'autorité.

— Chapeau bas! poursuivit-il, car vous êtes ici en présence d'un roi! et devant les rois, les ducs se découvrent!

Et Bavolet ôta sa toque et alla vers le roi, devant lequel il fléchit un genou; il lui prit la main qu'il porta à ses lèvres avec respect.

— Sire-roi, mon maître, dit-il, moi, le duc de Bretagne, je fais en vos mains comme en celles de l'héritier présomptif de la couronne de France, hommage-lige et donation de la couronne de Bretagne, qui est mienne comme celle de Navarre est vôtre.

Un cri d'indignation et de rage poussé par les cinq Penn-Oll ébranla les parois du souterrain; mais soudain Bavolet se redressa et se tourna vers eux l'œil étincelant, le geste hautain, en vrai fils des Dreux qu'il était.

— Taisez-vous! exclama-t-il avec colère; je le veux!

— Trahison! infamie! hurla le vieux Penn-Oll.

La fureur de Bavolet tomba aussitôt et fit place à un calme terrible...

— Dieu me pardonne, fit-il avec la superbe ironie d'un Valois, ose murmurer ici quand je parle, moi le maître et le seigneur!...

Et il y avait une domination telle dans l'accent de Bavolet, que le vieillard se tut et que don Paëz lui-même, don Paëz, le superbe roi déchu, frissonna au son de sa voix.

— Vous ne savez donc pas, poursuivit le page, vous ne savez donc pas quel homme vous avez attiré dans un piège infâme pour l'assassiner lâchement. Vous ne savez donc pas quel noble et grand cœur bat sous cette rude poitrine, et faut-il donc que je vous apprenne que, dans le royaume de Navarre, il n'est pas jusqu'au plus chétif qui ne donnât mille fois sa vie pour la vie de son roi!...

Le roi écoutait Bavolet et frémissait d'orgueil.

Le vieux Penn-Oll voulut parler, Bavolet lui imposa silence d'un geste:

— Mon roi et mon père, dit-il, se tournant vers Henri de Bourbon, que m'importe ma naissance, que m'importe un pays où je ne suis point né, qui ne me connaît pas!... J'ai mangé votre pain, j'ai dormi sous votre toit, vous m'avez nommé votre fils, je suis plus fier de ce titre, je suis plus fier de votre royale amitié que de tous les trônes de la terre. Henri de Bourbon, mon seigneur et maître, moi le duc de Bretagne, moi le fils des Dreux, je vous demande à genoux la permission d'être encore et d'être toujours le PAGE DU ROI!...

Et Bavolet se tut et attendit.

A son tour le roi fit un pas. Il releva son page et lui dit de cette voix grave et sonore, où la majesté et la bonté se fondaient en une suave harmonie: — Tu seras mon fils, Bavolet, mon bras droit, mon lieutenant, mon ami; — et, vienne sur mon front cette noble couronne qui doit être mienne un jour, je ferai la France si grande et si forte, que l'univers entier se courbera frissonnant et muet sous son glaive, qui deviendra celui de la justice et de la loyauté. Alors, poursuivit le roi, sublime de majesté et d'enthousiasme, le nom de France deviendra si retentissant, que les étrangers en seront jaloux, et que cette nation que tu me donnes sera fière d'avoir à jamais uni ses destinées aux destinées de ce peuple auquel j'aurai donné le sceptre du monde!...

Et le roi s'arrêta, jetant un fier regard aux Penn-Oll; mais le fanatisme et l'orgueil de race les aveuglaient; aux nobles paroles du roi, à celles de Bavolet, ils répondirent par une exclamation de fureur, et don Paëz s'écria :

— Eh bien! puisque tu es félon et traître, duc de Bretagne, nous te déclarons indigne de régner et te déposons. Cette couronne que tu refuses, tu n'as point le droit de la donner, car elle m'appartient maintenant, à moi l'aîné de ma race, et je régnerai, je le jure! car mon étoile pâlie brille d'un éclat nouveau, car il est écrit sur le livre des destinées que je mourrai un sceptre à la main!...

Et don Paëz, en prononçant ces mots, redevint ce fier roi des Maures qui brisa le dernier fleuron de sa couronne avec son dernier tronçon d'épée!...

Mais Bavolet le regarda non moins fièrement en face et répondit :

— Vous osez me déposer, eh bien! moi, je vous renie! Je vous renie, car vous avez osé, vous, les fils des Dreux, parler ici d'assassinat!... je vous renie, car vous n'avez point compris que le plus grand des crimes a nom *ingratitude*!... la plus sainte des vertus, *fidélité*!... J'ai mangé le pain du roi, je lui ai sacrifié jusqu'à mon amour; le roi est mon père et mon maître, mon avenir et ma famille, vous... je ne vous connais pas!...

Alors on entendit dans un coin du souterrain un cri de joie suprème, un cri de mère qui a tremblé pour l'honneur de son enfant, et dont l'enfant reste pur et sans reproche.

La mère de Bavolet alla vers lui, l'enlaça de ses bras et lui dit avec émotion : — C'est bien, tu es noble et grand, tu es mon fils!...

En ce moment un bruit retentit à l'orifice du souterrain, une troupe d'hommes armés s'y engouffrèrent aux cris de *Vive le roi!*... A leur tête marchait l'austère et sombre de Mornay; au milieu d'eux Fosseuse et Nancy agitaient leurs mouchoirs en signe de triomphe, et alors le roi se tourna vers les cinq Penn-Oll frémissants, et leur dit :

— A votre tour, messieurs, vous êtes mes prisonniers, et je pourrais me venger cruellement; mais je me nomme Henri de Bourbon, j'ai le roi saint Louis pour ancêtre, et jamais la haine et la colère ne pénétreront dans mon cœur; partez, je vous fais libres!...

Ils sortirent tous les cinq, sombres et recueillis : la magnanimité du roi ne les avait point touchés, — ils rèvaient déjà une lutte nouvelle, lutte que nous dirons peut-être quelque jour dans un livre appelé BAVOLET, en racontant cette merveilleuse épopée de batailles et de nobles actions, au dernier chant de laquelle le roi de Navarre devint cet Henri IV que l'histoire surnomma *le Grand*, et dont le peuple a gardé religieusement la mémoire!...

— Ma foi! dit Nancy à Fosseuse, le roi doit un bien beau cierge à maître Bavolet, et le voilà dans l'impossibilité de rappeler M. de Turenne!...

Henri de Valois, mon frère et mon maître, moi le roi, je te vengerai ! (Page 8.)

LES

CAVALIERS DE LA NUIT

TROISIÈME SÉRIE

BAVOLET

I. — DANS LEQUEL IL EST PARLÉ DE LA REINE MARGUERITE, DE
FOSSEUSE ET DE NANCY, ET DU CHATEAU DE COARASSE.

Le 1er août de l'an de grâce 1589, à huit heures du matin environ, un cavalier gravissait au galop les hauteurs de Saint-Cloud, sur
lesquelles le roi Henri de France, troisième du nom, avait établi son
camp.

Ce cavalier était un jeune homme de vingt-deux ans environ, d'une
tournure martiale et fière, malgré l'exquise délicatesse de ses formes
et l'expression de douceur que reflétaient ses grands yeux bleus. Il
était d'une taille élevée, un peu frêle d'apparence; sa main blanche
et finement allongée était appuyée sur le pommeau de son épée; il se
tenait bien à cheval et y avait une très-belle mine, ainsi qu'on disait
alors. A l'aigrette blanche de son casque et surtout au pourpoint gris
de fer garni de plaques d'acier brillant qu'il portait, — vêtement
plus léger et non moins à l'épreuve que les lourdes cuirasses qu'on
avait encore alors, — il était aisé de reconnaître un seigneur de la
suite du roi de Navarre, lequel, depuis la trève qui avait été signée,
était campé à deux lieues de Saint-Cloud et se proposait de réunir

ses troupes à celles du roi de France pour marcher sur Paris,
ville rebelle et maudite.

Deux écuyers chevauchaient derrière le gentilhomme et composaient toute son escorte. Lorsqu'il fut parvenu aux premiers retranchements du camp, il s'arrêta de lui-même et laissa venir jusqu'à lui
l'officier qui commandait le poste de Suisses le plus voisin.

— Qui êtes-vous et que demandez-vous, messire ? lui dit ce dernier.

— Je suis l'écuyer du roi de Navarre, et, comme tel, porteur d'un
message pour le roi de France, votre maître.

L'officier s'inclina courtoisement et appela deux soldats placés en
sentinelle sur le pont de fascines jeté par-dessus le fossé du camp.

— Escortez ce gentilhomme, ordonna-t-il, et le remettez aux mains
du maréchal d'Aumont, le maître de camp général, qui seul peut
donner accès auprès de Sa Majesté.

Le gentilhomme béarnais remercia poliment l'officier et suivit les
deux Suisses, qui marchèrent devant lui et le guidèrent à travers les
méandres sans nombre formés par les tentes des soldats et des chefs
de l'armée, jusqu'au pavillon construit en bois où le roi avait à
sa demeure et son quartier général.

Ce pavillon, fort vaste du reste, n'avait qu'un étage exhaussé au-dessus du sol et était divisé en six pièces différentes et séparées par des cloisons de planches épaisses qu'on avait recouvertes de lourdes tentures enlevées aux résidences royales des environs, afin de décorer avec quelque luxe la dernière demeure d'un roi à moitié chassé de son royaume.

La première salle, celle par où on avait accès dans le pavillon, était occupée par les gardes, ces soldats d'élite créés par Henri III et attachés par lui à sa personne, au nombre primitif de quarante-cinq, gentilshommes gascons pour la plupart. A gauche, se trouvait l'appartement du maréchal d'Aumont, le maître de camp général ; à droite, celui des officiers du roi. Henri III occupait les trois pièces du fond.

La première avait été disposée en salle de conseil et d'audience ; le roi y pouvait délibérer avec les généraux, recevoir les messagers et les ambassadeurs et tenir un lit de justice au besoin.

Dans l'une des deux autres, convertie en oratoire, couchaient le valet de Sa Majesté et son confesseur. La dernière était la chambre du roi. Il s'y tenait peu, d'ordinaire ; et, lorsqu'il ne parcourait point les lignes du camp, il passait volontiers de longues heures sur la terrasse qu'on avait ménagée devant les croisées de la salle du conseil, du haut de laquelle le regard embrassait dix lieues d'horizon, et d'où le mélancolique et triste monarque pouvait apercevoir la fumée de la grande ville et les pignons du Louvre, ce palais de ses pères où l'émeute régnait maintenant en souveraine.

Lorsque les deux Suisses qui servaient de guides au gentilhomme du roi de Navarre furent arrivés à la porte primitive du pavillon, ils firent prévenir le maréchal par l'un des quarante-cinq.

Le vieux duc d'Aumont, bien que fidèlement attaché à la cause et à la personne du roi, avait d'anciens préjugés religieux et une certaine exaltation de vieux ligueur qui lui faisait regarder d'un mauvais œil tout ce qui sentait la réforme, et quiconque se présentait au nom du roi de Navarre, qu'on appelait encore parmi les royalistes et malgré l'offre qu'il avait faite à Henri III de son armée et de son bras, il mécréant et l'excommunié.

Il fronça donc le sourcil en apercevant le gentilhomme béarnais qui était demeuré fièrement en selle, ainsi qu'un homme tout disposé à rebrousser chemin si un libre accès ne lui est ouvert à l'instant.

— Monsieur le maréchal, lui dit ce dernier, je désire parler au roi.

— Le roi ne reçoit, monsieur, répondit le maréchal, que les seigneurs de sa connaissance.

— Eh bien ! dites au roi que Henri de Navarre, mon maître, m'a chargé d'un message.

— Voudriez-vous me le remettre ? fit le maréchal en allongeant la main.

— Je suis désolé de vous refuser ; j'ai l'ordre de le remettre moi-même au roi.

Le maréchal fit la grimace.

— Mais encore, monsieur, dit-il brusquement, faut-il, pour vous annoncer au roi, que je sache votre nom.

— C'est trop juste. Je me nomme Bavolet.

— Bavolet qui ? fit dédaigneusement le maréchal.

— Bavolet tout court, répondit le jeune homme avec calme. Je n'ai jamais porté le nom de mes aïeux, et je ne suis connu à la cour de Navarre que sous celui-là.

— Au moins êtes-vous gentilhomme ?

— Monsieur, dit froidement Bavolet, je crois pouvoir vous affirmer que j'ai cette qualité ; mais ne l'eussé-je pas, mon titre de messager du roi et celui d'ancien page de la reine Marguerite de France devraient vous suffire.

— C'est que, grommela le maréchal avec humeur, nous autres royalistes et catholiques, nous tenons fort à l'étiquette.

— Je suis catholique et royaliste comme vous, répondit Bavolet, et cependant...

— Vous êtes catholique ? interrompit vivement le maréchal.

— Comme mes pères, monsieur.

M. d'Aumont se rasséréna soudain, et son visage exprima une satisfaction profonde.

— Mille pardons, mon gentilhomme, s'écria-t-il avec expansion, mille pardons de mon accueil un peu froid : il tient à ce que je vous croyais huguenot. Mais par madame la Vierge, expliquez-moi donc comment un gentil cavalier et un beau gentilhomme comme vous peut servir ce méchant roi de Navarre.

— Chut ! dit Bavolet, le roi est mon bienfaiteur et il m'a servi de père... Ceci vous doit clore la bouche. Et maintenant, monsieur le maréchal, voulez-vous donner des ordres pour que le roi de France apprenne mon arrivée ?

— Sans doute, sans doute... fit le maréchal avec empressement ; et se tournant vers un garde qui attendait qu'un signe de lui portât entrer chez le roi : — Qu'on prévienne Sa Majesté !

Bavolet mit pied à terre, laissa son cheval aux mains d'un Suisse, et entra dans le pavillon avec le maréchal, qui le conduisit dans son appartement.

Presque aussitôt après, le Quarante-Cinq qui avait pénétré chez le roi vint le querir, sur l'ordre de ce dernier.

Bavolet salua le maréchal et suivit le garde dans la salle royale.

Henri III se trouvait assis dans un grand fauteuil, la tête à demi renversée sur le dossier, et caressait son chien favori.

L'ancien page de la reine de Navarre s'inclina par trois fois, selon l'étiquette, puis il attendit que Sa Majesté lui daignât adresser la parole.

Henri III parut sortir d'une profonde rêverie, et il répondit par un geste amical de la main au salut respectueux de Bavolet.

— Sire, dit ce dernier, le roi de Navarre, mon maître, m'envoie vers Votre Majesté à la seule fin de la supplier qu'elle lui veuille bien donner audience.

— Notre frère de Navarre aurait-il trouvé dans notre traité d'armistice quelque point obscur, quelque article qui pourrait fournir prétexte à la controverse ? demanda le roi en regardant Bavolet.

— Nullement, répondit celui-ci. Le roi mon maître est heureux d'avoir renoué par une longue trêve les bonnes relations d'amitié et de parenté qui l'unissaient à Votre Majesté, et il tient à cœur de la venir voir afin de bien s'entendre avec elle pour livrer assaut à Paris, — une pareille expédition exigeant, à cause des nombreuses difficultés qu'elle présente, un plan d'attaque sagement combiné.

— Ah ! dit le roi, mon frère Henriot tient à me venir visiter ?

— Le roi mon maître, sire, pense que c'est pour lui un devoir de sujet, d'allié et de parent. Il a été tort marri autrefois d'être en querelle et rébellion forcée avec Votre Majesté, et le plus cher de ses vœux aujourd'hui est de placer ses deux mains dans la vôtre et de marcher sur Paris à vos côtés et l'épée haute.

— Mon frère Henriot a du bon, murmura Henri III, mais il devrait bien abjurer sa maudite hérésie et se faire catholique, ainsi que l'étaient nos communs ancêtres.

Bavolet était un garçon d'esprit qui savait se taire à propos. Il jugea donc inutile d'ajouter le moindre commentaire à la réflexion du monarque, lequel, passant à un autre ordre d'idées, lui dit tout à coup :

— Comment va ma sœur Margot ?

— Sa Majesté, répondit Bavolet en tressaillant tandis qu'une rougeur fugitive montait à son front, est retirée à son château de Coarasse, où elle vit dans la retraite et la culture des belles-lettres en compagnie de mademoiselle de Montmorency.

— Fossense ! exclama le roi.

— Précisément, sire.

— Ah ! ah ! elles ont donc fait leur paix ensemble ?

— Dame !... sire, j'ai été le page de Sa Majesté la reine Marguerite pendant que mademoiselle de Montmorency était sa fille d'honneur, et je confesse que, si cette dernière a été respectueuse et pleine d'attachement pour sa royale maîtresse, Sa Majesté s'est toujours montrée, d'autre part, indulgente et bonne pour sa dame d'honneur.

— Ce garçon-là est plein d'esprit, pensa Henri III ; il ne dit que ce qu'il est absolument nécessaire de dire.

— Madame Marguerite, continua négligemment Bavolet, aurait certainement suivi le roi mon maître et partagé avec lui les périls et les fatigues d'une longue campagne ; mais Votre Majesté, mieux que personne, connaît sa résolution et son courage ; mais, hélas ! le roi de Navarre était en guerre avec Votre Majesté : les affaires de la religion imposaient silence aux liens de famille, et madame Marguerite n'a point voulu donner au monde le spectacle d'une reine marchant à la droite de son époux contre les armées du roi son frère ; elle a préféré demeurer neutre : c'est pour cela qu'elle s'est confinée à Coarasse, cette résidence de mon maître, avec quelques amis fidèles.

— Le vicomte de Turenne est-il du nombre ? demanda malicieusement Henri.

Bavolet pâlit légèrement à ce nom, et un nuage passa sur son front : il aimait toujours Marguerite...

— Le vicomte est auprès du roi, murmura-t-il.

— Bon ! se dit Henri de Valois, ce jeune homme est amoureux de ma sœur Margot. Elle a pourtant trente-trois ans bien sonnés, et il me semble que l'heure des conquêtes devrait commencer à passer... Ventrebleu ! comme dit Crillon, dans cette bonne maison de Valois, tout le monde a le cœur tendre, — excepté le feu roi Charles IX, mon frère, et moi, qui me console toujours aisément.

Puis il reprit tout haut :

— Ma sœur est bien heureuse, monsieur, d'avoir auprès d'elle des amis demeurés fidèles ; je ne saurais en dire autant, car tout le monde m'abandonne. Il paraît que je suis le plus triste des rois, et je le crois volontiers en considérant combien je m'ennuie.

Bavolet regarda le roi. Henri était encore beau, et son visage respirait cette majesté naturelle qui avait fait la distinction native des Valois ; mais son front dégarni avant l'âge, sa pâleur maladive, le cercle de bistre qui entourait ses yeux, donnaient à son expression un air triste et mélancolique d'ordinaire, disaient suffisamment les longues souffrances qu'avait dû endurer ce monarque à moitié détrôné, et que madame de Montpensier s'était juré de tondre comme un moine.

— Oui, soupira Henri III, on m'abandonne avec une facilité désespérante : tous ceux qui ne sont pas morts pour moi, comme Quélus,

Maugiron, et ce pauvre Schomberg, veulent, il paraît, mourir loin de moi... Saint-Luc a pris femme et vit dans ses terres; les Joyeuse me boudent; d'Epernon s'est retiré de ma cour, prétextant qu'il ne pouvait souffrir le maréchal. Ce pauvre d'Epernon! je l'aime fort, mais c'était un piètre général, tandis que d'Aumont est un homme de guerre. Il faut bien que je sacrifie mes amitiés personnelles aux affaires de mon royaume, si je ne veux être tondu...

Et, cette fois, Henri se prit à sourire dédaigneusement, à l'adresse sans doute, de madame de Montpensier.

— Il n'y a pas, continua-t-il avec une expression de mélancolique rêverie dans le regard et la voix, il n'y a pas jusqu'à Chicot, mon fou, qui ne se soit éloigné sous le prétexte que je l'ennuyais, et qu'il préférait s'en aller à Paris parmi les ligueurs qui sont, disait-il, de bons vivants. Au reste, je l'ai peu regretté, il devenait moraliste et prêchait de longs sermons comme un génovéfain; Triboulet, le bouffon de mon aïeul François, n'était certes pas plus triste.

— Votre Majesté, dit respectueusement Bavolet, s'exagère, j'en suis sûr, l'abandon dont elle se croit victime. J'ai vu autour de sa tente une armée nombreuse, des chefs aguerris et fidèles, des soldats vaillants et dévoués. De nombreux alliés accourent à son aide. Paris n'est plus qu'un foyer de famine et de discorde, dont les habitants, las du joug qu'ils supportent, ne demandent qu'à le secourir pour vous ouvrir de nouveau leurs murailles. Avant huit jours Votre Majesté sera rentrée au Louvre, et elle verra bien alors que tout le monde ne l'abandonne pas.

Henri III secoua la tête avec un mélancolique sourire.

— Je sais bien, dit-il, qu'aux yeux de tous un roi doit s'estimer heureux lorsqu'il reconquiert son royaume, que ses armées sont aguerries, ses partisans fidèles, son peuple soumis. Mais un roi n'est-il point un homme, et l'homme n'éprouve-t-il pas un sentiment d'amère tristesse lorsque la mort, l'abandon ou l'oubli l'ont séparé de ceux qu'il aimait? J'aimais Quélus, j'aimais Maugiron et Schomberg, ils sont morts... J'aimais Saint-Luc et Anne de Joyeuse, ils m'ont délaissé... J'aimais ce ingrat d'Epernon, sa querelle avec le maréchal l'a fait me sacrifier... Hé! que m'importent la force, le pouvoir, la majesté royale, si je suis le plus ennuyé des monarques? Croyez-vous par hasard, monsieur Bavolet, que le maréchal d'Aumont est un être bien réjouissant? Et ne supposez-vous pas que la conversation d'un seigneur lettré comme M. d'Epernon, ou d'une femme diserte et savante telle que ma sœur Margot, soit plus agréable qu'une discussion stérile sur le plan d'une bataille ou les fortifications d'une place de guerre?

— Hum! pensa Bavolet, le roi de Navarre, qui cependant ne fait nullement fi des belles-lettres, ne serait nullement de cet avis; il passe de longues heures avec M. de Sully, ou carte de France sous les yeux, et il ne songe point à parler latin, bien qu'il le sache mieux qu'un docteur de l'Université.

— Monsieur Bavolet, reprit vivement le roi, j'ai eu tant de soucis et de chagrins depuis quelques années, que je perds souvent la mémoire. Ainsi, votre nom, qui n'a éveillé d'abord en moi aucun souvenir, m'était parfaitement connu.

Bavolet regarda le monarque avec étonnement.

— Je me souviens parfaitement à présent, continua Henri III, d'une lettre que m'écrivait ma sœur Margot, il y a cinq ans, dans laquelle se trouvait cette phrase: « Le roi de Navarre, mon illustre époux, vient d'échapper à un grand danger; les Espagnols, qui ne renoncent jamais à entreprendre quelque attentat contre lui, ont manqué se rendre maîtres de sa personne, un jour qu'il chassait l'ours, et il n'est parvenu à se tirer de leurs mains que grâce au courage et au dévouement d'un jeune page nommé Bavolet. »

Bavolet rougit et pâlit tour à tour; la reine avait songé à lui!

— Puis, reprit le roi, j'ai eu de vos nouvelles par une autre bouche.

— Ah!... dit l'ancien page surpris.

— Figurez-vous que ma sœur Margot, il y a deux ans, tandis que j'étais à Tours et qu'elle-même se trouvait au château d'Amboise, un de ses écuyers et une de ses camérières, à la seule fin de me complimenter. L'écuyer était un vieux gentillâtre qui montait fort mal à cheval et manquait absolument d'esprit.

— J'y suis, dit Bavolet souriant, c'était M. de Goguelas.

— Justement. La camérière, au contraire, était spirituelle et jolie comme un démon, — car, s'interrompit Henri III en manière d'aparté, le démon est joli et spirituel, sans cela il ne saurait nous tenter, et, quoi qu'on puisse dire mon confesseur, je persiste volontiers à croire que le diable n'est autre chose qu'une allégorie transparente qui dissimule à peine la femme. — Elle était à croquer, cette camérière, lorsqu'elle montrait ses dents blanches et laissait glisser une malice sur ses lèvres roses. Je pris grand plaisir à l'entendre, et je la retins à Tours toute une huitaine. « Petite, lui disais-je, vous narrez à ravir les plus jolis contes du monde, et vous avez autant d'esprit que ma sœur Margot. » A quoi elle me répondit avec son mutin sourire : « Les contes que je narre ne sont pas de moi, l'idée première en appartient à Bavolet. — Qu'est-ce que Bavolet? — Le page de la reine Marguerite, un garçon fort spirituel. »

— Cette péronnelle de Nancy, interrompit Bavolet avec un sourire modeste, m'a fait une réputation que je mérite peu, sire.

— Tarare!... dit le roi, je vous crois injuste à votre endroit, seigneur Bavolet, et je vais vous le prouver sur-le-champ.

— Votre Majesté y prendra grand'peine, je gage.

— Point.

— Enigme! murmura l'ancien page avec modestie.

— Tenez, poursuivit Henri III, je vous disais tout à l'heure que tous mes favoris m'avaient abandonné, et que j'en avais le cœur fort marri.

— C'est la vérité pure, sire.

— Eh bien! je veux consoler.

— Votre Majesté fera très-bien.

— Et pour ce faire, je vous engage à mon service. Je vous ferai capitaine dans mes gardes; pendant le jour vous veillerez sur ma personne, et le soir, durant la veillée, vous me narrerez un de ces contes que vous narrez si bien.

— Votre Majesté me comble d'honneur, mais...

— Point de mais, monsieur.

— Pardon, sire, j'appartiens au roi de Navarre.

— Peuh! le roi de France vaut un peu mieux, j'imagine.

— Il est plus puissant et possède un plus grand royaume, sire; mais le roi de Navarre m'a servi de père, et la reconnaissance m'attache à lui.

— Bah! je le prierai de s'en passer.

— Votre gracieuse Majesté est mille fois trop bonne, mais si je passais à son service, ce ne serait qu'avec la permission et d'après l'ordre de mon maître.

— Diable! murmura Henri III, je m'étais cependant promis d'ouïr quelques-uns de vos contes.

— Eh bien! sire, la chose est aisée.

— Comment cela?

— D'abord, j'en puis narrer un tout de suite.

— Bon!... et après?

— Après, le roi de Navarre venant visiter Votre Majesté et devant avec elle marcher sur Paris, il est possible que je demeure aussi fort longtemps auprès d'elle; alors je me trouverai à la disposition de Votre Majesté chaque fois qu'elle désirera ouïr un conte.

— A merveille, monsieur Bavolet. Et puisque vous refusez mon service, au moins accepterez-vous de moi un souvenir?

Et Henri III prit une bague à son doigt et la passa au doigt de Bavolet.

— Votre Majesté me comble, dit-il, et elle me paie mes droits d'auteur par avance.

— C'est que je suis certain, monsieur, qu'après vous avoir écouté, je serai votre débiteur encore. Je vous fais une avance pour avoir du crédit.

Bavolet se mit à sourire et baisa la main du roi.

— Ça, reprit celui-ci, ton frère de Navarre attend-il votre retour pour se mettre en marche vers notre camp?

— Non point, sire, le roi mon maître était tellement sûr que vous le voudriez recevoir, qu'il m'a simplement mandé en éclaireur.

— Et quand doit-il arriver?

— Ce soir, à la nuit.

— En sorte que vous me restez?

— Avec bonheur, sire.

— Eh bien! pourquoi ne me narreriez-vous point un conte tout de suite?

— Déjà! fit Bavolet.

— Pourquoi pas? Je n'ai point à travailler avec le maréchal; on ne me sert à déjeuner qu'à midi, et il est dix heures à peine.

— Je suis aux ordres de Votre Majesté.

Le roi indiqua un siège à Bavolet demeuré debout jusque-là, et il se renversa lui-même dans son fauteuil, en prenant l'attitude d'un homme prêt à écouter attentivement.

Mais, en ce moment, il se fit du bruit dans la salle des gardes, le son d'une botte éperonnée retentit sur le parquet, puis la porte s'ouvrit, et un homme armé de toutes pièces, portant le grand cordon de Saint-Michel en sautoir, se montra tête nue sur le seuil.

Le roi poussa un cri.

— D'Epernon! fit-il.

— Moi-même, sire, répondit le duc; je viens me jeter aux pieds de Votre Majesté et lui offrir le secours de mon épée contre ses ennemis.

Henri III tendit les deux mains à son favori, et puis un sourire moqueur vint à ses lèvres, qui le vengea de l'abandon du duc par un mot cruel:

— L'as-tu fait plomber, ton épée? demanda-t-il; elle n'était pas bien lourde, autrefois...

— Hé bien, sire, répondit d'Epernon, venez voir par cette terrasse le plomb qu'elle tire à sa suite!...

D'Epernon entraîna le roi vers la terrasse, du haut de laquelle le mélancolique monarque pouvait dominer les plaines et les vallées environnantes, et apercevoir Paris dans le lointain; puis, étendant la main, il lui dit avec un sourire de triomphe:

— Regardez, sire, regardez!

En effet, au flanc des collines qui, d'étages en étages, montaient jusqu'au plateau sur lequel était assis le camp royal, dans la vallée en deçà et en deçà de la Seine on voyait se mouvoir et avancer des bataillons, étinceler des casques au soleil, flotter au vent des banderoles et des étendards. Plaines et coteaux se couvraient de soldats, et ces soldats, au nombre de quarante mille, avaient été levés par le duc et de ses propres deniers.

Henri III laissa échapper un cri de surprise et d'admiration.

— Comment, dit-il, toutes ces troupes...

— Sont les troupes de Votre Majesté, sire.

— D'où viennent-elles?

— De Normandie, de Bretagne et de Touraine pour la plupart. Je les ai levées en quinze jours.

Le roi tendit la main à d'Épernon.

— Tu es un noble cœur et un loyal sujet, lui dit-il.

— Il fallait bien, répondit modestement le duc, que je plombe un peu cette épée, que Votre Majesté trouvait légère.

Henri III se mordit les lèvres et ne dit mot.

Il se prit à contempler cette armée nouvelle accourant se joindre à son armée; et puis il songea que son frère, le roi de Navarre, ne tarderait point à paraître, lui aussi, avec sa petite troupe d'hommes, endurcis et fidèles; il calcula, en quelques secondes, le nombre de guerriers qu'il commanderait le lendemain, et il passa alors, dans les regards du triste Henri III, un de ces brûlants éclairs de fierté et de majestueuse audace comme en avait eu dans sa première jeunesse le vainqueur de Moncontour et de Jarnac; le roi de Pologne reparut sous le roi de France; il renversa la tête en arrière avec cette dignité froide dont les Valois ont emporté le secret dans la tombe, et il s'écria avec un dédaigneux sourire, en montrant du doigt l'horizon de brumes qui cachait Paris à moitié.

— A nous deux, maintenant! A nous Paris et la Ligue!

II. — JACQUES CLÉMENT.

Henri III avait en quelques minutes rajeuni de vingt ans. On eût dit le brillant duc d'Anjou entrant à Varsovie pour se faire acclamer roi. Bavolet et d'Épernon s'embrassèrent pendant un moment ce silence enthousiaste du roi; Henri III leur parut même si grand qu'ils admirèrent et se turent.

— O ma jeunesse! murmura-t-il tout à coup, ma belle jeunesse guerrière, aventureuse et pleine d'audace, ne vous réveillerez-vous point à mon cœur, à cette heure, pour secouer les torpeurs de mon âge mûr? et l'épée du dernier Valois serait-elle donc assez rouillée qu'elle ne pût étinceler encore à la lueur du canon et de la mousqueterie, et qu'elle fût moins lourde que celle de François Ier mon aïeul? A moi Navarre, à moi Normandie! France, à moi!... Je veux rentrer au Louvre, et je veux y mourir le sceptre à la main.

— Vive le roi! répondit d'Épernon en baisant les mains du monarque avec enthousiasme.

— Vive le roi! répéta une voix grave et sonore sur le seuil de la salle d'audience.

C'était le maréchal d'Aumont qui entrait.

Henri se retourna, regarda tour à tour d'Épernon et le vieux maréchal, et fronça le sourcil comme s'il eût craint qu'une querelle s'engageât entre eux de nouveau; mais le duc comprit cette inquiétude, il fit un pas vers le maréchal et lui dit :

— Monsieur, le roi notre maître a grand besoin, à l'heure qu'il est, du bras et de la fidélité de tous ceux qui l'aiment et sont à lui, voulez-vous accepter mes excuses pour mes torts passés et vous réconcilier avec moi, afin que nous combattions côte à côte loyalement et sans rancune?

Le maréchal tendit vivement la main à d'Épernon.

— Pas d'excuses, monsieur, dit-il, mais réconcilions-nous, oublions le passé et croyez à mon amitié comme déjà je crois à la vôtre.

Le duc et le maréchal s'embrassèrent, et le roi satisfait leur dit :

— C'est bien! c'est très bien!

— Sire, dit alors le maréchal, dois-je faire mettre les troupes sous les armes pour recevoir les soldats de M. d'Épernon?

— Sans doute, répondit Henri III; montez à cheval, monsieur, allez à leur rencontre et faites battre le tambour dans le camp. Il faut faire bon accueil à ceux qui viennent tirer l'épée pour la France et pour le roi.

Le maréchal sortit. Alors Henri III tendit de nouveau sa main à d'Épernon avec un sourire affectueux :

— Sais-tu, mon pauvre duc, que je ne t'aurais jamais pardonné si tu m'étais revenu à moi?

— Votre Majesté en pouvait-elle douter?...

— Oui, sans doute, puisque tu prétendais que la vue seule du maréchal te rendait furieux.

— Ah! dit respectueusement le duc, lorsque j'ai quitté Votre Majesté, elle n'avait nul besoin de moi.

— Ingrat! murmura le roi, tu sais bien que je m'ennuie fort avec le maréchal.

— C'est un grand homme de guerre, fit railleusement d'Épernon.

— Bon! vas-tu me reprocher encore une plaisanterie?

— Elle était cruelle, sire.

— Soit; mais je te la veux faire oublier.

— C'est facile, sire. Lorsque Votre Majesté sera rentrée au Louvre, elle me donnera des leçons d'escrime.

Un sourire glissa sur les lèvres de Henri III.

— Tu es spirituel comme un véritable Gascon, dit-il.

— Aussi je le suis, sire.

— Et ton esprit me manquait fort, ici surtout.

D'Épernon s'inclina.

— Çà, reprit le roi en se tournant vers Bavolet, voilà M. l'ambassadeur de notre frère Henri qui s'apprêtait à me distraire en me narrant un de ces contes qui charmaient les longues veillées d'automne du château de Coarasse.

D'Épernon salua Bavolet.

— Monsieur, poursuivit le roi, a été page de ma sœur Marguerite. A eux deux ils ont composé des contes charmants, et j'allais en ouïr un lorsque tu es arrivé.

— Eh bien! fit le duc, pourquoi ne l'écouteriez-vous point, sire, en me permettant de l'écouter aussi.

— J'y songeais, répondit le roi.

— Monsieur d'Épernon, observa modestement Bavolet, a une trop grande réputation d'esprit pour ne point savoir de plus beaux contes que les miens, et Votre Majesté ne perdrait point au change en troquant son conteur.

— Du tout, monsieur, répondit le duc en saluant de nouveau. A l'école de la reine de Navarre on devient assez spirituel pour ne redouter aucune rivalité. Je tiens à ouïr votre conte.

— Mes enfants, dit familièrement le roi, voici qu'il est près de midi; je vous invite à déjeuner. M. Bavolet narrera son conte, et toi, duc, tu en tireras la moralité, s'il y a lieu.

Et le roi, souriant, frappa sur un timbre et demanda son chocolat et trois couverts.

Une table fut dressée et servie aussitôt dans la salle du conseil. Henri III y prit place et indiqua un siège à ses deux convives.

— Voyons, dit-il, en buvant quelques gorgées de chocolat, ce mets favori qu'il mangeait avant toutes choses à chacun de ses repas; voyons cette histoire, seigneur Bavolet.

— Diable! murmura d'Épernon, il paraît que mon pauvre maître s'ennuyait fort, il est terriblement pressé de se distraire.

— Sire, dit Bavolet, lorsqu'on est dépourvu comme moi d'imagination et d'invention, il est nécessaire d'avoir bonne mémoire et de se souvenir des choses intéressantes narrées ou composées par les autres.

— Votre modestie est exagérée, monsieur.

— Nullement, sire, et pour preuve je vais emprunter à madame Marguerite le conte que j'aurai l'honneur de faire à Votre Majesté.

— Soit, dit le roi. Ma sœur Margot est pour le moins de la force, en inventions d'esprit et de compositions littéraires, de feu M. l'abbé de Brantôme, qui a écrit la vie des grands capitaines et celle des dames galantes de son siècle. Je me souviens même qu'au Louvre, du temps de mon frère Charles IX, le bonhomme narrait à ma sœur une certaine histoire de bas de soie, au récit de laquelle elle se pâmait d'aise.

— C'est précisément d'une histoire de ce genre qu'il est question, répondit Bavolet.

— L'histoire des bas de soie?

— Non point de celle que messire de Brantôme a écrite, mais de celle qui lui est advenue à lui-même, par suite de la première.

— Ah! voyons, dit le roi, ce doit être plaisant.

— Comme tout ce que raconte madame Marguerite, sire.

Le roi se renversa à demi et fit signe à d'Épernon de garder le silence.

— Figurez-vous. sire, reprit le conteur, que ceci se passait au commencement du règne du roi Charles IX, et tandis que Votre Majesté occupait le trône de Pologne. On s'amusait fort à la cour de France en ce temps-là, et les querelles de la religion n'avaient point troublé le royaume comme aujourd'hui. La grande occupation du roi était la vénerie, le dressage des chevaux et des chiens, l'éducation des gerfauts et des tiercelets, et Sa Majesté, à ses heures de loisir, s'enfermait encore volontiers avec un ciseleur florentin pour forger de merveilleux ouvrages de serrurerie, ou avec le poète Ronsard pour deviser de belles-lettres et composer des vers.

« Les goûts du roi étaient partagés par sa cour. Les dames montaient à cheval et suivaient les chasses royales; les gentilshommes étaient tous poètes, veneurs ou forgerons. Quelques-uns s'occupaient de chimie avec madame Catherine, la mère de Votre Majesté; d'autres encore cherchaient au fond de leurs creusets la pierre philosophale.

« Or, un matin de printemps, Sa Majesté chassait dans la forêt de Saint-Germain. Les chiens étaient en défaut, les piqueurs avaient perdu la tête, les veneurs galopaient çà et là à l'aventure, et nul ne savait par où le cerf venait de passer.

« Les deux personnages de l'aventure que je narre à Votre Majesté se trouvaient à la chasse. C'étaient messire de Brantôme et madame Marguerite.

« Madame Marguerite avait quinze ans tout au plus, le sire de Brantôme approchait de la soixantaine. Ses cheveux grisonnaient comme la robe d'un cheval pommelé, son dos se voûtait, il était obèse comme un génovéfain, et le pommeau de sa selle lui serrait si fort l'abdomen qu'il finit par s'écrier : « Au diable le cerf et l'hallali! je vais m'asseoir à l'ombre et y méditer tout à mon aise. »

« Comme tous les poëtes, le sire de Brantôme était paresseux, et comme tous les gens paresseux il était rêveur. Il débrida donc sa monture, lui permettant de paître à son gré; puis il s'assit au pied d'un arbre, tira ses tablettes et se prit à songer au livre qu'il composait alors.

« Ce livre était un recueil d'anecdotes, de coutumes, de galanteries, par lequel messire de Brantôme se voulait faire pardonner des dames d'avoir écrit un autre livre aussi sérieux, aussi peu attrayant que la vie des grands capitaines.

« Le sire de Brantôme tenait fort à l'estime des belles dames de la cour, et souventes fois, tandis qu'il enseignait le latin à madame Marguerite, il avait oublié sa leçon pour lui conter mille galanteries.

« Précisément, ce jour-là, madame Marguerite perdit également la chasse et, s'en souciant fort peu, se prit à courir le bois à l'aventure, fouettant de sa cravache les panaches verts des arbres, décapitant les genêts à fleurs d'or, s'arrêtant parfois pour admirer un point de vue; tantôt pressant son cheval dans l'espérance de rejoindre quelque veneur aussi peu enthousiaste qu'elle-même et plus désireux de deviser sur les arts ou les belles-lettres que d'assister à la mort du cerf.

« Or, madame Marguerite, en allant ainsi à travers les futaies et les taillis, arriva justement au milieu de la clairière dont le sire de Brantôme venait de faire son cabinet de travail.

« Le vieux poëte était si fort occupé de son œuvre, qu'il n'entendit point d'abord les pas du cheval de madame Marguerite et ne s'aperçut de sa présence que lorsqu'elle fut tout auprès de lui et qu'elle lui dit :

« — Eh bien! messire, est-ce ainsi que vous suivez la chasse?

« — Je l'ai perdue, répondit-il, et je trouve que l'ombre de cet arbre est plus agréable que les rayons du soleil qui me tombaient d'aplomb sur la tête, il y a une heure.

« — Donc, vous restez ici?

« — Sans doute, je travaille à mon livre.

« — Ah! dit madame Marguerite; et avez-vous déjà beaucoup avancé votre œuvre?

« — Je viens d'en écrire un chapitre.

« — Me le liriez-vous, si je vous en priais?

« — Dame! fit ingénument le sire de Brantôme, on ne saurait juger un livre par un chapitre, surtout quand il est court.

« — Bah! qu'importe.

« — Il n'a que huit lignes...

« — Voyons-les, insista la princesse.

« Le sire de Brantôme pensa qu'il serait de mauvais goût de se faire prier plus longtemps, et il se mit en devoir de lire à madame Marguerite la page qu'il venait de tracer sur ses tablettes.

— Hum! interrompit le roi, je crois connaître cette page.

— Moi aussi, ajouta d'Epernon.

— Alors, reprit Bavolet, Votre Majesté connaît pareillement l'histoire, je présume.

— Nullement.

— Je ne saurais me souvenir de la phrase textuelle du sire de Brantôme aussi bien que madame Marguerite, qui la savait par cœur; mais en voici à peu près le sens :

« Les gentilshommes, disait le poëte, qui sont amoureux d'une belle dame et espèrent obtenir d'elle, soit tendre rendez-vous, soit promesse de mariage, s'y prennent parfois d'une très-ingénieuse et très-adroite façon pour se faire aimer; ils supplient ladite dame de vouloir bien porter quelque huit ou dix jours une paire de bas de soie, dont ils lui font présent sous réserve de les reprendre ensuite : si la dame consent à porter le bas de soie, et qu'elle les leur rende ensuite, ils s'estiment parfaitement heureux et demeurent persuadés qu'ils sont aimés. »

— C'est-à-dire, observa le roi, que le sire de Brantôme prétendait cela.

— Oui, sire.

— Mais rien n'est moins vrai cependant.

— Votre Majesté le penserait-elle?

— Sans doute, et j'en ai la preuve.

— L'oserai-je demander à Votre Majesté?

— Oui, certes. La voici : Pour qu'une belle dame porte les bas de soie de son fiancé, il faut de deux choses l'une, ou que le pied petit, et dans ce cas, il est aimé quand même; ou que la dame ait le pied grand, et alors, si belle qu'elle puisse être, celui-ci n'est point parfaitement heureux, rien n'étant disgracieux et laid chez une femme comme un grand pied.

Bavolet en était là de son récit, et la réflexion d'Henri III avait fait sourire d'Epernon, lorsqu'un des Quarante-Cinq entra dans la salle.

— Sire, dit-il, un messager des Parisiens sollicite audience de Votre Majesté.

— Ah! les Parisiens m'envoient un messager?

— Oui, sire.

— Quel est-il?

— Un jeune moine.

— Singulier ambassadeur! fit dédaigneusement le roi. Parmi tous ces bourgeois et ces gens de robe au milieu desquels Mayenne s'encanaille, il ne se trouvait donc pas un gentilhomme?

— Dame! fit d'Epernon, la place d'un gentilhomme étant auprès de Votre Majesté, celui qui ne l'occupe point n'a pas le droit de se présenter aux yeux du roi.

— C'est juste; mais enfin, dit Henri III avec une sorte de répugnance, on aurait pu ne point m'envoyer un moine. Et où sont ses lettres de créance, à ce tondu?

— Il ne veut point s'en dessaisir.

— Renvoyez-le au maréchal.

— Sire, il prétend qu'il ne peut confier son message qu'à Votre Majesté seule, et dans le plus grand secret.

— Peuh! .. fit dédaigneusement le roi, les Parisiens n'ont point été vis-à-vis de moi assez courtois pour que j'interrompe mon déjeuner mes convives à la seule fin de recevoir leur ambassadeur. Continuez, monsieur Bavolet, le moine attendra.

Le Quarante-Cinq fit un pas de retraite.

— Et comment se nomme-t-il ce moine? demanda brusquement le roi.

— Il se nomme JACQUES CLÉMENT.

III. — LE VRAI NOM DE BAVOLET.

— Continuez, monsieur Bavolet, reprit tranquillement le roi, votre récit me plaît fort et je me soucie peu du moine.

Bavolet ne se fit point prier et reprit :

— Je disais donc à Votre Majesté que le sire de Brantôme lut à madame Marguerite ce chapitre de son livre, et la princesse ne put se défendre d'en rire aux éclats. Madame Marguerite avait quinze ans, son sourire enchantant, il fascina le vieux sire qui perdit la tête du coup et se crut revenu à sa vingtième année.

— Ah! ah!... observa le roi, il en avait pourtant bien soixante alors.

— Soixante-cinq, sire. Mais la vieillesse passe jeunesse en imaginatives et aventures hardies... Le bonhomme oublia ses cheveux blancs, sa corpulence et son front ridé; il oublia ses yeux caves et son triple menton; ses soixante-cinq hivers se fondirent, une minute, au soleil printanier de la jeune princesse, — et il se jeta fort galamment à ses genoux en lui disant :

« — Vous devriez bien, chère belle dame, porter mes bas de soie quelque huit ou dix jours.

« Madame Marguerite se prit à rire, et puis elle eut pitié du bonhomme, et, pour ne lui point arracher une dernière illusion, elle lui dit :

« — Eh bien! envoyez-les-moi, nous verrons.

« Et elle s'enfuit à travers bois et futaies, riant comme une folle de la hardiesse du sire de Brantôme, et se demandant s'il était bien vrai que le mois de janvier oubliât ses frimas à ce point de souhaiter un rayon du soleil de juin.

— Décidément, monsieur Bavolet, interrompit le roi, vous narrez à ravir.

— Votre Majesté est trop bonne.

— Je suis de son avis, ajouta poliment d'Epernon.

— Et qu'advint-il ensuite?

— Il advint que le lendemain madame Marguerite reçut, à son lever, un petit coffret de bois de cèdre, merveilleusement historié et fermé par une serrure d'or. La clef en pendait à un gland de soie vert tendre. C'était du meilleur goût et de la plus fine galanterie.

— Ce vieux Brantôme! murmura le roi mis en belle humeur.

— La princesse, continua Bavolet, ouvrit le coffret et en retira une belle paire de bas de soie qui portaient l'étiquette de Flamin-Boncart, le marchand de soieries à la mode, de la rue du Grand-Hurleur. Madame Marguerite avait espéré tout d'abord que le sire de Brantôme, obéissant aux bonnes inspirations de la solitude et de la nuit, lesquelles, dit-on, portent conseil, se serait contenté de lui envoyer un exemplaire de son dernier livre : « La Vie des grands capitaines. » Aussi fit-elle une petite moue dédaigneuse qui eut l'approbation de ses camérières, et hésita-t-elle longtemps à se prêter à la fantaisie de ce vieux fou.

« Néanmoins elle avait promis, il fallut tenir.

« Le soir, on dansait au Louvre. Le jeune roi de Navarre et sa mère, madame Jeanne d'Albret, étaient récemment arrivés à Paris; on leur faisait grande fête, et l'auguste mère de Votre Majesté, madame Catherine, avait réuni autour d'elle tout ce qu'il y avait de poëtes, de conteurs et d'artistes étrangers pour faire honneur à madame d'Albret, qui aimait fort les beaux tableaux, les beaux vers et les jolis contes.

« Pour la première fois aussi on inaugurait au Louvre une danse nouvelle que le favori de Votre Majesté, M. de Saint-Luc, avait apportée de Pologne et des pays allemands, abandonnant Votre Majesté au milieu des neiges de Varsovie.

— Ah! soupira Henri III, l'ingrat Saint-Luc! il m'abandonna sans remords et me laissa tout grelottant sous ma couronne, dont les perles étaient des frimas, et dans cette bicoque que les Polonais prétendaient être un palais.

— Cette danse, continua Bavolet, était la valse à trois mesures. Elle faisait fureur. M. de Saint-Luc avait ouvert une école à la cour. Le roi Charles IX, le duc de Guise, madame de Nevers qui s'était mariée à quatorze ans, et madame Marguerite, qui ne l'était point encore, étaient ses meilleurs élèves. Si M. de Saint-Luc eût voulu se faire payer convenablement ses leçons, il aurait refait la fortune de ses pères que les juifs avaient, durant dix années, mordue à belles dents. Or, aux premières mesures de la valse, madame Marguerite se laissa emporter à demi renversée sur le bras du duc Henri, et, la mesure se précipitant, sa robe s'arrondit et se goufla de telle façon, que le vieux sire de Brantôme qui, du fond d'une embrasure de croisée, admirait tout ébahi la danse nouvelle, aperçut tout à coup son pied mignon chaussé du bas de soie vert tendre.

— Harnibleu! comme dit Crillon, murmura le roi, ce drôle était bien heureux.

— Il crut l'être, sire. Pendant huit jours, nul ne fut plus radieux que le vieux poëte : il redressait sa taille voûtée, cambrait sa jambe, faisait sonner ses éperons et souriait avec des façons d'une adorable impertinence. Le roi Charles IX lui trouvait encore plus d'esprit que de coutume, et, souvent même, les jeunes seigneurs et les courtisans le virent tout disposé à leur chercher querelle. La rapière du bonhomme ne tenait plus au fourreau.

« Mais le huitième jour toute cette fantasmade s'évanouit. Vers le soir, à la brune, et dans le corridor obscur qui conduisait à l'atelier de forgeron du roi, le sire de Brantôme rencontra tout à coup deux personnages, deux ombres qui passaient enlacées et ne le virent point, qui se parlaient tout bas et murmuraient de douces et gentilles paroles d'amour, et il en éprouva un tel saisissement qu'il faillit tomber à la renverse.

« L'un de ces personnages était madame Marguerite, l'autre le jeune roi de Navarre, qui n'était venu de Pau à Paris que pour y épouser la princesse.

« Dès lors la joie folle du bonhomme se changea en une tristesse amère et sombre, et le lendemain, au jeu du roi, il apparut à madame Marguerite si défait et si pâle qu'elle alla vers lui et lui dit :

« — Voici les huit jours écoulés, reprenez vos bas de soie.

« — Soit, murmura piteusement le sire de Brantôme; je les baillerai au roi de Navarre.

« Ces mots furent un trait de lumière pour madame Marguerite. Elle devina l'angoisse et les déceptions de ce vieillard enamouré en plein hiver, et elle lui dit en lui tendant la main :

« — Pourquoi donc aussi avez-vous soixante-cinq ans, et moi quinze ?...

« — Parce que probablement, murmura-t-il résigné, Dieu a voulu que vous soyez reine à tout prix.

« — Ah! charmant! s'écria le roi, Brantôme était un homme d'esprit, — et vous aussi, monsieur Bavolet, car je vous ai ouï avec le plus grand plaisir, et je regrette fort être contraint de vous quitter pour donner audience à ce moine que ces bons Parisiens m'envoient en guise d'ambassadeur.

Henri III frappa sur un timbre. Un Quarante-Cinq parut.

— Introduisez, dit-il, le frère Jacques Clément.

Puis se tournant vers le duc :

— Va visiter le camp, lui dit-il, en compagnie de M. Bavolet. J'en ai pour dix minutes.

— C'est trop, dit le duc.

— Pourquoi trop?

— Parce que le temps de Votre Majesté est trop précieux pour qu'elle en perde dix minutes avec les ambassadeurs des bourgeois de Paris.

— Bon! dit le roi; j'avais bien raison de penser que, malgré ton armée de quarante mille hommes, tu n'étais pas changé. Tu es parti courtisan, tu reviens de même.

D'Épernon et Bavolet sortirent, laissant le roi seul dans la salle du conseil.

Dans la pièce d'attente, ils rencontrèrent le moine.

C'était un jeune homme de vingt-deux ans, à l'attitude sombre, au regard virulent et cauteleux, de petite taille, mais trapu et carrément bâti. Ses mains larges et noueuses, son cou épais et court enfoncé dans les épaules, annonçaient une vigueur musculaire peu commune; ses lèvres minces blanchaient un mauvais sourire, et de cette bouche ironique on devinait que le blasphème devait jaillir plus souvent que s'en échappait la prière.

Cette sombre physionomie impressionna vivement Bavolet, il serra le bras d'Épernon et lui dit :

— Voyez, quel mauvais visage!...

— Visage de moine ligueur, répondit le duc avec insouciance.

— C'est singulier, cet homme me donne le frisson...

— Bah! fit le duc, c'est comme à moi, j'ai peur des gens laids.

— Monsieur le duc, murmura tout bas le jeune homme, si ce moine méditait un crime!...

— Allons donc!

— Nous devrions l'empêcher d'entrer chez le roi.

D'Épernon tressaillit.

— Y songez-vous?... fit-il, portant instinctivement la main à son épée.

— J'ai peur... répéta Bavolet avec l'accent d'une conviction profonde...

En ce moment, le moine passait devant eux.

— Regardez! dit encore Bavolet, il a du venin sur les lèvres.

D'Épernon tressaillit encore; il appuya vivement sa main sur l'épaule du moine et l'arrêta court; puis, le regardant en face :

— Qu'as-tu donc, maudit tondu, de si particulier à confier au roi?

— Ceci, monseigneur, murmura humblement le moine, est un secret entre Sa Majesté et ceux qui m'envoient.

Et il passa, suivant le Quarante-Cinq chargé de l'introduire.

Bavolet fit un pas encore pour lui barrer le chemin, et comme si le plus sinistre des pressentiments l'eût agité. Mais d'Épernon le devança, et se plaçant devant le moine et croisant résolûment les bras :

— Tu n'entreras point, lui dit-il, que tu ne m'aies montré ton message. Il me suffira de le voir, je ne veux point le lire.

Le moine s'inclina et tira de son sein un parchemin scellé aux armes du parlement de Paris.

— C'est bien, répondit d'Épernon, tu peux entrer.

Puis il se tourna vers Bavolet :

— Nous sommes fous, lui dit-il.

— Dieu vous entende! monsieur le duc.

— Est-ce qu'on oserait porter la main sur un roi?

— Je ne sais... mais j'ai toujours peur...

Malheureusement il n'était plus temps d'écouter les pressentiments de Bavolet; le Quarante-Cinq avait ouvert la porte, et Jacques Clément était entré; puis il avait fléchi un genou devant le roi, lequel était debout auprès de la croisée de la salle et regardait le moine avec une indicible expression de répugnance.

La salle était assez spacieuse pour que, de la porte, on ne pût entendre ce qui se disait dans l'embrasure de la croisée; cependant le roi fit un signe au Quarante-Cinq qui, en sortant, laissa retomber la portière.

Bavolet, pâle d'émotion, regarda le duc. Celui-ci sembla comprendre ce regard, et tous deux, instinctivement, portèrent la main à leur épée, et la tirèrent à demi du fourreau, se tenant prêts à entrer au moindre bruit, au moindre cri d'alarme...

Une minute d'angoisse s'écoula pour eux, et eut la durée d'un siècle; tout à coup, ils entendirent une exclamation étouffée, suivie des mots à moi! prononcés par le roi, soudain, ils ouvrirent la porte et se précipitèrent dans la salle...

Le roi était debout encore, mais il s'appuyait au mur, en chancelant, et le moine, toujours un genou en terre, tenait à la main un poignard fumant, et regardait sa victime avec un œil brûlant de fanatisme et de sombre enthousiasme.

Bavolet fondit sur lui, l'épée haute, tandis qu'Épernon recevait dans ses bras son maître ensanglanté et tenant encore le parchemin que le moine lui avait tendu. Jacques Clément avait frappé le roi, tandis que celui-ci parcourait rapidement son message.

Bavolet cloua d'un coup d'épée le régicide contre la boiserie, et le monstre rendit l'âme en blasphémant.

En même temps le roi fermait les yeux et cédait à l'évanouissement. D'Épernon le prit à bras-le-corps et le porta sur son lit, appelant :

— Miron! Miron!...

Miron était le médecin du roi.

La foule des gardes, aux cris poussés par d'Épernon et Bavolet, s'était précipitée dans la salle et venait d'entourer le lit sur lequel était le monarque assassiné. En quelques minutes les officiers du roi, les généraux, le maréchal, tous ces cœurs fidèles que n'avait point rebutés l'infortune de leur maître, entouraient le corps sanglant; et le camp retentit presque aussitôt de cris de rage et de lamentations.

— Le roi est mort! le roi va mourir! murmurait-on de toutes parts; honte et malheur sur le pays de France!...

Le vieux Miron, cet oracle de la science sous les bras de qui déjà tant de princes de la noble maison de Valois étaient morts, le vieux Miron accourut.

La foule tumultueuse et exaspérée s'écarta sur son passage et devint silencieuse; tous les cœurs battirent violemment, une oppression indicible pesa sur toutes les poitrines... Miron allait prononcer sur la vie de Henri troisième du nom, roi de France et de Pologne.

Le vieillard s'arrêta une seconde devant ce lit dont le sang maculait les courtines blanches; il interrogea ce visage pâle où le regard était éteint, puis le vit, et il sembla avoir abandonné déjà; puis il posa la main sur le cœur du roi, et il se tourna vers les assistants.

— Il vit encore, dit-il.

Alors il dégrafa le pourpoint, déchira la chemise, étancha le sang et ausculta la plaie; et lorsqu'il eut fini, le rayon d'espoir qui un moment avait brillé dans ses yeux disparut, son front s'assombrit et il murmura d'une voix grave et pleine d'émotion :

— Le roi sera mort ce soir !

Ces paroles de Miron furent comme un glas funèbre qui passa sur toutes les têtes frémissantes et alla, se répétant d'échos en échos, jusqu'aux derniers retranchements du camp.

Et lorsque pour tous, gardes, généraux, officiers, serviteurs, favoris, la prédiction de Miron : « Le roi sera mort ce soir ! » fut comme un fait accompli à l'avance, une vérité fatale dont nul ne put douter; — tandis que 'es soldats assouvissaient leur fureur sur le cadavre pantelant du moine qu'ils avaient mis en pièces, — les chefs, les gentilshommes, tous ceux qui avaient pu pénétrer dans la chambre royale, se regardèrent consternés; et d'Epernon s'écria :

— Le roi est mort !... Qui donc lui succédera? A qui la couronne de France?

Et à cette question terrible si nettement formulée, tous frissonnèrent d'épouvante et comme si chacun des assistants eût déjà vu surgir devant lui un prince lorrain venant réclamer cette couronne échappée de la tête du dernier des Valois, nul ne répondit, et quelques voix seules murmurèrent :

— Malheur ! malheur !... le pays de France est un pays maudit, il a tué son dernier maître, la colère divine va fondre sur lui.

Mais alors un homme, jusque-là à l'écart, s'avança au milieu du cercle, et, d'un geste impérieux, commanda le silence. Cet homme était presque un enfant encore, mais il portait la tête si haute, son geste était si noble, son attitude si fière, que tous les yeux se portèrent sur lui et que tous s'apprêtèrent à l'écouter.

— Ne vous hâtez point, s'écria-t-il, d'appeler l'anathème sur le pays de France : le pays de France a toujours un roi, et, quand du haut des terrasses du Louvre le héraut d'armes disait : Le roi est mort! il ajoutait aussitôt : Vive le roi !

Bavolet, car c'était lui, s'arrêta un moment et considéra cette foule étonnée qui semblait chercher l'explication de ses paroles; puis il ajouta : — Le roi de France, Henri de Valois, est mort!... vive le roi de France, Henri de Bourbon!...

Chacun tressaillit à ces derniers mots. Le nom du roi de Navarre, jeté tout à coup comme une ancre de salut au milieu de cette foule prête à désespérer de l'avenir, produisit une inexprimable sensation. Henri de Bourbon était bien, par le sang et le droit, le successeur de Henri de Valois.

Quelques cris de : Vive le roi! répondirent à l'exclamation de Bavolet; mais, à ces cris, d'autres se mêlèrent : Le Béarnais, le huguenot ! Jamais un huguenot sur le trône de France! Parmi ces derniers, le vieux maréchal d'Aumont se montra le plus exalté.

— Et qui donc êtes-vous, jeune homme, demanda-t-il avec colère à Bavolet, vous qui venez ici, inconnu de tous, vous, simple gentilhomme, proclamer le Béarnais roi de France, devant les plus grands seigneurs du royaume ?

A ces paroles peu courtoises, Bavolet tressaillit et se redressa ; il regarda le maréchal en face et lui dit avec un calme superbe où se décela soudain tout l'orgueil de cette race héroïque des ducs bretons, dont le sang coulait dans ses veines :

— Vous demandez qui je suis ? Eh bien! je vais vous l'apprendre : à la cour du roi de Navarre on me nomme Bavolet; c'est mon nom de page et d'enfant. Mais regardez-moi bien, monsieur le maréchal, et puis dites-moi si dans mon geste, mon attitude et mon visage, tout l'orgueil d'une race de preux ne se révèle point?

— Qui donc êtes-vous? murmura le vieux soldat, fasciné par l'expression de haute dignité qui éclatait sur le visage du jeune homme.

— Il fut un temps, reprit Bavolet, où le domaine de mes pères touchait au domaine des rois de France : un archer français et un soldat breton gardaient, sur la limite, deux écussons rivaux attachés au même poteau. L'un de ces écussons était couvert de fleurs de lis; l'autre, celui de mes pères, avait un champ d'hermine blanche. Mes pères étaient les ducs de Bretagne, et je me nomme Robert de Dreux, sire de Penn-Oll.

Un murmure d'étonnement respectueux s'éleva dans la salle; tous, si grands seigneurs qu'ils fussent, depuis le maréchal jusqu'à l'orgueilleux d'Epernon, se sentirent humbles et chétifs devant ce jeune homme qui portait un nom héroïque entre tous les noms, et tous s'inclinèrent sans oser répliquer un mot. Alors Bavolet poursuivit :

— Je suis l'arrière-neveu de la duchesse Anne, qui épousa tour à tour Charles VIII et Louis XII; je suis donc le cousin du roi Henri de Valois qui va mourir, le cousin du roi Henri de Bourbon, que je proclame roi de France!

Bavolet achevait à peine, qu'un grand bruit se fit au dehors : le nom du Béarnais retentit de toute part, puis tout à coup un homme apparut sur le seuil, et à la vue le fils des Dreux s'écria :

— Vive Henri de Bourbon! Vive Henri IV!

IV. — LES PROJETS DE BAVOLET.

C'était, en effet, ce roi de Navarre que nous avons vu jadis à Coarasse s'inquiéter si peu de l'avenir, ne désirer en apparence qu'ar-

rondir modestement son chétif royaume, et ne point souhaiter cette lourde couronne de France qui allait lui échoir par .a mort de son frère Henri de Valois.

Entre le roi bonhomme et chasseur qui endossait, un jour de bal masqué, la robe multicolore du pape des fous, prisait fort le fromage de chèvre de ses montagnards, se vêtait de bure comme les plus pauvres braconniers du Béarn, et promettait à madame Marguerite, pour restaurer convenablement Coarasse, quelques mille livres à provenir de la cueillette des olives et des prochaines vendanges; entre ce roi, disons-nous, et celui qui venait d'apparaître sur le seuil de la chambre où Henri de Valois allait mourir, un siècle semblait avoir passé.

C'était un homme de trente-trois ans à peine, à l'œil calme et fier, à la démarche assurée, portant haut la tête et posant le poing sur la hanche avec cette majesté suprême que son petit-fils Louis XIV dut avoir le jour où il entra au parlement avec une cravache à la main.

Henri de Bourbon marcha droit au lit, s'arrêta à contempler le visage décoloré du roi; sur lequel planaient les ombres prochaines de la mort, puis il lui prit la main et murmura doucement :

— Mon frère !...

A ces mots, le roi, auquel Miron avait fait respirer les sels, sortit de son évanouissement et ouvrit les yeux. Il reconnut le Béarnais, et un sourire illumina soudain sa pâle figure.

— Ah! dit-il avec joie, vous venez à propos, Henriot; vous venez... pour me voir mourir !...

— Mon frère, répliqua le Béarnais ému jusqu'aux larmes, Dieu est grand, et il peut tout... Au lieu de nous inquiéter de savoir qui vous succéderait, ainsi qu'on le faisait tout à l'heure, nous allons nous agenouiller et lui demander, les mains jointes, de vous conserver pour le beau pays de France, qui est vôtre et dont vous êtes roi.

Henri III secoua la tête.

— Trop tard! murmura-t-il.

Le Béarnais regarda Miron.

— Le roi n'a pas une heure à vivre, lui dit tout bas le médecin.

Henri III entendit ces paroles.

— Parle tout haut, dit-il à Miron; crains-tu, mon vieil ami, qu'un petit-fils de François 1er ne sache pas mourir?

Le Béarnais tenait toujours sa main. Henri le regarda silencieusement pendant quelques secondes, puis il reprit :

— La vie et la jeunesse éclatent en vos traits, Henriot; je lis dans vos yeux toute la force et tout le noble orgueil des fils de saint Louis, notre commun ancêtre. Je meurs tranquille en vous léguant le royaume de France, devenu si chétif et si désolé; car j'ai le pressentiment que vous le relèverez de sa ruine et lui rendrez sa prospérité et sa splendeur de jadis....

Le roi parlait d'une voix affaiblie, mais parfaitement distincte, et on l'écoutait avec une religieuse attention.

— Messires, continua-t-il, s'adressant à ceux qui l'entouraient, si tant il est vrai qu'un roi est le maître jusqu'à son dernier soupir, écoutez-moi et obéissez... Notre royale volonté à nous, Henri de Valois, roi de France et de Pologne, est que, après que nous aurons trépassé, vous obéissiez à Henri de Bourbon, roi de France et de Navarre, quatrième de mon nom et mon successeur.

Puis le roi ajouta en pressant la main du Béarnais :

— Mon cher frère, Antoine de Bourbon, votre père, avait déserté le giron de notre sainte mère, l'Eglise catholique et romaine; si vous vouliez régner sans conteste sur le pays de France et vous attirer la bénédiction de Dieu et du peuple, bien vous ferez de rentrer en ce giron et d'abjurer votre foi de huguenot.

A quoi le Béarnais répondit :

— Cher sire, mon frère, je suis un homme loyal et de bonne foi, je m'incline sans amertume devant plus sage que moi, et lorsqu'il m'est démontré que j'avais tort et n'étais point dans mon droit, je m'humilie sans regret et m'amende sans fausse et vaine coûte. Je ne connais d'autre foi religieuse que celle où j'ai vécu; je ne ferai instruire dans la religion catholique, et, lorsque je serai instruit, je consulterai ma conscience et lui obéirai.

— Qu'il en soit ainsi que vous le désirez, murmura Henri III; mais retenez bien ces paroles : mon frère, vous ne serez roi de fait, comme déjà vous l'êtes de droit, de ce pays de France, que lorsque vous serez devenu catholique.

La voix du roi s'affaiblissait par degré; il comprit que l'heure approchait et demanda son confesseur; puis, d'un geste, il congédia tout le monde, à l'exception de Miron et du roi de Navarre.

Ces deux derniers se retirèrent à l'écart et s'entretinrent à voix basse, tandis que le prêtre recevait la confession du roi. Pendant ce temps, Bavolet et d'Epernon s'étaient retrouvés dans la salle voisine.

— Monsieur, dit le duc à l'ancien page de la reine Marguerite, je ne sais encore ce que nous réserve la destinée et quel est le maître respectif que vous et moi nous servirons. Henri de Bourbon est un fils proche parent du roi de France, mais il est huguenot et excommunié; je ne me sens point le courage de lui jurer fidélité. Je vais me retirer dans mes terres et y attendre les événements.

— Monsieur, répondit Bavolet, je suis catholique comme vous, et sers cependant le roi de Navarre. Essayez-en; sur mon honneur, il n'est tel maître que lui.

— C'est possible. Mais, dans tous les cas, monsieur, voulez-vous m'accorder votre amitié et accepter la mienne? Une sympathie mystérieuse et que je ne saurais dominer m'attire vers vous.

— Touchez là, monsieur le duc, répondit Bavolet en lui tendant la main, nous sommes gens de cœur et faits pour nous comprendre.

— Je le crois, dit d'Epernon.

— Et je vous veux ramener au roi, poursuivit Bavolet, avant qu'il soit un an.

— Qu'il se fasse catholique, et je me ferai tuer pour lui de grand cœur.

— Espérons, répondit Bavolet, que, s'il se fait catholique, le roi n'aura nul besoin de votre dernière goutte de sang.

— En attendant, reprit d'Epernon, je possède une terre que le roi Henri III m'avait donnée, au fond de la Normandie, dans la vallée d'Auge, près de Caen. La mer baigne le pied des tourelles du château; les bois environnants sont giboyeux; d'excellents chevaux de race anglaise broutent mes pâturages, et mes étangs regorgent de poisson. Si la guerre vous en laisse le loisir jamais, mon cher sire, venez à d'Epernonville, vous y serez reçu à bras ouverts, et nous tâcherons d'y mener la vie bonne et douce.

— Vous êtes charmant, monsieur le duc, répondit Bavolet, et je ne refuse pas, tout en ne pouvant promettre; le service du roi mon maître en décidera.

Les deux jeunes gens se serrèrent la main, et d'Epernon sortit.

Dans la salle des Gardes, il rencontra le maréchal.

— Eh bien? lui dit-il.

— Corbleu! murmura le vieillard, si le Béarnais veut abjurer, je suis tout à lui.

— Moi aussi.

— Sinon, non, comme dit le proverbe.

— J'en viens de dire autant à messire Bavolet.

— Ah! ah!... ricana le maréchal qui avait encore sur le cœur la rude apostrophe du jeune homme; et qu'en pense ce damoiseau?

— Maréchal, dit gravement d'Epernon, savez-vous bien une chose?

— Laquelle?

— C'est que cet enfant sera notre maître à tous un jour de bataille, si nous combattons au même rang.

— C'est fort possible, grommela le maréchal.

En ce moment, un cri retentit dans la chambre du roi; le maréchal et d'Epernon s'y précipitèrent.

Bavolet les y avait précédés, et il tenait dans ses mains une des mains de Henri III, tandis que le Béarnais et le prêtre lui soutenaient la tête et les épaules, agenouillé, essayait en vain de rappeler un souffle de vie sur les lèvres du dernier Valois.

Henri III venait de rendre le dernier soupir, au moment où son confesseur l'absolvait.

La chambre mortuaire fut de nouveau emplie en un instant, et cette fois le cri : Le roi est mort!... s'en alla résonner lugubrement aux quatre coins du camp.

— Ouvrez les portes, dit alors le Béarnais; laissez arriver tous ceux qui veulent encore voir leur maître!...

Et lorsque la foule fut aussi pressée à l'entour du lit funèbre que les vagues de la sont, le soir, sur les grèves, le Béarnais posa sa main sur la poitrine du roi défunt, et dit d'une voix lente et grave :

— Henri de Valois, mon frère et mon maître, moi le roi, je te vengerai!...

Puis, s'adressant à la foule des seigneurs et des officiers qui l'entouraient :

— Messeigneurs et gentilshommes, dit-il, celui qui tient son droit de la main de Dieu n'a nul besoin de celle des hommes pour le secourir. Le roi Henri de Valois, qui vient de trépasser, m'a reconnu pour son légitime successeur, et quelle que soit ma religion, en dépit de mes ennemis et des ennemis du pays de France, je serai le roi et régnerai. Je me ferai instruire dans la religion catholique, et si elle me paraît meilleure que la mienne, sans vergogne ni regrets, je l'adopterai; — sinon je garderai ma foi et n'en régnerai pas moins. En attendant, messeigneurs, tenez discours et conseils entre vous, pesez vos intérêts et vos devoirs au poids de votre loyauté et de votre conscience; et puis agissez comme bon vous le jugerez : je recevrai avec joie les serments de ceux qui me voudront servir, je verrai partir sans colère ni haine tous ceux qui me voudront pas de moi, regrettant seulement qu'ils ne soient meilleurs Français. Choisissez donc sur l'heure entre le duc de Mayenne et le roi de France; je veux savoir aujourd'hui même sur qui je peux me reposer.

Le roi s'était exprimé d'une voix claire et pleine de franchise. Beaucoup de gentilshommes lui répondirent par le cri de Vive le roi! quelques-uns sortirent silencieux; d'autres encore s'en allèrent en disant :

— Le pape excommunie ceux qui servent le roi de Navarre!

— Eh bien!... répondit le Béarnais, dites au pape que le roi de France l'engage à se bien tenir, car avant les haines religieuses et les intérêts privés, il y a l'honneur et la prospérité du pays, et,

ventre-saint-gris! messeigneurs, je suis Français avant tout, et, catholique ou huguenot, je me nomme Henri IV!

Sur ces derniers mots, Henri congédia tout le monde du geste, et manifesta le désir de demeurer seul dans la salle mortuaire avec Bavolet, auquel il indiqua une table chargée de parchemins, de plumes et d'encre :

— Mets-toi là, lui dit-il, et écris sous ma dictée.

Le roi dicta les deux lettres suivantes : la première était adressée au duc de Mayenne et conçue en ces termes :

« Monsieur mon cousin,

« Le poignard d'un assassin vient de trancher les jours du roi Henri de Valois, votre maître et le mien. Le roi de France est mort, le roi de France lui succède. La maison de Bourbon remplace sur le trône la maison de Valois, son ainée, et la présente lettre est à la seule fin de vous faire savoir, à vous et aux vôtres, que je viens de prendre le nom de Henri quatrième, roi de Navarre et de France, ce qui est mon droit. Je vous engage fort, monsieur mon cousin, à ne point persister dans cette rébellion déplorable envers le roi où vous vous êtes imprudemment engagé. Feu le roi Henri, mon prédécesseur, n'a pas eu le temps de vous faire payer cher, à vous et à votre maison, l'état déplorable où, sous le prétexte de la religion, vous avez conduit le royaume; mais vous devez savoir le proverbe, monsieur mon cousin : Si prima gratis, atque secunda debet, tamen tertia solvet. Madame Marguerite, qui sait le latin comme un clerc, me l'a répété fort souvent, et elle le traduisait ainsi : On pardonne la première, on prend note de la seconde, et on règle chèrement la troisième. Songez-y pour votre gouverne, monsieur mon cousin, car je veux, avant peu, avoir pacifié, coûte que coûte, ce beau pays de France, où vous promenez la torche de l'incendie et de la dévastation.

« Là-dessus, monsieur mon cousin, je prie Dieu qu'il vous ait en sa sainte et digne garde.

« HENRI, roi de France. »

La lettre que dicta ensuite le roi était adressée à madame de Montpensier :

« Madame et cousine,

« On m'a narré fort souvent une histoire très-spirituelle, celle d'une paire de ciseaux mignons et gentils que vous portiez sans cesse à votre ceinture et que vous destiniez à couper les cheveux du roi Henri de Valois, à la seule fin de l'envoyer ensuite au cloître, rasé et tondu comme les rois de la première et de la seconde race. Cette histoire est réellement merveilleuse, et ma femme, madame Marguerite, qui a hérité du talent de narrer de feu l'abbé de Brantôme, n'en saurait conter de plus agréable.

« Malheureusement cette histoire est pleine de charmes, tout d'abord, manquera toujours de dénoûment, attendu que le roi Henri III est mort aujourd'hui assassiné, qu'il sera inhumé avec sa chevelure, et que moi, le nouveau roi de France, je porte les cheveux courts et ne m'en soucie, ne me croyant pas pour cela moins propre à tenir le sceptre. Vos ciseaux deviennent donc inutiles, à moins qu'il ne prenne fantaisie au cousin Mayenne de se proclamer roi d'un pays quelconque, auquel cas vous lui pourrez couper les cheveux et vous entretenir la main jusqu'à ce que les miens aient poussé; mais, comme je ne pense point que telle soit l'intention de mon gros cousin, lequel, du reste, est passablement chauve, et je vous écris cette lettre dans le but de vous engager à me faire présent de cette paire de ciseaux et à m'attendre au Louvre sous peu de jours, car j'ai l'intention de vous aller rendre visite à vous et à ces bons Parisiens qui assassinent les rois, accompagné de trente ou quarante mille hommes, mon escorte ordinaire, et celle avec qui je veux désormais parcourir mon royaume, afin d'en chasser bravement les Lorrains que vous et vos frères y avez amenés.

« Cependant, madame et cousine, comme vous avez, m'a-t-on dit, pris un goût particulier au palais du Louvre, et que vous y plaisez fort, permettez-moi de vous y offrir, par avance, un logis. Votre ancienne amie, madame Marguerite, en sera ravie.

« Là-dessus, madame et cousine, je vous baise les mains, et suis tout à vous.

« HENRI. »

Ces deux lettres écrites, le roi les signa et les parapha; puis il dit à Bavolet.

— Tu vas monter à cheval et tu porteras ces deux messages à Paris.

— Votre Majesté me permet-elle de faire un détour?

— Lequel?

— De passer par le camp espagnol qui est assis aux prés Saint-Gervais.

— Et pourquoi faire, mon jeune coq?

— J'ai appris, il y a une heure, que l'armée espagnole était commandée par un général napolitain du nom de Gaëtano.

— Ah! ah!... dit le roi.

— Et j'ai comme un vague soupçon, sire, que ce don Gaëtano

pourrait bien avoir quelques rapports avec M. l'ambassadeur d'Espagne, que nous avions jadis à Coarasse.

— Ton oncle? fit Henri.

— Oui, l'un de ceux qui veulent relever le duché de Bretagne.

— Très-bien, dit le roi.

— Auprès du généralissime espagnol, se trouve un officier du nom de don Paëz, poursuivit Bavolet.

— Ah! l'ancien roi des Maures?

— Précisément.

— Le même, poursuivit le roi, en souriant, qui, ne pouvant plus être roi, veut être duc tout au moins.

— Mon Dieu! oui. Et j'ai un vague soupçon que l'écuyer de madame de Montpensier se nomme Gontran de Penn-Oll.

— C'est-à-dire, fit le roi, qu'il pourrait bien se faire qu'en allant à Paris ce soir, et passant par le camp espagnol, tu rencontrasses tes trois oncles?

— J'y compte, sire.

— Ah! ah!... Et que veux-tu?

— Sire, dit gravement Bavolet, sur ma parole d'honneur et l'écu de mes pères, je vous jure que, si je croyais avoir un droit incontestable à la couronne de Bretagne, je la revendiquerais hautement et l'épée à la main, fût-ce contre vous.

— Tudieu!... mon maître, voilà qui est parler rondement, ventre-saint-gris!...

— Mais, ajouta l'ancien page, en mon âme et conscience, je suis convaincu que la duchesse Anne, en réunissant son duché à la France, était dans son droit, et que les prétentions de la branche cadette des Dreux sont chimériques.

— Tu ne te trompes point, mon fils.

— Donc mes oncles et mon aïeul, qui est mort l'an dernier, avaient tort de vouloir me refaire un trône, et si je n'accepte point le duché de Bretagne, moi, le chef de ma race, nul d'entre eux ne le peut réclamer pour lui.

— Ceci est parfaitement juste.

— Je veux donc aller trouver mes oncles. Ils sont loyaux et braves; malgré leur égarement, ils peuvent devenir les soutiens du trône de France dont ils étaient les ennemis, et si je puis obtenir qu'ils placent leur main dans la vôtre, cette main, devenue fidèle, ne vous fera jamais défaut.

— Tu es un noble cœur, murmura le roi attendri.

— Je vous aime et suis à vous, répondit Bavolet en baisant la main du roi. Adieu, sire, donnez-moi un congé illimité; je ne veux revenir auprès de vous qu'en vous annonçant les fils de Penn-Oll fidèles et dévoués au roi de France.

— J'en doute, dit Henri IV; mais après tout, tu as tant d'esprit.

Et sur ce compliment, le Béarnais congédia Bavolet, qui monta à cheval peu après et prit la route du camp espagnol.

V. — DANS LEQUEL LE LECTEUR RENOUVELLERA CONNAISSANCE AVEC UN PERSONNAGE DE LA PRÉCÉDENTE HISTOIRE.

Le jour où le roi Henri III tombait à Saint-Cloud, sous le poignard du traître Jacques Clément, vers cinq heures de l'après-midi environ, un cavalier entrait dans la cour du Louvre et demandait aux ligueurs de garde, au guichet qui donnait sur la rivière, si la duchesse de Montpensier se trouvait au palais. Depuis que la Ligue avait chassé de Paris et en avait expulsé Henri III, madame de Montpensier, qui était l'âme et le génie furieux de la France insurgée, résidait au Louvre, au milieu de ses bons Parisiens dont elle exaltait le fanatisme, et elle s'était composé une petite cour en miniature dans ce palais des Valois, où elle rêvait d'asseoir sa maîtresse à la rendre jolie à croquer.

Sur la réponse affirmative qu'il reçut, le cavalier mit pied à terre, jeta la bride à un soldat et gagna d'un pas franc et délibéré le grand escalier qu'on nomme aujourd'hui encore l'Escalier de Henri III, lequel escalier conduisait à l'appartement occupé par la princesse lorraine.

Ce cavalier était un homme de trente-six ans environ, brun, de haute taille, le visage martial et beau, la démarche hardie et un peu hautaine.

Il répondit par un léger signe de la main au hallebardier qui veillait à la porte de la duchesse, et qui s'effaça en s'inclinant avec respect, puis il passa outre et pénétra chez madame de Montpensier avec la familière hardiesse d'un ami ou d'un confident.

Madame de Montpensier était dans son oratoire et s'attifait, à l'aide d'une camériste savante qui déployait consciencieusement tout son art pour ajuster sa maîtresse et la rendre jolie à croquer.

La duchesse était alors une femme d'à peu près vingt-neuf ans, petite, blonde, l'œil étincelant de résolution et de malice, les traits d'une pureté suave, le pied et la main d'une exquise petitesse. Madame de Montpensier était sans contredit et malgré le dire des chroniqueurs qui ont prétendu qu'elle était bossue et contrefaite, la plus belle princesse de la maison de Lorraine, après sa tante Marie Stuart, reine d'Écosse. Elle dissimulait si parfaitement cette légère déviation de sa taille, que ses caméristes seules en pouvaient savamment parler. Madame de Montpensier se mirait dans une glace de Venise mobile et placée sur un pivot, lorsque le cavalier entra.

Elle se retourna vivement et lui tendit la main, joignant un sourire charmant à ce geste amical : — Ah! vous voilà, Gontran? dit-elle.

— J'arrive du camp, madame.

— Comment se porte mon frère?

— Le duc de Mayenne est en parfaite santé; il monte gaillardement à cheval, et il est prêt à livrer bataille au Valois, si celui-ci ose s'aventurer en rase campagne et quitter ses hauteurs de Saint-Cloud.

— Ah! fit la duchesse avec un sourire dont l'expression diabolique échappa à son interlocuteur.

— Le duc, poursuivit Gontran, approuve fort votre plan, le nôtre, devrais-je dire, d'ouvrir les portes de Paris à l'armée espagnole que mon frère Gaëtano commande; d'autant plus que le roi de Navarre s'avance à marches forcées, qu'il a conclu une trêve et une alliance momentanées avec le Valois, et qu'il doit réunir ses troupes aux troupes royales pour attaquer Paris.

— Ah! ah! fit encore la duchesse avec une insouciance parfaite.

— Et les dix mille Espagnols que commande mon frère, continua Gontran, valent beaucoup mieux, entre nous, que tous ces bourgeois de Paris qui font grand bruit de loin et tremblent bel et bien à la première décharge de mousqueterie.

— Ce que vous dites là est parfaitement juste, Gontran.

La duchesse renvoya sa camériste, lui enjoignit de défendre sa porte, et elle vint s'asseoir sur une ottomane, invitant d'un geste le cavalier à prendre place auprès d'elle. Le sourire de la duchesse prit alors une expression plus tendre, plus familière, et Gontran eut la hardiesse de s'emparer de sa main et d'y mettre un baiser.

— Cher, murmura la duchesse, savez-vous bien qu'il y a huit grands jours que vous êtes parti?

— Je croyais presque à huit années, répondit Gontran avec feu. Vous ne saurez jamais, Anne, tout ce que j'ai souffert de cette séparation. J'étais dans la situation de cet homme qui, après avoir ardemment travaillé, longuement souffert, longtemps espéré, atteint son but enfin, et s'en voit à l'instant même violemment séparé. Lorsque, autrefois, vous me donniez un ordre et m'envoyiez souvent à l'autre extrémité du royaume de France, je partais résigné et le cœur rempli d'espoir, car vous ne m'aviez pas dit encore « Je vous aime, » et je n'avais point le droit de rester auprès de vous sans cesse. Mais à présent... à présent, Anne, comprenez-vous ce qu'il faut de courage, de volonté, d'abnégation pour vous quitter, pour aller passer loin de vous d'interminables journées et des heures qui coulent avec la lenteur des siècles?...

— Comme vous m'aimez! fit madame de Montpensier avec un sourire où perçaient l'orgueil et le triomphe.

— Ah! fit Gontran posant sa main sur son cœur, comme on n'aima jamais... et depuis bien longtemps... Savez-vous, Anne, que vous étiez une enfant encore lorsque déjà j'étais homme et chevalier; que parmi tous les officiers du duc votre père, vous m'aviez choisi pour votre ami, votre serviteur, le confident de vos peines naïves et de vos doux ébats? Vous n'aviez pas quinze ans, j'en avais plus de vingt; je vous portais aux longues chasses lorsque vos petits pieds étaient las, et lorsque je vous tenais dans mes bras, mon cœur battait à rompre, et je me sentais à la fois le plus heureux et le plus malheureux des hommes.

— Eh bien! demanda la duchesse, êtes-vous satisfait maintenant? Pour toute réponse, Gontran porta la main de madame de Montpensier à ses lèvres et l'y tint longtemps appuyée.

— Voyons, reprit la duchesse, occupons-nous de politique, cher; vous savez que j'aime à mener de front la politique et l'amour.

— Oui, murmura Gontran en souriant, vous êtes ambitieuse, Anne...

— Ambitieuse? non... mais je hais le Valois et ne serai heureuse que lorsque j'aurai appris...

La duchesse s'arrêta.

— Eh bien?... demanda Gontran.

— Rien... fit-elle avec insouciance.

Puis, souriant de nouveau de ce sourire cruel qui errait sans cesse sur ses lèvres roses :

— Savez-vous qu'il est fort malade, le Valois?

— Vous croyez?

— Peuh!... on prétend même...

La duchesse s'arrêta encore.

— On prétend, acheva-t-elle, qu'il pourrait bien mourir aujourd'hui ou demain.

Gontran secoua la tête d'un air incrédule.

La duchesse leva les yeux sur une horloge d'Allemagne placée dans un angle de l'oratoire.

— Il est quatre heures, dit-elle... à six, nous pourrions bien avoir d'intéressantes nouvelles de Saint-Cloud.

— Que voulez-vous dire?... demanda Gontran étonné.

— Chut! dit-elle... Tenez, remontez à cheval, sortez de Paris et prenez la route de Saint-Cloud.

— Mais... pourquoi...

— Attendez!... Si vous rencontrez un moine qui mendie, un archer qui déserte, un paysan qui va engranger sa moisson ou bien un soldat qui marande, demandez-lui s'il vient de Saint-Cloud.

— Et puis?

— Et s'il en vient, informez-vous de la santé du roi.

— Ah! dit Gontran, le Valois est donc bien malade?

— Qui et non... on ne sait pas, murmura la duchesse avec mystère...

— Anne! Anne!... fit Gontran, que voulez-vous dire?... et me catheriez vous?...

— Allez donc, cher, répondit la duchesse avec impatience, vous perdez en paroles un temps précieux.

Gontran se mordit les lèvres de dépit. Il se leva, reboucla son épée et se disposa à partir.

— A propos, lui dit la duchesse, les Espagnols sont aux portes de Paris?

— Oui, madame; ils campent aux prés Saint-Gervais.

— Eh bien, poussez jusqu'à eux, et dites-leur que les Parisiens leur ouvriront leurs logis et leurs portes quand bon leur semblera.

Gontran s'inclina et sortit.

Dans la cour du Louvre il demanda un cheval frais, sauta en selle, passa la Seine au bac de Nesles, et se dirigea vers les prés Saint-Gervais.

Tandis que Gontran longeait un moment la berge et passait devant l'hôtellerie de maître Pernillet, hôtellerie où il était descendu jadis, la veille de la Saint-Barthélemy, un nuage de tristesse couvrit son front.

— C'est là, murmura-t-il, que j'ai perdu l'enfant. C'est de cette journée fatale qu'a dépendu le sort de notre race et sa restauration future. Jamais, quoi qu'en dise don Paëz, l'ambitieux et le rêveur, la Bretagne n'aura un duc. Le règne des Dreux est fini.

Gontran soupira profondément.

— Ah! reprit-il en éperonnant son cheval, les Valois et les Bourbons sont les ennemis de ma race, et si faibles qu'ils soient désormais... Mais que voulait dire la duchesse tout à l'heure? Pourquoi cette inquiétude mêlée d'espérance? Les jours du roi Henri de Valois sont-ils donc comptés à ce point qu'elle espère leur dernière heure avant la fin de cette journée?

Gontran fronça le sourcil.

— Anne, murmura-t-il, ma chère âme, vous que j'aime plus que ma vie et qui m'aimez, cette haine exaltée que vous portez à notre ennemi commun et qui vous fait ardemment désirer sa mort, n'est-elle point une pensée impie, un abominable sentiment? et ne pensez-vous pas que l'épée de Mayenne et la mienne sont assez lourdes pour n'avoir nul besoin de l'aide et des secours de la maladie?

Il se prit à rêver en silence, tandis que son cheval traversait les faubourgs au galop; puis il reprit tout à coup avec une inquiétude sombre:

— Elle avait aux lèvres un cruel sourire, la duchesse: que signifiait ce sourire?... Parfois, dans ses yeux, j'ai surpris un éclair infernal. Souvent, à l'endroit de ses ennemis, elle a de ces mots froidement cruels qui donnent le frisson. Cette femme est tout haine et tout ambition... et resterait-il, au fond de son cœur, une place à l'amour? Elle m'a dit qu'elle m'aimait... et cependant je doute encore, je doute toujours. Si je n'étais qu'un instrument?...

En prononçant ces derniers mots, Gontran éprouva une émotion si violente, qu'il enfonça l'éperon aux flancs de son cheval, et arriva en vingt minutes de galop aux premières palissades du camp espagnol.

Là, au salut respectueux des sentinelles, on aurait deviné que le cavalier lorrain était venu plus d'une fois visiter les troupes de Sa Majesté Catholique, et qu'il était en grand crédit auprès du général en chef.

— Don Gaëtano est-il sous sa tente?

— Il délibère avec ses officiers, lui répondit-on.

Gontran entra dans le camp et gagna sans hésiter la tente du généralissime, à l'entrée de laquelle il confia son cheval à un soldat.

Cette tente était assez vaste et ne renfermait qu'un seul compartiment. Une table chargée de cartes, de tous les instruments propres à tracer un plan de campagne, — car déjà la science prêtait, à cette époque, son concours à la guerre, — était placée au milieu.

Trois hommes l'entouraient. A la vue de Gontran, tous trois se levèrent, et Gaëtano, lui ayant tendu la main, se tourna vers l'officier assis à sa droite:

— Messire d'Alpunar, lui dit-il, remettons à plus tard ce plan d'opération. Mon frère nous apporte peut-être des nouvelles qui pourraient le modifier entièrement.

L'officier espagnol se leva, salua tour à tour don Paëz, Gaëtano et Gontran, et sortit.

Les trois frères demeurèrent seuls.

Certes, il s'était écoulé six années depuis le jour où ils avaient failli se rendre maîtres du roi de Navarre et de l'enfant de Penn-Oll, celui qu'ils cherchaient à travers le monde pour le restaurer sur le trône des ducs bretons, s'était révélé à eux tout à coup, et, renonçant à ses droits, avait sauvegardé si noblement la liberté du roi, son maître et son bienfaiteur!... Et cependant ces trois hommes paraissaient aussi

jeunes, aussi forts et aussi hardis et confiants dans leur étoile que la nuit où ils se rencontrèrent pour la première fois dans la cour de Penn-Oll et y firent le serment de relever la grandeur déchue de leur race.

Gaëtano, qui avait succédé dans les faveurs du roi Philippe II au rebelle don Paëz, était bien toujours ce cavalier spirituel et léger qui, à Coarasse, narrait des contes merveilleux à la reine de Navarre et qui estimait à l'égal l'une de l'autre la jeunesse des femmes et la vieillesse des bons vins. Il portait avec une noble aisance le costume étincelant de broderies et de pierres fines de grand d'Espagne, et il avait pris l'habitude du commandement depuis qu'il était général, aussi vite qu'il avait conquis le ton et les manières d'un diplomate, lorsqu'il était ambassadeur.

Don Paëz, au contraire, le fastueux et beau don Paëz d'autrefois, l'ambitieux amant de l'Infante, le roi des Maures de quelques jours, cet homme qui ne vivait que pour aspirer au pouvoir suprême et estimait une couronne plus haut que l'amour, le bonheur et la liberté, don Paëz, disons-nous, était entièrement vêtu de noir; il portait une épée et une dague à poignée d'acier bruni, un feutre sans plume, une collerette sans broderies ni guipures. L'austère simplicité de ce costume semblait attester les déceptions sans nombre dont sa vie avait été semée.

Pourtant, même jeunesse dans son regard, même pureté de lignes dans ses traits... Son front était toujours uni, ses cheveux toujours noirs et lustrés. Son sourire seul était devenu grave, pensif et parfois amer... Don Paëz était fort encore; il croyait encore en lui, mais il regrettait le passé. Il avait été roi, il n'était plus qu'un gentilhomme d'aventure, n'ayant que la cape et l'épée, et il touchait à sa trente-neuvième année, cette limite de la jeunesse, cette veille de l'âge mûr...

— Frère, dit Gaëtano à Gontran, tu as le front soucieux et le regard bien triste.

— Hélas!... murmura le Lorrain, c'est que j'ai le cœur navré de sombres pressentiments.

— Que veux-tu dire?

— Vous savez, reprit Gontran, que j'en suis encore à mon premier amour, malgré mes trente-six ans. Cela tient à ce que j'ai aimé tard et que la première moitié de ma jeunesse a été consacrée à chercher cet ingrat enfant qui n'a point voulu de ce trône que nous voulions redresser pour lui.

— En effet, murmura don Paëz d'un air sombre, cet enfant maudit nous a coûté bien des heures de labeur, bien des veilles poignantes et d'amers souvenirs.

— Frère, interrompit Gaëtano, ne médisons point du chef de notre race.

— Il ne l'est plus! s'écria don Paëz. C'est moi maintenant qui suis le duc de Bretagne.

— Hélas! soupira Gontran.

Gaëtano ne répondit point à don Paëz, et il continua en s'adressant à son frère lorrain:

— Quels sont donc ces pressentiments qui t'attristent, frère?

— Écoutez, Gontran, écoutez-moi, et me donnez un bon conseil. Je suis un homme de guerre, un soldat qui ne sait que manier l'épée et l'arquebuse. Je ne comprends aux choses de l'amour que les battements de mon cœur et la joie et la douleur qui me viennent alternativement de la femme que j'aime. Vous savez quelle est cette femme, c'est la duchesse de Montpensier. J'ai longtemps ignoré mon amour; je croyais n'éprouver pour elle que le respectueux attachement que les princes inspirent parfois à ceux qui les servent. Un jour, c'était après cette malheureuse expédition de Navarre qui nous fit retrouver l'enfant et nous démontra que nous avions perdu dix années de notre existence à courir vers un but stérile, — un jour, dis-je, je m'aperçus que j'aimais la duchesse. Alors, comme il fallait que quelque chose remplît ma vie, je dévouai cette vie à la duchesse, je me pris à l'aimer ardemment, je ne vécus que pour elle et par elle, je me fis l'instrument docile de sa haine et de son ambition. Un jour vint enfin où elle parut partager mon amour, et je me crus alors le plus fortuné des hommes. Eh bien! frères, voici que maintenant je doute de cet amour et qu'il me fait peur si je viens à y croire. Il y a parfois dans le sourire et l'œil de cette femme un infernal reflet qui m'épouvante.

— Ah çà, interrompit Gaëtano, parle donc plus clairement, frère, nous ne te comprenons pas. En quoi l'amour de la duchesse te peut-il donc effrayer?

— Écoutez! Si la femme qu'on aime avait un jour les mains rougies de sang, si elle était descendue jusqu'à le l'empoisonnement ou l'assassinat, ne vous ferait-elle point horreur?

Gaëtano et don Paëz tressaillirent.

— De quel meurtre veux-tu donc parler?

— Je ne sais encore; mais il s'éveille en mon cœur une voix qui me crie que j'aime un monstre!...

— Mystère!... murmura Gaëtano.

— Dites-moi, continua Gontran tout frémissant, j'arrive du camp de Mayenne, je ne sais rien encore; j'ignore ce qui se passe autour de Paris. Ne vous a-t-on rien appris sur le roi de France?

— Rien, si ce n'est qu'il attaquera Paris sous peu de jours.

— Est-il malade?

— Le dernier espion qui nous est venu de Saint-Cloud prétend qu'il se porte à merveille.

— Eh bien! alors, murmura Gontran accablé, écoutez-moi bien, frères, écoutez-moi. Je suis arrivé au Louvre, il y a une heure: j'ai trouvé la duchesse souriante et s'ajustant comme si elle eût ordonné quelque fête dont elle aurait fait les honneurs. Elle m'a tendu vivement la main: « Eh bien! m'a-t-elle dit, vous ne savez rien?... » Absolument rien, » ai-je répondu. Alors, la duchesse s'est prise à sourire de nouveau, ajoutant : « Il se pourrait bien que le Valois mourût ce soir; il est fort malade... » Et je frissonnai malgré moi; car, dans le regard de la duchesse, il me semblait lire les mots de poison et d'assassinat... « Allez, m'a-t-elle dit, prenez la route de Saint-Cloud, et interrogez le premier paysan, le premier soldat que vous rencontrerez sur l'état du roi Henri. » Et comme je cherchais l'explication de ces paroles mystérieuses, elle m'a congédié d'un geste... Frères, j'ai l'horrible pressentiment que le roi Henri de Valois a été assassiné sur les ordres de madame de Montpensier, de la femme que j'aime et à qui j'ai dévoué ma vie. Comprenez-vous ce que je souffre, maintenant?

— Bah!... répondit l'insoucieux Gaëtano, tu devrais bien savoir, frère, ce que valent l'amour et les femmes. Je leur préfère une goutte de Lacryma-Christi.

— Et moi, dit don Paëz, je comprends la torture de notre frère; mais il devait s'y attendre. Est-ce que la duchesse n'a point toujours passé pour la plus méchante des créatures de France et de Lorraine? Gontran tressaillit, regarda don Paëz et ne osa répondre.

En ce moment, un officier souleva un des pans de la draperie qui masquait l'entrée de la tente, et dit à Gaëtano :

— Seigneur, un gentilhomme béarnais, qui vient du camp de Saint-Cloud, demande à vous entretenir.

— Un gentilhomme béarnais!... exclamèrent vivement les trois frères!...

— Son nom? ajouta Gaëtano.

— Il prétend se nommer Bavolet.

A ce nom, les trois Penn-Oll se regardèrent et pâlirent tour à tour, et puis ils furent en proie pendant quelques secondes à une sorte d'angoisse indicible; puis encore le front de don Paëz s'assombrit, tandis qu'au contraire un éclair de joie brillait dans les yeux de Gontran:

— L'enfant? murmura-t-il, mon enfant!...

— Celui qui nous a renié, dit don Paëz d'un air sombre.

— Introduisez ce gentilhomme, ordonna Gaëtano.

VI. — LES TROIS FRÈRES.

L'émotion qui s'empara des trois frères pendant les quelques secondes qui précédèrent l'apparition de Bavolet fut grande, et leur cœur battit violemment, celui de Gontran surtout.

Gontran avait été choisi par le vieux Penn-Oll pour élever l'enfant; il avait eu mission de veiller sur lui, et bien que la fatalité lui eût brusquement enlevé son pupille, il l'aimait encore comme si jamais il n'en eût été séparé.

L'émotion de Gontran était donc tout entière dictée par son cœur; celle de Gaëtano, au contraire, se nuançait d'une sorte de vague terreur. Il avait connu Bavolet à Coarasse; il l'avait vu à l'œuvre et se demandait ce que pouvait être, devenu homme, cet enfant si brave, si déterminé et si intelligent.

Don Paëz enfin, l'orgueilleux don Paëz, le roi découronné qui caressait un dernier rêve, celui de ressaisir le sceptre des ducs bretons, don Paëz ressentit un mouvement de crainte et de vague appréhension.

Bavolet ne venait-il point leur dire peut-être qu'après mûre réflexion, il voulait être duc de Bretagne, ainsi que c'était son droit? pensait don Paëz.

Bavolet parut sur le seuil et s'y arrêta un moment, enveloppant ses oncles d'un fier et tranquille regard, sous lequel ils tressaillirent tous trois involontairement.

L'attitude du jeune homme était simple et noble; il portait la tête haute; un calme sourire glissait sur ses lèvres, et ce sourire était mélangé de ce respect que la jeunesse porte à l'âge mûr, et de cette fierté native qui convient, si jeune qu'il soit, au chef suprême d'une race.

Il salua courtoisement ses oncles, puis il alla vers Gaëtano et lui dit :

— Sire mon oncle, en dehors des liens d'étroite parenté qui nous unissent, nous sommes d'anciennes connaissances. Nous nous sommes vus assez longtemps à Coarasse pour qu'il soit tout naturel que je m'adresse d'abord à vous.

Il salua de nouveau Gaëtano qui lui tendit la main et répondit :

— Merci, monsieur mon neveu, de n'avoir point oublié les liens du sang, et soyez le bienvenu sous ma tente.

Gaëtano indiqua un siège à Bavolet qui remercia d'un signe et demeura debout.

— Maintenant, dit-il, que j'ai salué mon oncle et serré sa main, je

vais me trouver chez le généralissime espagnol, c'est-à-dire mon ennemi, et je ne puis m'asseoir sous sa tente.

— Venez-vous donc en ennemi?... demanda Gontran d'une voix émue.

— Je ne sais encore; c'est selon... répondit Bavolet avec calme.

Puis il continua, s'adressant à Gaëtano :

— Vous souvient-il, monsieur mon oncle, qu'il y a six ans sonnés, à Coarasse, je refusai formellement ce titre de duc de Bretagne que vous me vouliez donner?

— Oui, fit Gaëtano fronçant le sourcil; le jour où vous avez menti à notre espoir le plus cher, au but que notre vie tout entière s'était proposé, ne saurait s'effacer de notre mémoire. Nous avions passé dix ans à vous chercher; nous avions dévoué d'avance ce qu'il nous restait de jours, d'énergie et de valeur à vous replacer, vous, notre enfant et notre maître, sur le trône dont votre race avait été précipitée. Hélas! la fatalité en décida autrement : le dernier rejeton de la branche aînée des Penn-Oll préféra une condition obscure au sceptre que portèrent ses ancêtres.

— Mais, s'écria Gontran vivement interrompant Gaëtano, tu étais alors un enfant, mon fils; tu obéissais aux instincts de la reconnaissance; pour toi, nul autre horizon, nulle ambition plus grande, nul rêve d'avenir plus large que l'amitié et la faveur du roi de Navarre qui t'avait élevé; et c'est pour cela que tu nous refusas.

— Oui, dit tranquillement Bavolet.

— Mais aujourd'hui, poursuivit Gontran avec feu, aujourd'hui te voilà homme, mon fils; je te dois chose; je te dis dans tes yeux toute la fierté, tout l'orgueil de notre race; aujourd'hui tu dois avoir compris ce que les pères morts attendent de toi, et sans doute tu viens nous dire : Cette couronne, ce sceptre, ce nom que vous m'offriez...

— Je les refuse encore, dit froidement le fils de Dreux.

A ces paroles, Gontran recula et pâlit, et Gaëtano fit un brusque mouvement sur son siège. Il n'y eut que don Paëz qui tressaillit de joie et s'écria, obéissant à l'égoïsme de l'ambition, le plus féroce des égoïsmes : — C'est donc moi qui régnerai!...

— Pardon, répondit Bavolet, vous ne refuserez pas de m'entendre, je suppose.

— Parle, lui dit Gontran avec affection.

— Messeigneurs mes oncles, reprit le jeune homme, avez-vous jamais pu croire qu'un fils de Penn-Oll, qu'un rejeton des Dreux ait le cœur moins haut placé que ses ancêtres?

— Non, certes, dirent tour à tour Gontran et Gaëtano.

— Eh bien, mais, si je vous affirme sur ma foi de gentilhomme que je n'ai aucun droit à cette couronne que vous voulez replacer sur ma tête, me croirez-vous?

— C'est impossible!...

— Pardon, écoutez-moi bien! La duchesse Anne, en épousant les rois Charles VIII et Louis XII, leur apporta le duché de Bretagne. C'était son droit; c'était sa dot. Au moins est-ce ma manière de voir et de raisonner; car s'il en était autrement, je ne céderais à personne mon droit d'aînesse. Depuis lors, la Bretagne n'est plus un État indépendant, mais une province française, laquelle appartient au roi et que nul ne peut revendiquer.

Un murmure ironique accueillit ces paroles de Bavolet.

— Vous prenez bien à cœur les intérêts du roi de France, monsieur mon neveu, dit alors don Paëz.

— C'est que le roi de France se nomme aujourd'hui Henri de Bourbon, répondit gravement le jeune homme.

— Que dites-vous? que voulez-vous dire? s'écrièrent à la fois don Paëz et Gaëtano.

— Je veux dire que le roi Henri de Valois est mort depuis une heure, et que c'est moi Henri de Bourbon lui succède.

— Mort!... le roi?... en êtes-vous bien sûr?

— Je l'ai vu, de mes yeux, tomber sous le poignard d'un jeune moine envoyé par les Parisiens.

— Ah!... exclama Gontran, frappé au cœur.

Puis il prit vivement la main à Bavolet.

— Et ce moine, fit-il, savez-vous son nom?

— Jacques Clément.

Gontran chancela comme un homme atteint par la foudre.

— Je devine tout, murmura-t-il; Jacques Clément venait tous les jours chez madame de Montpensier. Cette femme est un démon!...

— Oui, reprit Bavolet, le roi de France est mort, vive le roi de France!... Et c'est pour cela, messeigneurs mes oncles, que moi, le chef de votre race, je suis venu vous dire : « Le roi de France se nomme Henri IV; c'est un grand et noble cœur... il oublie les injures, et il aime ceux qui viennent à lui, après l'avoir renié, à l'égal de ceux qui furent constamment ses amis. Ne songeons plus à relever un trône écroulé depuis longtemps, à refaire une nationalité d'un peuple qui depuis un siècle a adopté les mœurs et les lois de la France; mais devenons les fermes soutiens du roi, tirons l'épée pour lui et sans relâche, jusqu'à ce qu'il ait reconquis ce royaume que lui disputent les factions et l'anarchie. »

Bavolet interrogea du regard le visage de ses oncles. Gontran était ému, Gaëtano et don Paëz demeurèrent impassibles.

— Ecoutez, continua-t-il, vous savez si une mère a le cœur et la tête emplis d'ambition lorsqu'il s'agit de son fils, et de quels rêves de gloire et de splendeur elle se plaît à bercer sa jeunesse? Eh bien! ma mère, la veuve de mon père, celle qui, avant vous, avait le droit de parler haut pour l'héritage de son enfant, pour le trône des Dreux, ma mère a compris combien il serait insensé à moi de réclamer la couronne ducale de Bretagne, et elle m'a serré dans ses bras le jour où j'ai juré une fidélité éternelle au roi de Navarre.

— Mais enfin, interrompit Gaëtano, que nous voulez-vous, monsieur notre neveu?

— Je voudrais, reprit Bavolet, que vous, mon oncle, qui servez le roi d'Espagne et ses vues ambitieuses contre la couronne de France, vous envoyassiez au roi d'Espagne votre démission des emplois et des charges que vous tenez de lui, et vinssiez placer vos deux mains dans celles du roi Henri IV. Je voudrais encore que mon oncle Gontran abandonnât le service de ces princes félons et traîtres à leur pays, qu'on nomme les Guise, et qu'il vous imitât... Je voudrais, enfin, que mon oncle Jean de Penn-Oll, celui qui prend le nom de don Paëz...

— Jamais! s'écria vivement celui-ci.

Puis, il ajouta avec un accent de froide et dédaigneuse colère :

— N'essayez pas, jeune homme à la langue dorée, courtisan dévoué et fidèle du roi de Navarre, fils dégénéré, qui renoncez au trône de vos pères, de nous entraîner dans votre désertion. Vous renoncez à la couronne ducale de Bretagne? Bien, vous en êtes le maître, mais vous n'avez pas le droit de l'arracher à votre race et d'en faire don humblement à Sa Majesté Henri IV, le Béarnais et le huguenot. Moi, Jean de Penn-Oll, l'aîné de la branche cadette, je vous jure sur mon honneur que je revendiquerai mes droits, tant que la garde de mon épée tiendra solidement à mon poignet.

— Moi aussi, dit froidement Gaëtano.

— Est-ce votre dernier mot? demanda Bavolet en faisant un pas de retraite.

— Non point à moi, répondit Gontran.

Et posant la main sur l'épaule de son neveu :

— Mon enfant, lui dit-il avec émotion, tu avais cinq ans lorsque ta mère et mes frères te confièrent à ma garde. Dès la première heure où je t'emportai sur ma selle, je sentis que je t'aimais comme si tu avais été mon propre fils, et je te dévouai ma vie. La fatalité nous sépara. Pendant la nuit de la Saint-Barthélemy, ce gentilhomme à qui je te confiai pour une heure disparut et t'emmena. Je passai dix années à te chercher. Chaque heure, chaque minute de ce laps de temps furent pour moi des siècles d'angoisse, et lorsqu'enfin je te retrouvai auprès de ce roi de Navarre qui était devenu ton père et ton ami, si je n'avais écouté que mon cœur et non mes vœux d'ambition pour toi, je ne t'aurais plus quitté...

La voix de Gontran s'altérait; il jeta ses bras autour du cou du jeune homme, et poursuivit :

— J'ai dix ans de plus, mon enfant; je ne suis point ambitieux pour moi même, et mon épée de soldat vaut mieux, à mes yeux, que tous les sceptres du monde; pourquoi donc rêverais-je de restaurer ma race, puisque toi, qui en es le chef, tu nous dis que l'heure en est passée?

Gaëtano et don Paëz murmurèrent.

— Et que m'importe!... Et que répondit Gontran en haussant les épaules, que toi, don Paëz, ou toi, Gaëtano, vous vouliez être ducs, si mon enfant ne le veut point?... Je l'aime et ne le veux plus quitter...

Puis, il ajouta d'une voix sourde et plus altérée encore :

— Viens à Paris, viens avec moi, et si mes horribles pressentiments ne m'ont point trompé, si cette femme, à qui j'avais voué mon amour, n'est qu'un monstre dévorant armant le bras d'un assassin, eh bien! j'abandonnerai avec joie la maison de Lorraine, et je servirai ton roi de France...

— Vous êtes un noble cœur, et je vous aime comme mon père, répondit Bavolet.

Puis il salua don Paëz et Gaëtano, fit un pas de retraite et sortit. Gontran le suivit sans détourner la tête.

Les deux gentilshommes avaient leurs chevaux à l'entrée de la tente du généralissime. Ils sautèrent en selle, traversèrent le camp et prirent au galop la route de Paris.

A la poterne du Louvre, Gontran arrêta brusquement son cheval.

— Sais-tu, dit-il à Bavolet, que l'amour est un mal horrible?

— Je le sais, murmura l'ancien page de la reine Marguerite; moi aussi, j'ai bien souffert.

— Oh! fit Gontran en posant la main sur son cœur, je vais vieillir de dix années en une heure.

— Courage, mon oncle... peut-être...

— Allons, dit Gontran devant la porte de la duchesse, ne tremblons pas, n'hésitons plus... je me nomme Penn-Oll.

Il poussa son cheval et entra dans la cour du Louvre. Là, un soldat lorrain l'aborda et lui dit :

— Messire Gontran, ne connaissez-vous point un gentilhomme qui vient d'Angleterre?

— D'Angleterre?... mon frère Hector, peut-être.

— Je ne sais; mais il vient de quitter le Louvre où il espérait vous

trouver, et il vous attend à la porte de Nesles, à l'hôtellerie du Grand-Charlemagne.

— Eh bien! cours le rejoindre, répondit Gontran; j'y serai dans une heure.

Il mit pied à terre, Bavolet l'imita, et tous deux gravirent les marches du grand escalier qui conduisait aux appartements occupés par la duchesse de Montpensier.

Sur le seuil, Gontran s'arrêta encore.

— J'ai le frisson, murmura-t-il, j'ai peur...

VII. — L'ÉCOSSAIS.

Il était nuit close lorsque Gontran et Bavolet pénétrèrent dans l'appartement de madame de Montpensier.

Cet appartement, composé de trois pièces, un salon, un oratoire et une chambre à coucher, avait été occupé jadis par la reine de Navarre. Les goûts artistiques de la belle Marguerite de Valois se révélaient dans l'ameublement, les tentures, les merveilleux bahuts sculptés, les bronzes florentins posés sur les dressoirs et les coupes sans prix de Benvenuto qui décoraient encore ce logis où rien n'avait été changé.

Une lampe de forme antique, venue de l'Italie et pendue au plafond, projetait sa mate clarté dans l'oratoire où madame de Montpensier se trouvait seule lorsque les deux gentilshommes furent introduits.

La duchesse, vêtue avec une extrême élégance, était à demi couchée sur une ottomane roulée auprès de la croisée en ogive, qui donnait sur la rivière, et elle respirait l'air du soir avec cette volupté tranquille de la femme qui se sait aimée et rêve à son amour. Elle tressaillit cependant lorsque sa camérière, entr'ouvrant la porte, annonça Gontran, et, se levant à moitié et lui tendant la main :

— Eh bien! lui dit-elle avec vivacité.

Gontran ne prit point la main de la duchesse, et répondit :

— Je viens du camp espagnol. Mon frère est prêt à entrer dans Paris.

— Ah!... fit négligemment la duchesse, et c'est là tout ce que vous avez à m'apprendre?

— Pardon, madame, le roi est mort.

La duchesse poussa un cri de joie qui donna le vertige à Gontran.

— Le roi est mort assassiné, poursuivit-il.

— Mais quand, à quelle heure?... demanda vivement madame de Montpensier.

— Tenez, dit Gontran, dont la voix tremblait de colère et d'émotion, si vous désirez avoir des détails, interrogez ce jeune homme.

Il souleva la portière qu'il avait laissée retomber sur lui, et appela :

— Bavolet!

Bavolet parut et salua la comtesse, qui tressaillit involontairement sous le regard clair et investigateur du jeune homme, comme si elle eût pressenti en lui un ennemi acharné dans l'avenir.

Bavolet s'inclina une seconde fois et tendit silencieusement à la duchesse la lettre du nouveau roi de France.

Elle en rompit le cachet, non sans quelque émotion, parcourut rapidement le contenu, et, arrivée à la signature, elle laissa échapper une exclamation de surprise et de colère à la fois :

— Henri IV! s'écria-t-elle, le roi Henri IV! Dieu me pardonne, cet homme est fou!...

Puis regardant Bavolet :

— Au nom de qui donc venez-vous, monsieur?

— Au nom du roi de France, madame.

— Le roi Henri de Valois?

— Henri de Valois est mort, madame.

— Alors, dit tranquillement la duchesse, il n'y a plus de roi de France.

— Pardon, madame, les royaumes ne demeurent jamais sans roi.

— Eh bien, fit dédaigneusement madame de Montpensier, la couronne appartient en ce cas au cardinal Charles de Bourbon, au roi Charles X.

— Votre Altesse, répondit froidement le jeune homme, se laisse aveugler, je le crains, par sa haine pour le roi Henri de Bourbon; car elle ne saurait ignorer qu'un cardinal qui a fait des vœux de célibat, comme monseigneur Charles de Bourbon, ne pourrait être roi, il commencerait une dynastie qui s'éteindrait avec lui.

— Monsieur, répliqua la duchesse avec calme, les plus proches parents de la maison de Valois étaient mes frères, le duc et le cardinal de Guise, que le roi Henri III fit lâchement mettre à mort; le duc de Mayenne, lequel, vive Dieu! est en parfaite santé, et dont l'épée est assez lourde pour chasser du royaume cet excommunié qu'on nomme le roi de Navarre; et si l'on ne peut faire un roi d'un cardinal, eh bien! on en fera un avec un duc.

— Pardon, madame, interrompit respectueusement Bavolet, je ne suis point venu à vous pour discuter des questions d'hérédité et de généalogie; j'appartiens à un prince qui était roi de Navarre et qui a pris aujourd'hui le titre de roi de France; je le sers et lui obéis. Il m'a confié un message pour Votre Altesse; je remplis ma commission et n'ai pas le droit de commenter les actes et les paroles de mon maître. Souffrez que je me retire.

Bavolet salua la duchesse et voulut se retirer. Elle le retint d'un geste.

— Vous avez raison, monsieur, et je vous prie de me pardonner 'non irritation. Vous agissez en gentilhomme en exécutant les ordres que vous avez reçus. Ce n'est donc point à vous que j'ai à démontrer l'impuissance où se trouve le roi de Navarre à monter sur le trône de France.

La duchesse accompagna ces paroles du plus doux sourire et indiqua un siége à Bavolet, qui refusa en s'inclinant de nouveau.

— Venez-vous donc de Saint-Cloud? lui dit-elle.

—. Oui, madame.

— Et... le Valois est mort?

— A quatre heures de l'après-midi, madame.

Un cruel sourire passa sur les lèvres de la duchesse.

— Enfin, murmura-t-elle, je suis donc vengée!

Gontran était demeuré debout, le sourcil froncé, l'œil brillant d'une flamme sombre. A ces derniers mots de madame de Montpensier, il la regarda comme un juge doit parfois regarder un coupable.

— Savez-vous, madame, comment se nommait l'assassin du roi? lui dit-il.

— Je m'en doute, fit-elle, souriant toujours.

— C'était un jeune moine, madame, que vous aviez pris en grande amitié depuis quelque temps, et qui vous venait lire chaque jour un passage des Écritures. Il se nommait Jacques Clément.

— Je le sais, répondit-elle.

— Ah! vous le saviez!

— Sans doute, et j'ai prié Dieu qu'il ne lui arrivât point malheur.

— Eh bien, madame, répondit Bavolet, Dieu n'a point exaucé vos prières... Il est mort aussi.

— Ah!... fit la duchesse en pâlissant.

Bavolet tira à demi son épée du fourreau.

— Tenez, dit-il, voilà de son sang.

Et il repoussa l'épée dans sa gaîne.

Le regard brûlant de haine dont la duchesse enveloppa alors le jeune homme fut si terrible, que, malgré sa bravoure, il recula d'un pas, comme s'il se fût trouvé face à face avec un de ces reptiles venimeux qui sillonnaient le nouveau monde découvert par Colomb.

Gontran surprit ce regard. Il fit un pas vers la duchesse, prit un crucifix qui était appendu au mur et le lui présentant :

— Madame, dit-il, si je vous demandais un serment sur ce crucifix, vous qui priez Dieu et prétendez combattre pour la foi catholique aux prises avec l'hérésie, me le feriez-vous?

— Peut-être...

— Eh bien!... jurez-moi que vous n'avez point armé le bras du moine Jacques Clément.

— Ah! dit-elle, vous voulez que je vous jure cela?

— Oui, madame.

— Je ne le peux; car c'est par mes ordres que Jacques est allé à Saint-Cloud et qu'il y a frappé le meurtrier de mes frères, le dernier rejeton de cette race maudite qu'on nommait les Valois.

Gontran replaça le crucifix, puis il regarda de nouveau la duchesse.

— Madame, dit-il, je vous supplie d'oublier que je vous ai servie pendant vingt années, que pendant vingt ans j'ai mangé le pain de Guise, qu'un jour j'ai eu la témérité de me jeter à vos genoux et de vous avouer mon amour... je vous supplie, madame, d'oublier tout cela et de m'accorder un congé définitif et éternel.

— Et où voulez-vous donc aller? demanda-t-elle ironiquement.

— Je veux aller servir le roi Henri de Bourbon, répondit-il.

A ces paroles, un étonnement profond se peignit sur le visage de la duchesse.

— Que dites-vous? s'écria-t-elle, que voulez-vous dire?...

— Madame, dit Gontran avec calme, moi aussi j'appartiens à une maison souveraine qui, jadis, fut l'égale de la maison de France; mes aïeux se nommaient Dreux, et ils étaient ducs de Bretagne. Or, quand on est de noble race, si bas que soit tombé, si pauvre qu'on soit devenu, il faut respecter ses aïeux, et ne leur point manquer de respect en s'avilissant...

Un éclair de colère passa dans les yeux de la duchesse de Montpensier...

— Je ne vous comprends pas, Gontran, dit-elle.

— Vous allez me comprendre, madame.

Et Gontran parut se redresser de toute la hauteur de cette longue lignée de preux dont il était issu.

— Madame, poursuivit-il, quand un gentilhomme breton a un ennemi, il va droit à lui, lui porte la pointe de son épée au visage et lui offre loyalement le combat. Une lutte corps à corps, un duel franchement proposé et loyalement accepté, telle est sa manière de laisser éclater sa haine. Il n'a point recours à un spadassin obscur, à un assassin salarié, à un moine fanatisé par la double ivresse de l'amour charnel et du mysticisme religieux...

Et Gontran laissa errer sur ses lèvres un sourire amer qui fit pâlir la duchesse.

— Je comprends, dit-elle, vous me méprisez.

Gontran garda le silence.

— Eh bien! soit, s'écria-t-elle, méprisez-moi, mais sachez quelle haine inextinguible, quel atroce désir de vengeance a guidé mon bras. Henri de Valois devait m'épouser, notre union était dès longtemps convenue entre nos deux familles, et cependant il m'a dédaignée, foulée aux pieds; il m'a préféré Louise de Vaudemont... Puis, non content d'avoir humilié ma maison, de l'avoir abaissée au niveau d'une race de simples gentilshommes, comme il tremblait, le lâche! au seul nom de mes pères, il a voulu se débarrasser à tout prix de ces hommes vaillants et forts qui dominaient son impuissance de toute la hauteur de leur vaillance et de leur énergie. Mon frère le duc Henri, mon frère le cardinal de Lorraine, sont tombés, tour à tour, sous le poignard des Quarante-Cinq... Et vous vous étonnez, Gontran, que ma main ait placé un couteau aux mains de Jacques Clément!

— Je ne m'étonne point, murmura Gontran avec fermeté, je vous supplie simplement, madame, de vouloir bien me rendre ma liberté.

Gontran salua et fit un pas de retraite.

— Gontran!... supplia la duchesse émue.

— Adieu, madame, répondit-il, adieu...

Et il sortit. Bavolet salua la duchesse et suivit son oncle.

Tous deux gagnèrent silencieusement la cour du Louvre, où ils retrouvèrent leurs chevaux.

— Abandonnons ce palais, dit Gontran; il me semble y voir du sang sur tous les murs.

Ils montèrent à cheval et se dirigèrent vers la porte de Nesles, auprès de laquelle se trouvait cette hôtellerie du Grand-Charlemagne où, quinze ans auparavant, Gontran le Lorrain était descendu un soir avec l'enfant dont il était chargé, et où le lendemain, il l'avait imprudemment confié aux soins d'un gentilhomme inconnu.

A mesure qu'ils approchaient, les souvenirs du gentilhomme se ravivaient dans son esprit, et il semblait se rappeler les péripéties émouvantes du lugubre drame de la Saint-Barthélemy; et alors il regardait Bavolet qui chevauchait auprès de lui, et il passait comme un éclair d'orgueil dans ses yeux en revoyant si fort, si noble, si plein de jeunesse, d'audace et de courage, cet enfant qu'il avait perdu frêle enfant, pauvre et chétive créature qu'un souffle pouvait emporter, ange aux blonds cheveux et aux yeux d'azur que Dieu pouvait rappeler aux célestes demeures.

A la porte de l'hôtellerie, les deux gentilshommes aperçurent un homme de haute taille qui portait une plume de faucon à son chapeau, avait la jambe nue et s'enveloppait dans les plis soyeux d'un plaid écossais.

Gontran l'interpella aussitôt en anglais, langue qui lui était familière.

— Hé! l'ami, quel motif a pu vous faire abandonner les bords de la Tweed et vos montagnes couvertes de bruyères grises pour venir visiter le pays de France?

— J'ai suivi mon maître, répondit l'Écossais.

— Comment se nomme votre maître?

— Lord Victor.

— C'est lui, murmura Gontran à Bavolet.

Puis il reprit tout haut :

— Et où est-il, votre maître?

— Devant l'hôtellerie. Venez-vous du Louvre?

— Précisément.

— Alors, dit l'Écossais, c'est bien vous pour qui mon maître a passé la nuit.

Gontran n'en entendit pas davantage; il jeta la bride à l'Écossais et entra dans l'hôtellerie.

Dans la vaste salle qui servait à la fois de salle de réception et de cuisine, auprès de l'âtre, se trouvait un homme d'environ trente-huit ans était assis. Il était vêtu de noir, son visage était pâle et témoignait de longues et terribles souffrances; il avait appuyé sa tête dans ses deux mains, et, à son attitude douloureusement rêveuse, on devinait qu'il était étranger à ce qui se passait autour de lui.

— Hector! s'écria Gontran.

En entendant prononcer son nom, l'Écossais se leva, poussa un cri et courut à son frère, les bras ouverts.

Certes, il y avait loin du brillant garde du corps de la reine d'Écosse, Marie Stuart, que nous avons vu dans la première partie de cette histoire disputer l'honneur de la reine à l'infamie de Bothwell, à celui que Gontran retrouvait assis auprès de l'âtre du Grand Charlemagne.

C'était bien toujours même noblesse de visage, même douceur mélancolique dans le regard, même élégance de taille, de gestes et de manières, mais la jeunesse s'en était allée de ce corps et de cette âme éprouvés par vingt années de tortures; le sourire avait abandonné ces lèvres où jadis éclataient l'orgueil de l'espoir et du triomphe, la foi en l'avenir.

Hector semblait être un vieillard, tant il paraissait courbé sous le poids de sa douleur.

— Ah! frère, murmura-t-il, si tu m'as jamais aimé, voici l'heure où il me faut prouver que ton cœur et ton bras me sont restés fidèles.

— Que veux-tu et que faut-il faire? demanda simplement Gontran.

— La sauver!... murmura Hector.

— De qui parles-tu?

— D'elle!... de la reine d'Écosse.

— Ah! fit Gontran, je devine... Cette infortunée reine d'Écosse, Marie Stuart, est prisonnière d'Elisabeth, d'Elisabeth, la terrible fille du roi Henri VIII.

— Frère, frère, murmura Hector frémissant, sais-tu qu'il s'agit de sa vie? Aussi je suis venu à toi, comme je vais aller à nos frères Gaëtano et don Paëz; je suis venu pour vous dire : Quatre hommes vaillants et forts comme nous, s'aimant comme nous, hardis et aventureux comme nous, ne sauraient-ils donc changer la face d'un empire?...

— Pourquoi donc parlez-vous de quatre, mon oncle? s'écria Bavolet; ne suis-je pas un P...m-Oll comme vous?

Et Bavolet, qui s'était tenu derrière Gontran, se montra à Hector.

— L'enfant! murmura Hector qui reconnut aussitôt dans le visage de l'homme les traits délicats et fins de l'adolescent qu'il avait entrevu dix minutes à Coarasse. au fond de la grotte où le roi de Navarre avait failli perdre sa liberté.

VIII. — OU L'AMBITION POUSSE BAVOLET.

L'oncle et le neveu se regardèrent, et ces deux nobles natures se comprirent à l'instant même. Hector devina tout ce qu'on pouvait attendre de Bavolet. Bavolet sentit à l'instant même que l'Écossais serait moins entêté et moins tenace que don Paëz et l'astucieux Gaëtano.

— Mon enfant, dit alors Hector en entourant Bavolet de ses bras, merci de nous être trouvé,. merci de nous avoir pardonné. Ta mère était née sur cette terre d'Écosse qui fut ma patrie d'adoption; toimême y reçus le jour; je suis plus que ton oncle, je suis ton compatriote, et nous avons entre nous le plus puissant des liens, la communauté du sol natal. Nous avions rêvé pour toi une autre destinée que celle que tu t'es faite; tu nous as reniés un jour, et nous nous sommes retirés le front courbé et l'âme en deuil, car nous t'aimions d'un ardent amour. Aujourd'hui tu nous reviens, mon enfant; sois le bienvenu! Nous mourrons pour toi lorsque tu l'exigeras.

— Mon oncle, répondit Bavolet, je ne suis ouvert déjà à vos frères sur ma façon d'envisager nos prétendus droits à la couronne ducale de Bretagne, je ne vous en parlerai donc pas : mais que je serve le roi de Navarre, le roi de France, veux-je dire, et vous un autre souverain, je n'en serai pas moins votre neveu, votre fils; ma vie et mon sang seront à vous quand vous l'exigerez, et je ne trahirai point cette noble et simple alliance humaine qu'on nomme la famille. Vive Dieu! monsieur mon oncle, je me nomme Dreux de Penn-Oll comme vous, et quiconque porte mon nom peut compter sur moi. Henri de Bourbon m'a servi de père; il m'aime comme son enfant, et je serai à lui roi de France, comme je lui appartenais déjà lorsqu'il n'avait d'autre royaume que cette taupinière qu'on appelle la Navarre... — Mais Henri de Bourbon est un noble et grand cœur qui ne me défendra jamais de mettre mon épée, mon cœur et mon bras au service de ma race. Hélas! je sais l'histoire de votre amour, de votre vie si noble et si dévouée, de vos douleurs de quinze ans, douleurs qui sont aussi poignantes aujourd'hui qu'elles l'étaient autrefois. Je sais par quel grand et noble sacrifice vous essayâtes jadis de sauver une reine ingrate et aveugle, et à quelles tortures, à quelles déceptions sans nombre votre amour a survécu. Vous avez enlacé votre destinée à la destinée de cette femme, destinée orageuse. livrée au caprice des révolutions et du hasard; vous demeurez fidèle à cette étoile qui pâlit, et qui est près de s'éteindre. . C'est bien! nous vous suivrons et vous soutiendrons, mon oncle, dans cette dernière et terrible lutte, et si nous succombons, ventre-saint-gris, comme dit le roi Henri IV, ce ne sera point sans coup férir.

— Merci, mon enfant, répondit Hector.

Les trois gentilshommes s'assirent dans un coin de l'hôtellerie, et alors Gontran prit la parole.

— Frère, dit-il, notre enfant t'a dit ce que j'aurais dit moi-même. Nous sommes à toi, dispose de nous; que faut-il faire?

— Écoutez, répondit Hector. La reine d'Écosse est prisonnière de sa terrible rivale Elisabeth d'Angleterre. On l'accuse de mille crimes, on l'accable sous le poids de la calomnie, et bientôt on doit lui donner des juges. Ces juges, n'en doutez pas, sont vendus par avance à la haine jalouse de la fille d'Henri VIII... ils condamneront Marie Stuart... Eh bien! s'il est possible de sauver la reine, c'est en parvenant à la soustraire à ce tribunal, à l'enlever de sa prison, à la dérober à ses geôliers.

— Frère, dit Gontran, quand celui ou celle qui est confié à la garde d'un geôlier a porté une couronne, le geôlier est assez vigilant, la garde qui veille autour de la prison est assez forte pour que, si vaillante qu'elle soit, l'épée de quatre soldats comme nous se brise inutilement.

— Mon oncle a raison, observa Bavolet à son tour, et s'il est un moyen de sauver la reine, ce n'est point, à coup sûr, celui-là. Écou-

tez-moi. Pour avoir, à Londres, quelque influence et dominer, au besoin, les passions et les événements du moment, il y faudrait faire une autre figure que nous y ferions, simples gentilshommes obscurs et sans autres titres de recommandation que notre bravoure et notre dévouement.

— C'est juste, murmura Hector.

— Or, reprit Bavolet, peut-être en cherchant bien, trouverions-nous de puissants protecteurs en Angleterre.

— Serait-il vrai?

— Le roi de Navarre était fort lié jadis avec le comte d'Essex, le favori d'Elisabeth.

— Ah!...

— Et madame Marguerite de Valois, qui cultive les belles-lettres et l'étude des langues, après avoir appris l'anglais, qu'elle écrit et parle aussi correctement que le grec et le latin, madame Marguerite, dis-je, tenait jadis une correspondance fort suivie avec la reine Elisabeth.

Hector secoua la tête.

— Elisabeth est implacable, dit-il.

— Soit; mais si on la peut approcher, peut-être sera-t-il plus facile d'émouvoir les juges ou de parvenir à arracher la reine d'Écosse de sa prison.

— Et comment l'approcher?

— Mon oncle, dit Bavolet avec un calme où éclatait sa confiance en lui-même, je ne sais encore, mais si vous me voulez donner huit jours, croyez que dans quinze je serai au mieux avec la terrible souveraine de la Grande-Bretagne. Partez avec mes oncles, retournez à Londres et attendez-moi dans huit jours.

Hector regarda Bavolet, et il eut comme un frisson d'espoir.

— Cet enfant, pensa-t-il, est notre maître à tous. Il est l'école du roi de Navarre, le plus brave et le plus rusé des monarques.

— Ma foi! dit Bavolet, pour la première fois de ma vie je n'aurai exécuté qu'à moitié une mission. Le roi ne pardonnera.

Puis s'adressant à Gontran :

— Ne m'avez-vous pas dit, mon oncle, que désormais vous abandonniez la cause de la Ligue et vouliez servir le roi Henri de Bourbon?...

— Oui, répondit Gontran, fidèlement et constamment.

— Eh bien! je vais à vous, et en son lieu et place j'accepte votre hommage de fidélité, et je vous confie une mission.

— Laquelle?

— Vous porterez, au nom du roi de France, cette lettre au duc de Mayenne, et je vous rejoindrai à Londres. Je retourne à Saint-Cloud, peut-être irai-je jusqu'en Navarre pour y voir madame Marguerite... Dans tous les cas attendez-moi sous dix jours.

Et Bavolet se leva et prit congé de ses oncles.

Une heure après, Bavolet arrivait à Saint-Cloud.

L'aspect que présentait, à dix heures du soir, le camp royal, était tout différent de celui qu'il offrait le matin, à l'heure où Bavolet y était arrivé, porteur d'un message du Béarnais pour Henri III.

On avait exposé le monarque défunt sur un lit de parade, et des prêtres catholiques récitaient l'office des morts auprès du cadavre, à la lueur des cierges funèbres.

Tout était silence, tristesse et recueillement dans la tente royale, tumulte et désordre dans le reste du camp. Les ducs d'Aumont et d'Epernon, tous les gentilshommes à qui leurs scrupules religieux défendaient de servir un prince huguenot, étaient partis; les soldats se trouvaient sans chef pour la plupart, et comme la force morale des armées réside bien plus dans la confiance du soldat en celui qui commande qu'en sa propre bravoure, une sorte de terreur et de démoralisation régnait parmi ces hommes qui ne connaissaient plus le roi de Navarre et n'avaient point foi en lui.

Cependant, au pavillon royal, de nouveaux personnages avaient succédé à ceux à qui la mort du maître avait rendu la liberté. Les officiers béarnais, les compagnons du roi de Navarre, vêtus de laine ou bardés de fer, rudes courtisans qui ignoraient pour la plupart le langage doré des ruelles et des salles du Louvre, avaient remplacé au chevet du roi trépassé tous ces seigneurs galamment vêtus, légèrement efféminés, vivantes images du maître défunt, et qui n'avaient conservé des antiques vertus de leurs aïeux que cette bravoure éclatante qui, en France et dans tous les siècles, fut l'apanage de tous, peuple ou noblesse.

Le nouveau roi n'avait point quitté la chambre où l'on veillait son prédécesseur. Assis devant une petite table chargée de papiers et de parchemins, il écrivait des ordres, dictait des lettres, signait des édits.

Son vieil ami Sully était près de lui; le jeune duc de Biron se trouvait également à droite et écoutait attentivement les ordres que son maître lui transmettait.

Bavolet entra; le roi témoigna par un geste son étonnement de le revoir.

— Sire, lui dit Bavolet en souriant, je me suis permis de vous désobéir pour la première fois.

— Une fois n'est pas coutume, répondit Henri.

— Mais c'était pour le service de Votre Majesté.

— Ah! dit-il...

Bavolet s'approcha plus près encore, et, sur un signe du roi, Sully et Biron s'écartèrent.

— Monseigneur le cardinal de Bourbon, l'oncle de Votre Majesté, qui est tranquillement occupé, dans ses terres de Touraine, à bâtir des églises et à fonder des couvents, poursuivit Bavolet d'un ton railleur, a dû faire un bien beau rêve, cette nuit, s'il est vrai que les rêves sont les pressentiments de la destinée.

— Plaît-il? fit le roi étonné.

— Mon Dieu! oui, sire; le bien vient en dormant, comme on dit.

— De quel bien veux-tu parler?

— De la couronne de France, pardieu!

— Hein?... murmura le roi abasourdi, et qu'y a-t-il de commun entre mon oncle et la couronne de France?

— Dame! sire, l'un porte l'autre.

Le Béarnais fit un brusque mouvement sur son siège, et regarda encore Bavolet, pour bien se convaincre que celui-ci n'était pas fou.

— Madame de Montpensier, à qui j'ai remis votre lettre, acheva Bavolet, a prétendu que Votre Majesté avait complètement perdu l'esprit.

— Moi, perdu l'esprit!... et comment cela? demanda le roi avec ce naïf sourire de bonhomie qui lui était particulier. Il est vrai que je ne suis ni un lettré comme madame Marguerite, ni un élégant cavalier comme le duc de Guise, ni un poète comme mon frère Charles IX, ni même un homme versé dans la liturgie et l'art de raser les cheveux comme ma cousine la duchesse de Montpensier; mais, ventre-saint-gris, maître Bavolet, j'ai l'esprit droit et un gros bon sens de montagnard qui a bien son mérite.

— Ce n'est pas l'avis de madame de Montpensier.

— En vérité!...

— La duchesse suppose, j'imagine, que Votre Majesté est en ce moment-ci comme cet écolier qui ressemblait à Henri II d'une façon si surprenante, qu'il avait fini par croire qu'il était le roi lui-même.

— Voyons, dit le Béarnais, soyez donc clair, mons Bavolet, et ne me brodez pas un conte comme si j'étais Nancy, Fosseuse ou madame Marguerite.

— Je ne brode pas, sire, je raconte la vérité pure.

— Et comment ai-je perdu l'esprit?

— En vous figurant que Votre Majesté succédait au feu roi et qu'elle devait prendre le nom d'Henri IV.

— Bah! fit le Béarnais qui commençait à comprendre, est-ce l'avis de madame de Montpensier?

— Sans doute, attendu qu'il y a un autre roi de France.

— Et quel est-il, ce roi? Serait-ce le cousin Mayenne?

— Non pas, sire; c'est le roi Charles X, celui-là même qui, hier encore, bâtissait des églises, et se nommait le cardinal de Bourbon.

— Par exemple! exclama le roi, cette plaisanterie de madame de Montpensier est excessivement spirituelle.

— Ce n'est point une plaisanterie, et je gage que ces bons Parisiens la proclameront avec enthousiasme dès demain.

— Eh bien! dit tranquillement Henri IV, en ce cas il y aura deux rois de France: le vrai et le faux; reste à savoir lequel sera le vrai. Qui sait? peut-être sera-ce mon oncle...

Et le Béarnais laissa glisser sur ses lèvres son fin et naïf sourire.

— Sire, reprit Bavolet, ce que madame de Montpensier m'a dit du roi Charles X m'a paru si intéressant, que j'ai cru te devoir rapporter sur-le-champ à Votre Majesté; et je ne suis point allé au camp du duc de Mayenne, mais j'y ai envoyé un de vos gentilshommes.

— Qui cela?

— Mon oncle Gontran.

— Comment! dit le roi, déjà! Tes oncles renonceraient-ils à reconstituer le duché de Bretagne?

— Non pas tous, sire; mais si Votre Majesté en a besoin, elle peut compter sur l'épée de deux d'entre eux, Hector et Gontran.

— Maître Bavolet, tu es décidément le meilleur ambassadeur que j'aie jamais eu; tu es né diplomate.

— C'est ce que je me disais tout à l'heure, sire.

— Ta modestie me plaît... fit le roi en riant.

— Or, reprit Bavolet, Votre Majesté a toujours eu, jusqu'à présent, fort peu d'ambassadeurs; la raison en était que la couronne de Navarre était pauvre, et je me souviens même que Votre Majesté, une année que les récoltes étaient mauvaises et qu'on mangeait plus de seigle que de froment à Coarasse, témoigna sa mauvaise humeur d'avoir à sa cour un ambassadeur d'Espagne, ce qui l'obligeait à en envoyer un elle-même à Madrid.

— C'est vrai, cela, maître Bavolet.

— Mais à présent, sire, que le roi de Navarre est devenu roi de France, il serait convenable, j'imagine, d'avoir des ambassadeurs un peu partout, à Londres et à Madrid, à Vienne et à Berlin.

— Et tu voudrais être ambassadeur?

— Puisque Votre Majesté prétend que je suis bon diplomate.

— Oh! oh! dit le roi, me voici pris au piège.

Bavolet prit une attitude grave et réfléchie.

— Et quelle est l'ambassade que tu désires, mon jeune coq?

— Celle de Londres, sire.

— Plaît-il? exclama le roi, l'ambassade d'Angleterre, peste!... La première cour du monde après celle de France.

— C'est tout simple, sire, puisque Votre Majesté convient elle-même que je suis son meilleur diplomate.

— Cela était vrai, lorsque j'étais roi de Navarre, car tu le sais, mon maître, au pays des aveugles les borgnes sont rois, je n'avais pas alors d'ambassadeurs...

— C'est-à-dire, dit Bavolet, que Votre Majesté daignait m'accorder sa confiance, ne pouvant faire mieux. C'est le cas de répondre au proverbe: Si l'habit ne fait pas le moine, ou moins le fait-il respecter. Quand Votre Majesté m'aura fait ambassadeur, je m'en tirerai à merveille.

Et Bavolet fut superbe de gravité et d'aplomb.

IX. — LES CONFIDENCES DE BAVOLET.

— Donc, reprit le roi, tu veux être ambassadeur?

— Oui, sire.

— Et ambassadeur à Londres?

— Comme le dit Votre Majesté.

— Pourquoi pas en Espagne?... Un pays charmant où les raisins sont blonds et les femmes brunes.

— Ma foi, sire, il faut bien que je m'explique en ce cas; j'ai des raisons particulières pour souhaiter l'ambassade d'Angleterre.

— Ah! diable!...

— J'y veux être utile à mon oncle Hector.

— De quelle façon?

— Et je compte sur l'inépuisable bonté de Votre Majesté pour m'aider en cette besogne.

— Ah çà! qu'a donc de commun ton oncle Hector avec l'ambassade d'Angleterre?

— Tout et rien, sire. Vous savez qu'il habitait l'Ecosse depuis son enfance et ne l'avait quittée une pour me chercher à travers le monde, et se fixer ensuite en Espagne auprès de mon oncle don Paëz. La disgrâce de ce dernier et les événements qui s'ensuivirent exilèrent don Paëz d'Espagne, et Hector, qui lui-même avait autrefois quitté l'Ecosse en fugitif, parvint à y rentrer, et ne l'abandonna plus que le jour où la reine Marie-Stuart tomba aux mains de votre alliée, madame Elisabeth d'Angleterre.

— Très-bien, dit le roi s'intéressant au récit de Bavolet.

— Or, reprit celui-ci, dans ma famille, nous élevons, à ce qu'il paraît, nos vœux et nos désirs d'autant un peu haut: mon oncle don Paëz voulait être le gendre du roi d'Espagne; mon oncle Gontran aimait madame de Montpensier.

— La bossue?

— Ah! sire, j'ai vu la duchesse aujourd'hui, et je vous jure qu'elle l'est si peu, qu'à la rigueur l'amour peut fermer les yeux sur cette légère déviation de sa taille.

— Et cela, répliqua le roi, est d'autant plus facile à l'amour, qu'il a un bandeau sur les yeux.

— Soit; mais je soutiens qu'on peut fort bien aimer la duchesse. Je vous disais donc, sire, que mon oncle Gontran aimait madame de Montpensier, comme mon oncle don Paëz l'infante, et mon oncle Hector la reine d'Ecosse...

— Comme toi tu aimais...

Le roi s'arrêta et réprima le sourire qu'il avait sur les lèvres, car Bavolet pâlit à ces derniers mots, et laissa échapper un geste de douleur.

— Ah! sire, Votre Majesté est cruelle; elle sait bien que jamais mes lèvres ne trahirent les secrets de mon cœur.

— Oui, dit le roi avec bonté, mais ton cœur battait si fort, qu'on en entendait les pulsations.

— Fatalité! murmura Bavolet d'une voix inintelligible.

— Ah! mon pauvre ami, fit Henri IV avec compassion, je te demande pardon de ma plaisanterie; je la supposais inoffensive et te croyais guéri. Tu veux-tu? il me semble que madame Marguerite est si vieille... si vieille... qu'on ne peut plus l'aimer.

Bavolet ne répondit pas.

— Tu me disais donc, reprit le roi, que ton oncle Hector aimait la reine Marie Stuart.

— Oui, sire, depuis quinze ans.

— Ventre-saint-gris!... exclama le Béarnais, on est constant en amour dans la famille... Il n'y a que des Bretons capables d'aimer pendant quinze ans la même femme... Dieu! que ce doit être monotone, quand on songe qu'au bout de quinze jours ce n'est déjà plus divertissant...

— L'amour de mon oncle est aujourd'hui le même qu'autrefois.

— Alors il doit être fort malheureux; car je sais de bonne part que ma sœur Elisabeth a le projet de malmener fort sa cousine d'Ecosse.

— C'est pour cela, sire, que je voulais être ambassadeur à Londres...

— Mon bon ami, lui dit le roi, il ne faut jamais placer le doigt entre l'arbre et l'écorce. Madame Elisabeth est mon alliée, et la reine d'Ecosse est une princesse de Lorraine; or, tu sais si les princes lorrains m'affectionnent... Et puis elle a à se reprocher certaines bonnes peccadilles pour lesquelles je ne me sens pas la moindre indulgence, et, avec la meilleure volonté du monde de t'être agréable, il ne m'est pas possible de confier à mon ambassadeur la mission d'intervenir dans de semblables affaires de famille; — car, tu le sais, les deux reines sont cousines.

— Je ne demande point à Votre Majesté d'intervenir, mais simplement de m'envoyer à Londres. Mon titre d'ambassadeur me donnera une importance qui me permettra de servir Marie Stuart, sans qu'il soit question en tout cela du roi de France.

— C'est-à-dire que si tu viens à conspirer contre le gouvernement de la reine et que la reine t'envoie pendre à Tyburn, tu trouveras tout naturel que je laisse faire et ne m'en soucie.

— Certainement, sire.

— Mon cher Bavolet, continua le roi, j'aime fort mes amis, toi surtout; mais j'aime encore mieux mon peuple et la grandeur de mon royaume. Les intérêts de mon peuple me défendent de me brouiller avec madame Elisabeth, et, n'en déplaise à mes amis, si ces derniers se brouillent avec elle et s'exposent à être pendus, je les laisserai pendre, malgré ma douleur, pour ne pas nuire à mon peuple.

— Votre Majesté, observa Bavolet avec fermeté, sait bien que je subirais mille morts plutôt que de lui causer un chagrin; elle sait, en outre, que j'ai quelque prudence, malgré ma jeunesse, et je puis lui affirmer sur ma parole que, si Bavolet venait à être pendu, la dignité de l'ambassadeur de France et celle du roi n'en souffriraient pas une seule minute.

— Allons, dit le roi, tu as toujours de si bonnes raisons à donner, qu'il en faut passer par ta volonté. Tu iras à Londres.

— Merci, sire... Maintenant, Votre Majesté me permettrait-elle d'aller à Coarasse avant mon départ?

— A Coarasse?

— Je voudrais voir madame Marguerite.

— Si c'est dans ce but que tu veux aller à Coarasse, c'est inutile.

— Pourquoi, sire?

— Parce que madame Marguerite n'y est plus.

— Et où est-elle?

— Elle sera à Blois demain, auprès de mon oncle le cardinal... je me trompe, je veux dire le roi Charles X.

Et Henri IV sourit encore.

— J'ai reçu d'elle un message, il y a une heure. Je ne lui ai encore expédié aucun courrier pour lui annoncer la mort du roi son frère, et puisque tu la veux visiter, je te charge de cette mission. Tu partiras demain au point du jour.

— Votre Majesté me charge-t-elle aussi d'une mission pour le roi Charles X?

— Oui, dit le roi, tu lui feras mes compliments sur sa fortune, et tu lui demanderas sa protection pour moi, le faux roi de France.

X. — LA MANIÈRE DE VOIR EN POLITIQUE DE NANCY, ET CELLE DU CARDINAL DE BOURBON.

Deux jours après la mort du roi Henri III et les événements que nous venons de raconter, madame Marguerite de Valois, reine de Navarre, arrivée la veille au château de Blois, s'éveilla de bonne heure et appela Nancy qui avait passé la nuit dans un cabinet voisin.

— Ouvre-moi les croisées, ma mie, lui dit-elle, et habille-moi.

— Dieu!... murmura Nancy à part elle et secouant avec peine les dernières torpeurs du sommeil, quel supplice de servir une reine qui a des insomnies et un amour romanesque au fond du cœur! il n'y a jamais moyen de dormir...

Puis, tout en obéissant, elle répondit tout haut :

— Votre Majesté ignore sans doute l'heure qu'il est?

— Je ne sais; mais il est grand jour.

— Il est cinq heures à peine.

— Peu importe! je veux me lever et prendre l'air.

Nancy ouvrit les deux croisées de la chambre à coucher qu'occupait la reine, et une bouffée de brise matinale y pénétra, tandis qu'un rayon de soleil levant venait se jouer et s'ébattre sur les rideaux de serge verte et la blanche courtine du lit.

Alors la reine se dressa sur son séant, tandis que Nancy lui apportait un peignoir, et, de sa belle main, elle écarta les boucles en désordre de la luxuriante chevelure qui couvrait à demi son visage.

Marguerite de Valois avait alors trente-cinq ans bien sonnés, comme le disait le roi Henri III à Bavolet; mais les ans avaient passé sur son visage sans en altérer la beauté souveraine, et elle était aussi jeune, aussi rayonnante de grâce et de fraîcheur qu'au temps où nous l'avons connue à Coarasse, alors qu'elle faisait battre le cœur au page Bavolet.

Toujours ce front blanc, uni, couronné par une forêt de cheveux noirs et luisants comme l'aile du corbeau; toujours ce regard intelligent et doux où l'âme artistique de la sœur de Charles IX se révélait; et ces lèvres d'un rouge ardent qui disaient avec éloquence combien elle avait aimé, combien elle pouvait aimer encore...

L'âge des femmes, dit-on, se compte aux rides, et la reine n'avait point de rides. Elle jouissait d'une jeunesse et d'une beauté éternelles.

Cependant son œil était triste parfois; parfois aussi un léger pli se formait entre ses noirs sourcils, et son sein se soulevait et laissait échapper un soupir. Cette femme, dont la destinée avait été d'aimer toujours, étouffait, depuis six années, au fond de son cœur, un dernier amour, une dernière passion, d'autant plus violente qu'elle lui paraissait sans issue. Marguerite aimait toujours Bavolet.

Le temps, qui avait respecté la beauté de madame Marguerite, s'était montré tout aussi galant pour Nancy, et même il avait ajouté aux grâces de la camériste de dix-huit ans, leste et pimpante, les charmes plus accusés de la femme.

Nancy avait vingt-quatre ans; elle était plus grande et moins frêle qu'à Coarasse. l'ovale de son visage s'était arrondi; elle avait perdu ces formes indécises et presque anguleuses qui sont l'apanage de l'adolescence. Bref, la mutine et piquante soubrette était devenue une charmante femme, pleine d'esprit et de sens, qui pesait convenablement une malice dans tous ses effets, avant de la laisser glisser sur ses lèvres roses, et soutenait avec sa maîtresse les questions d'art, de peinture ou de belles-lettres les plus épineuses sans se déconcerter.

Cependant, l'absence de Bavolet si, d'une part, elle faisait souffrir madame Marguerite, n'était point complètement indifférente à Nancy, et avait même jeté au fond de l'âme de l'espiègle soubrette un grain de mélancolie qu'elle traduisait par un soupir, chaque fois qu'elle en trouvait l'occasion.

— Ah! disait-elle souvent, à Coarasse, lorsque Bavolet en fut parti pour suivre le roi et combattre à ses côtés... ah! que les soirées sont longues à la campagne... Si encore nous avions Bavolet... il est si amusant, si gai, si spirituel...

La reine ne répondait pas; mais elle détournait la tête, et souvent une larme perlait au bord de ses longs cils.

Madame Marguerite passa un peignoir, chaussa son petit pied d'un bas de soie gris-perle et d'une mule de satin bleu, à talons et rosettes rouges, puis elle alla s'accouder à l'une des croisées et promena son regard rêveur sur ces belles campagnes du pays blaisois, qui se déroulaient devant elle.

La matinée était superbe; le soleil glissait au milieu des collines chargées de cette brume transparente et bleue dont l'été seul possède le merveilleux secret; — la brise était fraîche et parfumée, les champs encore verts, silencieux. La nature, à peine éveillée, semblait paresser et faire violence pour sortir de son repos de la nuit. Les oiseaux seuls chantaient leur hymne matinal dans les grands marronniers du parc et des haies d'alentour.

La reine sembla considérer le paysage avec une volupté secrète, et s'absorba pendant quelques minutes dans cette contemplation, tandis que Nancy préparait sa toilette, puis elle se tourna vers elle :

— Puisque le cardinal se couche d'aussi bonne heure, dit-elle, il doit se lever de grand matin, j'imagine.

— Il est certain, répondit Nancy, qu'être au lit dès huit heures du soir, même à la campagne, est impardonnable, que l'on soit cardinal et homme d'église, ou gentilhomme et homme d'épée.

— Le cardinal est vieux, ma petite.

— Je le sais bien, madame.

— Et il a besoin de repos.

— Peuh!... fit Nancy; il trotte du matin au soir, m'a-t-on dit, tantôt, pour visiter cette église qu'il a fait construire là-bas dans la plaine, tantôt pour aller au couvent des Minimes dont il est le fondateur.

— Toujours est-il, interrompit la reine, qu'hier, je n'ai pu le voir, et que j'ai été reçue par son intendant. Si ce bon cardinal eût été galant le moins du monde, il se serait relevé pour me venir baiser la main.

— C'était ce que je disais à l'instant même, madame, et j'aurais ajouté volontiers que, pour un homme d'église et un prince de la maison de Bourbon, oncle de Sa Majesté le roi de Navarre, le cardinal ressemblait peu à son auguste neveu, en fait de courtoisie.

— Espérons qu'il réparera ses torts aujourd'hui, répondit la reine en souriant, et que l'hospitalité qu'il m'offrira, jusqu'à ce que je puisse rejoindre le roi, sera assez gracieuse pour me faire oublier mon arrivée ici.

— Ah! soupira sentimentalement Nancy, c'était d'un triste à navrer le cœur. Nous n'avons rencontré dans tout ce vaste château que des hommes d'église, des bedeaux, des sacristains, des abbés et des clercs. L'intendant de Son Éminence est un moine, son valet de chambre un enfant de chœur, et son chambellan un suisse de paroisse. Tous ces gens-là se sont mis à frissonner des pieds à la tête, à la vue de deux femmes avec leurs officiers; ils se sont crus exposés à la damnation, et j'ai vu l'instant où ils allaient tous prendre la fuite, comme si nous avions été le diable en personne. Le vieux sire de Goguelas en était abasourdi...

— Pauvre Goguelas! murmura la reine; il est vieux comme le monde, et cependant il me semble qu'il me rajeunit.

— Depuis le départ de Bavolet, répondit malheureusement Nancy

Au nom de Bavolet, la reine tressaillit et fit un brusque mouvement. On ne prononçait jamais ce nom devant elle sans lui occasionner une violente émotion.

Nancy feignit de ne point s'en être aperçue, et continua d'un ton léger :

— Bavolet était le cauchemar de M. de Goguelas, son tyran, sa bête de l'Apocalypse. Il le tourmentait chaque jour, à toute heure, depuis son enfance. Si M. de Goguelas montait à cheval, la selle mal anglée tournait sous lui ; — Bavolet s'était glissé aux écuries. Si le vieux gentilhomme tirait un sanglier, Bavolet tirait au même instant et revendiquait la bête. S'il avait mission d'éveiller M. de Goguelas pour le service du roi, il s'en acquittait en administrant force croquignoles sur le nez du bonhomme endormi...

La reine accueillit ces derniers mots par un sourire.

— Enfin, reprit Nancy, il n'était misères dont l'espiègle enfant ne semât l'existence morose du pauvre gentilhomme, lequel en desséchait lentement sur plante. Il maigrissait à vue d'œil, lui qui aurait eu si grand besoin de s'engraisser; il perdait le sommeil et l'appétit; sitôt que Bavolet partait, la mine allongée de sa victime se reprenait à sourire, M. de Goguelas respirait et trouvait que l'existence a bien son mérite, ce dont il doutait complètement lorsque Bavolet était au château. Or, voici bientôt huit grands mois que Bavolet a quitté Coarasse pour aller batailler avec le roi, et M. de Goguelas engraisse et rajeunit comme un dextrier mis au vert, ou un moine rentré en son monastère. L'autre jour, avant notre départ, il m'a rencontrée un soir, et m'a pris fort galamment la taille, oubliant qu'il dépassait la soixantaine, ce que je lui ai rappelé aussitôt. A quoi il m'a répondu :

« — Il me semble que j'ai vingt années, tant je me sens alerte et dispos.

« — C'est que, lui ai-je dit, Bavolet est absent.

« Il le devint tout pâle, à ce nom, et il a murmuré :

« — J'espère bien qu'il ne reviendra jamais.

« — Et pourquoi voulez-vous qu'il ne revienne pas?

« — Ah! dame, a-t-il ajouté avec un sourire d'une férocité inouïe, on ne sait pas, la guerre fait des victimes.

— Fi! le vieux fou! murmura la reine.

— Les vieillards sont implacables, observa Nancy.

Puis elle ajouta en souriant, et son sourire remua le cœur de Marguerite de Valois :

— J'espère bien que M. de Goguelas en sera pour ses désirs et sa haine, et que Bavolet reviendra.

La reine soupira et se tut.

— Savez-vous, madame, continua Nancy, toujours espiègle et caqueteuse, savez-vous bien qu'on s'ennuie fort à votre cour lorsque Bavolet n'y est pas? Il est plein d'esprit, le drôle.

— Petite, dit la reine avec douceur et d'un ton qui ressemblait à la prière, ne me parle pas de Bavolet, tu sais combien son absence me fait souffrir...

— C'est que, répliqua Nancy, Votre Majesté manque d'empire sur elle-même et ne sait point se faire une raison.

— Raisonner quand on aime! quelle phrase pompeuse et vide de sens!...

La reine s'était assise tandis qu'elle parlait. Nancy, qui en usait librement avec elle, s'assit pareillement et reprit d'un ton contentie) :

— Il faut convenir que la raison a de singulières aberrations. Le drôle de Bavolet est spirituel comme un vrai page qu'il était, et cependant il manque totalement d'esprit en ce qui concerne...

— Chut!... dit la reine.

— Mais puisque le roi s'en soucie peu...

— Nancy, ma mignonne, tais-toi; tu me fais un mal affreux.

— Ah!... soupira Nancy, que M. de Turenne était donc un autre homme, et les contes qu'il narrait avaient bien leur mérite...

— M. de Turenne était un homme léger, répondit sèchement la reine.

Nancy comprit que Marguerite de Valois ne souffrirait aucun parallèle entre son ancien adorateur et Bavolet, et elle pensa que ce qu'elle avait de mieux à faire était de rompre les chiens et de parler d'autre chose.

— Comme nous allons nous ennuyer ici! murmura-t-elle, avec tous ces gens d'église.

— Qui sait? répondit Marguerite; ils ont du bon après boire. Nous leur donnerons à dîner.

— Reste à savoir, grommela Nancy, s'ils ont seulement du vin en cave. Je gage que monseigneur de Bourbon boit de l'eau.

Pendant que Nancy risquait cette supposition peu charitable, une porte du rez-de-chaussée qui donnait sur le parc, s'ouvrit verticalement au-dessous de la fenêtre où la reine et sa camérière étaient accoudées, et livra passage à un personnage assez grotesque, tout de noir vêtu, obèse et chauve, et qui portait au cou une chaîne d'or.

— Tiens, dit Nancy bas à la reine, voilà l'intendant du cardinal. Il paraît qu'on ne dort point la grasse matinée au château de Blois, puisque la livrée est déjà sur pied.

Puis, sans attendre que la reine en eût donné l'ordre, elle interpella l'intendant.

— Hé! monsieur Falempin?

A ce nom, tout aussi grotesque que sa personne, l'intendant leva les yeux, parut embarrassé en voyant les deux femmes et salua gauchement en s'inclinant jusqu'à terre.

— Monseigneur est-il levé? demanda Nancy.

— Oui... non... Pardon! Son Eminence n'est point visible, répondit l'intendant déconcerté.

— Par exemple! murmura la reine, ceci est singulier! le cardinal est levé, et il n'est point visible pour moi, la reine de Navarre. Moi, sa nièce à la mode de Bretagne, et pour l'arrivée de laquelle il n'a point daigné se déranger hier... Voici le premier prince de la maison de Bourbon que je trouve aussi peu courtois. Petite, habille-moi: le temps que je passerai à ma toilette permettra sans doute à Son Eminence de terminer ses affaires et de me venir voir ensuite.

Nancy obéit, la reine s'habilla. En dépit des ans et de ses douleurs, Marguerite était demeurée femme, coquette par conséquent, et bien que le cardinal fût vieux, elle fit pour lui de minutieux frais de toilette qui la retinrent devant son miroir pendant une heure, si bien qu'il était sept heures lorsqu'elle se trouva prête à quitter sa chambre.

— Ma foi! dit-elle, puisque M. le cardinal ne vient pas, allons le trouver.

— Ceci est le monde renversé, observa Nancy; les femmes font le premier pas.

— Tout se voit par le temps de révolutions et de guerres civiles où nous vivons, répondit philosophiquement Marguerite; madame de Montpensier est bien au Louvre.

Les deux jeunes femmes quittèrent leur appartement et descendirent au rez-de-chaussée, dans cette vaste salle à manger où elles avaient soupé la veille vers dix heures; en arrivant dans l'escalier, elles rencontrèrent quelques serviteurs plus ou moins coiffés de calottes et vêtus de soutanelles, qui tous s'inclinèrent avec embarras.

— Décidément, minauda Nancy, nous épouvantons ce monde-là comme si nous étions vieilles et laides... les marauds!

Dans la salle à manger, le vieux sire de Goguelas était assis sur un canapé et lisait gravement dans un livre latin qu'il avait trouvé sur un dressoir et auquel il ne comprenait goutte. Mais l'honorable gentilhomme s'ennuyait, et il cherchait des distractions à tout prix.

— Eh bien, dit la reine, me donnerez-vous des nouvelles de ce cardinal qui, jusqu'à présent, se rend invisible?

— Votre Majesté me voit fort embarrassé...

— Et comment cela?

— En ce que je ne comprends rien à la conduite de Son Eminence.

— Elle manque de courtoisie...

— Voilà où ma raison se perd, et je suis heureux que Votre Majesté me daigne interroger.

— Pourquoi donc?

— Parce que je lui narrerai succinctement tout ce qui m'est arrivé, et qui rend plus incompréhensible encore la façon inhospitalière dont se conduit Son Eminence.

— Que vous est-il donc arrivé?

— M'y voici. Votre Majesté avait bien voulu, avant-hier, en s'arrêtant à Tours, m'envoyer en avant pour annoncer sa prochaine arrivée au cardinal.

— C'est vrai. Eh bien?

— Eh bien! il était midi lorsque je franchis la poterne du château, et lorsque j'eus décliné mon nom et ma qualité, je fus introduit sur-le-champ auprès de Son Eminence, qui déjeunait précisément alors. A votre nom, à la nouvelle de votre visite, le bon prince laissa échapper une exclamation de joie; il se leva vivement, abandonnant son déjeuner, et, en moins de dix minutes, il eut mis tout le monde sur pied, bousculant son intendant, son cuisinier, les officiers de sa maison, et bouleversa le château pour faire des préparatifs de réception et vous recevoir dignement. Il ne parlait de rien moins que monter à cheval, malgré son grand âge, et d'aller à la rencontre de Votre Majesté. Or, j'avais chevauché toute la nuit, j'étais horriblement las...

— Que je vous reconnais bien là... cher monsieur de Goguelas! murmura Nancy.

— Je demandai à Son Eminence la permission de faire un somme; il me l'octroya de bon cœur, et j'allai me coucher, guidé par un enfant de chœur qui était respectueux et poli comme ne le sont plus, hélas! les jeunes gens.

Et M. de Goguelas soupira.

— Bon, pensa Nancy, voici que le bonhomme songe à Bavolet.

— Mais, reprit M. de Goguelas, lorsque je m'éveillai, il était nuit close; le château que j'avais laissé, en m'endormant, plein de vie, de bruit, de mouvement, était, à mon réveil, silencieux comme une tombe; les gens du personnal, qui me saluaient naguère en souriant, me regardèrent de travers; je descendis aux cuisines, et m'aperçus que les fourneaux étaient éteints et que les marmitons dormaient. Quant au cardinal, il avait disparu, et, lorsque Votre Majesté arriva, il ne daigna point se montrer.

— Tout ceci est de plus en plus bizarre, dit la reine. Allez donc me chercher l'intendant.

M. de Goguelas sortit, et revint peu après avec le bonhomme chauve et ventru qui répondait au nom de Falempin.

— Monsieur Falempin, lui dit Marguerite, pourriez-vous m'apprendre si M. le cardinal est levé ?

— Mais... balbutia l'intendant.

— Parlez! ordonna-t-elle impérieusement.

— Son Éminence est levée, madame.

— L'a-t-on prévenue de mon arrivée ?

— Non, madame.

— Et pourquoi, s'il vous plaît ?

— Parce que... Son Éminence n'est pas au château...

— Ah! et où est-elle ?

— Je ne sais, dit l'intendant.

— Comment... vous ne savez pas ?

— Non... balbutia Falempin, parole d'honneur!

— Et depuis quand Son Éminence est-elle absente ?

— Depuis hier.

— Depuis hier ? Ainsi quand je suis arrivée...

— Le cardinal était parti depuis trois heures.

— Mais où est-il allé ?

— C'est un mystère.

— Monsieur Falempin, dit sèchement Marguerite, apprenez que je ne veux pas entendre prononcer ce mot. Où est Son Éminence ?

— Je jure à Votre Majesté... que le cardinal est parti... il était à cheval... il a pris la route d'Orléans.

— Seul ?

— Non pas... avec deux écuyers et...

— Et qui donc encore ?

— Et l'écuyer parisien qui était arrivé porteur d'un message.

— Est-ce tout ce que vous savez ?

— Oui, madame... Son Éminence m'avait pourtant bien défendu de parler de son départ...

— Ah! dit Marguerite rêveuse.

En ce moment on entendit le pas d'un cheval résonner dans la cour. Nancy, toujours curieuse, courut à la fenêtre et poussa un cri.

— Bavolet! dit-elle.

La reine tressaillit, et M. de Goguelas pâlit et se prit à frissonner.

— Voici l'enfer qui revient! murmura-t-il.

Peu après, Bavolet, grave et triste, entra dans la salle et salua Marguerite. Il était vêtu de noir, et la vue de pareils vêtements arracha un cri d'angoisse à la reine.

— Mon Dieu! dit-elle, que viens-tu m'apprendre ?... ce duel... le roi ?...

Bavolet mit un genou en terre, lui baisa la main et répondit gravement : — Madame, Votre Majesté est désormais reine de France.

— Ah! exclama Marguerite en pâlissant et portant la main à son cœur, mon frère est mort!

XI. — POURQUOI MONSEIGNEUR LE CARDINAL DE BOURBON S'ÉTAIT MIS EN ROUTE LE JOUR OÙ MADAME MARGUERITE LE VENAIT VISITER.

Marguerite de Valois aimait son frère d'une vive affection : elle l'avait toujours préféré au feu roi Charles IX et à feu le duc d'Alençon. Avant que le vainqueur de Jarnac et de Moncontour eût accepté la couronne de Pologne et quitté la France, l'étroite amitié qui unissait le duc d'Anjou à sa sœur faisait l'admiration des familiers du Louvre et la joie de madame Catherine, qui préférait ces derniers à ses autres enfants.

Il est vrai que, depuis le mariage de sa sœur et son avènement au trône de France, Henri III lui avait cherché mainte querelle, tantôt pour affaires de religion et de politique, tantôt au sujet de sa dot, qu'on lui avait promise toujours et qu'elle n'avait jamais pu obtenir; mais ces nuages passagers n'avaient pu détruire l'affection que Marguerite avait vouée à son frère.

Aussi la douleur qu'elle éprouva, lorsque Bavolet vint lui annoncer la mort du dernier des Valois, fut immense; au cri qu'elle avait poussé : « Mon frère est mort! » succéda tout à coup une pâleur livide; elle se prit à trembler de tous ses membres, et s'évanouit bientôt dans les bras de Nancy.

Pour une femme qui avait déjà souffert autant que Marguerite de Valois, la moindre secousse pouvait avoir des conséquences fatales. Le médecin du cardinal, mandé sur-le-champ, déclara qu'elle avait besoin d'un repos absolu, et il la fit transporter dans sa chambre et mettre au lit.

La reine ne tarda point à revenir de son évanouissement, et alors elle donna un libre cours à ses larmes, n'ayant d'autres témoins de ses pleurs que Bavolet et Nancy.

Puis, à ce premier accès de douleur succéda un abattement profond, une sorte de prostration, dont la conséquence presque immédiate fut un sommeil pénible, entrecoupé de visions. Sur l'ordre du médecin, les rideaux du lit et ceux des croisées furent soigneusement tirés, afin qu'aucun rayon de lumière ne vint interrompre son repos, et Nancy, quittant le chevet de la reine, conduisit Bavolet dans une chambre voisine.

— Ah!... dit-elle alors, lui sautant au cou, enfin!... je vous revois donc...

— Comment, répondit l'ancien page, tu m'aimais autant que cela, petite ?

— Fat!...

— Dame! écoute donc... je parle d'après toi.

— Eh bien! oui, dit Nancy; je vous aime, mauvais sujet, d'une bonne amitié... pas d'amour, bien entendu...

— Je l'espère bien.

Nancy fit une adorable petite moue.

— Vraiment! dit-elle; suis-je donc si vieille ?...

— Mais, non, tu es à peine mon aînée.

— Si laide...

— Tu es jolie à croquer.

— Alors ce « je l'espère bien » est impertinent, ce me semble.

— J'en conviens, et je me repens.

— Alors, aveu pour aveu : Oui, mon cher Bavolet, je suis bien heureuse de vous revoir. Vous me manquiez.

— Petite, reprit Bavolet, pourquoi ne me tutoies-tu plus ?

— Dame! c'est qu'à présent... vous êtes un homme... un cavalier de belle mine...

— Tu crois ? fit Bavolet se rengorgeant et tortillant sa fine moustache.

— Et si fat! ajouta Nancy en manière de correctif, que vous pourriez croire...

— Je ne crois rien. Tutoie-moi.

— Soit! Je te disais donc, mon petit Bavolet, que j'étais heureuse et toute fière de te revoir.

— Vraiment! friponne...

— Or, tu le comprends, lorsque l'ennui arrive à son comble, il le faut chasser d'une façon ou d'une autre. Nous avons pris un jour un grand parti, la reine et moi, moi surtout, car la reine avait encore un faible pour Coarasse, et nous nous sommes décidées à partir pour le camp du roi, espérant que les émotions de la guerre nous charmeraient plus que le calme plat de la campagne. Donc, nous nous sommes mises en route et nous sommes venues descendre à Blois chez monseigneur le cardinal de Bourbon, l'oncle du roi...

Un fin sourire glissa sur les lèvres de Bavolet.

— Et quel accueil vous a-t-il fait, le cardinal ? demanda-t-il.

— Il ne nous a pas fait du tout; il s'est sauvé à notre approche. Ah! soupira Nancy qui se souvenait d'un certain conte que le pape des fous, c'est-à-dire le roi de Navarre, lui narra un soir, à Coarasse, tandis qu'elle-même se déguisait en page, ce n'est point le neveu du cardinal qui se serait enfui pour éviter l'arrivée de deux femmes jeunes... et jolies...

Et Nancy se jeta, à la dérobée, un regard complaisant dans la glace voisine.

— Vraiment! il s'est enfui ?...

— Oui; et on ne sait ici en quel lieu il s'est réfugié.

— Je le sais, moi, dit Bavolet.

— Toi ?

— Parbleu! oui.

— Tu l'as donc vu ?

— J'ai soupé hier avec lui.

— Et où cela ?

— À cinq lieues d'ici, au bord de la Loire, sur la route d'Orléans, dans une hôtellerie tenue par un Tourangeau du nom d'Onésime, lequel a placé sur sa porte, en guise d'enseigne, une branche de houx avec cette inscription : *Au Vrai Rameau*.

— Tiens, dit Nancy, je connais cette hôtellerie; j'y ai passé deux nuits, une année que la reine m'envoya pour complimenter le feu roi son frère. On y fait chère lie.

— Heu! heu! dit Bavolet, nous y avons soupé à merveille, d'autant mieux que nous avions un troisième convive assez joli pour nous donner quelque entrain.

— Plaît-il ?

— Oui, une femme charmante...

— Hein? fit Nancy.

— Charmante est le mot, acheva Bavolet avec calme.

— Comment? le cardinal... a soupé avec... Allons donc, Bavolet; ta manie de narrer des contes...

— Nullement. La chose est vraie.

— Bon!... murmura Nancy, fiez-vous donc aux apparences... Un cardinal!...

— Il n'était pas question d'amour en tout cela.

— Pour lui, peut-être; mais pas pour toi...

— Tu sais bien que, pour moi, c'est impossible, répondit Bavolet avec un mélancolique sourire.

— Alors explique-toi.

— Le cardinal se mêle de politique.

— Bah!...

— Les dignités de l'Église ne le touchent plus...

— Lui?...un saint homme....

— Que veux-tu?... le diable nous tente à tout âge. Le cardinal a écouté le diable.

Nancy se prit à rire.

— Et il ne veut plus être cardinal.

— Oh! oh!...

— Il veut être roi.

Nancy recula d'étonnement.

— Est-ce de Chypre et de Jérusalem? demanda-t-elle.

— Non pas, mais de France.

Nancy regarda attentivement Bavolet. Elle se demandait s'il n'était pas fou.

— Et la femme jeune et jolie qui soupait avec nous était précisément venue pour lui proposer la couronne de France.

— Mais quelle était donc cette femme?

— La duchesse de Montpensier.

— A merveille, murmura Nancy; il paraît que la folie est contagieuse en ce beau pays de France.

— La duchesse n'est point folle, petite, je puis te l'assurer, et la preuve c'est qu'elle prétend au contraire que c'est le roi de Navarre qui est toqué.

— Par exemple!...

— Le cardinal n'est pas fou davantage, poursuivit Bavolet, et ce qui le prouve, c'est qu'il pense, comme moi, que la couronne de France est une coiffure plus agréable que la barrette de cardinal.

—En outre, qu'il accepte?

— Parfaitement, et c'est déjà fait.

— Alors, dit gravement Nancy, c'est nous qui, je le vois, n'avons plus le sens commun.

— C'est que je me suis dit, répliqua Bavolet, en réfléchissant que j'avais eu l'imprudence de manquer de respect à la nouvelle Majesté.

— Toi ?...

— Mon Dieu! oui, le vin aidant... j'avais la tête chaude; je ne me rendais plus bien compte de la déférence respectueuse qu'on doit toujours témoigner à un roi de France, et...

— Et?... demanda Nancy avec un fin regard plein de curiosité.

— J'ai traité fort cavalièrement le roi Charles X. A telle enseigne, petite, que madame de Montpensier m'a juré que je serais pendu comme un vilain, et que, malgré mon droit de gentilhomme, on me refuserait la hache et le billot.

— Tu as donc aussi malmené la duchesse?

— Heu! heu ! murmura Bavolet d'un air timide et repentant...

— Très-bien, dit Nancy en s'asseyant sur le pied de son lit, je prévois que tu me feras une longue histoire, et tu m'en vois ravie, car je m'ennuie horriblement ici depuis hier.

— Longue est le mot, répondit Bavolet prenant l'attitude d'un conteur.

Au lieu de nous en rapporter au simple récit de Bavolet, il est nécessaire, pensons-nous, de faire un pas en arrière et de jeter un coup d'œil sur la situation où se trouvait, la veille, le château de Blois, après l'arrivée du sire de Goguelas.

Ainsi que ce dernier l'avait dit à madame Marguerite, la joie du cardinal fut grande en apprenant que la reine de Navarre le venait visiter.

Lorsque M. de Goguelas entra, Son Eminence se trouvait dans son oratoire, pieusement occupée à lire saint Augustin. L'oratoire de Son Eminence était d'une simplicité monacale : boiseries noires, vastes rayons de bibliothèques, escabeaux de bois, tableaux de sainteté dus au pinceau des maîtres italiens. L'écusson de la maison de Bourbon sculpté au-dessus de la cheminée était le seul objet mondain qui frappât les yeux dans cette retraite dont l'aspect sévère et religieux édifia fort M. de Goguelas, lequel, en sa qualité de huguenot, aimait la simplicité austère des premiers siècles de l'Église. Le cardinal avait une affection toute particulière pour son neveu le roi de Navarre, et la visite de madame Marguerite lui causait le plus grand plaisir. Il fit donc appeler sur-le-champ son intendant, maître Falempin, et lui dit :

— Çà, monsieur, remuez-moi le château de fond en comble; faites main basse sur les viviers, les garennes, les basses-cours; préparez le plus riche de nos appartements; nous recevrons, ce soir, la reine de Navarre.

Maître Falempin, en sa qualité de fervent catholique et d'intendant suprême du cardinal, détestait le Béarnais de tout son cœur et à un double titre : la différence de religion d'abord, la peur qu'il avait ensuite que, dans son amour pour son neveu, Son Eminence l'oubliât, lui Falempin, en écrivant son testament.

La nouvelle de l'arrivée prochaine de madame Marguerite se répandit donc dans le château avec la rapidité d'une traînée de poudre à laquelle on mettrait le feu, et M. de Goguelas, après avoir convenablement déjeuné et sablé les meilleurs crus du Blaisois, alla faire sa sieste, persuadé que la reine de Navarre trouverait une réception vraiment royale au château de Blois.

Mais, tandis que l'honnête gentilhomme s'endormait et devenait le jouet du plus agréable des rêves, — rêve qui lui montrait son ennemi acharné, Bavolet, livré, comme au temps de la Rome antique, aux cruelles chances d'une arène peuplée de bêtes féroces, — Son Eminence, qui s'était mise à relire saint Augustin, recevait une nouvelle visite, celle d'un jeune page délicat et frêle, pâle et mignon comme une femme, lequel était escorté par deux gentilshommes armés en guerre et montant de vigoureux chevaux de race normande. Ce page, dont la beauté impressionna fort M. Falempin, insista tellement pour voir le cardinal, que l'intendant se décida à l'introduire dans l'oratoire, au grand ébahissement de Son Eminence, qui n'avait jamais vu damoiseau si petit et si bien entouré.

— Monseigneur, lui dit le page d'une voix flûtée fort harmonieuse, la mission que j'ai à remplir auprès de vous est tellement importante et grave qu'il me faut vous parler dans le plus grand secret.

Le cardinal, de plus en plus surpris, fit un signe, et Falempin sortit. Mais, en intendant qui sait son métier et comprend que son maître ne peut et ne doit avoir aucun secret qu'il ignore, le saint homme, après s'être éloigné bruyamment, revint sur la pointe du pied dans la salle voisine, et colla son oreille à la porte et son œil à la serrure.

Pendant ce temps, le page s'était approché tout près du cardinal, et lui disait : — Monseigneur, avez-vous bien présente à l'esprit la généalogie de votre maison?

— Oui, certes, répondit le cardinal.

— Par conséquent, vous n'ignorez pas que les Bourbons sont la branche cadette de la maison de France?

— Certainement, mon jeune ami.

— Et que si le dernier des Valois mourait sans enfants, un Bourbon lui succéderait?

— Sans aucun doute.

— Alors, monseigneur, voici le moment d'y songer, le roi de France est mort.

A ces mots, la stupéfaction du cardinal fut telle qu'il fit un soubresaut sur son siège, et regarda le page pour s'assurer jusqu'à quel point celui-ci pouvait dire vrai.

— Oui, articula lentement le page, le roi Henri de Valois, troisième du nom, a été assassiné avant-hier, à Saint-Cloud, et il est mort dans la soirée.

Et le page donna au cardinal des détails si nets, si précis sur le trépas du roi, sur les circonstances qui l'avaient précédé et suivi, que monseigneur de Bourbon ne put plus douter de la véracité des faits.

— Voilà donc, continua le page, la branche des Valois éteinte.

— Hélas ! murmura le cardinal.

— Et la maison de Bourbon en demeure de lui succéder.

— Ce qui fait, ajouta Son Eminence, que mon neveu le roi de Navarre va troquer pour une couronne d'or sa pauvre couronne de fer.

— C'est là justement ce qui est tout à fait impossible.

— Impossible !

— Sans doute, le roi de Navarre est huguenot.

— Hélas ! soupira le cardinal, j'en gémis tous les jours du plus profond de mon cœur.

— Et le pays de France est catholique.

— Fort heureusement, mon jeune ami.

— Comment un huguenot pourrait-il régner en France?

— Dame! fit le cardinal, je n'y avais rien songé. C'est, en effet, difficile.

— C'est impossible, monseigneur; et si le pays de France osait y penser une minute, notre Saint-Père le pape lancerait sur lui les foudres de l'Église et l'excommunierait.

— Mais alors, demanda le cardinal, qui donc succédera au roi Henri III?

— Ah! répondit le page, il y a encore en Europe une maison princière qui est assez celle de Bourbon la plus proche du trône.

— Et quelle est-elle? fit le cardinal avec hauteur.

— Celle de Lorraine.

— Peuh! dit-il dédaigneusement, des cousins au dixième degré allons donc !...

— Cependant...

— Monsieur, dit fièrement le cardinal, Bourbon est Bourbon, et jamais il ne cédera le pas à Lorraine, dussé-je, moi qui suis catholique, Dieu merci! réclamer le trône pour moi-même.

— Eh bien, monseigneur, répondit le page en riant voici précisément ce que je viens vous prop....

— A moi?

— A vous.

— Vous n'y songez pas! exclama le cardinal pris d'un fou rire... Et de quelle part venez-vous?

— Je viens au nom des Parisiens et des princes lorrains eux-mêmes, du duc de Mayenne et de la duchesse de Montpensier.

— Ventre-saint-gris! comme dit mon neveu, murmura le cardinal, ceci est plaisant.

— En quoi, monseigneur?

— En ce que je suis cardinal, d'abord.

— Je le sais.

— Que j'ai, par conséquent, prononcé des vœux et suis voué au célibat, et qu'un roi de France doit avoir des enfants pour lui succéder.

— Qu'à cela ne tienne!... dit effrontément le page; comme Votre Éminence n'est pas prêtre, et que le cas est urgent, je puis lui affirmer sciemment que la cour de Rome la relèvera de ses vœux!

— Mais j'ai soixante ans, mon mignon.

— Bah! Votre Éminence en paraît quarante-cinq à peine, tant elle est verte et bien conservée.

— Petit flatteur!

— Sur ma parole!

— Et quelle est la femme qui voudrait m'épouser, juste ciel!

— J'en connais une, jeune, jolie, de noble maison, répondit finement le page en clignant de l'œil.

— Plaît-il? fit le cardinal.

— C'est madame la duchesse de Montpensier, acheva le page.

Le cardinal fit un nouveau soubresaut dans son fauteuil.

— Je rêve... murmura-t-il.

— Oui, monseigneur, reprit le page avec un sang-froid imperturbable; madame de Montpensier s'estimerait la plus heureuse des femmes en accordant sa main à Votre Éminence.

— Mais... mais... balbutia le cardinal, qui commençait à avoir le vertige.

— A Votre Majesté, se hâta d'ajouter le jeune messager; car Votre Majesté règne dès aujourd'hui.

— Majesté... murmurait M. de Bourbon; il m'appelle Majesté!

— Vive le roi Charles X! ajouta le page.

Cette fois, le cardinal perdit son sang-froid et la dernière parcelle de raison qui lui restait encore jusque-là; il se leva vivement et se prit à arpenter son oratoire en tous sens, laissant échapper des mots sans suite et des phrases tellement incohérentes, que maître Falempin, qui ne perdait ni un mot ni un geste de cette scène, craignit sérieusement, pour lui, pendant quelques minutes, une congestion cérébrale.

— Votre Majesté... murmurait le cardinal, à qui commençaient à monter au cerveau les fumées de l'ambition; il m'appelle Votre Majesté... le roi Charles X. Je suis donc le roi?

— Sans doute, sire, roi de fait et de droit!

M. de Bourbon passa à plusieurs reprises sa main sur son front; il croyait rêver.

— Mais regardez bien autour de vous, sire, reprit le page, voyez les objets qui vous entourent: il est jour, vous ne rêvez pas... Vous êtes bien le roi Charles X, le roi Charles de France, le premier de la maison de Bourbon.

Les derniers mots du page achevèrent de tourner la tête au cardinal, qui redressa sa taille voûtée et prit cette attitude majestueuse que les Bourbons et les Valois surent trouver toujours aux heures solennelles.

— Eh bien! dit-il, moi le roi, j'accepte cette couronne qui échoit à ma race, afin que le pays de France n'abandonne jamais le giron de l'Église catholique.

Une fois cette légère transaction opérée avec sa conscience, et les droits de son neveu le roi de Navarre mis hors de cause pour affaire de religion, le bon cardinal prit au sérieux, à tel point même qu'il agita violemment le gland d'une sonnette et dit à maître Falempin qui apparaissait sur le seuil:

— Çà, drôle, faites assembler mes gardes, mes gens de guerre, ma valetaille, et leur proclamez l'avénement au trône de France du roi Charles Bourbon, du nom de dixième.

Heureusement le cardinal que maître Falempin était un homme de sens, qui connaissait la valeur des mots imprudents et savait fort bien qu'une parole légère était même qu'il une plus nuisible qu'utile.

Donc, Falempin ne bougea.

En même temps, le page fit un signe mystérieux au cardinal.

— Votre Majesté, dit-il, va beaucoup trop vite.

— Comment cela?

— Elle oublie que la France est la proie des factions.

— Eh bien?

— Et que si la majeure partie de la nation attend son avénement avec impatience, cet avénement rencontrera, sinon des obstacles, au moins des ennemis qui mettront tout en œuvre pour en susciter.

— C'est juste, murmura le cardinal devenu pensif.

— Or, continua le page, il serait prudent que Votre Majesté gagnât Paris, où elle ne trouvera que des cœurs dévoués et fidèles, pour y proclamer la première heure de son règne.

— Page, mon bel ami, répondit le cardinal, croyez-vous que cela soit bien nécessaire?

— J'oserai dire indispensable.

— Soit, murmura le cardinal, je me résigne à l'incognito.

— Votre Majesté, du reste, n'attendra pas longtemps; car elle n'a pas une minute à perdre.

— Comment cela?

— Paris l'attend avec impatience, ensuite il est hors de doute que le roi de Navarre fera tous ses efforts...

— Ah! oui, dit le cardinal: mon beau neveu me disputera sans doute le trône?

— C'est incontestable.

— Eh bien! s'écria M. de Bourbon, qui tenait déjà plus qu'à la vie à ce trône auquel il ne songeait point quelques minutes auparavant, qu'il y vienne, je suis le roi!

— Décidément, pensa maître Falempin, je ne reconnais plus Son Éminence, mais je me garderai de le lui dire, attendu que je ne puis perdre au change et que mes honoraires d'intendant tripleront. Qui sait même si je ne deviendrai pas ministre? Du bois dont on fait les rois, on pourrait bien faire un homme d'État d'un intendant.

Là-dessus maître Falempin fit mine de se retirer. Un signe du cardinal le retint; et ce dernier, se tournant vers le page:

— Quand donc, dit-il, dois-je partir?

— Sur-le-champ, sire.

— Alors je vais donner ordre à mes gardes...

— C'est inutile; il faut quitter Blois sans escorte, et il importe surtout qu'on ne sache pas où vous allez.

— Mais... cependant...

— Madame de Montpensier vous attend à cinq lieues d'ici, à l'hôtellerie du Rameau-Vert, et elle y sera rejointe une nuit par trente gentilshommes lorrains qui protégeront la route de Votre Majesté jusqu'à Paris.

— Comment! murmura le cardinal ébahi, madame de Montpensier a voulu... elle-même...

— Pourquoi pas?

Et le page sourit au cardinal comme ne sourit pas un homme, si jeune et si beau qu'il soit.

M. de Bourbon eut alors un de ces éclairs de jeunesse, de ces retours printaniers, un de ces accès rétroactifs, mélangés de souvenirs qui se réveillent vivaces et de ces espoirs aux effluves pleines d'ardeur, comme il en vient parfois à ceux dont la vie s'est écoulée dans la retraite et l'austère simplicité des mœurs pures, — lorsque l'esprit tentateur frappe à leur porte.

L'amour d'une femme de vingt-six ans... quel rêve pour un vieillard!... M. de Bourbon faillit se damner en dix secondes.

— Et, demanda-t-il d'une voix que l'émotion rendait tremblante, on dit qu'elle est fort belle la duchesse de Montpensier?

— Comme moi, répondit effrontément le page.

Le cardinal regarda alors fort attentivement le page, et il tressaillit comme s'il eût éprouvé un choc électrique.

— Mon Dieu! murmura-t-il tout troublé, qui donc êtes-vous?

— Je vous le dirai plus tard, sire...

Et le page ajouta, s'adressant à Falempin:

— Allez faire les valises de Son Éminence, et ordonnez qu'on lui selle un cheval à l'instant.

Falempin se retira. Alors le page passa sa main dans sa chevelure qui se dénoua et couvrit ses épaules par boucles confuses.

Le cardinal poussa un cri.

— Une femme!...

— La vôtre, sire, répondit le page. Je suis madame de Montpensier elle-même, et c'est au péril de ma vie que je suis venue vous apporter cette couronne...

Le cardinal hésita une dernière fois. Il jeta aux lambris austères, aux tableaux pieux, aux livres de sainteté ce regard que le soldat qui déserte ose lever une dernière fois sur son drapeau, — et puis il se laissa tomber aux genoux de la duchesse et lui dit avec un enthousiasme juvénile:

— Prenez donc la moitié de cette couronne que vous m'apportez...

Une heure après, le cardinal, complètement fou, quittait le château de Blois d'un air mystérieux, en compagnie du faux page et de deux cavaliers.

— Monseigneur, lui dit tout bas Falempin, et la reine de Navarre?...

— Ah! oui... répondit le cardinal, je l'avais oubliée... Ma foi! tant pis...

— Que lui dira-t-on ce soir?

— Que je suis couché.

— Et demain?

— Que je suis dans un de mes couvents.

— Mais...

— Ma foi! tu lui diras ce que tu voudras· je n'avais point prévu que je serais roi de France.

— Ni moi, murmura Falempin.

Le cardinal parti, le digne intendant, tout en respectant le secret de son maître, prit des airs importants qui intriguèrent fort les gens du château, et puis, comme il haïssait cordialement les huguenots, il pensa qu'il était parfaitement inutile de se mettre en frais et se donner grand mal pour recevoir la reine de Navarre. Il fit donc éteindre une partie des fourneaux, rendre aux porte-manteaux des garde-robes les livrées d'apparat des valets, et il s'exprima, sur le compte de Marguerite de Valois, avec des façons protectrices et dédaigneuses qui valurent à la reine, de la part de la valetaille, cette réception contrainte, embarrassée et peu respectueuse dont se plaignait si fort Nancy, auprès de laquelle nous allons revenir maintenant dans le jardin où elle se promenait avec Bavolet, qui lui contait ses exploits de la veille.

———

— Figure-toi donc, ma petite, continua Bavolet, après avoir raconté à Nancy la mort des événements qui l'avaient suivie, son entrevue avec ses oncles et enfin le but de son voyage à Blois : figure-toi qu'aux portes d'Orléans, où je m'étais arrêté quelques heures la veille, et dont je repartais à trois heures du matin, afin d'arriver ici vers le milieu du jour ; aux portes d'Orléans, dis-je, je fus dépassé par une petite troupe de gens à cheval, qu'à leurs costumes je reconnus pour des Lorrains. Au milieu d'eux chevauchaient deux femmes habillées en pages.

« Tu sais que le mystérieux et l'inconnu m'attirent et que je n'aime rien tant que l'aventure imprévue qui vous advient.

« — Voyons, me dis-je, ce que ces Lorrains peuvent avoir à faire dans le pays blaisois, — et je poussai mon cheval pour les rejoindre.

« Au détour du chemin, l'une des femmes se retourna et je reconnus en elle, aussitôt, la duchesse de Montpensier ; elle me reconnut pareillement et laissa échapper un cri.

« Alors je la saluai respectueusement, et, comme elle arrêtait court son cheval, je l'abordai et lui dis avec une assurance telle qu'elle s'y méprit :

« — Pardonnez-moi ma hardiesse, madame, et veuillez m'écouter une seconde attentivement et sans témoins.

« Elle me regarda et témoigna quelque inquiétude.

« — Vous vous méprenez, sans doute, monsieur, me dit-elle, et je crois que vous me confondez avec une autre.

« — Nullement, madame.

« — Vous me connaissez donc ?

« — J'ai eu l'honneur d'être reçu par vous, au Louvre, il y a deux jours.

« — C'est impossible, monsieur !

« — Et c'est à madame la duchesse de Montpensier que j'ai l'honneur de m'adresser, ajoutai-je.

« A ces mots, elle parut de plus en plus inquiète ; puis elle fit un signe à son escorte, qui continua son chemin, et nous demeurâmes en arrière.

« — Silence ! me dit-elle tout bas, oubliez qui je suis....

« — Hélas ! répondis-je, feignant une émotion profonde, cela m'est impossible, madame, car depuis deux jours je ne vis plus que par vous et pour vous...

« Je vis un éclair de colère passer dans ses yeux.

« — Monsieur, me dit-elle, je crois que vous me manquez de respect.

« — Hélas !... madame, c'est bien possible, car la folie est ignorante des belles manières, mais daignez m'écouter.

« Elle me regarda fixement, puis me montrant les cavaliers lorrains qui se trouvaient à peu de distance :

« — Ne croyez-vous pas, monsieur, me dit-elle, que, si je voulais dire un mot et faire un signe, vous seriez mort en dix minutes ?

« — Je le souhaiterais de toute mon âme, répondis-je, si le souvenir de ma mort devait rester gravé dans votre mémoire, madame.

« — Pure galanterie, répliqua-t-elle, à laquelle je vais répondre. Vous m'avez fait, monsieur, un aveu qui est non-seulement un outrage, mais encore un mensonge. Je pourrais vous en punir sur-le-champ ; je préfère vous écouter. Que me voulez-vous ?

« — Tu sais, petite, que j'ai quelque assurance en ces sortes d'affaires, témoin la senorita que je persuadai si bien de mon amour à Coarasse, qu'elle faillit tromper le roi et Gaëtano lui-même pour me plaire.

« — Ah ! dit Nancy en soupirant, c'était le bon temps alors ; le roi ne bataillait pas et s'occupait d'amour, la reine souriait encore, Fosseuse avait de l'esprit, et toi...

« — Moi, interrompit Bavolet, j'avais le bonheur de tourmenter à mon aise le vieux Goguelas. Mais laisse-moi donc achever, petite.

« Je soutins donc le regard de la duchesse avec un calme si parfait, que, si fine mouche qu'elle soit, elle s'y laissa prendre.

« — Madame, lui dis-je gravement, il y a deux jours à peine je me suis présenté devant vous, un message à la main. J'étais au roi de Navarre, alors, et je haïssais ses ennemis du fond de mon cœur. Aujourd'hui, j'ai abandonné mon bienfaiteur et mon maître, j'ai été ingrat, qui sait si je ne deviendrai pas traître et félon ? Je vous ai vue

une heure à peine, et je vous aime... Peut-être ignorez-vous mon nom, et je sens, moi, que ma vie entière, mon cœur, mon sang vous appartiennent, et qu'un regard de vous suffirait pour me métamorphoser à votre gré en héros ou en criminel.

— Or, petite, s'interrompit Bavolet une seconde fois, sache bien une chose : quand une femme se croit jolie, — et note, en passant, qu'aucune n'est jamais persuadée du contraire, en dépit de l'évidence et des miroirs,—elle s'étonnera peut-être que tous les hommes qu'elle trouve sur son chemin ne se laissent point tomber à ses genoux ; mais elle croira toujours, sa crédulité, en ce cas, sera réellement masculine, à l'amour qu'on lui avouera. Il est si facile de se persuader à soi-même qu'un seul de ses regards ou de ses sourires pourrait, au besoin, bouleverser l'Olympe et recommencer les longues discordes des Grecs et des Troyens. Quoi d'étonnant, après tout, qu'un simple mortel, un jeune homme, presque un enfant, qui ne vous a vue que par-devant...

Et Bavolet se prit à sourire, puis il poursuivit :

— Quoi d'étonnant que ce jeune homme devienne éperdument amoureux et vienne se livrer pieds et poings liés ?

« La duchesse se fit, en dix minutes, tous ces beaux raisonnements, et je sus imprimer à mon visage une expression si candide et si passionnée à la fois, qu'elle demeura convaincue que je l'aimais éperdument ; aussi me répondit-elle :

« — Je vous plains au lieu de vous punir ; soyez satisfait. Si vous voulez me prouver votre dévouement, abjurez votre infâme hérésie et devenez le défenseur de la bonne cause.

« — Mon hérésie ! m'écriai-je ; mais je suis catholique.

« — Vous êtes catholique ?

« — Sans doute, madame.

« — Alors, pourquoi serviez-vous le Béarnais ?

« — Par reconnaissance.

« Elle eut un dédaigneux sourire.

« — Et moi, dit-elle, vous me servirez...

« — Par amour !... murmurai-je avec feu.

« Elle m'enveloppa de ce froid regard de vipère qui dit si bien sa nature perverse et faite pour le mal. L'examen me fut favorable, la duchesse demeura convaincue qu'elle ferait de moi ce que bon lui semblerait.

« — Eh bien ! me dit-elle, j'accepte votre dévouement, et je le mets à l'épreuve dès l'instant.

« — Parlez, répondis-je, que dois-je faire ?

« — Me suivre d'abord et m'obéir ensuite aveuglément.

« — Vous serez obéie.

« Elle pressa son cheval ; je l'imitai, et nous rejoignîmes son escorte. Or, tu ne devineras jamais, petite, quelle était la femme vêtue en page qui accompagnait madame de Montpensier ?

— Dame !... la senorita peut-être.

— Non point ; mais Pepa la Catalane.

— Mon ancienne compagne, la camérière de la reine ?

— Elle-même.

— Par exemple ! murmura Nancy, voilà où je la reconnais.

XII. — COMMENT BAVOLET PROUVA SON AMOUR A MADAME DE MONT-PENSIER, APRÈS EN AVOIR TOUCHÉ QUELQUES MOTS A PEPA.

Au nom de Pepa, Nancy était devenue rêveuse.

— Pauvre Pepa, dit-elle, elle a été bien ingrate envers le roi et la reine, qui l'avaient accueillie un jour que des gitanos espagnols l'abandonnèrent en guenilles et pieds nus sur une place publique de Nérac... Elle trahissait tout le monde à Coarasse, et elle a bien fait de prendre la fuite... Tu sais, du reste, que .a cause première de sa trahison était son amour pour toi.

— Hélas !... répondit Bavolet, qui soupira à part lui, c'est chose singulière qu'un homme n'ait jamais à la portée de sa main que les amours dont il ne veut pas !... Or, reprit-il tout haut, l'amour d'une Espagnole est tenace ; le temps n'y fait rien, et il ressemble fort à ces brasiers en plein air dont le vent active la flamme au lieu de l'éteindre.

Pepa m'aimait encore, et je la vis pâlir et chanceler sur sa selle. Un signe et un sourire, que je pus dérober tous deux à l'observation de la duchesse, triomphèrent en partie de cette subite émotion, et, tout aussitôt, elle affecta à mon endroit une indifférence absolue ; ce qui fit que la duchesse ne put soupçonner que Pepa et moi nous fussions jamais rencontrés. Quant aux deux cavaliers lorrains, c'étaient de braves soldats peu intelligents et fort peu soucieux médiocrement de savoir qui j'étais.

« Nous chevauchâmes pendant quelques heures, Pepa entre les deux cavaliers, la duchesse et moi côte à côte et un peu en arrière.

« J'épuisai auprès d'elle tout ce que j'avais appris de beau langage et de phrases enamourées, tant à l'école du roi que dans les livres de feu le sire de Brantôme. Je m'exprimais avec feu, j'étais savamment téméraire, et plusieurs fois la duchesse fronça légèrement les sourcils et me dit :

« — Si vous n'étiez un franc étourdi et un enfant, je vous ferais jeter à la Loire que nous côtoyons en ce moment.

« A quoi je répondais :

« — Mourir sous vos yeux serait un bonheur assez grand pour me faire passer sur le déplaisir qu'on a de quitter la vie au même âge.

« Elle finissait par prendre un goût extrême à ma conversation, justifiant ce proverbe, qu'on prend les mouches avec du miel et les femmes avec une flatterie.

« Nous arrivâmes ainsi à l'hôtellerie du *Vrai-Rameau*, au seuil de laquelle le Tourangeau Onésime nous vint recevoir avec force salutations et marques de respect.

« Pendant le trajet, madame de Montpensier m'avait confié qu'elle allait à Blois ; mais, par un reste de méfiance, elle avait gardé le plus profond silence sur le but de son voyage, et je n'avais garde de lui faire la moindre question. Nous déjeunâmes au *Vrai-Rameau*. Pendant les apprêts du repas, je pus me trouver seul une minute avec Pepa, dont je redoutais une indiscrétion, et je lui dis tout bas :

« — Petite... si tu m'aimes encore... silence !...

« Elle rougit et balbutia ; mais je compris à son émotion qu'elle m'aimait toujours et m'obéirait aveuglément.

« La duchesse nous rejoignit et me dit :

« — Je vais à Blois ; je ne puis vous permettre de m'y suivre, mais vous resterez ici avec ma camérière ; et, ajouta-t-elle en souriant, je vous autorise à lui faire votre cour.

« Pepa rougit jusqu'aux oreilles ; moi, je feignis un dépit violent.

« — En vérité ! me murmura la duchesse à l'oreille, tous ces beaux paladins d'amour sont ainsi. A la première épreuve qu'on leur fait subir, ils se montrent découragés.

« — N'en croyez rien, madame, répondis-je avec vivacité, je resterai.

« — D'ailleurs, acheva-t-elle avec un sourire, je serai de retour ici ce soir.

« La duchesse partit avec ses deux écuyers ; je l'accompagnai à cheval, pendant quelques instants, ainsi que Pepa, à laquelle, toujours prudente, elle recommanda de ne point me quitter. Elle se défiait encore...

« Une fois seul avec l'Espagnole...

— Ici j'interrompit méchamment Nancy, je gage que la pauvre Pepa reconnut alors la justesse de ce proverbe : *Qu'on ne perd jamais rien pour attendre.* »

Bavolet haussa les épaules et continua.

« — Quand la duchesse et ses écuyers eurent disparu dans le lointain, à un coude de route, et que le nuage de poussière soulevé par leurs chevaux se fut dissipé, je pris Pepa par la main et lui dis :

« — Sais-tu bien que je cours après toi ?

« Elle tressaillit, rougit, balbutia et leva sur moi ses grands yeux.

« — Comment cela peut-il être ? me dit-elle.

« — Je voudrais me faire pardonner mes torts, petite.

Et je lui mis, ma foi, un beau baiser sur le front, qui la fit tressaillir de plus en plus et soupirer à émouvoir le cœur le plus dur.

« — Sais-tu, repris-je, que tu es partie de Coarasse comme une fugitive ?

« — Ah ! murmura-t-elle en baissant les yeux, j'avais honte de moi-même.

« — Et le roi et la reine, qui t'aimaient, en furent affligés.

« — Hélas ! je les avais trahis.

« — Oui ; mais moi qui connais la cause de la trahison, petite, j'ai bien le droit d'être indulgent, et je te la pardonne.

« — Dites-vous vrai ? s'écria-t-elle.

« — Certainement.

« — Je t'aime.

« — Or, je t'assure, Nancy, que je prononçai ce mot avec quelque habileté et que je fus fort content de moi. Pepa me crut sur parole ; elle poussa un cri de joie et me jeta ses bras autour du cou...

« — Ma foi !... s'écria Nancy, tu es juste, Bavolet, qu'on a pendu en Grève maint criminel moins coupable que toi. Ce que tu me contes là est abominable.

— Service du roi, petite. Il fallait bien savoir ce que madame de Montpensier allait faire à Blois.

« — Ma pauvre Pepa, continuai-je avec humilité, la jeunesse est aventureuse et ne doute absolument de rien. J'avais porté mes regards et mon amour si haut que je n'apercevais plus la terre, et lorsque j'y suis redescendu, je me suis aperçu que tu m'aimais, et je t'ai cherchée.

« J'eus bientôt fasciné Pepa à ce point qu'elle m'avoua le but du voyage de madame de Montpensier, et me confia qu'il était fortement question, à Paris, de proclamer le cardinal.

« Je n'eus pas grand'peine à ramener l'Espagnole à nos communs souvenirs de jeunesse ; je lui parlai de Nérac, de Coarasse ; je la fis rougir de sa trahison, et elle finit par s'écrier :

« — Eh bien ! luyons, emmène-moi. J'irai me jeter aux pieds de la reine et du roi, et je les supplierai de me pardonner.

« — Et ils le feront d'autant mieux, répondis-je, si tu les sers dès aujourd'hui.

« — Comment cela ?

« — En m'aidant à empêcher cette infernale duchesse d'emmener le cardinal à Paris.

« — Parle, que faut-il faire ? J'obéirai.

« J'étais maître du secret ; je tenais les fils de la trame ; il ne me devait plus être fort difficile de la déjouer.

« Sur la rive opposée de la Loire, à une lieue en aval du fleuve, s'élevaient les tours du manoir de Beaugiron ; ce manoir était aux huguenots, et une de nos vieilles connaissances du Béarn, M. de Bique, y commandait avec trois cents hommes. Le roi m'avait appris cela en me congédiant. D'un autre côté, la duchesse attendait le lendemain au point du jour une troupe de cinquante ou soixante cavaliers qui devaient la rejoindre au *Vrai-Rameau* et servir d'escorte au nouveau roi.

« Prévenir M. de Bique était chose facile ; mais c'était provoquer un combat, verser du sang, faire du bruit, et tout cela fort inutilement : il fallait trouver mieux.

« — Petite, dis-je à Pepa, le temps est superbe, le vent tiède et doux, les flots de la Loire sont unis comme un miroir, si nous faisions une promenade sur l'eau ?

« — Tout ce que vous voudrez, me répondit-elle.

« Maître Onésime, notre digne hôtelier, était pêcheur à ses moments de loisir. Il avait une excellente barque, légère et bien gréée, amarrée à vingt pas de la maison.

« J'y fis monter Pepa ; j'orientai la voile, et, comme le vent était bon, la barque fila comme une flèche sur le fleuve et alla toucher en vingt minutes les murs du château, qui mirait ses tours dans la Loire.

« — Qui vive ! me cria une sentinelle.

« — Navarre !

« La sentinelle était béarnaise ; elle me reconnut et me nomma à l'officier de garde aux remparts. On alla chercher M. de Bique, et je lui demandai, sans quitter la barque, qu'il voulût bien envoyer, à minuit, dix soldats et un officier à l'hôtellerie du *Vrai-Rameau*, pour y opérer un coup de main fort utile à la cause du roi.

« — J'irai moi-même, me dit-il.

« Je virai de bord et mis le cap sur le *Vrai-Rameau*, où nous arrivâmes au coucher du soleil.

« Pendant ce double trajet, je m'étais mis au mieux avec Pepa ; la pauvre fille était radieuse, et comme elle est fort intelligente, je lui fis si bien sa leçon, qu'à l'arrivée de notre petit escadron elle parut s'être ennuyée fort en ma compagnie, tandis que moi-même je semblais avoir compté les heures et les minutes avec la plus vive impatience.

« La duchesse était accompagnée du cardinal.

« Le bonhomme était superbe ; il se tenait droit et ferme sur sa selle ; il posait le poing sur la hanche et affectait les allures chevaleresques et nobles du feu Henri de Valois au milieu de sa cour.

« La duchesse et ses écuyers l'appelaient bien encore *Monseigneur*; mais leurs voix avaient des inflexions si respectueuses, qu'on eût juré que les mots de *Sire* et de *Majesté* erraient sur leurs lèvres, prêts à s'en échapper.

« Je n'avais jamais vu le cardinal ; il ne pouvait donc me connaître, et la duchesse me présenta à lui comme étant un de ses gentilshommes les plus affectionnés ; ce qui fit qu'il me regarda avec défiance, car il était déjà amoureux, le bonhomme, de la future reine de France.

« La nuit était venue. On nous servit à souper ; la duchesse daigna m'admettre à sa table, et me dit tout bas :

« — Vous aimez, dites-vous, madame de Montpensier, aimeriez-vous la reine de France ?

« Et comme j'ouvrais de grands yeux...

« — J'épouse, me dit-elle, Sa Majesté Charles de Bourbon, roi de France, et dernier du nom. N'en soyez point jaloux.

« Cette confidence une fois faite, rien ne s'opposait plus à ce que la nouvelle Majesté fût traitée comme telle. Le souper se prolongea ; les écuyers lorrains et le cardinal lui-même, qu'on appelait *Sire* désormais, firent grand honneur à la cave de maître Onésime. On chanta quelques couplets sur les huguenots ; le roi de Navarre eut, pour son compte, quelques brocards. L'histoire des fameux ciseaux de la duchesse égaya le dessert, et lorsque les Lorrains eurent été congédiés et autorisés à s'aller coucher, nous demeurâmes tous trois, moi feignant un commencement d'ivresse, la duchesse levant sur le cardinal les plus beaux yeux du monde, et le cardinal frissonnant jusqu'à la moelle des os à la pensée que cette femme si belle lui devait bientôt appartenir.

« La duchesse était triomphante, et elle me regardait par-dessus l'épaule du cardinal d'une façon qui m'eût fort réjoui, si j'en eusse été épris le moins du monde.

« Malheureusement tout rêve a son réveil, toute heure charmante est suivie d'une brusque déception. Le cardinal était un peu gris ; la duchesse ne l'était pas, il est vrai ; mais les fumées de l'ambition montaient à sa tête, et ni l'un ni l'autre ne prit garde à moi lorsque, aux approches de minuit, je quittai la salle du souper, feignant de battre les murs et de trébucher, comme un homme parfaitement ivre et qui peut à peine se tenir debout. Dans la pièce voisine se trouvait maître Onésime qui sommeillait à califourchon sur un banc.

« — Mon brave homme, lui dis-je en l'éveillant et lui portant la pointe de mon épée au visage, si tu n'as point encore assez vécu, selon toi, et que tu tiennes à conserver quelques jours encore cette existence rubiconde que te font les vins aigrelets de la Loire et du Cher, tiens-toi tranquille, garde ton beau langage et viens avec moi.

« Il me regarda en frissonnant et n'osa prononcer une parole

« — Où est la chambre des deux cavaliers ? demandai-je ; prends ce flambeau et guide-moi.

« Il obéit et se dirigea vers un petit escalier qui conduisait au premier étage de l'hôtellerie ; puis, arrivé là, il poussa une porte et me fit signe d'entrer.

« Les deux Lorrains étaient couchés côte à côte sur le même lit et dormaient pesamment. Sur le guéridon voisin, à portée de la main, ils avaient placé deux pistolets chargés et amorcés, tandis que leurs deux épées leur servaient de traversin.

« Je m'emparai sur-le-champ des pistolets, puis je regardai Onésime. C'était un solide gaillard, de taille moyenne, aux épaules carrées et trapues, au cou de taureau, — un drôle qui ferait un vaillant soldat, si besoin était ; je lui mis les deux pistolets dans la main et lui dis :

« — De par le roi de France, ton maître et le mien, je t'ordonne de rester là et de tenir en respect ces deux hommes, si, au bruit qui va se faire, ils venaient à s'éveiller.

« — Puisque c'est au nom du roi, répondit-il, je vous obéirai, monseigneur, foi d'Onésime le Tourangeau.

« Sa voix était franche et ne tremblait plus. Il était sincère.

« — Mais, ajouta-t-il en souriant, à moins que la maison ne s'écroule, il n'y a aucun danger. Ils sont ivres-morts.

« Je laissai Onésime dans la chambre des Lorrains et refermai la porte sur lui ; puis je descendis au rez-de-chaussée et ouvris une porte qui donnait sur la rivière.

« En ce moment Pepa accourut d'un pas léger.

« — Viennent-ils ? me dit-elle.

« La nuit était obscure ; mais on entendait sur les flots du fleuve le bruit régulier des avirons tombant à l'eau à une faible distance.

« — Reste là, dis-je à Pepa, et lorsqu'ils sauteront sur la berge, tu les conduiras jusqu'à la salle où se trouvent la duchesse et le cardinal.

« Pepa demeura sur la berge, et je rejoignis mes deux convives.

« La duchesse, à ma vue, fit un geste d'étonnement.

« — Je vous croyais couché, me dit-elle.

« — J'ai voulu vider un dernier verre.

« — Eh bien ! dis-je en lançant un amoureux regard au vieux cardinal, tandis qu'elle emplissait mon gobelet, buvons au règne glorieux de Sa Majesté Charles X, roi de France.

« Je pris le gobelet ; puis, devinant à un bruit confus que j'entendis, l'arrivée de M. de Bique et de ses hommes, je répondis lentement :

« — Je bois au règne long et glorieux de Sa Majesté Henri de Bourbon, roi de France et de Navarre !

« Mes paroles produisirent sur le cardinal et la duchesse l'effet de la foudre. Madame de Montpensier poussa un cri perçant ; M. de Bourbon trébucha sur son siège et porta vivement la main à son épée.

« Quoique cardinal, et attendu qu'il n'est pas prêtre, M. de Bourbon porte l'épée au double titre de prince et de gentilhomme.

« — Monsieur ! s'écria-t-il, êtes-vous fou ?

« — Nullement, monseigneur.

« — Oubliez-vous que je suis le roi ?

« — Je ne l'ai jamais pensé.

« — Eh bien !... s'écria le cardinal exaspéré, moi, Charles, roi de France, je vous ordonne...

« — Allons donc, monseigneur, interrompis-je avec calme, cessez de rêver et éveillez-vous... Pour être roi de France, il faudrait être le frère aîné du prince Antoine de Bourbon, père du roi, et non son cadet, et ensuite... il ne vous faudrait pas être cardinal. Prenez-vous la France pour un couvent de moines ? Laissez donc ces espérances insensées aux ennemis du royaume qui, sous prétexte de religion, assassinent les rois et entretiennent la guerre civile...

« Et je regardais froidement la duchesse atterrée.

« — Lorraine, à moi ! trahison ! trahison !...

« Mais, au lieu des Lorrains, ce furent les soldats de M. de Bique, et celui-ci à leur tête, qui se montrèrent, et, comme à travers l'obscurité qui régnait dans la pièce voisine, la duchesse ne les reconnaissait point encore et croyait avoir affaire aux siens, j'ajoutai en m'adressant au cardinal :

« — Monseigneur de Bourbon, au nom du roi de France et de Navarre, moi, Bavolet, je vous arrête et vous fais mon prisonnier. Veuillez me rendre votre épée.

« Le cardinal voulut parler, mais la colère étouffait ses paroles et étranglait sa voix.

« Sur un signe de moi, les dix hommes de M. de Bique entrèrent dans la salle, et ce dernier se tint sur le seuil, l'épée nue ; toute retraite était désormais impossible.

« — Je cède à la force, murmura le cardinal, mais vous serez cruellement punis, messieurs.

« — Oh ! s'écria la duchesse en me lançant le plus haineux des regards, je me vengerai !...

« — Monseigneur, repris-je en m'adressant respectueusement au cardinal, un prince du sang, l'oncle du roi de France, ne saurait passer la nuit dans une méchante hôtellerie comme celle où nous sommes. J'ai pourvu au logis de Votre Eminence. M. de Bique que voilà est gouverneur du château de Beaugiron, lequel est, comme vous savez, au bord de la Loire, à une lieue d'ici. Il vous y a fait préparer un appartement digne de vous. La nuit est tiède, le fleuve est calme ; c'est une charmante promenade à faire à cette heure. Vous dormirez comme un roi à Beaugiron. Puis, demain, on vous reconduira à Blois, où vous me permettrez de vous tenir compagnie jusqu'à ce que le roi en décide. Vous aimez fort le jeu d'échecs, m'a-t-on dit ; j'y suis de première force, et je ferai votre partie, si vous daignez m'accepter pour partner. Puis, madame Marguerite nous narrera ses plus beaux contes, et vous vous plairez si fort en votre château, que vous ne songerez plus à suivre madame de Montpensier au milieu de ses bourgeois de Paris avec lesquels les princes de la maison de Lorraine se sont si fort encanaillés. En second lieu, il est parfaitement inutile que vos gens et vos vassaux du pays blaisois sachent jamais que vous avez été la dupe d'une mystification et que vous êtes prisonnier dans votre maison. Vous aurez fait un voyage à Beaugiron pour convertir ces hérétiques que M. de Bique commande, et vous en aurez ramené une trentaine pour opérer leur conversion.

« Je fis un nouveau signe, M. de Bique franchit le seuil de la porte et je priai poliment le cardinal de le suivre.

« M. de Bourbon est un homme d'esprit qui sait bien qu'on ne résiste point au nombre. Il s'exécuta de bonne grâce et les soldats fermèrent la marche sur lui. Je l'accompagnai jusqu'à la berge, je lui offris même la main pour monter dans la barque, et, après lui avoir souhaité une bonne nuit, je donnai quelques instructions sommaires à M. de Bique.

« La barque allait s'éloigner, lorsque je m'aperçus que Pepa était derrière moi.

« — Ah ! dis-je alors à M. de Bique, emmenez donc cette jeune fille et traitez-la bien. Votre expédition sera complète ainsi ; vous aurez pour prisonnier un cardinal et vous enleverez une jolie femme. Va, ma petite, ajoutai-je, nous nous retrouverons à Blois, où tu accompagneras demain Son Eminence.

« Pepa obéit et sauta dans la barque, qui s'éloigna.

« Je revins alors auprès de la duchesse. Elle était blanche et froide comme une statue ; ses dents claquaient de terreur et de colère. Si ses yeux eussent été des lames empoisonnées, je fusse mort à l'instant.

« — Madame, lui dis-je courtoisement, je vous ai trompée en vous parlant d'un amour que je ne ressentais point ; mais nous sommes ennemis, et les ruses de guerre sont permises. Vous avez juré la perte du roi mon maître ; moi, je veux le servir fidèlement. La victoire sera au plus fort, sinon au plus habile. Peut-être eussé-je fort avancé les affaires du roi de France en retenant prisonnière sa plus mortelle ennemie ; mais j'aurais certainement manqué d'égards et de courtoisie, et vous êtes femme, madame... Permettez-moi donc de prendre congé de vous, en vous laissant toute liberté de regagner Paris.

« Et je saluai la duchesse.

« — Si je vis cent années, je n'oublierai qu'à mon dernier soupir l'expression de son regard et le son de sa voix en ce moment.

« — Nous nous reverrons ! me dit-elle.

« Je t'assure, petite, que si jamais je tombe en son pouvoir, les larrons qu'on roue en Grève seront heureux auprès de moi. Je laissai la duchesse anéantie, courus à l'écurie et sellai mon cheval.

« Je suis venu au petit pas, sans me presser, et me voici. Le cardinal arrivera dans une heure ou deux et tu ne te plaindras plus que le château de Bique soit désert, acheva Bavolet en souriant.

— Ah çà, dit Nancy après avoir gravement écouté le récit de Bavolet, sais-tu que le roi te doit un bien beau congé ?

— Je le crois, car si le cardinal eût atteint Paris et y eût été proclamé, il aurait trouvé en France bien des partisans.

— On le proclamera malgré cela.

— C'est possible ! mais nous ne le lâcherons que lorsqu'il n'y aura plus d'inconvénient.

— As-tu expédié un courrier au roi ?

— Il a dû partir de Beaugiron au point du jour.

— Bravo !... s'écria Nancy.

Et puis elle regarda piteusement Bavolet.

— Sais-tu, lui dit-elle, que tu es le plus à plaindre en tout cela ?

— Moi ?

— Sans doute.

— Comment l'entends-tu ?

— Te voilà obligé d'aimer Pepa... tu le lui as promis.

— Eh bien, dit Bavolet en riant, je le lui dirai que je l'aime... En amour, l'ombre vaut la réalité : c'est la foi qui sauve !...

XIII. — LES DÉCEPTIONS DE MAÎTRE FALEMPIN ET LES ESPÉRANCES DE LA BRUNE PEPA.

Tandis que Bavolet narrait à Nancy les exploits de la journée de la veille, maître Falempin se livrait à une foule de commentaires sur l'avenir, commentaires plus agréables les uns que les autres.

La veille, au départ de Son Éminence, le digne intendant, peu fait encore à ses rêves d'ambition, s'était contenté d'une perspective modeste: quelques mille livres de revenu, un cottage au bord de la Loire, la haute inspection des couvents et des églises fondés par le cardinal, et un habit beaucoup plus chamarré que celui qu'il portait d'ordinaire; mais la nuit porte conseil, et l'imagination trotte un train d'enfer sur la route des songes.

Maître Falempin, après s'être tourné et retourné en tous sens sur son lit, reconnut qu'il ne fermerait jamais l'œil tant qu'il n'aurait pas définitivement assis ses plans d'avenir.

— Et pourquoi donc, se demanda-t-il, pourquoi, après tout, ne serais-je pas quelque chose de mieux qu'un intendant devenu riche et désireux de vivre en paix? J'étais, jusqu'à présent, le conseil, l'ami, l'alter ego de Son Éminence: elle me consultait en toutes choses, et nous dégustions les nouveaux vins dans la même coupe, preuve d'irrécusable familiarité; pourquoi ne continuerais-je pas auprès d'elle les mêmes soins et même rôle?

Et maître Falempin chercha sur-le-champ quel pouvait être le grand dignitaire d'un royaume qui approchât le plus près du roi.

— Que serai-je? se demanda-t-il: connétable, ministre de la guerre, ambassadeur?

À ces trois suppositions, le digne homme, qui avait du sens après tout, haussa de suite les épaules.

— Imbécile, se dit-il, pour être connétable, ministre de la guerre ou ambassadeur, il faut être gentilhomme et ne pas avoir un gros ventre. Or, mon ventre est prodigieux, et je suis de roture comme pas un, puisque feu mon père était savetier sous le porche de l'église de Tours... Mais, reprit aussitôt l'ingénieux intendant, il y a auprès du roi d'autres fonctions qui n'exigent aucun parchemin et pour lesquelles une taille svelte est parfaitement inutile... L'abbé Suger, qui était fort gros et possédait un abdomen si volumineux, que les mules de son monastère affectées à le porter y mouraient à la peine, l'abbé Suger, après avoir été le précepteur du roi saint Louis, devint son trésorier. Olivier le Dain, qui avait été barbier de Louis XI, occupa le même emploi; pourquoi ne serais-je point à mon tour le ministre des finances de Sa Majesté Charles X?

Cette idée parut lumineuse au bonhomme et il s'endormit ministre des finances.

Pendant son sommeil, il acheva de se faire à cette idée: il rêva même qu'il avait pris déjà possession de ses nouvelles fonctions et qu'il les inaugurait par bon nombre de réformes, que lui, Falempin, considérait comme nécessaires et même urgentes. Ainsi il établissait des impôts sur les couvents, augmentait la solde des employés et le traitement du ministre; puis, comme il n'aimait pas les nobles, en sa qualité de roturier, il frappait d'une taxe tout gentilhomme qui porterait une plume à son chapeau et un pourpoint de velours, se réservant, bien entendu, d'abolir la taxe le jour où le roi, pour reconnaître ses nombreux services, lui octroyerait des lettres de noblesse. Maître Falempin était un vrai bourgeois, un bourgeois de la bonne et vieille école; il détestait la noblesse et convoitait ardemment un titre de baron.

De nos jours combien de Falempins!...

Les gens du château de Blois trouvèrent au digne intendant, le lendemain à son réveil, un air si majestueux, un air si pensèrent avec raison qu'une révolution tout entière s'était opérée dans la destinée de l'excellent homme. Quelques badeaux employés aux cuisines soupçonnèrent qu'il avait obtenu un évêché.

L'arrivée de Bavolet déconcerta bien un peu le bonhomme. En entrant dans la cour du château, le jeune homme l'avait aperçu et lui avait crié:

— Eh, l'ami, venez donc me tenir l'étrier...

Maître Falempin s'était montré fort ému de ce manque de respect. Un ministre des finances tenir l'étrier à un gentillâtre béarnais, fi! Cependant il se résigna, se promettant une revanche éclatante dans l'avenir. Pendant deux heures, et tandis que Bavolet suivait Nancy dans sa chambre, le digne intendant jugea convenable, en l'absence du cardinal, de faire aussitôt quelques réformes au château.

Il descendit aux cuisines et gourmanda les officiers de bouche qui ordonnaient avec une prodigalité inouïe le déjeuner de la reine de Navarre.

— Hé! mon Dieu! murmura-t-il, si nous continuons ainsi, les finances du royaume ne nous suffiront pas; il nous faudra lever des impôts.

Puis il visita les écuries, et s'indigna qu'on eût donné double picotin d'avoine au cheval de M. de Gognelas. Ensuite il se dirigea vers le parc dans l'intention d'y marquer quelques arbres à abattre pour ménager un point de vue; — mais il fut troublé, en cette besogne, par le trot de plusieurs chevaux, et il vit arriver à lui trois cavaliers et une femme qui chevauchait au milieu d'eux.

Cette femme n'était autre que Pepa l'Espagnole, qui venait de Beaugiron, en compagnie de trois soldats de M. de Bique, lesquels précédaient le cardinal de quelques minutes seulement.

— Là! hé! se dit maître Falempin en lorgnant la jolie soubrette, puisque nous abandonnons l'Église pour la politique, pourquoi n'imiterais-je pas Son Excellence? Elle est charmante, cette péron-

nelle!... Ah çà, pensa maître Falempin tout en continuant de lorgner le mutin visage et la taille de Pepa, que vient-elle donc faire ici, en compagnie de ces soudards qui m'ont tout l'air d'être des Béarnais?

Et il s'avança vers le cavalier qui tenait la tête du cortège.

— Holà! l'ami, lui cria-t-il, où donc allez-vous, s'il vous plaît?... Vous chevauchez bien gaillardement, vous et vos compagnons, ce me semble, sur les terres de Son Éminence le cardinal de Bourbon.

Le cavalier leva la tête, considéra dédaigneusement Falempin et lui dit:

— Que vous importe!... Seriez-vous son bailli?

— À peu près, répondit Falempin se rengorgeant; je suis le seigneur Falempin, intendant du château de Blois et de ses dépendances...

— Ah!... fit le soldat avec insouciance.

— Et comme tel, reprit le futur ministre des finances, j'ai bien le droit, ce me semble, de vous interroger.

— Interrogez, bonhomme, je suis prêt à vous répondre.

— Qui êtes-vous donc, alors?

— Mes compagnons et moi sommes Béarnais.

— C'est-à-dire huguenots, fit dédaigneusement Falempin.

— C'est-à-dire que nous venons de Beaugiron, où nous tenons garnison.

— Et où allez-vous?

— Au château de Blois, pardieu!

— Et que voulez-vous? que viennent donc faire des hérétiques dans une demeure aussi sainte?

— Monseigneur le cardinal de Bourbon est un saint homme, continua le soldat; nous désirons recourir à ses lumières pour nous convertir.

— Ah! s'il en est ainsi, murmura Falempin se radoucissant... Mais vous avez fait un voyage inutile, messeigneurs.

— Pourquoi cela?

— Son Éminence est absente.

— Nous le savons.

— Vous... le... savez?... articula Falempin lentement et en jetant un regard de défiance au Béarnais.

— Pardieu, elle a couché à Beaugiron cette nuit.

Falempin recula.

— Plaît-il? fit il abasourdi.

— Eh bien! reprit le soldat d'un ton goguenard, qu'y a-t-il donc de si extraordinaire dans tout cela pour vous faire passer du rouge au blanc et du vert au jaune, monsieur l'intendant? Le cardinal est un bienheureux, un saint oublié sur la terre et qui y dévoue sa vie à éclairer les uns, à soutenir les autres, à consoler ceux qui souffrent et à élever les plus belles églises qu'on ait jamais vues dans le pays blaisois. Or, Son Éminence ayant appris qu'à quelques lieues de chez elle seulement il se trouvait un repaire d'hérétiques, de malheureux en train de se damner, elle a voulu disputer ces pauvres âmes à l'enfer et les leur arracher...

Le soldat fit une pause et regarda Falempin.

Falempin était stupide de stupeur et d'anéantissement.

— Beaugiron... murmurait-il du ton d'un homme qui rêve; monseigneur a couché à Beaugiron. Beaugiron a donc ouvert ses portes?...

— Mais certainement, répondit le soldat. Il n'est pas un seul homme de la garnison qui n'ait crié: « Vive le cardinal!... »

— Je rêve... balbutiait Falempin, et je voudrais m'éveiller... C'est horrible.

— Que voyez-vous donc d'horrible en tout cela, bonhomme?... Son Éminence, je vous le disais, est venue à Beaugiron; elle nous a éloquemment démontré l'erreur où nous sommes, et nous avons tous juré de nous convertir. C'est pour cela que nous venons.

— Mais... puisque le cardinal est absent...

— Il sera ici dans une heure.

Falempin recula encore.

— C'est impossible! s'écria-t-il.

— Rien n'est plus vrai, cependant. Cette jeune fille et nous précédons Son Éminence de quelques minutes à peine. Elle nous suit, escortée par la moitié de la garnison.

Falempin eut un geste d'effroi qui trahit merveilleusement la timidité de son âme.

— Et quand cette moitié sera convertie, l'autre viendra la remplacer. Allons, monsieur l'intendant, veuillez nous conduire au château et faire préparer nos logis, acheva le Béarnais d'un ton impérieux qui hérissa la rare chevelure de Falempin.

Et il poussa son cheval en avant, imité par ses deux compagnons et par Pepa qui riait de tout son cœur.

Malgré sa terreur, Falempin retrouva ses jambes pour courir après eux, et il arriva presque en même temps dans la cour du château.

Sur le perron, il aperçut Bavolet.

Le digne intendant professait in petto un souverain mépris pour les gens d'épée; mais il les craignait tout au moins, s'il ne songeait pas à se mettre sous leur protection.

Et cette fois il y songea. Le bonhomme s'imagina que Bavolet

Elisabeth se trouvait dans son oratoire, seule avec son page Arthur. (Page 31.)

pourrait servir de défenseur contre ces soudards qui envahissaient le château dont il était, lui Falempin, l'intendant suprême.

Il courut à lui, et le salua jusqu'à terre.

— Eh! mon Dieu!... seigneur intendant, lui dit le jeune homme, qu'avez-vous donc, s'il vous plaît? vous êtes pâle...

— Ah! vous croyez, messire? murmura Falempin.

— Et vos habits sont en un désordre peu habituel aux gens d'église, lesquels, généralement, sont tirés à quatre épingles et sentent le musc à une lieue.

— C'est que... c'est que... balbutia l'intendant, ces hommes que voilà...

— Ah!... dit gravement Bavolet, ce sont les gardes de Son Eminence...

— Les gardes!... juste ciel!...

— La nouvelle garnison du château.

— Miséricorde! exclama Falempin défaillant, le château de Blois va donc avoir une garnison?

— Et un gouverneur, cher monsieur Falempin.

— Je fais un rêve affreux... murmura l'intendant d'une voix lamentable...

— Et ce gouverneur, c'est moi, acheva Bavolet.

— Vous?...

— Sans doute.

— Mais... mais... au nom de qui?

— Au nom du roi, pardieu!...

— Et... de quel roi?

— Du roi de France, j'imagine.

Falempin eut le vertige... et de ce vertige naquit pour lui un fol espoir...

— Qui sait, pensa-t-il, si la garnison de Beaugiron ne s'est pas rendue au cardinal, si elle ne l'a point proclamé roi... s'il ne revient pas ici pour faire de Blois sa capitale...

Et comme cette pensée lui paraissait des plus rationnelles, il reprit d'un air majestueux et digne, et répondit à Bavolet :

— Sa Majesté, je le vois, a grande confiance en Votre Seigneurie puisque malgré son jeune âge...

— Heu! heu!... fit modestement Bavolet.

En ce moment on entendit dans le parc le trot de plusieurs chevaux, et, peu après, Falempin, frissonnant d'espoir, vit apparaître M. de Bique chevauchant à la droite du cardinal de Bourbon, et suivi par une trentaine de cavaliers.

— Ah! s'écria Falempin ému, voilà le roi!...

— Plaît-il? demanda Bavolet.

— Le roi Charles X, murmura Falempin.

— Vous vous trompez, bonhomme, répliqua Bavolet; le personnage que vous voyez là n'est autre que Son Eminence monseigneur le cardinal de Bourbon, oncle de Sa Majesté Henri de Bourbon, roi de France et de Navarre... Lequel, ajouta l'ancien page, est, pour l'instant, prisonnier de guerre et sous ma responsabilité immédiate.

Puis Bavolet se pencha à l'oreille de l'intendant, prêt à défaillir.

— Mon pauvre Falempin, lui dit-il, tu n'es pas gentilhomme, et tu es aux trois quarts tonsuré; à ce double titre tu n'as jamais porté d'épée, et je ne puis te demander la tienne; mais je te fais néanmoins mon prisonnier, attendu que tu étais dans le secret de ton maître, et je te promets, foi de gentilhomme, que si tu ne te tiens parfaitement tranquille et que tu viennes à manquer de respect et de courtoisie envers la reine de France, je te ferai pendre haut et court à un arbre du parc, avec une belle corde toute neuve.

— Vanitas vanitatum, murmura Falempin, qui avait étudié la langue latine : s'être couché ministre des finances et se lever prisonnier de guerre et gibier de potence : quel rêve et quel réveil!...

Et comme, malgré son importance passagère, maître Falempin était demeuré valet, il courut à la rencontre du cardinal, salua jusqu'à terre par la force de l'habitude, et tint l'étrier à Son Eminence.

Le pauvre cardinal avait une piteuse mine : son œil était morne, sa lèvre pendante; il paraissait avoir vieilli de dix ans en une nuit.

— Merci, mon vieux Falempin, dit-il à son intendant; au moins, dans mon infortune, ai-je encore des serviteurs dévoués,

— Ah! sire... balbutia Falempin.

— A quoi bon me donner ce titre? murmura Son Eminence d'un ton navré; je suis prisonnier, mon pauvre ami.

— Votre Eminence se méprend singulièrement, répondit Bavolet, qui s'était approché. Elle me permettra de lui assurer que nous sommes tous ici ses très-humbles et très-obéissants serviteurs, prêts à toute heure à lui obéir, à satisfaire ses plus légers caprices, et à lui constituer de nos corps et de nos épées la garde d'honneur qui convient à un cardinal, oncle du roi de France et premier prince du sang.

— Des geôliers, et non des gardes! murmura le cardinal.

— Ah! monseigneur, fi! le vilain mot! s'écria Bavolet.

Puis il lui offrit son bras.

— Madame Marguerite de France, lui dit-il, la reine de France, est ici, sous le toit de Votre Eminence, qu'elle attend avec l'impatience la plus vive. La pauvre reine a grand besoin de consolations, car le feu roi était son frère. Son Eminence, qui est la Providence 's affligés, se refusera-t-elle à se rendre auprès d'elle?

— Non, non! s'écria le cardinal avec vivacité, et trahissant par ce mouvement spontané son noble et généreux cœur!... Allons, conduisez-moi... Là où il y a des larmes à sécher, des plaies à panser, une douleur à soulager, un prince de l'Église ne manquera pas à son devoir.

Et le cardinal oublia sa royauté de quelques heures et sa folie pour voler auprès de la reine de France, que Nancy essayait de distraire en lui racontant les récents exploits de Bavolet.

Pendant que Son Eminence entrait chez madame Marguerite, Pepa courait après Bavolet, qu'elle retrouvait dans l'antichambre de la reine.

L'Espagnole rougissait et tremblait en abordant le jeune homme.

— Monsieur Bavolet... soupira-t-elle bien bas.

— Que veux-tu, petite?

— Avez-vous demandé...

Pepa s'arrêta.

— Quoi donc, petite?

— Mon pardon à la reine.

— Dame!... répondit Bavolet; la reine est au lit, malade et souffrante; la nouvelle de la mort du roi l'a tellement bouleversée, qu'il n'était pas convenable de l'entretenir de tes peccadilles.

— Vraiment!... murmura Pepa, vous traitez ma trahison de peccadille?...

— La faute en elle-même est grave, répondit Bavolet d'un ton sentencieux; mais, en toute chose, il faut considérer le point de départ, et comme le point de départ était excusable...

— Ah! murmura Pepa.

— La reine sera sans doute indulgente, acheva Bavolet.

— Ainsi, reprit Pepa, vous trouvez le point de départ excusable?...

— Parbleu!... répondit Bavolet, frisant avec une fatuité adorable d'impertinence sa moustache blonde et naissante.

— Et vous me pardonnez?

— Quoi donc, petite?

— De vous aimer... murmura Pepa, rougissant de plus en plus.

— Hélas! murmura Bavolet, je l'ai pardonné à tant d'autres!

Un éclair de jalousie passa dans les yeux de la Catalane.

Bavolet surprit cet éclair et se dit:

— Après tout, je suis un détestable fat, et puisque cette petite m'aime, je devrais bien lui donner quelques consolations.

— Ma chère enfant, continua-t-il tout haut, avec la vivacité folle de ton pays, tu parles de notre amour avec une inconcevable légèreté.

— Ah! fit Pepa d'un ton bref.

— Sans doute. Je t'ai dit que je t'aimerais...

— Vrai?

— Pourquoi te le dirais-je?

Le cœur de Pepa battit violemment.

— Mais ce n'est point une raison pour en parler ainsi à deux pas du lit de la reine.

— Ah! fit Pepa, dont l'œil brilla de colère; je gage que vous l'aimez encore?

— Moi? pas le moins du monde. Mais...

— Mais?...

— Ma chère petite, continua Bavolet, les femmes, reines ou camérières, seront toujours femmes. Elle s'est montrée offensée de mon amour, mais elle ne me permet pas de ne plus l'aimer... Ainsi sont les femmes. L'amour d'un soudard chatouille l'orgueil d'une reine aussi bien que l'amour d'un prince enorgueillit le cœur d'une femme du peuple. Si la reine savait que je ne l'aime plus, elle ne me le pardonnerait de sa vie.

— Vous croyez? demanda naïvement Pepa.

— Et au lieu de te pardonner...

Pepa eut le frisson.

— Elle te chasserait, au contraire.

Pepa devint rêveuse.

— Comment ferons-nous donc alors? demanda-t-elle naïvement.

— Nous nous aimerons en secret, répondit Bavolet. Le mystère et l'amour vont de pair et compagnie.

Et Bavolet pirouetta sur ses talons et s'esquiva, mettant au front de Pepa un tiède baiser.

XIV. — UN BAL A WHITE-HALL.

Août touchait à ses derniers jours. Déjà la brise du soir était plus fraîche, le ciel anglais, moins lourd et plus clair, et le mois de septembre, ce mois béni entre tous et par tous, laissait deviner son approche.

White-Hall était en fête; ses murs et ses tourelles étincelaient de mille clartés dans la nuit sombre; aux soupirs du vent dans les feuilles se mêlaient les soupirs du bal, sous les lambris éclatants de la royale demeure.

Neuf heures du soir allaient sonner, et la foule des courtisans, des dames et des gentilshommes se pressait dans les vastes salles, se croisant et s'entrelaçant, s'allongeant et se déroulant en éblouissants anneaux d'or, de velours et de soie.

Au pied du palais, la mer roulait son flot noir et bourbeux; de ce côté du fleuve tout était vie, lumière et bruit; sur la rive opposée, au contraire, régnaient le silence et l'obscurité.

Tout au bord de l'eau, cependant, une maison de chétive apparence, aux murs noircis, au toit enfumé, laissait filtrer, à travers les carreaux de papier huilé de son unique croisée, une clarté douteuse et vacillante, comme celle qui se dégage de la lampe de la pauvreté.

Tandis qu'on dansait à White-Hall, deux hommes, les seuls hôtes de cette maison, s'entretenaient à voix basse et d'un air mystérieux.

Ils étaient assis, en face l'un de l'autre, sur de méchants escabeaux de sapin, ayant entre eux une table vermoulue qui supportait une cruche d'ale et deux gobelets d'étain.

Leur costume était celui des gens du peuple du pays anglais de cette époque; mais, à la pâleur mate et distinguée de leur visage, à la blancheur de leurs mains, à la finesse de leur linge, un observateur ne s'y fût pas trompé, et il aurait deviné sur-le-champ deux gentilshommes.

C'en étaient deux, en effet, et de notre connaissance, Hector et Gontran. Le premier, après un assez long entretien, finit par se lever et alla ouvrir la porte de la maison, qui donnait de plain-pied sur la berge de la rivière.

Puis il regarda les murs étincelants du palais d'Elisabeth dont les girandoles et les gerbes de feu se reflétaient dans les eaux du fleuve, et il s'écria avec un accent de dédaigneuse tristesse:

— Ouvre ton palais, allume les lustres de ton bal, environne-toi de bruit, de lumière et d'harmonie, écoute les flatteries de tes courtisans, ô fille de Henri VIII, l'assassin et le tyran, tandis que ton égale, ta sœur, la reine d'Ecosse, préparée à mourir, fait ses derniers adieux à ses fidèles serviteurs; enivre-toi de sourires et d'adulations, étourdis-toi, au sein de ta prospérité, et ferme l'oreille au bruit des sanglots qui s'échappent de tes prisons! — L'heure de Dieu viendra! Elle viendra lente, terrible, inexorable, vêtue de soie, éclatante d'or et le sourire aux lèvres, mais couverte d'habits de deuil, menaçante et sombre, ainsi qu'il convient à la justice suprême, à cette justice dont relèvent les rois...

Et Hector accompagna son imprécation d'un geste de menace. Puis, il vint se rasseoir en face de Gontran, après avoir refermé la porte pour ne point entendre plus longtemps les importunes clameurs du bal.

— Frère, murmura-t-il, ma dernière espérance, ce dernier espoir qui nous venait de France, commence à m'abandonner. Bavolet ne vient pas. Son roi sera resté indifférent et sourd comme le sont tous les souverains de l'Europe.

— Peut-être... répondit Gontran.

— Et cependant, reprit Hector, le temps marche, les jours et les heures s'écoulent, et ce silence qui règne dans Londres au sujet de la reine d'Ecosse, ce silence que gardent, et ses accusateurs et ceux qui la doivent défendre, ce mystère qui enveloppe sa captivité, ne sont-ils point un silence de mort, un horrible mystère? Depuis qu'on a congédié John Percy, le geôlier de la Tour, celui qui m'instruisait chaque jour de ce qui se faisait autour d'elle, je ne sais plus rien, je n'ai plus rien appris, et parfois un horrible doute m'étreint, glace mon sang et absorbe ma pensée tout entière. Cette femme qui ose tout, qui brave tout, n'est-elle point capable de défier l'opinion du monde à ce point de faire étrangler ou mettre à mort sa rivale, sans procès, sans jugement, au mépris de toutes les formes légales et du droit des gens?

— Ah! s'écria Gontran, ceci est impossible!

— Mais pourquoi ce silence, alors? Il y a un mois, le récit de la captivité, des souffrances de la reine, de sa résignation et de sa confiance en la justice des hommes, était dans tous les bouches; le dernier homme du peuple s'en entretenait librement. Les uns la plaignaient; les autres, égarés par l'opinion et la haine, laissaient échaper de sourdes imprécations et l'accusaient... Aujourd'hui, plus rien... Si dans les divers lieux où nous pénétrons à l'aide de travestissements de toute espèce, nous venons à parler d'elle, chacun se détourne et se tait... Une sorte de terreur semble attachée à son nom. Pourquoi?

Gontran se tut.

— Et nous sommes seuls, murmura Hector avec indignation, seuls à veiller, seuls à songer à la défendre, nous pauvres gentilshommes tombés dans l'obscurité, nous soldats de fortune qui n'avons pour sauver une reine d'autre puissance que le poids de notre épée dont la pointe s'émoussera, dont la lame se brisera sans résultats aux verrous d'airain de sa prison...

— Espérons, répondit Gontran; Bavolet viendra, et, s'il vient, il pourra peut-être parler bien haut au nom du roi de France...

— Oh! exclama Hector avec rage, l'aimer jusqu'à la folie et ne pouvoir rien, lui avoir dévoué sa vie et ne la pouvoir donner... car, enfin, lorsque j'irais assassiner tous ses geôliers et tous ses juges, Elisabeth ne trouverait-elle point aussitôt d'autres juges et d'autres geôliers?

Un léger bruit, celui d'une barque qui touchait la rive et du pas d'un homme sautant sur la berge interrompit Hector.

Les deux frères échangèrent un regard et se turent.

Peu après on heurta à la porte.

Ce fut Hector qui alla ouvrir.

Un jeune homme, vêtu du plaid écossais et portant une plume de faucon à son chapeau, était sur le seuil.

— Qui êtes-vous et que demandez-vous? interrogea Hector en dialecte écossais des montagnes.

— N'est-ce point ici la demeure de John Leves, le passeur?

— Oui, répondit Hector.

— John Leves, est-ce vous?

— Oui.

L'Écossais enveloppa de ce regard intelligent et clair, particulier aux montagnards, le gentilhomme déguisé:

— Montrez-moi vos mains, lui dit-il.

Hector tressaillit et regarda tout l'Écossais d'un air défiant.

— Vive la reine! murmura tout bas celui-ci.

Hector tendit ses deux mains.

— Vous devez avoir, lui dit celui-ci, une légère cicatrice à la main droite entre le pouce et l'index... C'est bien cela, je la reconnais... et une brûlure à la main gauche, à la naissance de l'annulaire... la voilà!...

Et l'Écossais ouvrit son pourpoint et tendit un parchemin à Hector qui en brisa le sceau aussitôt.

— Vite, lui dit-il, hâtez-vous.

Hector parcourut rapidement le contenu du parchemin et le tendit à Gontran. Ce parchemin n'était autre qu'une invitation au bal de la reine Elisabeth, revêtue du sceau du grand maître des cérémonies.

— Serait-ce un piège? murmura Gontran.

— Non, répondit l'Écossais, avec un accent de franchise qui rassura les deux frères. Celui qui m'envoie vous aime.

— Qui vous envoie?

— Un gentilhomme de France.

— Bavolet! exclamèrent à la fois Hector et Gontran.

— Je ne sais pas son nom, répondit l'Écossais, mais je jurerais sur mon âme que ce n'est point un traître.

— Où est-il? où l'avez-vous vu?

— Au palais de Buckingham, il y a une heure.

— Vous ne le connaissiez pas?

— Non; mais son regard est franc comme sa voix.

— Était-il seul?

— Oui; il sortait du palais, et, après m'avoir examiné, il est venu à moi et m'a dit:

« — Etes-vous homme à garder un secret et à accomplir un message?...

« — Oui, ai-je répondu.

« Il m'a montré une bourse pleine d'or. J'ai repoussé la bourse en disant: — Je suis pauvre et veux rester pauvre.

« — Eh bien! m'a-t-il dit, alors obligez-moi comme un ami.

« — Je veux tout à vous.

« — Vous êtes Écossais?

« — Et fidèle à la reine.

« — Eh bien! si celui vers qui je vous envoie vous témoigne la moindre défiance, vous lui direz: « Vive la reine! »

« — C'est bien, répondis-je.

« — Il y a de l'autre côté de la Tamise, continua-t-il, presque en face de White-Hall, une maison de pauvre apparence qui est habitée par un homme du nom de John Leves. Vous frapperez à la porte de cette maison et vous demanderez à parler à cet homme. Puis, avant de lui remettre ce parchemin, vous lui demanderez à voir ses mains, de peur de vous tromper. » Et le gentilhomme me parla de la cicatrice et de la brûlure. C'est tout ce que je sais. Il me quitta et rentra au palais de Buckingham. Moi, je me suis mis en quête d'une barque, et me voici. J'ignore le contenu du parchemin.

— Votre nom? dit Hector.

— James Willie, soldat aux gardes.

— Connaissez-vous White-Hall?

— J'y suis de service tous les deux jours.

— Alors, dit Hector, vous nous servirez de guide. Nous allons au bal de la reine.

Et il ferma prudemment la porte.

Les deux frères se dépouillèrent alors de leurs vêtements grossiers; puis, Gontran ouvrit un coffre placé dans le coin le plus obscur de la salle, et il en retira successivement deux pourpoints de gentilshommes lorrains, avec les armes de la maison de Guise peintes sur la poitrine, ce qui semblait signifier qu'ils appartenaient à cette famille princière.

— Endossons cette livrée, dit Gontran... soyons Lorrains un jour encore.

— Je ne le fus jamais, murmura fièrement Hector.

Les deux frères se vêtirent et s'ajustèrent aux yeux mêmes de l'Écossais, étonné de cette métamorphose; ils peignèrent soigneusement leurs cheveux, jetèrent leurs manteaux courts de velours rouge par-dessus leurs pourpoints, ceignirent leur épée de gentilhomme et se trouvèrent prêts à partir.

L'Écossais ouvrit la porte; Hector et Gontran sautèrent dans la barque, et l'Écossais, coupant l'amarre, s'empara de l'aviron et se mit en devoir de remonter le courant.

La Tamise était large en cet endroit, et les trois passagers n'arrivèrent sur l'autre rive qu'au bout de vingt minutes, et ils s'arrêtèrent au bas de l'escalier de pierre qui conduisait du bord de l'eau aux jardins de White-Hall.

Guidés par l'Écossais, Hector et Gontran traversèrent les jardins que la foule, à l'étroit dans les salons, commençait à envahir, et ils gagnèrent la salle du Trône, celle où la reine Elisabeth recevait les hommages des ambassadeurs et des courtisans.

Sur le seuil, l'Écossais s'arrêta.

— Excusez-moi, dit-il; je ne suis qu'un soldat et je n'ai pas accès ici. Adieu.

— Au revoir et merci! lui répondit Hector en serrant sa main. James Willie salua et disparut.

Alors Hector dit à son frère:

— Regarde-moi bien en face, et puis souviens-toi d'il y a vingt ans. Mon visage ne te paraît-il point bien changé?

— Oh! oui, dit Gontran.

— Penses-tu que celui qui ne m'aurait pas vu depuis lors pourrait me reconnaître?

— Non, répondit Gontran.

— Ah! dit Hector, c'est qu'il y aura là, sans doute, un homme que je hais de toute mon âme, un homme qui l'a déshonorée, un traître qui peut-être encore s'acharne à sa perte...

— Bothwell! dit vivement Gontran.

— Oui.

— Sois tranquille, il ne te reconnaîtra pas.

Gontran tendit la lettre d'invitation au chambellan qui gardait la porte, et tous deux entrèrent.

Une valse, cette danse nouvelle venue de la Bohême et qui faisait alors fureur, entraînait un tourbillon de femmes étincelantes de pierreries et de seigneurs chamarrés d'or. La reine elle-même, madame Elisabeth, imitait ses plus humbles sujets et ployait à demi sa taille svelte encore sous le bras de son favori du moment, le comte de Leicester. Les deux frères purent donc se glisser au milieu des groupes sans attirer l'attention, et ils se mêlèrent à un groupe de courtisans et de gentilshommes étrangers qui, d'un âge plus mûr, ne jugeaient pas convenable de soumettre leurs cheveux grisonnants au désordre de la valse. Du lieu où ils se placèrent, Hector et Gontran purent embrasser le bal d'un coup d'œil et compter un à un les personnages de distinction qui s'y trouvaient. Ce fut d'abord la reine qui attira leurs regards.

Elisabeth avait alors trente-cinq ans; elle en paraissait trente au plus. Elle était grande, svelte, d'une beauté hautaine et fière qu'un sourire charmant adoucissait parfois. Ses grands yeux noirs étaient bordés de longs cils, ses cheveux blonds et touffus s'arrondissaient en nombreuses spirales sur ses épaules d'une blancheur éblouissante, et dans le moindre de ses gestes, on devinait cette dignité impérieuse, ce caractère altier et majestueux des souverains anglais.

— Tiens, dit Hector, regarde cette femme, elle aurait pu être la plus grande reine de son siècle, car l'intelligence éclate dans ses yeux, l'énergie et la volonté sont peintes sur son front. Elle passera peut-être à la postérité avec une tache de sang sur les mains et le renom d'un monstre, parce qu'elle est femme avant d'être reine, et que, comme femme, elle hait sa rivale en beauté, la reine d'Écosse. La jalousie fait de la plus belle des femmes un tigre altéré de sang.

Le comte de Leicester, au bras de qui valsait la reine, était un tout jeune homme. Il n'avait pas vingt-cinq ans. Il était brun, de taille moyenne, admirablement beau, d'une beauté presque méridionale. L'amour éclatait dans ses yeux; il paraissait triomphant. La reine l'aimait, et elle osait l'avouer. Aussi à l'amour de l'homme l'orgueil du courtisan s'unissait, et son regard hautain et dédaigneux tombait sur la foule comme le regard d'un monarque sur ses sujets humbles...

ment agenouillés. Hector et Gontran cherchaient cependant Bavolet et s'étaient mis à parcourir les salles voisines, l'invitation mystérieuse qu'ils avaient reçue ne pouvant être qu'un rendez-vous.

Bavolet n'était pourtant point au bal de la reine ; mais vers onze heures, au moment où les derniers soupirs de la valse s'éteignaient, les portes s'ouvrirent à deux battants, et un chambellan annonça :

— Son Excellence monsieur l'ambassadeur du roi de France.

XV. — M. L'AMBASSADEUR DU ROI DE FRANCE.

À cette époque déjà, et malgré plusieurs siècles de guerres étrangères et de guerres civiles, la France était déjà cette nation souveraine des nations, ce pays, roi par l'épée et l'intelligence, au nom duquel l'Europe et le monde s'inclinaient avec une respectueuse admiration.

L'Angleterre, elle-même, cette puissante rivale, si rarement vaincue, courbait à demi la tête en entendant prononcer ce nom.

Aussi, lorsque ces mots : « Monsieur l'ambassadeur du roi de France, » eurent retenti à l'entrée de la salle du Trône, il se fit un moment de silence, les conversations des divers groupes furent interrompues, et tous les regards se dirigèrent avec curiosité vers la porte au seuil de laquelle M. l'ambassadeur apparut.

L'étonnement devint général, lorsque, au lieu d'un homme mûr, ainsi que le sont d'ordinaire les ministres plénipotentiaires d'une grande nation, on aperçut un jeune homme de vingt-deux ans.

Hector et Gontran eux-mêmes étouffèrent un cri de surprise.

Bavolet était ambassadeur.

L'envoyé du roi de France était vêtu de noir ; il portait le deuil de Henri III. Mais ces vêtements lugubres étaient d'une élégance parfaite qui faisait admirablement valoir la taille svelte et la beauté de celui qui le portait. Un petit manteau brodé d'or, agrafé sur l'épaule gauche, tempérait, du reste, la sévérité de ce costume.

Bavolet entra d'un pas sûr et hardi, la tête haute, une main sur la garde de son épée, et dans l'autre son feutre à plume blanche : deux gentilshommes du pays de France le suivaient.

Il alla droit à la reine, immobile alors au milieu de la salle, s'inclina par trois fois, fléchissant à demi le genou, puis il salua les dames à droite et à gauche, et attendit les saluts des hommes qu'il rendit à mesure.

Sans doute, Elisabeth avait déjà vu le jeune ambassadeur, car elle ne témoigna aucune surprise et répondit par un sourire amical à son salut.

Ce sourire de la reine tombant sur Bavolet fit tressaillir Leicester, qui examina l'ambassadeur et le toisa à demi.

Bavolet leva les yeux à son tour, et leurs regards se rencontrèrent et parurent échanger un défi. Celui de Leicester semblait dire :

— Cet homme est jeune ; il est beau... si la reine l'aimait, alors malheur à lui... malheur à moi aussi !

Le regard de Bavolet signifiait clairement :

— Cet homme a peur de moi... cet homme me défie... pourquoi ne relèverais-je point le gant ?

Il sembla que la reine eût deviné le mutuel sentiment de haine irréfléchie que tous deux éprouvèrent, car elle se hâta de les présenter l'un à l'autre ; puis, lorsqu'ils se furent mutuellement inclinés, elle ajouta, s'adressant à Bavolet :

— La cour de France est en deuil, monsieur l'ambassadeur, et je dois vous savoir un gré infini de paraître à mon bal, malgré cette pénible circonstance.

— Votre Majesté, répondit Bavolet, a daigné me sourire, cela me suffit.

— Demain, continua la reine, je vous donnerai audience et nous nous occuperons de politique ; mais pour aujourd'hui songeons que nous sommes en un lieu où toute affaire sérieuse doit être laissée sur le seuil ; — au bal...

Et la reine ajouta avec un sourire :

— À tout seigneur tout honneur, monsieur ; ma main vous appartient pour la valse prochaine.

Leicester fronça légèrement les sourcils ; une main surprit ce nuage de jalousie, et, comme elle était femme, elle continua avec une infernale coquetterie :

— Voulez-vous m'offrir votre bras, monsieur l'ambassadeur ? je vais vous montrer White-Hall et Londres tout entier, en parcourant ces trois salons.

Bavolet s'inclina, puis il se redressa tout frissonnant d'orgueil, et il offrit son bras à la reine avec une aisance, une galanterie de haute mine, que le Béarnais lui-même n'aurait point désavouées.

Madame Elisabeth fit à Leicester un léger signe de la main, et s'éloigna appuyée sur Bavolet.

— Il murmura le favori avec colère, cet homme est beau, il est spirituel, il pourrait être... un rival !... j'aviserai.

Cependant Bavolet conduisait la reine à travers les méandres du bal, et celle-ci s'abandonnait avec lui à une causerie tout intime, à laquelle la politique était étrangère.

— Donc, disait-elle, madame Marguerite, ma royale amie, vous a donné pour moi des lettres toutes particulières ?

— Oui, madame.

— Chère reine ! nous nous sommes écrit bien souvent les plus galants propos du monde ; elle, en vers grecs ou latins, moi, en simple prose française ; car je ne suis pas aussi savante, à beaucoup près. Je n'étais alors que princesse héritière, ma sœur régnait ; elle était encore Marguerite de France et avait pour précepteur cet excellent abbé de Brantôme qui, un jour, s'avisa de s'énamourer d'elle. Nous ne songions alors à régner ni l'une ni l'autre, et les soucis de la politique nous étaient indifférents... Mais, acheva la reine en soupirant, les temps sont bien changés... Les affaires d'un grand royaume absorbent la vie tout entière d'une faible femme, dont toute la force consiste dans son droit.

— Et dans son génie, répliqua Bavolet, avec le sourire d'un courtisan consommé.

— Monsieur, lui dit Elisabeth, je hais la flatterie ; ne me faites point vous haïr.

— Ah! madame, murmura Bavolet d'un ton pénétré, demandez à l'Europe tout entière si j'ai outre-passé la vérité...

— Chut! vous me donneriez de l'orgueil. Ainsi, reprit-elle, cette bonne et charmante Marguerite de France ne m'a point oubliée...

— Ah! madame !...

— Et cette lettre que vous m'apportez...

— J'aurai l'honneur de la remettre demain à Votre Majesté.

— Je vous invite à déjeuner. Nous serons à peu près seuls.

— Oh! oh! pensa Bavolet, je plais fort à la reine, décidément.

Elisabeth répondait par un sourire aux profondes révérences qui l'accueillaient sur son passage, puis elle désignait parfois à son conducteur tel ou tel grand personnage.

Tout à coup elle avisa Hector et Gontran, auxquels Bavolet adressa un léger signe de reconnaissance.

— Ah! dit-elle, voici des visages et des costumes qui me sont parfaitement inconnus.

— Ce sont des gentilshommes lorrains.

— Les connaissez-vous ?

— Je me suis permis, madame, de disposer en leur faveur de la lettre d'invitation que Votre Majesté a daigné me faire remettre pour ceux de ma suite.

— En vérité!... Comment se fait-il donc, monsieur, que vous, qui êtes au roi de France, c'est-à-dire à l'ennemi de la Ligue et de la maison de Guise, vous soyez accompagné par des Lorrains ?

— Ceci, dit Bavolet en souriant, est un mystère de famille... Le roi mon maître, continua-t-il, a daigné, dans mes lettres de créance, exposer sommairement ma généalogie à Votre Majesté.

— Belle généalogie, monsieur, que celle qui remonte aux ducs bretons.

Bavolet s'inclina modestement.

— Or, reprit-il, ces deux gentilshommes sont mes oncles. Ils ont servi la Lorraine en haine du pays de France.

— Je comprends, monsieur.

— Et, comme je veux les ramener à mon roi, j'ai invoqué nos liens de famille pour les contraindre à m'accompagner à la cour de Votre Majesté.

Bavolet fit un signe de la main à Hector et à Gontran, qui s'approchèrent avec respect.

— Messires Hector et Gontran de Dreux, acheva-t-il en les présentant.

— Soyez les bienvenus, messieurs, leur dit la reine avec un sourire.

Puis elle continua son chemin, toujours au bras de Bavolet, laissant les deux gentilshommes qui s'éloignèrent et se perdirent dans un groupe de courtisans.

En ce moment, les préludes d'une valse se firent entendre, et la reine dit à Bavolet :

— Vous devez valser à ravir, monsieur, vous qui venez de la cour de France ?

— J'ai eu pour maître madame Marguerite.

Et l'ambassadeur entraîna la reine aux premières mesures, et tous les regards se portèrent aussitôt sur le couple auguste, guidés par l'admiration, la curiosité ou l'envie. Deux hommes surtout ne le perdirent pas un seul instant de vue, le comte de Leicester, et un homme vieux déjà, mais vert encore et dont la lèvre dédaigneuse et hautaine se crispait en un amer sourire.

— Tenez, disait-il à un comte, regardez ce jeune homme, cet ambassadeur de vingt ans ; il ressemble, à s'y méprendre, à un homme que j'ai connu il y a dix-huit ans. Cependant, celui que j'ai connu n'avait pas d'enfant, et ce jeune homme était né et devait avoir quatre ou cinq ans à l'époque dont je vous parle. Cette ressemblance est bizarre...

— Ah!... murmura distraitement Leicester, vous croyez, milord Bothwell ?

Puis il ajouta avec dédain :

— Cet homme a, du reste, une de ces physionomies vulgaires qui trouvent toujours leur sosie.

— Mais non, comte, vous êtes injuste, M. l'ambassadeur de France est fort beau...

— Ah! vous trouvez?...

Et Leicester enveloppa d'un regard brûlant de haine Bavolet, qui valsait avec une grâce parfaite et sur le bras duquel la reine se penchait et s'abandonnait avec une adorable nonchalance.

Pendant la valse, Hector et Gontran étaient rentrés dans la salle du Trône, et s'étaient approchés du cercle qui se faisait autour de la reine.

Tout à coup Hector tressaillit et serra vivement la main à son frère.

— Regarde!... dit-il.

Regarde cet homme qui cause avec le comte de Leicester, le favori de la reine.

— Eh bien?

— C'est Bothwell!...

En même temps et comme s'il eût senti peser sur lui le regard des deux frères, Bothwell leva la tête, aperçut Hector, et fit un brusque mouvement.

— Qu'avez-vous donc, milord? demanda Leicester.

— Regardez, regardez cet homme!...

— Cet étranger!... murmura le favori. Il ressemble, quoique plus vieux, à M. l'ambassadeur de France. On dirait son père...

— Et sans ce costume, on jurerait, reprit Bothwell, que c'est lui que j'ai connu...

Et il regarda une fois encore Hector qui s'éloignait.

La valse était finie. La reine avait congédié Bavolet et cherché des yeux son favori, qui accourut aussitôt.

— Savez-vous, lui dit-elle, que M. l'ambassadeur de France danse à ravir.

— Ah!... fit dédaigneusement le comte.

— Il est plein d'esprit, continua la reine.

— Vous trouvez?

— Et d'une figure charmante, pleine de finesse et de distinction.

Leicester se mordit les lèvres.

— Votre Majesté voit la vie en rose, ce soir, murmura-t-il; elle trouve les hommes beaux.

— Et vous la voyez en noir, vous, comte, vous les trouvez laids. Ne jetez pas les yeux dans une glace, vous vous sembleriez affreux.

Et la reine eut un cruel sourire qui glaça Leicester et lui apparut comme le présage de sa disgrâce.

Bavolet avait rejoint ses oncles.

— Quittez le bal, maintenant, leur dit-il; je vous ai présentés à la reine, vous n'avez plus rien à faire ici.

— Où te reverrons-nous?

— Chez vous, à la maison de John Leves.

— Quand?

— Cette nuit, dans deux heures. Allez et ayez bon espoir, tout va bien jusqu'ici.

Gontran regarda Bavolet avec un sentiment d'orgueil.

— Tu es superbe d'audace, murmura-t-il.

Et les deux frères s'éloignèrent.

Hector et Gontran traversèrent de nouveau les jardins pour se rendre à White-Hall, et ils atteignirent l'escalier de larges marches de pierre qui descendait au bord de la Tamise.

Mais, sur la première marche de cet escalier il y avait un homme debout, enveloppé dans son manteau, qui se retourna vivement au bruit de leurs pas.

Sa vue fit reculer Hector. Cet homme était Bothwell.

Cependant la surprise et l'émotion indignée d'Hector furent comprimées si rapidement, que Bothwell s'en aperçut à peine; mais il demeura debout, immobile à l'entrée de l'escalier, comme s'il eût voulu leur barrer le passage.

— Pardon, milord, dit Hector en saluant et faisant mine de vouloir passer.

— Un mot, monsieur, répondit lord Bothwell.

— Que puis-je pour le service de Votre Seigneurie?

L'accent d'Hector était froidement poli et parfaitement indifférent.

— Monsieur, reprit le duc, je me nomme lord Bothwell.

— Ah! fit Hector, du ton d'un homme qui entend prononcer un nom pour la première fois.

— J'ai été régent du royaume d'Ecosse et un mariage morganatique me lie à la reine Marie Stuart.

Hector salua comme un homme à qui on révèle subitement la grandeur d'un personnage dont jusque-là il ne s'est point figuré l'importance.

— Mon nom vous est-il inconnu? demanda Bothwell.

— Non, certes, monseigneur; sur le continent, d'où je viens, on parle beaucoup de Votre Grâce.

— Regardez-moi bien... articula lentement Bothwell.

Hector le regarda.

— Ne me reconnaissez-vous point?

— J'ai vu Votre Grâce pour la première fois aujourd'hui.

— En êtes-vous bien sûr?

— Certes, dit naïvement Hector.

— Comment vous nommez-vous?

— Je suis gentilhomme lorrain, d'origine ...etonne, et je me nomme Arthur de Penn-Oll, branche cadette des Dreux, répondit Hector substituant son prénom primitif, celui qu'il avait reçu au baptême, au nom qu'on lui avait donné en Ecosse dans sa famille d'adoption.

— C'est bizarre, répondit Bothwell, j'aurais juré que vous étiez Ecossais.

— Vous seriez trompé, milord; je suis né en Bretagne.

— J'aurais affirmé, en outre, sur mon honneur, que vous vous nommiez Hector.

Hector hocha la tête négativement.

— Figurez-vous, continua Bothwell attachant un regard clair et perçant sur le visage impassible de son interlocuteur, figurez-vous que j'ai connu un soldat aux gardes de la reine d'Ecosse du nom d'Hector qui vous ressemblait d'une façon frappante.

— En vérité! fit Hector avec indifférence.

— A ce point qu'on jurerait que c'est vous-même. Ah! dit Bothwell, c'était un rude et hardi compagnon...

Et le lord regarda attentivement Hector, espérant surprendre sur son visage un éclair d'orgueil. Mais ce visage demeura parfaitement calme.

— Quand je dis hardi, reprit Bothwell, je demeure encore au-dessous de la vérité. Je devrais employer le mot audacieux.

— Oh! oh! fit curieusement le gentilhomme.

— Figurez-vous qu'il eut l'audace inouïe de méditer et d'accomplir le plus hideux des forfaits.

Bothwell s'exprimait lentement et continuait à envelopper Hector de son regard scrutateur. Celui-ci ne sourcilla point et parut attendre que le noble Ecossais lui apprît de quelle nature de forfait il était question.

— Croiriez-vous que, pendant un bal que donnait la reine, il fit sauter la maison où le roi s'était retiré. Il avait fait creuser un souterrain sous la maison; ce souterrain était rempli de barils de poudre; à un moment donné, une longue mèche fut allumée, et, un quart d'heure après, l'explosion eut lieu et la maison sauta, ensevelissant le roi sous les décombres.

— Quel misérable! dit froidement Hector.

— Vous trouvez? demanda Bothwell.

— Si le récit de Votre Grâce est vrai, cet homme est un monstre.

— Vous avez parfaitement raison, répondit Bothwell, un peu déconcerté par le sang-froid d'Hector. Mais, poursuivit-il cependant, ce qu'il y a de plus inouï, c'est qu'il faillit déshonorer la reine... Il eut la perfidie de jeter, dans le souterrain où la poudre avait fait explosion, un gant perdu par cette princesse durant le bal.

Bothwell s'arrêta, espérant que l'indignation forcerait Hector à se trahir. Mais Hector ne bougea pas, et parut attendre la fin du récit.

— Eh bien! continua Bothwell, tout ceci n'est rien encore, et vous allez voir combien cet homme était merveilleux d'audace et de trahison. Il fut traduit devant une cour martiale et à l'échafaud. Son exécution devait avoir lieu le lendemain, au point du jour. J'étais régent du royaume; je devais veiller à la punition du coupable. Redoutant une évasion qu'auraient pu favoriser ses camarades des gardes, dont il était très-aimé, je lui fis passer la nuit qui devait précéder son supplice dans une salle voisine de ma chambre à coucher, et je confiai sa garde à ceux de la garnison dont je me croyais le plus sûr. Eh bien, pendant la nuit, cet homme parvint, je n'ai jamais su comment, à substituer à lui-même mon secrétaire, un bonhomme inoffensif qui s'était couché ivre.

— Corbleu! milord, exclama Gontran, ceci est inouï.

— En sorte que, l'heure de l'exécution arrivée, ce fut mon secrétaire ivre-mort qui monta sur l'échafaud et qu'on décapita, la tête couverte du voile noir des parricides. Quant au vrai coupable, il avait disparu et je ne l'ai jamais revu depuis.

— C'est un grand dommage, dit Hector, avec un calme parfait, un pareil criminel mériterait le plus cruel des trépas.

L'indifférence d'Hector était si grande, que Bothwell se sentait ébranlé et commençait à douter de cette étrange ressemblance. Cependant il voulut tenter un dernier effort.

— Après tout, reprit-il, cet homme avait une excuse.

— Ah! milord...

— Oui, monsieur, une passion terrible, une folie sans pareille avait été, chez lui, le mobile de tant de forfaits accumulés.

— Quelle était donc cette passion, milord?

— L'amour.

— L'amour, dites-vous?

— Oui, il aimait la reine.

— La reine d'Ecosse?

— Elle-même. Et il avait sacrifié à sa haine jalouse l'époux de Marie Stuart.

— Mais ce gant, milord?

— Voilà précisément le point sur lequel je n'ai jamais pu savoir la vérité.

— Comment cela, milord?

— Oui, certes, à première vue, on pouvait supposer et on le supposa, en effet, que ce misérable avait jeté le gant de la reine dans le

souterrain pour faire croire à la culpabilité de cette dernière et écarter les soupçons; mais, d'un autre côté, ne pouvait-il se faire qu'il eût ramassé ce gant dans un bal, ainsi qu'on s'empare d'une relique précieuse, d'un objet qui a appartenu à la femme aimée...
— Et puis? insista Hector.
— Et alors il est possible, si nous admettons cette hypothèse, que le gant qu'il avait caché sous son pourpoint lui aurait échappé tandis qu'il mettait le feu aux poudres, et était demeuré ainsi dans le souterrain comme une accablante preuve de la complicité de Marie Stuart.
— Heuh!... dit froidement Hector, je ne partage point votre opinion, milord, et je soutiens qu'un régicide est capable de tous les forfaits.
Cette fois, Bothwell demeura aux trois quarts convaincu que le gentilhomme lorrain qu'il avait devant lui, malgré cette extrême ressemblance, n'avait rien de commun avec Hector, le soldat aux gardes.
Il allait le saluer et lui souhaiter bonne nuit, lorsqu'un dernier éclair, un dernier espoir de découvrir la vérité lui vint en aide.
— Eh bien, achevez-t-il, croiriez-vous, monsieur, que je cherche cet homme aujourd'hui encore, et que je donnerais tout ce que je possède pour le trouver.
— Singulière fantaisie que vous avez là, milord!...
Bothwell regarda Hector en face.
— Je vous ai dit, monsieur, que cet homme aimait la reine.
— Je le sais, milord.
— Or, vous savez aussi que la reine court un grand danger, un danger de mort peut-être... La haine de madame Élisabeth d'Angleterre est terrible...
Hector ne sourcilla point.
— J'ai, en apparence, séparé ma cause de la cause de Marie Stuart, ma reine et ma femme, mais je travaille activement à la sauver.
— C'est votre devoir, répondit Hector, toujours parfaitement calme.
— Si donc, en ce moment, je trouvais cet homme, cet homme qui aimait la reine et eût donné sa vie pour elle, je lui tendrais les deux mains, je me jetterais à ses pieds, s'il le fallait, et je lui dirais :
— « Voulez-vous agir avec moi? voulez-vous m'aider à l'arracher à ses juges? »
Et l'accent de Bothwell devint suppliant, et il attacha un œil ardent sur Hector.
— En effet, répondit celui-ci, un homme tel que vous nous l'avez dépeint, milord, s'il aimait encore cette reine pour laquelle il a cutassé jadis forfait sur forfait, cet homme-là serait, avec son audace à toute épreuve, d'un grand secours pour Votre Grâce.
Et Hector salua Bothwell, ajoutant :
— Je vous demande mille pardons, milord, mais il est deux heures du matin; nous nous sommes un peu oubliés la nuit dernière *inter pocula*, comme dit le poëte Horatius, et nous éprouvons le besoin d'appeler les pavots du dieu Morphée, ainsi que dirait madame Marguerite de France, par exemple.
Les deux frères saluèrent de nouveau et laissèrent Bothwell immobile et rêveur en haut de l'escalier.
Le duc demeura là, pensif et absorbé en une sorte de prostration pendant quelques minutes, et il fut rejoint peu après par un nouveau personnage qui lui secoua le bras disant : — Eh bien, milord.
— Ah! c'est vous.
— Moi-même. Que faites-vous donc là?
— Je suis sous le poids de l'émotion la plus étrange qu'on puisse ressentir.
— Comment cela?
— Vous souvenez-vous de cet Hector qui aimait la reine, à Edimbourg?...
— Que vous accusâtes de cette peccadille dont nous étions les auteurs, et qui faillit payer nos fredaines de sa tête?
— Précisément, milord.
— Et qui, aidé de mystérieux compagnons, fit exécuter votre secrétaire en son lieu et place.
— Oh! le hardi jeune homme...
— Malheureusement il se trompa; c'était à vous qu'il destinait le billet.
— Je le sais bien, milord. Figurez-vous qu'il y avait dans le bal, tout à l'heure, un homme qui lui ressemblait d'une façon si surprenante, que j'ai couru après lui et l'ai abordé; je l'ai questionné... j'ai employé tous les moyens pour lui faire dire : « Hector, c'est moi! » et je n'ai pu y parvenir. Il m'a répondu qu'il était un gentilhomme breton au service de la reine, et il est demeuré parfaitement calme, lorsque je lui ai dit qu'Hector était un traitre et un régicide, et qu'il avait voulu déshonorer la reine.
— C'est qu'alors, mon cher duc, le gentilhomme lorrain et Hector sont deux hommes distincts.
— Puissiez-vous dire vrai, milord!
— Et quand il n'en serait point ainsi, après tout?
— Ah! dit Bothwell frissonnant, si cet Hector vit encore, il aime toujours Marie Stuart.
— Bah!... Depuis vingt ans...
— Un amour pareil ne s'éteint pas. Et s'il l'aime... il tentera tout pour la sauver, il bravera les plus grands périls, il bouleversera

le monde pour l'arracher à Élisabeth. Cet homme est un démon de génie et d'audace.
— Ce serait difficile, milord.
— Mais non impossible. Vous savez bien cependant, ajouta Bothwell avec son hideux sourire, qu'il faut que Marie Stuart meure pour que je devienne roi d'Écosse.

XVI. — COMMENT BAVOLET DÉVELOPPA SA POLITIQUE.

Hector et Gontran traversèrent de nouveau la Tamise, et attendirent Bavolet dans la maison qu'ils habitaient au bord de l'eau. Bavolet ne tarda point à les rejoindre, et il entra, enveloppé dans un grand manteau de couleur muraille, dont il avait soigneusement ramené les plis sur son visage, après avoir arraché la plume blanche qu'il portait à son feutre.
— Par le messe! s'écria Gontran, à sa vue, tu es de parole, monsieur l'ambassadeur.
— Toujours, mon oncle, répondit Bavolet en leur tendant la main à tous deux et se débarrassant de son manteau. Je vous avais promis d'être à Londres sous dix jours, j'y suis depuis hier, et je n'ai point voulu vous voir sans qu'il me fût possible de vous dire ce que nous devions espérer, ce que nous devions craindre.
Bavolet fit un signe à Gontran, et alla s'assurer que les environs de la maison étaient déserts, et en ferma la porte avec soin.
— Vous le voyez, reprit Bavolet, j'ai pris un rôle assez convenable pour avoir quelque influence à Londres. Je suis ambassadeur du roi de France, et, à cette heure, je tiens déjà une partie des fils de l'intrigue infâme qui enveloppe la reine d'Écosse.
— Et... demanda Hector d'une voix qui tremblait, qu'espères-tu ?
— Tout et rien.
Les deux frères se regardèrent.
— Tout, reprit Bavolet, si mon premier pas réussit, si j'arrive au but que je me suis fixé d'abord... rien dans le cas contraire.
— Quel est ce but?
— Diable! messieurs mes oncles, vous êtes impatients de savoir; patience! s'il vous plaît. Pour que vous le sachiez et le compreniez, il est nécessaire que j'entre en d'assez longues explications.
Bavolet s'assit et prit l'attitude d'un homme certain par avance de la religieuse attention de son auditoire.
— Figurez-vous, dit-il, que la haine de madame Élisabeth pour la reine d'Écosse puise sa source en toute autre cause que la politique.
— La jalousie! murmura Hector.
— Oui, vous dites vrai, mon oncle; mais vous ignorez la cause première de cette jalousie.
— Nullement. Marie Stuart est plus belle.
— Ceci serait une grave erreur à soutenir, mon oncle... D'abord Marie Stuart a quarante ans; Élisabeth, trente-cinq à peine.
Hector se mordit les lèvres.
— Ensuite, reprit Bavolet, je soutiens, moi qui n'ai jamais vu la reine d'Écosse, qu'il est difficile, impossible même, de rencontrer femme plus belle que madame Élisabeth.
— Une beauté froide et cruelle...
— Allons donc! elle ne vous a jamais souri, mon oncle; car s'il en était autrement, vous la jugeriez avec moins de sévérité... Cette terrible reine a le sourire ingénu et charmant de la première jeunesse. Mais si nous entamons une discussion sur les divers genres de beauté, nous n'arriverons jamais à savoir pourquoi la haine d'Élisabeth pour sa cousine est si profonde.
— Parle, dit Gontran, nous t'écoutons.
— Lorsque Marie Stuart, chassée de son royaume, grâce aux intrigues de l'infâme Bothwell, son mari, qui voulait régner seul; lorsque Marie Stuart, dis-je, vint se constituer prisonnière de la reine d'Angleterre et lui demander des juges, cette dernière envoya à sa rencontre son favori, le comte de Leicester. Le comte est un homme léger et qui mûrit peu ses paroles : il trouva la reine d'Écosse fort belle, et il eut la maladresse de l'avouer hautement; il soutint même en public sa beauté égale celle de madame Élisabeth.
— Ah! fit Gontran, je commence à comprendre.
— Or, Élisabeth avait ardemment Leicester. Elle conçut une haine si violente contre la reine d'Écosse et un dépit jaloux si vif pour Leicester, qu'elle faillit disgracier ce dernier. Elle lui pardonna; mais elle n'a point pardonné à Marie Stuart d'avoir, pendant quelques heures, occupé l'esprit et l'attention de son favori; elle ne lui pardonnera qu'en un seul cas.
— Lequel?
— Celui où elle n'aimerait plus Leicester.
— Et pour cela?...
— Il faudrait qu'elle en aimât un autre.
Hector et Gontran regardèrent Bavolet avec surprise.
— Ne vous étonnez pas, leur dit-il, de me voir si bien informé; je tiens tout cela d'un homme que le hasard a fait mon ami, sir Williams Raleigh, un beau gentilhomme, tout aussi épris de la reine que Leicester lui-même, mais moins maladroit, j'imagine, puisqu'il n'a pas le désavantage incalculable d'arriver le premier. Sir Williams a vingt-six ans; il commande une frégate de la reine, celle qui m'a

transporté en Angleterre. C'est un fort beau cavalier, plein de bravoure et de hardiesse en face des galères espagnoles, timide et rougissant en présence des femmes. La reine aimerait sir Williams, si elle n'aimait Leicester; elle l'aimera, si Leicester tombe. De la chute de celui-ci dépend le salut de Marie Stuart. L'histoire de sir Williams est assez romanesque. Il est Irlandais d'origine; il était marin à douze ans. La reine, alors princesse héritière, fit un voyage presque incognito dans la verte Erin, et elle prit passage, avec une suite peu nombreuse, sur un navire du roi son père, où sir Williams remplissait les juvéniles fonctions de midshipman. Sir Williams aperçut la princesse pour la première fois pendant la nuit qui suivit son embarquement. Il la trouva appuyée au bastingage et rêvant au clair de lune, et il en devint subitement amoureux. La princesse voyageait sous le nom de comtesse de Spry. Williams ignorait son origine, et il osa lui avouer cet amour qu'un rayon de l'astre des nuits et un souffle de brise marine avaient suffi à faire germer dans son cœur. Elisabeth l'écouta sans colère et se contenta de lui dire : — Vous n'avez pas quinze ans, et j'en ai vingt-trois : vous êtes fou.

— La folie est incurable, répondit-il.

— Eh bien, fit-elle avec un sourire, j'espère votre guérison. Dieu est grand.

Dix ans s'écoulèrent, sir Williams n'avait pas revu Elisabeth, mais il avait appris qu'elle était reine, et cependant il l'aimait toujours... Il la revit un soir à White-Hall, et il devint si pâle à cette vue, que la reine alla à lui, et lui dit :

— Si la comtesse de Spry avait parlé de vous à la reine, et que la reine vous donnât le commandement de son plus beau navire, accepteriez-vous?

— Oui, répondit sir Williams, surtout si la comtesse de Spry devait revenir à mon bord.

— Peut-être... murmura la reine avec un sourire qui donna le vertige à sir Williams.

Cependant Elisabeth aimait déjà Leicester; Leicester était jaloux comme un tigre, jaloux de l'amour de la reine, jaloux de sa faveur; il devina un rival en sir Williams, et Williams reçut l'ordre d'aller prendre le commandement de sa frégate et de rallier l'escadre anglaise qui bloquait les ports espagnols.

Sir Williams n'a revu la reine, qu'une seule fois, un jour où Sa Majesté est allée visiter un port de la Manche, où le navire du jeune capitaine était à l'ancre. Sir Williams avait d'Ecosse; il avait été présenté à la reine Marie Stuart.

— On dit ma sœur d'Ecosse bien belle? lui demanda Elisabeth.

— Je ne sais, répondit sir Williams; je n'ai vu qu'une femme qui le soit réellement, et cette femme n'était pas reine.

— Ah! murmura Elisabeth pensive.

— Du moins, acheva sir Williams en rougissant, elle ne l'était pas encore, et pour ceux qui l'admiraient, la flatterie et l'ambition étaient hors de cause. Ces paroles firent battre violemment le cœur de la reine. Si elle n'eût aimé Leicester, sir Williams aurait fort bien pu s'éveiller, le lendemain, grand amiral de ses flottes... Et si elle eût aimé sir Williams, demeurée indifférent à la beauté de la reine d'Ecosse, au lieu d'aimer Leicester qui admira si fort cette beauté, Marie Stuart ne serait en péril de mort, acheva Bavolet.

Puis, après une légère pause, il reprit :

— Quand je suis parti de France, j'avais deux lettres qui devaient me faire bien accueillir à Londres. La première m'avait été donnée à Blois par madame Marguerite; la seconde à Saint-Cloud par le roi. Ces deux lettres, purement confidentielles et tout intimes, étaient adressées, l'une à madame Elisabeth, l'autre au comte de Leicester, que mon roi Henri avait beaucoup connu jadis. Je me servirai de la première, je n'aurai garde d'user de la seconde.

— Pourquoi? demanda Gontran.

— Parce que, si je veux sauver la reine d'Ecosse, il faut que je perde Leicester.

— Comment le perdre?

— En détachant la reine de lui.

— Mais elle l'aime...

— Ne peut-elle pas en aimer un autre?

— Oui, sir Williams, dit Hector.

— Ce serait difficile, si ces deux hommes étaient seuls en présence. La reine aime la reine depuis dix ans, il est vrai; mais il est fort rare qu'un amour de dix années soit jamais écouté au bout d'un laps de temps aussi long, si le destin ne s'en mêle.

— Ah!...

— Je serai le destin, reprit gravement Bavolet.

— Toi?

— Moi-même. La reine est femme; elle est coquette, je me suis mis en tête de la séduire.

Gontran regarda Bavolet avec admiration.

— Je lui plais fort, à la reine, continua le jeune ambassadeur avec un grain de fatuité; je suis persuadé que, si je lui narrais un conte, elle écouterait au moins la moitié avec un plaisir extrême.

Et Bavolet eut un fier sourire.

— Or, mon conte ne serait pas à moitié que Leicester aurait déjà perdu la tête. Un homme qui perd la tête entasse sottises sur sottises;

je ne lui donnerais pas dix jours pour manquer de respect à sa souveraine et ruiner sa faveur de cinq années en une heure...

— Et alors?... fit Hector anxieux.

— Alors, si je ne parlais de moi, et c'est peu probable, car vous le savez, j'aime ailleurs, je parlerais de sir Williams...

Hector frissonna d'espérance.

— Et la reine d'Ecosse trouverait grâce alors devant ses juges; car, n'aimant plus Leicester, mais sir Williams, Elisabeth ne serait plus jalouse.

— Ventre-de-biche!... comme dit le duc de Mayenne, s'écria Gontran, le roi de France a fort bien fait, monsieur mon neveu, de vous nommer son ambassadeur : vous entendez la diplomatie à merveille.

— J'ai été à bonne école, répondit modestement Bavolet. Or, messieurs mes oncles, écoutez-moi bien, de grâce; la vie de Marie Stuart tient à un fil. Un homme a juré sa perte : c'est lord Bothwell, qui veut être roi; il fera disparaître le fils après avoir fait tomber la tête de la mère; un autre homme consommera cette perte, c'est Leicester. Ce n'est ni votre épée ni votre dévouement qui peuvent sauver la reine : la ruse seule y peut parvenir, un seul homme la peut employer; cet homme c'est moi. Ayez confiance et bon courage; puis, demain, venez au palais Buckingham, qu'on m'a assigné pour demeure, et quittez vos déguisements et la cabane de John Leves le pêcheur. Adieu...

Bavolet se leva et descendit sur la berge en sifflotant une chanson de pêche que sir Williams chantait sur le gaillard d'arrière de sa frégate pendant les nuits étoilées de l'Océan, tandis qu'il rêvait avec mélancolie de cette reine qu'il aimait!...

XVII. — LA SCIENCE EN AMOUR ET LA SCIENCE EN POLITIQUE; DISSERTATION DE PHILOSOPHIE QUI EUT LIEU ENTRE BAVOLET ET MADAME ÉLISABETH.

A midi précis, le lendemain, la reine Elisabeth se trouvait dans son oratoire, seule avec son page Arthur.

Arthur était un charmant enfant de quatorze ans, brun, svelte, les cheveux abondants et noirs, les mains fines et blanches, et de la plus ravissante tournure que page eût eue jamais dans son pourpoint cerise à crevés de soie blanche et la culotte de velours bleu de ciel.

Arthur était l'enfant d'un baron des frontières, un de ces seigneurs féodaux préposés à la garde des Marches du royaume, d'où leur venait en France le titre de marquis, en Allemagne celui de markgrave. Il avait passé sa première enfance au pays des monts Cheviot, et l'air pur et vif des montagnes avait développé sa taille et ses membres, et imprimé à son visage cette virilité juvénile, ce cachet d'audace tranquille qui caractérise les fils des hautes régions en tout pays.

A douze ans, son père l'envoya à Londres servir dans les pages de la reine; il y avait donc deux années environ qu'il était attaché à madame Elisabeth, qu'il aimait avec le respectueux dévouement d'un jeune frère pour sa sœur aînée.

L'affection d'Arthur pour la reine tenait à la fois de la fidélité du lévrier et de la fierté de son étalon de race. Soumis pour elle, il était hautain et presque indomptable pour les autres. Il arrivait souvent que madame Elisabeth, qui aimait fort son page, était obligée d'employer toute la coquetterie d'une mère pour apaiser les ressentiments enfantins d'Arthur contre tel ou tel grand seigneur ou favori insolent qui s'était permis de le traiter avec importance.

Dans ces cas-là, — et ils se renouvelaient souvent, — le fier enfant repoussait au fourreau sa dague à moitié dégainée.

Le courtisan pour lequel Arthur nourrissait la plus secrète aversion était sans contredit Leicester. Etait-ce jalousie, ou plutôt une sorte de honte intérieure, de pudeur blessée ou vague sentiment des devoirs d'une reine qui lui faisait reprocher à la sienne de descendre jusqu'à l'amour d'un simple sujet?

De son côté, Leicester, naturellement jaloux de quiconque approchait la reine, Leicester, disons-le, exécrait Arthur et ne le ménageait souvent que parce qu'il savait bien que la reine n'entendait point qu'on touchât à son page.

La reine était donc seule avec son page dans son oratoire, à midi précis, le lendemain du bal donné à White-Hall.

Arthur était assis sur un coussin à côté d'un magnifique lévrier d'Ecosse dont il caressait les longues soies lustrées et noires.

La reine était debout, appuyée à une console, une main posée sur son front et dans l'attitude rêveuse qu'affectionnent les femmes aux heures où elles oublient les soucis de la vie pour songer à leurs amours.

Elle était vêtue de noir, sa robe traînante couvrait le parquet derrière elle. Ses cheveux d'un blond fauve aux reflets d'or descendaient en boucles pressées et confuses sur ses épaules couvertes d'une simple collerette unie et non point de cette fraise empesée, comme nous la représentent les portraits du temps.

N'eussent été deux rides presque imperceptibles qui partaient de ses tempes et se joignaient sur son front, Elisabeth eût pu soutenir la comparaison avec une femme de vingt ans, tant elle était jeune d'apparence et belle entre toutes.

En ce moment les soucis de la politique semblaient lui être étrangers. Une vague inquiétude perçait dans son regard; elle considérait

Henri IV était dans sa tente, assis devant une table. (Page 47.)

alternativement un portrait de Leicester placé dans un angle obscur de l'oratoire, et les allées ombreuses du parc de White-Hall, comme si elle eût espéré y voir apparaître dans la grande avenue un personnage attendu avec impatience. Tout à coup un chambellan souleva une portière et annonça : — Son Excellence l'ambassadeur de France.

La reine tressaillit et se retourna vivement. Bavolet était sur le seuil, et de son clair regard il avait embrassé tout l'oratoire et aperçu le portrait de Leicester.

— Bon ! pensa-t-il, il n'y a que les Anglais pour tout oser... Voici une reine qui se soucie peu de l'opinion, et qui place dans son boudoir l'image de son amant.

Puis il s'avança, fléchit le genou, et baisa la main blanche et rosée que lui tendit Élisabeth, selon la mode anglaise.

— Vous êtes d'une ponctuelle exactitude, monsieur l'ambassadeur, dit elle.

— Oserait-on faire attendre Votre Majesté ?

Elle remercia d'un sourire.

— Savez-vous, dit-elle, que je ne vous ai invité à déjeuner que pour dépouiller ma royauté pendant quelques heures ?

— Dois-je oublier, madame, que je suis ambassadeur ?

— Oubliez-le.

— Je demeure le plus obéissant et le plus humble serviteur de Votre Majesté.

— Soit. Je vais vous mettre à l'épreuve.

— Parlez, madame, j'obéirai.

— Ne soyez point courtisan.

— Votre Majesté me permettra de lui faire observer que je ne le suis nullement.

— Mais, beaucoup trop, au contraire, monsieur.

— Pardon, Votre Majesté vient d'abdiquer pour deux heures, elle n'a donc plus de courtisans, et à la femme seule s'adressent mes respectueux hommages.

Le compliment de Bavolet fut goûté... La reine remercia du regard.

— Oui, reprit-elle, je veux abdiquer, et savez-vous pourquoi ?

— J'écoute Votre Majesté.

— Je veux oublier mon royaume et mes soucis, et songer à ma jeunesse, à mes bonheurs d'autrefois, à mon amitié pour cette bonne et charmante Marguerite de Valois dont vous m'apportez des nouvelles. Nous parlerons du pays de France, de Paris, où je suis allée, il y a bientôt dix-huit ans. Le roi Charles IX régnait, madame Marguerite n'avait pas encore épousé le roi de Navarre, et les querelles de religion ne brouillaient point alors les princes et les peuples. C'était une fête éternelle à la cour de France. Madame Catherine, la reine-mère, y avait attiré tout ce que l'Italie possédait de grands artistes et de beaux esprits. C'était aussi l'ère des poètes. Maître Ronsard et le roi Charles IX travaillaient ensemble à composer des rondeaux et des sonnets d'une tournure fort galante. Messire de Bourdeille, abbé de Brantôme, écrivait de beaux livres où il célébrait les femmes, ne pouvant plus faire que cela pour leur service ; car, m'a-t-on dit, ajouta la reine en souriant, il ne se souciait de plumes ni de parchemins au temps où il les pouvait servir de sa personne. Le roi Henri VIII, mon père, m'avait envoyée à la cour de France pour y étudier votre langue et les belles manières de votre pays, qui sera toujours le maître en galanterie des pays du monde... Je m'y amusais fort, à Paris... Madame Marguerite avait un talent merveilleux pour faire succéder les heures aux heures, sans la moindre lassitude pour ceux qui vivaient auprès d'elle. Aussi, lorsque je me souviens de cet heureux temps, je rajeunis et n'ai plus nul souci. Mon bonheur le plus grand est d'en parler sans cesse. Malheureusement mes sujets n'ont pas toujours l'esprit fort agile ; ils boivent de l'ale, une boisson qui alourdit le cerveau ; ils sont fort puritains à l'endroit de la religion et des mœurs ; le papisme est pour eux un monstre, une chimère terrible qu'ils croient voir en toutes choses et rencontrent en toute occurrence. Quelques-uns se montrent fort scandalisés de cette nouvelle danse qu'on nomme la valse, et, pas plus tard que la nuit dernière, à mon bal, quelques vieux lairds des montagnes ont prétendu que leur reine manquait de dignité.

Le casque tomba et l'adversaire du roi resta tête nue. (Page 50.)

— Heureusement, interrompit Bavolet, que tous les seigneurs de a cour de Votre Majesté ne sont point aussi farouches.

— Peuh!... fit la reine.

— Quelques-uns même sont les plus galants cavaliers, les hommes les plus accomplis qu'on puisse voir.

— Vous trouvez, monsieur?

— Tenez, par exemple, le comte de Leicester...

— Une tête folle!... murmura la reine en tressaillant.

— Oui; mais un cœur chevaleresque, dit-on.

— Le dit-on réellement?

— Dame !... fit naïvement Bavolet, son regard, son attitude, son geste, attestent suffisamment qu'en lui bon sang ne peut mentir.

La reine ne répondit rien.

— Il est jeune, beau, élégant; il doit être spirituel.

— Oui... assez... murmura Elisabeth, sur un ton qui signifiait : « On pourrait trouver mieux à la rigueur. »

Bavolet savait son code galant sur le bout du doigt, et le Béarnais, son premier maître, lui avait appris que le meilleur procédé pour ruiner un homme dans le cœur et l'esprit de sa maîtresse, consiste à faire de lui un éloge exagéré.

— Monsieur l'ambassadeur, reprit la reine avec un mouvement d'impatience qui laissait deviner combien Leicester l'occupait peu à cette heure, voulez-vous m'offrir votre main, nous allons déjeuner en tête à tête et boire du thé vis-à-vis l'un de l'autre, comme de vrais amoureux.

— Hélas! murmura Bavolet en lui jetant un tendre regard, Votre Majesté me fait une plaisanterie bien cruelle.

— Par exemple !

— Votre Majesté en jugera par l'apologue oriental suivant que je tiens d'un médecin arabe qu'affectionnait fort madame Marguerite...

— Voyons l'apologue, monsieur. Mais d'abord conduisez-moi et mettons-nous à table. Arthur, mon cher page, nous servira.

La reine fit passer Bavolet dans une petite salle voisine où une table de deux couverts était dressée avec cette opulente simplicité qui caractérise les mœurs anglaises, et Arthur, le beau page, comme elle le nommait, se tint debout derrière le fauteuil de sa royale maîtresse.

— Maintenant, dit-elle en servant elle-même Bavolet, veuillez me conter cet apologue, monsieur.

— Il est fort court, madame.

— Qu'importe ! mesure-t-on l'esprit à l'étendue?

— Permettez-moi de renvoyer ce compliment au médecin arabe. Je ne suis que son traducteur.

— Soit! j'écoute...

— Au temps où il y avait des sultanes et des sultans, des génies bons et mauvais et des fées par toute la terre, madame, il existait une sultane du nom de Namouna.

— Nom charmant, je vous assure.

— Namouna était la plus belle femme de son siècle, et elle eut le bonheur de ne point vivre en celui-ci.

— Et pourquoi cela, monsieur?

— Parce qu'elle eût été forcée d'abdiquer cette royauté de la beauté, répondit Bavolet en s'inclinant.

— Monsieur, interrompit Elisabeth, c'est l'apologue qu'il me faut, et non des flatteries exagérées. Songez-y.

— Namouna était donc, reprit Bavolet, la plus belle femme de son siècle : le sultan son époux était mort, et elle gouvernait elle-même son empire. Bon nombre de princes sollicitaient sa main, elle le refusait impitoyablement.

— Et elle avait raison, observa la reine.

— Parmi ses sujets, plusieurs étaient amoureux d'elle, à ce point que, lorsqu'ils en étaient arrivés à désespérer de leur guérison, ils s'attachaient une pierre au cou et s'allaient noyer sans bruit, en répétant ce doux nom de Namouna. Or, parmi les courtisans et les seigneurs de la cour, il y avait un jeune page chez qui la raison avait devancé l'âge, et qui, en garçon prudent et avisé, voulant vivre encore et ne point se noyer, ne regardait jamais la sultane et mettait tous ses soins à n'en point devenir amoureux.

— L'impertinent!... murmura la reine en souriant.

— Namouna fit exactement la même réflexion que Votre Majesté, madame.

— Vraiment.

— Et, piquée de l'indifférence du page, elle lui dit un jour :

« — Saëb, mon mignon, me trouverais-tu laide, par hasard?

« — Non, certes, Majesté, répondit-il; mais je vous regarde le moins que je peux.

« — Et pourquoi?

« — Parce que je ne me veux point noyer, répondit-il.

« — Enfant! dit Namouna, ceux qui se noyaient savaient que je ne les aimerais jamais.

« — C'est comme moi.

« — Qu'en sais-tu?

« Ces mots firent tressaillir Saëb. Il leva ses yeux noirs sur Namouna, les tint arrêtés longtemps sur son visage rayonnant de beauté et de jeunesse, et lorsqu'il les baissa, il était, comme les autres, tout à en mourir.

— Et Namouna?

— Namouna, madame, avait simplement voulu se réjouir aux dépens du page. Saëb la suivit pas à pas et comme son ombre, pendant quelques jours, espérant un regard, attendant un sourire...

« Mais Namouna ne le regarda point, et ses lèvres demeurèrent sérieuses et sévères.

« Alors Saëb fit comme les autres; il alla chercher sa pierre et gagna, à la brune, la prochaine rivière, où son esprit, depuis lors, nage sans cesse entre deux eaux, disent les poètes, et répète d'une voix triste et mélancolique :

« — Namouna... Namouna... »

— Que pensez-vous, madame, de mon apologue?

— Je pense, murmura la reine d'une voix légèrement émue, que Namouna fut sottement cruelle. Qui sait si son empire, ses trésors, tout ce qui l'environnait et faisait son orgueil valait l'amour du mignon Saëb?

— Oh! oh!... pensa Bavolet, ceci équivaut à une déclaration de guerre. A nous deux, comte de Leicester!

— Oui, reprit la reine, je soutiens mon dire, Namouna eut tort.

— Pardon, madame, observa Bavolet, j'ai peut-être oublié de mentionner dans mon récit, que la belle sultane était exclusivement occupée des affaires de son empire, et que la politique l'avait toujours tellement absorbée, qu'elle ne songeait nullement à l'amour.

— Ah! la politique... soupira Elisabeth du ton de celui chez qui on évoquerait le plus grand chagrin des souvenirs; ah! la politique l'absorbait?... Alors je la blâme un peu moins et la plains davantage. Cependant elle eut tort; car si cela est possible, l'amour est d'un grand secours quand il vient en aide à ceux que la politique occupe.

— Si vous consultiez un homme d'État, madame, il hausserait les épaules au seul nom de l'amour, de même qu'un poëte accueillerait d'un sourire de mépris le mot de politique; puis, si du poëte et de l'homme d'État vous passiez à un philosophe et lui demandiez son avis, celui-ci vous répondrait :

« — En ma qualité de philosophe, je crois médiocrement à l'amour et je fais peu de cas de la politique; par conséquent, mon embarras, après tout, que l'un ou l'autre se disputent vos facultés intellectuelles; mais je vous affirme, comme la plus incontestable des vérités, qu'il n'est point possible à l'espèce humaine de mener de front ces deux passions si opposées. »

— Le philosophe aurait raison peut-être, dit la reine.

— Je prétends qu'il se tromperait, madame.

— Comment cela, monsieur?

— Par une raison toute simple, c'est que l'amour n'est que de la politique.

— Le paradoxe est charmant.

— Ce n'est point un paradoxe.

— Par exemple!

— Jugez-en vous-même, madame. Pensez-vous qu'il soit plus difficile à un vaillant général de prendre d'assaut une ville forte, qu'à un homme sérieusement épris de conquérir le cœur de la femme qu'il aime?...

— Oui et non.

— Si vous le voulez, tranchons le différend par une concession mutuelle, et daignez m'accorder que les deux entreprises présentent des difficultés.

— Je vous l'accorde.

— A merveille. Or, s'il est malaisé de prendre une ville, il est plus malaisé encore, cette ville conquise, d'y établir une solide garnison et de la conserver.

— C'est, du moins, l'avis des gens de guerre.

— De même, continua Bavolet, il est plus difficile, sans contredit, de conserver un cœur que de le conquérir.

— Ah! dit la reine en souriant, vous croyez?

— J'en suis convaincu.

— Entre nous, monsieur l'ambassadeur, dit la reine d'un ton confidentiel, vous me paraissez très-versé dans les choses de l'amour.

— Presque autant que Votre Majesté dans celles de la politique.

— Est-ce à dire, monsieur, que je n'entende rien à l'amour?

— Non point précisément, madame; mais Votre Majesté est trop grande reine pour avoir le temps d'aimer...

— Peut-être...

— Et d'ailleurs, Votre Majesté ne saurait être en désaccord avec elle-même.

— Comment l'entendez-vous?

— Ne me disait-elle point tout à l'heure qu'elle donnait pleinement raison au philosophe?

— Ah! c'est juste. Cependant il n'est pas de règle sans exception.

— D'où on pourrait conclure, observa finement Bavolet, que la théorie est bonne pour deux, et non pas un.

— Vous devinez à demi-mots.

— Votre Majesté me permet-elle de revenir à ma théorie?

— Je vous écoute.

— Je vous disais donc, madame, qu'il était fort difficile de conquérir un cœur, et plus difficile encore de le conserver.

— En vérité!

— L'homme est généralement maladroit et sottement orgueilleux. Le succès l'enivre et trouble sa raison; il n'est jamais aussi sûr de sa force que le jour où commence sa faiblesse. Ce qu'il implorait à genoux naguère, il le demande alors avec l'assurance d'un vainqueur; il se montre hautain, jaloux, soupçonneux; il essaie de se poser en dominateur...Tout lui porte ombrage en apparence, mais, en réalité, ses emportements et ses colères ne sont chez lui que simulés, et comme un moyen de faire valoir sans cesse les droits qu'on a bien voulu lui accorder.

Et, en parlant, Bavolet regardait distraitement le portrait de Leicester, comme s'il eût voulu rappeler à la reine que, la veille, à son bal, son favori s'était montré pâle d'irritation et de la plus sotte et plus méchante humeur en la voyant danser avec lui, Bavolet.

— Ce que vous dites est parfaitement juste, monsieur, répondit Elisabeth, qui surprit la direction des regards de l'ambassadeur; mais saurait-on aimer autrement?

— Je le crois, madame.

— Eh bien!... demanda-t-elle en souriant, comment... aimeriez-vous?...

— Moi, dit Bavolet avec mélancolie, je voudrais appliquer à mon amour, si j'étais assez insolemment heureux pour conquérir le cœur dont nous parlions tantôt, toutes les ruses de la politique, passer mes heures à étudier le caractère, les goûts, les inclinations de la femme qui m'aimerait, et à régler ainsi ma propre conduite.

— Pensez-vous que l'amour puisse raisonner aussi froidement?

— Pourquoi pas?

— Hum! murmura la reine, chez vous, Français, peut-être, mais chez nous...

— Pourquoi, en tout pays, n'aimerait-on pas avec esprit?

— C'est juste.

— Et si on aime avec esprit, est-ce donc bien difficile d'être chaque jour aussi éloquent, aussi persuasif, aussi épris que le jour où on a triomphé?

— Vous avez raison, dit la reine; et je conviens que bien des amants se perdent et se ruinent dans l'esprit d'une femme pour avoir oublié votre maxime.

— Bon! pensa Bavolet, voici qui est à l'adresse de Leicester... Je demande trois jours au plus pour mortifier ce cher comte et le rendre méconnaissable.

Puis il reprit tout haut :

— Il y a, dit-on, deux façons d'aimer. L'une ressemble fort à la politique, c'était celle dont je vous parlais tout à l'heure, madame; et c'est la plus difficile, sans contredit; car après avoir été assiégeant on devient assiégé, ce qui est la plus critique des situations.

— Et quelle est la seconde façon? demanda la reine.

— Elle consiste à ne jamais triompher, répondit imperturbablement Bavolet.

— Vraiment! exclama Elisabeth en souriant; celle-là est au moins originale.

— D'accord; mais elle a son mérite.

— Je ne saurais le deviner.

— Voulez-vous me permettre un exemple, madame?

— Volontiers.

— Un homme et une femme se rencontrent un jour fortuitement, pendant une nuit d'orage, au soir d'une bataille, au milieu d'un bal, sur le pont d'un navire, n'importe où...

A ce dernier mot de navire, la reine tressaillit.

— Un de ces regards magnétiques dont la puissance mystérieuse demeurera toujours inexplicable s'est échangé entre eux; l'homme devient amoureux sur-le-champ, il s'avoue presque aussitôt que, pour être aimé de cette femme, il ne serait sacrifice immense qu'il ne fût prêt à faire, péril inouï qu'il ne bravât. Cet homme se sent à l'instant même assez de force, assez d'audace, assez d'audace, pour conquérir l'univers et le mettre à ses pieds. Puis l'heure passe, l'orage se dissipe, la nuit vient, le bal éteint ses harmonieuses rumeurs, le navire touche la terre, et ils se séparent. Si l'homme dont je parle à Votre Majesté prêtait l'oreille une seconde de plus au violent amour qui vient d'éclore en son cœur, il s'attacherait aux pas de cette femme et se ferait son ombre ; mais un éclair de raison illumine son cerveau troublé, sa pauvre tête qui s'égare...

— Ah! interrompit la reine, qui pressentait comme une allégorie des plus transparentes dans le récit de Bavolet, il raisonne donc aussi ce second amour qui dédaigne le triomphe ?

— Madame, répondit Bavolet, si l'amour ne raisonnait pas quelquefois, il ne serait plus qu'une folie ; or, la folie est une maladie et non une passion.

— Ceci est parfaitement logique. Continuez, monsieur.

— L'éclair de raison lui a permis de mesurer la distance ou les obstacles qui le séparent d'elle. Elle est princesse, reine peut-être ; il est simple gentilhomme ; ou bien la différence de culte existe entre eux, ou bien encore...

— Très-bien, interrompit la reine, je devine d'avance toutes les difficultés qui peuvent surgir.

—Alors, cet homme, se prenant à songer qu'il ne peut descendre jusqu'à lui sans humilier sa fierté ou renier ses croyances, ou bien encore fouler aux pieds de saintes affections, cet homme qui aime assez ardemment pour ne point vouloir que cette femme éprouve une torture, une souffrance, la plus légère douleur pour lui et par lui, cet homme demeure immobile tandis qu'elle s'éloigne, au milieu du bal désert, ou sur le pont de ce navire qui reprend la haute mer, et alors, attachant son regard sur une étoile qui brille au firmament, parmi les sombres nuages que la tempête roulait naguère, il se dit :

« — Je l'aimerai comme j'aimais cette étoile polaire, notre premier amour à nous enfants de la mer ; — je songerai à elle en contemplant cet astre du Nord ; à lui j'adresserai les vœux, les prières et les tendres aveux que je lui eusse faits à elle ; — je la confonds désormais avec cette étoile, je les aimerai toutes deux d'un seul et unique amour qu'elle ignorera à jamais, et si j'ai le bonheur de pouvoir un jour donner ma vie pour elle, elle ne le saura point, car j'aimerais mieux mourir mille fois que lui occasionner un remords ou une tristesse... »

Bavolet s'exprimait avec cet enthousiasme qui va si bien à la jeunesse, et sa voix avait ce timbre frais et un peu ému de l'adolescence qui hasarde son premier aveu. Il était charmant ainsi, et la reine, après l'avoir regardé, leva les yeux sur le portrait du brillant comte de Leicester, et trouva celui-ci vulgaire et presque laid.

— Mais, monsieur l'ambassadeur, observa-t-elle, légèrement émue à son tour, en tout ceci que devient la femme aussi passionnément aimée ?

— La femme ?

— Oui, cette créature à demi romanesque, cette princesse, cette reine... celle enfin qu'on a trouvée si belle qu'on ne l'a pu assimiler qu'à une étoile, la plus belle entre toutes : l'étoile polaire ! Ignore-t-elle donc l'amour qu'elle a inspiré ?

— Non, madame, celle le devine ; mais le courant d'une noble et grande existence l'entraîne ; les jours se sont écoulés, le temps a fui ; l'image qui s'était gravée au fond de son cœur s'est effacée à demi, une ombre l'a couverte, puis cette ombre a grandi, elle a pris un corps, et elle a fini par s'établir en souveraine dans ce cœur qu'un autre aurait pu conquérir.

— Vous croyez? demanda la reine, dont l'émotion croissait à mesure que Bavolet parlait.

— Sans doute, madame, l'ombre qui a couvert la première image et l'a presque effacée, ou celle d'un autre homme, aussi beau peut-être, plus brillant à coup sûr, et incontestablement plus hardi. Celui-là a franchi tous les obstacles ; il a affronté tous les périls ; son audace a mesuré l'étendue de l'abîme, et l'abîme a été franchi au risque d'y précipiter la femme qui se trouvait sur le bord opposé et à laquelle il s'est cramponné. Celui-là encore aimait selon le premier mode ; il appliquait la politique à l'amour. Par exemple, au soir de la victoire, il s'est fait un piédestal d'orgueil si haut, qu'il s'est cru de niveau avec celle qui daignait descendre jusqu'à lui ; il a chanté son triomphe avec une spirituelle insolence ; il a rêvé de forger un joug à celle dont il était l'esclave. Dès ce jour il n'aimait plus qu'à demi... Chez lui l'orgueil et l'ambition commençaient à battre en brèche son amour...

— Je crois que vous dites vrai, monsieur, interrompit Elisabeth.

En ce moment, Arthur le page, qui avait quitté le salon où la reine déjeunait en tête à tête avec l'ambassadeur, y rentra et dit à Sa Majesté.

— Milord comte de Leicester s'estimerait heureux si la reine le daignait recevoir...

XVIII. — A NOUS DEUX, LEICESTER !...

Le front d'Elisabeth se rembrunit à ce nom ; elle hésita deux secondes, puis elle répondit au page :

— Mon mignon, tu diras à lord Leicester que je traite une grave affaire avec l'ambassadeur de France, et que je ne puis me distraire d'une aussi sérieuse occupation.

L'œil d'Arthur rayonna de joie. C'était un échec réel que subissait Leicester, l'homme d'Angleterre et d'Irlande qu'il abhorrait le plus.

— Monsieur l'ambassadeur, reprit Elisabeth tandis qu'Arthur sortait triomphant, votre comparaison des deux amours, l'amour qui conquiert et s'oublie le soir de la victoire, et l'amour ignoré, timide, ardent et respectueux à la fois, qui refuse de triompher, me plaît fort ; mais cette belle théorie pèche essentiellement par la base : l'homme qui ressentirait un amour pareil, le second, bien entendu, n'existe pas.

— Votre Majesté pourrait bien, en ce moment, justifier le proverbe, que « Dieu seul est infaillible. »

— C'est-à-dire que je me trompe ?

— Hélas!...

— Auriez-vous connu par hasard cet idéal des amants ?

— Peut-être...

— Oh! dans ce cas, je tiendrais fort à me le voir présenter.

— Rien n'est plus facile, madame ; si Votre Majesté me veut octroyer pleine liberté et un délai de vingt-quatre heures...

— J'accorde tout. Me diriez-vous son nom par avance ?

— Non, dit résolûment Bavolet ; je veux jouer le rôle de protecteur mystérieux.

— Et, fit la reine, où et comment me le présenterez-vous?

— Votre Majesté, m'a-t-on dit à mon arrivée à Londres, doit visiter dimanche prochain un de ses navires en construction dans les chantiers de la Tamise.

— On vous a dit vrai, monsieur.

— Eh bien! si elle daigne me le permettre, je saisirai cet instant pour lui présenter ce phénix des amants.

— Il a mon secret, pensa la reine ; il est l'ami de sir Williams Raleigh.

— A propos, reprit-elle, puisque nous parlons de navire, me direz-vous à bord duquel vous avez fait la traversée de France en Angleterre ?

— A bord de la *Proserpine*, une superbe frégate de Votre Majesté.

— La frégate que sir Williams commande, murmura Elisabeth à part elle.

Bavolet se leva, et tira de son sein la lettre que madame Marguerite de France lui avait donnée. Il la présenta à la reine devenue rêveuse et presque triste, et il prit congé.

— Adieu, monsieur l'ambassadeur, dit Elisabeth en lui tendant sa main qu'il baisa ; maintenant, nous pouvons reprendre l'un et l'autre nos attributs : moi, ma couronne ; vous, vos fonctions diplomatiques. Je vous donnerai audience, ce soir, en conseil de ministres, et nous nous occuperons des affaires communes de la reine d'Angleterre et d'Irlande et du roi de France et de Navarre.

Bavolet s'inclina une dernière fois et sortit.

Dans les antichambres où déjà se mouvait la foule des courtisans habituels, il aperçut lord Leicester. Le comte était pâle et hautain ; il se promenait à grands pas, heurtant parfois dans son allure inégale les gens qui se trouvaient sur son passage, et n'y prenant garde, son titre de favori lui octroyant le droit d'impertinence.

A ses lèvres crispées, à son regard dur et fier, on devinait qu'il était en proie à une violente irritation.

Bavolet, sortant de chez la reine, et le comte, remontant toute la longueur de la salle d'attente, se trouvèrent face à face.

Alors ces deux hommes également beaux, également hardis, hautains et fiers tous deux, et déjà ennemis instinctivement, se mesurèrent du regard pendant quelques secondes, l'un avec la colère impétueuse de celui qui cherche à devenir agresseur, l'autre avec le calme terrible et froid de l'homme qui attend son adversaire de pied ferme et ne le craint pas.

Tous deux se saluèrent avec une courtoisie affectée qui dissimulait des tempêtes, puis le comte dit tout bas à Bavolet :

— Votre Excellence a dû me trouver presque impoli, car je n'ai point encore paru chez elle depuis son arrivée, alors qu'elle m'avait gracieusement prévenu en m'envoyant les compliments du duc d'Epernon que j'ai jadis connu à Paris.

— Votre Seigneurie est excusée, milord, répondit Bavolet en saluant.

— Mais non pardonnée, monsieur l'ambassadeur, et j'y tiens. A quelle heure Votre Excellence rentrera-t-elle au palais Buckingham ?

— A l'instant, milord.

— J'aurai l'honneur de m'y présenter dans une heure.

Et Leicester salua à son tour et passa outre pour entrer chez la reine.

— A merveille! se dit Bavolet en quittant White-Hall, ce pauvre comte est furieux ; il va faire une nouvelle maladresse chez la reine, après quoi il viendra me proposer un combat singulier en champ clos. Décidément, sir Williams Raleigh est un homme bien heureux : il sera favori avant huit jours, et la reine d'Ecosse ne mourra point...

Hé! hé!... acheva Bavolet en montant dans sa litière qui l'attendait dans la cour d'honneur, le roi Henri croyait se moquer lorsqu'il prétendait, à Saint-Cloud, que j'étais son meilleur diplomate.. Qui sait?

Le jeune ambassadeur regarda le palais de Buckingham, où le duc de ce nom, autrefois ambassadeur de France, lui avait gracieusement offert un logis.

Hector et Gontran l'y attendaient depuis quelques heures.

— Mon cher oncle, dit-il à Hector, vous êtes un excellent écuyer, et vous savez franchir rapidement les plus grandes distances; il faut monter à cheval. Ordonnez qu'on vous selle, pour mon service, le meilleur étalon des écuries de mon noble ami le duc, et, sans perdre une minute, courez à Plymouth.

— Et puis? fit Hector.

— A Plymouth, vous sauterez dans la première barque que vous trouverez, et vous vous ferez conduire à bord de la frégate la Proserpine, qui est en rade.

— Très-bien.

— Vous demanderez à voir le commandant sir Williams Raleigh.

— Ah!... dit Hector tressaillant.

— Et vous lui direz, continua Bavolet, vous lui direz que, lorsque l'étoile polaire disparaît à l'horizon, dérobée par un nuage, les marins perdus recourent à la boussole pour retrouver ce pôle nord que l'étoile indiquait.

— Encore une allégorie! murmura Gontran. Notre illustre neveu est un poëte bien mieux qu'un gentilhomme.

— L'un et l'autre, répondit Bavolet en souriant.

— Et que lui dirai-je encore? demanda Hector.

— Ceci: Vous êtes un marin perdu et votre étoile polaire s'est éclipsée; heureusement, vous avez une boussole... cette boussole a nom l'ambassadeur de France, votre ami de quelques heures, et votre boussole vous appelle à Londres, sur l'heure, où elle vous montrera le pôle nord.

— Tout cela est nébuleux comme une légende écossaise, murmura Gontran.

— C'est tout simple, dit Bavolet, puisqu'il s'agit du salut de la reine d'Ecosse. Allez, mon oncle, ramenez-moi sir Raleigh avant demain. Je vous autorise à crever les chevaux du duc.

Hector sortit. Dix minutes après, il courait ventre à terre sur la route de Plymouth.

— Savez-vous, mon oncle, dit Bavolet à Gontran, qu'après-demain la reine d'Ecosse sera condamnée à mort?

Gontran fit un brusque pas en arrière.

— Et qu'elle mourra, si d'ici là je n'ai perdu le comte de Leicester et amené sir Raleigh aux pieds d'Elisabeth?... Mais soyez tranquille, acheva Bavolet avec un sourire de triomphe, j'y perdrai mon nom ou Leicester retombera du haut de son piédestal d'orgueil dans la poussière d'où l'avait tiré l'amour de sa royale maîtresse.

— Mon enfant, s'écria Gontran avec enthousiasme, tu es un homme de génie...

— Je ne sais, dit naïvement le jeune homme, mais le dévouement, je le sens, rend habile et hardi. Croyez en moi!

Et il raconta à Gontran son entrevue avec Elisabeth.

Comme il achevait, on annonça le comte de Leicester.

Bavolet renvoya Gontran, et s'apprêta à recevoir, de pied ferme, le choc impétueux de celui dont il avait juré la perte.

Le comte était seul; aucun page, aucun officier ne l'accompagnait, et la simplicité presque austère de son costume indiquait qu'il avait voulu se rendre au palais de Buckingham sans être remarqué.

Les deux gentilshommes se saluèrent avec une froide politesse, puis Bavolet indiqua un siége à Leicester.

Mais celui-ci demeura debout et refusa d'un geste.

— Monsieur l'ambassadeur, lui dit-il, avez-vous réfléchi parfois à cette loi bizarre de la nature qui préside aux sympathies et aux antipathies?

— Oui et non, répondit Bavolet, qui voulait laisser le comte s'engager plus avant sur le terrain glissant où il mettait le pied.

— Par exemple, continua le comte, deux hommes qui, la veille, ignoraient réciproquement leur nom, qui ne s'étaient jamais vus, se rencontrent inopinément; leurs regards se croisent... Cela suffit: ou ces deux hommes, en un seul regard, se sont promis une amitié éternelle, ou ils ont deviné que le destin les séparait, à l'instant même, d'intérêts, d'affections, de rêves d'avenir ou de gloire, et ils se jurent une haine implacable.

— Ceci se voit quelquefois, monsieur le comte.

— Tenez, continua le favori d'Elisabeth, nous reviendrons aux conclusions de cette théorie tout à l'heure : voulez-vous me permettre de vous faire mon histoire en quelques mots?

— Je l'écouterai religieusement, répondit tranquillement Bavolet.

— J'avais vingt-deux ans, monsieur, lorsque la mort de mon père, qui remplissait les fonctions de chancelier de l'Echiquier, m'appela aux affaires en me faisant l'héritier de son titre et de sa charge. Je reçus l'ordre de revenir de France, où, malgré ma jeunesse, on m'avait confié le poste d'ambassadeur.

— Je connaissais ces détails, milord.

Leicester s'inclina.

— A mon retour, je fus présenté à la reine Elisabeth. Je ne l'avais jamais vue. Elle me parut éblouissante de beauté, et je me pris à l'aimer, non parce qu'elle était reine, mais parce qu'elle était femme... L'ambition n'entrait point en ligne de compte dans mon amour. J'étais hardi, j'avais fait d'avance le sacrifice de ma tête; peu m'importait de mourir, si je parvenais à triompher une heure. Pendant un

an, il ne fut folies, actions éclatantes, traits d'audace inouïe que je ne misse en œuvre pour arriver à mon but, me répétant, chaque jour, cet aphorisme de Sapho : « L'homme qui ne sait point trouver le chemin du cœur d'une femme est un niais ou manque de ténacité et de hardiesse. »

— Ceci est très-vrai, milord.

— Vous avez raison, monsieur, et l'événement justifia la prophétie de la maîtresse du beau Phaon.

— Ah! dit Bavolet souriant.

— Oui, monsieur, répondit tout bas Leicester; la reine fut enfin touchée de mon amour, et...

Leicester regarda Bavolet. L'ambassadeur était impassible.

— Et elle m'aima, acheva Leicester..... Je vous jure, monsieur, qu'aucune pensée d'ambition, aucun désir d'en faire un marchepied à mon orgueil, ne se mêla à mon amour. J'aimais la reine pour elle et non pour moi; j'aurais donné tout au monde pour qu'elle fût une simple demoiselle de noblesse, et non la souveraine des deux royaumes.

— Je vous crois, milord.

— Malheureusement, poursuivit Leicester, le pouvoir enivre; les fumées de l'ambition montent rapidement au cerveau; on s'accoutume vite à dominer la foule du haut d'un piédestal, que ce piédestal soit l'œuvre de la faveur ou la récompense de la gloire.

« Devenu l'amant de la reine, j'étais presque roi, l'Irlande et l'Angleterre étaient à mes pieds; il n'était si grand seigneur dans les deux royaumes qui ne s'inclinât devant moi.

« Aussi désormais, deux sentiments également puissants, également dominateurs de toutes mes facultés, s'emparèrent de moi, lorsque je fus arrivé à ce faîte suprême, l'amour et l'ambition.

« En public, aux yeux de tous, j'étais un souverain, un ambitieux, un homme ayant soif de pouvoir et mesurant la foule d'un air dédaigneux; — en tête à tête, je redevenais l'amant toujours épris et passionné de madame Elisabeth, et j'oubliais qu'elle était reine... Mais il n'est, en ce monde, de félicité qui ne puisse avoir un terme, de bonheur qu'un nuage ne puisse obscurcir, de puissance qu'un choc invisible et fortuit ne renverse à un moment donné.

— Vous raisonnez comme un philosophe, milord.

Leicester parut peu sensible à ce compliment, et continua :

— Or, voir à la fois s'écrouler mon pouvoir et mon amour, mon amour surtout, monsieur, a été la terreur de toutes les heures qui a glacé mon sang et hérissé mes cheveux depuis trois années... Être aimé toujours, dominer toujours, tel est le but de ma vie; ce but manqué, je ferais bon marché de ma vie. Aussi, lorsque, par hasard, j'ai rencontré sur ma route un homme dont les circonstances auraient pu faire un rival, j'ai écrasé cet homme ou je l'ai éloigné.

— Ah! dit Bavolet d'un air calme.

— Sir Williams Raleigh aimait la reine; il était beau, il était jeune, il portait un noble nom; la reine n'ignorait point qu'elle en était aimée... J'ai éloigné Raleigh.

— C'était prudent, milord.

— Vous devez me comprendre maintenant, monsieur l'ambassadeur? murmura Leicester avec un sourire ironique.

— Oui et non, milord. Je comprends votre amour, vos appréhensions, vos vengeances prématurées; je ne comprends réellement pas pourquoi vous m'en faites la confidence?

Leicester regarda attentivement son interlocuteur, comme si un doute eût traversé son esprit; mais il vit errer sur les lèvres de Bavolet un sourire qui était le reflet exact de son ironie, à lui Leicester, et il répondit :

— Voici le moment, je crois, monsieur, de revenir à nos théories de tout à l'heure sur les sympathies et les antipathies.

— Allez, milord, je vous écoute.

— Je vous disais tout l'heure, n'est-ce pas? qu'à première vue, et en dix secondes, deux hommes devinaient aussitôt s'ils seraient amis ou ennemis.

— Ce qui est d'une justesse incontestable.

— Hier, monsieur, au bal, vous avez valsé avec la reine; au dernier tour, à la dernière note de l'orchestre, nous nous sommes trouvés face à face pour la première fois de notre vie.

— Auriez-vous deviné par hasard, milord, demanda railleusement Bavolet, que nous sommes destinés à devenir le Pylade l'un de l'autre et à nous aimer fraternellement?

— Non, monsieur.

— Alors, c'est à nous haïr, sans doute?

— Je le crois.

Bavolet s'inclina.

— Monsieur, poursuivit le comte avec un calme apparent, sous lequel couvaient des tempêtes, la reine s'est penchée sur votre bras, hier, avec un abandon qui m'a déplu.

— Votre Seigneurie aurait tort si elle supposait que je l'aie vue valser avec la reine, avant moi, sans en éprouver un vif déplaisir.

Leicester s'inclina à son tour.

— Vous avez déjeuné à White-Hall aujourd'hui?

— Oui, milord.

— En tête à tête avec Sa Majesté?

— Parfaitement.

— Et les affaires politiques des deux royaumes, celui de France et celui d'Angleterre, vous ont absorbé, paraît-il?

— Nullement, milord.

— En vérité!

— Il n'en a pas été question une minute.

— Alors, mille pardons; on m'a fort mal informé, car le page de la reine, à qui je faisais demander audience, m'a dit insolemment devant vingt courtisans, que Sa Majesté traitait une grave affaire politique et ne pouvait recevoir. Or, savez-vous, monsieur, que c'est la première fois que je reçois un pareil affront en public, et que j'ai mes grandes entrées au conseil des ministres?

— Je ne puis que vous affirmer, milord, tout en vous plaignant de tout mon cœur, que la politique ne nous a nullement occupés, la reine et moi.

— Pourrai-je savoir quel a été votre thème de conversation?

— Sans aucun doute. Nous dissertions sur l'amour, milord.

Un éclair de colère passa dans les yeux de Leicester; ceux de Bavolet exprimèrent un dédain railleur.

— Monsieur, reprit le comte, vous avez plu à la reine, c'est incontestable.

— Dieu vous entende, milord!

— En seriez-vous aimé à la longue? je ne sais, mais c'est possible.

— Tout l'est en ce monde, milord.

— Dans tous les cas, tout me dit que nous courons l'un et l'autre vers un but opposé quoique identique en apparence; je ne sais si vous visez à l'amour de la reine, mais je sens que vous travaillez à ma perte, comme je vais travailler à la vôtre... Nous sommes nés ennemis.

Ce fut à Bavolet à s'incliner, et il répondit:

— Votre Seigneurie parle d'or.

— Or, continua Leicester, je hais les guerres sourdes et ténébreuses, les intrigues tortueuses, les coups de Jarnac, comme on dit en France depuis quelques années. Je n'aime que les combats au soleil et *coram populo*.

— Madame Marguerite de France, observa Bavolet avec flegme, elle qui sait le latin comme un clerc, traduirait ce *coram populo* par un combat devant témoins.

— C'est là précisément le fond de ma pensée.

— Et celui de la mienne, milord.

— Ainsi, vous convenez que vous me haïssez instinctivement?

Bavolet garda le silence une minute, qui fut un siècle d'angoisse pour le favori, puis il répondit:

— A votre tour, milord, veuillez m'écouter.

— Parlez, dit le comte.

— Je ne vous hais point personnellement; vous êtes jeune, brave et beau; j'aurais pu être votre ami. Mais, vous l'avez dit, nous courons l'un et l'autre vers un but opposé. Pour que j'arrive au mien, il faut que vous tombiez, que votre faveur s'écroule, que votre puissance soit anéantie... que la reine ne vous aime plus.

— Ah! ah!... ricana le comte, appliqueriez-vous l'amour à la politique?...

— Oui et non, milord.

C'était la troisième fois que cette réponse évasive sortait de la bouche de Bavolet.

— S'il en était ainsi, peut-être pourrions-nous nous entendre?

— Non, milord, dit froidement le jeune ambassadeur, ceci est tout à fait impossible. Je vous l'ai dit, pour que j'atteigne mon but, il faut que la reine cesse de vous aimer.

— Et moi, dit fièrement Leicester, pour que je touche au mien, c'est-à-dire pour qu'elle m'aime encore et toujours, je sens qu'il faut que vous disparaissiez de la surface du monde.

— Je le vois, milord, nous nous sommes parfaitement compris.

— Entre gens d'esprit, c'est tout simple, répondit Leicester, dont la colère et la haine avaient revêtu cette nuance calme et glacée qui permet de demeurer impassible et maître de soi-même.

— Hâtez-vous donc, milord, reprit Bavolet avec un accent de gravité solennelle et presque triste qui fit tressaillir le comte profondément... hâtez-vous car le supprimer du nombre des vivants ou du moins de m'expulser du sol anglais, car dans trois jours, si vous ne le faites, avant même, comte de Leicester, je vous le jure, la reine aura cessé de vous aimer, et vous ne serez plus qu'un obscur gentilhomme sans pouvoir ni crédit.

— Monsieur, répliqua le comte, j'ai deux moyens de me défaire de vous. Le premier, peut-être, serait le plus sûr.

— Puis-je le connaître?

— Sans doute. Les Ecossais, depuis que leur reine est prisonnière et que son fils est devenu l'héritier présomptif du trône d'Angleterre, les Ecossais conspirent contre la reine Elisabeth, qui n'a point assez de sa haute intelligence, de tout son génie pour déjouer leurs intrigues sans cesse renaissantes... si l'ambassadeur de France leur prêtait l'oreille, s'il les écoutait et devenait leur complice, il serait forcé de quitter Londres avant ce soir.

— Malheureusement, milord, les instructions de mon roi sont entièrement opposées à la politique écossaise.

— Je le sais, monsieur; mais j'ai le pouvoir encore que vous me voulez arracher; je suis assez riche pour faire griffonner de faux papiers, acheter des délateurs et des calomniateurs...

— Tiens! dit Bavolet avec calme, ceci serait ingénieux.

— Fi! exclama le comte, je suis gentilhomme, monsieur.

— J'allais le rappeler à Votre Seigneurie.

— Aussi, vous le voyez, ce premier moyen n'est point applicable, et il n'est cheveu du ma tête qui y songe.

— Voyons donc le second, milord?

— Le second, monsieur, est plus simple, plus loyal, plus digne de vous et de moi.

— Je le devine. Il consiste à croiser nos deux épées. Je suis à vos ordres, milord. Mais, permettez-moi de vous le faire observer : ma qualité d'ambassadeur me défend d'être le provocateur. et, entre nous, le motif pour lequel nous croiserons le fer est inavouable.

— Je suis de votre avis. Aussi ai-je trouvé un expédient.

— Ah! tant mieux.

— Ce soir, à huit heures, la reine vous donnera une audience officielle; j'assisterai à cette audience, et l'affront que je vous y ferai rendra une rencontre entre nous de toute nécessité.

Leicester se leva et salua don nouveau.

— Adieu, monsieur l'ambassadeur, dit-il; au revoir, plutôt:

Et il fit un pas de retraite; mais sur le seuil il se retourna:

— Monsieur, dit-il, me battrai-je avec vous sans savoir quel est ce but mystérieux où vous courez et qui vous fait jurer ma perte...

— C'est un secret, monsieur, répondit gravement Bavolet; tout ce que je puis dire, c'est que je veux essayer d'arracher une page honteuse de l'histoire d'une grande reine.

— J'ai peur... murmura Leicester à part lui... Cet homme me glace...

Et il sortit la mort au cœur, mais la lèvre dédaigneuse et la tête fièrement rejetée en arrière.

XIX. — LA MENDIANTE.

Le soir de ce jour, vers neuf heures environ, deux cavaliers sortaient de White-Hall, se tenant par le bras et causant à voix basse.

— Oui, mon cher Pric, disait le premier, qui n'était autre que lord Maitland, ce seigneur des Marches écossaises du sud qui trempa autrefois dans l'assassinat du roi et qui, l'ex-régent d'Ecosse causait la veille de l'étrange ressemblance d'Arthur de Penn-Oll, gentilhomme lorrain, avec Hector, le soldat aux gardes de la reine; — oui, mon cher duc, il est réellement fâcheux que vous n'ayez point assisté à cette scène; Leicester a été sublime d'insolence.

— En vérité! baron? demanda lord Bothwell.

— Oui, sublime sur le mot.

— Racontez-moi donc cet événement dans tous ses détails.

— Volontiers... Vous savez que le nouveau roi de France est un homme hardi, plein d'espoir et de confiance en sa force, et qui prétend, dit-on, braver l'opinion de l'Europe, au besoin, et se mesurer avec elle, si l'Europe boude sa politique.

— Je sais cela, milord.

— Or, un roi de cette trempe se soucie peu de heurter telle ou telle convenance, et il agit toujours selon son caprice. Celui-ci avait un page qu'on appelait Bavolet; il l'aimait fort... il en fait un ambassadeur, sans trop se soucier de son âge, de la haute mission qu'il lui confiait et du respect qu'on doit avoir pour une reine comme celle d'Angleterre et l'Irlande. Hier, au bal, lorsqu'on annonça l'ambassadeur de France, tout le monde s'attendait à voir paraître un homme au moins grisonnant, et la stupéfaction fut générale quand on aperçut un tout jeune homme, presque un enfant.

— Je m'en souviens, milord.

— L'ancien page est un garçon bien tourné, de bonne mine et de beau visage; il est hardi comme un vrai page qu'il a été; il a de l'esprit... il ne manque nullement de cette impertinence courtoise et de bon aloi qui brillait à la cour de feu roi Henri III; bref, il a toutes les qualités pour plaire à une femme capricieuse et fantasque comme la reine, et il lui a plu.

— Ah! murmura Bothwell pensif.

— Il lui a plu à ce point qu'elle l'a invité à déjeuner pour aujourd'hui et que, au dire d'Arthur, le petit page qui hait cordialement Leicester, il n'a nullement été question de politique entre elle et son convive.

— Si bien que Leicester a été jaloux?

— Naturellement.

— Et alors?

— Alors, comme il ne pouvait manifester sa jalousie tout haut et que, cependant, il gardait rancune à l'ambassadeur de la faveur qu'il avait obtenue, le comte s'est creusé la tête pour trouver un prétexte de querelle.

— Ce qui est facile.

— Pas précisément, attendu que son prétendu rival ou son rival futur, si vous le préférez, est ambassadeur, par conséquent à peu près inviolable, et qu'une rencontre ne pouvait avoir lieu entre Lei-

cester et lui, qu'à la condition que le motif qui la provoquerait serait tout à fait étranger à la politique.
— C'est juste, milord. Eh bien, qu'a fait Leicester?
— Vous allez le voir. La reine, à sept heures précises, ce soir, s'est rendue à la salle du Trône pour y recevoir solennellement l'ambassadeur, qui ne lui avait point encore présenté ses lettres de crédit. Les ministres, les hauts dignitaires de la couronne, les grands seigneurs attachés à la maison de la reine l'entouraient, comme c'était leur devoir et comme l'ordonnait l'étiquette pour une pareille réception. Seul, le chancelier de l'Echiquier manquait.
— C'est-à-dire Leicester?
— Précisément. La reine en a manifesté son étonnement.
» — Où donc, a-t-elle demandé au moment où entrait l'ambassadeur, où donc est lord Leicester?
« On a cherché le comte des yeux; nul ne savait où il pouvait être et pour quelle cause il manquait à cette assemblée; — mais un de ses pages est venu qui a dit à la reine:
« — Lord Leicester supplie Votre Majesté de l'excuser; il pêche à la ligne, dans le parc de White-Hall, assis sur le rebord du grand bassin.
« L'impertinence d'un pareil motif d'absence était si grande, que la reine a cru avoir mal entendu et a fait répéter le page.
— Et le page a répété?
— Mot pour mot, milord. Alors la reine a eu un regard de colère tel, que tout le monde en a tremblé; puis elle a dit froidement:
« — Allez quérir lord Leicester, et dites-lui que la reine d'Angleterre et d'Irlande a coutume d'avoir auprès d'elle son chancelier de l'Echiquier lorsqu'elle donne audience à un ambassadeur.
« Le page s'est incliné, puis il est allé s'acquitter de son message.
« Pendant les dix minutes qu'a duré son absence, un silence plein d'étonnement a régné dans la salle. Nul ne comprenait une pareille insolence.
« Quant à l'ambassadeur, il était calme, froid, la tête haute et paraissait se soucier fort peu de l'absence du chancelier de l'Echiquier. Il a remis à la reine ses lettres de crédit, qu'elle lui a reçues trois fois selon l'usage, après place sur le siége qu'elle lui a indiqué au bas de la première marche du trône.
« C'est alors que le page est revenu. Il était seul.
« — Madame, a-t-il dit avec l'assurance d'un valet qui se fie en la puissance de son maître, lord Leicester m'a chargé de répondre à Votre Majesté qu'il ignorait qu'elle reçût un véritable ambassadeur aujourd'hui, et qu'il n'avait jamais pu s'imaginer que le roi de France eût sérieusement investi de ce titre un de ses pages, lequel doit être plus versé dans les finesses et les habiletés du jeu de paume et des osselets que dans les sciences graves et sérieuses de la diplomatie...
« Un murmure de véritable stupéfaction accueillit ces paroles et s'éleva de tous les points de la salle.
« — Mais, acheva le page, lord Leicester demeurera toujours le fidèle et obéissant serviteur de Votre Majesté, et il s'empresse d'accourir, puisque le bon plaisir de Votre Majesté est de considérer les pages du roi de France comme des ambassadeurs.
« Et le page s'inclina et sortit.
« Au même instant, le comte parut sur le seuil. Il traversa la foule, la tête roide, mais l'air hautain: puis il salua silencieusement la reine dont l'irritation était à son comble et qui ne daigna point le regarder, et ensuite il s'inclina avec une courtoisie affectée devant l'ambassadeur, qui lui rendit son salut avec la même politesse froide et cérémonieuse.
« L'audience terminée, la reine se tourna vers lord Leicester:
« — Comte, dit-elle, vous m'enverrez aujourd'hui votre démission des charges et des emplois que vous occupez à ma cour, et vous ferez bien d'aller visiter vos terres d'Irlande.
« Leicester s'attendait sans doute à cette disgrâce, car il n'a témoigné ni étonnement ni dépit, et s'est contenté de répondre:
« — Votre Majesté sera obéie.
« — Je ne veux point, a achevé la reine, qu'un de mes sujets se permette d'exprimer son avis sur le choix que mon illustre allié, le roi de France, fait de ses ambassadeurs.
« Alors l'envoyé du roi de France s'est levé, et s'adressant à la reine:
« — Madame, a-t-il dit, je ne pense pas que milord comte de Leicester ait eu la prétention d'outrager le roi que je représente, et j'ai cru devoir ne m'en taire. Maintenant, si Votre Majesté daigne-t-elle accepter en mon lieu et place messire Gontran de Penn-Oll, mon oncle et mon secrétaire intime, qui remplira les fonctions d'ambassadeur de France pendant deux jours?
« — Parfaitement, monsieur l'ambassadeur.
« — En ce cas, je supplie Votre Majesté d'abroger pour quelques heures les lois sévères qu'elle a établies sur le duel, et de permettre à Bavolet, le page, de châtier, l'épée à la main, l'insolence du comte de Leicester.
« — Je vous le permets, a dit la reine.
« Puis elle a ajouté en regardant dédaigneusement son favori:
« — L'insulte qui vous a été faite, monsieur, est tellement inqualifiable et grossière, que j'entends que la réparation en soit éclatante.

Nous reviendrons pour une heure aux mœurs de nos aïeux; votre duel sera un combat en champ clos, comme il y en avait au temps des croisades; vous vous mesurerez dans le parc de White-Hall, sous mon balcon, et j'assisterai à votre rencontre avec toute ma cour.
« — Je n'en attendais pas moins de la justice de Votre Majesté, a répondu l'ambassadeur.
— Ah çà! dit lord Bothwell, visiblement affecté, savez-vous, milord, que c'est là une véritable disgrâce.
— Incontestablement, duc.
— Et que Leicester est perdu!...
— Oui et non. C'est un doute encore.
— Comment cela?
— Si Leicester tue Bavolet, il est sauvé.
— Il aura tué un ambassadeur de France, c'est la guerre.
— Non point, puisque ce dernier a résigné ses fonctions.
— Vous avez raison; mais la reine lui pardonnera-t-elle?
— Parfaitement; elle n'ignore pas le vrai motif d'une pareille provocation. Leicester aura été sublime d'audace.
— Et s'il est tué?
— Peu lui importera, j'imagine, de mourir bien ou mal en cour.
— Et s'il n'était que blessé?
— Il deviendrait intéressant.
— Oh! non!... dit Bothwell, vous êtes un homme d'esprit, baron; vous avez réponse à tout.
— Ce que j'avance est fort logique.
— D'accord; mais supposons qu'au lieu de tuer Bavolet, il le blesse assez grièvement pour le mettre hors de combat?
— Oh! alors, répondit lord Maitland, Leicester est perdu. Après avoir été insolent, il devient odieux; la reine aimera Bavolet, c'est incontestable.
— Vous ne voyez que cette seule issue capable de ruiner la faveur du comte?
— Celle-là en a une autre presque inadmissible.
— Laquelle?
— C'est que le comte, une fois le fer à la main, ne soit pris d'un accès de peur.
— Il est brave!
— Soit; mais il se battra sous les yeux de la reine.
— Raison de plus pour qu'il se conduise en lion.
— A moins que la reine paraisse s'intéresser davantage à son adversaire, et alors, lui Leicester, est perdu.
— Et quand a lieu le duel?
— Après-demain.
Lord Bothwell tressaillit:
— C'est demain, dit-il, qu'on juge la reine d'Ecosse.
— Grâces à vous, duc, ricana lord Maitland, et vous avez accumulé sur sa tête tant de charges et tant de calomnies que cette tête tombera.
— Ne m'avez-vous point aidé? murmura Bothwell.
— Oui, je le sais; je m'en repens parfois.
— Mon cher baron, reprit cyniquement Bothwell, vous savez que Marie a demandé au pape la rupture de notre mariage, que le pape accordera cette rupture, de sorte que si Marie était rendue à la liberté, si elle remontait sur son trône, pour se venger de moi qui l'ai trahie, elle m'enverrait à l'échafaud. Si, au contraire, elle meurt, de régent je deviens roi d'Ecosse et je supprime le fils comme j'ai supprimé la mère. Vous le savez aussi bien que moi, vous qui avez toujours été mon complice, les crimes politiques ne sont pas des crimes. Régner, voilà le but; qu'importe la route? Or, savez-vous ce que je devine, ce que je pressens par une de ces instincts vagues, mais sûrs, dont la bizarre origine ne saurait être définie?... — Si Leicester tombe, Marie ne mourra point.
— Oh! oh! dit lord Maitland, qui donc oserait la sauver?
— Tenez, répondit Bothwell, vous avez la conviction que cet ambassadeur de vingt-trois ans, c'est le sauveur... et ce Lorrain impassible, c'était Hector.
— Diable! murmura lord Maitland, si vous disiez vrai, duc, savez-vous que tout cela serait fort grave?
Tandis qu'ils parlaient ainsi, les deux cavaliers s'étaient enfoncés dans les rues tortueuses et sombres de la Cité; tout à coup sous l'auvent d'une porte, en un recoin obscur, une voix lamentable s'éleva disant:
— Mes beaux seigneurs, passerez-vous donc sans me faire la charité?...
A cette voix, tous deux tressaillirent, et cependant ils passèrent sans s'arrêter, habitués qu'ils étaient à ces importunités des mendiants de Londres.
Mais la femme qui les avait interpellés quitta la marche vermoulue sur laquelle elle était assise et les suivit, en se drapant dans ses haillons fétides, jusqu'à l'angle de la rue, où elle renouvela sa prière.
Cette fois, lord Bothwell se retourna, et, à la clarté d'un réverbère, il regarda la mendiante et poussa un cri:
— On dirait la reine! murmura-t-il.
Et, en effet, la pauvresse avait dans la voix, le geste et le visage une ressemblance extraordinaire, bizarre, inexplicable, avec

Marie Stuart. Seulement, elle paraissait plus vieille de dix ans.

A son tour, lord Maïtland regarda la mendiante, et il laissa échapper, lui aussi, un cri de stupéfaction.

Bothwell et lord Maïtland étaient Ecossais; ils avaient sucé avec le lait ces superstitions des montagnes, que l'âge et l'éducation sont parfois impuissants à effacer; — superstitions qui commencent aux chansons de la nourrice berçant son fils adoptif, dont les vieillards continuent la tradition auprès du foyer, durant les longues et brumeuses soirées d'hiver, que les bardes et les poëtes populaires chantent par strophes monotones, et que les prêtres eux-mêmes, ne se sentant pas assez forts pour les combattre de pied ferme, se contentent d'interdire à leurs ouailles comme le plus damnable des péchés.

Ces superstitions, impressions premières de l'enfance, suivent parfois l'homme le plus intelligent à travers son âge mûr; longtemps endormies, elles s'éveillent un soir de brumes, par une nuit obscure, à une heure solennelle et poignante, et elles se dressent alors aux yeux effrayés de ceux qui ne croyaient plus en elles, drapées dans cette fière, mélancolique et sauvage poésie dont les peuples primitifs ont coutume de revêtir leurs croyances et leurs traditions.

Lord Bothwell, le sceptique et l'impie, le railleur et le criminel lord Bothwell, son digne complice, lorsqu'ils eurent jeté les yeux sur cette femme en haillons, sur cette mendiante qui se traînait à leurs genoux et leur demandait la charité d'une voix suppliante, se souvinrent en même temps d'une légende fameuse, la *Femme des Bruyères*, dont on avait bercé leur enfance.

Cette légende, terrible entre toutes, avait cours, parmi les soirées des clans, dans les montagnes écossaises; les aïeux la redisaient à leurs petits-fils frissonnants, et plus d'un pâtre, attardé dans les bruyères d'un sombre vallon, était rentré tout effaré, prétendant que, parmi les soupirs du vent, il avait distingué les sanglots de l'héroïne de cette sombre histoire, que nous allons vous raconter en quelques mots.

Au temps jadis... — à l'époque où vivait lord Bothwell, il y avait bien des siècles déjà, — au temps jadis, disons-nous, il y avait dans une gorge des monts Cheviot, un vieux castel habité par une jeune châtelaine.

La comtesse Blanche, c'était son nom, vivait dans la retraite et la prière, depuis le départ de son époux, le comte Hector, qui guerroyait en Palestine. A peine la voyait-on errer de loin en loin sous les grands arbres qui entouraient le manoir, et c'était presque toujours en compagnie d'une vieille servante, qui la protégeait de ses cheveux blancs. Dix ans s'étaient écoulés depuis le départ du comte, et nul n'aurait pu dire s'il était mort ou vivant. Cependant la comtesse avait vingt-cinq ans à peine; elle était divinement belle, et tous les châtelains des environs soupiraient profondément en la voyant passer.

Plusieurs avaient essayé de pénétrer dans son manoir; d'autres lui avaient envoyé leur page le plus mignon et le plus séducteur, chargé d'aveux brûlants et de paroles dorées; mais pages et châtelains avaient été froidement éconduits par la vertueuse châtelaine.

L'un d'eux, plus fier et plus hardi, plus épris aussi peut-être, essaya de vaincre tous les obstacles, de surmonter toutes les difficultés; ses efforts furent vains; il usa les menaces, comme il avait usé les prières; Blanche ne le voulut point recevoir.

Ce seigneur se nommait Harold; il était chef de clan, et il était riche et puissant entre tous ses voisins. Le ressentiment qu'il éprouva de sa défaite fut si violent, qu'il jura la perte de la comtesse Blanche, et l'accusa traîtreusement de sorcellerie.

A cette époque, le crime de sorcellerie était le plus grand des crimes; ceux qui en étaient convaincus étaient envoyés au bûcher. La comtesse fut donc arrêtée par l'ordre de l'évêque de Glasgow et déférée à un tribunal ecclésiastique.

En vain protesta-t-elle de son innocence... En vain invoqua-t-elle sa vie simple et pieuse comme une preuve irrécusable de la pureté de ses mœurs et de ses pratiques religieuses; Harold avait prodigué l'or, acheté de faux témoignages, gagné à sa cause tous les misérables de la contrée... Blanche fut déclarée coupable et condamnée au bûcher.

La veille de son exécution, le comte Harold, qui était allé à Glascow pour y repaître son spectacle de son supplice, le comte Harold, disons-nous, regagnant son hôtellerie, fut abordé par une mendiante qui lui demanda l'aumône...

Cette mendiante ressemblait si fort à la comtesse Blanche, qu'il eut peur et s'enfuit, sans oser lui faire la charité.

— Dieu ait pitié de vous! lui cria-t-elle d'un ton ironique et suppliant à la fois qui le glaça de terreur.

Un moment le remords le prit; il eut honte de son abominable conduite; il pensa même à aller déclarer la vérité et sauver Blanche du supplice.

Mais ce bon mouvement eut la durée d'un éclair; son désir de vengeance le domina bientôt entièrement, et, le lendemain, la comtesse fut brûlée sur la place publique. Alors le comte Harold reprit la route de son château; mais, en chemin, surpris par la nuit, il fut obligé de s'arrêter et de demander dans une hôtellerie. Là,

la servante qui lui vint ouvrir la porte lui jeta un cri terrible : elle ressemblait, trait pour trait, à la comtesse Blanche.

Harold enfonça l'éperon au flanc de son cheval, et continua sa route à travers la nuit.

— Bon voyage et au revoir, lui cria la servante d'auberge, de cette même voix ironique et suppliante qui l'avait si fort ému dans les rues de Glasgow.

Harold atteignit son manoir aux premières clartés du jour. Une femme était endormie sur le seuil, la tête cachée dans ses mains.

Au bruit de son cheval, elle s'éveilla et le regarda. Harold jeta un nouveau cri de stupeur : cette femme était encore la vivante image de la suppliciée.

Alors le comte faillit devenir fou, et son cheval, épouvanté par le cri qu'avait jeté le cavalier, rebroussa chemin, et, prenant le mors aux dents, emporta son maître demi-mort à travers les bruyères.

Le cheval courut ainsi pendant dix années; chaque fois que son maître voulait l'arrêter et prendre quelque repos, une forme blanche se dressait devant lui, et cette forme blanche n'était autre que la comtesse Blanche, vêtue de la robe qu'elle portait le jour où elle monta au bûcher. Alors le cheval voltait sur ses quatre pieds et reprenait sa course furieuse. Au bout de dix ans, le malheureux comte avait parcouru en tous sens, et sans jamais s'arrêter une heure, les vastes collines et les nombreux vallons couverts de bruyères qui avoisinaient son manoir dans un rayon de dix lieues, — et, un soir, il se retrouva à la porte.

Cette fois la femme-fantôme avait disparu et le cheval s'arrêta de lui-même.

Le comte Harold se souvint alors qu'il avait laissé, en partant pour Glascow, deux blondes et charmantes petites filles jumelles dont la mère était morte en leur donnant le jour, et il entra dans le manoir pour les retrouver. Sa tendresse de père s'éveillait.

Les petits anges avaient grandi durant ces dix années; elles étaient devenues de belles jeunes filles au regard timide et encore rougissant, aux mains blanches et délicates; mais, en grandissant, leurs traits enfantins s'étaient effacés et elles ressemblaient à s'y méprendre à l'infortunée comtesse Blanche.

Ce dernier coup tua Harold; il poussa un cri suprême de désespoir et d'horreur, et tomba mort, tandis qu'un fantôme s'élançait sur le dos de son cheval demeuré à l'entrée de son manoir, et s'enfuyait en laissant échapper des gémissements mêlés de rires ironiques.

C'était l'ombre de Blanche, la femme des bruyères, qui s'en allait emportant l'âme du calomniateur.

Depuis lors, tous ceux qui avaient touché l'argent de Harold pour accuser la comtesse, ne purent jamais s'attarder dans les bruyères sans y rencontrer l'ombre de Blanche, toujours montée sur le cheval, de son persécuteur; et ceux qui la virent moururent, et leurs descendants la virent comme eux; et longtemps après, dans la contrée, quiconque avait dans les veines du sang des calomniateurs n'osait sortir de chez lui à la brune, de peur de rencontrer la *femme des bruyères* dont le seul aspect l'eût tué.

On comprend, à la similitude de cette légende avec l'aventure qui leur advenait, le premier mouvement de terreur qui s'empara de Bothwell et de lord Maïtland.

Cette femme qui leur apparaissait n'était-ce point l'ombre de leur victime qui leur demandait grâce une dernière fois?

Tous deux furent pris de vertige et s'enfuirent; mais, chez lord Bothwell, les émotions superstitieuses étaient de courte durée, et, comme s'il eût été illuminé par une pensée infernale, il laissa son compagnon s'éloigner, s'approcha de l'auvent qui abritait la pauvresse et lui dit :

— Que demandes-tu?

— La charité.

— Comment te nommes-tu?

— Trilby l'Ecossaise.

— De quelle ville d'Ecosse es-tu?

La pauvresse se drapa fièrement dans ses haillons et répondit :

— Je suis née à Edimbourg, il y a trente-neuf ans; ma mère était une courtisane célèbre qu'on nommait Amaranthe, et mon père...

Ah! savez-vous, ricana-t-elle, comment se nommait mon père?

Bothwell se frappa le front; un souvenir lointain passait dans son cerveau.

— Ton père? dit-il, je l'ai connu; c'était le roi Jacques d'Ecosse, et sa fille, la reine Marie Stuart, me fit chasser par ses valets un jour où tu osas te présenter au palais et invoquer ton origine!

— Oui, oui, répondit la pauvresse avec un sourire diabolique, on me jeta dehors comme une fille perdue. Je demandais du pain à la fille de mon père, et elle me fit fouetter avec des verges; je ne voulais pas vivre dans la fange où j'étais née, et on me rejeta dans la fange... J'y ai vécu fatalement, misérablement, sans pouvoir en sortir. J'ai été courtisane, bohémienne, voleuse; j'ai aimé des assassins; maintenant, j'implore la charité publique.

Et Trilby ricana encore.

— Mais, acheva-t-elle avec un éclair de colère dans le regard, Dieu

est juste; il punit cette fière reine d'Ecosse qui m'a reniée et chassée; cette sœur maudite, que je hais de toute mon âme, gémit à présent dans l'ombre d'un cachot...
— Ah! dit Bothwell pensif, tu la hais?
— De toute mon âme.
— Peut-être pourrai-je t'aider à assouvir ta haine.
— Oh! murmura Trilby dont les yeux lancèrent un nouvel éclair.
— Où demeures-tu?
— Dans une misérable auberge au bord de la Tamise, où logent les voleurs et les mendiants. L'hôtelier se nomme Tony l'Irlandais.
— C'est bien, répondit Bothwell, en laissant tomber deux pièces d'or dans la main amaigrie de la pauvresse; attends-moi demain toute la journée et ne quitte point ton logis.
Et il continua son chemin, entraînant lord Maïtland.
— Mon cher, lui dit-il confidentiellement, j'ai le pressentiment que cette femme nous sera fort utile.
Lord Maïtland haussa les épaules.
— Et en quoi, bon Dieu! demanda-t-il.
— Je ne sais encore.
— A moins que vous n'en vouliez faire une reine d'Ecosse.
— Hé! hé! ricana Bothwell, qui sait! et pourquoi pas?
Le baron se prit à rire.
— Alors, dit-il, je ne sais trop pourquoi nous supprimerions la première, si nous en devions improviser une seconde.
Un rire silencieux passa sur les lèvres de Bothwell.
— Je sais une comédie sanglante, dit-il, une bouffonnerie terrible qui fut autrefois jouée à Edimbourg, et qui n'eut qu'un seul acte. Je rêve de lui en adjoindre un second.
Au moment où Bothwell achevait, il venait d'entrer dans une rue un peu sombre, dans laquelle lord Maïtland avait son hôtel; ce fut alors qu'un bruit de chevaux retentit derrière eux, et, malgré l'obscurité, ils aperçurent deux cavaliers qui s'avançaient au grand trot et qui passèrent devant eux.
Bothwell et lord Maïtland s'effacèrent à demi dans l'ombre, si bien que les cavaliers ne les purent remarquer, tandis que, au contraire, un rayon de lumière échappé d'une lanterne voisine tomba d'aplomb sur leur visage et les éclaira avec la furtive rapidité de la foudre.
Bothwell étouffa un cri.
— Tenez, dit-il tout bas à lord Maïtland, voilà le Lorrain qui ressemble à Hector, celui... qui est Hector lui-même.
— Et l'autre?
— L'autre! vous ne le connaissez donc pas? L'autre se nomme sir Williams Raleigh.
— Le commandant de la Proserpine?
— Lui-même.
— Celui qui aime la reine Elisabeth?
— Sans doute.
— Que peuvent avoir à faire entre eux ces deux hommes?
— Je vais vous le dire, ricana Bothwell; ils conspirent la chute de lord Leicester.
— Et dans quel but?
— Le premier, pour sauver la reine d'Ecosse; le second pour succéder à Leicester.
— Maintenant, murmura lord Maïtland, je comprends à demi, il faut aviser.
Bothwell crispa le poing et murmura :
— A nous deux, bel Hector, à nous deux...
Un diabolique sourire accompagna cette exclamation, et ce sourire imprima à la figure du noble lord une expression de cruauté tellement hideuse, que son complice, lui-même, tressaillit et eut peur.

XX. — LE COMBAT.

C'était à midi précis que Bavolet et Leicester devaient vider leur querelle sous le balcon de la reine, dans les jardins de White-Hall, sous les yeux de toute la cour.
Bien avant l'heure du combat, une foule immense vêtue de soie et de velours, une foule élégante, avide d'un tel spectacle, garnissait déjà les croisées du palais.
Puis, le bruit de ce duel singulier, dont la cause première, connue de quelques-uns seulement, était cependant un mystère pour la plupart, le bruit de ce duel, disons nous, s'était répandu au dehors, par toute l'immense cité de Londres; le peuple des faubourgs lui-même en était instruit, et le peuple, les bourgeois, toute cette multitude avide de spectacles sanglants, combats ou supplices, s'était ruée dès le matin vers le palais, et en avait pour ainsi dire assiégé les portes.
Alors le lord maréchal du palais, justement inquiet de cette manifestation populaire, était allé prendre l'avis de la reine, pensant qu'elle ordonnerait que White-Hall fût environné par un cordon de troupes, et rendu ainsi inaccessible; mais la reine avait répondu froidement :
— Laissez entrer ceux qui veulent voir. M. l'ambassadeur de France a été publiquement outragé, il es juste qu'il venge son honneur en public.
Et la foule avait envahi les jardins, tandis que les grands seigneurs et les dames de la cour se plaçaient aux fenêtres.
A midi précis, dont les horloges et les églises de la grande cité répétaient en même temps les douze vibrations, la reine apparut au balcon.
Ce balcon était à sept ou huit pieds à peine du sol, et c'était verticalement au-dessous, sur un petit carré sablé, à deux pas d'une pièce d'eau, que les deux champions devaient croiser le fer.
La distance qui séparait la reine des deux adversaires était donc si faible, qu'elle pouvait voir les moindres détails du combat et saisir jusqu'aux fugitives impressions, jusqu'aux émotions les plus rapides que les péripéties de la lutte pourraient laisser sur le visage des combattants.
La reine était seule avec son page, sur l'épaule duquel elle appuyait sa main.
Elle était vêtue comme pour une fête, et elle tenait à la main une grosse touffe de lys, si bien que quelques courtisans voulurent attacher une signification à ces fleurs et y voir un emblème de sympathies secrètes de Sa Majesté pour Bavolet qui représentait la France, et dont, par conséquent, le lys devait être la fleur de prédilection.
Comme tous les favoris, Leicester avait une dose d'impertinence et de dédain suffisante pour lui valoir la haine de quiconque approchait la reine; aussi les vœux que chaque courtisan faisait tout bas lui étaient-il peu favorables. Le peuple, au contraire, par esprit national et peut-être aussi parce qu'il s'était toujours montré généreux et magnifique, lui souhaitait tout bas la victoire. Peuple et noblesse levèrent les yeux sur la reine au moment où elle apparut, et les plus rapprochés cherchèrent à étudier sur son visage le secret de ses impressions.
Mais la reine était impassible; elle saluait de la main, souriait avec indifférence, puis causait d'un air dégagé avec son page dont la physionomie et le geste animés témoignaient, au contraire, une anxiété profonde et une vive émotion.
Arthur aimait déjà Bavolet de toute la hauteur de la haine qu'il portait à Leicester.
Presque aussitôt après la reine, apparurent les deux champions. Quelques gardes maintenaient la multitude à distance, afin de laisser l'arène entièrement libre. Le lieu, les préparatifs, la foule assemblée pour cette rencontre, lui donnaient toute la physionomie caractérisée, toute l'austère et solennelle majesté de ces luttes du moyen âge, de ces combats en champ clos, où deux chevaliers, bardés de fer, venaient rompre une lance en faveur de leur belle ou de leur souverain.
On se fût attendu, à moins, de voir les deux adversaires apparaître à cheval, bardés de toutes pièces et prêts à s'éloigner pour prendre du champ au premier signal du juge du camp, après que les hérauts d'armes auraient, à haute et intelligible voix, blasonné les couleurs de leurs écussons respectifs. Il n'en fut rien cependant, et l'attente de plus grand nombre fut trompée.
Le duel moderne allait remplacer le combat singulier dans la vieille lice du moyen âge.
Les deux adversaires s'avançaient à pied, vêtus de velours et non de fer, l'épée au côté et non la lance au poing.
Chacun d'eux marchait à la rencontre de l'autre,—car ils venaient de deux points opposés, — et il était accompagné de son témoin.
Le comte de Leicester portait un pourpoint bleu de ciel étincelant de broderies et retenu par des agrafes de diamants; il avait sur la tête un toquet à plume rouge, et un nœud de rubans d'un lilas tendre ornait la garde de son épée. Si le comte fût allé à une fête, s'il eût dû ouvrir le bal avec sa royale maîtresse, il n'eût pas été plus galamment vêtu.
Le costume de Bavolet était, au contraire, sombre et sévère à un double titre.
D'abord, il portait le deuil du roi de France, ensuite il était l'outragé, et les habits de gala ne conviennent point à ceux dont l'honneur est en souffrance et attend une éclatante réparation.
Bavolet était vêtu de velours et de satin aux plis noirs; ses grands cheveux blonds tombaient sur ses épaules, soigneusement peignés, et cachaient à demi sa collerette blanche. Un crêpe garnissait la poignée de son épée à fourreau d'acier et à poignée d'acier.
Mais son regard était si tranquille, son sourire si calme, son attitude si hardie et si insouciante, qu'une sorte de fièvre enthousiaste, de sympathique admiration s'empara des belles dames penchées aux croisées et appuyées aux balcons, et que leurs applaudissements accueillit son apparition. Il se découvrit et salua; les applaudissements redoublèrent. Aucune manifestation, au contraire, n'accueillit l'arrivée de lord Leicester.
A côté de ce dernier marchait son témoin. Ce témoin, c'était lord Bothwell.
A la droite de Bavolet se tenait un homme grave, froid, vêtu de noir comme lui, c'était Hector.
Hector et Bothwell se regardèrent et tressaillirent tous deux, mus sans doute par une même pensée. Il était écrit dans la destinée de

ces deux hommes qu'ils se trouveraient éternellement en face l'un de l'autre, la haine au cœur et dans les yeux, la menace aux lèvres, le fer au poing. Si Leicester et Bavolet venaient à faire coup fourré, Bothwell et Hector mettraient nécessairement l'épée à la main et se battraient après eux.

Certes, si Bothwell eût douté encore de l'identité d'Hector, le garde écossais, et d'Arthur de Penn-Oll, le gentilhomme breton, cette dernière rencontre eût fait évanouir son dernier doute.

Bavolet se pencha alors à l'oreille de son oncle :

— Tenez, dit-il, voici les bourreaux et les sauveurs de la reine d'Écosse en présence; dans une heure, Dieu aura décidé.

— Dieu est bon et il est juste!... répondit Hector avec une grave émotion.

Bavolet et Leicester s'avancèrent ainsi jusque sous le balcon de la reine, et tous deux saluèrent.

La reine rendit le salut; mais son regard demeura froid et sa bouche sérieuse pour son favori, tandis qu'un léger sourire glissa sur ses lèvres à l'adresse de Bavolet.

Les courtisans qui surprirent ce sourire pensèrent que le règne de Leicester était fini; tandis que Bavolet disait à Hector :

— Maintenant, il est inutile que je le tue, il est perdu, et Marie Stuart est sauvée.

Alors les deux adversaires, se trouvant à deux pas l'un de l'autre, se saluèrent courtoisement, comme il convient à des gens de haut parage et de bonne compagnie; puis Bavolet dit à Leicester :

— En France, milord, depuis cinquante ou soixante années environ que deux gentilshommes se battent sans cuirasse ni dague, et selon les simples règles de l'escrime, il est d'usage de se dépouiller de son pourpoint et d'engager le fer les bras nus et la chemise flottante; mais je crois qu'aujourd'hui pas d'une semblable coutume serait malséant, car nous nous battons sous les yeux des dames.

— Vous avez raison, monsieur, répondit Leicester. Nous nous battrons avec nos pourpoints.

Puis le favori ajouta tout bas, si bas que Bavolet seul l'entendit :

— Il est bien convenu, n'est-ce pas, que l'un de nous sera mort dans une heure?

— Monsieur, dit froidement Bavolet, je me bats sans haine personnelle, je vous l'ai dit, et je ne veux pas me départir du droit de vous épargner si cela m'est propice; mais je vous jure que vous auriez tort de m'épargner, car si je n'en veux à votre vie, j'en veux à votre faveur, et, si vous survivez, ce sera pour voir s'accomplir votre ruine.

— Je ne le verrai pas, monsieur; soyez tranquille.

En prononçant ces mots, le comte mit la main sur la garde de son épée; Bavolet l'imita. Alors la reine laissa échapper son bouquet de fleurs de lys; et le bouquet vint tomber sur le sable, à égale distance des deux adversaires, si bien qu'on eût pu croire qu'il était le prix du combat. Leicester et Bavolet échangèrent un regard rapide. Celui de Leicester semblait dire :

— Si je triomphe, je foulerai ces fleurs sous le pied en signe de mépris et de haine pour votre pays dont elles sont l'emblème héraldique...

Celui de Bavolet signifiait :

— Si je suis vainqueur, je placerai ce bouquet sur ma poitrine pour remercier votre reine de la courtoisie qu'elle manifeste envers mon pays.

— Messieurs, dit alors Hector d'une voix grave et solennelle, après avoir échangé un nouveau salut avec lord Bothwell, vous, milord, comte de Leicester, vous, Jean de Dreux, comte de Penn-Oll, tous moyens de conciliation épuisés, et votre querelle ne se pouvant vider que par l'effusion du sang, nous, vos parrains, nous vous autorisons à tirer l'épée. Allez, et tous deux combattez dignement!...

Aussitôt Leicester et Bavolet se saluèrent une dernière fois, mirent simultanément l'épée à la main, reculèrent chacun d'un pas et tombèrent en garde.

Tous deux étaient braves, tous deux étaient versés en la noble science de l'escrime, et ils avaient reçu leçon l'un et l'autre du feu roi Henri de Valois, le premier tireur de son siècle.

Dès la première passe, ils comprirent qu'ils étaient de même force et que le sort hésiterait longtemps avant de se décider.

Seulement Bavolet était calme, comme doit être l'homme qui met son épée au service d'une cause plus élevée qu'une haine personnelle, tandis que, au contraire, Leicester avait l'emportement aveugle et furieux de celui qui fait bon marché de sa vie, à la condition de se venger.

L'infériorité du comte devait naître du manque de sang-froid.

Au bout de cinq minutes, Leicester avait harcelé son adversaire, attaquant avec furie, tantôt avançant avec impétuosité, tantôt rompant pour se fendre ensuite à fond, et il s'était lassé à ce jeu, tandis que Bavolet, toujours calme, ne rompait pas d'une semelle et soutenait de pied ferme le rude assaut qui lui était livré. Si bien que la sueur perlait au front du comte et que la fatigue commençait à endolorir son bras, lorsque Bavolet, plein de vigueur, était encore sur la défensive et n'avait point attaqué.

Leicester comprit la supériorité de cette force calme et froide, et sa colère s'en augmenta.

Un moment, il faillit s'enferrer de lui-même sur l'épée de Bavolet, et il eut à peine le temps de faire un bond en arrière...

Alors il leva rapidement les yeux vers le balcon de la reine, pour rencontrer son regard et lire dans ce regard un éclair de sympathie, d'amour, une lueur d'anxiété.

Mais la reine ne le regarda point.

Si l'œil d'Élisabeth se fût abaissé sur lui l'espace d'une seconde, il eût soudain retrouvé une vigueur et une vaillance nouvelles; mais l'indifférence glacée de celle pour qui il jouait sa vie fut le dernier coup porté à sa bravoure et à sa force. A partir de ce moment, le comte ne porta plus que des coups mal assurés que Bavolet para aisément; il commença à rompre, puis il rompit encore et il rompit toujours.

Et alors Bavolet attaqua à son tour, et Leicester reçut un premier coup d'épée qui lui déchira les chairs de l'épaule.

Aussitôt son pourpoint bleu de ciel fut maculé de sang, et il s'éleva un murmure autour de lui, qu'il prit pour de la compassion et qui fit rugir son orgueil.

Alors, pour la seconde fois, le favori fut pris d'un ardent et fol espoir; pour la seconde fois, au risque de ne point parer le coup qu'on lui portait, il leva les yeux vers la reine... Il espérait que la vue de son sang couvait l'aurait fait pâlir, que son attitude trahirait de secrètes et terribles angoisses. Il crut être aimé encore...

La reine était impassible et calme, comme une Espagnole assistant à un combat de taureaux.

Alors encore, cet homme qui maintenant ne pouvait plus douter de sa disgrâce, sous les pieds de qui tout s'écroulait et qui eût dû voir arriver comme un bienfait, comme une délivrance la mort qui venait à lui, cet homme fut pris d'un étrange accès de vertige et de folie; cet homme dont la vie était brisée se reprit à aimer ardemment cette même vie, il frissonna en rencontrant le regard de son adversaire, ce regard étincelant qui semblait être son arrêt de mort...

Et il recula pâle et tremblant... et l'épée échappa à sa main.

Milord, comte de Leicester, le dernier rejeton d'une race de héros, avait eu peur!...

L'homme s'exalte dans la peur aussi bien que dans l'audace.

Le premier frisson d'épouvante que ressentit lord Leicester, ce frisson qu'il éprouva en rencontrant le regard étincelant de Bavolet et qui le fit reculer d'abord, puis lâcher son épée, avait eu pour première cause l'indifférence glacée de la reine. La crainte de mourir sous ses yeux sans qu'elle donnât une larme ou un regret l'avait épouvanté et rendu lâche pendant dix secondes. Et puis le comte s'exalta dans cette épouvante comme il se fût exalté, en une autre circonstance, dans son bouillant courage d'autrefois; et alors il eut peur d'avoir eu peur, il trembla parce qu'il avait tremblé, il recula encore parce qu'il avait reculé déjà.

Deux fois il voulut ressaisir son épée, et deux fois elle s'échappa de ses mains.

Ce spectacle de la lâcheté subite d'un homme brave jusque-là comme est brave un lion, était navrant à voir, et les deux ou trois mille témoins de cette étrange scène furent pris à la gorge et au cœur par un indicible sentiment d'angoisse et de pitié.

La foule comprend merveilleusement les impressions les plus bizarres. Il ne fut pas un seul témoin de cette scène affligeante qui ne devinât pourquoi le noble comte de Leicester avait eu peur.

Seule, la reine ne sourcilla point et ne témoigna son étonnement que par un sourire de mépris.

Mais celui qui fut le plus touché, peut-être, le plus violemment ému de cet inconcevable accès de peur, ce fut Bavolet; — Bavolet qui, mieux que personne, devina quelle inexprimable angoisse avait dû broyer le cœur du comte pendant dix minutes. Aussi lorsque celui-ci essayait vainement de reprendre son épée, abaissa-t-il vivement la pointe de la sienne vers la terre, en lui disant :

— Assez, monsieur, assez ! votre sang coule, vos forces vous abandonnent, et je ne puis continuer une lutte aussi inégale...

A ces paroles de Bavolet, le comte essaya de retrouver quelque sang-froid, quelque présence d'esprit, une faible parcelle de son ancienne valeur...

Ce fut en vain!...

Ses yeux, troublés déjà, s'injectèrent de sang; il chancela, laissa échapper un cri étouffé, et, murmurant un nom que nul n'entendit, il s'affaissa sur lui-même et tomba dans les bras de son témoin, lord Bothwell.

La reine quitta alors le balcon et disparut, tandis que Bavolet se baissait et s'emparait du bouquet de fleurs de lys qu'elle avait jeté dans l'arène.

En même temps il se penchait à l'oreille d'Hector :

— Mon oncle, disait-il, nous venons de sauver la reine d'Écosse, au prix de l'honneur et de la vie d'un noble jeune homme. Je donnerais la moitié de mon sang pour que le comte ne se fût pas trouvé sur notre route.

Hector ne répondit pas : il comprenait le noble et généreux cœur de cet enfant à qui sa victoire devenait odieuse.

Lord Leicester, évanoui, fut placé sur un brancard et transporté dans l'appartement qu'il occupait à White-Hall.

En même temps, la foule des jardins, le peuple qui venait d'assister à la défaite de son idole, la foule s'écoula silencieuse; — les courtisans seuls demeurèrent aux balcons, aux croisées, et plusieurs dames jetèrent aux pieds du vainqueur, dont l'attitude était charmante de tristesse et de modestie, leurs éventails ou leurs bouquets.

Bavolet venait de débarrasser la cour d'un joug odieux et insolent, il avait détrôné le plus puissant des favoris...

Ce fut alors que la reine se montra de nouveau, non plus au balcon, mais sur la première marche d'un escalier qui descendait dans les jardins.

Soudain une rumeur confuse se répandit parmi les courtisans. On se répéta de bouche en bouche que Sa Majesté allait visiter au bord de la Tamise un bâtiment de guerre en construction, qui recevrait, à la sortie des chantiers, le nom de la *Rose-Rouge*.

La reine confirma cette rumeur en descendant, toujours appuyée sur l'épaule d'Arthur le page, jusqu'à Bavolet, en lui disant:

— Monsieur l'ambassadeur, au temps jadis, le vainqueur recevait la palme ou la couronne des mains d'une princesse; je n'ai à vous offrir ni couronne ni palme, mais gardez ce bouquet que j'avais laissé tomber dans l'arène et qui devait être le prix du vainqueur; puis, maintenant, offrez-moi votre main et me conduisez jusqu'à ma litière qui nous attend avec une escorte de gardes à la porte des jardins qui ouvre sur la berge de la Tamise. Je vous proclame mon chevalier, et je veux visiter en votre compagnie ma nouvelle frégate la *Rose-Rouge.*

Le regard charmant et le sourire dont la reine accompagnait ces paroles donnèrent à penser à plusieurs que Bavolet avait déjà remplacé Leicester dans le cœur d'Élisabeth.

Bavolet offrit sa main avec cette courtoisie élégante dont il avait sucé les premières traditions à la cour de Marguerite de Navarre, et tous deux, le jeune ambassadeur et la redoutable reine, traversèrent la foule respectueuse qui s'écartait et se rejoignait à mesure sur leur passage et se mettait en marche pour accompagner sa souveraine.

Derrière la reine, à quelque distance, marchait Hector que Gontran avait rejoint.

Tous deux causaient à voix basse.

— Frère, disait Gontran, Londres ne sait rien encore de l'arrêt de mort que les juges ont prononcé la nuit dernière, à près de minuit.

A ce mot d'arrêt de mort, Hector tressaillit et pâlit.

— Cela devait être, murmura Gontran. Les juges sont soumis et tremblants; la reine Élisabeth leur a demandé la mort de sa rivale, et ils ont condamné Marie Stuart. Mais la reine d'Écosse vit encore; elle a demandé un jour et une nuit pour se préparer à la mort, et ce délai lui a été accordé. Hier, Élisabeth aimait encore Leicester, et sa rivale devait mourir; aujourd'hui le motif de sa haine est anéanti et elle fera grâce...

Hector tremblait de tous ses membres et secouait la tête:

— Qui sait? murmura-t-il.

— J'ai foi en Bavolet, répondit Gontran. Il obtiendra ce qu'il demandera.

Il y avait une telle assurance dans le geste et la voix de Gontran, il avait vu Bavolet si calme et si sûr de sa prochaine victoire, qu'Hector, à son tour, se prit à espérer.

XXI. — LE MANTEAU DE SIR RALEIGH.

La reine, cependant, était montée dans sa litière, et Bavolet caracolait à sa portière sur le plus magnifique étalon qui fût sorti jamais des écuries royales; et il se tenait si près de la litière, qu'il pouvait causer à mi-voix avec la reine.

— Monsieur l'ambassadeur, lui disait celle-ci, vous souvient-il de notre conversation d'il y a deux jours?

— Les moindres paroles de Votre Majesté sont religieusement gravées au fond de mon cœur.

— Avez-vous aussi bonne mémoire des vôtres?

— Ceci est plus difficile, madame.

— Vous souvient-il de votre promesse?

— Ai-je promis quelque chose à Votre Majesté?

— Vous m'avez parlé d'un phénix, ce me semble.

— En effet, madame.

— D'un modèle des amants constants et respectueux...

— Et Votre Majesté n'y voulait pas croire, si ma mémoire est fidèle...

— En effet, et je doute encore.

— J'ai promis cependant à Votre Majesté de v ui présenter...

— Et cela aujourd'hui même, tandis que je visiterais la *Rose-Rouge.*

— Précisément.

La reine devint rêveuse.

— Croyez-vous, murmura-t-elle, n'avoir point exagéré?

— Aucunement, madame.

— Et l'homme qui aime ainsi existe.

— Vous le verrez tout à l'heure.

— Et... demanda la reine, dont la voix trahit une légère émotion, cette femme qu'il aime... où est-elle?

— Ah! madame, répondit Bavolet, Votre Majesté m'en demande un peu long; ceci n'est pas mon secret.

— Au moins me direz-vous si elle est connue de moi?

— Peut-être...

— Ah! fit la reine.

Bavolet garda le silence.

— Monsieur l'ambassadeur, reprit Élisabeth d'une voix caressante, je suis femme, partant curieuse et impatiente; dites-moi au moins quel est le rang, la condition, quels sont les titres de cet amant merveilleux... Est-il gentilhomme?

— Des meilleurs, madame.

— Et... à mon service?

— Il fera les honneurs de son bâtiment à Votre Majesté.

— Ah! s'écria la reine étonnée, ceci est bizarre... Allez-vous pas me dire que cette merveille n'est autre que le commandant de la *Rose-Rouge?*

— Votre Majesté a dit vrai.

— Mais, s'écria la reine, riant de plus en plus et trahissant cependant par une pâleur subite la crainte qu'elle ressentait d'une déception, le commandant de la *Rose-Rouge* est un vieillard au large abdomen, milord de Winter, un homme qui apprécie bien plus les vins vieux de France que les femmes jeunes de tous pays.

— Aussi, dit Bavolet, n'est-ce point de lord de Winter dont il s'agit.

— Mais c'est impossible!... je l'ai nommé moi-même à ce commandement.

— Ah! madame, dit résolûment Bavolet, voici qu'il me faut faire un aveu à Votre Majesté.

— Un aveu?

— L'aveu d'une faute.

— Vous êtes pardonné d'avance.

— J'ai eu l'audace de conspirer.

— Conspirer, monsieur?

— Oui, madame, de complicité avec votre ministre de la marine et milord de Winter.

— Oh! oh! dit Élisabeth.

— Vous savez, madame, que deux officiers changent parfois réciproquement de corps avec l'autorisation du ministre qui prend d'abord l'avis de Votre Majesté.

— Je sais cela, monsieur.

— Eh bien! madame, milord de Winter a demandé au ministre de troquer son commandement de la *Rose-Rouge* contre celui d'une autre frégate de Votre Majesté.

— Ah! dit la reine qui commençait à comprendre.

— Or, le commandant de cette autre frégate n'est autre que cet amant mystérieux qui intéresse si fort Votre Majesté.

— Et... quelle est cette frégate?

— Voilà précisément ce que je ne puis dire à Votre Majesté, car si je nomme la frégate j'aurai nommé son commandant.

— C'est juste, monsieur. Mais ce que vous me racontez là me paraît assez invraisemblable, cependant.

— En quoi, madame?

— En ce que mon ministre de la marine n'a pu autoriser cette mutation sans mon consentement.

— Voilà précisément où commence la conspiration.

— En vérité!...

— Oui, madame, j'ai supplié le ministre de garder un silence coupable.

— Et dans quel but, monsieur?

— Dans le but de procurer une innocente surprise à Votre Majesté.

— Mais, monsieur, dit la reine en souriant, savez-vous que vous avez tout simplement corrompu mon ministre?

— Hélas! madame.

— Et que mon royal allié Henri de France vous désapprouverait fort?

— Je ferai observer à Votre Majesté que j'étais conspirateur hier, et qu'hier je n'étais plus ambassadeur. Je suis donc justiciable des lois anglaises, et j'attends respectueusement ma condamnation.

— A votre grâce, dit la reine souriante. Or, si le phénix que vous me promettez est réellement à la hauteur de la réputation que vous lui avez faite, je vous ferai grâce, sinon...

— Quel sera mon châtiment? demanda Bavolet.

— Je vous retirerai le titre de *mon chevalier* que je vous ai donné tout à l'heure.

— Alors, dit tranquillement le jeune ambassadeur, j'espère être longtemps le cavalier servant de Votre Majesté.

En ce moment, la litière royale et son escorte s'arrêtèrent. Le cortège était arrivé au bord de la Tamise, juste en face du lieu où la frégate la *Rose-Rouge* se trouvait à l'ancre au milieu du fleuve.

Un canot détaché du navire glissait sur l'eau de toute la vitesse de ses vingt-quatre avirons, et un homme était debout au milieu qui commandait la manœuvre.

Cet homme était le nouveau commandant de la *Rose-Rouge*, et il venait chercher la reine pour la conduire à son bord.

— Ah! dit la reine, sortant de sa litière en s'appuyant sur la main de Bavolet qui avait mis pied à terre et confié son cheval à un page, ah! je reconnais monsieur, cet officier... c'est sir Williams Raleigh, le commandant de la *Proserpine*.

— Précisément, madame.

— Et... continua-t-elle à mi-voix et avec émotion, est-ce donc là cet homme...

— Oui, madame, murmura tout bas Bavolet, et peut-être vous avez connu la femme qu'il aime ainsi...

La reine ne répondit pas, mais sa main trembla dans la main de Bavolet.

En ce moment, le canot toucha la rive, et sir Raleigh, s'élançant à terre, s'inclina respectueusement devant la reine.

C'était l'heure de la marée basse; la Tamise, qui subit les fluctuations de la marée, avait, en se retirant, laissé à découvert une partie de la berge, et cette partie était humide et glissante encore sur une largeur de quelques pieds, si bien que la reine hésita à y poser le pied pour entrer dans le canot. Mais alors, sir Raleigh, se dépouillant rapidement de son manteau, l'étendit sur la berge, et dit à la reine :

— Vous pouvez marcher à présent, madame.

Elisabeth remercia d'un sourire, puis elle répondit :

— Je vous retire, milord, le commandement de la *Rose-Rouge*, que je destine à lord Leicester, auquel je veux confier une mission lointaine; et, comme un noble et vaillant officier tel que vous ne peut demeurer inactif, je vous nomme grand amiral de mes flottes. Votre main, milord...

Et la reine monta dans le canot, tandis que Bavolet lui murmurait à l'oreille :

— Permettez-moi, madame, de résigner mes fonctions de chevalier en faveur de mon noble ami l'amiral sir Williams Raleigh.

La reine s'inclina, et remercia Bavolet d'un sourire. Ce sourire disait éloquemment sa gratitude pour le bonheur que M. l'ambassadeur de France venait de lui faire... Elisabeth aimait enfin sir Raleigh...

— Madame, dit Bavolet, au moment où, après avoir visité la *Rose-Rouge*, la reine rentrait à White-Hall, Votre Majesté me refusera-t-elle la faveur d'une audience secrète à laquelle se rattache pour moi le plus sacré des intérêts?

— Quel jour? demanda la reine.

— Ce soir même, madame.

— Soit, répondit-elle. Venez au palais à neuf heures; je vous y recevrai seule à seul.

— La reine d'Ecosse est sauvée! murmura Bavolet à part lui.

XXII. — QUE DIRA LA POSTÉRITÉ?

Le soir de ce même jour, vers neuf heures, la reine Elisabeth était seule dans son oratoire et attendait Bavolet. Elisabeth était pensive et sérieuse comme ceux qu'une préoccupation vient assiéger au milieu d'un rêve d'avenir et de longue félicité.

Cette femme, née parmi les brumes humides du ciel anglais, cette fille du Nord au regard hautain et glacé avait toute l'exaltation intérieure des femmes du Midi. Son maintien, compassé par l'étiquette, cachait les tempêtes passionnées qui s'élevaient dans son cœur au moindre souffle et le bouleversaient.

Il y avait en elle deux êtres, deux natures, deux instincts parfaitement tranchés : la reine et la femme, la fille du roi et la maîtresse, la femme habituée à dominer et à être obéie, et la femme qui aimait toujours à sans cesse, et abdiquant volontiers dans l'ombre sa couronne, son sceptre, sa terrible majesté, pour la mettre aux pieds de quelque monarque mystérieux, de quelque souverain inconnu de la foule, son sceptre, sa terrible majesté, pour la mettre aux pieds de quelque monarque mystérieux, de quelque souverain inconnu de la foule, la reine redoutée et toute-puissante, acceptait le pouvoir et la domination.

C'était ainsi qu'avait régné Leicester, ainsi qu'allait régner sir Williams Raleigh.

En amour, la reine était superstitieuse comme une Espagnole; elle croyait à la fatalité... elle prenait pour des avertissements du ciel les plus bizarres incidents de son existence de chaque jour.

Dans la défaite de Leicester, elle avait cru lire la condamnation de son amour; dans la façon bizarre dont sir Raleigh s'était présenté à elle, elle avait cru deviner que c'était là le seul, le véritable attachement terrestre qui lui fût permis.

Et déjà elle aimait sir Raleigh avec cette fougue violente qui caractérisait naguère son amour pour Leicester, — et elle l'aimerait ainsi jusqu'à ce qu'elle rencontrât un autre homme plus beau, plus éloquent, plus persuasif que la destinée semblerait lui présenter par une voie mystérieuse et des moyens éloignés des chemins battus.

Cette femme si froide, si positive en ce qui touchait les affaires de son royaume et sa politique extérieure, avait l'imagination et le cœur d'un poète. Elle ajoutait foi à tout ce qui s'écartait des routes ordinaires de la vie; le surnaturel et le mystérieux avaient pour elle un invincible attrait.

La reine était donc seule ce soir-là, dès huit heures, et elle songeait avec délices à son nouvel amour, oubliant la terre entière, son royaume, sa cour et son sceptre, pour ne se souvenir que d'une chose, c'est que sir Raleigh l'aimait...

Le portrait de Leicester avait disparu de l'oratoire à son insu, et elle ne s'était point aperçue de cette disparition. Elle avait oublié Leicester comme on oublie un rêve pénible au premier rayon du soleil qui nous vient éveiller. Ce portrait avait disparu par les soins d'Arthur, le jeune page, ce mortel ennemi de Leicester.

L'enfant, avec cette naïve rouerie qui est l'apanage de la première adolescence, avait compris que c'était désormais un meuble inutile dans l'oratoire de sa royale maîtresse, et il l'avait fait emporter une heure auparavant par un laquais qui avait irrévérencieusement relégué dans un coin l'image du milord comte de Leicester, ce roi de la veille dont le trône venait de s'écrouler.

La reine était donc assise auprès d'une table qui supportait un candélabre dont les cinq bougies n'éclairaient qu'imparfaitement les tentures sombres de l'oratoire.

La tête appuyée sur une de ses mains, l'autre posée négligemment sur la table, le regard vague et à demi perdu dans la pénombre que projetait un bahut voisin, madame Elisabeth semblait s'isoler et se concentrer en elle-même, essayant de revoir le mélancolique et pâle visage, et l'œil bleu rêveur et doux de sir Raleigh, lorsque la porte s'ouvrit brusquement pour livrer passage à Arthur.

La reine tressaillit et leva les yeux avec cette expression égarée de ceux dont on trouble instantanément la mystérieuse contemplation.

— Que me veux-tu, mon enfant? demanda-t-elle.

— Lord Campbell! annonça gravement Arthur.

A ce nom, Elisabeth tressaillit encore, et puis son visage perdit son expression de rêverie et de douceur mélancolique, son regard devint froid, de sa lèvre disparut ce sourire indécis qui s'adressait à l'absent, et elle dit à Arthur de cette voix impérieuse et brève qui ne pouvait appartenir qu'à la fille du terrible Henri VIII :

— Fais entrer lord Campbell.

Arthur s'effaça à demi, fit rouler la portière sur la tringle d'or, et dit :

— Entrez, milord.

Lord Campbell entra et salua profondément la reine.

Lord Campbell était un vieillard au front fuyant, au regard indécis et fauve, aux lèvres minces et pâles, au sourire cruel.

Il était vêtu de noir, selon la mode des gens de justice, et il portait sous son bras un volumineux dossier.

Il s'exhalait de ce personnage comme une odeur fétide, comme une souffle empesté qui semblait émaner du laboratoire de dissection d'un bourreau.

— Madame, dit-il en s'inclinant, je remplis mes fonctions de grand justicier en venant prendre les ordres de Votre Majesté.

— Eh bien! demanda froidement la reine.

— Marie Stuart, ex-reine d'Ecosse, poursuivit lord Campbell, a été condamnée hier à la peine de mort par les juges que Votre Majesté avait choisis. Je viens...

La reine se prit à trembler, et un battement de cœur, dont elle ignorait la cause, s'empara d'elle.

— Ah! dit-elle, ne pouvant maîtriser une certaine émotion.

— D'après la sentence, Marie Stuart d'Ecosse, condamnée à la peine de mort pour crime de haute trahison, poursuivit lord Campbell, doit être conduite au supplice demain, au point du jour, dans une des cours intérieures de la Tour de Londres, qui lui a jusqu'ici servi de prison.

— Demain? fit la reine, dont l'émotion augmenta.

— A sept heures, madame.

La reine demeura pensive et ne répondit rien.

— Mais, reprit lord Campbell, si la sentence des juges ne peut, d'après les lois du royaume, être infirmée, la reine a cependant son droit de grâce...

A ce mot de grâce, la reine tressaillit plus vivement encore, et elle regarda son interlocuteur.

Le sourire ironique et railleur de lord Campbell était le réquisitoire le plus éloquent et le plus terrible qui pût être fulminé contre la malheureuse reine.

Ce sourire signifiait :

— La reine d'Angleterre, qui a ordonné à ses juges de prononcer une sentence de mort, oserait-elle donc revenir sur son premier ressentiment et pardonner à celle qu'elle avait condamnée sans retour, à celle qui osa être conduite au supplice pour convoiter le trône des deux royaumes, assez belle pour que celui qu'Elisabeth daignait aimer, la remarquât et le convoitât à haute voix?

Elisabeth oublia alors qu'elle n'aimait plus Leicester, que la femme n'était plus à venger, que la reine seule était outragée et pouvait pardonner; elle ne se souvint que d'une chose, c'est que la reine d'Ecosse avait osé l'humilier et la braver, c'est qu'elle avait eu la hardiesse de paraître plus belle qu'elle, la reine d'Angleterre et d'Irlande, et cédant à un de ces élans de froide et cruelle colère qui faisaient parfois revivre en elle le terrible et féroce Henri VIII, elle répondit à lord Campbell :

— Eh bien, milord, avez-vous jamais remarqué qu'en Angleterre et sous mon règne, la justice ne suivît point son cours?

Lord Campbell s'inclina sans répondre et sortit aussitôt. Il était trop intéressé lui-même à l'exécution de cet arrêt de mort pour qu'il jugeât nécessaire d'ajouter un mot.

Mais, lord Campbell sorti, la reine se trouva soudain en proie à une violente et terrible émotion. Elle eût donné tout au monde pour que l'ironique vieillard fût encore là, auprès d'elle, à attendre sa décision...

La pitié pénétra dans le cœur d'Elisabeth, et avec la pitié un sentiment de crainte, une appréhension terrible, ignorés jusque-là de la fougueuse reine; — elle redouta l'opinion du monde, elle trembla devant le jugement inflexible de la postérité.

Avait-elle donc bien le droit, malgré ses fautes, ses trahisons, ses crimes, — car aux yeux d'Elisabeth, sa rivale était criminelle, — avait-elle donc bien le droit de faire monter sur un échafaud une femme reine comme elle, sa parente, la mère de son héritier présomptif, le jeune prince Jacques d'Ecosse?

Elisabeth réfléchissait ainsi, le front pensif, le sourcil froncé, en proie à une de ces émotions intraduisibles pour la foule et dont le cœur des rois gardera éternellement le secret plein d'angoisse, lorsque Bavolet entra.

A sa vue, elle se leva vivement; et alors elle eut comme une de ces révélations mystérieuses de la vérité qui jaillissent instantanément de la circonstance la plus banale, en apparence, et elle devina que le jeune homme lui venait demander la grâce de Marie Stuart; elle devina en outre que la conduite de Bavolet, son duel avec Leicester, le choix que le roi de France avait fait d'un ambassadeur aussi jeune, pourraient bien ne pas être étrangers à ce grand procès jugé dans l'ombre, et qui cependant occupait l'attention de l'Europe tout entière.

Et lorsqu'elle eut envisagé Bavolet vêtu de noir, pâle, grave, austère d'aspect, malgré sa jeunesse, elle ne douta plus...

Bavolet était le sauveur de Marie Stuart!...

Il s'avança vers elle lentement, sans un sourire, s'inclinant avec un respect cérémonieux, qui disait éloquemment qu'il n'allait pas être question de fut lités et d'histoires d'amour, dans cet entretien qu'il avait si instamment sollicité; et lorsqu'il se fut incliné par trois fois, Elisabeth lui dit vivement et d'une voix altérée :

— Ah! je devine, monsieur, je devine pourquoi vous venez!

— Madame, répondit Bavolet avec un accent tellement solennel, qu'il semblait être comme une voix lointaine et prophétique de l'avenir, madame, j'ai à peine vingt-trois ans, et je représente les jours qui viendront...

Et, comme la reine demeurait muette, il poursuivit :

— Je représente les jours à venir; je ne suis pas l'ambassadeur de France, je suis la postérité, je suis l'inexorable histoire, je suis cette plume de fer qui, à travers les siècles, retrace sur un indestructible airain le souvenir de la gloire et des grandes actions des rois...

La reine était debout, pâle, muette; elle écoutait, elle, la femme altière entre toutes, la voix de Bavolet avec un mystérieux respect.

— Je suis aussi, continua le jeune homme avec un accent prophétique, je suis cette voix instante qui parcourt le monde et retentit dans le plus lointain avenir pour condamner ceux au front duquel Dieu mit une couronne en leur enjoignant la clémence, et qui, dédaignant cette inspiration céleste, demeurèrent implacables...

Bavolet s'arrêta et regarda de nouveau Elisabeth.

— Je vous comprends, répondit-elle, vous venez m'empêcher d'imprimer à mon règne une tache indélébile?

— Je veux, madame, répliqua Bavolet, que l'histoire puisse inscrire votre nom glorieux au-dessus des plus grands noms; je veux qu'on dise le siècle d'Elisabeth comme on dit le siècle d'Auguste... et, vous le savez, madame, Auguste pardonnant à ses ennemis, fut plus grand qu'Octave au soir de la victoire, dans les plaines fumantes d'Actium.

Et Bavolet qui, jusque-là, s'était exprimé avec cette hauteur pleine de noblesse qui convient à ceux dont la voix plaide la cause du malheur et de la faiblesse, cette cause sacrée entre toutes les causes, fléchit le genou devant la reine et prit ses deux mains.

— Monsieur, lui dit Elisabeth, relevez-vous et écoutez-moi... Je m'expliquerai sans colère et comme on s'exprime en parlant des faits et des choses qui déjà sont loin de nous.

« Cette reine d'Ecosse, sur le sort de laquelle l'Europe s'attendrit, a, pendant vingt-cinq années, semé le deuil dans son royaume, toléré le meurtre, étalé la honte et l'ignominie; femme, elle est descendue au rang des filles les plus viles; reine, elle s'est abaissée en épousant son sujet lord Bothwell; maîtresse des destinées d'un peuple, elle a laissé ce peuple en proie à la guerre civile, à l'anarchie, à la désolation; aimée, adorée, elle a renié et foulé aux pieds ceux qui lui dévouaient leur sang et leur vie; mon alliée et ma parente, ma plus proche héritière a trahi notre alliance et songé de me dépouiller.

« Cette femme est coupable, monsieur; elle a mérité son sort; et cependant, dans moins d'un siècle, si ma colère s'appesantit sur elle, l'histoire me couvrira de boue et de sang, et la proclamera innocente et martyre...

« Eh bien, monsieur, cela ne sera point. Un tribunal l'a condamnée; je pourrais lui faire grâce de la vie, et cependant j'ai ordonné que justice eût son cours... et, vous le savez, les rois perdraient leur autorité et leur prestige s'ils se donnaient un démenti, s'ils revenaient sur leurs décisions. Pourtant elle ne mourra pas, car je lui pardonne, et si la reine l'a condamnée, du moins Elisabeth peut la sauver de l'échafaud et favoriser sa fuite.

« Je vais donner des ordres secrets; assurez-vous de quelques hommes dévoués, sûrs et surtout muets comme la tombe, car je ne veux point réveiller la haine et le fanatisme de mon peuple qui demande sa mort; puis, cette nuit, vers deux heures, trouvez-vous avec une barque, sur la Tamise, devant la Tour de Londres, sa prison.

« Elle en sortira, appuyée sur le bras d'un conducteur mystérieux, qui la remettra en vos mains; vous vous laisserez alors dériver au courant du fleuve, jusqu'à ce que vous atteigniez la haute mer. Là, vous trouverez un navire qui vous transportera sur le continent; et alors, monsieur, lorsque vous aurez touché la terre de France avec elle, quand la loi ne pourra plus l'atteindre, lorsqu'il aura été constaté par les juges et le bourreau que le cachot où ils allaient quérir la condamnée pour la conduire au supplice, a été trouvé vide, alors vous pourrez proclamer à haute voix qu'Elisabeth a fait évader Marie Stuart condamnée à mort par la reine d'Angleterre et d'Irlande!

« Allez, monsieur, vous n'avez pas une minute à perdre; il faut que tout soit prêt; que la reine d'Ecosse ait quitté le sol anglais avant le jour; car, s'il en était autrement, si, par la plus invraisemblable des destinées, elle se trouvait dans sa prison demain à l'heure fixée, elle serait conduite à cet échafaud qu'on dressera pendant la nuit, et je ne pourrais plus la sauver!...

Bavolet se jeta une seconde fois aux genoux d'Elisabeth.

— Oh! oui, répéta-t-il, on dira le siècle d'Elisabeth comme on dit le siècle d'Auguste!

Et il sortit triomphant.

———

Alors la reine frappa sur un timbre et dit à Arthur, qui se présenta pour recevoir ses ordres :

— Va me chercher lord Bothwell.

— Je veux, se dit-elle, infliger un seul, un unique supplice à cette femme : je veux qu'elle soit sauvée par le misérable qui l'a trahie et livrée.

Un sourire moqueur qui glissa sur les lèvres d'Elisabeth fut le dernier vestige de sa haine.

Leicester lui devenant indifférent, Marie Stuart n'était plus pour elle qu'une rivale politique,— et en politique, Elisabeth avait la clémence et la magnanimité des grands rois.

Lord Bothwell se trouvait précisément au palais de White-Hall, et il s'empressa de se rendre auprès d'elle.

L'époux de Marie Stuart, l'ex-régent d'Ecosse, avait à la cour de Londres une de ces positions ambiguës et douteuses qui tiennent tout à la fois de l'étranger et du courtisan. Il n'était pas sujet anglais, et cependant il entourait Elisabeth d'hommages empressés et obséquieux; il proclamait hautement sa fidélité à Marie Stuart, et il s'acharnait, dans l'ombre, à sa perte.

Elisabeth le méprisait et savait toutes les noirceurs de son âme, toutes les infamies de son existence; mais elle dissimulait son mépris et le ménageait comme un brandon de discorde qu'elle pourrait lancer sur l'Ecosse, à un moment donné, si l'Ecosse, retrouvant un chef énergique, venait à menacer sérieusement le repos de l'Angleterre.

Lord Bothwell entra chez la reine en saluant bien bas.

Elisabeth lui rendit son salut d'un léger signe de main, et lui dit :

— Savez-vous bien, milord, que vous gagnez fort à la mort de la reine d'Ecosse, qui vous avait épousé secrètement?

— Ah! madame, murmura hypocritement Bothwell, que Votre Majesté me permette de me jeter à ses pieds et de la supplier une dernière fois...

Un sourire de mépris glissa sur les lèvres de la reine.

— Si je faisais grâce, dit-elle, vous, milord, en seriez désolé, et vous auriez peur une fois de plus en votre vie.

— Madame, murmura-t-il en pâlissant.

— Car, reprit la reine, si je faisais grâce de la vie à la reine d'Ecosse, je lui rendrais nécessairement sa liberté...

Bothwell tressaillit.

— Et redevenue libre, elle rentrerait dans ses Etats et remonterait sur le trône.

Bothwell ne sourcilla pas.

— Alors, savez-vous, milord, quel premier emploi elle ferait de sa puissance reconquise? Elle punirait ceux qui l'ont livrée et trahie, et elle les enverrait à l'échafaud.

— Et elle aurait raison, répondit Bothwell.

— Eh bien, s'écria Elisabeth outrée de tant d'impudence, soyez satisfait, milord, car je fais grâce à Marie Stuart.

Si la foudre fut tombée aux pieds de l'ex-régent d'Ecosse, il eût éprouvé, sans nul doute, une commotion moins grande, il eût moins pâli.

— Mon Dieu! lui dit ironiquement la reine, qu'avez-vous, milord, vous chancelez...

— C'est de joie, balbutia-t-il.

— Eh bien, puisque vous aimez Marie à ce point, soyez heureux, milord, car je veux qu'elle vous doive la vie et la liberté... C'est vous qui la conduirez hors de sa prison, vous qui la remettrez aux mains de ses libérateurs. Et alors, ajouta Elisabeth d'un ton ironique, elle oubliera peut-être quelques torts légers dont vous vous êtes rendu coupable envers elle...

XXIII. — LA FIN DU DRAME.

Deux heures du matin sonnaient à toutes les horloges de Londres, lorsqu'une barque, montée par trois hommes et un batelier, s'approcha silencieuse de la rive de la Tamise, et s'arrêta non loin de ce vaste et lugubre édifice qu'on nomme la Tour et qui était la prison de Marie Stuart.

Les trois hommes, on le devine, n'étaient autres que Bavolet, Hector et Gontran, soigneusement enveloppés dans leurs manteaux, armés de poignards et de pistolets pour être prêts à tout événement, et vêtus d'habits de couleur sombre, sans broderies, afin de n'éveiller ni soupçon, ni convoitise...

Lorsque la barque eut touché la rive, Hector dit au batelier :

— L'ami, nous avons loué ton bateau et acheté tes services au prix qu'il t'a convenu de nous fixer; mais à ton tour tu t'es engagé à nous obéir aveuglément, à ne rien entendre, à ne rien voir et à nous conduire à bord du *Royal-Courier* qui se trouve à l'embouchure de la Tamise et appareille à huit heures du matin pour Calais.

— Oui, monseigneur.

— Par conséquent, écoute-moi bien... Quoi que nous disions ou puissions faire, quels que soient les voyageurs que nous attendons, tu seras muet et impassible, ou je te tuerai.

Et Hector mit la main sur la crosse d'un pistolet qui étincelait sous son manteau.

— Vous me payez, répondit le batelier avec un flegme tout britannique, peu m'importe ce que vous faites!

En ce moment, deux ombres se dessinèrent sur la berge en amont du fleuve. Ces deux ombres approchèrent, et le bruit de leurs pas se fit entendre. A leur démarche incertaine, on devinait qu'elles cherchaient à s'orienter et peut-être à apercevoir quelqu'un ou quelque chose sur la rive, en aval du fleuve.

— Qui vive? cria Bavolet à mi-voix.

— Ecosse et France!... répondit une voix de femme tremblante et faible.

A cette voix, Hector chancela et s'appuya sur Gontran.

— C'est elle! murmura-t-il.

A vingt pas de distance, les trois cavaliers purent distinguer aisément une femme vêtue de noir qui marchait avec peine et s'appuyait sur le bras d'un homme dont le visage était couvert d'un masque de velours noir.

— Où allez-vous? demanda encore Bavolet.

— En France... murmura la voix.

— Ah! dit Hector défaillant, voici que mon courage m'abandonne. Il me semble que je vais mourir...

— Attendez-vous quelqu'un?

— Oui, dit encore la voix, un gentilhomme du nom d'Hector.

— Elle sait tout... pensa Hector, qui frissonnait et tremblait comme une feuille que roule l'air des brises de novembre.

La femme et son conducteur s'approchèrent; alors Bavolet sauta sur la berge, et les abordant le chapeau à la main :

— Madame, dit-il avec respect, venez, nous n'avons pas une seule minute à perdre; lorsque nous serons en pleine mer, alors nous remercierons Dieu de vous avoir protégée. Venez...

Et il lui offrit sa main et la fit entrer dans la barque où son conducteur entra aussi.

L'émotion d'Hector était si violente, qu'il n'avait pu ni faire un pas, ni pousser un cri. Il s'était assis défaillant à l'avant de la barque, étreignant de sa main crispée le bras de Gontran.

Le cavalier qui accompagnait la fugitive n'avait point ouvert la bouche et cachait soigneusement son visage.

Bavolet et ses oncles pensèrent que c'était quelque grand personnage de la cour d'Elisabeth qui désirait garder l'incognito et les quitterait avant d'arriver à Ramsgate, où ils monteraient à bord du *Royal-Courier*.

— Allons, dit Bavolet au batelier qui coupa l'amarre et repoussa son embarcation au large, oriente ta voile, et file vite.

— Le vent est bon et souffle de terre, répondit le batelier, la marée qui descend rend l'onde rapide, mon canot est le plus léger qu'on ait vu de Londres à Douvres; dans quatre heures, messeigneurs, nous serons à Ramsgate.

La fugitive, appuyée sur le bras de Bavolet, s'assit à l'arrière de la barque, tandis que son conducteur allait prendre place à l'avant, à côté d'Hector qui tremblait toujours.

— Monsieur, murmura-t-elle alors à l'oreille de Bavolet et d'une voix émue, je sais à qui je dois mon salut...

— Madame...

— A vous d'abord, continua-t-elle, et puis à *lui*, à lui, le noble cœur que j'ai méconnu si longtemps... à lui qui, à cette heure même, s'éloigne de moi par amour et par respect... Cher Hector!...

La voix de cette femme était pleine de larmes; elle disait éloquemment une longue existence remplie de douleurs, et elle remua profondément le cœur de Bavolet.

— Appelez-le... dit-elle encore tout bas, priez-le de s'approcher...

— Hector! cria Bavolet.

Hector se leva en trébuchant et s'avança le regard baissé vers celle qu'il aimait depuis si longtemps.

— Que les rois sont ingrats! lui dit-elle en lui tendant sa belle main amaigrie; comme je vous ai méconnu, cher Hector!

A ces paroles, Hector faillit mourir de joie; il se mit à genoux, et, à la pâle clarté de la lune, on put voir deux larmes brûlantes couler sur ses joues, puis tomber sur la main de la reine qu'il avait portée à ses lèvres.

— Cher et noble cœur, lui dit-elle de cette voix affectueuse et pleine de mystérieuses harmonies qui, autrefois, avait fait si souvent battre le cœur du soldat aux gais échos écossais, lorsqu'il l'entendait résonner sous les lambris du palais d'Edimbourg, — cher et noble cœur, je sais tout... on m'a tout appris... votre dévouement sublime et mon affreuse ingratitude...

— Ah! madame, s'écria Hector d'une voix entrecoupée, madame, par pitié, ne prononcez jamais ce dernier mot...

— Pourquoi te tairais-je, au contraire? répondit-elle avec véhémence; ne vous ai-je pas méconnu lorsque vous assumiez sur vous une accusation qui vous conduisait à l'échafaud, afin de proclamer mon innocence?

Et la reine avait des sanglots dans la voix.

— Madame, madame... murmura Hector, ce que vous dites là sera le remords du reste de ma vie; car, ma reine, celle que je vénère entre toutes les femmes, celle à qui j'ai voué mon sang et ma vie, vient de s'accuser cruellement pour moi.

Elle lui tendit encore la main.

— Ainsi, dit-elle, les heures de grandeur et de souffrances sont finies; j'ai déposé pour toujours la couronne et les horribles tortures qui en furent pour moi l'apanage : Marie Stuart allant à l'échafaud fût morte en reine; Marie Stuart sauvée veut désormais vivre dans le repos et l'obscurité. Si vous savez, en ce monde, quelque retraite ignorée, quelque vallon ombreux où aucun bruit des cours n'arrive, vous m'y conduirez, mon ami, et nous irons y demander à Dieu d'accorder longue et heureuse vie à ceux dont la jeunesse fut orageuse comme la nôtre, et auxquels le bonheur n'arrive qu'à l'heure de leur âge mûr...

En prononçant ces derniers mots, la reine releva le voile épais qui couvrait son visage, et Hector put la voir.

Certes, ce n'était plus la jeune reine resplendissante de beauté que le garde écossais admirait, le cœur palpitant, pendant cette nuit de bal que termina l'horrible catastrophe imaginée par Bothwell; elle était vieillie de vingt ans, et ses traits amaigris et décolorés attestaient de longues souffrances; — et cependant elle était belle encore, belle à ce point que son amant n'éprouva point ce premier mouvement de déception que l'homme éprouve en revoyant, après dix-huit années, la femme qu'il a laissée rayonnante de jeunesse.

Bavolet seul, qui jugeait assez froidement de la beauté des femmes, ne put s'empêcher de faire la réflexion suivante :

— Où donc Leicester avait-il la tête le jour où il eut l'impertinence de trouver cette femme plus belle que madame Elisabeth? On dirait sa mère.

Hector croyait que le ciel allait descendre sur sa tête et l'écraser, tant le bonheur qui lui advenait lui paraissait immense et presque impossible. Celle qu'il avait tant aimée savait donc son amour, et maintenant elle le partageait puisqu'elle lui demandait à aller ensevelir leur commune félicité en un coin obscur de la terre de France. Gontran lui-même, le bon et naïf Gontran, dont le cœur aussi était déchiré, s'était mis à pleurer de joie en entendant la reine parler ainsi, et Bavolet murmurait avec ce fier sourire de la jeunesse triomphante :

— Que le roi dise, après cela, que je ne suis pas diplomate !

Les trois cavaliers et la fugitive, assis à l'arrière du bateau que la voile gonflée, filait comme une flèche sur la Tamise, s'abandonnèrent pendant trois heures à la plus douce, à la plus intime des causeries, et plus d'une fois, Hector s'écria :

— Mon Dieu! mon Dieu! il me semble que je vais devenir fou...

Seul, le mystérieux conducteur de la reine d'Ecosse, le cavalier qui l'avait amenée sur la berge de la Tamise et qui était entré dans la barque sans dire un mot, sans lever le masque de velours qu'il portait sur le visage, seul, disons-nous, ce cavalier se tenait à l'écart. Il était assis, à l'avant, au pied du mât, immobile et silencieux comme une statue.

Le canot, poussé par un vent violent, atteignit l'embouchure de la Tamise en trois heures trois quarts; vers sept heures du matin, il gagna la haute mer, et, aux premiers rayons du soleil, les passagers purent apercevoir dans la rade de Ramsgate le *Royal-Courier* qui hissait ses ancres et s'apprêtait à partir.

— Accoste!... cria Bavolet au batelier en lui montrant le navire, accoste au plus vite!

Celui-ci cargua sa voile qui lui devenait inutile, et en quelques coups d'aviron il eut atteint l'échelle du tribord du brick.

En haut de l'échelle était le capitaine.

Celui-ci avait été prévenu sans doute de l'arrivée de ces nouveaux passagers, car il les salua avec courtoisie et leur dit:

— Je n'attendais plus que vous.

Bavolet donna sa main à la reine pour la faire monter à bord. Hector et Gontran les suivirent; mais le cavalier masqué demeura dans la barque, et cria alors à la reine:

— Hé! Trilby l'Écossaise, sais-tu l'heure qu'il est?

Cette interrogation étrange, ce nom, le ton cavalier de l'inconnu, étaient si extraordinaires, que Bavolet et ses oncles se regardèrent avec étonnement et pensèrent que cet homme ne pouvait s'adresser à la reine; mais celle-ci répondit par un éclat de rire moqueur à l'adresse d'Hector, et répliqua à son conducteur:

— Il doit être sept heures, mon cher.

Et soudain ce visage rêveur et triste, qui respirait naguère la mélancolie de la souffrance, ce visage de Marie Stuart vieillie par la torture et la captivité, revêtit une hideuse et cynique expression qui fit reculer Hector et ses compagnons de trois pas; le plus horrible des sourires, un sourire où le meurtre et la débauche semblaient revêtir leurs ignobles secrets, illumina d'un reflet livide ce visage dont la beauté flétrie était maintenant hideuse à voir; et Hector en fut tellement épouvanté, qu'il s'écria:

— Mon Dieu! mon Dieu! la reine est folle...

— Ah! tu crois, mon bien-aimé? répondit-elle avec un ricanement de hyène. Tu crois que je suis folle, mon amour?

Et cette femme qui, jusque-là, s'était exprimée avec une dignité souveraine, dont l'accent était sympathique et doux... cette femme qui représentait si bien tout à l'heure le mystérieux et sympathique accouplement de l'infortune et de l'amour, cette femme, disons-nous, jeta ses deux bras au cou d'Hector avec la brutale tendresse d'une courtisane de bas étage, et elle lui donna un baiser sordide qui lui fit pousser un cri d'horreur.

— Ah! reprit-elle, n'est-ce pas que je sais à merveille mon métier de reine, cher ange, et que tu as bien reconnu en moi et la voix et le visage de cette Marie Stuart que tu as tant aimée? N'est-ce pas que tu n'as pas douté un moment de l'immensité de ton bonheur et que tu n'as pu l'avoir trop acheté par les dix-huit années de souffrance et d'attente, par toutes les angoisses que tu as éprouvées ces jours-ci, lorsque l'arrêt de mort de la reine d'Écosse était dans toutes les bouches?

Et elle se prit à rire encore de son ignoble sourire, et elle regarda ironiquement Hector dont la raison s'égarait, et ses deux compagnons que la stupeur rendait immobiles.

— Holà! hé! Hector, l'Écossais, — cria alors le mystérieux personnage demeuré dans la barque, — tu te souviens, n'est-ce pas, de cette comédie sanglante que tu fis à Jacques d'Écosse, une scœur reniée et chassée de la reine, à qui elle ressemble tellement, que j'en ai frissonné moi-même, Marie Stuart, la vraie reine, celle que tu aimais si ardemment, a posé sa tête sur le billot?

Et l'inconnu arracha son masque, et Bavolet et Gontran poussèrent un cri: — Lord Bothwell!...

En même temps, cette femme que Bavolet et ses oncles regardaient avec stupeur, rejeta loin d'elle la vaste pelisse qui l'enveloppait tout entière, et elle apparut à leurs yeux couverte de ces haillons fétides que portait Trilby l'Écossaise, le soir où elle se montra à Bothwell et à lord Maitland...

Trilby la mendiante avait cessé de ressembler à Marie Stuart. Presque au même instant, un matelot qui sortait de la batterie monta sur le pont et vint à passer près d'elle.

— Tiens! dit-il, la reconnaissant, te voilà, Trilby? Et que viens-tu faire ici, satanée mendiante?... Ne sais-tu point que les femmes perdues portent malheur à bord d'un honnête navire? Retourne donc à Londres, ma fille; lorsque j'aurai touché ma paye et serai congédié, je t'irai faire visite...

Cette fois, ni Bavolet, ni Hector, ni Gontran ne doutèrent... Ils avaient été joués par l'infernal Bothwell...

Marie Stuart était morte; et la femme qu'ils avaient sous les yeux n'était autre que Trilby l'Écossaise, Trilby la courtisane et la mendiante!...

— Adieu, messieurs, leur cria Bothwell d'un ton ironique, adieu et bon voyage... Moi, je vais m'embarquer pour l'Écosse, car si je retournais à Londres, la reine Élisabeth me ferait payer cher la petite mystification que je vous ai infligée! Au large, batelier.

Le batelier, d'un vigoureux coup d'aviron, s'éloigna du brick de dix brasses, tandis que Bavolet lui criait:

— Arrête! misérable, arrête!

— Nage, au contraire... nage, ou je te tue, répondit Bothwell en appuyant la lame de son poignard sur la poitrine du batelier.

Celui-ci, devant cette menace de mort, ne put qu'obéir: il redoubla d'efforts et continua à s'éloigner du navire.

— Que Dieu me pardonne ce meurtre, murmura Bavolet... Et, arrachant un mousquet aux mains d'un matelot qui passait près de lui, il fit feu.

Le batelier tomba à la renverse et disparut dans l'eau, tandis que Bothwell saisissait l'aviron d'une main inhabile et essayait de s'éloigner.

Mais en même temps aussi Hector, à qui le désespoir et la haine avaient rendu toute son énergie, Hector se précipita dans la mer, son poignard aux dents, et il s'élança à la nage vers la barque dans laquelle se trouvait Bothwell et qu'il était impuissant à diriger.

Ce fut alors un spectacle d'une majestueuse et sauvage horreur que celui dont Bavolet, Gontran, la mendiante et les gens du bord accoururus en foule sur le pont, demeurèrent témoins.

Hector atteignit la barque en quelques minutes, il s'y cramponna d'une main tandis qu'il brandissait son poignard de l'autre, il se trouva enfin face à face avec son implacable ennemi, sur ce champ clos de quelques pieds.

Le combat que se livrèrent alors ces deux hommes, la lutte à coups de poignard, corps à corps, qu'ils engagèrent, est impossible à décrire.

Pendant dix minutes, ils s'attaquèrent avec furie, cherchant mutuellement à s'étouffer et à se poignarder; ils se traînèrent réciproquement de l'avant à l'arrière de la barque, puis la barque chavira et tous deux tombèrent à l'eau et disparurent sous une lame qui les engloutit, puis ils reparurent pour être engloutis encore, toujours enlacés, rougissant l'eau, l'un et l'autre, de leur sang confondu... Et enfin un seul se montra à la surface des vagues et nagea péniblement vers la navire: c'était Hector qui avait étouffé et noyé lord Bothwell.

Il se hissa, épuisé, à bord du *Royal-Courier*, se traîna tout sanglant et couvert de l'écume des vagues jusqu'aux genoux de Trilby la mendiante, et lui dit avec exaltation:

— Savez-vous bien, ô ma reine!... savez-vous, Marie, ma bien-aimée, que je viens de noyer notre plus mortel ennemi, et que nous pourrons désormais remonter paisiblement sur notre trône d'Écosse?

Hector était fou!...

XXIV. — DANS LEQUEL LE ROI FORMULE SON OPINION SUR LA FEUE REINE MARIE STUART.

Six semaines s'étaient écoulées depuis que le dernier des Valois était tombé sous le poignard du moine Jacques Clément; son successeur, Henri de Bourbon, qui avait pris le nom de Henri IV, roi de France et de Navarre, avait conduit son corps en grande pompe jusqu'à Compiègne, où on l'avait provisoirement déposé en attendant le jour où il pourrait être transporté à Saint-Denis, alors occupé par la Ligue.

Puis, de Compiègne, le roi s'était dirigé vers la province de Normandie, et en route il s'était successivement emparé de Meulan, Gisors et Pontoise, où il avait laissé bonne garnison.

Partout, sur son passage, villes, châteaux forts, places de guerre s'étaient rendus à merci. Les populations l'accueillaient comme un libérateur et manifestaient hautement leur haine de la Ligue.

Dieppe avait ensuite ouvert ses portes et salué l'arrivée de son roi comme une délivrance; mais la perte d'une place aussi considérable était un trop rude coup porté à la Ligue pour qu'elle en prit ainsi son parti, et le duc de Mayenne avait juré par tous les saints du paradis et tous les diables de l'enfer qu'il reprendrait Dieppe, à quelque prix que ce fût.

Il avait donc réuni une armée de près de quinze mille hommes, grossie d'un détachement de l'armée espagnole, et s'était mis en route pour Dieppe, à marches forcées, décidé à en faire le siège. Mais le roi, apprenant son approche, ne s'en était nullement ému, et, au lieu de l'attendre derrière les solides murailles de la ville, il s'était mis en route pour aller à sa rencontre, disant à ses officiers :

— Les grands capitaines ne s'amusent point à faire ou à soutenir des siéges. Une bonne bataille rangée est plus décisive, en matière de guerre, que quelques pans de mur que le canon jette bas. Puisque notre cousin de Mayenne se veut tailler de la besogne, nous allons tâcher de le satisfaire.

Et Henri IV était venu établir un camp à Arques, l'avait entouré de fossés, de retranchements et de palissades comme une citadelle, puis il avait attendu l'ennemi de pied ferme.

Le 15 septembre au soir, les postes avancés se replièrent sur le camp et signalèrent l'approche de l'armée de la Ligue. Aussitôt le roi l'envoya reconnaître, et il résulta du rapport qu'on lui fit, que cette armée était plus considérable que la sienne des deux tiers au moins.

— Qu'à cela ne tienne, répondit-il ; chacun de mes soldats se battra contre trois ennemis, et ce n'est point rude besogne, après tout. Car celui qui se bat pour son Dieu, son pays et son roi, doit pouvoir tenir tête à dix adversaires, alors que ceux-ci ont tiré l'épée pour ensanglanter leur patrie, y semer le deuil, la désolation, et y promener la torche incendiaire de la guerre civile.

Ces nobles paroles de Henri avaient trouvé un puissant écho dans le cœur de ses fidèles ; ses officiers consultés avaient, d'un accord unanime, demandé la bataille, — et alors il avait expédié un héraut au duc de Mayenne, qui commandait les ligueurs en personne, et il lui avait fait offrir le combat pour le lendemain.

Le duc avait accepté avec l'insolente assurance de la force numérique, et les deux armées avaient passé la nuit sous la tente, à un quart de lieue de distance à peine.

Or, c'est précisément pendant cette nuit qui devait précéder l'action, que nous retrouvons Henri IV et conduirons le lecteur dans sa tente.

Il y avait loin de l'asile de campagne occupé par le Béarnais, à ce fastueux pavillon royal élevé au milieu du camp de Saint-Cloud, et dans lequel Henri de Valois avait été poignardé ; il y avait loin de cette demeure du soldat improvisé à la tente luxueuse et opulente du duc de Mayenne, lequel n'entrait jamais en campagne sans traîner à sa suite une légion de cuisiniers, de valets de chambre et de pages.

La tente du roi était peu spacieuse ; elle ne possédait d'autres meubles que quelques pliants, une table sur laquelle il déroulait ses plans, et un lit de paille, de maïs et de bruyères séchées, sur lequel il dormait tout cuirassé, comme François Iᵉʳ à l'affût d'un canon, l'espace de trois ou quatre heures, juste le même temps, disait-il, que son cousin Mayenne passait à table.

En campagne, le nouveau roi de France était demeuré l'humble roitelet de Navarre. Il déjeunait d'un morceau de pain bis, de quelques bribes de fromage, d'une échalote et d'une bouteille de vin.

Son souper ressemblait fort à son déjeuner, et sa vaisselle de table était assez modeste pour qu'on ne lui pût faire le reproche d'étaler le moindre luxe au milieu d'un pays désolé et réduit à la famine par la guerre civile.

Or, cette nuit-là, vers deux heures environ, Sa Majesté était dans sa tente, assise devant la table, qui supportait un plan minutieusement détaillé de la vallée et de la plaine d'Arques. Des hommes, le maréchal d'Aumont et le jeune maréchal de Biron, étaient auprès de lui, et tous trois s'occupaient à piquer des épingles à têtes de cire sur la carte déroulée.

Le roi, non moins habile stratégiste que vaillant soldat, traçait avec une admirable sûreté de coup d'œil les plans d'attaque du lendemain. Le camp était calme, et l'on n'entendait au loin que les pas mesurés et les cris réguliers des sentinelles qui s'avertissaient à intervalles égaux.

Tout à coup un bruit de chevaux résonna aux environs de la tente royale et éveilla l'attention du roi.

Sur un signe de lui, le soldat qui veillait à l'entrée de la tente alla s'enquérir de la cause de ce bruit insolite, et il revint bientôt après en disant :

— C'est M. Bavolet qui arrive avec un autre gentilhomme.

— Bavolet, s'écria le roi, mon ambassadeur !

— Il demande à voir Sa Majesté.

— Qu'il entre, ventre-saint-gris ! qu'il entre tout de suite !

Puis, se tournant vers les deux maréchaux, le roi ajouta :

— Messieurs, notre plan est parfaitement clair et demeure arrêté. J'entends sonner deux heures à la petite église d'Arques ; nous serons à cheval au lever du soleil, et, comme nous aurons rude besogne, je vous engage fort à vous aller coucher quelques instants. Il n'y a que les rois qui n'ont pas toujours le droit de dormir la veille d'une bataille.

— Le filleul de Bayard, François Iᵉʳ, n'eût pas mieux parlé, répondit Biron en souriant, mais nous ferons observer à Votre Majesté que, si elle n'a point le droit de dormir, elle a au moins celui de souper, chose qu'elle a complètement oublié de faire jusqu'à présent.

— Ventre-saint-gris!... mon brave ami, exclama le roi, tu me donnes là une fameuse idée, car je meurs de faim et ne m'en doutais pas. Les rois perdent le bon sens et la mémoire. Je ne savais trop ce que j'éprouvais, et mon malaise était si grand, que j'étais tenté de

croire que Mayenne a raison de prétendre que j'ai peur la veille d'une bataille. Précisément, Bavolet soupera avec moi. Je ne suis point un monarque fier comme feu mon frère Henri, lequel soutenait que les rois ne doivent point compromettre leur dignité en admettant leurs sujets à leur table. Bavolet est un gai convive, et nous viderons un vieux flacon à la santé du gros Mayenne. Envoie-moi donc mon cuisinier ou, si tu le préfères, mon valet de chambre, puisque les deux ne font qu'un.

Les deux maréchaux s'inclinèrent et sortirent au moment où Bavolet entrait.

En plein jour et devant témoins, le jeune ambassadeur se montrait respectueux et réservé devant le roi ; mais, dans l'intimité, le page, l'enfant d'adoption du Béarnais se laissait aller à son expansive tendresse, et oubliait aisément la couronne de son protecteur pour ne se souvenir que de son cœur simple et loyal.

Il se jeta dans les bras du roi, qui les ouvrit tout grands, et l'embrassa avec effusion.

— Ah! te voilà donc enfin, monsieur l'enfant prodigue! s'écria le Béarnais avec une affectueuse brusquerie. Tu viens à point, mon fils, car je commençais à m'ennuyer fort sans toi. Tous les gens qui m'entourent n'ont pas, réunis, le quart de ton esprit et de ta bonne humeur, et depuis que je suis un roi sérieux, un roi ayant un vrai royaume, on me témoigne tant de respect, qu'il me semble que personne ne m'aime plus...

— Ah! sire... murmura Bavolet, ne plus vous aimer, y pensez-vous?...

— Oh! pour toi, dit le roi, je suis fort tranquille. Je sais que tu m'aimeras toujours, et que les grandeurs ne t'effarouchent pas à ce point de te clouer la langue. Mais les autres... Ah! le vilain métier que d'être roi de France!... Dans mon petit royaume de Béarn, tout le monde me frappait sur l'épaule, et j'en étais enchanté... Vivent les petites gens!

Le valet de chambre du roi qui, en campagne, remplissait les fonctions de cuisinier et même celles d'intendant, apparut à l'entrée de la tente.

— Jaquet (1), lui dit Henri IV, tes provisions sont-elles abondantes?

— Sire, répondit piteusement le majordome improvisé, Votre Majesté est si sobre d'ordinaire...

— Bon! je comprends. C'est-à-dire que, parce que je me contente de peu, tu trouves plus simple encore que je sois forcé de m'accommoder de rien.

— Sire, j'ai des poulets...

— Sont-ils cuits?

— Non pas, sire.

— Alors ils sont vivants, et ce n'est point la peine de les saigner pour éveiller tout le camp, de pauvres gens qui dorment en attendant le combat. Qu'as-tu encore?

— Une tranche de venaison.

— Et puis?

— Des œufs, murmura modestement le cuisinier.

— Mon pauvre Bavolet, dit gaiement le Béarnais, tu m'arrives sans crier gare ; je ne m'attendais pas à avoir un ambassadeur à traiter ce soir, et je suis pris au dépourvu. Tu feras maigre chère, et la pitance sera plus exiguë, j'imagine, que la table du roi de France que sur celle de ma sœur, madame Élisabeth, qui doit t'avoir fort gâté. Mais sois tranquille, mon mignon, nous nous dédommagerons de ce jeûne quelque jour, lorsque, ajouta-t-il avec son bon et franc sourire, le plus pauvre de mes sujets pourra, chaque dimanche, mettre une poule au pot. Nous voilà revenus aux beaux jours de Coarasse : rude besogne et mauvais soupers.

— Et bon appétit, sire, répondit Bavolet, car la gaieté de Votre Majesté en donnerait à madame de Montpensier elle-même, cette précieuse qui ne mange pas, sous prétexte que c'est vulgaire, et qui, comme les fées du vieux temps, trempe de loin en loin un biscuit dans de l'eau de rose. Mais, puisque Bavolet d'un air timide, Votre Majesté me paraît si mécontente du menu de son souper que je suis fort embarrassé et ne sais trop comment lui faire un aveu.

— Très-bien, je devine. Tu as sans doute les sacoches de ta selle merveilleusement garnies des meilleures provisions de bouche, et tu vas humilier la pauvreté de ton roi par ta propre opulence. Je me résigne, va ; il faut, à l'occasion, savoir mettre la fierté de côté, et tendre la main sans vergogne.

— Hélas! Votre Majesté n'aura point cette peine.

— Ah!...

— Je ne lui apporte que deux rangées de dents blanches, aiguës et solides, qui croqueraient un bastion au besoin... Et malheureusement...

— Diable!... vas-tu m'apprendre une fâcheuse nouvelle?

— Très-fâcheuse, soupira Bavolet d'un air consterné du dernier comique.

— Bah! tu sais bien que je suis fort contre l'adversité. Parle, mon fils.

(1) Jaquet n'est point un personnage de roman comme on le pourrait croire. Il fut, durant vingt ans, le valet de chambre du roi.

Eh bien, sire, je vous amène un convive.

Ventre-saint-gris! exclama le roi, es-tu fou, mon maître!...

Il est sobre, sire.

— Sobre soit; mais la sobriété n'exclut pas l'appétit. Allons!... je suis faire saigner mes poulets.

— Je crois que c'est inutile, sire.

— Et pourquoi cela?

— Parce que le convive en question est amoureux.

— Ah! bah! dit le roi dont le front rembruni se rasséréna soudain. Quel âge a-t-il?

— Un peu moins de quarante ans.

— C'est-à-dire trente-neuf?

— Heu! heu!...

— A-t-il de l'esprit?

— Bon, pensa Bavolet, je sais où le roi veut en venir, et je vais, au risque de ne point faire l'éloge de mon oncle, le rassurer complétement. Puis il répondit tout haut : — Il en aurait beaucoup s'il n'était sentimental.

— Parfait, dit Henri IV. Un amoureux spirituel et gai a un appétit sans bornes.

— Je le sais, car j'ai vu Votre Majesté dévorer, à Coarasse, du temps de Fosseuse...

— Pauvre Fosseuse! murmura le roi, ne prenant point garde au compliment de Bavolet. Un amoureux triste et sentimental ne mange point. Amène-moi ton convive et dis-moi qui le est?

— Mon oncle Gontran, sire.

— Le Lorrain?

— Oui, l'amoureux de la duchesse de Montpensier.

Le roi haussa les épaules.

— Il faut être fou, murmura-t-il, pour adresser ses vœux à une bossue, alors qu'il y a tant de fillettes droites et jolies au pays de Lorraine. Et où est-il ton oncle?

— A deux pas d'ici, sire. Il attend que je le présente à Votre Majesté...

— Va le quérir, mon fils.

Bavolet souleva un coin de la tente et appela :

— Gontran!

Gontran apparut et salua profondément le roi.

Puis il mit un genou en terre, et lui tendant les deux mains en signe de vasselage et de soumission.

— Sire, dit-il, je ne suis point né en Lorraine; je suis Breton d'origine. Le duché de Bretagne est devenu une province française; ses enfants appartiennent donc au roi de France. Sire, je vous supplie humblement d'oublier que j'ai porté les armes contre vous, et je vous demande en grâce de vouloir bien accepter mon épée, et mes services et mon dévouement.

Le roi prit les deux mains de Gontran dans les siennes avec une dignité majestueuse qui effaça jusqu'au sourire de bonhomie qui régnait naguère sur ses lèvres, puis il le releva et lui dit :

— Erreur n'est pas compte, monsieur; vous avez tiré l'épée contre moi, mais vous l'avez fait croyant user de votre droit et ne reconnaissant point la souveraineté du roi de France. Aujourd'hui, désabusé, vous venez à lui faire votre soumission et vous lui offrez votre épée... le roi de France accepte l'une et l'autre; il est certain d'avance qu'elles ne lui feront jamais défaut... Votre nom et ce noble enfant, ajouta-t-il, en montrant Bavolet, lui en sont un sûr garant.

Gontran se releva aussi fier, aussi rayonnant que s'il eût ressaisi pour lui-même la couronne des ducs ses ancêtres.

— Sire, s'écria-t-il avec un noble enthousiasme, je vous appartiens désormais, et mon sang est à vous jusqu'à la dernière goutte... Si l'épée d'un pauvre soldat peut être de quelque secours à la grandeur de votre règne, vous pouvez compter sur elle.

— Merci, répondit le roi. Vous n'attendrez pas longtemps, du reste, monsieur, pour mettre votre épée et votre sang à mon service. Dans quelques heures, nous serons à cheval et nous nous mesurerons avec les ennemis de la France. Alors chacun de nous fera son devoir; les soldats se battront comme des rois; et le roi comme le dernier de ses soldats.

Le roi avisa alors son casque au cimier duquel brillait une aigrette blanche.

— Tenez, dit-il en le prenant dans ses mains et le plaçant ensuite fièrement sur sa tête :

Voilà le drapeau de la France!...

— Nous le suivrons, répondit Bavolet avec ce calme superbe qui disait si éloquemment sa brillante et aventureuse bravoure, et s'il tombe, sire, c'est que nous serons tombés avant lui.

— Va, enfant, murmura Henri IV ému, Dieu est grand et il est juste. L'aigrette blanche de mon casque ne saurait choir dans la poussière, tant que le pays de France ne sera point rendu à la prospérité, tant qu'il y aura un seul étranger sur sa noble terre. Maintenant, mes amis, advienne que pourra; nous perdrons tout fors l'honneur, comme François 1er après la journée de Pavie.

Henri IV s'était exprimé avec un accent si majestueux et si noble, il s'était redressé avec une telle fierté souveraine en prononçant ces belles paroles, que Bavolet et Gontran s'inclinèrent et crurent un

moment que le roi François 1er, le roi chevalier, le héros de Marignan, le filleul de Bayard enfin, était sorti de sa tombe et se levait devant eux, l'orgueil de sa noble race au front, l'accent de son grand cœur aux lèvres.

Tout cela n'eut que la durée d'un éclair. Le roi replaça son casque sur la table, il se laissa retomber sur son siège, puis apparut de nouveau ce sourire naïf et fin à la fois qui arquait d'ordinaire sa bouche bienveillante et railleuse en même temps, et, sous le roi de France, se montra le petit roitelet de Navarre, ce prince sans façons et plein d'esprit qui aimait les petites gens, les chasseurs et les soldats, ce Béarnais à l'œil si clair et si bon, cet Henri IV dont le peuple a transmis à ses neveux, de génération en génération, la mémoire chérie et vénérée.

— Maintenant, mes enfants, dit-il, retrouvant sa loyale et franche gaieté des beaux jours de Coarasse, mettons-nous bravement à table. Nous souperons mal, mais nous boirons sec, et Bavolet me dira enfin d'où vous venez et comment il s'est accommodé du ciel anglais.

— Ah! sire, murmura le jeune homme, nous avons fait un morose et bien triste voyage. La reine est morte!...

— Hélas!... dit le roi, je le sais depuis deux jours; j'ai appris sa condamnation.

— Mais ce que vous ne savez pas, bien certainement, sire, c'est que nous avons failli la sauver... c'est que madame Elisabeth lui a fait grâce.

Le roi fit un brusque mouvement de surprise.

— C'est qu'une horrible, une infernale machination a fait avorter tous nos plans, ajouta Bavolet.

Jaquet entra en ce moment, suivi de deux soldats qui portaient le souper du roi.

Les cartes furent enlevées de la table sur laquelle elles étaient étalées, et elles firent place aux couverts du Béarnais et de ses convives.

Le souper servi, Henri IV renvoya Jaquet et ses aides.

— A présent, dit-il à Bavolet, raconte-moi ton Odyssée.

Bavolet ne se fit pas prier. Il narra clairement, brièvement, mais dans tous ses détails, son voyage à Londres, l'accueil que lui avait fait la reine Elisabeth, sa querelle et son duel avec lord Leicester, puis la chute du favori, l'ordre secret donné par la reine de laisser fuir sa rivale, et enfin l'infâme trahison et la substitution infernale de lord Bothwell.

Le roi l'écouta froidement, sans donner la moindre marque d'approbation; il le laissa aller jusqu'au bout sans l'interrompre, puis lorsque Bavolet eut fini, il demeura silencieux et pensif durant quelques minutes.

Enfin Henri IV releva la tête, regarda ses deux convives et leur dit : — Voulez-vous, maintenant, que je vous dise mon opinion sur tout cela?

— Ah! sire, s'écria Bavolet, nous la devinons d'avance, vous êtes indigné!...

— Mon bon ami, répondit le roi, tu es un loyal et noble enfant, dont le cœur parle toujours avant la tête, ce qui est parfaitement contraire aux lois de la saine raison; tiens, avant de te dire mon opinion sur le jugement, la condamnation et la mort de la reine d'Ecosse, je vais te prédire l'opinion du monde dans deux ou trois siècles d'ici.

Le roi était si calme que Bavolet le regarda avec un profond étonnement.

— Dans trois siècles, poursuivit Henri IV, il y aura des écrivains qui feront un livre intitulé : *Histoire de la vie et des malheurs de Marie Stuart, victime de son odieuse rivale la reine d'Angleterre et d'Irlande*. Ce livre, les mères le liront à leurs filles et le leur donneront pour étrennes au premier jour de l'an; les enfants l'apprendront par cœur sur les bancs des écoles, et ces enfants, devenus hommes et interrogés par leurs enfants sur cette infortunée princesse, leur répondront sans hésiter :

« Marie Stuart fut la plus noble, la plus infortunée, la plus vertueuse des reines. Elle eut le malheur de vivre dans le même temps qu'un monstre sans cœur et sans pitié, du nom d'Elisabeth, un grand criminel couronné, une femme implacable dans ses haines, un prodige d'astuce, d'impiété et d'hypocrisie, qui lui donna des juges achetés d'avance, et lui dressa un échafaud... »

« Voilà, mon fils, l'opinion du monde dans trois siècles. Et sais-tu pourquoi? parce que nul, en racontant l'histoire de cette reine que l'on supplicia à faite martyre, nul n'aura osé dire :

« Cette princesse, qui avait nom Marie Stuart, régna pendant vingt ans, et son règne fut une longue suite, une suite sans interruption de désordres, de calamités, de hontes privées et publiques. Reine, elle opprima son peuple; femme, elle trahit son époux, puis elle abandonna sa main et son cœur à celui qui l'avait assassiné. Cette princesse, dont l'histoire fera une martyre, eut l'ingratitude des princes lorrains dont elle était issue; elle foula aux pieds ses serviteurs, abandonna lâchement ses amis, laissa ses partisans s'égorger entre eux, oubliant le poids de sa couronne et de sa dignité souveraine dans les bras de quelques favoris de bas étage, aussi vils que la fange d'où les avaient tirés son caprice et sa faveur. »

« On ne dira point encore, mon ami, que la reine d'Ecosse, conspirant avec les nobles mécontents du pays anglais, était justiciable des lois de ce pays, et que, vassale de l'Angleterre, elle n'avait point le droit de fomenter la guerre civile en Angleterre et d'essayer de renverser du trône la fille légitime du dernier monarque anglais Henri VIII.

« Son châtiment a été terrible et cruel, trop cruel et trop terrible, je te l'accorde : peut-être que nul ici-bas n'a le droit de porter la main sur les oints du Seigneur; mais tu le sais, toi, au dernier moment, à la dernière heure, le ressentiment de madame Elisabeth est tombé; elle a eu pitié et elle a pardonné... Et pourtant la postérité ne lui en tiendra pas compte.

— Fatalité! murmura Bavolet, vivement impressionné par les paroles de son maître.

— Tiens, dit le roi, tu viens de prononcer le mot de l'énigme : ce n'est point Elisabeth qui a condamné et tué Marie Stuart, c'est LA FATALITÉ !... C'est la fatalité, peut-être est ce la Providence qui a fait tomber la tête de cette femme sous l'influence infernale de lord Bothwell, son complice, le monstre fétide à qui elle avait successivement immolé son honneur, sa dignité de femme et de reine, et ces nobles sentiments de clémence et de bonté infinies que les rois devraient toujours avoir au fond du cœur, afin d'être éternellement les pères de leurs peuples et non point leurs oppresseurs.

— Pauvre Hector !... murmura Gontran; quelle femme aimais-tu donc?...

— Eh bien! reprit le roi, s'adressant toujours à Bavolet, qu'as-tu fait de ton oncle Hector et de Trilby la mendiante?

— Ah ! sa folie est une triste chose, sire, mais elle est moins cruelle pour lui que la raison. Il ne souffre plus.

« En débarquant à Calais, mon oncle et moi nous nous occupâmes aussitôt de chercher un asile à ce pauvre fou qui maintenant croit être le roi d'Ecosse et l'heureux époux de Marie Stuart. Nous découvrîmes une petite vallée des bords de la Meuse, entre Mons et Namur, un pays tranquille et ignoré, habité par des pêcheurs et des paysans. Il y avait une petite maison au bord de la rivière; nous achetâmes cette maison et nous y installâmes Hector et Trilby.

« Cette femme perdue, cette mendiante qu'une haine profonde pour sa sœur et peut-être aussi la misère avaient poussée à accepter les offres de lord Bothwell et à jouer son rôle infâme, cette Trilby avait encore au fond du cœur quelques sentiments humains. Le remords la prit, et elle eut pitié de la douleur d'Hector. Nous aurions pu la tuer, et cependant nous l'épargnâmes. Notre clémence la toucha; elle se jeta à nos pieds et nous demanda pardon, les mains jointes.

« Je lui dis alors :

« — Cet homme dont vous avez brisé le dernier espoir et tué la femme qu'il aimait, cet homme est fou. Il vous prend pour la reine d'Ecosse, et tant que sa folie durera, il est probable qu'il vous regardera comme telle. Si vous voulez que nous vous pardonnions, il faut devenir pour lui la véritable Marie Stuart, celle qu'il aime, et... l'aimer.

« — J'accepte, répondit-elle aussitôt, et je le soignerai avec tant de sollicitude, je l'aimerai tant, que Dieu, sans doute, me pardonnera.

« La Trilby avait mené pendant cinq ans cette existence singulière, étrange, des f mmes déchues, — existence de misère, de débauches, de passions effrénées et d'amours aussi impurs que le milieu où ils viennent à éclore est fangeux. Le cœur d'une courtisane renferme parfois d'adorables et inexprimables tendresses. Trilby se prit à aimer Hector, séduite par cette pensée qu'il avait aimé, lui, pendant vingt années; elle prit son rôle au sérieux; elle se figura qu'elle était réellement Marie Stuart, non point la Marie Stuart altière et dédaigneuse qui avait repoussé du pied le dévouement et l'amour d'Hector, mais la Marie Stuart éclairée, repentante, et qui, délivrée des grandeurs, rendue à une existence privée et obscure, se prenait enfin à écouter la voix de la reconnaissance, laissait arriver à son oreille le bruit des battements précipités de ce cœur qui n'avait jamais tressailli que pour elle, et s'abandonnait enfin à son amour...

« Elle l'aime réellement, à présent; elle l'environne de soins empressés, de délicates attentions; elle entretient son erreur avec la dignité et l'orgu il vaincu d'une véritable reine. Elle est arrivée à lui persuader qu'elle l'a épousé; et lorsqu'il lui demande pourquoi, au lieu de ret urner à Edimbourg et d'y remonter sur le trône, ils demeur nt isolés et perdus en cette vallée obscure, elle lui répond :

« — C'est que, mon doux ami, on n'a point le temps de s'aimer lorsqu'on règne. Les soins de la politique ne laissent aucun loisir à l'amour. Mes sujets s'imaginent que nous voyageons incognito à travers l'Europe; laissons-les dans cette erreur, ils vivent en paix. Soyons heureux. .

« Nous avons laissé Hector et Trilby au bord de la Meuse. Trilby nous enverra chaque mois un messager pour nous donner des nouvelles de notre cher fou. Espérons que la raison ne lui reviendra jamais...

La conversation du roi et de ses convives s'était prolongée pendant deux heures, et le souper frugal qu'il avait partagé avec eux s'était

évanoui comme une ombre. Une clarté indécise glissa tout à coup à travers les plis mal joints de la tente ; l'aube naissait.

— Ventre-saint-gris! s'écria le Béarnais, c'est assez causer de nos petites affaires. Voici le jour, et, dans une heure, nous aurons de la besogne. Bavolet, mon enfant, va faire sonner le boute-selle, et, si tu es las, tu dormiras à cheval, car, pour aujourd'hui, nous n'aurons pas le temps de nous mettre au lit.

— Les jours de bataille, on ne dort pas, répondit Bavolet. Quand nous irons coucher au Louvre, Votre Majesté m'y fera donner une belle chambre où je dormirai vingt heures de suite.

— Je te donnerai celle qu'y occupait autrefois madame Marguerite.

Bavolet tressaillit.

— Ventre-saint-gris!... murmura le roi, à part lui, me voici maintenant assuré qu'il ne dormira point en selle; je lui ai parlé de son amour.

XXV. — LE CHEMIN DE L'HONNEUR.

Ce fut un solennel et magnifique spectacle que celui des deux armées se déroulant, au lever du soleil, pour prendre leur ordre de bataille. Le roi occupait le nord et les ligueurs le midi de la vallée. Les lignes royalit s étaient échelonnées sur les hauteurs à l'entour du camp que le Béarnais avait retranché Les ligueurs se déployaient au loin dans la plaine et sur le flanc des collines, plaçant leur infanterie au centre et leur cavalerie sur les ailes.

L'armée du duc étincelait au soleil du feu des pierreries et des reflets des armures dorées qui paraient ses chevaliers. Jamais on n'avait vu troupe plus nombreuse et plus brillante, étendards aux plus riches couleurs, aigrettes et panaches surmontant les fièrement des casques aux cimiers argentés

L'armée royale, au contraire, inférieure en nombre des deux tiers au moins, était sombre d'aspect et ne reluisait point au soleil. Armures brunies, chevaux caparaçonnés de selles et de housses sans ornements, panaches blancs ou noirs, drapeau blanc noirci par la fumée.

Le roi était à cheval depuis le point du jour. Il parcourait les rangs de ses soldats, la tête nue, l'épée au fourreau, donnant à chacun son ordre de bataille, adressant à chacun une belle parole et un encouragement.

A ses côtés chevauchaient Bavolet, Gontran et Biron.

Ce dernier avait le commandement des lansquenets.

A sept heures du matin, l'armée du duc se mit en marche pour venir attaquer les positions ennemies; — le roi attendit qu'elle eût atteint le milieu de la vallée et déroulé ses nombreux bataillons; — puis il fit sonner la charge, à son tour, et alors donnant lui-même le signal, il s'élança avec l'impétuosité de la foudre à la rencontre des ligueurs.

Biron avait pris le commandement des lansquenets et, par conséquent, abandonné la droite du roi.

Bavolet le remplaçait.

Autour du roi se groupaient deux ou trois cents gentilshommes d'une valeur éprouvée, et parmi lesquels on voyait le comte de Châtillon, le fils du malheureux amiral Coligny.

C'était là le corps d'élite qui devait combattre avec le roi, vaincre ou mourir avec lui.

Au moment où ce corps s'ébranlait, Henri IV s'était retourné et écrié :

— Mes enfants, voyez-vous là-bas, sur le front des ennemis, cette troupe de cavaliers dont les armes resplendissent d'or et d'argent, et qui portent des plumes rouges à leurs casques? Ce sont les Espagnols. A ceux-là pas de quartier, pas de grâce... Ils ne sont pas Français! Ce ne sont point des fanatiques égarés, ce sont des ennemis qu'il nous faut chasser un à un. Aux Espagnols, mes amis!

Le choc des deux armées fut impétueux. Les royalistes fondaient sur les ligueurs avec la bravoure aveugle d'un aigle qui s'abattrait des hautes régions où il plane sur une troupe de vautours. Ils puisaient une audace à toute épreuve dans leur petit nombre. Le roi surtout, le roi et ses gentilshommes furent admirables. Ils s'élancèrent au galop à la rencontre des Espagnols, devançant le reste de l'armée, et ils heurtèrent le front de bataille de la troupe étrangère avec une telle vigueur, qu'elle fut contrainte de se replier en arrière.

En même temps, les soldats de Mayenne, soit manœuvre stratégique, soit par l'effet d'une terreur instinctive, ouvrirent leurs rangs à droite et à gauche et se séparèrent en deux corps d'armée, laissant ainsi au milieu d'eux un espace vide à travers lequel passèrent, comme un tourbillon de fer et de feu, le roi Henri IV et ses trois cents gentilshommes. Si bien que le roi et sa troupe se trouvèrent séparés de l'armée royale, tandis que celle des ligueurs se refermait lentement sur eux.

Alors les Espagnols, qui, d'abord avaient lâché pied, s'arrêtèrent et firent face à l'assaillant, et la lutte, lutte inégale où la valeur devait nécessairement, à la longue, succomber devant la force numérique, s'engagea terrible, meurtrière, sans quartier de part et d'autre. Le roi combattait au premier rang, son aigrette blanche dominait

4

tous les panaches et était devenu le signe de ralliement des siens. Bavolet et Gontran ne le quittaient pas.

A la tête des Espagnols, un homme de haute taille, qui paraissait en être le chef suprême, se battait comme un lion et encourageait ses soldats de la voix et du geste.

A l'encontre des gentilshommes espagnols qui, pour la plupart, étaient couverts d'armures brillantes et dont les casques étaient dorés et surmontés de plumes rouges, celui-là portait une cuirasse brunie sans ciselures, un casque de même couleur à plume noire, et il avait un manteau noir agrafé sur l'épaule.

Cependant il était le chef, et il était difficile d'expliquer cette simplicité de costume presque funèbre chez un homme qui avait un commandement important.

Dans la mêlée, cet homme et le roi de France se remarquèrent, et, renouvelant la tradition des luttes héroïques chantées par Homère, luttes où le chef se mesurait avec le chef, ils marchèrent l'un sur l'autre et croisèrent l'épée.

Le choc de ces deux bravoures, se heurtant au milieu d'une mêlée sanglante, fut terrible. On eût dit que ces deux adversaires se portaient l'un à l'autre une haine implacable, tant l'animosité avec laquelle ils s'attaquaient fut grande... Tous deux étaient forts, tous deux étaient jeunes, braves et dédaigneux de la mort tous les deux; aussi habiles l'un que l'autre au maniement de cette lourde épée de combat que les gentilshommes d'alors portaient.

La lutte fut courte, héroïque et terrible; l'épée de l'Espagnol atteignit le roi à l'épaule; celle du roi brisa la visière et les courroies du casque de l'Espagnol; le casque tomba, et l'adversaire du roi demeura tête nue. Alors Bavolet et Gontran, qui ne quittaient point leur maître d'un pas, et le roi lui-même, poussèrent un cri.

Ils avaient reconnu don Paëz!...

C'était don Paëz, en effet, don Paëz, le roi détrôné, le favori disgracié, l'homme éternellement à la recherche d'une couronne, et que le besoin de commander avait, de métamorphose en métamorphose, transformé, en dernier lieu, en obscur officier de cette armée espagnole, dont il avait été jadis le chef suprême avant d'en devenir le redoutable adversaire.

L'histoire de don Paëz, depuis quinze ou vingt ans, était celle de l'homme à qui la fortune a souri durant sa jeunesse et qu'elle maltraite, à l'heure de l'âge mûr, avec une implacable cruauté. Depuis quinze ans, c'est-à-dire depuis ce jour où Hector et ses frères, au moment où il venait de tuer la Gitana, l'arrachèrent à l'aveugle fureur des troupes espagnoles et, roi découronné, l'entraînèrent pour le sauver, la vie de don Paëz avait été obscure et triste, remplie de regrets, pleine encore de rêves d'ambition et d'avenir, rêves toujours déçus, rêves éternellement reconstruits.

Ceux de nos lecteurs qui se souviennent de la première partie de ce récit, n'ont point oublié de quels efforts surhumains cet homme, aux proportions héroïques, avait servi son ambition; par combien d'actions éclatantes, de patientes et habiles intrigues, d'audacieux coups de main, le brillant colonel-général des Suisses au service d'Espagne avait essayé de s'élever jusqu'au rang suprême de gendre de Philippe II; puis, cette espérance évanouie, avec quelle énergie, avec quel noble et bouillant courage le successeur du dernier Abencerrage, le nouveau roi des Maures avait défendu son royaume reconstruit, et quel fatal dénoûment était venu couronner enfin tant de hardiesse, d'amour chevaleresque, de bravoure épique, à laquelle seule un Homère devait manquer.

Après avoir brillé d'un fulgurant éclat, le météore s'était éteint, l'éclair était rentré dans la nuit, le lion aux dents brisées, aux ongles émoussés, s'était retiré dans son antre, le héros était redevenu homme, le roi un obscur soldat de fortune auquel un autre roi avait refusé même le commandement d'une armée.

Ce n'était que grâce à Gaëtano, devenu tout-puissant à la cour de Madrid, que don Paëz, à qui Philippe II, d'ordinaire implacable, avait pardonné sa rébellion, avait obtenu de faire la campagne de France comme simple officier attaché à l'état-major de son frère ;— et si, à la journée d'Arques, il commandait le détachement espagnol accouru au secours de Mayenne et des ligueurs, c'était à Gaëtano seul qu'il le devait et commandait.

Aussi don Paëz était-il, en signe de deuil éternel, vêtu de noir, coiffé d'un casque bruni sans plume noire, au milieu de ces soldats étincelants de broderies et d'armures éclatantes, placés provisoirement sous ses ordres, — et il avait juré de ne quitter cette lugubre enveloppe que le jour où le roi de France, vaincu et humilié, aurait reconstitué le duché de Bretagne.

Une seule chose parmi tant de revers et de déceptions, était demeurée intacte chez don Paëz : c'était cette bravoure aveugle, ce regard brillant comme l'éclair, ce sourire léonin qui ne l'abandonnait point sur un champ de bataille et semblait dire à ses ennemis :

— Roi ou s' at, je suis toujours roi!...

L'étonnement de Gontran, de Bavolet et du roi lui-même, fut grand en reconnaissant don Paëz et sa terrible adversaire.

Lui seul ne manifesta aucune surprise; car s'il n'avait pu deviner son neveu et son frère sous leur visière baissée, du moins il avait reconnu Henri IV dès longtemps avant de l'attaquer.

— Mon oncle!...
— Mon frère!...

Exclamèrent tour à tour Gontran et Bavolet, comme s ils eussent voulu arracher de ses mains son épée de rebelle au roi et à la France.

— Ah! ah! ricana don Paëz, toi aussi, Gontran, tu as lâchement déserté notre cause, toi aussi tu as fait hommage lige aux oppresseurs de notre race, toi aussi tu oublies la souveraineté du duc de Bretagne et tu reconnais un maître dans celui qui est et fut notre rival?...

— Fou! s_ama Gontran.
— Fou toi-même! répliqua l'Espagnol; fou et lâche!

Et puis il mesura du regard le roi qui avait noblement relevé son épée :

— Sire roi, lui cria-t-il, vous avez une couronne en tête, j'en ai porté une; vous vous intitulez roi de France, j'ai pris, moi, le nom et les titres de mes pères, puisque d'autres n'en ont pas voulu... je suis le duc de Bretagne, le duc souverain, absolu, l'héritier des Dreux, l'ennemi du nom et du sol français. De roi à duc, de duc à roi, la partie est égale; on peut croiser le fer sans félonie; et nous ne nous arrêterons pas, je l'espère, en si beau chemin.

— Ventre-saint-gris! répondit le roi, bien que je ne reconnaisse point votre duché, monsieur, bien que je nie énergiquement cette égalité de rang que vous proclamez, je reconnais l'égalité du courage sur le champ de bataille, et suis toujours à vos ordres. Mais auparavant, reprenez votre casque; je ne me mesure point avec un ennemi désarmé.

Ainsi qu'au temps héroïques chantés par Homère, le combat avait été suspendu en présence de ce combat singulier; gentilshommes français et espagnols s'étaient arrêtés d'un commun accord, à égale distance des deux champions; les épées étaient demeurées suspendues, la détente d'aucun pistolet n'avait été pressée, et l'on eût dit que les deux troupes s'en rapportaient déjà de leur victoire ou de leur défaite à la victoire ou à la défaite de leur chef.

Le roi fit un signe, et Bavolet mit pied à terre et ramassa le casque de don Paëz qui venait de rouler dans la poussière, puis il le lui présenta silencieusement, semblant protester par le silence contre la rébellion de son oncle.

Don Paëz repoussa dédaigneusement le casque et dit au roi :

— Vous êtes blessé, sire, et je ne le suis pas; la partie est donc égale. A quoi bon corriger le destin des batailles?

— Non pas! s'écria vivement le Béarnais, reprenez votre casque, ou je refuse le combat.

— Auriez-vous peur? demanda railleusement le fier don Paëz.

Ce mot fit rougir le roi. Tout l'orgueil de sa noble race monta à son front; son œil étincela.

— A l'œuvre donc!... dit-il, je trouverai bien une place où vous frapper qui ne soit point à découvert. A l'œuvre, monsieur.

Et la lutte recommença sous les yeux de Gontran et de Bavolet consternés, au milieu des deux troupes immobiles, au bruit de la mousqueterie lointaine engagée entre le gros des ligueurs et le centre des royalistes.

Tout à coup, une balle égarée siffla; cette balle, qui venait de loin et ne sortait point d'un pistolet de gentilhomme, mais de l'arquebuse d'un soldat de Mayenne, atteignit au poitrail le cheval de don Paëz, qui tomba et entraîna son cavalier dans sa chute; mais le cavalier se releva soudain et se représenta devant son adversaire, l'épée d'une main et la dague de l'autre, le défiant toujours, malgré cette nouvelle infériorité que lui infligeait le sort, et se souciant fort peu du désavantage qu'il avait, lui à pied, de continuer le combat avec un cavalier.

Le roi ne voulut point de cette nouvelle faveur du hasard; il mit pied à terre à son tour et se retrouva en face de don Paëz.

Don Paëz jeta sa dague, le roi en fit autant.

Alors, ce ne fut plus un combat de chevaliers du moyen âge, mais un duel moderne, un duel de gentilshommes vêtus de soie et la chemise flottante, une lutte de savante et véritable escrime dans toutes les règles de l'art.

Mais, alors encore, il arriva que le sort, dont le roi avait si noblement refusé les chances favorables, le sort fut encore pour lui.

La fureur aveugle l'orgueilleux don Paëz; le sang froid était revenu à Henri IV. Le premier se battait en lion, mais il se battait mal; pour lui, l'escrime moderne, la science merveilleuse de Charles IX et d'Henri III avait encore des secrets; pour le roi elle n'en avait plus : il avait, autrefois, tiré pendant de longues heures avec ses beaux-frères dans une salle basse du Louvre; il était plus fort que Saint-Luc le mignon; il boutonna vingt fois, jadis, le terrible Bussy d'Amboise.

A la troisième passe, don Paëz, atteint à l'épaule, à son tour, sentit son infériorité et sa terrible jeu; mais il puisa une audace et une force nouvelle dans sa colère, et il attaqua plus vivement encore le roi, impassible et calme comme un lutteur antique, et maintenant invulnérable, tant il se défendait savamment.

A mesure que la fureur de don Paëz croissait, le calme du roi devenait plus grand; le premier accumulait faute sur faute, et se dé-

couvrait sans cesse; — le roi ne cherchait point à en profiter, et il
eût pu le tuer vingt fois. Enfin, pour terminer ce combat qui, se
prolongeant, pouvait compromettre les affaires de la journée, Henri IV
laissa don Paëz se découvrir de plus en plus, se fendre et rompre
inutilement tour à tour, puis, le poussant vigoureusement tout à
coup, il lui lia son épée tierce sur tierce, et, d'un revers, la lui enleva
du poignet et l'envoya rouler à dix pas.

Don Paëz poussa un cri de rage en se voyant désarmé; puis, son
orgueil l'emportant, il croisa froidement les bras sur sa poitrine et
dit au Béarnais :

— Tuez-moi!

— Reprenez votre épée, monsieur, répondit le roi; je ne tue pas
un homme désarmé.

— Jamais! s'écria don Paëz.

— Alors rendez-vous; je vous fais mon prisonnier.

— Faites, dit tranquillement l'Espagnol.

Et il se tourna vers un gentilhomme espagnol :

— Prenez le commandement, monsieur d'Alvimar, dit-il, et faites
votre devoir.

Puis il s'enfonça, à pied, tête nue et les bras croisés, dans les rangs
des gentilshommes du roi, le front haut, le regard altier, comme il
sied à la bravoure trahie par le destin.

Alors le roi remonta à cheval, et le combat, suspendu pendant dix
minutes entre les deux corps d'armée, recommença avec un acharnement sans égal.

Pendant une heure, et tandis que don Paëz était conduit, par deux
gentilshommes, au camp des royalistes, au milieu d'une mêlée sanglante et parmi les tourbillons de poussière et de fumée, on vit briller l'aigrette blanche du roi; puis enfin, les Espagnols hachés, taillés
en pièces, se retirèrent lentement d'un champ de bataille où ils avaient
laissé les deux tiers de leurs braves, et le Béarnais ne les poursuivit
point, car il s'aperçut seulement alors qu'il était séparé du gros de
son armée et que la retraite lui était coupée.

Les Espagnols vaincus, il se retrouvait, à la tête d'une poignée
d'hommes, en face d'un corps d'armée considérable, formé de troupes
fraîches, et qui lui barrait le passage.

Pour rejoindre Biron et ses lansquenets, Birague et sa cavalerie,
d'Aumont qui commandait les Suisses, Rosny, qui, à la tête de deux
régiments d'infanterie, défendait les palissades du camp, il fallait
s'ouvrir un chemin sanglant à travers des bataillons compactes qui
ne laisseraient échapper leur proie, — et c'en était une belle que le
roi de France, — qu'après avoir résisté avec acharnement. Le roi
comprit que, s'il tombait aux mains de l'ennemi, c'en était fait, non-
seulement de lui, mais de la monarchie et de la France elle-même;
qu'il fallait que lui et les siens se fissent tuer jusqu'au dernier ou
pussent passer outre, s'il ne allait voir la couronne de France
échoir aux princes lorrains, c'est-à-dire aux plus mortels ennemis
du pays.

Alors le Béarnais se tourna vers les siens et s'écria :

— Qui m'aime me suive!

— Vive le roi!... lui répondirent tous ses hommes prêts à mourir
vingt fois pour son salut et sa gloire.

— Vaincre ou succomber! ajouta-t-il; mourir en héros ou triompher; nous n'avons plus d'autre parti à prendre, mes braves amis!

— Vive le roi, et en avant! répéta cette poignée d'hommes héroïques; nous nous ferons tuer jusqu'au dernier, mais le roi passera!

Et la maison du roi, entourant son jeune et vaillant souverain,
alla se heurter au galop contre les carrés d'infanterie des liagueurs.
Les enfants de Lacédémone aux Thermopyles, les Dix Mille dans leur
mémorable retraite, Richard Cœur-de-Lion, sous les murs de Jérusalem, se retirant devant Saladin vainqueur, ne donnent qu'une
imparfaite idée des miracles d'audace, des prodiges de vaillance
qui furent accomplis alors pour dégager le roi et sauver la monarchie...

Deux cents gentilshommes passèrent sur le corps de quatre mille
ennemis et creusèrent au milieu d'eux un sanglant sillon.

A chaque pas que faisait le roi, un gentilhomme tombait, mais le
pas était fait et le roi avançait toujours.

A la moitié du chemin, les deux cents gentilshommes étaient ré-
duits à cent; aux trois quarts, ils n'étaient plus que soixante; au dernier pas, trente à peine demeuraient intacts...

Mais le roi était sauvé!

Biron arrivait avec trois mille lansquenets, Rosny sortait du camp à
la tête de son infanterie, et les Suisses du maréchal d'Aumont avaient
culbuté les cavaliers de Mayenne aux environs de la petite ville d'Arques et les avaient poursuivis jusque dans les faubourgs de Dieppe,
d'où ils les avaient honteusement chassés.

Le roi se tourna alors vers sa héroïque maison; il attacha un
regard voilé de larmes sur ces débris sanglants de tant de nobles et
vaillants gentilshommes, sur les trente braves qui restaient et dont
la plupart étaient couverts de sang et ne se soutenaient plus à cheval que par la force de leur chevaleresque dévouement...

Et tout à coup il poussa un cri, un cri terrible, le cri d'angoisse
d'une mère à qui on a volé son nourrisson, le cri du père qui voit
tomber dans la mêlée son fils frappé à mort...

Bavolet n'était plus là!

Gontran seul était debout encore, et il appuyait sur son front, où
le délire de la folie commençait à monter, ses mains crispées et couvertes de sang.

— Ah! murmura Henri IV, des yeux duquel s'échappèrent deux
larmes brûlantes, mon enfant est mort!...

— Cet enfant était le mien aussi, sire, répondit Gontran avec le
désespoir grave et solennel d'un vieillard qui n'a plus de postérité; et
je l'ai vu tomber à vos côtés. Je ne sais s'il est mort, je ne lui ai
point porté secours, car avant de sauver mon enfant, il fallait sauver mon roi, sire; mais je l'ai vu tomber... il tenait d'une main son
épée brisée, de l'autre un fragment de votre aigrette blanche qu'une
balle avait coupée en deux et qu'il avait recueillie, et il la serrait sur
sa poitrine, en roulant dans la poussière ensanglantée, et je l'ai entendu s'écrier encore, sous les pieds des chevaux :

— Vive le roi! vive le roi!

— Et maintenant, sire, poursuivit Gontran avec une exaltation suprême, maintenant que votre vie et votre liberté sont sauves, maintenant que vous avez retrouvé votre armée, que dix mille braves
peuvent mourir pour vous, laissez-moi retrouver mon enfant ou mourir comme lui.

Et Gontran enfonça l'éperon aux flancs meurtris de son cheval
ruisselant; il se précipita de nouveau vers les bataillons de l'infanterie de Mayenne qui s'étaient refermés; il y disparut avec la bouillante rapidité d'une bombe qui traverse la mêlée, et y trace une courbe
de feu qui sème la mort sur son passage.

— Et moi aussi, s'écria alors le roi, moi aussi je veux retrouver
mon enfant!

Et il tourna bride et voulut s'élancer de nouveau, à la suite de
Gontran, au milieu de cette mêlée de laquelle il avait eu tant de
peine à sortir; il voulut, oubliant son armée et sa couronne pour ne
se souvenir que de son affection pour son fils adoptif, braver de nouveau le trépas pour l'arracher, mort ou vivant, à l'ennemi...

Mais deux hommes se placèrent résolument devant lui et l'arrêtèrent.

— Sire, lui dirent à la fois Biron et Rosny, vous êtes roi!... votre
vie ne vous appartient point... c'est à la France que vous en devez
compte!

———

Vers le soir, la plaine d'Arques était jonchée de cadavres; l'armée
de Mayenne, dispersée et mise en fuite, avait abandonné le champ
de bataille. Le roi était victorieux et ses troupes occupaient le pays.

Seul, Henri IV ne savourait point les fruits amers de sa victoire,
— cette victoire sanglante achetée au prix de tant de noble sang...

Et Bavolet ni Gontran n'avaient point reparu!

Par les ordres du roi, on avait exploré le champ de bataille en
tous sens, fouillé les monceaux de cadavres, lavé le visage ensanglanté des blessés, couru partout où retentissaient des plaintes et des
gémissements; lui-même il avait arpenté vingt fois cette partie de la
plaine où s'était effectuée cette retraite sans exemple dans les fastes
héroïques, appelant Bavolet d'une voix émue, espérant qu'il lui répondrait...

Rien!...

Bavolet était mort sans doute, et on ne retrouvait point son corps.

Aussi, quand la nuit fut venue, tandis que les soldats chantaient leur
victoire, que les blessés étouffaient leurs plaintes pour crier encore :
Vive le roi! vive la France! le roi, lui, se retira dans sa tente, s'assit morne et désolé sur son lit de camp, appuya son front brûlant
dans ses mains et se prit à sangloter, en murmurant :

— O mon trône de France, que tu me coûtes de sang!... ô toi,
couronne, je vous ai donc acheté au prix de la vie de mon enfant!

Alors un homme grave, triste, jusque-là muet et recueilli en un
coin de la tente, comme la statue de la douleur, un homme s'avança
vers le roi, et se mit lentement à genoux devant lui.

Cet homme était don Paëz, — don Paëz le prisonnier du roi et à
qui le roi avait donné sa propre tente pour prison.

— Sire, dit-il d'une voix brisée, vous êtes noble et bon, et vos larmes, ces larmes augustes que vous versez sur celui dont l'avenir
avait armé d'abord mon bras contre vous, avant que ce bras égaré
continuât la lutte au profit de mon orgueil, ces larmes pénétrent
au fond de mon cœur, brûlantes comme le remords et le repentir...
Sire, pardonnez-moi, et rendez-moi mon épée... Je ne la tirerai plus
désormais que pour vous... pour vous qui pleurez notre enfant!

XXVI

Trois semaines environ après la bataille d'Arques, un jeune
homme pâle, affaibli et s'appuyant sur le bras d'un domestique, se
promenait chaque jour, vers midi, aux rayons d'un soleil d'octobre,
encore tièdes et vivifiants, sous les grands arbres dépouillés d'un
parc.

Ce parc dépendait du château fort de Meulan, que le duc de
Mayenne avait repris sur les gens du roi en se retirant en Normandie. — Ce jeune homme, c'était Bavolet.

Bavolet n'était point mort; mais il avait reçu deux balles en pleine poitrine, pendant l'héroïque retraite du roi, et il était demeuré quatre ou cinq heures sans connaissance, sous les pieds des chevaux; c'était par miracle qu'il avait survécu.

Au moment où les ligueurs vaincus se retirèrent, un soldat de Mayenne, qui avait déserté autrefois l'armée royale, le reconnut, et s'apercevant qu'il respirait encore, le chargea sur ses épaules et l'emporta.

À la première halte, il fut pansé par un chirurgien qui répondit de sa vie, et le duc de Mayenne, instruit de cette capture, le fit transporter au château de Meulan, se promettant bien d'en avoir bonne rançon, soit du roi, soit de madame Marguerite, car il savait la vive tendresse que Leurs Majestés portaient à leur ancien page.

Bavolet passa huit ou dix jours presque sans connaissance: le sang qu'il avait perdu l'avait tellement affaibli que, tout en répondant de sa vie, les médecins qui le soignaient n'osèrent d'abord répondre de sa raison.

Cependant peu à peu cette séve pétulante de la jeunesse, cette vigueur printanière qui, chez un jeune homme de vingt-trois ans, résistent avec énergie aux plus violentes secousses, finirent par triompher...

Bavolet recouvra peu à peu la mémoire, et le délire disparut.

Alors commença pour lui une existence réellement mystérieuse, et les soins dont il se vit entouré, les attentions délicates dont il fut l'objet de la part de ceux qui le servaient, lui semblèrent chose vraiment extraordinaire, car les ligueurs et Mayenne n'avaient point l'habitude de traiter ainsi leurs prisonniers.

Le château, malgré ses retranchements et sa forte position, semblait avoir revêtu pour lui l'aspect d'une paisible maison de campagne. Les soldats de la garnison se montraient respectueux, réservés et le saluaient jusqu'à terre; le commandant du château, qui était un jeune gentilhomme lorrain plein de courtoisie et qu'on nommait le vicomte d'Hodel, venait prendre ses ordres chaque matin avec une exquise politesse.

Il habitait l'appartement le plus fastueux; il couchait dans la chambre d'honneur du château. Deux médecins ne le quittaient point; et, lorsqu'ils eurent levé la diète et permis à leur malade de manger, Bavolet s'aperçut que sa table était servie avec un luxe délicat et tout princier. Le vicomte d'Hodel lui faisait demander parfois la permission de dîner avec lui, ce que Bavolet acceptait avec grand plaisir, car la solitude est la pire des choses.

Il avait les fleurs, les livres, la peinture, toutes ces choses dont il avait pris le goût en la compagnie de madame Marguerite.

Un matin, sans qu'il l'eût demandé, sans qu'il en eût manifesté le désir, sa chambre fut remplie de grandes caisses de fleurs: des tulipes aux rouges corolles, des volubilis aux clochettes bleues, de beaux camellias blancs...

Le lendemain, son valet de chambre, car on lui avait donné un valet de chambre, le pria de passer dans un petit boudoir attenant à sa chambre à coucher...

Bavolet laissa échapper une exclamation de joie et de surprise: ce boudoir était disposé en un atelier de peinture, et il rappelait vaguement celui de la reine de Navarre à Coarasse; des toiles fraîches, des boîtes à couleurs, des pinceaux, plusieurs tableaux de prix de l'école italienne étaient rangés et disposés dans cet artistique désordre qui fait le charme et le cachet d'un atelier.

Un autre jour, à son réveil, Bavolet trouva sur son guéridon une édition des œuvres de Torquato Tasso, merveilleusement reliée en chagrin bleu de ciel et marquée à son chiffre.

Le Tasse était son poëte favori.

Enfin, lorsqu'il fut assez rétabli pour pouvoir sortir et respirer le grand air, le commandant lui dit:

— Voulez-vous, monsieur, me donner votre parole de gentilhomme que vous rentrerez au château tous les soirs?

— Je vous la donne, répondit Bavolet.

— Alors, monsieur, vous êtes libre d'aller où bon vous semblera, seul ou accompagné, comme il vous sera agréable.

Ces minutieuses attentions, cette courtoisie à toute épreuve dont il se voyait entouré, finirent cependant par intriguer Bavolet, et un jour il prit le vicomte à part et lui dit:

— Si je vous demandais l'éclaircissement d'un mystère?

— Quel mystère?

— Celui de ma captivité.

— Il n'y a là aucun mystère, monsieur.

— En vérité?

— Non, sans doute.

— Plaît-il? fit Bavolet.

— Pardienne! reprit le vicomte, votre captivité est la conséquence de vos blessures. Vous êtes resté pour mort sur le champ de bataille; notre parti, — vos ennemis par conséquent, — vous a recueilli, soigné, guéri, et il vous garde prisonnier, c'est tout simple.

— Je suis de votre avis; mais ce n'est point de cela qu'il s'agit.

— Et de quoi donc?

— Des soins délicats dont on m'entoure.

Le vicomte eut un sourire diplomatique.

— C'est encore plus simple: vous êtes jeune, beau, brave; vous êtes d'une noble race; de quel droit oserait-on vous manquer d'égards?...

— Tarare! dit Bavolet, il y a égards et égards.

— Comment l'entendez-vous?

— D'une foule de manières. Ainsi, que vous me laissiez libre sur parole, je le comprends... que vous m'ayez laissé mon épée au côté, sous prétexte qu'un gentilhomme sans épée ressemble fort à un bourgeois; — je ne m'étonne pas davantage que vous m'ayez logé fort convenablement, donné des domestiques pour me servir, ce dont je suis encore incapable moi-même, et que vous m'ayez fait demander la permission de dîner avec moi, alors que, en définitive, c'était vous qui m'invitiez... Tout ceci est pure courtoisie, et vous êtes trop galant homme pour qu'on s'en étonne; mais...

— Ah! voyons le mais... fit le vicomte en souriant.

— Mais, reprit Bavolet, j'aime les fleurs, la peinture, les beaux vers du Tasse et les alexandrins de Virgile et d'Homère... Or, vous m'avez fait disposer un atelier, remplir mes appartements des plus belles fleurs, et je trouve à mon réveil, sur mon guéridon, tantôt un Torquato Tasso, tantôt un Homère, et tantôt un Virgile.

— C'est que, apparemment, je tiens à vous être agréable en toutes choses, monsieur, fit le vicomte en s'inclinant.

Bavolet hocha la tête d'un air de doute.

— Notre siècle est assez peu éclairé, monsieur, assez barbare encore au point de vue des arts et des lettres, pour qu'il soit permis d'ignorer mes goûts, et cependant vous les avez devinés.

— Qui vous dit que je ne les partage point?

Bavolet s'inclina.

— J'en suis persuadé, dit-il.

— Eh bien, alors?

— Eh bien! je persiste à donner à tous vos soins un sens mystérieux.

— Par exemple!...

— Voyons, entre nous, murmura confidentiellement Bavolet, vous savez bien que notre cousin Mayenne, comme dit le roi, n'est point assez lettré pour comprendre qu'on aime les lettres, assez artiste pour supposer qu'on aime les arts, assez...

— Ah!... pardon, interrompit le vicomte, vous allez faire de la politique ou oublier que vous êtes prisonnier de guerre... Je vous clos la bouche.

— Soit; je me tais.

— Cependant, reprit le commandant du château, je veux bien vous donner une explication qui vous paraîtra, je l'espère, une satisfaction complète.

— Voyons, dit Bavolet.

— Voulez-vous savoir comment j'ai appris que vous aimiez les fleurs, les arts et les poètes?

— Je le désire avidement.

— J'ai vécu dans l'intimité de madame Marguerite de France pendant deux ans.

À ce nom, Bavolet tressaillit vivement.

— Ah! fit-il, vous l'avez connue?

— Autrefois, avant qu'elle fût reine de Navarre.

Bavolet regarda le vicomte.

— Quel âge avez-vous donc? demanda-t-il.

— Trente-cinq ans.

— Et... vous avez vécu à la cour de France?

— Oui. J'étais page du duc de Guise.

Un soupçon traversa l'esprit de Bavolet.

— Qui sait, se demanda-t-il, si madame Marguerite, malgré la guerre, et usant de son privilège de femme, faisant appel à d'anciennes adorations, à de vieilles amitiés, n'a point corrompu le vicomte pour me rendre la captivité légère? Ce soupçon grandit insensiblement dans l'esprit de Bavolet et prit doucement racine, de telle façon qu'il finit par ne plus s'étonner de rien, et qu'il se prit même quelquefois à s'avouer que la captivité valait pour lui mieux que la clef des champs, puisqu'il recevait journellement un souvenir mystérieux, indirect, mais bien doux de la femme qu'il aimait tant et à laquelle il était dévoué sa vie...

Et, depuis cette explication, il ne questionna plus le vicomte.

Chaque jour, Bavolet se promenait deux ou trois heures dans le parc ou dans les belles prairies qui avoisinent la Seine.

L'automne était majestueux et doux, ce jour-là, comme la verte vieillesse d'un patriarche; — les pluies n'avaient point embruni le mois d'octobre; le ciel était pur d'ordinaire; les couchers de soleil d'une mélancolique et chaude poésie qui rappelait le printemps. Le théâtre de la guerre était trop éloigné pour que le bruit du canon arrivât jusqu'aux oreilles des hôtes de Meulan; la garnison jouait aux dés et buvait du soir au matin; les paysans d'alentour se livraient aux travaux des champs; le vicomte d'Hodel, qui commandait la contrée, courait le chevreuil tous les matins dans les bois environnants, et attendait avec impatience le rétablissement de Bavolet pour avoir un compagnon de chasse. Celui-ci, trop faible encore pour monter à cheval, se livrait à des occupations plus douces. Sa promenade quotidienne accomplie, il peignait ou lisait...

Le plus souvent, il rêvait à elle!

Peu de jours s'écoulaient d'ordinaire, sans qu'il trouvât, en rentrant chez lui, un nouveau et mystérieux gage de souvenance : tantôt un vase étrusque, tantôt un tableau, le plus souvent une fleur rare encaissée dans un beau vase du Japon.

Alors, il remerciait le vicomte, et le vicomte acceptait les marques de sa gratitude d'un air contraint, qui disait assez qu'il n'était que l'instrument docile de toutes ces prévenances.

Bref, Bavolet commençait à trouver l'existence fort agréable au château de Meulan, et n'eût été le souci où il était du roi et de ses affaires, ce dont le vicomte n'ouvrait jamais la bouche, il se fût trouvé le plus heureux des mortels.

Un soir, cependant, un événement imprévu vint rompre la charmante uniformité de cette vie oisive et calme qu'il menait depuis un mois.

Le vicomte entra chez lui à l'heure où d'ordinaire il se mettait au lit.

— Monsieur, lui dit-il, vous aviez raison, il y a quelques jours, de vous refuser à croire que je fusse l'auteur des soins empressés dont vous êtes l'objet ici.

— Ah! ah! fit Bavolet souriant.

— Évidemment, poursuivit le vicomte, nous ne traitons point tous nos prisonniers de la même façon.

— Témoin M. de Xaintrailles, un gentilhomme de mes amis que les Parisiens ont pendu, n'est-ce pas?

— Haut et court, monsieur. Mais...

— Ah! dit à son tour Bavolet; voyons votre *mais*...

— Mais je crois que vous êtes pour quelque chose en tout ceci... Bavolet tressaillit.

— L'amour? murmura-t-il ému.

— Avez-vous aimé?

— Peuh! répondit l'ancien page, qui ne voulait point trahir les secrets de son cœur.

— Aimez-vous encore?

— On ne sait.

— Mais ce que je sais, moi, c'est qu'il est une femme, une femme haut située, comme on dit, une femme artiste, poète... et qui vous aime!...

— Bon! pensa Bavolet, voici que la reine l'a pris pour confident.

— Cette femme, poursuivit le vicomte, est celle qui vous envoyait des fleurs, des livres, des pinceaux et des toiles, celle qui vous a fait un petit royaume de votre prison...

— Qui donc est-elle? demanda Bavolet d'un air naïf.

— Voilà ce qu'elle vous dira elle-même.

— Elle-même! exclama-t-il, au comble de l'étonnement.

— Oui, car vous la verrez.

— Je la verrai, dites-vous?

— Sans doute.

— Mais où?

— Ici.

— Quand?

— Ce soir. Adieu, monsieur; j'étais chargé de vous annoncer sa visite.

Bavolet jeta un cri, et le vicomte salua et sortit.

— La reine est folle! murmura Bavolet après son départ, folle à lier, de s'exposer ainsi, par amour pour son page, à tomber aux mains des ligueurs. Chère reine!

Et puis Bavolet se souvint tout à coup que madame Marguerite était reine de France; il se souvint du roi, son bienfaiteur et son maître; il se rappela ce mois d'isolement et de vie champêtre, en ravivant son amour, en emplissant son cœur et sa tête de son souvenir et de son image, lui avait fait oublier les devoirs austères de reconnaissance et de respect qui le séparaient à tout jamais de Marguerite.

Et alors Bavolet se prit à trembler une fois encore, à la pensée de cette entrevue qu'il allait avoir avec elle, et il craignit de se trahir; il eut peur de n'avoir point la force de comprimer son cœur assez pour qu'elle n'en entendît point résonner les pulsations précipitées. Quelques minutes s'écoulèrent, puis la porte s'ouvrit, et il vit entrer une femme de chambre, une camérière qui n'était ni Pepa, ni Nancy, et que jamais il n'avait vue auprès de madame Marguerite.

Cette femme mit un doigt sur sa bouche pour lui recommander le silence et lui fit signe de la suivre.

Bavolet se leva en chancelant et s'engagea sur les pas de la femme de chambre à travers un dédale de corridors mystérieux, au bout desquels elle poussa une porte et l'introduisit dans un petit boudoir, au milieu duquel une lampe à abat-jour projetait une clarté mate,—clarté qui éclairait suffisamment une femme assise sur une ottomane, pour que Bavolet la pût aussitôt reconnaître.

Et, à la vue de cette femme, Bavolet laissa échapper un cri.

XXVII.—OU BAVOLET ÉPROUVA UNE DÉCEPTION PROFONDE, ET S'APERÇUT QUE LES BONHEURS DE CE MONDE SONT D'UNE INSTABILITÉ DÉSESPÉRANTE.

Le boudoir ou Bavolet venait de pénétrer était une ravissante petite pièce, décorée et meublée avec un goût exquis, emplie de fleurs aux parfums pénétrants, et dont la senteur magnétique montait au cerveau, et pouvait, au besoin, y déterminer une sorte d'ivresse.

Au milieu du boudoir une femme était à demi couchée sur une ottomane, et appuyait, sur un bras blanc comme l'albâtre et arrondi, sur un coussin, une tête charmante de mélancolie et de vague contemplation...

Mais ce n'était point cette tête large aux veines bleues, cet œil d'un bleu sombre, ces lèvres d'un rouge cerise, où le sourire des plus nobles passions errait sans cesse; — ce n'était point cette luxuriante chevelure noire, et ce col de cygne, et cette taille flexible, mince, élancée, que Bavolet s'attendait à voir; — ce n'était pas, en un mot, la reine Marguerite, cette beauté souveraine et sans égale devant laquelle les amants et les poètes s'inclinaient avec le respect de l'admiration...

C'était une tête blonde, pâle, ornée de cheveux dorés, éclairée par deux yeux noirs qui lui imprimaient un cachet de malice et d'astuce. C'était une femme de taille moyenne, que Bavolet reconnut aussitôt et devant laquelle il recula stupéfait et jetant un cri...

C'était la duchesse de Montpensier.

— Eh bien! lui dit-elle avec un sourire railleur et doux à la fois, comment vous trouvez-vous de votre captivité, monsieur Bavolet?

La douleur subite qu'il venait d'éprouver était immense et ne saurait être traduite par des mots; il est impossible de redire la souffrance et la déception navrante de celui qui, allant à un rendez-vous mystérieux, et croyant y trouver la femme qu'il aime, y rencontre précisément une autre femme qui lui inspire une secrète aversion.

Bavolet endura donc un long supplice pendant l'espace d'une minute; mais cette minute écoulée, il retrouva son sang-froid et sa présence d'esprit, résolu de tenir tête à la duchesse, à soutenir avec courage et vaillance le rude assaut que sans doute elle allait lui livrer.

— Eh bien, monsieur, reprit-elle, vous ne m'entendez pas?... Ne m'auriez-vous pas comprise?

— Pardon, madame la duchesse, répondit-il, s'inclinant enfin, mais vous voyez l'homme le plus ému, le plus bouleversé...

— Ému... bouleversé... fit-elle, et pourquoi?

— Pouvais-je m'attendre à l'honneur que vous me faites?

— Quoi d'étonnant?

— Un pauvre prisonnier à qui vous daignez rendre visite.

— Ne sommes-nous point de vieilles connaissances?

Et elle lui envoya un sourire charmant.

— C'est juste, murmura Bavolet qui fronça le sourcil en se souvenant de la façon un peu brusque dont il l'avait traitée aux environs de Blois, au bord de la Loire, pendant cette nuit où monseigneur le cardinal de Bourbon s'imagina qu'il était roi.

— Ne sommes-nous pas de... de vieux amis? poursuivit-elle avec une inflexion railleuse.

Bavolet tressaillait.

— Voyons, monsieur, reprit-elle d'un ton boudeur, pourquoi baissez-vous les yeux, pourquoi ne me regardez-vous point?

— Le respect... balbutia Bavolet, dans les nouveaux plans duquel il entrait de jouer le plus grand embarras.

— Le respect, entre nous? vous n'y songez pas, monsieur; nous sommes presque du même âge.

— Vous êtes princesse, madame... observa Bavolet qui avait le talent de rougir à propos.

— N'êtes-vous pas Dreux et Penn-Oll, vous-même?

— Bon! se dit l'ancien page, elle sait ma généalogie par cœur.

— En effet... mais...

— Mais les ducs de Bretagne valaient certainement bien des princes lorrains, continua la duchesse avec enjouement; — par conséquent, cher monsieur Bavolet, ne prononcez plus ce vilain mot de respect dont ma coquetterie ne peut pas s'accommoder le moins du monde, et qui ne sied qu'aux vieilles gens;—puis, venez vous asseoir auprès de moi et causons.

Bavolet obéit, les yeux toujours baissés.

— Oh! oh! pensa la duchesse, il est bien timide, et il était jadis bien hardi; il témoigne un bien grand respect, après m'avoir traitée aussi cavalièrement il y a deux mois... Est-ce une feinte... ou m'aime-t-il?

Il est à remarquer que les femmes en toute circonstance admettent très-volontiers qu'on les aime...

Puis, elle lui prit les mains et ajouta :

— Voyons, monsieur, ne m'en veuillez pas d'avoir été votre geôlière.

— Vous, madame?

— Moi-même.

— Mais, cependant...

— N'êtes-vous pas prisonnier?

— Sans doute.

— Prisonnier de guerre?

— Oui, madame.

— Or, vous êtes pour le roi de Navarre et nous pour le roi de France... le roi Charles X, vous savez?

Bavolet se prit à sourire; la duchesse continua impassible :

— Mon frère de Mayenne, qui est fort irrité contre les huguenots, voulait vous envoyer dans quelque forteresse triste et sombre, où vous seriez mort d'ennui...

— Ah!...

— Mais je suis intervenue, moi.

— Et comment cela? demanda Bavolet d'un air naïf.

— En lui faisant observer que vous étiez dangereusement et grièvement blessé, que vous succomberiez infailliblement si vous ne receviez les soins les plus intelligents et les plus empressés...

— Ah! madame...

— Et comme le château de Meulan était à moi...

— A vous!... le château de Meulan?

— Sans doute; il appartenait au duc Henri de Guise, mon frère, dont j'ai hérité.

— En vérité! murmura Bavolet du ton d'un homme à qui on apprend une chose toute nouvelle pour lui.

— J'ai prié Mayenne de vous donner Meulan pour prison.

— Vous me voyez confus de tant de bontés...

— Vous sentez que du moment où je répondais de vous, où vous étiez chez moi et confié à ma garde, j'avais bien le droit de vous traiter comme il me plaisait... Êtes-vous content?

— Madame, dit Bavolet avec l'accent de la gratitude la plus complète, ma captivité est si douce, que je ne me suis point aperçu encore que j'avais perdu ma liberté.

— Enfin, êtes-vous content?

— Enchanté.

— Aimez-vous les tableaux que je vous ai envoyés?

— Ils sont de la meilleure manière.

— Mes fleurs?

— Elles sont ravissantes.

— M. le vicomte d'Hodel vous sied-il?

— Je le trouve charmant.

— Tant mieux, car je l'aurais remplacé sur-le-champ s'il ne vous eût été autrement...

Bavolet s'inclina comme un homme que son bonheur écrase.

— Mais enfin, madame, demanda-t-il en jouant une vive émotion, puis-je savoir...

— A quoi vous devez ma bienveillance? fit-elle en souriant.

— Dites vos bontés et votre générosité, madame.

— Soit.

La duchesse se renversa à demi sur l'ottomane et y prit une attitude des plus séductrices.

— Vous souvenez-vous de notre rencontre à Blois?

Bavolet baissa de nouveau les yeux; cependant la voix de la duchesse était pleine de douceur et ne se nuançait d'aucune inflexion ironique.

— Vous fûtes cruel, monsieur...

— Madame...

— Un peu brusque, surtout...

— Ah! murmura Bavolet, Votre Altesse excusera un soldat dévoué à son maître...

— Vous m'avez même traitée avec un sans-façon qui manquait absolument de courtoisie.

La confusion de Bavolet augmenta.

— Surtout, acheva la duchesse avec douceur, après vos aveux... Ah! vous m'avez cruellement trompée. Abuser de la crédulité d'une femme pour déjouer une intrigue, mettre l'amour au service de la politique, mais c'est affreux, monsieur...

— Madame, répondit Bavolet en relevant la tête, pardonnez-moi, ou plutôt vengez-vous, puisque vous m'avez en votre pouvoir... je ne me plaindrai pas...

— Me venger! exclama-t-elle... me venger!

— Je vous ai cruellement offensée.

— Oui; mais avant...

— Eh bien! avant?...

— Avant, ne m'aviez-vous pas dit... que... vous m'aimiez?

— Et je mentais alors effrontément, madame.

— Eh bien, cependant... j'avais ajouté foi à vos paroles... et...

La duchesse hésita et baissa les yeux à son tour.

— Et... insista Bavolet.

Une métamorphose complète sembla s'opérer alors dans cette âme de bronze, qu'enveloppait un corps de marbre : — la femme vindicative qui avait armé le bras régicide de Jacques Clément, l'implacable ennemie des Valois et des Bourbons, l'odieuse reine de Paris révolté, devint tout à coup une femme timide et tremblante, dont le front rougit, dont les yeux se voilèrent de larmes, dont le cœur se prit à battre avec violence, et, tout à coup, saisissant les deux mains de Bavolet, elle lui dit d'une voix altérée où se révélait la plus étrange, la plus indomptable passion :

— Je vous ai écouté, moi, la femme insensible jusque-là, je vous ai cru... et... Oh!... tenez, je ne sais plus et vous ne saurez jamais tout ce que j'ai souffert depuis lors... Je ne sais encore si je vous hais ou si je vous aime... Lorsque votre nom résonne par hasard à mon oreille, j'éprouve d'abord une violente indignation; puis, à cette indignation succède tout à coup un autre sentiment bizarre... inexplicable... Et alors, oh! alors, je donnerais dix ans de ma vie... je

consentirais à mourir sur l'heure pour que vous eussiez dit la vérité!

Et Bavolet vit couler sur les joues pâlies de la duchesse deux larmes brûlantes qui roulèrent, ensuite sur ses mains et le firent tressaillir profondément.

La duchesse était sincère en parlant ainsi; elle aimait réellement Bavolet, et elle avait obéi à cette bizarre attraction, à cette singulière aberration du cœur qui pousse la femme, bien souvent, à aimer l'homme qui l'a le plus souvent outragée.

Elle avait dédaigné l'amour ardent de Gontran; elle offrait à sien Bavolet qui l'avait traitée avec un mépris sans égal. Cet amour, mêlé de colère ou de haine, où la fierté de la femme perçait encore sous son humiliation, ces larmes qui coulaient, cette femme à genoux et suppliante alors qu'elle aurait pu commander, touchèrent Bavolet et il faillit à son tour se jeter à ses pieds et lui demander humblement pardon. Mais, tout à coup, une horrible vision passa devant ses yeux. Il crut voir le roi Henri III sanglant et inanimé sur ce lit où on le porta après le lâche attentat de Jacques Clément, et alors la femme suppliante disparut pour lui, et il se redressa d'un bond et la repoussa d'un geste, car elle l'avait à demi enlacé de ses bras de neige.

— Non, non, dit-il, ne me parlez pas d'amour; vous savez bien que je ne puis vous aimer... N'êtes-vous point l'implacable ennemie de mon roi? ne sommes-nous point éternellement séparés... et avez-vous pu croire que j'aimerais...

— Eh bien! s'écria-t-elle avec l'exaltation du désespoir, car aux paroles de Bavolet elle avait senti tout son sang refluer à son cœur et une pâleur mortelle se répandit sur son visage; eh bien! si tu le veux, si tu l'exiges, j'humilierai ma fierté, j'abaisserai mon orgueil devant ton roi, je lui ferai ma soumission, je lui donnerai le trône...

Ces derniers mots de la duchesse bouleversèrent Bavolet, et il éprouva alors le plus amer des regrets, la plus violente des douleurs qui lui fussent venues de son amour pour Marguerite de Valois; car il se dit alors que, s'il pouvait aimer la duchesse, il éteindrait du coup la guerre civile dans le royaume, et la rendrait tout entier à son roi.

Mais il aimait Marguerite...

— Madame, répondit-il gravement, vous savez bien que je ne puis vous aimer, et je ne veux plus vous tromper. J'aime madame Marguerite...

Ces dernières paroles tombèrent sur la duchesse comme la foudre.

— Ah! s'écria-t-elle, essuyant ses larmes et se trouvant en proie soudain à une fureur terrible! ah! tu aimes Marguerite, Marguerite la sœur des Valois, Marguerite la fille des rois de France, les meurtriers, les rivaux de ma race, ceux devant qui la fatalité a toujours contraint la maison de Lorraine à courber la tête!... et tu l'oses dire?...

Et la duchesse se redressa écumante, terrible, l'œil sanglant comme une vipère qu'un imprudent a heurtée du pied en passant; puis elle frappa violemment sur un timbre, et tout aussitôt le vicomte d'Hodel parut.

— Ouvrez cette porte, lui dit-elle en lui indiquant un coin du boudoir.

Le vicomte fit jouer un panneau de boiserie qui tourna alors sur des gonds invisibles et laissa voir l'entrée d'un réduit aussi sombre, aussi fétide que le boudoir attenant était coquet, éclairé et empli de parfums, et alors la duchesse y poussa rudement Bavolet, sur lequel la porte se referma soudain, et celui-ci l'entendit lui crier en ricanant :

— Ah! tu aimes Marguerite!... eh bien! tu ne le lui diras jamais.

Le réduit où la duchesse avait poussé Bavolet, et dont la porte s'était refermée aussitôt, était bien le plus noir, le plus fétide cachot qu'un geôlier impitoyable eût jamais rêvé pour son prisonnier.

Un jour douteux y filtrait à peine par une meurtrière garnie de larges barres de fer; le sol en était humide, boueux, et cette boue et cette humidité provenaient d'un filet d'eau qui suintait à travers le mur crevassé. Une pierre taillée en forme de borne et destinée à l'usage de siège, un amas de paille dans un des coins, la hideuse cruche de terre remplie d'une eau croupie, enfin, en composaient tout le mobilier.

Il fallut quelques minutes à Bavolet pour que ses yeux, éblouis naguère par la lumière, pussent se faire à cette obscurité et apercevoir vaguement tous ces horribles détails.

Mais Bavolet était un de ces hommes que les ténèbres d'une prison ne sauraient épouvanter, et il répondit aux ricanements de la duchesse, à travers la porte, par ces simples mots :

— Le moyen que Votre Altesse emploie pour se faire aimer me paraît original et me paraît fort, madame.

Puis, il alla tranquillement s'asseoir sur le lit qui lui était destiné, et se dit philosophiquement :

— Bavolet, mon bon ami, l'amour vous a toujours perdu... Vous aimez madame Marguerite, la femme du roi votre maître, ce qui fait que c'est absolument comme si vous n'aimiez personne; — ceci est déjà très-fâcheux et très-triste pour vous; mais voilà que, parce que vous n'aimez qu'une seule femme, et que vous raillez impitoyablement toutes les autres, toutes les autres se prennent à vous aimer...

Pepa vous aimait, la senorita vous aimait, madame de Montpensier vous aime. Vous vous êtes moqué de l'amour de Pepa et de celui de la senorita, et les pauvrettes en ont été pour leurs soupirs et leurs pleurs; mais pour madame de Montpensier, voici qui est bien différent. Elle vous fera pendre, tout au moins, pour se venger, à moins qu'elle ne préfère vous laisser mourir de faim.

Et cette tirade philosophique achevée, Bavolet, n'en daignant point tirer conclusion, se coucha de tout son long sur son nouveau lit, et se prit à songer à Marguerite de Valois, pour oublier le venimeux et livide visage de la princesse lorraine.

Puis, en rêvant à elle, il s'endormit, et comme, à vingt-trois ans, on dort partout du meilleur des sommes, il dormit sept ou huit heures consécutives et ne s'éveilla qu'en entendant s'ouvrir la porte de son cachot.

La nuit s'était écoulée; aux faibles rayons du jour qui glissaient de la meurtrière sur le sol, Bavolet put apercevoir le personnage qui pénétrait chez lui.

C'était un homme de quarante ans environ, petit et trapu, le visage encadré d'une barbe inculte, les yeux noirs et méchants, le sourire ironique et cruel.

Cet homme, qui n'était autre que le geôlier de Bavolet, lui apportait des aliments, ou plutôt de l'eau et du pain.

— Il paraît, se dit Bavolet, qu'en amour tous les moyens sont bons; la duchesse me prend par la famine. Elle veut établir un contraste entre ma table merveilleusement servie d'hier et mon dîner d'aujourd'hui. Chère duchesse!...

Le geôlier déposa sa cruche d'eau à terre, posa le pain sur la cruche et se retira.

Alors Bavolet étendit les bras, laissa échapper un bâillement de fatigue et d'ennui, et se coucha de tout son long, murmurant :

— Je n'ai jamais l'habitude de déjeuner à huit heures du matin, et je me lève tard d'ordinaire; je puis donc raisonnablement faire encore un somme. Bonsoir, duchesse.

Et il se rendormit.

Un bruit de pas et de voix le réveilla deux heures après.

Ces pas et ces voix retentissaient en haut de la meurtrière, au dehors.

Les pas étaient lourds, les voix avinées.

Bavolet reconnut qu'un des corps de garde du château se trouvait situé au-dessus de sa tête. Les soldats allaient et venaient, buvaient et riaient.

L'un d'eux chantait la *Vache à Colas*, cette chanson du temps composée en haine des huguenots, et au son de laquelle tant de sang avait coulé, à diverses reprises, dans les rues de Paris.

— Très-bien, pensa Bavolet, la duchesse me croit huguenot, comme mon très-honoré maître le roi de Navarre, et elle me fait jouer un air de mon goût. Aimable duchesse!

La *Vache à Colas* fut chantée du premier au dernier couplet au milieu de frénétiques applaudissements, — puis Bavolet entendit la conversation suivante:

— Si le roi de Navarre, ce mécréant, cet hérétique, qui s'intitule roi de France, nous entendait, lui qui déjà n'est pas d'une bravoure éprouvée, il se sentirait mal à l'aise.

— Il s'évanouirait sur sa selle.

— Et dire, murmura Bavolet, que ces cuistres assez osés pour tenir un pareil langage étaient à la bataille d'Arques et se sont peut-être évanouis rien qu'en apercevant l'aigrette blanche du roi.

— Et la Marguerite, donc? ricana un second assez d'une voix épaissie par l'ivresse.

Le nom de la reine fut le signal des plus grossières et des plus lâches insultes. Madame de Montpensier avait l'infamie de faire outrager la reine de France par des soldats avinés, aux oreilles de Bavolet, captif et impuissant. Alors le grand sang-froid du jeune homme s'évanouit; l'indignation, la colère qu'il ressentit furent si grandes qu'il saisit à bras-le-corps la borne de pierre qui se trouvait dans son cachot, la roula avec peine sous la meurtrière, s'en fit un marchepied, et de là, il s'élança vers les barreaux de fer auxquels il se cramponna.

— Hé! marauds, cria-t-il, dardant sur les soldats un regard terrible, si vous ne vous taisez à l'instant, foi de gentilhomme, je vous ure que je vous tuerai un jour ou l'autre comme des chiens.

L'accent de Bavolet était si impérieux, si dominateur, que les soldats fascinés oublièrent les ordres qu'ils avaient reçus et se turent.

La journée s'écoula, et Bavolet ne les entendit plus répéter leurs ignobles propos.

Vers le soir, la porte du cachot s'ouvrit de nouveau, et Bavolet vit apparaître le vicomte d'Hodel qui le salua.

— Bonjour, monsieur Bavolet, dit-il.

— Bonjour, vicomte.

— Je n'aurai pas l'impertinence, continua le vicomte, de vous demander si vous vous trouvez bien en cet horrible réduit; mais je vous demanderai si vous vous y sentez assez mal pour avoir eu le temps de réfléchir à votre situation?

— Vous êtes mille fois trop aimable, mon cher monsieur d'Hodel.

— Monsieur, reprit le vicomte, j'ai des excuses à vous faire.

— A moi?

— A vous.

— Bon! fit Bavolet, je serais curieux d'en savoir le motif.

— Il est tout simple, monsieur.

— J'y suis; vous êtes quelque peu honteux de servir d'instrument aux passions sentimentales de madame de Montpensier?

Le vicomte s'inclina.

— Vous touchez juste, dit-il.

— Et, reprit Bavolet, nous nous étions assez liés, pendant le mois de captivité dorée que j'ai passé ici, ou plutôt là-haut...

Et Bavolet indiqua du doigt les régions supérieures du château.

— Pour que, reprit-il, vous éprouviez quelque remords de devenir mon geôlier après avoir été presque mon ami.

— Vous dites vrai, monsieur.

— Cependant, cher vicomte, vous pouvez vous consoler.

— Comment l'entendez-vous?

— Je me trouve parfaitement ici.

— Oh! fit le vicomte d'un air incrédule.

— Jugez-en... Là-haut, au grand air, à la lumière, avec mes livres favoris, mes chers pinceaux, mes fleurs aimées, j'étais l'homme le plus malheureux du monde.

— Ah! fit M. d'Hodel d'un ton de reproche, le pouvez-vous dire? moi qui faisais...

— L'impossible pour me plaire, je l'avoue, monsieur; mais je souffrais malgré tout.

— Et de quoi souffriez-vous?

— D'un chagrin d'amour.

— Etes-vous donc guéri, ici?

— Non; mais mon isolement, l'horreur de ma situation, opposent à mon chagrin un contraste salutaire, et, vous le savez, on guérit la douleur par la douleur.

Le vicomte eut un sourire, à ces mots, où la sympathie et l'admiration se mélangeaient.

— Monsieur, dit-il tout bas, je viens vous donner un conseil.

— Donnez, monsieur.

— Nul ne m'envoie; je viens de mon propre mouvement.

— Très-bien.

— La duchesse vous aime...

— Hélas! je le sais.

— Elle vous aime avec fureur et folie...elle en a le délire...

— Pauvre femme! murmura ironiquement Bavolet.

— L'indigne façon dont vous êtes traité depuis hier est le résultat de sa colère, la conséquence d'un orgueil froissé.

— Après, monsieur?

— Mais vous n'avez qu'un mot à dire, un seul...

— Lequel?

— Je ne sais... mais en votre lieu et place, je le trouverais sûrement.

— Et ce mot...

— Ce mot vous rouvrirait les portes du grand air et de la lumière.

— C'est-à-dire, observa Bavolet, que si je voulais aimer la duchesse, je retrouverais cette douce captivité que vous me faisiez naguère.

— J'en suis certain.

— Monsieur, dit froidement le prisonnier, la duchesse m'a offert mieux encore.

— Que vous a-t-elle offert?

— Ma liberté d'abord...

— Et puis?

— Oh! mon Dieu! dit tranquillement Bavolet, la vindicative duchesse de Montpensier, la sœur des Guises assassinés, l'ennemie implacable des Valois et des Bourbons, m'a offert, par amour pour moi, d'aller me jeter aux pieds du roi de France pour lui faire sa soumission.

Le vicomte recula stupéfait.

— Vous le voyez, ajouta Bavolet, les femmes perdent la tête.

— Le mot est juste.

— Elles sacrifieraient la paix ou la guerre à une question de galanterie.

M. d'Hodel leva les yeux au ciel et soupira.

— Cher monsieur, reprit Bavolet, je suis d'autant plus humilié et confus de cet amour de madame de Montpensier, que, loin de le partager, j'éprouve pour elle cette aversion instinctive qu'inspire un reptile...

— Monsieur...

— Ceci est entré nous, et mes confidences, à moins qu'on ne nous écoute...

— Nous sommes seuls.

— Mes confidences, dis-je, ne vous compromettront pas. J'étais à Saint-Cloud en août dernier et j'ai vu tomber le roi Henri III sous le poignard de Jacques Clément... Jacques Clément était le bras, la duchesse était la tête de cette affaire.

— Monsieur...

— J'en ai la preuve et vous la donnerai au besoin.

M. d'Hodel courba la tête.

— Mon oncle Gontran a aimé la duchesse ardemment, avec délire, comme on n'aime plus de nos jours; elle l'a foulé aux pieds. Pourquoi donc, à mon tour, aurais-je pitié d'elle? Enfin, monsieur, aujourd'hui, ses soudards ont insulté, par son ordre, la reine Marguerite de France, qui a été ma bienfaitrice, que j'aime... Et vous voulez que cette femme ne m'inspire pas une profonde horreur! Ah! tenez, acheva Bavolet en riant, j'aimerais autant être pendu sur l'heure... moi qui suis gentilhomme, être pendu comme un bourgeois, par le bourreau des bourgeois, et aux yeux de vingt mille bourgeois, que mettre un baiser sur les mains de la duchesse, ces mains couvertes du sang d'un roi.

— Monsieur, répondit le vicomte ému, je connais, hélas! la duchesse. Elle est vindicative, implacable; l'amour qu'elle a pour vous se tournera en haine, et vous serez pendu par les Parisiens, c'est probable; mais, comme je ne le veux point voir, que je ne veux pas être l'instrument des supplices qu'on vous infligera peut-être, je vais envoyer ma démission au duc de Mayenne et me retirer dans mes terres des environs de Nancy. Donnez-moi votre main et accordez-moi votre amitié.

— De grand cœur!... s'écria Bavolet, lui serrant la main avec expansion.

— Adieu, monsieur, dit le vicomte. Peut-être nous reverrons-nous?

— C'est probable, monsieur.

— Votre espérance me réchauffe le cœur, monsieur.

— Que voulez-vous? je crois à mon étoile...

Le vicomte sortit.

Bavolet soupa comme il avait dîné, avec le reste de son pain noir, puis il but trois ou quatre gorgées d'eau, fit clapper sa langue d'un air satisfait, et s'endormit en murmurant le nom de Marguerite.

Mais sa surprise fut grande à son réveil.

Le grabat, les murs humides, la meurtrière, les ténèbres du cachot, avaient disparu; il était déshabillé et couché dans un lit, et ce lit était celui qu'il avait occupé au château pendant un mois.

Bavolet se retrouvait dans son ancien appartement.

— C'est merveilleux, dit-il, et c'est absolument comme dans les mystères et les farces du pont Saint-Michel; je me réveille après le changement de décoration.

XXVIII. — OU BAVOLET DÉVELOPPA A MADAME DE MONTPENSIER UNE THÉORIE DES PLUS PARADOXALES SUR L'AMOUR, LA CONSTANCE ET LA POLITIQUE.

—Puisque me voilà réintégré dans mon premier logis, se dit Bavolet, je ne vois aucun inconvénient à reprendre mes habitudes d'autrefois, et je suppose qu'on m'aura laissé mon valet de chambre.

Et Bavolet tira à lui, de l'air nonchalant d'une petite maîtresse qui appelle ses femmes, le gland de soie d'une sonnette placé à son chevet.

Aussitôt son valet de chambre parut, le même sourire respectueux aux lèvres, la même attitude humble et servile.

— Monsieur a-t-il bien dormi? demanda-t-il comme il avait l'habitude de le faire chaque matin.

— Assez bien, répondit Bavolet, pour qu'on ait pu me transporter ici sans que je m'éveille.

Le valet de chambre ouvrit de grands yeux et parut ne pas comprendre.

— Je suis persuadé, continua Bavolet, que vous me regrettiez déjà, maître Pierre, depuis tantôt deux jours que nous voilà séparés.

L'étonnement du valet parut augmenter.

— Je ne sais, dit-il, de quelle séparation parle monsieur.

— Comment!... vous ne savez pas?

— J'ai aidé monsieur, hier soir, à se déshabiller, et j'ai soufflé moi-même sa bougie.

Ce fut au tour de Bavolet à témoigner un véritable étonnement.

— Comment, maroufle! s'écria-t-il, oses-tu mentir aussi effrontément.

— J'ai toujours dit à monsieur la plus exacte vérité.

— Plaît-il?

— Et j'ignore réellement...

Bavolet regarda attentivement le laquais.

— Voilà un drôle, se dit-il, à qui, de bon cœur, je ferais donner les étrivières. Voyons où il veut en venir?

Puis il reprit avec naïveté :

— Comment, on ne m'a point transporté ici cette nuit?

— Pour que cela fût possible, il faudrait que monsieur eût couché ailleurs.

— Parbleu!...

— Mais monsieur s'éveille justement comme il s'est couché.

— Comment, je n'étais pas hier... en prison?

— Non, monsieur.

— Dans une sorte de cachot humide et noir qui n'a d'autre mobilier qu'une couche de paille pourrie?

— Si ignour! exclama Bavolet effrayé, et qui donc, mon Dieu!... oserait oublier à ce point le respect qu'on doit à monsieur?

— Oh! oh!... se dit Bavolet, le drôle a sa leçon faite. Allons jusqu'au bout pour voir...

Et tout haut :

— J'ai pourtant passé là ma journée d'hier, la nuit précédente, et une partie de celle-ci.

Un sourire incrédule vint aux lèvres du valet.

— Monsieur a rêvé, dit-il.

— Tu crois?

— Pardieu! j'en suis sûr. J'ai quitté monsieur hier, et il s'est couché au sortir de table. Je crois même...

— Que crois-tu, drôle?

— Je crois que monsieur avait... un peu..... Non, jamais je n'oserai.....

— Ose!

— Eh bien! monsieur était gai,... très-gai.

— En vérité?

— Ce petit vin de Moselle dont M. le vicomte d'Hodel lui a servi, était... capiteux en diable.

Si Bavolet n'eût joui en ce moment de toute sa présence d'esprit et que le souvenir de mille détails ne l'eût aidé à raisonner juste, il aurait fort bien pu s'imaginer qu'il avait rêvé, tant le visage de maître Pierre était impassible et calme.

— Je devine, se dit-il, la duchesse a éprouvé quelque remords et elle se repent. Attendons la fin.

— Monsieur, hasarda timidement le valet de chambre, madame la duchesse de Montpensier est arrivée à Meulan.

— Ah!...

— Meulan est à elle...

— Je le sais. Elle me l'a dit.

— Monsieur connaît donc madame la duchesse?

— Certainement. Je l'ai vue avant-hier.

— Plaît-il? fit le valet de chambre.

— Je te dis l'avoir vue avant-hier...

— Monsieur continue à rêver.

— En quoi, maraud?

— En ce que madame la duchesse arrive de Paris, ce matin seulement.

— Mais elle était ici avant-hier?

— Monsieur se trompe.

— A merveille! pensa Bavolet; il ne dira rien.

— Et, continua le laquais, en se retirant dans son appartement, madame la duchesse a donné l'ordre qu'on prévînt monsieur de son arrivée.

— Moi?

— Sans doute.

— Et pourquoi?

— Madame la duchesse recevrait avec plaisir la visite de monsieur.

— Très-bien; habille-moi... Je serais curieux, pensa Bavolet, de voir cette chère duchesse plus souriante que l'autre jour. Elle était affreuse dans sa colère.

Le valet habilla Bavolet avec un soin minutieux; il chercha dans la vaste garde-robe qui lui avait été apportée, comme les fleurs, les livres et les tableaux, son plus grand pourpoint, ses chausses les plus coquettes, et le coiffa d'un feutre blanc à plume rouge qui seyait à ravir à la tête un peu pâle du jeune homme.

Bavolet parfuma et ganta ses mains, ceignit une charmante épée de cour à nœud de rubans roses, jeta sur son épaule droite un petit manteau vert et dit à son valet :

— Précède-moi, tu m'annonceras.

Au lieu de prendre le chemin qu'avait pris, l'avant-veille, la femme de chambre qui l'était venue quérir pour le conduire chez la duchesse, chemin mystérieux à travers de sombres corridors du rez-de-chaussée, le valet se dirigea, suivi de son maître, vers le grand escalier du château, monta au premier étage et s'arrêta devant une porte à deux vantaux qu'un chambellan en grande livrée ouvrit devant Bavolet.

Le visiteur fut introduit dans un petit salon d'attente, et son valet l'annonça... puis on le fit pénétrer dans une pièce attenante, où il se trouva en présence de la duchesse devant laquelle il s'inclina.

Madame de Montpensier était fort calme; elle était assise, et son visage était froid, sérieux et poli.

— Je vous remercie, monsieur, dit-elle à Bavolet, de l'empressement que vous avez mis à me venir faire visite.

Bavolet s'inclina.

— Je suis venue à Meulan, qui m'appartient et qui est pour moi une villa des champs, bien que mon frère le duc de Mayenne en ait fait une place de guerre en y laissant garnison.

« Comme j'avais appris précédemment que Meulan vous avait été assigné pour prison, j'ai désiré vous voir.

Bavolet regarda tranquillement la duchesse.

— Madame, lui dit-il, vous me voyez confus de tant d'honneur et de bonté.

— Ne vous en étonnez point, monsieur, nous sommes d'anciennes connaissances; je vous ai vu à Paris et à Blois. Nous avons même soupé ensemble au bord de la Loire, avec M. le cardinal de Bourbon.

— Le roi Charles X? fit Bavolet avec un railleur sourire.

— Votre prisonnier, si vous l'aimez mieux...

— Non point le mien, madame, mais celui du vrai roi.

— Monsieur, répliqua la duchesse, ne parlons point politique, je vous en prie. Vous savez bien qu'on ne s'entend jamais en pareille matière de conversation.

— Vous avez raison, madame.

— Aussi, reprit la duchesse, j'ai été charmée que le hasard nous permit de nous revoir. Nous nous étions quittés d'une façon un peu brusque, là-bas; vos devoirs de fidèle au roi de Navarre vous forcèrent à me fausser compagnie en pleine nuit.

— En effet, dit Bavolet; mais j'espère que vous m'avez pardonné, madame.

— De grand cœur, monsieur.

— Je devais m'y attendre de votre générosité, madame.

— D'abord, fit la duchesse avec une parfaite indifférence, et puis, monsieur, vous avez tant de titres à ma bienveillance...

— Moi, madame?

— Sans doute.

— En quoi ai-je pu mériter?...

— D'abord vous êtes de noble race.

— Peuh!... fit Bavolet.

— Ensuite, le neveu d'un homme que mes frères et moi affectionnons fort, messire Gontran de Penn-Oll.

— Ah! dit Bavolet, levant son œil perçant et clair sur la duchesse dont le visage jouissait, en prononçant le nom de Gontran, d'une sérénité parfaite.

— Enfin, vous avez été page de la reine de Navarre.

Bavolet tressaillit.

— Cette chère Marguerite que j'aimais tant, poursuivit la duchesse, la compagne, l'amie de mon enfance avant que la politique nous eût séparées. Je savais que Marguerite vous aimait, et j'ai voulu que vous fussiez traité chez moi avec les plus grands égards.

— Madame, répliqua Bavolet avec un sang-froid non moins merveilleux que celui de madame de Montpensier, je suis d'autant plus reconnaissant à Votre Altesse de la façon affectueuse et courtoise dont elle s'exprime en parlant de madame Marguerite, ma chère reine...

En prononçant ces derniers mots, Bavolet examinait attentivement la duchesse.

La duchesse ne sourcilla pas, et demeura calme et souriante.

— J'en suis d'autant plus reconnaissant à Votre Altesse, que j'ai foi en sa justice.

— Que parlez-vous de justice, monsieur? Fi! le vilain mot...

— Il vient à point, madame.

— Vous aurait-on manqué de respect ici?

— Non à moi, mais à madame Marguerite. J'ai entendu des soldats de la garnison l'outrager par les propos les plus grossiers.

— Dites-vous vrai?

— Très-vrai, madame, et je vous demande justice.

— Mais où, en quel lieu, quel jour avez-vous entendu?...

— Hier, vers deux heures du matin, dans la prison un peu sombre et très humide où m'avait jeté votre colère.

La duchesse recula.

— De quelle prison parlez-vous, monsieur?

— De celle qui est attenante à ce ravissant boudoir où vous étiez avant-hier.

— Je ne connais pas le boudoir plus que la prison, monsieur, et j'arrive à Meulan aujourd'hui. Je n'y étais venue depuis six mois.

Bavolet se prit à sourire.

— Aurais-je donc fait un rêve? demanda-t-il.

— Je le gagerais à vous entendre parler tour à tour de prison, de boudoir, de ma colère d'avant-hier... et pourquoi voulez-vous, monsieur, que j'aie été en colère? que m'avez-vous fait? de quoi donc étiez-vous coupable?

L'accent de la duchesse était calme, ingénu, naturel; elle s'exprimait avec la naïveté étonnée d'un enfant; elle regardait Bavolet d'un air à demi compatissant qui semblait dire :

— Je crois que vos blessures, votre longue convalescence et les chagrins de ma colère captivité vous troublent un peu l'esprit.

— Oui, dit Bavolet à qui il semblait courtois de paraître douter, il est possible que j'aie rêvé.

— Je le crois, monsieur.

— Dans tous les cas, mon rêve est singulier.

— Vraiment? Et quel est-il?

— Figurez-vous, madame, que j'ai rêvé que vous étiez à Meulan avant-hier soir.

— Ah!...

— Et que vous m'aviez fait demander.

— Naturellement.

— Or, vous m'aviez reçu dans un petit boudoir charmant, que je crois voir encore... On y arrivait par des corridors obscurs, mystérieux...

— Je le vois, interrompit la duchesse en riant, vous m'allez faire un conte arabe.

— Peut-être...

— Allez, monsieur; j'adore les contes.

— Ce boudoir était éclairé par une seule lampe; vous aviez les bras nus, les épaules décolletées, les cheveux roulées en torsades...

— Mon Dieu! avais-je donc l'intention de vous séduire?

— Je le crois, madame.

La duchesse laissa échapper un éclat de rire moqueur.

— Vous me demandâtes si je me trouvais bien à Meulan, si j'avais été traité avec les égards qui m'étaient dus, si je trouvais de mon goût les livres, les fleurs, les tableaux que M. d'Hodel a mis à ma disposition, et enfin...

— Ah! voyons cet enfin!

— Vous m'avouâtes...

— Oh! oh! monsieur, un aveu?

— Hélas! oui, madame.

— Et... quel était-il?

— Vous me dites que vous m'aimiez?

— Oh! par exemple!...

— Je raconte mon rêve, madame.

— Soit. Je l'écoute.

— Vous aviez pris mes mains, votre cœur battait, vos yeux étaient pleins de larmes...

— Ah! charmant!...

En prononçant ce mot la duchesse n'avait rien perdu de son admirable sang-froid; elle continuait à regarder Bavolet d'un air moqueur, comme elle avait, un jour, regardé Gontran devant lui...

— Or, figurez-vous, madame, que toujours dans mon rêve, j'eus l'impertinence de vous répondre un mot cruel, inexplicable, étrange...

— Quel est ce mot?

— « Je ne vous aime pas! »

— Vraiment! exclama madame de Montpensier avec une infernale coquetterie.

— Alors, madame, vous fûtes prise d'une fureur telle, que vous appelâtes M. d'Hodel, lui ordonnâtes d'ouvrir une porte; cette porte était celle d'une prison, d'un cachot humide et noir, et le vicomte m'y poussa par les épaules. D'après mon rêve, j'y aurais passé deux nuits et un jour, et c'est pendant cette journée, madame, que j'entendis insulter madame Marguerite.

La duchesse sonna, un valet parut.

— Allez me quérir le commandant du château, M. le vicomte d'Hodel, ordonna-t-elle.

M. d'Hodel apparut aussitôt.

— Vicomte, lui dit la duchesse, voilà M. Bavolet qui prétend les choses les plus amusantes du monde, et j'en appelle à votre témoignage.

— De quoi s'agit-il, madame?

— D'une histoire réellement surprenante.

— En vérité, je l'écoute de mes deux oreilles.

— Figurez-vous que M. Bavolet prétend qu'il existe dans le château un boudoir attenant à un cachot aussi noir, aussi humide, aussi fétide que le boudoir qui précède est chaud et parfumé.

— Il y a dans le château plus d'un boudoir pareil à celui que vous dépeignez, madame; mais j'avoue que bien que, gouverneur de Meulan, je ne connais point le cachot en question.

Le vicomte d'Hodel accompagna cette assertion d'un signe imperceptible que la duchesse ne surprit point, mais dont Bavolet devina le sens, et qui signifiait clairement :

— Je mens pour vous sauver, silence!...

— Le meilleur moyen de convaincre M. Bavolet, reprit la duchesse, est, à coup sûr, de parcourir le château avec lui et de chercher ensemble ce boudoir et ce cachot mystérieux.

— De grand cœur, répondit le prisonnier, je tiens à me prouver clairement que j'ai rêvé.

La duchesse se leva.

— Donnez-moi la main, dit-elle.

Bavolet se souvint alors des belles et galantes traditions que Marguerite de France et ses fidèles avaient apportées du Louvre à la cour de Navarre, et il offrit sa main avec une courtoisie chevaleresque et une de ces sourires de fine courtisanerie dont le sire de Bourdeille, abbé de Brantôme, se fût montré émerveillé, s'il eût pu sortir de sa tombe, où les belles dames galantes qu'il avait si naïvement chantées n'avaient pu l'empêcher de descendre.

— Pour que je me reconnaisse, dit-il, il faudrait, madame, que je partisse de ma chambre à coucher.

— Allons, répondit la duchesse.

M. d'Hodel passa le premier.

Bavolet conduisit madame de Montpensier à l'appartement qu'il occupait.

La duchesse s'y arrêta un instant; elle toucha à tout, examina tout avec cette humeur capricieuse et curieuse qui révèle la femme, elle admira avec une naïveté charmante un paysage ébauché que le jeune prisonnier avait croqué sur place quelques jours auparavant.

Bavolet se plaça devant une petite porte qui donnait sur un des couloirs du château.

— Tenez, dit-il, rêve ou réalité, je ne sais : une femme entra par cette porte, me fit un signe, et je la suivis. Si vous le voulez bien, je ous ferai faire la même route que je crois avoir faite.

M. d'Hodel passa le premier.

— Ce corridor, dit-il, conduit, en effet, à un petit salon d'été qui est ménagé dans une des tours et presque au niveau des cours, ce qui fait qu'on y jouit, par les grandes chaleurs, d'une fraîcheur constante. M. Bavolet peut, du reste, nous y conduire les yeux fermés, car nous l'avons visité ensemble.

Le vicomte adressa un nouveau signe mystérieux, et que la duchesse ne surprit point, à Bavolet.

— C'est fort possible, fit-il négligemment.

On arriva au boudoir.

Le boudoir était dans le même ordre que le soir où Bavolet y avait vu la duchesse.

— Madame, lui dit-il en désignant un canapé, vous étiez là... assise... et vêtue d'une robe de velours noir...

La duchesse ne manifesta aucun étonnement.

— Et la porte du cachot est ici.

Là-dessus Bavolet se dirigea vers un coin du boudoir.

Une tapisserie de soie garnissait les murs; Bavolet se souvenait très-bien avoir vu le vicomte soulever un pan de cette tapisserie, puis faire jouer un panneau de boiserie. Son étonnement fut grand, car il ne retrouva point le panneau et vit un mur nu, blanc et un peu humide. Il revint au milieu du boudoir.

— Probablement, dit-il, ce n'est point là.

— Voyez ailleurs, répondit tranquillement la duchesse.

Il fit le tour du boudoir, frappant les murs du poing; nulle part les murs ne sonnèrent le creux. La porte n'existait pas.

— Vous le voyez, dit la duchesse avec calme, vous avez rêvé.

— C'est aussi mon avis, dit le vicomte.

— Et il faut bien que ce soit le mien, ajouta Bavolet en souriant.

Soit que la leçon lui eût été faite d'avance, soit pure discrétion, le vicomte salua tour à tour la duchesse et Bavolet, et se retira.

Alors madame de Montpensier s'assit et regarda son cavalier.

— Donc, dit-elle en se plaçant sur le canapé, j'étais là, dites-vous?

— Oui, madame.

— Et je tenais vos deux mains?

— Comme je les tiens.

Et Bavolet prit les mains de la duchesse avec une hardiesse respectueuse.

— Et je vous disais...

— Que vous m'aimiez, madame.

— Mon Dieu! monsieur, fit-elle avec le plus agaçant et le plus coquet des sourires, vos rêves sont d'une merveilleuse fatuité.

— Heureusement que je suis humble au réveil.

Elle retira doucement ses mains.

— Savez-vous, dit-elle, que c'est d'une hardiesse inouïe de me supposer aussi longtemps que j'aie pu vous aimer.

— J'en éprouvais un grand désespoir, croyez-le, madame.

La duchesse ne sourcilla point.

— Je le crois, dit-elle, car il paraît que vous aimez ailleurs.

— Hé as! madame...

— Ma bonne amie, madame Marguerite, m'a fait ses confidences autrefois.

Bavolet tressaillit, la duchesse demeura impassible et souriante. Puis elle ajouta en le regardant:

— Vous croyez donc à l'amour?

— Autant que vous, madame.

— Le pourriez-vous définir?

— Sans doute.

— Eh bien, donnez-m'en une définition.

— Volontiers, madame. L'amour est un mal dont la guérison rend très-malade.

— Ah! charmant! s'écria la duchesse. Croyez-vous à l'amour partagé?

— Il est fort rare. Cependant il existe.

— En quel pays?

— Un peu partout.

— L'homme qui est aimé peut-il aimer ardemment?

— Oui, si son amour est sans espoir... comme le mien.

— Ah çà, monsieur, observa la duchesse, je ne vous comprends pas très-bien; la reine Marguerite vous aime, et vous l'aimez, comment votre amour est-il sans espoir?

— Parce que le roi m'a servi de père, dit simplement Bavolet.

— Bah! vous savez bien que le Béarnais est philosophe en pareille matière.

— Ma conscience ne l'est point, madame.

— Ainsi donc, parce que la fatalité veut que votre conscience élève une barrière infranchissable entre la reine et vous, et que c'est a reine que vous aimez, votre vie s'écoulera dans l'isolement; aucune femme n'aura le droit de faire battre votre cœur, aucun sourire ne fera rayonner votre regard, vous passerez triste et le front penché à travers le monde?

— Vous dites l'exacte vérité, madame.

— Tenez, monsieur Bavolet, voulez-vous supposer une chose?

— Je vous écoute, madame.

— Admettons que vous n'ayez pas rêvé...

— Vous me voulez rendre orgueilleux, madame.

— Devenez-le, je vous le permets...

Bavolet s'inclina.

— Donc, vous n'avez point rêvé, je vous aime...

Elle prononça ce mot avec un accent passionné, une voix mélodieuse et charmante qui émurent à demi le jeune homme.

— Je vous aime, reprit-elle, moi, la duchesse de Montpensier, la sœur d'un homme à qui les trois quarts de la France obéissent en ce moment, qui pourrait être le roi et le dédaigne. Je vous aime assez pour vous donner ma main, ma puissance, devenir humble et chétive à vos genoux, moi, l'orgueilleuse et l'altière, vous faire roi de France si vous le désirez, car nous sommes assez forts, en ce moment, nous, les princes lorrains, pour substituer sur le trône une dynastie nouvelle à la vieille dynastie.

— Je le vois, madame, vous m'offrez le Capitole... Je continue à rêver.

— Oui, continua la duchesse d'une voix émue, sympathique, et qui eût donné le vertige à tout autre que Bavolet, je vous aime assez, mon beau chevalier, pour mettre ma couronne sur votre tête.

— Hélas! madame, je vous parlais du Capitole, permettez-moi de ne point oublier la roche Tarpéienne.

— Pourquoi cela?

— Parce que toutes ces choses ne sont qu'une pure supposition de votre esprit en belle humeur. Le Capitole c'est mon rêve; la roche Tarpéienne c'est le réveil.

— Soit... Continuons à supposer. Je vous veux faire monter au Capitole et vous refusez.

— Hélas! j'ai cette douleur, madame.

— Alors je vous reconduis à la roche Tarpéienne.

— Ah! parfait... Votre Altesse saisit admirablement la poésie des contrastes.

— La roche Tarpéienne est l'œuvre de ma jalousie, de mon orgueil froissé, de mon amour méconnu et foulé aux pieds. Je ne veux pas que ma rivale voie désormais votre sourire, rencontre jamais votre regard épris: je veux qu'elle apprenne, en pâlissant, que celui qu'elle aimait est mort dans les supplices...

— Très-bien, interrompit froidement Bavolet.

— Alors, j'assemble le parlement de Paris qui m'obéit aveuglément; je le force à vous déclarer coupable de haute trahison envers le roi Charles X, le seul roi qu'il reconnaisse; le parlement édicte une sentence, on dresse une potence dans la cour de votre prison, et vous êtes pendu.

— C'est triste, murmura Bavolet avec un calme superbe.

— Que pensez-vous du Capitole? que pensez-vous de la roche Tarpéienne, monsieur Bavolet?

— Le Capitole, madame, est le théâtre du triomphe.

— Sans aucun doute.

— La roche Tarpéienne, l'échafaud.

— Parfaitement.

— Mais, dans un cas pareil au mien, je préfère la roche Tarpéienne...

— En vérité!...

— Sans doute, car mon triomphe coûterait une larme à la femme qui m'aime.

— Et votre supplice?

— Mon supplice lui arracherait également des pleurs; mais une pensée consolante viendrait qui en adoucirait l'amertume.

— Quelle est cette pensée, monsieur?

— «Il est mort en m'aimant,» se dirait-elle. Vous le voyez bien, madame, en pareil cas, la roche Tarpéienne est plus que jamais voisine du Capitole.

— Vous êtes admirable, murmura la duchesse.

— Heureusement j'ai rêvé, n'est-ce pas?

— Je le crois, fit-elle en souriant.

— Vous ne m'offrirez point le Capitole?

— Non.

— Ni la roche Tarpéienne?

— Pas davantage.

Bavolet se leva.

— Maintenant, madame, dit-il, pardonnez-moi l'impertinence de mon rêve.

— De grand cœur, monsieur.

Il lui baisa galamment la main.

— M. d'Hodel, observa-t-il, nous l'a dit tout à l'heure; ce boudoir est humide, et nous sommes en octobre.

— C'est vrai. Remontons.

Elle s'appuya de nouveau sur son bras avec une coquetterie nonchalante, et ajouta:

— Maintenant je vais vous congédier pour prendre un peu de repos. J'ai voyagé de nuit.

— Je ne m'en serais jamais douté, madame, à l'éblouissante fraîcheur de votre teint.

— Vous êtes un flatteur!... mais ce soir, vers quatre heures, je reprendrai votre bras et nous irons faire un tour de promenade au bord de la rivière. Je vous nomme mon chevalier pour les trois jours que je compte passer à Meulan. Au revoir.

Bavolet salua profondément la duchesse sur le seuil de ses appartements et il rentra chez lui.

Sur son lit, il trouva le billet suivant qui n'avait point été signé par son auteur.

« Si vous tenez à la vie, continuez à croire que vous avez rêvé. »

— C'est égal, se dit Bavolet, la duchesse est d'un calme à épouvanter; je ne donnerais pas dix sous de ma peau, et je crois que mon honoré maître, le roi de France, conquerra son royaume sans moi. Dans quel guêpier, bon Dieu! suis-je allé me fourrer? Il n'y a que les gens laids de réellement heureux, on ne les envoie pas à l'échafaud par amour...

Et sur cette réflexion de pure philosophie, Bavolet s'assit en sifflottant devant son chevalet et travailla à son paysage.

XXIX. — BAVOLET CHANGE DE PRISON.

Huit jours s'écoulèrent.

La duchesse en avait passé trois au château de Meulan, prenant Bavolet pour son chevalier, causant avec lui de mille choses indifférentes et parfois même de Marguerite.

Pendant ces trois jours, la rare perspicacité du jeune homme avait été mise en défaut bien souvent; il en était parfois à se demander, tant la duchesse lui semblait insoucieuse et froide, s'il n'avait pas réellement fait un rêve.

A son départ, elle lui tendit sa petite main blanche en montant dans son carrosse.

Ce carrosse, disons-le en passant, avait été construit sur le modèle de celui que, vingt-cinq ou trente années auparavant, on amena d'Italie à la reine de Médicis, et le premier qui, à la cour de France, eût remplacé les litières, « véritables cages à poulets, » selon l'expression d'un naïf chroniqueur.

Quatre mules vigoureuses traînaient cette lourde machine, où la dorure et l'ornementation tout architecturale suppléaient à la légèreté, à la commodité, à l'élégance.

La duchesse tendit donc sa main à Bavolet.

— Cher, lui dit-elle d'un ton familier, je me suis beaucoup plu en votre compagnie, et vous m'êtes devenu si précieux, que le Béarnais, votre maître, m'offrirait en vain sa taupinière de Navarre pour votre rançon. Je refuserais net.

Bavolet salua jusqu'à terre.

— Par conséquent, il est bien entendu entre mon frère Mayenne, le vicomte d'Hodel, votre geôlier, et moi, que nous ne vous laisserons aller sous aucun prétexte. Or, les troupes du roi de Navarre, après quelques succès insignifiants en Basse-Normandie, se rapprochent de Meulan, m'a-t-on assuré; la nouvelle est vraie, il vous faudra quitter Meulan, de façon à ne pas courir le risque d'être délivré par les huguenots.

— Et où Votre Altesse m'enverra-t-elle?

— Oh! soyez tranquille, je vous trouverai une prison charmante, vous verrez...

La duchesse parut réfléchir.

— Que penseriez-vous du Louvre?

— C'est triste, répondit Bavolet.

— En vérité

— Hélas! madame, j'ai Paris en horreur.

— Pourquoi donc?

— Parce que les bourgeois y pullulent comme vermine ou fourmilière. Et puis...

— Et puis? fit la duchesse.

— Et puis j'adore la campagne, en automne surtout... les prés et les bois qui jaunissent, les soleils couchants voilés de brume, les ruisseaux que ride le vent d'octobre et qui se plaignent par avance, en un murmure triste et précipité, de l'approche de l'hiver et de ses glaçons; les feuilles qui tombent me plaisent... les premières ondées qui rayent le ciel me semblent charmantes...

— Soit; nous vous trouverons un logis à la campagne.

Et la duchesse lui sourit de nouveau et partit.

Huit jours s'écoulèrent. Pendant ces huit jours, Bavolet s'ennuya. M. d'Hodel avait fait une absence, laissant le commandement du château à un subalterne, officier morose et triste, qui était dépourvu d'esprit et de belles manières.

Si grands que fussent son mépris et son aversion pour madame de Montpensier, Bavolet n'avait pu s'empêcher d'apprécier l'esprit sérieux et léger en même temps, les goûts artistiques, l'humeur spirituelle et charmante de la duchesse, et il avait fini par reconnaître la justesse de ce proverbe « qu'on se plaît souvent davantage en la compagnie de ses ennemis qu'en celle de ses amis. »

Un matin, M. d'Hodel, arrivé pendant la nuit, entra chez Bavolet.

— Ah!... s'écria celui-ci avec joie, Dieu soit loué, vicomte, enfin vous voilà!

— Merci de votre joie, monsieur.

— Vous me dites cela bien tristement, vicomte...

— C'est que nous allons nous quitter...

— Encore! Et où allez-vous?

— Nulle part. Je reste à Meulan.

— Eh bien, alors?

— C'est vous qui partez. Le roi est à Rouen... Au premier jour il assiégera Meulan.

— Je comprends; la duchesse ne me veut point lâcher.

— Monsieur, dit tristement le vicomte, je ne sais si nous nous reverrons jamais; mais, dans tous les cas, pardonnez-moi le rôle passif et muet que j'ai joué. Je suis lié par un serment.

— Diable!...

— S'il en eût été autrement, au péril de mes jours, je vous eusse fait évader.

— Ah çà, demanda Bavolet, je suis donc en bien mauvaise situation, selon vous?

Le vicomte leva les yeux aux cieux.

— Entre nous, dit-il, vous êtes perdu, à moins...

— Ah!... à moins?

— Que vous n'aimiez la duchesse.

— Allons, dit gaiement Bavolet, je vois qu'il me faudra franchir le pas suprême. Bah! pour un gentilhomme la chose est sans difficulté. Savez-vous où je vais?

— A Paris, d'abord.

— Et ensuite?

— Dame!... je n'en sais plus rien.

— Quand dois-je partir?

— Ce soir, à la nuit.

— Déjeunerez-vous avec moi?

— De grand cœur.

— Alors, dit Bavolet en riant, remettons, comme César, les affaires sérieuses à demain, et buvons frais avant de nous quitter.

M. d'Hodel admirait le sang-froid de Bavolet.

La journée s'écoula gaiement pour le prisonnier. Le soir venu, il fit ses valises, et trouva dans la cour du château un cheval sellé et une escorte de vingt hommes.

L'officier qui les commandait parla fort respectueusement, et Bavolet ne put s'empêcher de penser que, pour un homme voué au bourreau, on le traitait avec quelques égards.

Il voyagea toute la nuit.

Au point du jour, il était aux portes de Paris; mais au lieu d'y entrer, l'officier qui commandait l'escorte lui fit tourner bride, passer la Seine à Passy, suivre la rive gauche du fleuve en deçà des murs de la capitale, et, en fin de compte, après deux heures de circuit, la petite troupe s'arrêta au village d'Ivry, à la porte d'une charmante maison de plaisance toute blanche, toute parfumée, entre cour et jardin, et qui ne ressemblait nullement à une prison.

L'officier mit pied à terre et sonna à la grille.

La grille s'ouvrit, un valet parut, puis, derrière ce valet, une femme enveloppée d'une longue mante espagnole.

Bavolet reconnut la duchesse.

Elle vint à lui souriante.

— Vous le voyez, dit-elle, votre nouveau séjour est assez riant, et je vous y viendrai visiter quelquefois.

Bavolet se confondit en remerciements.

— Donnez-moi la main, nous le visiterons ensemble, ajouta-t-elle.

— C'est singulier, pensa le prisonnier, qu'une femme pareille se puisse contraindre à ce point.

La duchesse s'appuya sur son bras et lui fit visiter la maison dans tous ses détails.

Elle était petite, charmante, décorée avec une simplicité luxueuse; elle semblait avoir été bâtie pour lui.

A côté de la chambre à coucher, se trouvait un boudoir qui fit jeter un cri à Bavolet.

Ce boudoir ressemblait de tous points à l'oratoire que madame Marguerite avait à Coarasse : meubles sculptés, bronzes florentins, tableaux, statues de marbre, vieilles tapisseries de haute lisse, panoplies d'armes précieuses, et jusqu'à un store de gaze que la reine baissait du haut en bas de la croisée lorsqu'elle peignait, — rien n'y manquait.

C'était à croire que le mobilier de Coarasse avait été transporté à la maisonnette d'Ivry.

— Vous le voyez, dit la duchesse avec un sourire, j'ai voulu que vous puissiez être avec elle à toute heure...

Bavolet éprouva comme un mouvement de reconnaissance pour la duchesse; — heureusement les paroles du vicomte, « je vous crois perdu, » lui revinrent en mémoire et il se tint sur ses gardes.

Dans les cours, les cuisines, les antichambres, il y avait des laquais en livrée.

— Voilà vos gens, dit la duchesse, ils vous obéiront en esclaves.

Madame de Montpensier avait fait préparer un déjeuner délicat qui fut servi sur une petite table de deux couverts, dans un salon attenant à leur prison. Elle invita Bavolet à déjeuner en tête à tête.

Elle fut charmante de coquetterie et d'entrain; elle lui parla constamment de la reine.

A midi elle se leva et demanda sa litière.

— Adieu, dit-elle, je reviendrai dans deux ou trois jours.

Demeuré seul, Bavolet fit le tour de sa nouvelle demeure. Deux valets l'escortèrent d'eux-mêmes et sans son ordre; il voulut les renvoyer : l'un d'eux lui répondit :

— Nous avons l'ordre d'obéir aveuglément à monsieur, mais de ne le point perdre de vue; et si monsieur essayait de fuir, nous lui brûlerions la cervelle.

Et le laquais tira de sa poche un pistolet soigneusement amorcé.

— Très-bien, dit Bavolet en s'inclinant, ceci me rassure, je craignais de ne plus être prisonnier.

Il alla s'enfermer dans ce cher boudoir où il croyait revoir partout Marguerite, et il se mit à peindre. Une heure après un valet parut.

— Une jeune femme, dit-il, demande à voir monsieur.

— Quelle est cette femme?

— Je ne sais; mais elle m'a prié de dire son nom à monsieur. Elle s'appelle NANCY.

— Nancy! répéta Bavolet stupéfait, Nancy ici?

Et il se leva précipitamment.

XXX. — UN MESSAGE DE LA REINE MARGUERITE.

Nancy était sur le seuil de l'atelier de peinture. Cette spirituelle et charmante soubrette que nos lecteurs ont connue à Coarasse, était bien toujours le charmant lutin agaçant et railleur qui se moquait du pape des fous et débitait sur l'amour et ses conséquences les plus belles théories du monde.

En outre, elle aimait toujours Bavolet, comme une sœur, comme une amie, et souvent avec des allures maternelles et graves, du plus charmant comique, eu égard à ses vingt-cinq ans. A peine eut-elle aperçu Bavolet qu'elle courut à lui, l'enlaça de ses bras, lui mit un bon gros baiser sur le front et s'écria :

— Ah! te voilà donc, mon pauvre Bavolet... te voilà!...

Bavolet aimait Nancy, au moins autant que Nancy l'aimait. Pour lui, la gentille et spirituelle camérière était l'amie, la confidente de madame Marguerite, et elle savait leurs secrets à tous deux. C'en était assez pour que son affection à son égard fût sans bornes.

Il embrassa donc Nancy avec la même expansion, et répéta :

— Comment! te voilà?

— Ma foi! oui, dit Nancy, qui se jeta avec un laisser-aller de grande dame sur le premier siège qu'elle trouva à sa portée.

— D'où viens-tu donc?

— De Blois.

— Et où vas-tu?

— Je viens te voir, mon cher Bavolet... Ah! pardon, s'interrompit-elle, je viens *vous* voir... J'oublie toujours que le temps passe et que nous ne sommes plus à Coarasse...

— Folle!...

— Nullement, je vous dois du respect, monsieur Bavolet.

— Nancy, dit froidement Bavolet, je te préviens que ce ton cérémonieux m'ennuie fort... et si tu continues, je te tourne impitoyablement le dos.

— Vous vous en garderiez bien, vilain grondeur...

— Et pourquoi, petite sotte?

— Parce que je t'apporte des nouvelles... de très-bonnes nouvelles...

— De madame Marguerite?

— Sans doute.

— Ah! fit Bavolet, qui porta la main à son cœur et devint écarlate. Mais comment es-tu ici?,

— Ah! dame! la Ligue a ses bons moments.

— Plaît-il? fit Bavolet.

— Figure-toi que madame de Montpensier a écrit à la reine.

— Impossible! murmura Bavolet.

— Tiens, dit Nancy, lui tendant une lettre.

Bavolet prit la lettre et lut tout haut :

« Madame et chère cousine,

« La politique et ses soucis nous divisent; vous êtes reine de France, et je ne reconnais point votre royauté... »

— L'impertinente! observa Nancy.

« Mais, continua Bavolet, lisant toujours, je n'ai point oublié notre commune enfance au Louvre, notre vieille amitié et l'amour qu'avait pour vous feu le Balafré, mon frère. Or, je trouve une bonne occasion de vous être agréable, et la saisis au vol. »

— Elle est charmante, cette bossue! dit Nancy, continuant à interrompre.

Bavolet poursuivit :

« Votre ancien page, le favori du roi, votre élève, M. Bavolet enfin, victime d'une enfance au Louvre, est tombé en nos mains. Mon frère Mayenne le voulait enfermer en une prison ténébreuse et maussade; mais je savais l'amitié toute particulière que vous avez pour ce beau et spirituel cavalier, et je l'ai pris sous ma protection. Par mes soins, il a passé deux mois de sa captivité à ma terre de Meulan; je l'ai fait très-bien choyer; je lui ai donné la clef des champs sur parole, et

il a pu chasser, peindre, courir les bois et lire ses poètes favoris tout à son aise; — si bien qu'il est, en ce moment, le plus heureux des mortels, et qu'il songe à vous du matin au soir sans qu'il en soit distrait par une préoccupation quelconque. Le roi votre époux quitte la Normandie et marche sur Paris. Nous tenons trop à conserver M. Bavolet pour le vouloir exposer à une délivrance. Aussi je le fais conduire de Meulan à une petite villa que je possède aux portes de la capitale. Il y sera choyé, obéi et servi comme à Meulan. J'ai pensé même, madame et chère cousine, qu'un souvenir de vous lui serait un adoucissement à sa captivité, et je vous envoie un sauf-conduit pour tel ou tel de vos écuyers ou fidèles qu'il vous plaira de lui envoyer.

« Sur ce, chère madame et cousine, je prie Dieu qu'il vous ait en sa sainte garde, et je vous donne les deux mains.

« Duchesse DE MONTPENSIER. »

— La duchesse est charmante, dit froidement Bavolet en rendant la lettre à Nancy.

Puis il se demanda à part lui :

— Quel piège nouveau me tend-elle donc?

— La reine a été fort étonnée, reprit Nancy, en recevant une pareille lettre. Tu comprends que la duchesse y parle d'une amitié qui n'a jamais existé entre elle et madame Marguerite, que dans son imagination, et nous sommes tombées des nues toutes deux devant une pareille courtoisie. La reine n'a même pu s'empêcher de dire :

« — Ou le roi a remporté une bien grande victoire, et alors la duchesse se veut ménager des amis dans sa prochaine infortune, ou elle nous veut faire tomber dans un piège et arrêter le gentilhomme que nous enverrons à notre cher prisonnier. »

— Parbleu! dit Bavolet, la reine avait raison, selon moi.

— C'est possible, répondit Nancy; mais tu sais que je suis une fille d'imagination.

— Et de beaucoup d'esprit, petite.

Nancy remercia d'un sourire son ami Bavolet et continua :

« — La duchesse s'imagine peut-être que Votre Majesté enverra à Bavolet quelque gentilhomme de marque dont les services sont utiles au roi et qui serait de bonne prise.

« — Sans doute, me dit la reine.

« — Je sais un moyen de désappointer la duchesse.

« — Lequel?

« — Si Votre Majesté veut me charger du message.

« — Mais petite, me dit la reine avec affection, il y a loin d'ici à Paris.

« — Je le sais bien qu'il y a loin.

« — Une jolie fille telle que toi ne saurait accomplir un pareil voyage sans s'exposer à mille dangers...

— La reine avait raison, dit gravement Bavolet.

— Oui, fit Nancy; mais je suppliai la reine de me donner M. de Goguelas pour compagnon.

— Le vieux Goguelas?

— Lui-même. Si on le faisait prisonnier, le mal ne serait pas grand... et, quant à moi, comment veux-tu qu'on arrête une femme? A quoi cela servirait-il?

— C'est juste. Cependant une chose m'étonne.

— Laquelle?

— C'est que le vieux Goguelas ait consenti à t'accompagner... Tu sais combien il me hait.

— Aussi n'a-t-il point su que nous venions à Paris pour te voir, quand nous sommes partis.

— Ah! très-bien.

— Je ne l'ai pas prévenu d'avance; mais je suis montée chez lui, un matin, avant que le soleil fût levé, et je me suis servie de ton procédé pour l'éveiller. Je l'ai accablé de pichenettes sur le nez jusqu'à ce qu'il ouvrit les yeux. Il faut te dire que, depuis trois mois que nous étions à Blois où nous vivions en compagnie du roi Charles X ., — lequel entre nous trouve que M. de Bique et ses deux cents gentils-hommes qui le gardent à vue sont bien ennuyeux, — depuis trois mois, M. de Goguelas menait la plus belle des existences; il n'entendait plus parler de toi, il te croyait mort, il t'espérait...

— Merci bien.

— La garnison de Blois lui témoignait un grand respect; M. Falempin, le digne intendant de l'ex-cardinal, l'avait pris en affection, en haine de M. de Bique : la reine lui laissait monter et couronner tous les chevaux à sa convenance, et le sommelier du château, qui connaissait son faible pour les vins de Guyenne et de Bourgogne, lui faisait porter chaque soir un flacon poudreux dans sa chambre. L'honnête vieillard ne s'endormait que lorsque le flacon était vide.

— Comment donc l'as-tu décidé à rompre avec une pareille existence?

— J'ai employé la ruse. « Cher monsieur de Goguelas, lui dis-je, je vais faire un petit voyage d'une journée pour le service de la reine, et vous seriez bien aimable de m'accompagner, attendu que votre apparence respectable est un chaperon suffisant pour mon inexpérience et ma jeunesse. Si je m'en allais en compagnie d'un des gentilshommes de Bique, on ne manquerait certainement pas de jaser, et ma réputation en souffrirait fort. Tandis qu'avec vous... »

« Il fit un peu la grimace et se leva en bâillant de la plus horrible façon. Son cheval était tout sellé. Moi, j'avais choisi une belle haquenée blanche dont le trot est fort doux, et nous étions escortés par un valet qui conduisait un mulet chargé de provisions et d'excellents vins, les meilleurs de la cave du roi Charles X. »

Chaque fois que Nancy prononçait le nom de Charles X, elle et Bavolet échangeaient un très-joli sourire railleur à l'endroit du vieux cardinal.

— Or, reprit Nancy, quand nous fûmes en route, ce bon M. de Goguelas me demanda où nous allions.

« — Je vous le dirai ce soir, répondis-je. C'est un secret pour le moment.

« Le soir, nous couchâmes en une hôtellerie des bords de la Loire. Il se crut au terme du voyage, et son désappointement fut grand le lendemain, lorsqu'il apprit que nous nous dirigions vers Orléans au lieu de retourner à Blois. Cependant, il se résigna en remarquant que le panier aux vins était fort respectablement garni.

« — Qu'allons-nous donc faire à Orléans? me demanda-t-il au moment où nous arrivions aux portes de la ville.

« — Nous y passerons la nuit, d'abord.

« — Et ensuite?

« — Ensuite nous continuerons notre chemin.

« — Mais où allons-nous donc?

« — A Paris.

« — A Paris! exclama-t-il, la ville des bourgeois, le foyer de la Ligue!... où l'on pend ta maison... Mais c'est donc ma mort que vous voulez?

« — Bah! lui dis-je, n'allez-vous pas avoir peur et trembler comme un bourgeois des confréries? fit un gentilhomme!

« Et pour le rassurer, je lui montrai le sauf-conduit.

« — Mais qu'allons-nous donc faire à Paris?

« — Mystère! répondis-je d'un ton mystérieux.

« Il se consola en buvant quelques gorgées de vieux Médoc, et nous poursuivîmes notre route.

« Le surlendemain nous couchions à Étampes, et ce matin nous arrivions à deux lieues d'ici. Alors j'ai pris mon courage à deux mains.

« — Savez-vous, lui ai-je dit, qui nous allons voir?

« — Madame de Montpensier?

« — Non.

« — Le duc de Mayenne?

« — Pas davantage.

« — Qui donc alors?

« — Votre ami Bavolet.

— Ah! fit Nancy en riant, si tu l'avais vu pâlir, blêmir, chanceler sur sa selle et arrêter net sa monture, tu aurais été réellement heureux. C'était à mourir de joie.

— Mon ami Bavolet! s'écria-t-il; vous l'appelez mon ami? Mais vous êtes folle! et puis m'avez pris pour un niais!... moi, aller le voir! ah! ah! ah!...

« Et il écumait de colère et d'épouvante. J'ai vu le moment où il allait tourner bride et m'abandonner. J'avais heureusement le sauf-conduit, et je lui ai fait observer que, s'il me quittait, il serait arrêté par le premier corps des liqueurs qu'il rencontrerait et pendu à l'instant même. Il s'est alors résigné à me suivre, mais en y mettant la condition qu'il demeurerait à la porte et n'entrerait pas.

— Tout cela est fort joli, observa Bavolet, et la rancune du bonhomme est réellement amusante; mais j'imagine que tu n'as point l'intention de repartir aujourd'hui?

— Non, certes.

— Alors, il faudra bien que M. de Goguelas accepte mon hospitalité. Voyons, parle-moi de la reine, du roi, de tous ceux que nous aimons, et puis je l'irai quérir. La reine t'a-t-elle confié un message?

— Oui; mais non une lettre.

Nancy dénoua une agrafe de son corsage et en retira un petit paquet soigneusement plié qu'elle donna à Bavolet. C'était une feuille de papier rose, empreinte d'un parfum qu'affectionnait la reine, et renfermant une petite fleur bleue déjà fanée, cette fleur charmante que les Anglais nomment *Forget my not*, les Allemands *Vergiss mein nicht*, les Français *Myosotis*, et qui veut dire : Ne m'oubliez pas!...

Les parfums ont leurs mystérieuses affinités. L'odeur qui se dégageait du papier rose, et que Bavolet respira avec délices, lui rappela tout un monde de souvenirs déjà perdus dans la brume vague du passé; une vive émotion s'empara de lui, son cœur se prit à battre et une larme silencieuse roula dans ses yeux...

Cette larme disait ses douleurs, ses espérances et son amour.

Alors Nancy qui était aussi bonne, aussi aimante que spirituelle, la charmante et belle Nancy, émue elle-même, prit les deux mains de Bavolet dans les siennes, lui mit un baiser de sœur au front et lui dit : — Va, mon ami, ton malheur est plus digne d'envie que le bonheur le plus grand... et si tu savais combien elle t'aime... combien à toute heure, lorsque nous sommes seules, ton nom est sur ses lèvres... comme elle devient pâle en retrouvant de toi le moindre souvenir...

Bavolet fondit en larmes. En ce moment il se rappelait la funèbre prédiction du vicomte d'Hodel, et cet enfant, si brave et si fort, si téméraire en face du danger, si insouciant de la vie, eut peur et trembla... Il eut peur de mourir sans la revoir.

Heureusement les émotions étaient de courte durée chez Bavolet; son énergique nature reprit bientôt le dessus. Alors il questionna Nancy sur le roi, sur la victoire d'Arques, sur les exploits de l'armée royaliste, — et Nancy lui apprit que don Paëz avait fait sa soumission et commandait, dans les rangs du roi, une compagnie de lansquenets; que son oncle Gontran, laissé pour mort sur le champ de bataille, guérissait de ses blessures.

Bavolet songea alors à M. de Goguelas.

— Le pauvre diable, dit-il à Nancy, ne peut demeurer éternellement à la porte. Il faut qu'il déjeune. Allons le chercher.

Nancy le suivit en riant.

L'honnête gentilhomme béarnais avait tenu parole. Il était à cheval en dehors de la grille de la villa, roide et fier sur sa selle comme un parlementaire au seuil d'une ville ennemie. A la vue de Bavolet, il demeura comme pétrifié, et en dépit de sa volonté, son émotion fut si grande, qu'il n'eut point la force de tourner bride et fuir.

Bavolet courut à lui, et, pour lui ôter tout moyen d'évasion, il saisit la bride de son cheval.

— Hé! bonjour, cher monsieur de Goguelas, dit-il en le saluant avec une affectueuse courtoisie.

M. de Goguelas trissonna des pieds à la tête.

— Comment, vous voilà! Ah! que je suis aise de vous revoir!

Le bonhomme balbutia.

— Mais mettez donc pied à terre, mon vieil ami... Entrez donc!... Comment, vous demeurez à la porte, à la porte de votre ami Bavolet? Vous m'en voulez donc?... On vous aura sûrement conté des noirceurs... Et Bavolet secoua les deux mains du vieillard.

La rancune était tenace au cœur de M. de Goguelas : il demeurait le sourcil froncé.

— Ce serait parbleu plaisant, pensa Bavolet, que je ne puisse, moi qui séduis les femmes à droite et à gauche, enrôler ce vieux bonhomme.

Et il prit son ton le plus caressant, son meilleur sourire, et moitié de gré, moitié de force, il fit mettre pied à terre à M. de Goguelas, jeta la bride aux mains d'un valet et entraîna le bonhomme.

— D'abord, lui dit-il, vous allez déjeuner avec moi. Je suis prisonnier, il est vrai, mais on agit avec moi galamment : j'ai une assez jolie prison, un bon cuisinier, des gens à mes ordres; on vous traitera comme un roi, cher monsieur de Goguelas.

Le vieux gentilhomme essayait de protester encore.

— Vous comprenez, poursuivit Bavolet, que Nancy est une petite fille délicate et frêle, qui ne peut pas faire cent lieues sans quelque fatigue, et qu'elle a grand besoin de repos. Or, pour que Nancy se puisse reposer sous mon toit, il faut nécessairement que vous y soyez aussi. Sans cela, que ne dirait-on pas? La médisance irait un train d'enfer...

La raison était bonne. M. de Goguelas se résigna à déjeuner. Bavolet l'accabla de marques de respect, lui fit boire d'excellent vin et le traita avec une courtoisie telle, que le bonhomme laissa sa rancune au fond de son verre.

Nancy et son vieux compagnon de voyage couchèrent à la villa.

Le lendemain Bavolet entra chez Nancy au moment où la jolie camériste mettait la dernière main à sa toilette.

— Petite, lui dit-il, j'ai une bien bonne idée.

— Comme toujours, j'imagine.

— La reine t'a-t-elle limité le temps de ton voyage?

— Non, certes.

— Ainsi, rien ne t'oblige à partir aujourd'hui?

— Rien.

— Alors tu resteras?

— Soit. Je partirai demain.

— Demain pas davantage.

Nancy regarda Bavolet avec étonnement.

— Voyons, lui dit-il, te plais-tu en ma compagnie?

— Assurément.

— Eh bien, je te garderai huit jours.

— Huit jours!

— Tout autant.

— Mais, mon cher Bavolet, que dira la duchesse?

— Bah!... j'en fais mon affaire.

— La reine sera inquiète.

— Nous lui enverrons un messager. Ainsi, voilà qui est convenu, je te garde; nous passerons la vie la plus gaie du monde, nous irons nous promener avec mon escorte de valets-geôliers; nous nous rappellerons notre bon temps de Coarasse.

— Je n'ai plus d'objection sérieuse à faire, si ce n'est que M. de Goguelas ne voudra peut-être pas...

— Il restera, sois-en sûre, mon vin est bon.

Bavolet disait vrai. M. de Goguelas trouva la cave de la villa si merveilleusement garnie, et Bavolet si avenant, qu'il oublia à demi son excellent ami M. Falempin, l'intendant du château de Blois. Il se prit même à penser que l'âge avait mûri et rendu Bavolet meilleur, et il en fit la remarque à Nancy qui lui dit finement :

— Je sais pourquoi.

— Pourquoi? demanda M. de Goguelas.

— Parce qu'il était jaloux de vous.

— De moi?

— Sans doute. Vous montiez à cheval mieux que lui.

— Les jeunes gens sont tous les mêmes, murmura naïvement le bonhomme; ils jalousent l'expérience des vieillards.

Et la rancune du vieux gentilhomme se contenta de cette petite vengeance.

M. de Goguelas croyait à son talent d'écuyer consommé.

La présence de Nancy fit à Bavolet une existence des plus heureuses. Nancy était la confidente de madame Marguerite; elle savait ses pensées les plus intimes, elle avait recueilli les sourds aveux et les larmes silencieuses de la pauvre reine; elle parlait d'elle au prisonnier à toute heure, et les jours s'écoulaient, et il commençait à oublier sa captivité, à se trouver l'homme le plus fortuné du royaume.

Madame de Montpensier n'avait point reparu. On eût dit qu'elle voulait respecter le tête-à-tête de Bavolet et de Nancy.

Cependant, la veille du jour où expirait la huitaine que cette dernière avait accordée à son ami, tandis que M. de Goguelas s'était endormi à table et que la jeune camérière de Marguerite de France était remontée dans sa chambre pour y faire ses préparatifs de départ, le valet qui suivait Bavolet comme son ombre, le rejoignit au jardin où celui-ci respirait l'air du soir.

— Monsieur, lui dit-il, madame la duchesse vient d'arriver.

— Ah! dit Bavolet en tressaillant.

— Elle attend monsieur au salon.

— Très bien, j'y vais.

Il suivit le valet et trouva la duchesse assise devant la cheminée. Une seule lampe éclairait la pièce; — la duchesse était pâle, sérieuse; son infernal sourire avait reparu et son regard glaça Bavolet.

XXXI. — LA DUCHESSE JETTE LE MASQUE.

Madame de Montpensier était exactement vêtue comme le jour où elle avait, à Meulan, dans le petit boudoir à demi souterrain, parlé de son amour à Bavolet; — ce jour où sa colère s'était traduite en menaces terribles, et où le cachot que Bavolet n'avait pu depuis retrouver, s'était ouvert sous ses pas.

Bavolet ne pouvait s'y tromper; c'était à dessein que la duchesse avait revêtu cette robe de velours noir, qu'elle était coiffée de la même manière que ce jour-là, et assise, comme alors, sur un canapé devant lequel était placée une lampe.

Bavolet la salua profondément, comme s'il eût pressenti que le temps était passé où il causait avec elle sur un ton de parfaite intimité.

— Eh bien, monsieur, lui dit-elle, vous le voyez, je tiens ma promesse, quoique un peu tard. Je vous ai promis de vous revenir visiter, me voici.

— Votre Altesse est réellement trop bonne de se souvenir ainsi.

— Je ne cesse de songer à vous, monsieur.

Et le sourire de la duchesse, en prononçant ces mots était d'une inconcevable amertume.

Bavolet s'inclinait sans mot dire, il semblait deviner l'orage.

— Monsieur, continua la duchesse, vous ne me reprocherez point, je l'espère, d'avoir troublé votre bonheur.

— Mon bonheur, madame?

— N'avez-vous point auprès de vous, depuis huit jours, la confidente, l'amie de madame Marguerite, celle que vous aimez, et cette amie, cette confidente, ne vous a-t-elle point parlé d'elle tout à l'heure?

— En effet, madame.

— Et cette fleur, ce myosotis qu'elle vous a envoyé, cet emblème qui signifie : « Ne m'oubliez pas, » ce qui, dans la pensée de madame Marguerite, signifie : « Je vous aime toujours, » n'est-ce point à moi que vous le devez?

— Vous êtes bonne et charmante, madame, balbutia Bavolet qui ne perdait point de vue l'amer sourire dont la duchesse accompagnait ces paroles mielleuses.

— Que vouliez-vous? reprit-elle, votre amour m'a intéressée.

— Ah! madame...

— Je sais, par l'expérience ce que l'amour peut faire souffrir de tortures inouïes et sans nom... et je n'ai pas voulu que vous souffrissiez... Je sais que le souvenir de la femme aimée est doux entre tous les souvenirs au cœur d'un captif, et que le plus grand bonheur que je pourrais procurer, après avoir adouci vos heures de prison, réduit votre captivité à une simple inaction, et vous avoir entouré d'objets qui vous pouvaient rappeler madame Marguerite, serait de laisser approcher de vous un être qui possédât les secrets de son cœur et vous parlât d'elle sans cesse...

L'accent de la duchesse était froid, sec, ironique, et démentait la bonté de ses paroles.

Bavolet continua à se tenir sur ses gardes.

— Je ressemble un peu, continua la duchesse, à ce chasseur qui après avoir longtemps poursuivi sa proie et s'être promis une vengeance terrible, finit par songer à lui rendre la liberté.

Bavolet tressaillit.

— Oh! j'ai compris, poursuivit madame de Montpensier avec une infernale ironie, combien doit vous peser votre inaction, alors que votre roi a l'épée à la main; combien il doit être cruel pour vous de vous entretenir sans cesse de la femme que vous aimez, et de ne pouvoir voler auprès d'elle et vous jeter à ses pieds.

— Madame... madame... balbutia-t-il.

— Venez vous asseoir près de moi, monsieur, et donnez-moi votre main.

Bavolet obéit.

— Voyons, reprit la duchesse, que diriez-vous si je vous faisais libre?

— Libre!...

— Si un cheval tout sellé était dans la cour...

Un nuage passa sur le front de Bavolet.

— Si je vous disais enfin : « Partez, allez à Blois, et lorsque vous serez à ses pieds, quand vous serez l'homme le plus heureux du monde... eh bien!...

La duchesse s'arrêta.

— Eh bien! fit Bavolet, anxieux et croyant rêver.

— Souvenez-vous de moi... » acheva madame de Montpensier.

Bavolet poussa un cri, et, cédant à un irrésistible élan de jeunesse, à un mouvement spontané de reconnaissance, il se précipita aux genoux de la duchesse.

Mais comme il prenait ses mains en tremblant, et d'une voix émue cherchait à traduire sa gratitude, un éclat de rire moqueur lui répondit, et se relevant stupéfait, il vit la duchesse debout, froide, railleuse, hautaine, un dédaigneux et cruel sourire aux lèvres, l'enveloppant tout entier de ses regards de vipère où se révélait la perversité de son abominable nature.

— Fou! lui dit-elle, avec un accent d'intraduisible ironie.

Bavolet retrouva son sang-froid sur-le-champ, et il comprit tout.

— Ah! s'écria-t-elle avec un ricanement de bête fauve qui va saisir ainsi sa proie, ah! vous m'avez crue sur parole, cher monsieur Bavolet!... Ah! vous avez pensé que la femme que vous avez foulée aux pieds, dédaignée, outragée, que cette femme qui, en un moment de délire et de folie, vous avait avoué son amour, et que vous aviez dédaigneusement repoussée, porterait l'abnégation, l'héroïsme, le désintéressement d'elle même jusqu'à vous rendre la liberté, afin que vous puissiez aller soupirer un hymne sentimental aux pieds de sa rivale... vous vous confondiez déjà en remerciements, après avoir accueilli mes aveux avec le sourire du mépris. Mais vous êtes fou, cher monsieur Bavolet, fou à lier!... et un homme d'esprit tel que vous devrait être à l'abri de semblables aberrations... Mais vous aviez donc fini par croire que vous aviez rêvé?

Et la duchesse laissa échapper un nouvel éclat de rire.

— Non, madame, répondit Bavolet, j'étais certain de n'avoir pas rêvé.

Et son accent était froid, hautain, dédaigneux comme celui de la duchesse.

Madame de Montpensier se rassit tranquillement.

— Il faut pourtant, dit-elle, que je vous explique un peu ma conduite, cher monsieur Bavolet : il faut que vous sachiez que je ne suis point une de ces femmes que les outrages attachent par des liens plus forts et plus indestructibles à l'homme qu'elles aiment, une de ces natures aviles et lâches qui se résignent à l'abandon, au dédain, à l'oubli, et n'ont point l'énergie de passer de l'amour à la haine.

« Je vous ai aimé.—avec passion, folie et délire...—vous avez été sourd; je vous ai offert, Dieu me pardonne! d'humilier ma race en me soumettant à votre roi...—vous m'avez refusée; je vous ai offert un trône, — et vous m'avez repoussée... je vous ai parlé de mon amour pour ma rivale...

« Je vous ai aimé;—je ne vous aime plus!

« Le jour où j'ai cessé de vous aimer, une haine inextinguible s'est emparée de moi, et je me suis juré de vous rendre tortures pour tortures.

« Ce jour-là, cher monsieur Bavolet, je vous ai fait transporter de votre cachot à l'appartement que vous occupiez précédemment... ce jour-là, je vous ai affirmé avec une voix froide et calme en vous parlant de ma rivale; j'ai voulu raviver par tous les moyens possibles son souvenir en votre cœur...

« C'est pour cela que vous êtes venu ici, que j'ai fait construire et décorer cette maison, meubler votre atelier, comme c'était l'atelier de madame Marguerite; pour cela encore que Nancy est venue...

« J'ai voulu, cher monsieur Bavolet, que plus que jamais vous tinssiez à la vie, à l'espérance; que vous sussiez que la Ligue, vaincue peu à peu, cède le terrain à votre roi, que ce roi marche sur Paris, qu'il a campé à trois lieues d'ici, et que demain, au point du jour, il livrera bataille à notre dernière armée...

— Peut-être sera-t-il vainqueur! peut-être encore entrera-t-il au Louvre avant huit jours!

La duchesse éclata de rire.

— Mais vous ne le verrez pas, cher monsieur Bavolet, s'écria-t-elle, vous ne le verrez pas! car vous serez mort avant le point du jour. Venez voir, venez...

Et elle le saisit par la main et l'entraîna vers une des croisées. Dans la cour de la villa, cette cour émaillée de fleurs, ornée d'un jet d'eau, aux quatre coins de laquelle il y avait de blanches statues; dans la cour de la villa, des hommes à figure sinistre, couverts de vêtements étranges et sordides, de vestes rouges sur le dos desquelles on voyait une échelle peinte en noir, étaient occupés à élever un hideux échafaudage de planches, sous les yeux d'une vingtaine de soldats de la milice bourgeoise de Paris, cette armée de réserve de la Ligue déjà réduite aux abois.

Tout brave qu'il était, Bavolet recula avec horreur.

— L'échafaud murmura-t-il.

— Le vôtre, cher monsieur Bavolet.

Le frisson qui parcourut les veines du prisonnier n'eut que la durée d'un éclair. Il retrouva ce calme, cet héroïque sangfroid des grands cœurs, et regardant la duchesse en face :

— Il y a longtemps, dit-il, que je m'y attendais. Depuis un mois, madame, je me prépare à la mort; et vous vous êtes trompée lorsque vous avez cru que m'environner des souvenirs de la femme que j'aime, me faire pressentir la victoire de mon roi, seraient le moyen de me faire regretter plus amèrement la vie... Votre vengeance est incomplète, madame; je meurs sans désespoir, sans regrets, sans colère, fier de l'amour d'une reine, fier de l'estime de mon roi, content de moi, car je regarde sans pâlir au fond de ma conscience, — car je vous pardonne, madame... A présent, faites venir un prêtre, puis après le prêtre, le bourreau... Vous verrez comment sait mourir un gentilhomme!

La duchesse pâlit devant cette résignation stoïque.

— C'est vous qui l'avez voulu, dit-elle.

— Soit, répondit Bavolet.

— Vous m'avez outragée, foulée aux pieds... je me venge!

— Madame, dit-il avec un accent grave et solennel qui semblait être une des voix prophétiques de l'avenir, j'ai vu mourir le roi Henri III; il est tombé sous le poignard de Jacques Clément, dont vous aviez armé le bras... Cessez donc d'outrager un homme qui va mourir, en lui parlant de votre amour.

En prononçant ces paroles, Bavolet savait qu'il dictait lui-même son arrêt de mort... L'insulte était trop sanglante pour que la pitié pût désormais l'emporter chez la duchesse, sur la colère et l'indignation de son indomptable orgueil.

— Eh bien! s'écria-t-elle, vous serez satisfait, j'assisterai à votre supplice, et vous verrez bien alors que je ne vous aime plus...

La porte s'ouvrit en ce moment; on vit entrer un moine de l'ordre des Genovéfains. Il était en surplis et portait un crucifix.

La duchesse se leva et sortit pâle, livide, mais la tête haute et sans regarder en arrière.

— Voici le prêtre, dit-elle.

Derrière le prêtre, marchait un homme vêtu de noir.

C'était le greffier du Parlement.

Le greffier venait lire à Bavolet l'arrêt du Parlement de Paris, qui le condamnait au dernier supplice par la décollation par la hache, comme coupable de haute trahison et de lèse-majesté envers le roi Charles X qu'il avait eu l'audace, lui Bavolet, d'arrêter au nom du roi de Navarre et faire prisonnier au château de Blois.

Bavolet écouta la sentence avec calme, puis se tournant vers le greffier : — A quelle heure mon supplice? demanda-t-il.

Le greffier consulta le sablier du salon :

— Il est huit heures, dit-il; vous avez six heures à vivre.

— C'est-à-dire à quatre heures du matin?

— Oui.

— C'est bien. Laissez-moi avec mon confesseur.

Au moment où le greffier se retirait, Nancy apparut, pâle, haletante, les cheveux en désordre... Elle avait vu l'échafaud, les valets du bourreau, les soldats de milice... Elle avait tout deviné.

Elle courut à Bavolet sans pouvoir prononcer un mot, sans pouvoir faire entendre autre chose qu'un gémissement étouffé.

Bavolet lui tendit la main.

— Mon enfant, dit-il, voici l'heure suprême, il faut nous quitter sans faiblesse, sans larmes, sans pâlir ni chanceler.

A ce brusque mot de séparation, Nancy jeta un cri, le cri d'une mère, d'une sœur, d'une maîtresse... un cri d'intraduisible douleur. Elle enlaça Bavolet dans ses bras et s'écria : — Je ne veux pas que tu meures!... je ne le veux pas!... A moi, monsieur de Goguelas, à moi!

M. de Goguelas dormait tranquillement à la salle à manger, sous la garde de deux domestiques qui avaient ordre de lui brûler la cervelle s'il s'éveillait mal à propos.

Aux cris de Nancy, une porte s'ouvrit, un officier de la milice parut.

— Mademoiselle, dit-il, j'ai l'ordre de vous faire bâillonner et conduire hors de la maison, si vous faites le moindre bruit.

— Tu le vois, dit Bavolet, il faut te résigner, ma pauvre Nancy.

« Et puis, ajouta-t-il tout bas, je veux te confier mes adieux pour elle. »

L'officier sortit.

Alors Bavolet se tourna vers le prêtre.

— Mon père, dit-il, avant de me parler de Dieu devant qui je vais bientôt paraître, me permettrez-vous d'en finir avec les choses et les affections de ce monde?

— Faites, mon fils, répondit le prêtre avec douceur.

Bavolet entraîna Nancy dans le coin le plus reculé de la pièce et lui dit :

— Quand tu verras la reine, tu lui diras : Son dernier cri a été : Vive le roi! et son dernier soupir, sa dernière pensée, furent pour vous... Tu presseras pour moi les mains de tous ceux qui me connurent et m'aimèrent; tu leur diras, comment je suis mort, n'est-ce pas? Et si jamais le roi entre au Louvre et rétablit la paix dans le royaume, prie-le faire rechercher mon corps et de lui donner la cour du Louvre pour sépulture. Je veux reposer auprès de ma reine et de mon roi.

Nancy sanglotait.

Bavolet ouvrit son pourpoint; il prit sur son cœur le myosotis que lui avait envoyé Marguerite, le couvrit de baisers et le rendit à Nancy.

— Tu le lui donneras, dit-il, et tu la prieras de le conserver en mémoire de moi.

En ce moment, Bavolet était ému; mais il redevint calme aussitôt, leva la tête et alla s'agenouiller devant le prêtre.

— A nous deux, maintenant, mon père, dit-il.

Nancy sécha ses larmes; elle devint forte, elle aussi, et demeura agenouillée et priant, tandis que le moine recevait la confession de Bavolet.

Cette confession achevée, Bavolet voulut qu'on lui récitât les prières des agonisants. Le prêtre lut les versets, Nancy et lui y répondirent, Nancy d'une voix brisée, Bavolet avec le calme et la froide résignation des martyrs.

Vers trois heures du matin la duchesse entra et fit un signe au moine qui se retira.

Madame de Montpensier était pâle, agitée; ses yeux rougis attestaient qu'elle avait pleuré et qu'une dernière lutte s'était livrée en elle entre sa colère et son amour.

Elle vint à Bavolet et lui dit :

— Il est trois heures, le bourreau va venir... dans dix minutes il ne sera plus temps... dites, voulez-vous vivre?... Je ne vous demande qu'un mot, un seul, un mot de pardon et d'excuse... un mot de pitié, car j'ai bien souffert... car... je t'aime encore...

Et elle voulut lui tendre les mains.

— Allons donc, madame, répondit Bavolet en la repoussant, vous venez, il me semble, m'offrir un marché honteux... vous voulez me vendre ma vie!...

La duchesse recula glacée.

— Tenez, dit froidement Bavolet, je vous ai pardonnée, laissez-moi mourir en paix et sans remords; ne me tendez plus votre main, je pourrais y découvrir une goutte du sang du feu roi.

— Ah!... ricana la duchesse qui se redressa comme une tigresse blessée et mise hors d'elle-même, tu m'insultes encore! Eh bien, il n'est plus temps! voilà le bourreau. Et, en effet, la porte s'ouvrit et livra passage à deux hommes vêtus de rouge, la tête couverte d'un capuchon noir, comme c'était l'usage alors pour le bourreau et son aide, qui ne se démasquaient qu'à l'heure de l'exécution. Ces deux hommes s'avancèrent lentement vers le condamné, à la droite de qui priait Nancy toujours agenouillée, et devant lequel la duchesse demeurait encore immobile, l'œil sanglant, les lèvres crispées. — Et le premier, celui qui portait sur le bras la double échelle, ce qui signifiait qu'il était le bourreau, le premier, disons-nous, releva son capuchon...

Et soudain, madame de Montpensier recula frémissante et livide, comme si elle eût vu surgir devant elle un de ces monstres de l'antiquité, une de ces hydres épouvantables sorties de l'imagination en délire des poètes.

XXXII. — LA CORDE.

Pourquoi donc madame de Montpensier reculait-elle ainsi devant l'apparition subite de ce bourreau qu'elle avait mandé? C'est que le bourreau de Paris, maître Jacques Caboche, le descendant du fameux Caboche, était un homme de soixante années environ, petit, trapu, aux épaules larges, au front bas et ridé, couronné d'une chevelure grise, épaisse et crépue... Jacques Caboche était un homme que tout Paris connaissait. Le bourreau qui entrait, au contraire, était un homme de haute taille, au front large, au visage loyal, aux cheveux blonds, un homme jeune encore et d'apparence non moins robuste que M. de Paris.

Cet homme, la duchesse l'avait longtemps connu son serviteur dévoué...

Elle l'avait vu à ses pieds, l'œil humide, se tordre les mains et lui parler d'amour.

Cet homme l'avait ardemment aimée...

Et elle l'avait foulé aux pieds, et s'était raillée de lui.

Puis un jour était venu où, chez lui, le mépris succédant à l'amour, il avait eu horreur de cette femme dont les frêles mains étaient rouges du sang royal, et il avait abandonné sa cause et déserté ce drapeau de rébellion qu'elle arborait...

Cet homme devant qui la duchesse reculait frissonnante, cet homme qui portait la veste rouge du bourreau et tenait une corde à la main... C'était Gontran de Penn-Oll!...

A sa vue, Bavolet, qui déjà avait fait, en souriant, le sacrifice de sa vie, Bavolet comprit qu'il était sauvé, et il poussa un cri...

Son héroïsme était vaincu.

Gontran s'arrêta devant lui, grave, calme, comme il convient au ministre suprême de la justice des hommes, et il lui dit :

— Vous vous nommez Bavolet, n'est-ce pas?

— Oui, répondit le jeune homme, étonné de cette question.

— Bavolet n'est qu'un sobriquet. Vous êtes Penn-Oll de Dreux, descendant des ducs bretons?

— Oui.

— Le Parlement de Paris vous a condamné à la peine capitale pour crime de lèse-majesté?

— Oui, fit encore Bavolet de plus en plus surpris de voir son oncle lui parler ainsi.

— Votre crime, dit l'arrêt du Parlement, est d'avoir arrêté et conduit au château de Blois, comme un prisonnier, le roi Charles X, autrefois cardinal de Bourbon?

Bavolet fit un signe affirmatif.

— Le Parlement ayant ordonné que la sentence reçût une exécution immédiate, on a dressé votre échafaud pendant la nuit qui s'achève, et le bourreau de Paris s'est mis en route avec son aide pour vous venir mettre à mort. Mais le bourreau connaissait mal le chemin qui conduit à Ivry, il est tombé dans les avant-postes de l'armée du roi de Navarre, le faux roi de France, celui que la Ligue ne reconnaît point. Le chef qui commandait ces avant-postes l'a interrogé et en a obtenu la copie de l'arrêt du Parlement.

Bavolet commençait à comprendre.

— Or, les royalistes, continua Gontran, ceux qui reconnaissent le roi de Navarre, ne reconnaissent point le roi Charles X, et leur souverain à eux, celui qu'a tort, sans doute, le surnomment le roi de France, a déclaré le Parlement rebelle et déchu de ses droits, de son autorité et de ses pouvoirs. A ses yeux donc, et à ceux des serviteurs de sa cause, les actes du Parlement sont non avenus...

Par conséquent, Bavolet, ou plutôt messire de Penn-Oll, duc de Dreux, au nom du roi Henri IV, nous cassons l'arrêt qui vous condamne et vous mettons en liberté.

Puis Gontran fit un pas vers la duchesse immobile, glacée, blanche comme une statue.

— Madame, lui dit-il, vous vous nommez la duchesse de Montpensier?

La duchesse ne répondit pas.

— Vous êtes la sœur du duc de Mayenne?

Même silence.

— Vous avez le commandement de la ville de Paris, insurgée contre son roi?

La duchesse était pétrifiée.

— Et, acheva Gontran avec mépris, la rumeur publique vous accuse d'avoir fait assassiner le feu roi Henri de France...

Madame de Montpensier recula avec un geste d'épouvante.

— Le bourreau, qu'on nomme Jean Caboche, poursuivit Gontran, venait quérir Bavolet, condamné par vous, parce qu'il avait eu horreur de votre amour, — il le venait quérir pour le conduire au supplice, et vous voyez en ce moment, à paraître à ce balcon que voilà, pour voir rouler sa tête dans la poussière. Le bourreau, que vous voyez en ce moment, vient vous quérir pour vous conduire à l'échafaud sur lequel montent les régicides.

Et Gontran fit un pas encore.

La duchesse jeta alors un de ces cris d'épouvante et d'horreur, comme il n'en peut surgir d'une poitrine humaine qu'en présence d'une mort inévitable.

— Ah! s'écria le gentilhomme avec l'accent du dédain, ah! vous tremblez maintenant! ah! vous qui condamnez froidement la vie des rois, vous avez peur de mourir?

La duchesse s'élança vers la porte et voulut fuir; mais l'aide du bourreau se plaça devant elle, et à son tour il releva son capuchon.

— Le général espagnol! exclama-t-elle.

— Gaëtano!

— M. l'ambassadeur d'Espagne!... s'écrièrent à la fois Bavolet et Nancy qui n'était plus agenouillée, qui n'avait plus les mains jointes, mais qui remerciait Dieu de toute son âme d'avoir envoyé des libérateurs à celui qu'elle aimait d'un fraternel amour.

— Trahison! trahison! balbutia Madame de Montpensier qui recula devant Gaëtano comme elle avait reculé devant Gontran.

— Vous ne saviez donc pas, madame, que l'homme que vous con-

damniez était mon neveu, répondit Gaëtano, — et vous ignoriez donc que ma vie entière lui avait été consacrée, que c'était pour lui, que de Breton que j'étais, je m'étais fait Napolitain et ensuite Espagnol?

Et Gaëtano eut un froid sourire qui ne laissa plus aucun doute à la duchesse.

Alors, éperdue, elle courut à la fenêtre qu'elle ouvrit, et appela :

— A moi! à moi! Parisiens! à moi!...

Mais la cour de la villa ne renfermait plus aucun soldat de la milice bourgeoise, — et, à leur place, la duchesse vit avec terreur briller, aux premières lueurs de l'aube, les armures d'acier des lansquenets du roi.

— Vos bourgeois, lui dit Gaëtano, se sont évanouis comme des ombres; ces gens-là sont bons, tout au plus, à voir décapiter un gentilhomme; mais il ne faudrait pas compter sur eux pour autre chose.

— Anne de Lorraine, duchesse de Montpensier, reprit alors Gontran, je vous l'ai dit, je suis le bourreau qui vous vient quérir. Voici l'instrument de mort.

Et Gontran dénoua la corde qu'il portait à la main.

— Horreur! au secours!... s'écria la duchesse échevelée, et l'œil en feu.

Gontran haussa les épaules.

— Le bruit est inutile, madame, on ne vous entendra pas : nul ne viendra à votre secours. Quand on a été coupable, il faut savoir subir l'expiation, résignez-vous...

— Mourir!... mourir!... murmurait la duchesse avec l'accent de la folie.

— A l'instant, madame; sur cet échafaud que vous avez dressé vous-même pour Bavolet.

— Grâce!...

— Allons donc! fit Gontran avec dédain, grâce à vous? vous voulez qu'on vous fasse grâce?

Et il laissa bruire entre ses lèvres un éclat de rire railleur.

— Avez-vous eu pitié, vous? demanda-t-il. Avez-vous fait grâce à qui'un?

L'accent de Gontran était si froid, si calme, si convaincu, le visage de Gaëtano était si impassible, que madame de Montpensier comprit qu'elle n'avait plus rien à espérer d'eux.

Alors ce dernier lambeau de cet orgueil indompté jusque-là qui l'enveloppait, se déchira; l'altière duchesse de Montpensier disparut; une femme tremblante, affolée, qui ne voulait pas mourir, resta seule, et cette femme alla se traîner aux genoux de Bavolet, de celui dont elle avait élevé l'échafaud elle-même...

— Grâce! lui demanda-t-elle.

Bavolet la releva.

— Vous avez raison, madame, dit-il, — raison de vous adresser à moi, car je vous pardonne et vous vivrez!

Et puis il se tourna vers ses oncles.

— Laissez-moi, leur dit-il, vous rappeler pour la dernière fois que je suis le chef de notre race, et vous ordonner, à ce titre, de respecter la vie de cette femme.

Gaëtano et Gontran voulurent protester.

— Vous voulez donc, répondit Bavolet, que l'histoire puisse dire que les fils des Dreux condamnèrent et exécutèrent un jour une femme sans défense? Vous n'y pensez pas, messieurs mes oncles.

— Madame, ajouta-t-il s'adressant de nouveau à la duchesse, non-seulement vous ne mourrez pas, mais on respectera votre liberté, vous n'aurez point à subir l'humiliation d'être la prisonnière de ce roi que vous méconnaissez... Je vais vous donner une escorte, et vous rentrerez à Paris sans danger...

Une heure après, madame de Montpensier avait quitté la villa.

Alors Bavolet regarda tour à tour Gontran et Gaëtano.

— Savez-vous, dit-il, que je ne croyais pas, cette nuit, qu'il me serait donné de vous revoir jamais?

Et il les embrassa avec effusion, ajoutant, en s'adressant à Gaëtano :

— Enfin, mon oncle, vous n'êtes plus Espagnol?

— Non, répondit Gaëtano, ton exemple, celui de Gontran et de don Paëz m'a entraîné. J'ai remis le commandement de l'armée espagnole au comte d'Alvimar, mon lieutenant, et je suis allé offrir mon épée à ton roi.

« — Nous sommes de vieilles connaissances, monsieur l'ambassadeur, m'a-t-il dit, et je crois que nous nous entendrons parfaitement.

« — Je vous serai fidèle, sire, ai-je répondu. Puisque les Bretons sont devenus Français, je le serai et des meilleurs. »

— Vous avez noblement parlé, mon oncle.

— Je suis de l'avis de Bavolet, ajouta Nancy.

Nancy, remise des terribles émotions qu'elle avait éprouvées, commençait à retrouver son naturel enjoué et son esprit.

— Monsieur l'ambassadeur, dit-elle à Gaëtano, vous souvient-il de Coarasse?

— Oui, dit Gaëtano, vous m'y avez joué plus d'un vilain tour.

— Ingrat! fit Nancy d'un ton boudeur, auriez-vous préféré que je ne m'occupe de vous en aucune façon?

En ce moment un coup de canon se fit entendre, puis au coup de canon succéda une décharge de mousqueterie.

La bataille d'Ivry commençait.
— A cheval, dit Gontran, le ro nous attend.
— Vive le roi!.. répondit Bavolet. Maintenant que vous m'avez rendu la vie, messieurs mes oncles, je puis donc encore mourir pour lui!...

ÉPILOGUE.

I

Près d'un an s'était écoulé.

Paris assiégé avait ouvert ses portes à son roi, — la Ligue s'était évanouie, — le duc de Mayenne lui-même avait fait sa soumission.

La duchesse de Montpensier vivait retirée dans ses terres.

Le roi était au Louvre.

La noblesse de France, ralliée à son souverain, se pressait autour du trône, plus belle et plus florissante que jamais.

Aux horreurs de la guerre civile, à la torche funèbre de l'incendie, succédait enfin la paix avec ses heures d'abondance, de calme et de prospérité; du nord au midi, le soldat brisait sa pique de combat pour en faire un soc de charrue; le laboureur reprenait son refrain joyeux en ouvrant son sillon; les remparts des citadelles ne se hérissaient plus de noirs canons et se transformaient en terrasses. On se reprenait à la vie, à l'espérance, au bien-être par tout le beau pays de France, et le bon peuple, si longtemps opprimé, allait pouvoir enfin, selon le vœu de ce roi qui voulait être son père, mettre chaque dimanche une poule au pot.

Henri IV était entré en maître dans cette ville où il avait, pendant les horreurs de la famine, introduit des convois de farine et de pain. Le peuple, si longtemps égaré, s'était pressé sur son passage en criant Noël d'une voix partie du cœur; — la vieille demeure des Valois, le Louvre s'était ouvert pour recevoir ce fils de saint Louis qui commençait une dynastie nouvelle;—les bourgeois en étaient sortis, la royauté y rentrait triomphante.

Or, c'était le lendemain de ce jour que Sa Majesté Henri de Bourbon, roi de France et de Navarre, avait jugé convenable de convier la noblesse et les notabilités du royaume à une fête qui était presque une seconde inauguration de cette demeure longtemps déserte, et qui retrouvait enfin un hôte digne d'elle.

Depuis le duc de Mayenne, qui s'était soumis le dernier, jusqu'au duc d'Epernon, qui avait prêté serment le lendemain de la bataille d'Arques, tous les rebelles de la veille, devenus les plus fidèles, assistaient à cette fête.

Huguenots et catholiques, Béarnais et gentilshommes du pays de France, se pressaient à l'envi dans les vastes salles du Louvre autour de ce roi, que les uns avaient combattu, les autres si loyalement servi.

Les plus grandes dames du royaume, la duchesse de Nevers à leur tête, assistaient au bal.

Au balcon des croisées, sur les terrasses illuminées, apparaissaient, vêtus de soie, de velours, chamarrés d'or, une nuée de courtisans qui saluaient le peuple parisien accouru sous les murs du Louvre pour y jeter à pleins poumons le vieux cri national : « Vive le roi! »

Et ce peuple, qui se souvenait de l'austère et froide majesté des Valois, ces princes au front soucieux, à la démarche lente et grave, au sourire triste dans ses yeux qui s'éteignent, ce peuple qui avait vu se montrer tour à tour, aux fenêtres de leur palais, le sombre Charles IX, la vindicative Catherine, et Henri III, le monarque accablé d'un éternel ennui, ce peuple qui n'était plus habitué, depuis François Ier, le galant et le brave, au sourire de ses rois, admirait le visage ouvert et joyeux, le regard intelligent et bon, les allures naïves et simples du Béarnais, l'homme qui portait, par excellence, une couronne sans nulles façons, — selon l'expression du temps.

Les uns l'avaient vu passer simplement vêtu, donnant le bras à M. de Mayenne, qu'il appelait « cousin » tout court; d'autres lui avaient familièrement adressé la parole, et il leur avait répondu avec la plus grande aménité. Une bourgeoise de la halle aux draps avait hardiment, la veille, jeté un bouquet sous les pas de son cheval, et, mettant pied à terre, le roi avait ramassé le bouquet et salué galamment la jolie drapière.

Partout il n'était bruit dans la vaste cité que de l'aménité, de la franchise, des bonnes et rondes allures de Sa Majesté.

Les femmes en raffolaient; les hommes prétendaient que jamais souverain n'avait su mieux se faire aimer.

Pendant le bal, ce soir-là, on avait vu le roi en tous les coins du Louvre, tantôt s'entretenant avec le vieux d'Aumont, tantôt avec son cousin Mayenne auquel il contait mainte histoire maligne sur sa sœur; une fois avec le jeune duc de Biron, ce vaillant homme encore fidèle, puis avec Crillon le bourru, le brave entre les braves; ensuite avec Sully, le grave, l'austère Sully, qui allait être le bras droit, le génie vigilant, le conseil inflexible et loyal de ce nouveau règne à

l'aurore duquel la France renaissait de ses ruines et respirait enfin.

Cependant ceux qui avaient vu le règne des Valois, ceux qui se souvenaient encore de l'éclat éphémère de cette cour de Charles IX, où tant de noblesse s'était unie à tant de grâce, ceux qui avaient vu le Louvre avant la Saint-Barthélemy de néfaste mémoire, et ce temps où, dans le même palais, habitaient à la fois les Valois, les Bourbons et les princes lorrains; ceux-là cherchaient vainement des yeux la petite-fille de François Ier, la sœur des trois derniers rois, cette belle Marguerite enfin, fille de France d'abord, et qui devait être reine de France...

Marguerite n'était point au Louvre.

Elle n'était pas rentrée en souveraine dans le palais de sa race; là roi, la prenant par la main, ne lui avait point dit : « Venez, ma mie, vous asseoir près de moi sur le trône de vos pères. » Tandis que la monarchie reprenait la possession de Paris, — elle, la reine, descendait du trône pour céder à une étrangère ce rang suprême qui lui appartenait deux fois, et par droit de naissance et par droit d'hymenée.

Henri IV avait répudié Marguerite de Valois, — il allait épouser Marie de Médicis, sa cousine.

La politique avait autrefois uni la sœur des derniers Valois au chef de la maison de Bourbon; après vingt ans une raison politique cassait ce mariage.

Henri IV n'avait pas d'enfant...

Et il ne fallait pas, cependant, que la maison de Bourbon s'éteignît en lui, comme celle des Valois s'était éteinte en François II, Charles IX et Henri III sans postérité.

Depuis deux mois la reine de France était retournée en Béarn avec le titre de duchesse de Navarre.

Elle s'était résignée sans douleur ni amertume, la chère et noble princesse; elle avait accepté cette dure loi du sort le front haut, la lèvre souriante... souhaitant au roi un long règne glorieux et prospère, ne lui demandant pour elle-même que la solitude, la paix et l'oubli.

La reine disparue, l'artiste, la femme supérieure et lettrée était restée. Tandis que le roi bataillait pour arracher à la rébellion les derniers lambeaux de son royaume, Marguerite était allée s'enfermer à Coarasse avec quelques amis demeurés fidèles à son étoile pâlissante : Nancy, Pepa, le vieux cardinal de Bourbon, revenu de ses rêves et qui s'était pris d'un bel amour tout paternel pour sa chère nièce, enfin M. de Goguelas, le naïf écuyer, qu'elle avait institué gouverneur de Coarasse et son secrétaire des commandements.

La nouvelle duchesse avait repris ses pinceaux, elle s'était remise à ses tableaux, lisant chaque soir avec Nancy les poètes latins et grecs, et elle avait trouvé dans l'art, cette seconde patrie des exilés, la plus efficace des consolations.

Parmi les courtisans, on remarquait trois hommes à peu près du même âge, ayant entre eux une vague ressemblance et portant tous les trois le même costume de couleur sombre : c'étaient les trois Cavaliers de la Nuit, don Paëz, Gaëtano et Gontran.

Le quatrième Penn-Oïl, Hector, toujours en proie à une douce folie, n'avait point quitté cette vallée de la Meuse où il vivait heureux avec la Trilby, qu'il continuait à prendre pour la reine d'Ecosse.

Ces trois hommes, qui successivement avaient renoncé à leurs prétentions de souveraineté et d'indépendance pour faire au roi leur soumission, abjurer leurs nationalités de hasard et redevenir Français, semblaient s'être retrempés et avoir rajeuni au contact de ce noble enthousiasme qui se nommait le dévouement.

Gontran qui n'aimait que son enfant; Gaëtano, le railleur et l'astucieux ambassadeur d'Espagne; don Paëz, l'altier et l'ambitieux, s'étaient pour ainsi dire métamorphosés. Le pli creusé sur leur front par vingt années de lutte avait disparu, leur regard ne brillait plus de ce feu sombre allumé par le fanatisme d'une race; —ces hommes, qui avaient rêvé pour eux une couronne, s'étaient résignés à n'être plus que grands seigneurs, et leur résignation ne leur coûtait plus désormais.

Bavolet seul manquait à la fête, et chacun s'en étonnait.

Où était Bavolet? Le roi lui-même n'en savait rien.

Quand Bavolet était absent, Henri IV était le plus malheureux des hommes.

Plusieurs fois, pendant le bal, errant de salle en salle, et le cherchant des yeux, il s'était pris à demander, tantôt à Biron, tantôt à d'Epernon : — Où donc est mon page?

Le roi oubliait que Bavolet avait vingt-quatre ans, qu'il n'était plus son page et qu'il lui avait déjà confié une mission d'ambassadeur.

Nul n'avait pu dire où il était, et le roi s'étonnait fort de ne le point voir.

Vers deux heures du matin, Bavolet parut.

Il était pâle et triste au milieu de la joie générale, et son pourpoint sans broderies ressemblait à un vêtement de deuil.

Le roi l'aperçut et lui fit un signe.

Bavolet s'approcha.

En ce moment la foule des courtisans entourait Sa Majesté; le bal avait cessé pour laisser reprendre haleine aux danseurs, et la voix claire et nette du roi pouvait être entendue autour de lui.

66

BAVOLET.

— Approchez, messire de Penn-Oll, duc de Dreux, dit-il alors à Bavolet.

Bavolet s'avança vers le roi sans précipitation ni lenteur, le front penché, l'attitude mélancolique et grave.

— Monsieur, lui dit le roi, Sa Majesté madame Élisabeth, reine d'Angleterre et d'Irlande, m'a fait remettre, par lord Raleigh, son ambassadeur, les insignes de son ordre royal de la Jarretière. A genoux, duc : au nom de la reine Élisabeth, je vous fais chevalier de l'ordre.

Et, tandis que Bavolet fléchissait le genou, le roi, qui lui-même était chevalier de l'ordre, dénoua le ruban qu'il portait à la jambe gauche et le noua à celle de Bavolet.

Bavolet se releva non moins pâle, non moins triste qu'il l'était déjà.

— Duc, reprit Henri IV, nous, le roi, pour reconnaître vos éclatants et loyaux services, nous vous créons chevalier de notre ordre royal de Saint-Michel, fondé par notre prédécesseur le roi Louis XI, et dont nous sommes le grand maître. A genoux, duc.

Bavolet fléchit une seconde fois le genou, et le roi lui passa au cou le grand cordon de Saint-Michel. La pâleur et la tristesse de Bavolet ne s'évanouirent point.

— Duc, dit encore le roi, nous sommes également le grand maître de l'ordre du Saint-Esprit ; nous vous en conférons la dignité, à la seule fin de prouver à nos féaux et sujets que nous ne sommes point ingrat.

Pour la troisième fois, Bavolet se courba frémissant, et lorsqu'il se releva, il était plus pâle et plus sombre encore.

Cette pâleur impressionna vivement le roi. Cependant, il poursuivit :

— Messire de Penn-Oll, duc de Dreux, vous êtes le dernier descendant de la branche cadette des ducs bretons. Vous aviez, jusqu'à un certain point, quelques droits à revendiquer leur héritage, et il n'eût tenu qu'à vous d'élever ou de soutenir des prétentions qui auraient pu prolonger indéfiniment la guerre civile dans le royaume. Vous ne l'avez point fait, vous m'êtes demeuré constamment fidèle, — il y a plus, vous m'avez successivement ramené ceux de votre race qui tiraient l'épée contre moi. Ceci est noble et bien ; vous êtes d'antique race, duc, et je le veux prouver au monde entier.

Le roi s'arrêta. Les grands seigneurs et les dames qui l'entouraient se demandèrent quelle nouvelle faveur allait encore pleuvoir sur ce jeune homme de vingt-quatre ans, déjà chevalier des ordres de la Jarretière, de Saint-Michel et du Saint-Esprit.

— Au temps où la Bretagne était un duché indépendant, vos pères régnaient sur elle. Aujourd'hui la Bretagne est une province du royaume de France, mais je veux qu'elle obéisse encore à ses anciens souverains. Duc de Dreux, je vous fais gouverneur de la province de Bretagne.

Un murmure d'approbation accueillit ces paroles du roi. Pour quiconque avait vu Bavolet un jour de combat, à la droite de Henri IV, cette haute marque d'estime n'était nullement déméritée.

Mais Bavolet, toujours grave et triste, répondit au roi.

— Sire, je supplie Votre Majesté d'accorder la faveur qu'elle me destinait à messire Jean de Penn-Oll, mon oncle, celui qu'on nomme don Paëz.

— Eh bien !... dit le roi, nous lui trouverons un autre gouvernement.

— Je ne saurais accepter, sire.

— Et pourquoi cela, monsieur ?

— Parce que je venais, à l'instant même, prendre congé de Votre Majesté et la prier de me rendre ma liberté.

A son tour le roi pâlit.

— Sire, continua Bavolet avec fermeté, pendant quinze années j'ai ignoré mon vrai nom. Enfant du hasard en apparence, j'ai aimé d'un ardent et profond amour l'homme qui m'a servi de père, — cet homme, c'était Votre Majesté, sire. Mais à côté d'elle, il y avait une femme qui fut bonne et généreuse pour mon enfance, qui m'initia à tout ce que le génie humain a créé de belles choses et de nobles passions, — une femme qui fut ma reine comme vous êtes mon roi...

Henri tressaillit vivement.

— Sire, dit Bavolet d'une voix émue, à Arques j'ai failli mourir pour vous, à Ivry je ne vous ai point quitté ; tant que Votre Majesté a mangé le pain noir des camps et enduré les fatigues de la guerre, j'ai été heureux et fier de partager ma vie de mon roi...

« Aujourd'hui la paix est faite, Votre Majesté est au Louvre. Son règne commence à briller d'un éclat sans rival. Autour du trône de France se pressent à l'envi les plus nobles noms, les plus vaillantes épées du royaume...

« Votre Majesté n'a plus besoin de Bavolet, le page de la reine de Navarre, de Bavolet qui vous supplie à genoux, sire, de lui rendre sa liberté.

— Mais, s'écria le roi ému jusqu'aux larmes, c'est impossible cela ; tu ne me quitteras pas... tu es mon enfant...

— Sire, répondit le noble enfant, pourquoi le soleil qui monte radieux dans l'azur du ciel enviérait-il aux astres qu'il pâlit leurs derniers adorateurs ? Pourquoi refuseriez-vous à cette reine qui n'a plus de couronne, le dévouement de son dernier sujet ?

« Sire, je vous le demande à genoux, permettez-moi de retourner à Coarasse, auprès de madame Marguerite, et de demeurer auprès d'elle, jusqu'au jour où mon roi, tirant de nouveau l'épée, aura besoin de celle de Bavolet.

« Voilà pourquoi je suis pâle et triste, sire, pourquoi je suis venu si tard à cette fête, car j'ai mon cheval tout sellé à la porte du Louvre, — et je pars...

A ces derniers mots, l'émotion de Bavolet éclata ; il oublia l'étiquette et se précipita dans les bras que le roi lui ouvrait.

— Va, lui dit celui-ci tout bas, va, mon noble enfant, et sois heureux, car maintenant, ce n'est plus la reine de France que tu aimes.

II

Bavolet franchit la distance qui sépare Paris de Coarasse en six jours et trois nuits. Il s'arrêtait à peine quelques heures chaque soir, pour y prendre un peu de repos, dans la première hôtellerie qu'il trouvait sur sa route. Quand son cheval était las, il en achetait un autre et poursuivait son chemin.

Enfin, au matin du sixième jour, il atteignit Nérac, la jolie ville perdue sous les massifs. Nérac avec son majestueux et vieux castel, où il avait passé sa première enfance, lui, Bavolet.

Et son cœur battit lorsque résonna sous les pieds de sa monture l'inégal pavé de la vieille ville, — et il courut au château, plein d'un fol espoir.

Qui sait si Marguerite n'était point venue à Nérac ?

Bavolet se trompait. Marguerite n'avait point quitté Coarasse. Il n'y avait à Nérac que M. de Goguelas, qui y était venu la veille et allait en repartir, lorsque Bavolet entra dans la cour du château.

L'étonnement du vieux gentilhomme fut grand, lorsqu'il aperçut Bavolet. A cet étonnement, il se mêla comme un arrière-goût de cette humeur craintive que le page lui inspirait autrefois.

Bavolet l'avait tant tourmenté jadis à Nérac, à Pau et surtout à Coarasse.

Mais cette crainte s'en alla à la vue du ce visage grave, pâli et presque vieilli de dix années en une seule. M. de Goguelas n'avait pas revu Bavolet depuis l'année précédente, à la bataille d'Ivry.

Le jeune duc, — nous lui pouvons donner ce titre reconnu par le roi même, — le jeune duc, disons-nous, sauta à bas de son cheval et courut embrasser M. de Goguelas comme on embrasse un vieil ami longtemps absent et qu'on ne quittera plus.

— Cher monsieur de Goguelas, lui dit-il vivement, la reine est-elle à Coarasse ou à Nérac ?

— A Coarasse.

— Alors je vais à Coarasse, murmura-t-il, résigné.

— Mais d'où venez-vous donc, monsieur Bavolet ?

— De Paris ; le roi y est entré il y a huit jours.

— Et vous avez sans doute un message ?

— Non. Je viens à Coarasse pour mon propre compte.

— Ah !... c'est très-bien cela, dit le vieux gentilhomme avec une naïve bonhomie, c'est très-bien de ne point nous avoir tous oubliés... Et resterez-vous longtemps... avec nous ?

— Toujours, cher monsieur de Goguelas.

— Toujours !

— Sans doute. Vous n'êtes déjà pas si nombreux à Coarasse que je n'y puisse séjourner aussi.

— C'est juste. Ah ! Coarasse est bien triste, allez.

— Eh bien, nous nous égaierons si c'est possible. Et... la reine ?... demanda Bavolet en tremblant.

— La reine seule n'est pas triste. Nous sommes tous désolés de son malheur, nous, et elle en rit... Et souvent elle nous dit, acheva M. de Goguelas naïvement : je vais comprendre la portée de ces paroles, souvent elle nous dit : Si Bavolet, mon page mignon, était ici, nous serions les gens les plus heureux du monde.

A ces paroles de M. de Goguelas, Bavolet devint si pâle, si tremblant, que le vieillard ne put s'empêcher de lui dire :

— Mais qu'avez-vous donc, mon Dieu !

— Je suis las, murmura Bavolet.

— Eh bien, restez ici, reposez-vous ; moi, je retourne à Coarasse. J'annoncerai votre arrivée, et demain matin nous viendrons tous à votre rencontre.

— Non, non, répondit vivement Bavolet. Ma lassitude n'est que passagère. Donnez-moi une heure, et je pars avec vous.

— Soit, dit le vieux gentilhomme. Précisément j'ai déjeuné tout à l'heure ; il y a un reste de venaison, une carcasse de pâté, une volaille presque entière et du vin d'Espagne plus âgé que moi sur la table que je quitte. Venez avec moi.

Et M. de Goguelas entraîna Bavolet dans le château et le conduisit à la salle à manger, où tous les vieux serviteurs de madame accoururent à la file pour le saluer, les larmes aux yeux et le cœur plein de joie.

Bavolet était le rayon de la jeunesse, l'espoir, le sourire de tous ces vieillards qui l'avaient vu grandir, et l'aimaient comme leur enfant.

Une heure après, Bavolet remontait à cheval et rangeait sa monture à la gauche de celle de M. de Goguelas.

Celui-ci était devenu quelque peu soucieux depuis dix minutes.

— Qu'avez-vous donc? lui demanda le jeune homme.

— Moi?... rien... rien... je vous jure.

— Pardon, vous êtes préoccupé.

— Ah! ma foi! s'écria M. de Goguelas dont la timidité naturelle se trouva vaincue un moment, je vais vous le dire.

— Dites alors, je vous écoute.

— Savez-vous qu'autrefois... nous avons eu... des querelles... Bavolet se prit à sourire.

— Dites donc, fit-il, que j'étais autrefois un enfant espiègle et méchant et que je vous ai souvent manqué de respect.

— C'est vrai... observa naïvement le vieillard.

— Mais, croyez-le, ajouta Bavolet, j'en ai eu de tels remords que votre pardon seul me les pourrait faire oublier.

— Mon pardon, monsieur Bavolet... mais il y a longtemps que je vous ai pardonné.

— Vrai! vous ne m'en voulez plus?

— Ah! s'écria M. de Goguelas ému, en douteriez-vous?

— Non. Mais alors pourquoi cette inquiétude?

— C'est que j'avais peur... que... à l'avenir... puisque vous ne quittez plus Coarasse...

— Eh bien! n'ayez crainte; je vous jure, foi de gentilhomme, que vous n'aurez pas d'ami plus respectueux que moi, et je ne vous contesterai plus les sangliers que vous aurez tués.

Ces derniers mots de Bavolet épanouirent le visage de M. de Goguelas.

— Comment! dit-il, bien vrai, vous convenez que ce sanglier... vous savez?

— Parbleu! répondit Bavolet, c'est bien vous qui l'aviez tué.

En présence d'un tel aveu, — aveu que Bavolet avait fait sans sourciller, — le dernier vestige des angoisses passées du bon M. de Goguelas s'évanouit, il tendit la main à son compagnon par-dessus la selle et lui dit :

— Vous êtes un brave et noble cœur, soyons toujours bons amis et ne parlons plus du passé.

Bavolet avait pris un cheval frais à Nérac; M. de Goguelas montait une petite jument espagnole qui trottait à l'amble, ce qui fait que le bon gentilhomme, si mauvais écuyer qu'il fût, avait une très-belle mine en selle. En deux heures ils eurent donc atteint les derniers versants des Pyrénées et ne se trouvèrent plus qu'à cinq ou six lieues de Coarasse.

À mesure que Bavolet voyait se dessiner plus nettement les cimes neigeuses de ces montagnes où s'était écoulée sa première jeunesse, mille souvenirs lui revenaient, et son cœur battait plus fort.

Chaque vallon perdu, chaque torrent, chaque coteau, lui redisaient une page de son enfance. Ici, il avait tué un ours sous les yeux du roi; là, madame Marguerite s'était assise au pied d'un arbre, pendant la chaleur du midi, et l'avait prié de lui lire quelques pages de l'abbé Brantôme, son vieil ami défunt; un peu plus loin, Nancy, alors âgée de douze ans, s'était prise de querelle avec lui à propos d'un nid de fauvettes...

M. de Goguelas respecta pendant une heure ou deux la rêverie de son jeune compagnon; mais le brave gentilhomme était loquace, malfaix, et un silence prolongé lui pesait fort : il lui fallait, à tout prix, renouer la conversation.

— Ah! dit-il tout à coup, j'ai du nouveau à vous apprendre, monsieur Bavolet.

— A moi?

— Oui. Nous avons eu un mariage à Coarasse.

— Lequel?

— La petite Pepa, vous savez, la brune camérière s'est mariée.

— Ah! dit Bavolet enchanté d'apprendre que Pepa l'avait oublié; et avec qui?

— Avec le jeune M. de Bique, le chevalier.

— Bon!... pensa Bavolet, et l'on dit que l'amour des femmes est éternel...

— On parle encore tout bas, à Coarasse, d'un autre mariage.

— Encore?

— Oui.

— Et de qui s'agit-il?

M. de Goguelas prit un air mystérieux.

— De Nancy, dit-il.

Puis il accompagna ces mots d'un clignement d'yeux dont Bavolet ne comprit point la portée.

— Ah! Nancy se marie?

— Pas encore... mais,... bientôt.

Là-dessus M. de Goguelas sourit avec malice.

— On dit même...

— Que dit-on?

— On dit que, mieux que tout autre... vous savez...

— Moi?

— Vous vous souvenez des huit jours que nous avons passés à Ivry?

— Sans doute.

— Eh bien! on a jasé, je vous jure.

— A merveille! pensa Bavolet, voici que Nancy est mon paraton-

nerre. L'erreur est charmante. Puis il regarda M. de Goguelas avec un fin sourire et mit un doigt sur sa bouche.

— Chut! dit-il, c'est pour cela que je reviens.

Et comme, en ce moment, on apercevait dans le lointain les tourelles grises de Coarasse, il ajouta :

— Nancy ne m'attend pas; on dit qu'elle m'aime... moi aussi... Je crains qu'en me voyant arriver subitement...

— Très-bien! dit M. de Goguelas, je comprends... et je vais vous devancer.

— C'est cela.

— Je la préparerai à vous revoir.

— Parfait; piquez des deux.

M. de Goguelas poussa vigoureusement sa monture et laissa Bavolet en arrière.

Celui-ci ralentit un peu l'allure de la sienne, moitié pour donner le temps à M. de Goguelas de prévenir Nancy qui préparerait aussitôt la reine à son retour, moitié pour se donner à lui-même celui de dominer son émotion.

Le soir venait, septembre touchait à sa fin, et l'automne avait répandu sur la nature environnante son plus splendide manteau, ses tons les plus harmonieux.

Quelques fleurs tardives s'épanouissaient encore aux buissons qui bordaient le chemin ; les pampres chargés de raisins se renversaient sur les murs et mélangeaient leurs feuilles jaunes aux verts rameaux des églantiers et des haies d'aubépine ; — la brise était tiède, et tout imprégnée de mystérieux parfums ; — le soleil allait disparaître et teignait le couchant de ses plus majestueuses couleurs.

C'était l'heure, ou jamais, l'heure solennelle où l'amour parle au cœur par toutes les voix mystérieuses et secrètes de la nature; — et Bavolet se souvint involontairement des dernières paroles du roi.

— Ce n'est plus la reine de France que tu aimes!

Et le roi avait eu raison. En répudiant Marguerite, il lui avait rendu ses serments, sa foi; son cœur, sa liberté... Et Marguerite pouvait disposer de tout cela à son gré... Lorsqu'il franchit la grille qui fermait ce vaste parc au bout duquel était le château, l'émotion de Bavolet fut si forte, si poignante, qu'il s'arrêta court et posa ses deux mains sur son cœur.

Puis il se maîtrisa et continua sa route.

Au bas du perron il trouva Nancy.

Nancy vint à lui, lui prit les deux mains quand il eut mis pied à terre, et lui dit :

— Viens... viens... Oh! si tu savais comme elle t'aime!...

Et comme Bavolet frissonnait :

— Tu es noble et bon d'être venu, — car tu lui rends la vie à cette pauvre reine qui n'a plus de couronne. Viens...

Et elle l'entraîna à travers les corridors déserts de ce château désert lui-même, silencieux et solitaire, comme l'est la demeure des rois qui n'ont plus de royaume.

Marguerite était dans cet oratoire, cet atelier d'artiste, cette chère retraite, où elle avait, pendant dix ans, donné des leçons à son page, — elle y était à demi couchée sur un pliant, et son émotion était aussi violente que celle de Bavolet, quand ce dernier entra, conduit par Nancy.

En dépit du temps, des douleurs, des soucis sans nombre qui avaient bouleversé cette orageuse et noble existence, Marguerite était toujours belle, — belle à désespérer le vieux Brantôme, s'il eût été de ce monde, belle à damner un saint...

Elle avait toujours vingt-cinq ans, sa chevelure luxuriante et noire, ses lèvres rouges comme la cerise de juin, et ce front uni, blanc, sans la moindre ride, ce front de génie qu'on eût dit taillé dans un bloc de marbre par le ciseau du Grec Phidias.

Bavolet semblait être du même âge.

Il s'arrêta chancelant au seuil de l'oratoire, la main sur son cœur qui brisait sa poitrine, la sueur au front. Marguerite, clouée ellemême sur son siège, n'eut point la force de se lever et de courir à sa rencontre.

Alors Nancy le poussa doucement à ses genoux, puis elle disparut, toujours spirituelle et discrète, toujours pleine de sens et de cœur.

Bavolet prit les deux mains de Marguerite, il les porta à ses lèvres, et elle ne les retira point. Pendant quelques secondes ils se regardèrent, silencieux tous deux, le cœur palpitant, pâles tous deux d'une intraduisible émotion. Enfin Marguerite fut la plus forte.

— Merci, murmura-t-elle, merci, mon enfant... les reines déchues ont donc encore des courtisans?

— Oh!... répondit Bavolet, retrouvant enfin la parole, oh! vous serez toujours ma reine, madame, ma reine adorée, ma seule et unique idole... Et je viens à vous pour toujours... je ne vous quitterai plus.

— Enfant, répondit-elle avec son doux et triste sourire, je ne suis plus reine et ne regrette point cette couronne qu'une autre portera de mon vivant sous les lambris de ce Louvre où je suis née, dans cette vaste demeure où je ne veux jamais rentrer, car, à toute heure, mon cœur et mes oreilles y croiraient entendre le bruit des pas, l'écho affaibli des voix de cette race éteinte des Valois dont je suis le dernier vestige...

«Que ferait donc la fille des Valois dans ce Louvre devenu le palais des Bourbons?

«Cher enfant, tu me reviens, tu t'es souvenu de celle qui a veillé sur ta jeunesse avec la sollicitude d'une mère; merci... nous tâcherons d'être heureux...

«Ne me reste-t-il point la royauté de l'art,—l'art, cette patrie et ce royaume où les guerres civiles ne promènent jamais leur sinistre incendie, — l'art, cette retraite où l'on oublie les maux du passé, où l'on brave les soucis de l'avenir?

«Va, tu as raison, mon enfant, de revenir... Je te consacrerai ce qui me reste de jeunesse, de vie, de courage, à toi qui as renoncé pour moi à tout un avenir brillant de gloire.

Bavolet vit une larme perler au bout des longs cils de Marguerite. Cette larme fut pour lui la commotion électrique qui rend l'audace, la parole et la force à ceux qui sont paralysés.

— Ah! s'écria-t-il, vous avez eu raison, madame; en me disant tout à l'heure que vous n'étiez plus la reine de France, — vous avez eu raison, car maintenant, je ne trahirai plus personne et je puis parler...

Et comme Marguerite pâlissait encore, il reprit ses deux mains et murmura en les portant de nouveau à ses lèvres : — Marguerite...

Marguerite de Valois, je puis donc vous le dire enfin... je vous aime!

Elle s'attendait à cet aveu, et cependant elle devint à son tour si tremblante, si pâle que Bavolet eut peur...

— Enfant, répondit-elle, regarde-moi... j'ai trente-cinq ans. Tu es au printemps à peine, et voici que l'automne commence à répandre son ombre sur mon été mûrissant. Dans ma chevelure encore noire, tu verras poindre bientôt un filet argenté : tiens, regarde mon front, n'y vois-tu pas déjà une ride?

— Je ne vois qu'une chose, Marguerite, c'est que vous êtes toujours la Marguerite de mon enfance, c'est que vous êtes noble et belle, c'est que je vous aime... Je ne sais qu'une chose, madame, c'est que depuis dix années, Bavolet n'a vécu que pour vous, c'est qu'il mourrait le jour où, maintenant qu'il vous peut parler d'amour sans crime, vous lui interdiriez d'en prononcer le mot.

— Mon Dieu! mon Dieu!... murmura Marguerite frissonnante, j'ai donc bien souffert à vos yeux que vous me voulez donner la force d'être éternellement jeune, de demeurer éternellement belle!

Et elle appuya ses lèvres brûlantes sur les lèvres de Bavolet, et l'ange qui préside aux ardentes et saintes affections dut se réjouir de l'union-mystique de cette première passion d'un jeune homme et du dernier amour d'une femme.

FIN.

Paris. — Typ. Walder, rue de l'Abbaye, 22.

Ch. Paul de Kock.

La Jolie Fille du Faubourg..... 1 10
L'Amoureux transi.............. 1 10
L'Homme aux trois Culottes..... » 90
Sœur Cravate................... 1 30
L'Amant de la Lune............. 3 15
Ce Monsieur................... 1 10
La Famille Gogo............... 1 50
Carotin....................... 1 10
Mon Ami Piffard............... » 50
L'Amour qui passe et l'Amour qui
  vient....................... » 70
Taquinet le Bossu............. » 70
Cerisette..................... 1 50
Une Gaillarde................. 1 80
Le Mare d'Auteuil............. 1 95
Les Etuvistes................. 2 »
Un Monsieur très-tourmenté.... » 80
La Bouquetière du Château-d'Eau 1 60
Paul et son Chien............. 1 80
Madame de Montflanquin........ 1 20
La Demoiselle du Cinquième.... 1 60
Monsieur Choublanc............ » 80
Le Petit Isidore.............. 1 50
Monsieur Cherami.............. 1 30
Une Femme à trois visages..... 1 95
La Famille Braillard.......... 1 30
Les Compagnons de la Truffe... 1 30
L'Ane à M. Martin............. » 50
La Fille aux trois jupons..... » 70
Les Demoiselles de Magasin.... 1 60
Les Femmes, le Jeu, le Vin.... » 70
Les Enfants du Boulevard...... 1 50
Le Sentier aux Prunes......... » 70
Une Grappe de Groseille....... » 80
La Dame aux trois corsets..... » 80
La Baronne Blaguiskof......... » 80
La Prairie aux Coquelicots.... 1 60
Les Petits Ruisseaux.......... » 80
Le Professeur Ficheclaque..... » 80
Une Drôle de Maison........... » 80
La Grande Ville............... » 90
Madame Tapin.................. » 80
Un Mari dont on se moque...... » 80

Pour paraître en 1875 :

Papa Beau-Père................ » 80
Le Concierge de la rue du Bac. » 70

Henry de Kock (Paul de Kock fils).

L'Amour Bossu................. » 80
La Chute d'un Petit........... » 60
Le Roman d'une Femme pâle..... » 80
La Grande Empoisonneuse (3 part.) 3 »
Les Mémoires d'un Cabotin..... 1 »
Les Accapareuses.............. » 70

Ponson du Terrail.

Les Drames de Paris (complets). 15 90
  Les mêmes par parties :
L'Héritage mystérieux......... 2 70
Le Club des Valets de Cœur.... 3 15
Les Exploits de Rocambole..... 3 50
La Revanche de Baccarat....... 4 20
Les Chevaliers du Clair de Lune 2 10
Le Testament de Grain-de-Sel.. 2 25
  (15 Séries à 1 fr. 05.)
Nouveaux Drames de Paris...... 5 55
  (Résurrection, 5 Séries : 5 fr. 55.)
Le Dernier Mot de Rocambole... 7 50
  (8 Séries : 7 fr. 50.)
Les Misères de Londres........ 4 20
  (4 Séries à 1 fr. 05.)
Les Démolitions de Paris...... 2 40
Les Drames du Village (1 volume) 4 20
  Les mêmes par parties :
1. Mademoiselle Mignonne...... 1 70
2. La Mère Miracle............ » 70
3. Le Brigadier La Jeunesse... » 60
4. Le Secret du docteur Rousselle 1 50
L'Armurier de Milan........... 1 20
Les Cavaliers de la Nuit...... 2 40
Le Pacte de Sang (1 volume)... 4 20
  Le même par parties :
1. Les Spadassins de l'Opéra.. 2 »
2. La Dame au Gant noir....... 2 50
Les Mystères du Demi-Monde.... 2 »
Nuits de la Maison Dorée...... 1 10
La Jeunesse du roi Henri (1re part.) 2 75
Le Serment des 4 valets (2e partie) 1 80
La Saint-Barthélemy (3e partie) 1 20
La Reine des Barricades (4e partie) 2 10
Le Beau Galaor (5e partie).... » 80
La 2e Jeunesse du roi Henri (6e p.) 1 80
  Ces parties réunies en 1 volume. 11 25
L'Héritage d'un Comédien...... » 70
Le Diamant du Commandeur...... » 90
Les Masques rouges............ 1 95
Le Page Fleur-de-Mai.......... » 75

Ponson du Terrail (Suite).

Les Cosaques à Paris.......... 2 70
Le Roi des Bohémiens.......... 1 10
La Reine des Gypsies.......... 1 10
Mémoires d'un Gendarme........ 1 »
Le Chambrion.................. » 70
Le Nouveau Maître d'Ecole..... » 70
Dragons et Mignonne........... » 70
Le Grillon du Moulin.......... 1 »
La Fée d'Auteuil.............. 1 90
Le Capitaine des Pénitents noirs. 1 20

Pour paraître en 1875 :

L'Auberge de la rue des Enfants-
  Rouges...................... 2 »
L'Orgue de Barbarie........... 1 »

Paul Féval.

Bouche de Fer................. 1 95
Les Drames de la Mort......... 3 15

Xavier de Montépin.

Un Drame d'Amour.............. » 70
Le Médecin des Pauvres........ 1 80
Les Mystères du Palais-Royal.. 3 »
La Maison Rose................ 1 65
Les Enfers de Paris........... 2 75
La Fille du Meurtrier......... 1 60
Le Marquis d'Espinchal........ 1 30
Les Mystères de l'Inde........ 1 30
La Gitane..................... 1 10
Mlle de Kerven (2e p. de la *Gitane*). 1 10
La Reine de la Nuit........... 3 »
Le Moulin Rouge............... 3 »
Le Médecin de Brunoy.......... 1 80
Le Château des Spectres....... » 70
La Comtesse Marie (1re partie). 1 30
La Comtesse Marie (2e partie). 1 10
  La Fille du Maître d'Ecole.
Les Viveurs de Province.

Emmanuel Gonzalès.

Esaü le Lépreux............... 1 10
Le Prince Noir (2e partie d'Esaü). 1 10
Les 2 Favorites (3e partie »). 1 10
Les Frères de la Côte......... » 90
Le Vengeur du Mari............ 1 30
Les Gardiennes du Trésor...... » 80

Pierre Zaccone.

Les Mystères de Bicêtre....... 1 30
Une Haine au Bagne............ 5 »
Les Misérables de Londres..... 3 »
Les Marchands d'Or............ 1 30

Louis Gallet.

Le Régiment de la Calotte..... » 90

Albert Blanquet.

Les Amours d'Artagnan......... 2 70
Les Amazones de la Fronde..... 2 50
Belles Dames des Prés-aux-Clercs. 2 50

Jean Beauvalet et *

Les Femmes de Paul de Kock (un
  beau volume................ 5 »

Eugène Sue.

Les Mystères de Paris......... 4 »
Le Juif-Errant................ 4 »
Les Misères des Enfants trouvés 4 80
La Famille Jouffroy........... 3 »
L'Institutrice................ » 90
Atar-Gull..................... » 90
La Salamandre................. » 90
Le Marquis de Létorières...... 1 »
Artiste....................... 1 80
Thérèse Dunoyer............... » 90
Deux Histoires................ 1 10
Latréaumont................... 1 10
Comédies sociales............. » 70
Jean Cavalier................. 1 80
La Coucaratcha................ 1 10
Le Commandeur de Malte........ 1 10
Paula Monti................... » 90
Plik et Plok.................. » 70
Deleytar...................... » 50
Mathilde...................... 2 10
Le Morne au Diable............ 1 10
La Vigie de Koat-Ven.......... 1 80
L'Orgueil (1re partie)........ 1 10
L'Orgueil (2e partie)......... 1 10
L'Envie....................... » 90
La Colère..................... » 70
La Luxure..................... » 70
La Paresse.................... » 50
L'Avarice..................... » 70
La Gourmandise................ » 50
Les 7 Péchés (en 1 volume).... 6 »
La Marquise d'Alfi........... 2 70
La Bonne Aventure (1re partie). » 90
La Bonne Aventure (2e partie). » 90

Eugène Sue (Suite).

Jean Bart et Louis XIV, magni-
  fique édition illustrée de 125
  vures dans le texte et hors tex
  Prix broché................
Les Enfants de l'Amour........
  Les mêmes par parties.
Un Mariage de convenance......
Un Mariage d'argent...........
Un Mariage d'inclination......
Le Casque de Dragon...........
La Faucille d'or..............
La Clochette d'airain.........
Le Collier de fer.............
La Croix d'argent.............
L'Alouette du casque..........
La Garde du poignard..........
Jeanne d'Arc..................
Mademoiselle de Plouernel.....
Les Fils de Famille...........
Mathilde (1 beau volume)......
  8 séries à 50 cent. et 1 à 80
  48 livraisons à 10 cent.
Le Juif Errant (1 beau volume).
  10 séries à 50 c. et 1 à 75 c
  58 livraisons à 10 cent.
Les Mystères de Paris (1 beau vol
  10 séries à 50 cent. 46 livraison
  à 10 centimes.

Alboise et Maquet.

Les Prisons de l'Europe.......

Alexandre Dumas.

Les Crimes célèbres (1 vol)...
  Les mêmes par parties.
1. La Marquise de Brinvilliers.
2. Marie Stuart................
3. Les Borgia.................
4. Massacres du Midi..........
5. Jeanne de Naples...........

Ainsworth.

Le Bandit de Londres..........

Gœthe.

Werther et Faust..............

Jean-Jacques Rousseau.

Emile.........................
La Nouvelle Héloïse...........

L'Héritier.

Les Mystères de la vie du monde
Scènes épisodiques et anecdotiques.

Scarron.

Le Roman comique..............

Marco de Saint-Hilaire.

Mémoires d'un Page de la Cour
  impériale...................

Léo Lespès (Timothée Trimm)

Les Filles de Barnabas........

Charles Rabou.

Louison d'Arquien.............

H. Émile Chevalier.

39 Hommes pour une Femme .....
Un Drame esclavagiste.........
Les Souterrains de Jully......

Ernest Capendu.

Le Chasseur de Panthères......
L'Hôtel de Niorcs.............
Le Roi des Gabiers............
Le Tambour de la 32e..........
Bibi-Tapin....................

Charles Monselet.

La Franc-Maçonnerie des Femmes.

Louis Noir.

Souvenirs d'un Zouave (Campagne
  d'Italie)...................

Vidocq.

Ses Mémoires écrits par lui-même.
  1 beau volume...............

Paul de Couder.

La Tour de Nesles.............

Jules Mocquard.

Les Nuits de Paul Niquet......
Les Oubliettes du Grand Châtelet.

Jacques Arago.

Voyage autour du monde........

Féréal.

Mystères d'Inquisition........
Physiologies parisiennes......

Adrien Robert.

Le Bouquet de Satan...........
Les Aventures de Lazarilles...
Contes fantasques et fantastiques.

A. de Bougy.

La Vengeance du Bravo.........

Et. Enault et E. Judicis.

Le Vagabond...................

www.ingramcontent.com/pod-product-compliance
Lightning Source LLC
Chambersburg PA
CBHW070351090426
42733CB00009B/1377